BASTEI
LÜBBE

Walter Burkart

NEUES LEXIKON DER VORNAMEN

BASTEI LÜBBE

BASTEI-LÜBBE-TASCHENBUCH
Band 60343

1. Auflage Februar 1993
2. Auflage August 1993
3. Auflage Mai 1995

Lizenzausgabe im Gustav Lübbe Verlag GmbH,
Bergisch Gladbach
Printed in Germany
Umschlaggestaltung: Roland Winkler
Druck und Bindung: Clausen & Bosse, Leck
ISBN 3-404-60343-5

Der Preis dieses Bandes versteht sich einschließlich der gesetzlichen Mehrwertsteuer.

Inhaltsverzeichnis

Hinweise für den Benutzer

Um dem Benutzer dieses Vornamenlexikons die Lektüre zu erleichtern, verzichten wir auf eine verwirrende Abkürzungssystematik und verwenden nur drei Siglen:
m = männlicher Vorname,
w = weiblicher Vorname,
↗ = „siehe" als Verweiszeichen.
Die Umlaute ä, ö und ü sowie die Doppellaute ae, oe und ue, die wie jene gesprochen werden, sind unter a, o und u alphabetisiert. Wir bringen nach den einführenden Kapiteln ab Seite 19 als Stichwörter in einem geschlossenen Alphabet eine große Zahl weiblicher und männlicher Vornamen. Nicht nur die Haupt- oder Grundnamen, auch deren Nebenformen und die zugehörigen Kurz- wie Kosenamen sind als selbständige Stichwörter aufgenommen. Von diesen wird durch ↗ auf den Hauptnamen verwiesen, bei dem man die Angaben über Herkunft und Bedeutung, aber ebenso die Neben-, Kurz- und Koseformen mitaufgeführt findet.

Nach den Erläuterungen zum Vornamen sind bekannte, bedeutende oder sonst wichtige Persönlichkeiten angefügt, die den betreffenden Vornamen tragen oder trugen. Sie erscheinen als *Namensträger* mit Kurzbiographie, Märtyrer, Heilige, Selige und andere gegebenenfalls mit dem Datum ihres *Gedenktags* im katholischen oder evangelischen Jahreskalender.

Der am Ende des großen Alphabets folgende *Namenstagskalender* bietet die Möglichkeit, sich vom Tagesdatum her über die Personen zu orientieren, deren Gedenktag auf dieses Datum fällt.

Ein alphabetisches *Vornamenregister* mit Datumsangabe des Gedächtnisses beschließt das Buch.

Begriff und Vornamengebung

Mit *Name* allgemein ist die zur Unterscheidung eines Lebewesens oder eines Dings gegenüber andern Einzelwesen aus der gleichen Gattung gegebene Benennung gemeint, so Ortsnamen, Bezeichnungen für Fluren, Flüsse, Berge, für Siedlungen, Tiere, Pflanzen, Völker, Firmen, Fürstenhäuser, Adelsgeschlechter und anderes mehr, insonderheit aber für den Einzelmenschen, das Individuum.

Der *Vorname* kennzeichnet eine Person als den bestimmten einzelnen gegenüber andern mit gleichem Familien- oder Nachnamen, er ist also ein wesentliches äußeres, in Wort und Schrift wahrnehmbares Kennzeichen zur Unterscheidung eines Menschen von seinen Mitmenschen.

Wenn ein Kind zur Welt kommt, erhält es durch die Eltern, die Mutter oder unter Umständen durch den Amtsvormund bei der Geburtserklärung auf dem Standesamt, die innerhalb einer Woche nach der Geburt zu erfolgen hat, gewöhnlich sogleich einen oder mehrere Vornamen beziehungsweise auch einen Doppelnamen und deren Schreibweise, die vom Standesbeamten ins Geburtsregister eingetragen werden und für das Kind lebenslang Geltung haben. Die Eltern, die Mutter oder der Amtsvormund als Namensgeber verfügen dabei nach bürgerlichem Recht über die freie Entscheidung, dem Neugeborenen jeden Namen, Doppelnamen oder mehrere Namen als Vornamen zu geben, sofern es sich nicht um eindeutige Familiennamen, um geographische oder sonstige Bezeichnungen handelt, die ihrem Wesen nach überhaupt keine Vornamen sind, oder um Namengebungen, die für andere Anlaß zu Anstoß bieten könnten. Ferner sind den Knaben eindeutig männliche, den Mädchen entsprechend weibliche Vornamen zuzulegen. Bei Namen, die als männlich und weiblich gebraucht werden, ist ein eindeutig männlicher oder eben weiblicher Name hinzuzusetzen, um Zweifel auszuschließen.

Ist die Namengebung bei der Geburtserklärung aus irgendwelchen Gründen noch nicht möglich, so besteht eine Monatsfrist ab dem Geburtstag, innerhalb deren die Erklärung der Vornamen beim Standesbeamten nachholbar ist.

Wenn ein Kind durch die Taufe in eine christliche Kirchengemeinschaft aufgenommen wird, geben ihm die Eltern einen *Taufnamen,* meistens den oder die Vornamen, die es schon auf dem Standesamt erhalten hat. Es ist jedoch möglich, unabhängig davon zu diesen einen eigenen, besonderen Taufnamen zu wählen.

Welchen *Rufnamen* das Kind bekommt, ob sein Vorname oder einer von mehreren dazu genommen wird oder als Kurz- oder Kosename abgewandelt wird, auch ob ein Rufname unabhängig von den eingetragenen Vornamen oder auch von einem Taufnamen gewählt und üblich wird, auch ob jemand im späteren Leben – als Künstler oder Schriftsteller etwa – ein Pseudonym führt, das alles spielt keine Rolle; ein solcher Rufname oder ein Pseudonym kann die offiziellen Vor- und Taufnamen rechtlich nicht ersetzen. – Allerdings kann auf Antrag der Vorname nachträglich geändert werden.

Wenn bei mehreren Vornamen der zweite oder ein anderer nach dem ersten als Rufname vorgesehen ist, wird er beim Standesamt durch Unterstreichung als solcher kenntlich gemacht; ohnedies gilt im übrigen bei mehreren Vornamen der erste als Rufname.

Im Zusammenhang mit der Angabe von Geburtsort, Geburtstag und Wohnort reichen Vor- und Familienname aus, einen Menschen gegenüber allen anderen unmißverständlich zu identifizieren, das heißt, ihn von den übrigen eindeutig zu unterscheiden.

Vornamenwahl

Die Wahl der Vornamen für ein Kind, das und dessen Eigencharakter noch niemand kennt, ist für die Suchenden oft eine schwierige, aber ebenso reizvolle Aufgabe. Es ist gewiß, daß ein jeder in den Vornamen vielerlei Wünsche hineinlegt, die dem künftigen Träger zum Glück und Segen werden sollen. Da gibt es dann vielleicht konkurrierende Vorstellungen. Der eine denkt an Namen, die ihrer Herkunft nach urdeutsch sind, der andere an einen etwas gesuchten fremdländischen Namen, der gerade etwas in Mode gekommen ist. Oder aber es steht als Taufname der Name eines oder einer Heiligen in Frage, die als Patron oder Patronin über dem Leben des Kindes stehen oder als Vorbild wirken sollen. Auch hierbei kann es darum gehen, einen deutschen oder einen fremdländischen Heiligen oder einen gerade besonders beliebten zu wünschen.

Manche Eltern sind auch daran interessiert, ihrem Kind als Vornamen den einer bedeutenden Persönlichkeit der Geistes-, Welt- oder Kirchengeschichte, einen Namen mit hervorragender Eigenbedeutung oder Namen im Zusammenhang mit der eigenen Familie und deren Tradition zu geben. Da greift man auf Großmutternamen für das Mädchen, auf Großväternamen für einen Jungen zurück, oder Mutter- und Vaternamen werden wiederaufgenommen – wenigstens als Zweit- oder Drittnamen. Auch fügt man gerne unter anderen Namen den des Taufpaten oder der Taufpatin hinzu. Noch ganz andere Namen können zur Vornamenwahl führen: etwa die von eben gängigen „Großen" der Zeitgeschichte, wie ehedem die dynastischen Namen aus Kaiser-, Königs- und Fürstenhäusern, auch kleiner lokaler Baronate oder beliebter Angehöriger all dieser bevorzugt waren. Auch Namen aus der Literatur oder aus der eigenen Lektüre, die auf die Eltern aus gemeinsamer Lesung stärkeren Eindruck hinterließen, beeinflussen gelegentlich die Namengebung. Immer wieder erscheinen Namen von Personen aus dem Alten und Neuen Testament, die im Leben der Eltern Leitbild geworden waren oder sie irgend motivierten, in der Debatte um den Vornamen ihrer Kinder. Alle diese Gesichtspunkte standen in der Geschichte der Namengebung zu gewissen Zeiten mehr oder weniger im Vordergrund.

Daneben kann jedoch auch die Frage des sprachlichen Wohlklangs ausschlaggebend sein, und zwar für den zu wählenden vollen Vornamen, Kurz- oder Doppelnamen für sich allein, aber auch in Abstimmung mit dem Klang des Familiennamens, wobei man nicht weniger die Rhythmik oder die Vokalabfolge in den Silben berücksichtigt und dazu sich an dem ja festliegenden Familiennamen auszurichten hat.

Manch einer legt Wert auf einen auffällig ausgefallenen, irgendwie vermeintlich originellen Vornamen, ohne zu bedenken, daß ein solcher Name für ein Kind ein Leben lang eine Belastung sein kann. Genauso mag das Bemühen um einen höchst unauffälligen weitverbreiteten Alltagsnamen für den künftigen Namensträger eher von Nachteil sein. Jedenfalls kann man sich dieses Eindrucks nicht erwehren: Die Namengebung wird von den Beteiligten im ganzen durchaus recht ernst genommen.

Seit über einem Jahrhundert sind in Deutschland wachsend ausländische Vornamen üblich geworden, darunter beliebt französische (Alice, Jeannette, Jeannine, Mireille, Nanon, Nicole, Valerie, Yvette, Yvonne), englische (Bob, Gladys, Jessica, Sheila), spanische (Anita, Carmen, Dolores, Manuel, Manuela, Pedro), italienische (Assunta, Bianca, Franca, Marco), skandinavische (Astrid, Birgit, Björn, Kerstin, Kristina), russische (Anja, Boris, Kira, Larissa, Nastasja, Sascha, Tanja) und andere, um nur einige zu nennen. Manche heute gängige Vornamen gehen auch auf die Vornamen von Sportgrößen, Filmstars beiderlei Geschlechts, Sänger und Sängerinnen des Showgeschäfts und sonstige volkstümlich gewordene Namensträger zurück.

Zur Geschichte der Vornamen

Heutige Vornamen haben wie gegenwärtige Familiennamen zum Teil eine lange Überlieferung und gründen oft in den in den meisten Ländern ursprünglich üblichen Personennamen. Die verschiedenen Völker hatten aufgrund ihres Eigencharakters, ihrer kulturellen Lage und Eigensprache häufig bevorzugte Namen in Gebrauch, die bei andern Völkern überhaupt nicht vorkommen oder allenfalls teilweise gegenseitig übernommen wurden. Dagegen sind bei verschiedenen Völkern Parallelen in der frühen Namenentwicklung festzustellen, so zum Beispiel in der Beifügung eines Patronymikons für die Abstammung (= Vaternamenverbindung als: *Sohn des...;* hebräisch, aramäisch, arabisch: *ben;* griechisch: *-ides;* spanisch: *-ez;* nordisch: *-son, -sen;* irisch: *O'...;* gälisch: *Mac...* oder *Mc...;* russisch: *-witsch;* altdeutsch: *-ing*).

Die Germanen wie auch andere indogermanische Völker gaben ihren Söhnen und Töchtern erst nur einen Namen (im Vornamenstil), der etwas versinnbildlichte, der meist zusammengesetzt war, um ihn reicher mit Bedeutung zu füllen; zum Beispiel: Bernhart (heute Bernhard) = stark (*hart)* und zugleich kühn wie ein Bär *(bêr),* also bärenstark; oder: Garibald = speerkühn; andere Verbindungen: Ger/hart, Ger/linde, Ger/traud (= Speergewaltige). Denken wir auch an germanische Namenbildungen mit *rich* (hinweisend auf Reichtum und Macht), *hari* = *heri* (Heer), *brant* (Schwert), *hadu, hiltja, gund* (Kampf) oder *wolf* = *wulf* (Wolf), *run* (Zauber) und andere. Mit solchen Silben und Wörtern gebildete einmalige germanische individuelle Personennamen, die nicht vererbbar waren und nur den je einzelnen allein kennzeichneten und nach seinem Tod in Erinnerung behielten, kreisen um Ruhm und Ehre, Tapferkeit, Kampf und Sieg, um Reichtum und Besitz. Im Vergleich dazu waren die Namen bei den Römern der Antike geradezu sachlich-nüchtern.

Die Verbindung zu den Mittelmeerländern und -völkern war für die Germanen damals sehr eng. Man achtete deren Kulturstandard, und so finden sich merkwürdige Parallelen zum Beispiel zum Griechischen. Eine Reihe von zusammengesetzten germanischen Namen tritt auch griechisch auf: Volkmar oder Dietmar = volksberühmt, griechisch = Damokles; Sigmar = siegberühmt, griechisch = Nikokles; Konrad = kühn im Rat, griechisch = Thrasybulos.

Die Germanen kannten bereits Kosenamen in Umwandlungen oder Kurzformen. So entstand aus Hugibert ein Hugo; Audomar wurde über Otmar zu Ott; aus Kuonrat ergab sich Kuhn oder Kuno und Kurt; Chlodowig entwickelte sich zu Ludwig und Lutz; Godofried zu Gottfried und schließlich Götz.

Von den alten Griechen wissen wir, daß die Eltern dem Neugeborenen wie die Germanen nur einen Namen gaben, und zwar bei einem Familienfest, das sie zehn Tage nach der Geburt begingen. Älteste Angaben besagen, daß die Eltern sich darauf beschränkten, zunächst dem männlichen Erstgeborenen den Namen des Großvaters männlicherseits zu geben. Zur Unterscheidung von gleichnamigen Personen wurde des Vaters Name beigefügt, sei es als Patronymikon *(-ides),* so zum Beispiel Atreides = Sohn des Atreus (Beiname Agamemnons, des Führers der Griechen im Trojanischen Krieg).

In christlicher Zeit kamen griechische Namen auch in den Westen und sind bis heute in Gebrauch, beispielsweise Agatha, Andreas, Barbara, Christoph, Helene, Irene, Katharina, Peter, Petra, Sophie, Theodor, Theophil und weitere.

Die Römer der Antike bezeichneten den Mann wenigstens mit zwei Namen: dem Vornamen (Praenomen; zum Beispiel Gaius) und dem Geschlechtsnamen (= Familienname), der meist auf *-ius* endigt, eine Genitivform im Sinn von: aus dem Geschlecht der ... (Nomen; zum Beispiel Iulius); zu diesem trat schon früh fast allgemein als dritter Name der Beiname (Cognomen), der entweder in einem Zweig eines Geschlechts üblich wurde (zum Beispiel Caesar) oder persönliche Verdienste eines einzelnen zum Ausdruck brachte (zum Beispiel Africanus für einen in Afrika siegreichen Feldherrn). Die Auswahl der Vornamen war verhältnismäßig klein; daher wurden einige als leicht verständliche Abkürzungen üblich, wie: A. = Aulus, C. = Gaius, Cn. = Gnaeus, L. = Lucius, M. = Marcus, P. = Publius, Q. = Quintus, Sex. = Sextus, Ti. oder Tib. = Tiberius. Auffällig sind die Zahlwortnamen, wie Quintus, Sextus, Decimus, mit denen die Jungen einer großen Familie einfach abgezählt wurden. In späterer Zeit konnte jedoch auch ein Erstgeborener Quintus (= Fünfter) heißen. Bei Gleichnamigkeit wurde dem Älteren zur Unterscheidung oft ein „Maior" (= der Ältere), dem Jüngeren dementsprechend ein „Minor" (= der Jüngere) angehängt.

Im Gegensatz zu diesen männlichen Namen stand den Frauen nur der Name des Geschlechts, aus dem sie stammten, zu: so Cornelia (= aus dem Geschlecht der Cornelier), Iulia (= aus dem Geschlecht der Julier), Tullia (= aus dem Geschlecht der Tullier). Immerhin gab es gewisse Abwandlungen, etwa in der Verkleinerungsform; so wurde aus Tullia eine Tertulla.

Gerade aus den Namen der Römer ergaben sich eine ganze Reihe älterer deutscher Namen, und dies schon durch bloße Streichung der lateinischen Endsilben: Anton(ius), August(us), Crispin(us), oder auch die Vollform: Julius (Iulius) und andere.

Mit der Entwicklung der lateinischen Sprache zur international einheitlichen westlichen Kirchensprache der römisch-katholischen Kirche als deren Verkehrs-, Wissenschafts- (Theologie-) und Amtssprache (was sie noch heute in offiziellen Verlautbarungen ist) fanden zahlreiche lateinische Namen Eingang, wie Dominik(us), Emil (aus Aemilianus), Laura, Marin(us), Ursula, Viktor und andere, die ins Deutsche wie in andere europäische Sprachen eindrangen. Daneben blieben in der christlichen Kirche germanische Namenstämme lange Zeit erhalten, teils erfolgte auch Latinisierung, worüber Näheres im folgenden zu lesen ist.

Vorname und Taufname

Mit der Ausbreitung des Christentums im germanischen Raum in den ersten Jahrhunderten behielten die Täuflinge – damals durchweg Erwachsene, die sich zum Christentum bekannten – ihre ursprünglichen Eigennamen bei. Änderungen von Namen im Zusammenhang mit dem Taufempfang durch Übernahme von Namen heiligmäßiger oder heiliger Vorbilder gab es erst seit dem vierten Jahrhundert, wobei zu betonen ist, daß die römisch-katholische Kirche bis zum Trienter Konzil im 16. Jahrhundert die freie Namenwahl keinen Forderungen unterwarf. Germanen behielten ihre germanischen Namen. Die Christianisierung hatte natürlich schon zur Folge, daß allmählich lateinische kirchliche Heiligennamen bei den Bewohnern des Landes Anerkennung fanden; es kam auch zur Latinisierung ursprünglich germanischer Namen, vorzüglich dann, wenn ihre Träger im missionarischen Dienst zu Märtyrern und damit Heilige wurden.

Gewisse Einflüsse brachte die Missionierung durch die iroschottischen Mönche mit sich durch deren Bevorzugung alttestamentlicher Namen, deren Gebrauch aber mit der Zeit wieder abnahm. Doch fanden sie nach der Reformation, die katholische Namen und Heiligenverehrung ablehnte, zusammen mit den neutestamentlichen Namen eine Aufwertung und Wiederbelebung, abermals im 19. Jahrhundert im Pietismus, der auch Vornamen wie Gottlieb, Leberecht, Fürchtegott und ähnlich gebildete als Übersetzungen aus dem Griechischen pflegte und den Täuflingen gleichsam als Lebensmotto verlieh. Auch heutzutage sind biblische Namen wieder als Vor- und Taufnamen beliebt. In der Renaissance wurden nicht nur griechische Namen (Philipp, Alexander und andere) plötzlich modern, sondern es schlichen sich schon damals auch französische, englische und italienische Vornamen in die deutschen ein. Dazu kam zusätzlich, daß nun die Frau gemäß uralter Sitte der Schweizer bei der Eheschließung den Namen des Gatten annahm. Im Frankfurter Raum wurde zeitweilig umgekehrt verfahren; so entstanden Familiennamen nach dem Muster: Vogt-Maier = Vogt heiratete die geborene Maier.

Um 1200 wurde die Taufe noch mit dem Reinigungsritus des Untertauchens im Wasser vollzogen, später durch Aufgießen von Taufwasser auf den Täufling, durch schlichtes Benetzen seines Hauptes als Zeichen der „Wiedergeburt“ und als Voraussetzung für die damit verbundene Aufnahme in die kirchliche Gemeinschaft. Die Kindertaufe, die in ihren Anfängen bis ins 3./2. Jahrhundert zurückreicht, fand erst spät allgemeinen Zuspruch. Mit ihr ergab sich die Namensnennung nach ersten Heiligenkalendern und Martyrologien, was eine gewisse Vereinheitlichung der Namenformen nach sich zog. Und die Verbindung der Namengebung mit dem Taufakt führte zum *Taufnamen* als Vornamen.

Allerdings haben Waldenser, Albigenser, Wiedertäufer und Mennoniten die Kindertaufe abgelehnt und als ungültig erklärt und bei ihren Mitgliedern eine Erwachsenentaufe nachvollzogen.

Das Konzil von Trient erst und der danach 1566 erschienene Römische Katechismus wiesen die Namenwahl für Täuflinge nach Namen von Heiligen an, woraus sich in der römisch-katholischen Kirche der Brauch verfestigte, dem Täufling als Tauf- und Vornamen den Namen des Geburtstagsheiligen, aber auch anderer Heiliger zu geben. Gerne reichte man auch dem Kind Namen von Familienangehörigen, von Großvätern und Großmüttern, Vater und Mutter oder des Taufpaten oder der Taufpatin weiter. Daraus erwuchs auch der katholische Volksbrauch, namentlich in katholischen Ballungsgebieten – etwa Rheinland und Bayern –, in der Familie den Namenstag festlich zu begehen, und zwar neben oder unter Hintansetzung des Geburtstags, der sonst allgemein gefeiert wird.

Als Taufnamen wurden die Namen Josef und Maria aus der heiligen Familie beherrschend sowie Joachim und Anna, der Eltern Marias. Sehr beliebt wurde Elisabeth, der Name der Mutter Johannes' des Täufers, ebenso der dieses Johannes (Johannes Baptist) selber. Populär wurden die Namen der vier Evangelisten: Matthäus, Markus, Lukas und Johannes. Man gab Jungen als Zweitnamen sogar den weiblichen Marias bei, ein Brauch, der noch heute in Spanien (wo, nebenbei bemerkt, selbst der Name Jesus möglich ist) und bei uns in Bayern gesetzlich gestattet ist, im übrigen vorwiegend eben in romanischen Ländern gepflegt wird.

Die vielen Hochreliefs, Standbilder und Mosaiken an, in und neben mittelalterlichen Kirchen trugen sehr zur Popularisierung der zwölf Apostel bei: Andreas, Bartholomäus, Jakobus der Ältere und der Jüngere, Thomas, Johannes, Matthäus, Matthias (für Judas Iskariot), schließlich Petrus, Philippus, Simon und Thaddäus. Nicht weniger waren bald die Namen der Erzengel Gabriel, Michael und Raphael allgemein bekannt. Dazu traten die vierzehn „Nothelfer": Achatius, Ägidius, Barbara, Blasius, Christophorus, Cyriak, Dionysius, Erasmus, Eustachius, Georg, Katharina, Margarete, Pantaleon und Vitus (Veit).

Auch Papstnamen waren gefragte Vornamen: Anastasius, Eugen, Felix, Linus, Stephan, Viktor, sie werden teils heute noch gewählt. Gerne verwendet werden noch immer: Alexander, Benedikt, Gregor, Klemens, Leo sowie Paul und Pius.

Für die Entwicklung der Vornamen scheint es charakteristisch, daß das Volk früher offensichtlich ohne Bedenken ihm unverständliche fremdsprachige Vornamen annahm. Waren es sehr lange ausländische Namen, teilte man gelegentlich einfach in zwei Teile. So ergab Bartholomäus zum Beispiel die zwei Namen Bartel und Mewes, oder Matthias Matz und Thies – uralte Bauernnamen, deren Herkunft auf den ersten Blick unerklärlich erscheint.

Zum Familiennamen

Dem ursprünglichen Personennamen wurde erst viel später ein Nachname oder Familienname zur weiteren Kennzeichnung beigefügt, so etwa das schon oben angesprochene Patronymikon. Noch heute ist es zum Beispiel im Russischen üblich, mit einem Eigennamen den des Vaters zu verbinden, dies auch in der Anrede. Das war im Zweiten Weltkrieg sogar für die kriegsgefangenen Deutschen in sowjetischem Gewahrsam von Bedeutung: Man mußte hinter dem eigenen Vornamen vor dem Familiennamen den väterlichen Vornamen einschieben. Hieß eines Walter Berger Vater Wilhelm, so war der Kriegsgefangene eben Walter-Wilhelm-Berger und hatte auf seiner Rotkreuzkarte in die Heimat sich als Absender in dieser Form einzutragen.

Ab dem zwölften Jahrhundert nannten sich Ritterfamilien nach der Burg des Familiensitzes. Andere erhielten Zunamen nach ihrem Herkunftsort (ein Gottfried von Straßburg) oder ein Charakteristikum (Walther von der Vogelweide). Seit dem 13. und 14. Jahrhundert erscheinen Familiennamen vermehrt auch in bürgerlichen Kreisen, teils im Rückgriff auf Vaternamen. Hieraus bildeten sich auch väterliche Personennamen in Vornamensform zu Familiennamen (Martin, Ernst, Paulus). Oder das Herkunftsland wurde zum Familiennamen (Schwab, Heß). Ebenso konnte es der Wohnort werden (Amberg, Darmstädter), das Handwerk und Gewerbe (Schmied, Becker, Schneider, Weber, Seiler, Schuster), im Bauerntum Flur, Haus oder Hof. Es wurden gar Anspielungen auf körperliche oder geistige und charakterliche Eigenart Anlaß zur Namengebung. So kann die Haarfarbe des Gründers eines Familienstamms zum Namen Rotbart oder Schwarz geführt haben. Wir treffen auf die Familie Meier (aus lateinisch *maior* = Verwalter eines Gutshofs), man denke nur an die „Hausmeier" der karolingischen Zeit. Anderen Namen hat man Eigenschaftswörter als Charakteristika angehängt, so Notker Labeo (= der Großlippige), Notker Balbulus (= der Stammler), Walahfrid Strabo (= der Schieler) und so fort. Aus der Zeit des Humanismus stammen latinisierte Namen: Der deutsche Müller wurde zu Molitor, der Kürschner zu Pellicanus.

Rechtsgültige Namenerfassung

Seit etwa dem 14. Jahrhundert haben die Pfarrämter die *Kirchenbücher* oder *Pfarrbücher* geführt, in denen die kirchlichen Amtshandlungen und Personenstandsakten einzutragen waren. Es sind die *Tauf-, Firmungs-, Trauungs-* und *Totenbücher,* die der Pfarrgeistliche zu führen hatte und nach dem Kirchenrecht für die innerkirchlichen Zwecke noch heute führen muß. Sie vertraten in Deutschland bis zum Jahr 1875 die Stelle der bürgerlichen Standesregister.

Seitdem obliegt die Führung der *Personenstandsbücher* den Standesbeamten beim Standesamt der Gemeindebehörde; es handelt sich um das *Heiratsbuch,* das *Familienbuch,* das bei Wohnungswechsel an das Standesamt des neuen Wohnsitzes gesandt wird, das *Geburten-* und das *Sterbebuch.* Die Vornamen werden bei der Geburtsanmeldung ins Geburtenbuch eingetragen und haben danach Rechtsgültigkeit. Beurkundungen stellt das Standesamt auf Antrag aus (vergleiche auch das erste Kapitel).

Alphabetisches Verzeichnis der Vornamen

A

Aalderk *m,* niederdeutsch-friesische Form von ↗ Adalrich.

Aalfs *m,* Kurzform für ↗ Adolf.

Aaltje *w,* Nebenform zu ↗ Altje.

Aaron *m,* hebräisch: *a'aron* = der Erleuchtete (?); Nebenform: *Aron.*

Bekannte Namensträger:

Aaron, im Alten Testament der ältere Bruder des Mose; er war der erste Hohepriester in Israel.

Aaron Copland, geboren 1900; amerikanischer Komponist, Dirigent und Musikschriftsteller.

Abachum *m,* aus dem Hebräischen (?).

Namensträger:

Abachum, römischer Märtyrer mit ↗ Marius und ↗ Martha vermutlich der diokletianischen Zeit (Gedenktag: 19. Januar).

Abbe *m,* Kurzform für ↗ Adalbert und andere mit Adal- gebildete männliche Vornamen.

Abbo *m,* Kurzform für ↗ Adalbert und andere mit Adal- gebildete männliche Vornamen.

Namensträger:

Abbo I., gestorben 643; 627 Bischof von Metz (Gedenktag: 19. September).

Abdias *m,* griechische Form für ↗ Obadja.

Abdiel *m,* Nebenform zu Abdias (↗ Obadja).

Abel *m,* hebräisch: *hebel* = Hauch, Wind; im Mittelalter auch Kurzform für ↗ Albrecht; Nebenform: *Abilo.*

Bekannter Namensträger:

Abel, im Alten Testament der zweite Sohn Adams, Bruder des Kain, der ihn nach Genesis 4,16 erschlug.

Abelina *w,* die weibliche Form zu ↗ Abel; Nebenform: *Abeline;* auch Kurzform für ↗ Adalberta.

Abeline *w,* Nebenform zu ↗ Abelina.

Abelke *w,* niederdeutsche Koseform für ↗ Alberta und ↗ Adalberta.

Abelone *w,* dänisch für ↗ Apollonia.

Abigail *w,* hebräisch: Vaterfreude; englische Koseform: *Nab.*

Namensträgerin:

Abigail, im Alten Testament Frau Nabals, später die zweite Gattin des Königs David.

Abilo *m,* Nebenform zu ↗ Abel.

Abo *m,* Kurzform für ↗ Adalbert und andere mit Adal- gebildete männliche Vornamen.

Abraham *m,* hebräisch: Vater der Menge; ursprünglich *Abram* (= erhabener Vater).

Bekannte Namensträger:

Abraham, im Alten Testament Stammvater der Israeliten und anderer Semiten; wanderte aus seiner Heimat Ur in Chaldäa nach Kanaan, in das „Gelobte Land" (Genesis 11,26–25,11).

Abraham a Sancta Clara, 1644–1709; mit bürgerlichem Namen Johann (Hans) Ulrich Megerle, deutscher Augustiner-Barfüßermönch; wirkte als volkstümlicher, oft derber Kanzelredner und als „kaiserlicher Prediger" sowie als Volksschriftsteller zur Pestzeit in der Türkengefahr unter anderem in Wien und Graz.

Abraham Lincoln, 1809–1865; amerikanischer Politiker; war 1861–1865 der 16. Präsident der Vereinigten Staaten von Nordamerika (Republikaner); war Sieger im Sezessionskrieg gegen die elf Südstaaten; wurde ermordet.

Abram *m,* ↗ Abraham.

Absalom *m,* hebräisch: *ab'schalom* = Vater des Friedens; Nebenform: *Absalon;* schwedische Kurzform: *Axel.*

Namensträger:

Absalom, im Alten Testament der dritte Sohn des Königs David, gegen den er sich empörte, aber erlag.

Absalon *m,* ↗ Absalom.

Namensträger:

Absalon, 1128–1201; Bischof von Roskilde und später Erzbischof von Lund; gründete Klöster und berief und beriet die Dänenkönige Waldemar I. und Knut VI.; Gründer der Stadt Kopenhagen (Gedenktag: 21. März).

Acacius *m*, latinisiert aus ↗ Achaz.

Achatius *m*, latinisiert aus ↗ Achaz; Nebenformen: *Acacius, Achatus, Akazius*.
Namensträger:
Achatius von Konstantinopel, Märtyrer unter Diokletian (Gedenktag: 8. Mai).
Achatius Agathangelus, Bischof von Melitene; unter Decius um 250 gefangengenommen (Gedenktag: 31. März).
Achatius, einer der 14 Nothelfer; legendärer Märtyrer (Gedenktag: 22. Juni).

Achatus *m*, latinisiert aus ↗ Achaz.

Achaz *m*, hebräisch: Gott hält; Nebenformen: *Achatius, Achatus, Acacius, Akazius*.

Achill *m*, Kurzform für ↗ Achilleus.

Achille *m*, französische Form von ↗ Achilleus.

Achilles *m*, lateinische Form von ↗ Achilleus.

Achilleus *m*, griechisch; Kurzform: *Achill;* lateinische Form: *Achilles;* französisch: *Achille*.
Namensträger:
Achilleus, in der griechischen Sage Held des Trojanischen Kriegs.
Achilleus, mit ↗ Nereus römischer Märtyrer des 4. Jahrhunderts unter Diokletian (Gedenktag: 12. Mai).

Achim *m*, Kurzform für ↗ Joachim.
Bekannter Namensträger:
Achim von Arnim, 1781–1831; deutscher Dichter der jüngeren Romantik; bekannt durch die mit Clemens von Brentano zusammen herausgegebene Volksliedersammlung „Des Knaben Wunderhorn“.

Achmed *m*, arabisch: der Preiswürdige; Nebenform: *Ahmed*.
Bekannter Namensträger:
Achmed Sukarno, 1901–1970; indonesischer Politiker; Mitgründer der unabhängigen Republik Indonesien.

Ackel *w*, Koseform für ↗ Adelgunde.

Ada *w*, Kurz- und Koseform für die mit Adal- oder Adel- (althochdeutsch = edel, vornehm) gebildeten weiblichen Vornamen, zum Beispiel für ↗ Adelgunde, ↗ Adelheid, ↗ Adula; Nebenformen: *Adda, Adele, Adeli, Adeline, Alda*.

Adalar *m*, althochdeutsch: *adal* = edel, vornehm; *aro* = Adler; ältere Form: *Udelar;* Nebenformen: *Adalher, Adelher, Adolar;* Kurzform: *Ado*.
Namensträger:
Adalar (Adelher), Priester, mit ↗ Soban Begleiter des Bonifatius zur Missionierung Frieslands; mit diesen in Dokkum 754 Märtyrer (Gedenktag: 7. Juni).

Adalberga *w*, althochdeutsch: *adal* = edel, vornehm; *berga* = Schutz, Zuflucht; Nebenformen: *Adelberga, Adelburga, Adelburg, Edelburga, Edelburg*.

Adalbero *m*, althochdeutsch: *adal* = edel, vornehm; *bero* = Bär; Kurzform: *Albero*.
Namensträger:
Adalbero, um 1010–1090; Bischof von Würzburg, wo er Dom und Neumünster erbauen ließ; gründete Klöster; stand im Investiturstreit zu Papst Gregor VII. (Gedenktag: 6. Oktober).

Adalbert *m*, althochdeutsch: *adal* = edel, vornehm; *beraht* = glänzend; Nebenformen: *Adalbrecht, Adelbert, Adelbrecht, Albrecht, Aldebert;* Kurzformen: *Abbe, Abbo, Abo, Albert;* englische Form: *Ethelbert;* tschechisch: *Vojtěch;* polnisch: *Woitech*.
Bekannte Namensträger:
Adalbert von Bremen, um 1000–1072; Erzbischof von Hamburg und Bremen; war Vormund des deutschen Königs Heinrich IV.
Adalbert von Magdeburg, gestorben 981; Erzbischof von Magdeburg (Gedenktag: 20. Juni).
Adalbert von Oberaltaich ↗ Albert.
Adalbert von Prag, 956–997; Bischof von Prag; Preußenmissionar, Märtyrer (Gedenktag: 23. April).
Adalbert Stifter, 1805–1868; österreichischer Dichter und Maler; schrieb Erzählungen und Romane.

Adalberta *w*, die weibliche Form zu ↗

Adalbert; Nebenformen: *Adelberta, Adelberte, Alberta;* niederdeutsche Koseform: *Abelke.*

Adalbod *m,* althochdeutsch: *adal* = edel, vornehm; *bod* = Bote, Gebieter; Kurzformen: *Bodo, Bod.*

Adalbrand *m,* althochdeutsch: *adal* = edel, vornehm; *brand* = Schwert; Nebenformen: *Aldebrand, Alebrand;* italienische Kurzform: *Aldo.*

Adalbrecht *m,* Nebenform zu ↗ Adalbert.

Adalburg *w,* althochdeutsch: *adal* = edel, vornehm; *burg* = Schutz; Nebenformen: *Adalburg, Adelburg, Alburg.*

Adalburga *w,* Nebenform zu ↗ Adalburg.

Adaldag *m,* althochdeutsch: *adal* = edel, vornehm; *dag* = Tag; Nebenform: *Adeldag;* Kurzform: *Aldag.*

Namensträger:

Adaldag, um 900–988; Erzbischof von Bremen-Hamburg; Gründer mehrerer nordischer Bistümer, auch des von Oldenburg für die Missionierung der Wenden (Gedenktag: 28. April).

Adalfried *m,* althochdeutsch: *adal* = edel, vornehm; *fridu* = Friede; Kurzformen: *Alfried, Altfried;* ältere Form: *Aldefried.*

Adalgar *m,* Nebenform zu ↗ Adalger.

Namensträger:

Adalgar, gestorben 909; Erzbischof von Bremen-Hamburg (Gedenktag: 9. Mai).

Adalgard *w,* althochdeutsch: *adal* = edel, vornehm; *gard* = Zaun, Schutz; Nebenformen: *Adelgard, Edelgard.*

Adalger *m,* althochdeutsch: *adal* = edel, vornehm; *ger* = Speer; Nebenformen: *Adelger, Aldeger, Aldiger;* friesische Form: *Jelger;* jüngere Kurzform: *Elger.*

Adalgot *m,* althochdeutsch: *adal* = edel, vornehm; *got* = Gott.

Namensträger:

Adalgot, gestorben 1031; Ordensmann in Einsiedeln; seit 1012 Abt von Disentis (Gedenktag: 10. Oktober).

Adalgot (Adelgot), gestorben 1160; Zisterzienser in Clairvaux; 1151 Bischof von Chur (Gedenktag: 3. Oktober).

Adalhard *m,* althochdeutsch: *adal* = edel, vornehm; *harti* = fest, stark; Nebenform: *Adelhard;* Kurzformen: *Alard, Alhard.*

Namensträger:

Adalhard, um 751–826; Vetter Karls des Großen; Abt; Gründer der Klöster Korvey und Herford; Vertreter der Karolingischen Renaissance (Gedenktag: 2. Januar).

Adalhelm *m,* althochdeutsch: *adal* = edel, vornehm; *helm* = Helm; Nebenformen: *Adelhelm, Aldhelm, Adhelm.*

Adalher *m,* Nebenform zu ↗ Adalar.

Adalmar *m,* althochdeutsch: *adal* = edel, vornehm; *mari* = berühmt; Nebenform: *Adelmar;* Kurzform: *Almar.*

Adalram *m,* althochdeutsch: *adal* = edel, vornehm; *hraban* = Rabe; Nebenform: *Alram.*

Adalrich *m,* althochdeutsch: *adal* = edel, vornehm; *rihhi* = reich, mächtig; Nebenformen: *Adelrich, Aldrich, Alderich, Alrich, Alrik, Oldrik, Olrik;* niederdeutsch: *Adalrik;* friesisch: *Aalderk, Alderk;* jüngere friesische Form: *Jeldrik.*

Adalrik *m,* Nebenform zu ↗ Adalrich.

Adalwig *m,* althochdeutsch: *adal* = edel, vornehm; *wig* = Kampf; Nebenform: *Oldwig.*

Adalwin *m,* althochdeutsch: *adal* = edel, vornehm; *wini* = Freund; Nebenform: *Adelwin;* Kurzform: *Alwin.*

Adam *m,* hebräisch: *adam, adama* = Mensch aus (roter) Erde.

Bekannte Namensträger:

Adam, im Alten Testament der erste Mensch, den Gott selbst erschuf (Genesis 4,25); ↗ Eva (Gedenktag: 24. Dezember).

Adam Elsheimer, 1578–1610; deutsch-römischer Landschaftsmaler des Frühbarock; von Einfluß auf Rembrandt, Rubens und C. Lorrain.

Adam Krafft, etwa 1460–1508/09; Nürnberger Steinbildhauer der deutschen Spätgotik und beginnenden Renaissance.

Adam Mickiewicz, 1798–1855; bedeutendster humanitärer polnischer Nationaldichter; der Höhepunkt der polnischen Romantik.

Adam Reusner, gestorben 1575; evangelischer Liederdichter (Gedenktag: 9. August).

Adam Riese, um 1492–1559; deutscher Rechenmeister; schuf mehrere deutsche Rechenbücher.

Adam Smith, 1723–1790; schottischer Nationalökonom und Moralphilosoph; begründete, ausgehend von der Arbeitswerttheorie, die klassische Nationalökonomie.

Adauktus *m,* lateinisch: *adauctus* = vermehrt, gewachsen.

Namensträger:

Adauktus, vermutlich mit ↗ Felix um 303 Märtyrer der diokletianischen Verfolgung in Rom (Gedenktag: 30. August).

Adda *w,* Nebenform zu ↗ Ada.

Addi *m,* Kurzform für ↗ Adolf.

Addo *m,* Kurzform für ↗ Adolf.

Adela *w,* Kurzform für ↗ Adelheid; Nebenform zu ↗ Adele.

Namensträgerin:

Adela ↗ Adula von Pfalzel.

Adelaide *w,* französisch: *Adélaïde,* Nebenform zu ↗ Adelheid.

Adelar *m,* Nebenform zu ↗ Adalar.

Adelberga *w,* Nebenform zu ↗ Adalberga.

Adelbert *m,* Nebenform zu ↗ Adalbert.

Namensträger:

Adelbert, 11. Jahrhundert; nach schuldlos erlittener Blendung Einsiedler und Inkluse der Abtei Mönchengladbach (Gedenktag: 24. Dezember).

Adelbert von Chamisso, 1781–1838; deutscher Lyriker französischer Abstammung; frührealistischer Vertreter der Spätromantik.

Adelberta *w, Adelberte,* Nebenformen zu ↗ Adalberta.

Adelbrecht *m,* Nebenform zu ↗ Adalbert.

Adelburg *w,* Nebenform zu ↗ Adalburg.

Adelburga *w,* Nebenform zu ↗ Adalburg.

Adeldag *m,* Nebenform zu ↗ Adaldag.

Adele *w,* Koseform für ↗ Adelheid; ältere Form: *Udele;* Nebenformen: *Adely, Dela, Della, Dele, Adula;* schwedische Form: *Delan.*

Bekannte Namensträgerin:

Adele Sandrock, 1864–1937; deutsch-niederländische Schauspielerin; die „Komische Alte" des Films.

Adelfrieda *w,* die weibliche Form zu ↗ Adalfried; Nebenformen: *Adelfriede, Edelfriede.*

Adelfriede *w,* Nebenform zu ↗ Adelfrieda.

Adelgard *w,* Nebenform zu ↗ Adalgard.

Adelger *m,* Nebenform zu ↗ Adalger.

Adelgot *m,* Nebenform zu ↗ Adalgot.

Adelgund *w,* Nebenform zu ↗ Adelgunde.

Namensträgerin:

Adelgund (Aldegund), um 630 – vor 700; leitete als Äbtissin das von ihr gegründete französische Doppelkloster Maubeuge (Gedenktag: 30. Januar).

Adelgunde *w,* althochdeutsch: *adal* = edel, vornehm; *gund* = Kampf; Nebenformen: *Adelgund, Aldegunde, Aldegund, Algunde;* niederländisch: *Aldegonde, Allegonde;* Kurz- und Koseformen: *Alda, Ackel;* niederländisch: *Alkje, Gundel, Gonde.*

Adelhard *m,* ↗ Adalhard.

Adelheid *w,* althochdeutsch: *adal* = edel, vornehm; *heit* = Wesen, Art; Kurz- und Koseformen: *Adele, Ada, Heidi, Aleide, Aleit, Alheid, Alida, Deik, Lei, Lidda, Liddi, Liddy, Lida, Lide;* friesisch: *Aletta, Tale, Talida, Talika;* Nebenform: *Adelaide,* nach französisch: Adélaïde.

Namensträgerinnen:

Adelheid, 931–999; erst Gattin König Lothars von Italien, 951 des Kaisers Otto I., später Regentin für Otto II. und Otto III.; förderte die Cluniazenser Reform (Gedenktag: 16. Dezember).

Adelheid, Gattin Kaiser Heinrichs IV., ↗ Praxedis.

Adelheid von Brabant ↗ Aleydis von Brabant (Schaerbeek).

Adelheid von Langwaden ↗ Aleidis von Langwaden.

Adelheid von Vilich, gestorben zwischen 1008 und 1021; Benediktinerin, Äbtissin des Klosters Vilich (Gedenktag: 5. Februar).

Adelhelm *m,* Nebenform zu ↗ Adalhelm.

Namensträger:

Adelhelm, gestorben 1131; schweizerischer Benediktiner; Abt des Klosters Engelberg (Gedenktag: 25. Februar).

Adelher *m,* Nebenform zu ↗ Adalar.

Adelhild *w,* althochdeutsch: *adal* = edel, vornehm; *hiltja* = Kampf; Nebenform: *Adelhilde;* Kurzform: *Alhild.*

Adelhilde *w,* Nebenform zu ↗ Adelhild.

Adeli *w,* Nebenform zu ↗ Ada.

Adelina *w,* Nebenform zu ↗ Adeline.

Adelind *w,* Nebenform zu ↗ Adelinde.

Namensträgerin:

Adelind, gestorben 926; förderte das württembergische Kloster Buchau (Gedenktag: 28. August).

Adelinde *w,* althochdeutsch: *adal* = edel, vornehm; *lind* = mild, weise oder *lint* = Schild (aus Lindenholz); Nebenform: *Adelind;* Kurzform: *Alinde.*

Adeline *w,* althochdeutsch, verkleinernde Fortbildung von ↗ Adele; auch Nebenform zu ↗ Ada; Nebenform: *Adelina.*

Namensträgerin:

Adeline, gestorben um 1170; Nichte Bernhards von Clairvaux; Äbtissin des Zisterzienserinnenklosters Poulangy in Frankreich (Gedenktag: 28. August).

Adelmar *m,* Nebenform zu ↗ Adalmar.

Adelmut *w,* althochdeutsch: *adal* = edel, vornehm; *muot* = Geist, Sinn; Nebenformen: *Adelmute, Almudis, Almoda, Almodis, Almud, Almut.*

Adelphus *m,* latinisiert aus griechisch: *adelphos* = Bruder.

Namensträger:

Adelphus, 4. Jahrhundert (?), der 10. Bischof von Metz (Gedenktag: 16. Mai).

Adelrich *m,* Nebenform zu ↗ Adalrich.

Namensträger:

Adelrich (Adalrich), 10. Jahrhundert; Mönch aus Einsiedeln; lebte auf der Insel Ufenau im Zürichsee (Gedenktag: 28. September).

Adelrune *w,* althochdeutsch: *adal* = edel, vornehm; *runa* = Geheimnis, Zauber; Nebenform: *Adelrun;* Kurz- und Koseformen: *Alrun, Alruna, Alrune, Alraune.*

Adeltraud *w,* althochdeutsch: *adal* = edel, vornehm; *trud* = Kraft; Nebenformen: *Adeltrud, Altraud, Altrud, Edeltraud, Edeltrud;* englisch: *Audrey.*

Adeltrud *w,* Nebenform zu ↗ Adeltraud.

Namensträgerin:

Adeltrud (Adeltrudis, Aldetrudis), gestorben um 696; ab 684 Äbtissin des französischen Klosters Maubeuge (Gedenktag: 25. Februar).

Adelwin *m,* Nebenform zu ↗ Adalwin.

Adely *w,* Nebenform zu ↗ Adele.

Adeodatus *m,* lateinisch: von Gott geschenkt, Gottesgabe.

Adhelm *m,* Nebenform zu ↗ Adalhelm.

Adi *m,* Kurzform für ↗ Adolf.

Adje *m,* Kurzform für ↗ Adolf.

Ado *m,* Kurzform für ↗ Adalar und für ↗ Adolf.

Namensträger:

Ado, um 800–875; seit 860 Erzbischof von Vienne; verfaßte unter anderem ein „Martyrologium“ (Verzeichnis der Märtyrer (Gedenktag: 16. Dezember).

Adolar *m,* Nebenform zu ↗ Adalar.

Adolf *m,* althochdeutsch: *adal* = edel, vornehm; *wolf* = Wolf; ältere Schreibweise: *Adolph;* westgotisch: *Athaulf;* Kurzformen: *Addi, Adi,*

Adje, Addo, Ado, auch *Dolf;* Koseform: *Dölfi.*
Bekannte Namensträger:
Adolf IV. von Schauenburg, gestorben 1261; Graf; siegte bei Bornhöved 1227 gegen die Dänen; gründete zwei Klöster und wurde 1239 in Hamburg in einem derselben Franziskaner (Gedenktag: 8. Juli).
Adolf von Tecklenburg, 1185–1224; seit 1216 Bischof von Osnabrück (Gedenktag: 13. Februar).
Adolf Clarenbach, gestorben 1529; lutherischer Prediger; Blutzeuge in Köln (Gedenktag: 28. September).
Adolf von Harnack, 1851–1930; deutscher evangelischer Kirchenhistoriker, liberaler Theologe und vielseitiger Gelehrter.
Adolf Hitler, 1889–1945 (Selbstmord); nationalsozialistischer „Führer und Reichskanzler" des Dritten Reichs; löste den grausamen Rassenkampf gegen das jüdische Volk sowie den zweiten Weltkrieg aus.
Adolf Kolping, 1813–1865; deutscher katholischer Priester und Theologe; Gründer der katholischen Gesellenvereine (heute Kolpingfamilie; Gedenktag: 4. Dezember).
Adolf von Menzel, 1815–1905; deutscher Maler und Graphiker mit Buchillustrationen, Landschaften, Historienbildern im Vorfeld des Impressionismus.
Adolf Erik von Nordenskiöld, 1832–1901; schwedischer Polarforscher; durchquerte die Nordostpassage.
Adolf Slaby, 1849–1913; deutscher Funktechniker.
Adolf Stoecker, 1835–1909; evangelischer Theologe und Sozialpolitiker (Gedenktag: 7. Februar).

Adolfa *w,* die weibliche Form zu ↗ Adolf; Nebenformen: *Adolfe, Adolfina, Adolfine;* frühere Schreibweise: *Adolpha.*

Adolfe *w,* Nebenform zu ↗ Adolfa.

Adolfina *w,* erweitert aus ↗ Adolfa.

Adolfine *w,* erweitert aus ↗ Adolfa.

Adolph *m,* ältere Schreibweise für ↗ Adolf.

Adolpha *w,* ältere Schreibweise für ↗ Adolfa.

Adonai *m,* Nebenform zu ↗ Adonija.

Adonija *m,* hebräisch: *adoni'jahu* = Herr ist Jahwe (Gott); ist die ökumenische Form; Nebenform: *Adonai;* griechisch: *Adonis.*

Adonis *m,* griechische Form von ↗ Adonija.

Adrian *m,* deutsche Form von ↗ Adrianus; niederländisch: *Adriaen;* russisch: *Andrijan.*

Adriaen *m,* niederländische Form von Adrian (↗ Adrianus).
Bekannte Namensträger:
Adriaen Brouwer, 1605/06–1638; flämischer Genremaler: Bauernszenen, Landschaften.
Adriaen de Vries, um 1560–1626; niederländischer Bronzeplastiker im Übergang des Manierismus zum Frühbarock.

Adriana *w,* die weibliche Form zu ↗ Adrianus; Nebenform: *Adriane;* Kurzform: *Ariane;* französische Form: *Adrienne.*

Adriane *w,* Nebenform zu ↗ Adriana.

Adrianus *m,* lateinisch: *Hadrianus:* Bewohner der Stadt Hadria (Adria); Nebenformen: *Adrian, Hadrian.*

Adrienne *w,* französische Form von ↗ Adriana.

Adula *w,* Nebenform zu ↗ Adele.
Namensträgerinnen:
Adula von Bayern, gestorben um 1020; Pfalzgräfin; gründete um 1000 das Stift Göß in der Steiermark (Gedenktag: 7. September).
Adula von Pfalzel, gestorben um 734; Äbtissin des von ihr gegründeten Klosters Pfalzel bei Trier (Gedenktag: 3. Januar).

Afer *m,* lateinisch: Afrikaner.
Namensträger:
Afer, vermutlich Märtyrer der diokletianischen Verfolgung in Augsburg um 304 (Gedenktag: 5. August).

Affonso *m,* portugiesische Form von ↗ Alfons.

Afra *w*, lateinisch: Afrikanerin.
Namensträgerin:
Afra, Märtyrin der diokletianischen Verfolgung um 304 in Augsburg (Gedenktag: 7. August).

Agamemnon *m*, griechisch: der Beharrliche.
Namensträger:
Agamemnon, in der griechischen Sage Hauptanführer der Griechen vor Troja.

Agape *w*, griechisch: *agape* = Liebe.

Agapet *m*, *Agapetus*, Nebenformen zu ↗ Agapitus.

Agapitus *m*, griechisch: *agapetos* = geliebt, erwünscht; Nebenformen: *Agapetus* und *Agapet*.
Namensträger:
Agapitus, Märtyrer zu Rom 258 (Gedenktag: 6. August).

Agatha *w*, griechisch: *agathe* = die Gute; Nebenform: *Agathe;* Kurz- und Koseformen: *Aget, Eget, Egle, Gate, Gatty;* schwedisch: *Agda;* englisch: *Aggi, Aggie, Aggy*.
Namensträgerinnen:
Agatha, gestorben 250/251; christliche Märtyrin von Sizilien (Gedenktag: 5. Februar).
Agatha Christie, 1891–1976; englische Schriftstellerin; bekannt durch ihre Kriminalromane.

Agathe *w*, Nebenform zu ↗ Agatha.

Agathon *m*, griechisch: *agathos* = gut.

Agavus *m*, latinisiert aus griechisch: *agauos* = edel.

Agda *m*, schwedische Form von ↗ Agatha.

Age *m*, Kurzform für ↗ Agilolf.

Agemar *m*, Nebenform zu ↗ Agimar.

Aget *w*, Kurzform für ↗ Agatha.

Agge *m*, Kurzform für ↗ Agilolf.

Aggi *w*, englische Kurzform für ↗ Agatha.

Aggie *w*, englische Koseform für ↗ Agatha.

Aggy *w*, englische Koseform für ↗ Agatha.

Agi *w*, Kurz- und Koseform für ↗ Agnes.

Agia *w*, Nebenform zu ↗ Aya.

Ägid *m*, Nebenform zu ↗ Ägidius.

Ägidius *m*, von griechisch: *aigiochos* = Schildträger, Schirmherr; Nebenformen: *Ägid, Egidius, Egid;* Kurz- und Koseformen: *Gidi, Gilg, Ilg, Illo, Till;* französische Form: *Gilles;* spanisch: *Egidio, Gil*.
Namensträger:
Ägidius, gestorben um 720; Einsiedler in der Provence; Abt des von ihm gegründeten Klosters Saint-Gilles; einer der 14 Nothelfer (Gedenktag: 1. September).

Agilbert *m*, althochdeutsch: *agil* = *ekke* = Schwertspitze, Schwert; *beraht* = glänzend; Nebenform: *Egilbert, Gilbert;* Kurzformen: *Agilo, Egilo*.

Agilhard *m*, althochdeutsch: *agil* = *ecke* = Schwertspitze, Schwert; *harti* = hart, stark; Nebenformen: *Ailhard, Eilhard;* Kurzform: *Agilo*.

Agilmar *m*, Nebenform zu ↗ Eilmar.

Agilo *m*, Kurzform für ↗ Agilbert, überhaupt für mit Agil- gebildete männliche Vornamen.

Agilolf *m*, althochdeutsch: *agil* = *ecke* = Schwertspitze, Schwert; *wolf* = Wolf; Nebenformen: *Agilulf, Aigolf, Egilolf;* Kurzformen: *Age, Agge*.
Namensträger:
Agilolf, gestorben 752; seit 746/747 Bischof von Köln (Gedenktag: 9. Juli).

Agilulf *m*, Nebenform zu ↗ Agilolf.

Agilwart *m*, althochdeutsch: *agil* = *ekke* = Schwert; *wart* = Schützer; Nebenformen: *Ailwart, Elwert, Eilward, Eilwart*.

Agimar *m*, althochdeutsch: *agi* = *ecke* = Schwert; *mari* = berühmt; Nebenform: *Agemar*.

Agimund *m*, althochdeutsch: *agil* = Schwert; *munt* = Schutz; Fortbildung: *Egmont*.

Aglaia *w*, griechisch: *aglaia* = Glanz, Schönheit, heiter; Nebenform: *Aglaja*.

Aglaja *w*, Nebenform zu ↗ Aglaia.

Agnellus *m*, lateinisch: Lamm.

Agnes *w*, *griechisch: hagne* = die Reine, Keusche, Heilige; oder lateinisch: *agna* = Lämmchen; Nebenformen: *Agnese, Agneta, Agnete, Ag-*

nita; Kurz- und Koseformen: *Nata, Natta, Nesa, Nese, Neisa, Nete, Anesli, Nesi, Nees, Nies, Niesa, Neeske;* italienische Form: *Agnese;* französisch: *Agnès;* spanisch: *Inés;* dänisch und schwedisch: *Inga.*

Namensträgerinnen:

Agnes von Rom, jugendliche Märtyrin wohl des 3. Jahrhunderts (Gedenktag: 21. Januar).

Agnes von Böhmen, 1205–1282; Äbtissin in dem von ihr gegründeten Klarissenkloster; gründete auch Salvatorkirche in Prag mit Hospital (Gedenktag: 1. März).

Agnes von Poitou, um 1025–1077; Gattin Kaiser Heinrichs III.; nach dessen frühem Tod Regentin für ihren Sohn Heinrich IV.

Agnes Aislinger, † 1504; Reklusin bei Eichstätt (Gedenktag: 21. Januar).

Agnes Bernauer, gestorben 1435; seit 1432 heimliche Gattin des Herzogs Albrecht III. von Bayern-München; wurde in der Donau ertränkt.

Agnes Miegel, 1879–1964; deutsche Schriftstellerin.

Agnes Sorel, um 1422–1450; politisch einflußreiche Geliebte des französischen Kaisers Karl VII.

Agnese *w,* Nebenform und italienische Form von ↗ Agnes

Agneta *w,* Nebenform zu ↗ Agnes.

Agnete *w,* Nebenform zu ↗ Agnes.

Agnita *w,* Nebenform zu ↗ Agnes.

Ago *m,* Kurzform für mit Agil- gebildete männliche Vornamen; zum Beispiel ↗ Agilbert.

Agricola *m,* lateinisch: *agricola* = Landmann, Bauer.

Agrippa *m,* lateinisch: der verkehrt Geborene; Weiterbildung: *Agrippinus.*

Bekannter Namensträger:

Agrippa, 63–12 v. Chr.; römischer Feldherr; 31 v. Chr. Sieger über Antonius bei Actium; Erbauer des Pantheons in Rom.

Agrippina *w,* die weibliche Form zu Agrippinus (↗ Agrippa).

Namensträgerinnen:

Agrippina, gestorben um 259; legendäre Märtyrin in Rom (Gedenktag: 23. Juni).

Agrippina die Ältere, 14 v. Chr. bis 33 n. Chr.; Gattin des Germanicus.

Agrippina die Jüngere, 16–59; die vierte Gattin des Kaisers Claudius und Mutter Neros.

Agrippinus *m,* Weiterbildung zu ↗ Agrippa.

Namensträger:

Agrippinus, 4. Jahrhundert; Bischof von Neapel (Gedenktag: 9. November).

Agritius *m,* lateinisch: der Bäuerische; Kurzform: *Gritz.*

Namensträger:

Agritius, gestorben 329; Bischof von Trier (Gedenktag: 19. Januar).

Ahasver *m,* hebräisch für persisch-griechisch ↗ Xerxes; latinisiert: *Ahasverus.*

Ahasverus *m,* lateinische Form von ↗ Ahasver.

Ahmed *m,* Nebenform zu ↗ Achmed.

Aichard *m,* Nebenform zu ↗ Eckart.

Aida *w,* arabisch-italienisch; Bedeutung unklar; altgriechisch: *aithiopis* = Ähtiopierin (?).

Aigolf *m,* Nebenform zu ↗ Agilolf.

Aigulf *m,* Nebenform zu ↗ Agilolf.

Ailbert *m,* Nebenform zu ↗ Agilbert.

Aileen *w,* englische Form für ↗ Helene.

Ailhard *m,* Nebenform zu ↗ Agilhard.

Ailwart *m,* Nebenform zu ↗ Agilwart.

Aimé *m,* französische Form von ↗ Amatus.

Bekannter Namensträger:

Aimé Césaire, geboren 1913; Neger; französischer Schriftsteller der „Négritude“.

Aimée *w,* französische Form von ↗ Amata.

Aischa *w,* türkisch.

Bekannte Namensträgerin:

Aischa, um 614–678; die dritte Gattin Mohammeds; war politisch einflußreich.

Aischylos *m,* griechisch: *aischyne* = Sehen, Ehrfurcht; latinisiert *Äschylus.*

Bedeutender Namensträger:

Aischylos, etwa 525–456; griechischer

Schriftsteller, der „Vater“ des athenischen Dramas.

Aiwalt *m,* Nebenform zu ↗ Eginald.

Aja *w,* italienisch (Erzieherin?).

Akazius *m,* Nebenform zu ↗ Achatius.

Akim *m,* russische Form von ↗ Joachim.

Alain *m,* französische Form von ↗ Alan.

Bekannte Namensträger:

Alain Delon, geboren 1935; französischer Filmschauspieler.

Alain Resnais, geboren 1922; französischer Filmregisseur der „Neuen Welle“.

Alain Robbe-Grillet, geboren 1922; französischer Schriftsteller des „Nouveau roman“ und Filmregisseur.

Alan *m,* keltisch-englisch; Nebenformen: *Allan, Allen;* latinisiert: ↗ Alanus, französisch: ↗ Alain.

Namensträger:

Alan von Auxerre, gestorben 1185; Zisterzienser; 1152–1167 Bischof von Auxerre (Gedenktag: 14. Oktober).

Alan de la Roche, um 1428–1475; Dominikaner; führte 1470 die Bruderschaft des Psalters (Rosenkranzes) ein (Gedenktag: 8. September).

Alanus *m,* lateinisch: Alane = Angehöriger des germanischen Stamms der Alanen; französisch: *Alain.*

Alard *m,* Kurzform für ↗ Adalhard.

Alarich *m,* althochdeutsch: *al* und *rîche* = über alles reich oder mächtig, Allherrscher; schwedisch: *Alrick.*

Bekannte Namensträger:

Alarich I., um 370–410; Westgotenkönig; zog nach Italien und eroberte 410 Rom.

Alarich II., † 507; Westgotenkönig; von ihm stammt die „Lex Romana Visigothorum“.

Alba *w,* lateinisch: *albus* = weiß, rein.

Alban *m,* lateinisch: *Albanus* = Albaner, aus der mittelitalienischen Stadt Alba Longa stammend, der ältesten Hauptstadt des Latinerbunds; Nebenform: *Albin.*

Bekannte Namensträger:

Alban von Mainz, Priester und Märtyrer wohl um 406 (Gedenktag: 21. Juni).

Alban Berg, 1885–1935; österreichischer Komponist, Schüler von A. Schönberg; Vertreter der Zwölftonmusik und des musikalischen Expressionismus.

Alberich *m,* althochdeutsch: *alb* oder *alp* = Elfe; *rihhi* = reich, mächtig; Nebenformen: *Elberich, Helferich, Olberich;* angelsächsische Form: *Aelfric;* englisch: *Aubrey;* französisch: *Auberon, Oberon.*

Namensträger:

Alberich, gestorben 1109; der 2. Abt von Cîteaux, das er 1098 mit Robert gründete (Gedenktag: 26. Januar).

Alberich, gestorben 784; Zisterzienser; ab 780 Bischof von Utrecht (Gedenktag: 14. November).

Albero *m,* Kurzform für ↗ Adalbero.

Namensträger:

Albero, gestorben 1152; seit 1131 Erzbischof von Trier und Primas von Lothringen.

Albert *m,* Kurzform für ↗ Adalbert; Nebenformen: *Bert, Bertel, Berti.*

Bekannte und bedeutende Namensträger:

Albert der Große oder *Albertus Magnus,* 1193(?)–1280; Dominikaner; deutscher universaler Gelehrter (Theologe, Philosoph, Naturwissenschaftler) der Hochscholastik; Kirchenlehrer; Lehrer des Thomas von Aquin; 1160–1162 Bischof von Regensburg (Gedenktag: 15. November).

Albert von Löwen, um 1166–1191; Bischof von Lüttich und Reims; Märtyrer (Gedenktag: 19. September).

Albert von Oberaltaich, 1239–1311; Leiter der Klosterschule von Oberaltaich (Gedenktag: 26. November).

Albert von Steinfeld, gestorben 1189; Prämonstratenser; der erste Abt von Steinfeld (Gedenktag: 26. Januar).

Albert Bassermann, 1867–1952; deutscher Schauspieler; Charakterdarsteller der Bühne und des Films.

Albert Camus, 1913–1960; französischer Schriftsteller; existentialistische Romane, Essays und Bühnenstücke.

Albert Einstein, 1879–1955; deutsch-amerikanischer Physiker; schuf 1905 die spezielle und 1914–1916 die allgemeine Relativitätstheorie.

Albert Knapp, 1798–1864; evangelischer Theologe und geistlicher Liederdichter (Gedenktag: 18. Juni).

Albert Lortzing, 1801–1851; deutscher Komponist, Schauspieler, Sänger und Kapellmeister; schuf romantisch-komische Opern.

Albert Schweitzer, 1875–1965; elsässischer evangelischer Theologe, Philosoph und Arzt; auch Organist; gründete und leitete seit 1913 das Tropenhospital Lambarene in der afrikanischen Republik Gabun.

Alberta *w,* die weibliche Form zu Albert, verkürzte Nebenform zu ↗ Adalberta; Kurzform: *Berta;* Koseform: *Abelke.*

Albertina *w,* erweiterte Form von ↗ Alberta; Nebenform: *Albertine;* Kurzform: *Tina.*

Albertine *w,* Nebenform zu ↗ Albertina; Kurzform: *Tine.*

Alberto *m,* italienische Form von ↗ Albert.

Bekannte Namensträger:

Alberto Giacometti, 1911–1966; Schweizer Bildhauer, Maler und Zeichner des Surrealismus.

Alberto Moravia, geboren 1907; italienischer Schriftsteller; psychologisch-realistische Analyse der zerfallenden bürgerlichen Gesellschaft.

Albertus *m,* lateinische Form von Albert (↗ Adalbert).

Bedeutender Namensträger:

Albertus Magnus, ↗ Albert der Große.

Albhard *m,* Nebenform zu ↗ Alfhard.

Albhilde *m,* Nebenform zu ↗ Alfhild.

Albin *m,* Kurzform für ↗ Albinus; Nebenform zu ↗ Albwin.

Namensträger:

Albin von Angers, 496–550; Klosterabt; ab etwa 529 Bischof von Angers (Gedenktag: 1. März).

Albin von Buraburg ↗ Witta.

Albin von Rom, römischer Märtyrer (Gedenktag: 22. Juni).

Albina *w,* die weibliche Form zu ↗ Albinus.

Albinus *m,* lateinisch: *albus* = weiß; deutsche Kurzform: *Albin.*

Alboin *m,* latinisierte Form von ↗ Albwin; Nebenform: *Albuin.*

Albrada *w,* althochdeutsch: *alb* = *alp* = Elfe; *rat* = Rat, Berater; Nebenform: *Alfrada.*

Albrecht *m,* ursprünglich *Adelbrecht* (↗ Adalbert); Kurzform: *Brecht,* im Mittelalter auch *Abel;* Abwandlung: *Ulbrecht.*

Bedeutende Namensträger:

Albrecht I., der Bär, um 1100–1170; Gründer der Mark Brandenburg und deren erster Markgraf.

Albrecht von Preußen, 1490–1568; Herzog von Brandenburg; Reformator des deutschen Ordenslandes (Gedenktag: 20. März).

Albrecht Altdorfer, um 1480–1538; deutscher Maler, Graphiker, Holzschnitzer und Baumeister; das Haupt der Donauschule.

Albrecht Dürer, 1471–1528; deutscher Maler und Graphiker im Übergang von der Spätgotik zur Renaissance (Gedenktag: 7. April).

Albrecht Ritschl, 1822–1889; evangelischer Theologe; gründete den „Kulturprotestantismus".

Albrecht Graf von Roon, 1804–1879; preußischer Kriegsminister, Generalfeldmarschall und Heeresreformer.

Albrecht Schoenhals, 1888–1978; deutscher Filmschauspieler, Arzt und Schriftsteller; Charakterdarsteller.

Albrecht von Wallenstein, 1583–1634 (ermordet); kaiserlicher Feldherr im Dreißigjährigen Krieg; besiegte 1632 bei Lützen Gustaf Adolf von Schweden.

Albrun *w,* althochdeutsch: *alb* = *alp* = Elf; *runa* = Geheimnis, Zauber; Nebenformen: *Albruna, Alfrun, Elfrun.*

Albuin *m,* Nebenform zu ↗ Albwin.

Namensträger:

Albuin von Brixen, gestorben um

1005; Bischof von Brixen (Gedenktag: 5. Februar).

Alburg *w*, Nebenform zu ↗ Adalburg.

Albwin *m*, althochdeutsch: *alb* = *alp* = Elf; *wini* = Freund; Nebenformen: *Alboin, Albuin, Alfwin, Alwin.*

Alceste *w*, griechisch-französisch: stark.

Alcibiades *m*, latinisierte Form von ↗ Alkibiades.

Alda *w*, Kurzform für weibliche Vornamen mit Adal-, Adel-; zum Beispiel für ↗ Adelgunde; erweiterte Form: *Aldina.*

Aldag *m*, Kurzform für ↗ Adaldag.

Aldebert *m*, Nebenform zu *Adelbert* (↗ Adalbert).

Aldebrand *m*, Nebenform zu ↗ Adalbrand.

Aldefried *m*, Nebenform zu Altfried (↗ Adalfried).

Aldeger *m*, Nebenform zu ↗ Adalger.

Aldegonde *w*, niederländische Form von ↗ Adelgunde.

Aldegund *w*, Nebenform zu ↗ Adelgunde.

Aldegunde *w*, Nebenform zu ↗ Adelgunde.

Alderich *m*, Nebenform zu ↗ Adalrich.

Namensträger:

Alderich, gestorben um 1200; Laienbruder und Hirt im Frauenkloster Füssenich bei Zülpich (Gedenktag: 6. Februar).

Alderk *m*, niederdeutsch-friesisch für ↗ Adalrich.

Aldetrud *w*, Nebenform zu ↗ Adeltrud.

Aldhelm *m*, Nebenform zu ↗ Adalhelm.

Aldiger *m*, Nebenform zu ↗ Adalger.

Aldina *w*, erweiterte Form von ↗ Alda.

Aldo *m*, italienische Kurzform für ↗ Adalbrand; englisch: *Aldous.*

Namensträger:

Aldo Graf von Ostrevant, 11. Jahrhundert; Abt des flandrischen Benediktinerklosters Hasnon (Gedenktag: 31. Mai).

Aldo Moro, 1916–1978; italienischer Politiker der Democrazia Cristiana; ermordet.

Aldous *m*, englische Form von ↗ Aldo.

Bekannter Namensträger:

Aldous Huxley, 1894–1963; englischer satirisch-realistischer Schriftsteller und Kulturkritiker.

Aldrich *m*, Nebenform zu ↗ Adalrich.

Namensträger:

Aldrich von Le Mans, gestorben 857; wurde 832 Bischof von Le Mans (Gedenktag: 7. Januar).

Alea *w*, Kurzform für ↗ Eulalia.

Alebrand *m*, Nebenform zu ↗ Adalbrand.

Alec *m*, englische Kurzform für ↗ Alexander.

Bekannter Namensträger:

Alec Guinness, geboren 1914; englischer Schauspieler der Bühne und des Films; Charakterdarsteller von Shakespeare-Rollen.

Aleide *w*, Kurzform für ↗ Adelheid; Nebenformen: *Aleidis, Aleydis.*

Aleidis *w*, Nebenform zu ↗ Aleide.

Namensträgerinnen:

Aleidis, 12. Jahrhundert; „die Büßerin“; Ordensfrau im Prämonstratenserinnenkloster Langwaden bei Neuß (Gedenktag: 13. Februar).

Aleidis Gräfin von Oldenburg, 12. Jahrhundert; Prämonstratenserin in Cappenberg (Gedenktag: 19. Januar).

Aleit *w*, Kurzform für ↗ Adelheid.

Alejo *m*, spanische Form von ↗ Alexander.

Aleke *w*, ältere Form von ↗ Elke.

Aleksandr *m*, russische Form von ↗ Alexander.

Aleksej *m*, russische Nebenform zu ↗ Alexej.

Alena *w*, Kurz- und Koseform für ↗ Magdalena.

Aléna *w*, ungarische Koseform für ↗ Magdalena.

Alessa *w*, Kurzform für Alessandra (↗ Alexandra).

Alessandra *w*, italienische Form von ↗ Alexandra.

Alessandro *m*, italienische Form von ↗ Alexander.

Bekannte Namensträger:

Alessandro Manzoni, 1785–1873; italienischer Schriftsteller der Romantik.

Alessandro Graf Volta, 1745–1827; italienischer Physiker; wichtige Entdeckungen in der Elektrizitätslehre.

Aletta *w*, friesische Form von ↗ Adelheid.

Alex *m*, Kurzform für ↗ Alexander.

Alexa *w*, Kurzform für ↗ Alexandra.

Alexander *m*, griechisch *Alexandros* = ein Männer Abwehrender; Kurz- und Koseformen: *Alexis, Alex, Lex, Xander, Sander, Zander;* englische Form: *Alexander,* Kurzform dazu: *Alec;* Koseform: *Sandy;* französisch: *Alexandre;* italienisch: *Alessandro;* latinisiert: *Alexius;* russisch: *Aleksandr, Alexei, Alexej, Aleksej, Sanja;* polnisch: *Leszek.*

Bekannte und bedeutende Namensträger:

Alexander, 2. Jahrhundert, Märtyrer zu Rom um 167 (Gedenktag: 10. Juli).

Alexander der Große, 356–323 v. Chr.; König von Makedonien; Schüler des Aristoteles; Sieger über Griechen und den Stadtstaat Theben; Eroberer Persiens, Palästinas und Ägyptens; übermachte als „König von Asien" den besiegten Völkern die griechische Kultur; gründete die Alexandrinische Bibliothek.

Alexander I., 2. Jahrhundert; Papst (Gedenktag: 3. Mai).

Alexander II., gestorben 1073; seit 1061 Papst; betrieb kirchliche Reform.

Alexander III., gestorben 1181; seit 1159 Papst; führte 18 Jahre Kampf gegen Kaiser Friedrich I. Barbarossa.

Alexander VI., 1430–1503; seit 1492 Papst; aus dem Geschlecht Borgia; ein weltlicher Renaissancemensch.

Alexander I. von Rußland, 1777–1825; seit 1801 Zar; kämpfte gegen Napoleon; Stifter der Heiligen Allianz von 1815 mit Preußen und Österreich.

Alexander II. von Rußland, 1818–1881; seit 1855 Zar; hob Leibeigenschaft auf, reformierte Verwaltung.

Alexander III. von Rußland, 1845–1894; seit 1881 Zar; betrieb die Russifizierung der Ostseeprovinzen.

Alexander Aljechin, 1892–1946; russischer Schachspieler; viele Jahre Schachweltmeister.

Alexander Archipenko, 1887–1964; russisch-amerikanischer abstrakter Bildhauer und „Skulptomaler".

Alexander Borodin, 1833–1887; russischer Komponist.

Alexander Graf von Cagliostro, 1743–1795; italienischer Abenteurer und „Alchimist".

Alexander Calder, 1898–1976; amerikanischer abstrakter Plastiker.

Alexander Dubček, geboren 1921; tschechoslowakischer kommunistischer Politiker; sein Reformversuch mißlang (Einmarsch von Warschauer Paktstaaten).

Alexander Fleming, 1881–1955; englischer Entdecker des Penicillins.

Alexander von Humboldt, 1769–1859; deutscher Naturwissenschaftler und Forschungsreisender.

Alexander S. Neill, 1883–1923; englischer Pädagoge; vertrat antiautoritäre Erziehung.

Alexander Pope, 1688–1744; englischer klassizistischer Schriftsteller.

Alexander Puschkin, 1799–1837; russischer Schriftsteller; schuf neue russische Literatursprache und fand zu psychologischem Realismus.

Alexander Roussel, gestorben 1728; evangelischer Blutzeuge in Frankreich (Gedenktag: 30. November).

Alexander Solschenizyn, geboren 1918; russischer realistisch-kritischer Schriftsteller; 1974 ausgebürgert.

Alexandra *w*, die weibliche Form zu ↗ Alexander; Weiterbildungen: *Alexandrina, Alexandrine;* Kurz- und Koseformen: *Alexa, Alexe, Alexia, Alix, Allix, Xandra;* englische Kurzformen: *Alice, Lizzi, Lizzy, Sandy;* italienisch: *Alessandra;* dazu Kurzform: *Sandra;* russische Kurzformen: *Sanj, Sascha.*

Bekannte Namensträgerin:

Alexandra Feodorowna, 1872–1918; die letzte Zarin von Rußland.

Alexandre *m,* französische Form von ↗ Alexander.

Namensträger:

Alexandre Dumas, Vater, 1802–1870; französischer Schriftsteller; Dramen und Romane.

Alexandre Dumas, Sohn, 1824–1895; moderne Gesellschaftsdramen und zeitkritische Romane.

Alexandrina *w,* Weiterbildung von ↗ Alexandra.

Alexandrine *w,* Weiterbildung von ↗ Alexandra.

Alexe *w,* Kurzform für ↗ Alexandra.

Alexei *m,* Nebenform zu ↗ Alexej.

Alexej *m,* russische Form von ↗ Alexander; Nebenformen: *Alexei, Aleksej.*

Bekannter Namensträger:

Alexej Kossygin, 1904–1980; sowjetischer Politiker.

Alexia *w,* Kurzform für ↗ Alexandra.

Alexis *m,* griechisch: *alexein* = abwehren, helfen; latinisiert: *Alexius.*

Bekannter Namensträger:

Alexis Comte Tocqueville, 1805–1859; französischer Schriftsteller, Historiker und Politiker; analysierte die Demokratie.

Alexius *m,* lateinische Form von ↗ Alexis, auch Kurzform für ↗ Alexander.

Namensträger:

Alexius von Edessa, 5. Jahrhundert; Einsiedler aus Rom (Gedenktag: 17. Juli).

Alexius von Tamsweg, gestorben 1529; Laienbruder; von Türken getötet (Gedenktag: 6. September).

Aleydis *w,* Nebenform zu ↗ Aleide.

Namensträgerin:

Aleydis von Brabant (Schaerbeek), gestorben 1249; Ordensfrau im Zisterzienserinnenkloster „Mariä Kammeren" bei Brüssel; ertrug heldenhaft ihre Erkrankung an Aussatz (Gedenktag: 11. Juni).

Alf *m,* Kurzform für ↗ Adolf und ↗ Alfred und sonstige mit Alf- beginnende männliche Vornamen.

Alfa *w,* Kurzform für mit Alf- beginnende weibliche Vornamen.

Alfard *m,* Nebenform zu ↗ Alfhard.

Alfäus *m,* ökumenische Form von ↗ Alphäus.

Alfhard *m,* althochdeutsch: *alf* = *alb* = Elf, Naturgeist; *harti* = stark, fest; Nebenformen: *Alfard, Alphart, Albhard.*

Alfhelm *m,* althochdeutsch: *alf* = *alb* = Elf, Naturgeist; *helm* = Helm, Schutz.

Alfhild *w,* althochdeutsch: *alf* = *alb* = Elf; *hiltja* = Kampf; Nebenform: *Alfhilde, Albhilde.*

Alfhilde *w,* Nebenform zu ↗ Alfhild.

Alfons *m,* romanisch-althochdeutsch: *adal* = edel, vornehm; *fons* = *funs* = bereit; Nebenform: *Alphons;* französische Form: *Alphonse;* spanisch: *Alfonso, Alonso;* italienisch: *Alfonso;* portugiesisch: *Affonso.*

Bekannter Namensträger:

Alfons von Liguori, 1696–1787; Priester; gründete 1731/1732 die Orden der Redemptoristinnen und der Redemptoristen; wirkte als Volksmissionar und Bischof von Sant'Agata de' Goti (Gedenktag: 1. August).

Alfonsa *w,* die weibliche Form zu ↗ Alfons; Nebenform: *Alphonsa.*

Alfonso *m,* italienische und spanische Form von ↗ Alfons.

Alfrad *m,* althochdeutsch: *alf* = *alb* = Elf, Naturgeist; *rat* = Rat, Berater, Beratung.

Alfrada *w,* Nebenform zu ↗ Albrada; auch *Alfreda;* weibliche Form zu ↗ Alfred.

Alfred *m,* englisch, aus altenglisch: *Aelfred* = *aelf* = *alf* = Elf, Naturgeist; *raed* = Rat; althochdeutsch: *alf* und *red* = *rat.*

Bekannte Namensträger:

Alfred der Große, um 849–901; angelsächsischer König von Wessex; besiegte 878 die dänischen Wikinger; förderte die englische Landwirtschaft, Kultur und Wissenschaften (Gedenktag: 28. Oktober).

Alfred Adler, 1870–1937; österreichischer Psychologe und Nervenarzt;

Schüler Sigmund Freuds; begründete die Individualpsychologie.

Alfred Andersch, 1914–1980; deutscher Schriftsteller.

Alfred Brehm, 1829–1884; deutscher Zoologe; bekannt sein sechsbändiges „Tierleben“.

Alfred Delp, 1907–1945; deutscher katholischer Theologe und Soziologe; Jesuit; vom nationalsozialistischen Volksgerichtshof zum Tod verurteilt und hingerichtet (Gedenktag: 2. Februar).

Alfred Döblin, 1878–1957; deutscher expressionistischer, später realistischer Schriftsteller.

Alfred Dreyfus, 1859–1935; jüdischer französischer Hauptmann; 1894 unschuldig zu lebenslanger Deportation verurteilt; 1906 rehabilitiert.

Alfred Hermann Fried, 1864–1921; österreichischer Schriftsteller; Pazifist; gründete 1892 die Deutsche Friedensgesellschaft.

Alfred Grosser, geboren 1925; deutsch-französischer Politikwissenschaftler; förderte die deutsch-französische Verständigung.

Alfred Hitchcock, 1899–1980; englischer Filmregisseur und Autor; Meister des psychologischen Thrillers.

Alfred Kinsey, 1894–1956; amerikanischer Zoologe und Sexualforscher.

Alfred Kubin, 1877–1959; österreichischer Zeichner und Schriftsteller; Mitglied des „Blauen Reiter“.

Alfred Müller-Armack, 1901–1978; deutscher Wirtschaftswissenschaftler und Soziologe; Mitschöpfer der „sozialen Marktwirtschaft“.

Alfred de Musset, 1810–1857; französischer Novellist, Dramatiker und Lyriker.

Alfred Nobel, 1833–1896; schwedischer Chemiker; erfand unter anderem 1863 das Dynamit; gründete die Nobelstiftung.

Alfred Graf von Schlieffen, 1833–1913; preußischer Generalfeldmarschall; entwarf den Schlieffenplan für Zweifrontenkrieg.

Alfred Sisley, 1839–1899; französischer impressionistischer Landschaftsmaler und Zeichner.

Alfred Lord Tennyson, 1809–1892; englischer Schriftsteller der Spätromantik; viktorianischer Lyriker.

Alfred von Tirpitz, 1849–1930; deutscher Großadmiral und deutschnationaler Politiker; schuf die deutsche Hochseeflotte.

Alfred Weber, 1868–1958; deutscher Wirtschaftswissenschaftler und Soziologe; Hauptvertreter der Kultursoziologie und Schöpfer der industriellen Standortlehre.

Alfred N. Whitehead, 1861–1947; englischer neurealistischer Philosoph und Mathematiker, namentlich der mathematischen Logistik.

Alfreda *w,* die weibliche Form zu ↗ Alfred; Nebenform: *Alfrada.*

Alfrida *w,* althochdeutsch: *alf* = *alb* = Elf; *fridu* = Friede; Nebenform: *Elfrida.*

Namensträgerin:

Alfrida, mit ↗ Edith und ↗ Sabina nach der Legende 819 von Normannen umgebracht (Gedenktag: 8. Dezember).

Alfried *m,* Kurzform für ↗ Adalfried.

Alfrun *w,* Nebenform zu ↗ Albrun.

Alfwin *m,* Nebenform zu ↗ Albwin.

Alger *m,* westfriesisch; althochdeutsch: *adal* = edel, vornehm; *ger* = Speer; Nebenform: *Alker.*

Alhard *m,* Kurzform für ↗ Adalhard; Nebenform: *Allard.*

Alheid *w,* Kurzform für ↗ Adelheid.

Alhild *w,* Kurzform für ↗ Adelhild.

Ali *m,* arabisch: hoch, erhaben; auch Kurz- oder Koseform für mit Al- beginnende männliche Vornamen.

Alice *w,* englisch und französisch; Kurzform für ↗ Adelheid, ↗ Alexandra und ↗ Elisabeth; englische und französische Koseform: *Alison;* schwedische: *Alla.*

Namensträgerinnen:

Alice Maud Mary, 1843–1878; Großherzogin von Hessen, Tochter der Königin Victoria von England und

des Prinzen Albert; gründete den Alice-Landfrauenverein vom Roten Kreuz, der sich im Krieg 1870/1871 in der Gefangenen- und Verwundetenfürsorge bewährte.
Alice von Schaerbeek ↗ Aleydis.
Alice Schwarzer, geboren 1949; deutsche Journalistin der emanzipatorischen Frauenbewegung.
Alida *w*, Kurzform für ↗ Adelheid.
Alina *w*, Nebenform zu ↗ Aline.
Alinda *w*, Kurzform für ↗ Adelinde.
Alinde *w*, Kurzform für ↗ Adelinde.
Aline *w*, slawisch für Helene; oder nach dem arabischen ↗ Ali: die Erhabene (?); Nebenform: *Alina*.
Alison *w*, englisch-französische Koseform für ↗ Alice.
Alix *w*, Kurzform für ↗ Alexandra.
Alja *w*, Kurzform für ↗ Alexandra.
Bekannte Namensträgerin:
Alja Rachmanowa, geboren 1898; russische Schriftstellerin; emigrierte 1926; veröffentlichte Tagebücher und biographische Romane.
Aljoscha *m*, russische Koseform für Aleksandr (↗ Alexander).
Alke *w*, niederdeutsche und niederländische Koseform für mit Adel- beginnende weibliche Vornamen, so für ↗ Adelgunde, ↗ Adelheid; Nebenform: *Alkje*.
Alker *m*, Nebenform zu ↗ Alger.
Alkibiades *m*, griechisch: = stark; latinisiert: *Alcibiades*.
Bekannter Namensträger:
Alkibiades, um 450–404 v. Chr.; athenischer Feldherr im Peloponnesischen Krieg.
Alkje *w*, Nebenform zu ↗ Alke.
Alkuin *m*, althochdeutsch: *alah* = Elch (?), Heiligtum (?); *wini* = Freund; Nebenform: *Alkwin*.
Namensträger:
Alkuin, um 730–804; Benediktiner; Domschüler aus York; von Karl dem Großen als Abt in Tours eingesetzt; Lehrer der Franken (Gedenktag: 19. Mai).
Alkwin *m*, Nebenform zu ↗ Alkuin.
Alla *w*, schwedische Kurzform für Alexandra, Alice und andere; auch russischer Vorname.
Allan *m*, Nebenform zu ↗ Alan.
Allard *m*, Nebenform zu ↗ Alhard.
Allegonde *w*, niederländische Form von ↗ Adelgunde.
Allegra *w*, italienisch-amerikanisch: die Frohe, Muntere.
Allen *m*, Nebenform zu ↗ Alan.
Namensträger:
Allen Ginsberg, geboren 1926; amerikanischer Protestlyriker der Beatgeneration.
Allix *w*, Kurzform für ↗ Alexandra.
Allon *m*, Nebenform zu ↗ Alon.
Allvar *m*, schwedische Form von ↗ Ernst.
Alma *w*, lateinisch-spanisch: *alma* = Nährende, Fruchtbare; auch Kurz- und Koseform für mit Amal- beginnende weibliche Vornamen, so für ↗ Amalia.
Bekannte Namensträgerin:
Alma Mahler-Werfel, 1879–1964; Gattin Gustav Mahlers; verfaßte dessen Biographie.
Almaberga *w*, Nebenform zu ↗ Amalberga.
Almar *m*, Kurzform für ↗ Adalmar.
Almarich *m*, Nebenform zu ↗ Amalrich; auch: *Almerich*.
Almerich *m*, Nebenform zu Almarich (↗ Amalrich).
Almodis *w*, Kurzform für ↗ Adelmut; Nebenformen: *Almoda, Almode, Almudis*.
Almud *w*, Kurzform für ↗ Adelmut.
Namensträgerin:
Almud (Almudis), um 1000; Stifterin und Äbtissin des Kanonissenstifts Wetter bei Marburg (Gedenktag: 13. März).
Almudis *w*, Nebenform zu ↗ Adelmut.
Almut *w*, Kurzform für ↗ Adelmut; Nebenformen: *Almuth, Almute*.
Almute *w*, Nebenform zu ↗ Almut.
Almuth *w*, Nebenform zu ↗ Almut.
Alois *m*, latinisiert oder romanisiert aus althochdeutsch *Alwis, Alwisi:* sehr weise, klug; *Aloisius;* Nebenformen: *Aloys, Aloysius;* bayerische Ko-

seformen: *Lois, Loisl;* italienisch: *Aloisio* und *Luigi.*
Bekannte Namensträger:
Alois Andricki, 1914–1942; deutscher katholischer Priester; starb im Konzentrationslager Dachau (Gedenktag: 3. Februar).
Alois von Gonzaga ↗ Aloisius von Gonzaga.
Alois Hába, 1893–1973; tschechischer Komponist und Musikschriftsteller.
Alois Scholze, deutscher katholischer Priester des Bistums Meißen; Pfarrer von Leutersdorf; starb im Konzentrationslager Dachau (Gedenktag: 1. September).
Alois Senefelder, 1771–1834; österreichischer Erfinder, unter anderem der Lithographie.

Aloisa *w,* Nebenform zu ↗ Aloisia.

Aloisia *w,* die weibliche Form zu ↗ Alois; Nebenformen: *Aloisa, Aloysia, Alwissa;* Koseformen: *Wisa, Wissia, Loisa, Illa.*

Aloisio *m,* italienische Form von ↗ Alois.

Aloisius *m,* latinisierte Form von ↗ Alois.
Bekannter Namensträger:
Aloisius von Gonzaga, 1568–1591; italienischer Jesuit; im Dienst an Kranken starb er selbst an pestartiger Erkrankung (Gedenktag: 21. Juni).

Alon *m,* hebräisch: *allon* = Eiche; Nebenformen: *Allon, Elon.*

Alonso *m,* spanische Form von ↗ Alfons.

Aloys *m,* ältere Schreibweise von ↗ Alois.
Namensträger:
Aloys Henhöfer, 1789–1862; deutscher evangelischer Erweckungsprediger in Baden (Gedenktag: 5. Dezember).

Aloysia *w,* Nebenform zu ↗ Aloisia.

Alphard *m,* Nebenform zu ↗ Albhard.

Alphäus *m,* latinisiert aus griechisch: Alphaios; ökumenische Form: *Alfäus.*
Namensträger:
Alfäus, im Neuen Testament Vater des Apostels Jakobus des Jüngeren.

Alphons *m,* ältere Schreibweise von ↗ Alfons.

Alphonsa *w,* ältere Schreibweise von ↗ Alfonsa.

Alphonse *m,* französische Form von ↗ Alfons.
Bekannter Namensträger:
Alphonse Daudet, 1840–1897; französischer humorvoll-satirischer Romanschriftsteller und Erzähler.

Alram *m,* Nebenform zu ↗ Adalram.
Namensträger:
Alram, gestorben 1123; Mönch in Niederaltaich, später Abt von Kremsmünster (Gedenktag: 11. März).

Alraune *w,* Nebenform zu Alrun (↗ Adelrune).

Aelred *m,* althochdeutsch: *adal* = edel; *red* = *rat* = Rat; Nebenform: *Ethelred.*
Namensträger:
Aelred, 1110–1167; Hofmarschall des schottischen Königs David I.; wurde Zisterzienserabt in Revesby und Rieval; mystisch-spekulativer theologischer Schriftsteller (Gedenktag: 12. Januar).

Alrich *m,* niederdeutsch und schwedisch; Kurzform für ↗ Adalrich; Nebenform: *Alrik.*

Alrick *m,* schwedische Form von ↗ Alarich.

Alrik *m,* Nebenform zu Alrich (↗ Adalrich).

Alrun *w,* althochdeutsch: *adal* = edel, vornehm; *runa* = geheime Beratung, Zauber; Kurzform für ↗ Adelrune; Nebenformen: *Alruna, Alrune, Alraune.*

Alruna *w,* Nebenform zu ↗ Alrun.
Namensträgerin:
Alruna, gestorben 1045; wohltätige Markgräfin von Cham (Gedenktag: 27. Januar).

Alrune *w,* Nebenform zu ↗ Alrun.

Altfrid *m,* Nebenform zu ↗ Altfried.
Namensträger:
Altfrid, gestorben 874; Bischof von Hildesheim; stiftete die Benediktinerinnenabtei Essen und das Benediktinerkloster Saleghenstad (Gedenktag: 16. August).

Altfried *m,* Kurzform für ↗ Adalfried; Nebenformen: *Altfrid, Aldefried.*

Althäe *w,* Nebenform zu ↗ Althea.

Althea *w,* griechisch: die Heilende; Nebenformen: *Althäe, Althee.*

Althee *w,* Nebenform zu ↗ Althea.

Altje *w,* Koseform für ↗ Adelheid; Nebenform: *Aaltje* und *Eltje.*

Altmann *m,* althochdeutsch: *adal* = edel, vornehm; *man* = Mann; friesisch: *Oldmann;* Koseform: *Alto.*

Namensträger:

Altmann, um 1015–1091; Bischof von Passau; später ständiger päpstlicher Vikar in Deutschland; vertrat die Reform Gregors VII. und unterstützte ihn im Investiturstreit (Gedenktag: 9. August).

Alto *m,* Kurz- und Koseform für mit Adal- oder Alde- beginnende männliche Vornamen.

Namensträger:

Alto, gestorben etwa 760; iroschottischer oder eher deutscher Glaubensbote in Oberbayern; Einsiedler; gründete nach der Überlieferung das Kloster Altomünster (Gedenktag: 9. Februar).

Altraut *w,* Kurzform für ↗ Adeltraud; Nebenform: *Altrud.*

Altrud *w,* Kurzform für ↗ Adeltraud.

Alva *w,* lateinisch: die Weise.

Namensträgerin:

Alva Myrdal, geboren 1902; schwedische Politikerin, Soziologin und Friedensforscherin.

Alvar *m,* schwedisch: Elf und Heer.

Bekannter Namensträger:

Alvar Aalto, 1898–1976; finnischer Architekt des modernen Städteplanens und Bauens.

Alvaro *m,* spanisch: aus germanisch ↗ Alwart.

Alwara *w,* die weibliche Form zu ↗ Alwart; Nebenform zu ↗ Elvira.

Alwart *m,* althochdeutsch: *al* = ganz; *wart* = Wärter, Hüter; spanische Form: *Alvaro.*

Alwera *w,* Nebenform zu ↗ Elvira.

Alwin *m,* Kurzform für ↗ Adalwin; Nebenform zu ↗ Albwin.

Alwina *w,* Nebenform zu ↗ Alwine.

Alwine *w,* die weibliche Form zu Alwin (↗ Adalwin); Nebenformen: *Alwina, Elwine.*

Alwis *m,* althochdeutsch: *al* = alles, ganz; *wisi* = weise; Vorform von romanisch ↗ Alois.

Alwissa *w,* Nebenform zu Aloisia (↗ Alois).

Ama *w,* Koseform für mit Amal- beginnende weibliche Vornamen.

Amabel *w,* englische Form von ↗ Amabella.

Amabella *w,* lateinisch: *amabilis* = liebenswert; erweiterte Form: *Amabilia;* englisch: *Amabel;* Koseformen: *Mabel, Mab.*

Amabilia *w,* erweiterte Form von ↗ Amabella.

Amadea *w,* lateinisch: *ama* = liebe; *dea* = Göttin; die weibliche Form zu ↗ Amadeus; Nebenform: *Amedea.*

Amadeo *m,* italienische Form von ↗ Amadeus; Nebenform: *Amedeo.*

Bekannter Namensträger:

Amadeo Avogadro, 1776–1856; italienischer Physiker; fand 1811 das nach ihm benannte Avogadrosche Gesetz.

Amadeus *m,* lateinisch: *ama* = liebe; *deus* = Gott; italienische Form: *Amadeo* und *Amedeo;* französisch: *Amadé* und *Amédé;* entspricht griechisch: *Theophil;* slawisch-russisch: *Bogumil;* deutsch: *Gottlieb;* polnische Form: *Madej.*

Bekannte Namensträger:

Amadeus, etwa 1110–1159; Bischof von Lausanne; vorher Abt des Zisterzienserklosters Hautecombe; Reichsfürst Friedrichs I. Barbarossa in Burgund (Gedenktag: 30. August).

Amadeus VIII. von Savoyen, 1383–1451; als Felix V. 1439–1449 der letzte Gegenpapst.

Amadeus Mozart ↗ Wolfgang.

Amala *w,* Kurzform für ↗ Amalberga.

Amalasuntha *w,* Nebenform zu ↗ Amalaswintha.

Amalaswintha *w,* germanisch: *amal* = in Bezug zu den Amalern (?), dem ostgotischen Königsgeschlecht; *win-*

tha = erfolgreich (?); Nebenform: *Amalasuntha.*
Namensträgerin:
Amalaswintha, Tochter Theoderichs des Großen; 535 von ihrem Vetter und Mitregenten Theodahad ermordet.

Amalberga *w,* althochdeutsch: *amal=* in Bezug zu den Amalern (Amelungen), dem ostgotischen Königsgeschlecht; *berga* = Schutz, Zuflucht; Nebenformen: *Amalburga, Amalberg, Almaberga;* Kurzformen: *Amala, Amalie, Amelie;* französische Form: *Amélie.*
Namensträgerinnen:
Amalberga (Amalberg), im 9. Jahrhundert; um 800 Äbtissin von Susteren (Gedenktag: 21. November).
Amalberga (Amalberg), im 8. Jahrhundert; gestorben um 772; Benediktinerin in Münsterbilsen (Gedenktag: 8. Juli).

Amalbert *m,* althochdeutsch: *amal* = in Bezug zu den Amalern (Amelungen), dem ostgotischen Königsgeschlecht; *beraht* = glänzend.

Amalberta *w,* die weibliche Form zu ↗ Amalbert; Kurzform: *Malberta.*

Amalburga *w,* Nebenform zu ↗ Amalberga.

Amalfried *m,* althochdeutsch: *amal* = in Bezug zu den Amalern (Amelungen); *fridu* = Friede.

Amalfrieda *w,* die weibliche Form zu ↗ Amalfried.

Amalgard *w,* althochdeutsch: *amal* = in Bezug zu den Amalern (Amelungen), dem ostgotischen Königsgeschlecht; *gard* = Zaun, Schutz, Schützerin.

Amalgund *w,* Nebenform zu ↗ Amalgunda.

Amalgunda *w,* althochdeutsch: *amal* = in Bezug zu den Amalern (Amelungen), dem ostgotischen Königsgeschlecht; *gund* = Kampf; Nebenformen: *Amalgunde, Amalgund, Amalgundis.*

Amalgunde *w,* Nebenform zu ↗ Amalgunda.

Amalgundis *w,* Nebenform zu ↗ Amalgunde.

Amalhilde *w,* althochdeutsch: *amal* = in Bezug zu den Amalern (Amelungen), dem ostgotischen Königsgeschlecht; *hiltja* = Kampf.

Amalia *w,* mittelhochdeutsch; Kurzform für ↗ Amalberga oder ↗ Amalinde; Nebenformen: *Amalie, Ameile;* Koseformen: *Alma, Male, Mali, Malchen;* französische Form: *Amélie;* englisch: *Amelia, Amely, Emily, Emmy* und *Milly;* tschechisch: *Milada.*
Bekannte Namensträgerin:
Anna Amalia, 1739–1807; Herzogin von Sachsen-Weimar; förderte Kunst und Wissenschaft als Mittelpunkt des Weimarer literarischen Lebens der Goethezeit.

Amalie *w,* Nebenform zu Amalia; Kurzform für ↗ Amalberga; Nebenformen: *Amelia, Amelie.*
Namensträgerin:
Amalie Sieveking, 1794–1859; gründete evangelischen Frauenverein für Armen- und Krankenpflege; Wohltäterin der Armen in Hamburg (Gedenktag: 1. April).

Amalinde *w,* althochdeutsch: *amal* = in Bezug zu den Amalern (Amelungen), dem ostgotischen Königsgeschlecht; *linta* = Lindenholzschild; Nebenform: *Amalindis;* Kurzformen: *Amelina, Ameline, Amalie.*

Amalindis *w,* Nebenform zu ↗ Amalinde.

Amalrich *m,* althochdeutsch: *amal* = in Bezug zu den Amalern (Amelungen), dem ostgotischen Königsgeschlecht; *rihhi* = reich, mächtig; Nebenformen: *Amelrich, Almarich, Emmelrich, Emelrich, Emmerich, Emrich;* italienisch: *Amalrigo,* danach *Americo* und *Amerigo;* englisch: *Amery.*

Amalrigo *m,* italienische Form von ↗ Amalrich.

Amaltrud *w,* althochdeutsch: *amal* = in Bezug zu den Amalern (Amelungen), dem ostgotischen Königsgeschlecht; *trud* = Stärke, Kraft.

Namensträgerin:
Amaltrud, vor 800; legendäre französische Heilige (Gedenktag: 30. August).

Amanda *w,* die weibliche Form zu ↗ Amandus.

Amandus *m,* lateinisch: *amandus* = liebenswert; Kurzformen: *Mand, Mandes, Mandus, Mandy.*
Namensträger:
Amandus, gestorben um 679; christlicher Glaubensbote an Maas und Schelde, Apostel der Belgier (Gedenktag: 6. Februar).
Amandus, im 4. Jahrhundert; erster namentlich bekannter Bischof von Straßburg; Teilnehmer der Synoden von Sardica (343) und Köln (346) (Gedenktag: 26. Oktober).

Amarante *w,* griechisch: nie Verwelkende; nach der Pflanze Amarant (?).

Amarin *m,* lateinisch: *marinus* = das Meer betreffend; Nebenform: latinisiert *Amarinus.*
Namensträger:
Amarin, gestorben 674; Abt; mit Bischof Prikt und Akolyth Elid ermordet; Märtyrer (Gedenktag: 25. Januar oder 15. Februar).

Amaryllis *w,* griechisch: *amaryssein* = funkeln; nach der Pflanze Amaryllis.

Amata *w,* die weibliche Form zu ↗ Amatus; französische Form: *Aimée;* englisch: *Amy.*
Namensträgerin:
Amata, etwa 1200–1254; durch Klara von Assissi bekehrte Klarissin (Gedenktag: 20. Februar).

Amatus *m,* lateinisch: *amare* = lieben; französische Form: *Aimé.*
Namensträger:
Amatus, etwa 565–625; erst Einsiedler, dann Mönch in Luxeuil; Abt des von ihm und Romarich gegründeten Doppelklosters Remiremont in den Vogesen (Gedenktag: 13. September).
Amatus, gestorben um 690; Bischof von Sitten (Sion) in der Schweiz; Benediktiner (Gedenktag: 13. September).

Amber *m,* Kurzform für ↗ Ambrosius.

Amber *w,* englisch, von arabisch: *anbar* = Moschusart Amber oder nach dem gelben Amber (Bernstein); niederländische Form: *Amber;* französisch: *Ambre;* italienisch: *Ambra.*

Ambra *w,* italienische Form von ↗ Amber.

Ambre *w,* französische Form von ↗ Amber.

Ambrogio *m,* italienische Form von ↗ Ambrosius; Kurzform: *Brogio.*

Ambroise *m,* französische Form von ↗ Ambrosius.

Ambros *m,* Kurzform für ↗ Ambrosius.

Ambrosia *w,* die weibliche Form zu ↗ Ambrosius.

Ambrosius *m,* griechisch-lateinisch: der Göttliche, Unsterbliche durch die Götterspeise Ambrosia; Kurz- und Koseformen: *Ambros, Amber, Broos, Bros, Broß, Bröse, Bröseke, Brus, Brüs;* italienische Formen: *Ambrogio, Brogio;* französisch: *Ambroise;* slawisch: *Broz, Mros.*
Bekannte Namensträger:
Ambrosius von Mailand, um 340–397; Bischof von Mailand, einer der vier großen abendländischen Kirchenlehrer (Kirchenvater), Hymnendichter und theologischer Schriftsteller, Seelsorger und Vertreter des Selbstbestimmungsrechts der Kirche in Glaubenssachen (Gedenktag: 7. Dezember; evangelisch: 4. April).
Ambrosius Blarer, 1492–1564; Reformator in Konstanz, Memmingen, Ulm und anderwärts (Gedenktag: 6. Dezember).

Amédé *m,* französische Form von ↗ Amadeus.

Amedeo *m,* Nebenform zum italienischen ↗ Amadeo.
Bekannter Namensträger:
Amedeo Modigliano, 1884–1920; italienischer expressionistischer Maler und Bildhauer.

Ameile *w,* Koseform für ↗ Amalia.

Amelia *w,* Nebenform zu ↗ Amalia; Kurzform für ↗ Amalberga.

Amelie *w,* Nebenform zu ↗ Amalie;

Kurzform für ↗ Amalberga; auch Verdeutschung des französischen Amélie.

Amélie *w*, französische Form für Amalie (↗ Amalberga).

Ameline *w*, Kurzform für ↗ Amalinde.

Amelios *m*, griechisch: *ameles* = sorgenfrei; latinisiert: *Amelius*.

Amelius *m*, latinisierte Form von ↗ Amelios.

Amelrich *m*, Nebenform zu ↗ Amalrich.

Amelung *m*, althochdeutsch: *amal* = in Bezug zu den Amalern; *ung* = zugehörig, Nachkomme.

Amenophis *m*, ägyptisch: Amun ist zufrieden.

Namensträger: ägyptische Könige, so:

Amenophis IV. Echnaton, etwa 1362–1346 v. Chr.; führte den monotheistischen Sonnenkult ein; seine Gattin: Nofretete.

Americo *m*, Nebenform zu ↗ Amerigo.

Amerigo *m*, italienische Form von ↗ Amalrich; ursprünglich *Amalrigo;* Nebenform: *Americo.*

Bekannter Namensträger:

Amerigo Vespucci, 1451–1512; italienischer Seefahrer; Entdeckungsreisen im Dienst Spaniens und Portugals führten ihn 1497–1504 vor südamerikanische Nord- und Ostküste; nach ihm Amerika benannt.

Amery *m*, englische Form von Emmerich; ↗ Amalrich.

Ämilia *w*, lateinische Form von ↗ Emilie.

Ämilian *m*, lateinisch: *Aemilianus,* Weiterbildung von Aemilius.

Namensträger:

Ämilian, gestorben um 660; irischer Benediktiner; kam nach Frankreich und wurde Abt von Lagny (Gedenktag: 10. März).

Ämiliana *w*, lateinisch: *Aemiliana;* deutsch: *Emilie;* Nebenformen: *Ämiliane, Ämilie.*

Namensträgerin:

Ämiliana, im 6. Jahrhundert; Tante Papst Gregors I. (Gedenktag: 5. Januar).

Ämiliane *w*, Nebenform zu ↗ Ämiliana.

Ämilie *w*, Nebenform zu ↗ Ämiliana.

Namensträgerin:

Ämilie Juliane von Schwarzburg-Rudolstadt, gestorben 1706; evangelische Liederdichterin (Gedenktag: 3. Dezember).

Ämilius *m*, lateinisch: *Aemilius;* deutsch: ↗ Emil.

Namensträger:

Ämilius, im 3. Jahrhundert; Märtyrer in Karthago um 250 (Gedenktag: 22. Mai).

Ammon *m*, Nebenform zu ↗ Amon.

Amon *m*, griechische Form für den ägyptischen Gott von Theben, dann dem Sonnengott Re gleichgesetzt; Nebenformen: *Ammon, Amun.*

Amöna *w*, lateinisch: *Amoena,* die Anmutige; Nebenform: *Amöne;* Kurzformen: *Mena, Meina.*

Amöne *w*, Nebenform zu ↗ Amöna.

Amor *m*, lateinisch: *amor* = die Liebe.

Namensträger:

Amor, im 9. Jahrhundert; legendärer Missionar in den Niederlanden aus Aquitanien (Gedenktag: 8. Oktober).

Amor, legendärer Glaubensbote, Gründer und erster Abt von Amorbach, das aber nicht nach ihm benannt ist.

Amos *m*, hebräisch: *amos* = der Rüstige, Tragende, Beladene.

Namensträger:

Amos, zum Propheten berufener Viehhirte aus Tekoa; einer der zwölf Kleinen Propheten des Alten Testaments; schrieb das „Buch Amos“.

Amos Comenius, 1592–1670; tschechischer Theologe und Pädagoge; Bischof der Böhmischen Brüder (Gedenktag: 16. November).

Amrei *w*, Koseform für ↗ Annemarie; namentlich in Süddeutschland und der Schweiz.

Amun *m*, koptische Form für ↗ Amon.

Amy *w*, englische Kurz- und Koseform für ↗ Annemarie und für ↗ Amata.

Ana *w*, spanische Form von ↗ Anna;

auch Koseform für auf -ana oder -iana endigende weibliche Vornamen.

Anabel *w*, Koseform und englische Form für ↗ Annabella.

Anaïs *w*, Weiterbildung von Ana (Anna).

Namensträgerin:

Anaïs Nin, 1903–1977; amerikanische Romanschriftstellerin und Erzählerin im Einfluß der Psychoanalyse.

Anaklet *m*, griechisch: gerufen, aufgerufen.

Namensträger:

Anaklet I., im 1. Jahrhundert; auch als *Kletus;* Papst; Märtyrer (Gedenktag: 26. April).

Ananias *m*, griechisch, von hebräisch: *Chananja.*

Namensträger:

Ananias, im Neuen Testament (Apostelgeschichte) ein Jerusalemer Christ, mit seiner Frau Saphira zusammen wegen Betrugs bestraft.

Anastas *m*, griechisch: der Auferstandene; lateinisch: *Anastasius;* Kurzformen: *Anstatt, Stase, Stasi;* italienisch: *Anastasio.*

Anastasia *w*, die weibliche Form zu ↗ Anastas(ius); Kurzformen: *Stasia, Stasi, Stase, Asta;* russisch: *Anastasija;* Koseformen: *Nastja, Nastjenka, Nanja.*

Namensträgerinnen:

Anastasia, gestorben um 304; Märtyrin wohl unter Diokletian in Sirmium (Pannonien; Gedenktag: 25. Dezember).

Anastasia, 1901–1918 (?); die jüngste Tochter des russischen Zaren Nikolaus II.; vermutlich mit der Familie umgebracht; eine Frau Anna Anderson gab sich seit 1920 vergeblich als die Zarentochter aus.

Anastasija *w*, russische Form von ↗ Anastasia.

Anastasio *m*, italienische Form von ↗ Anastas(ius).

Anastasius *m*, lateinische Form von ↗ Anastas.

Namensträger:

Anastasius I., um 400; Papst, Gegner von Origenismus und Donatismus (Gedenktag: 21. April).

Anastasius der Perser, 7. Jahrhundert; verließ als Ritter den Heeresdienst, wurde 620 in Jerusalem getauft und wurde Mönch; 628 mit rund 70 Gefährten Märtyrer (Gedenktag: 22. Januar).

Anatol *m*, griechisch: aus Anatolien, wo die Sonne „aufgeht", also aus dem Morgenland; lateinische Form: *Anatolius;* französisch: *Anatole;* russisch: *Anatolij.*

Anatole *m*, französische Form von ↗ Anatol.

Bekannte Namensträger:

Anatole France, 1844–1924; französischer skeptisch-ironischer Schriftsteller und Kritiker des Fin-de-Siècle.

Anatole Litvak, 1902–1974; russisch-amerikanischer Filmregisseur.

Anatolij *m*, russische Form von ↗ Anatol.

Anatolius *m*, lateinische Form von ↗ Anatol.

Anaxagoras *m*, griechisch: *anax* = Herrscher; *agora* = Markt.

Bedeutender Namensträger:

Anaxagoras, um 500–428 v. Chr.; letzter Vertreter der ionischen Naturphilosophie; mit Perikles befreundet.

Anaximander *m*, griechisch: *anax* = Herrscher; *aner* = Mann.

Bekannter Namensträger:

Anaximander, etwa 611–545 v. Chr.; griechischer Naturphilosoph; forschte nach der Ursache aller Dinge und erklärte das „Apeiron" (Unerfahrbare) als deren Urprinzip.

Andel *w*, süddeutsche Kose- und Kurzform für ↗ Anna und ↗ Johanna, auch slawische Form von ↗ Angelus.

Anderl *m*, Kurz- und Koseform für ↗ Andreas.

Anders *m*, dänische, schwedische und niederdeutsche Form sowie deutsche Kurzform für ↗ Andreas.

Bekannte Namensträger:

Anders Angström, 1814–1874; schwedischer Physiker; erforschte das Son-

nenspektrum und schuf die Spektralanalyse.
Anders Celsius, 1701–1744; schwedischer Astronom; führte die nach ihm benannte Temperaturskala (Celsiusskala) ein.
Anders Zorn, 1860–1920; schwedischer impressionistischer Maler, Zeichner und Plastiker.

Andi *m,* Koseform für ↗ Andreas.

Andor *m,* ungarische Form von ↗ Andreas.

Andra *w,* Kurz- und Koseform für ↗ Alexandra.

Andrä *m,* Kurzform für ↗ Andreas.

Andras *m,* ungarische Form von ↗ Andreas.

Andrassy *m,* ungarische Form von ↗ Andreas.

André *m,* französische Form von ↗ Andreas.

Bekannte und bedeutende Namensträger:
André Marie Ampère, 1775–1836; französischer Physiker; Mitbegründer der Elektrodynamik; führte den Magnetismus auf atomare Ringströme zurück.
André Breton, 1896–1966; französischer Schriftsteller, der den Surrealismus theoretisch unterbaute.
André Derain, 1880–1954; französischer Maler des Fauvismus.
André François-Poncet, 1887–1978; französischer Politiker und Diplomat; war Hochkommissar und Botschafter in der Bundesrepublik Deutschland.
André Gide, 1869–1951; einer der einflußreichsten französischen Schriftsteller im 20. Jahrhundert.
André Malraux, 1901–1976; französischer Romanschriftsteller, Politiker und Kunsttheoretiker.
André Maurois, 1885–1967; französischer Romancier, Essayist und Biograph.
André Prévin, geboren 1929; amerikanischer Komponist, Pianist und Dirigent französischer Herkunft.

Andrea *w,* die weibliche Form zu ↗ Andreas; Kurzform: *Dea;* französisch: *Andrée.*

Andrea *m,* italienische Form von ↗ Andreas.

Bedeutende Namensträger:
Andrea Mantegna, 1431–1506; italienischer Maler und Kupferstecher der Frührenaissance.
Andrea Palladio, 1508–1580; italienischer Architekt der Hochrenaissance mit weitreichender Ausstrahlung.
Andrea del Verrocchio, 1435–1488; italienischer Maler und Renaissancebildhauer in Florenz; ursprünglich Goldschmied.

Andreas *m,* griechisch: der Mannhafte, Tapfere; Kurz- und Koseformen: *Andres, Anderl, Andrä, Endres, Endris, Drees, Dries, Änder;* niederdeutsche Formen: *Anders, Enders;* italienisch: *Andrea;* französisch: *André;* englisch: *Andrew, Andy, Dandy;* nordisch: *Anders;* slawisch: *Andrzei, Jendrzej, Ondra;* russisch: *Andrei, Andrej;* ungarisch: *Andrassy, Andras, Andor.*

Bedeutende Namensträger:
Andreas, Apostel; im Neuen Testament Bruder des Apostels Petrus; erst Jünger Johannes' des Täufers, dann Jesu; Märtyrer (Gedenktag: 30. November).
Andreas von Leuben, gestorben 1494; österreichischer Franziskaner; Provinzial (Gedenktag: 13. Oktober).
Andreas Bauer, 1866–1900; elsässischer Franziskanerbruder; in China im Boxeraufstand mit anderen gemartert (Gedenktag: 19. Juni).
Andreas Gryphius, 1616–1664; deutscher Lyriker und Dramatiker des Hochbarock.
Andreas Hofer, 1767–1810; Tiroler Freiheitskämpfer gegen die Franzosen unter Napoleon; nach mehrfachen Siegen gefangengenommen und erschossen.
Andreas Marggraf, 1709–1782; deutscher Chemiker; entdeckte den Rübenzucker.
Andreas Schlüter, etwa 1662–1714;

Berliner Architekt und Bildhauer des Barock.

Andreas Silbermann, 1678–1753; deutscher Orgelbauer, so in Basel, Straßburg, Ebersmünster und in anderen Städten.

Andreas Vesalius, 1514–1564; belgischer Anatom deutscher Herkunft; schuf mit seinem Lehrbuch der menschlichen Anatomie die Grundlage für die wissenschaftliche Anatomie.

Andree *w,* eingedeutschte Form des französischen Andrée.

Andrée *w,* französische Form für den weiblichen Vornamen Andrea.

Andrees *m,* Nebenform zu ↗ Andres.

Andrei *m, Andrej,* russische Form von ↗ Andreas.

Bekannte Namensträger:

Andrei Gromyko, geboren 1909; sowjetischer Politiker; langjähriger Außenminister der Sowjetunion.

Andrei Sacharow, geboren 1921; sowjetischer Atomphysiker und Regimekritiker; wurde 1980 nach Gorki verbannt.

Andrej *m,* Nebenform zu ↗ Andrei.

Andrejana *w,* südslawische Weiterbildung von Andrea; Nebenform: *Andrijana.*

Andres *m,* Kurzform für ↗ Andreas; Nebenformen: *Andrees, Andries.*

Andrew *m,* englische Form von ↗ Andreas; Kurz- und Koseformen: *Andy, Dandy.*

Andries *m,* Nebenform zu ↗ Andres.

Andrijan *m,* russische Form von ↗ Adrian.

Andriko *m,* ukrainische Koseform für ↗ Andrej.

Andro *m,* südslawische Koseform für Andreas.

Andromache *w,* die weibliche Form zu ↗ Andromachus.

Andromachus *m,* latinisiert aus griechisch: *Andromachos: aner* = Mann; *machesthai* = kämpfen; französische Form: *Andromaque.*

Andromaque *m,* französische Form von ↗ Andromachus.

Andronikus *m,* latinisiert aus griechisch: *Andronikos: aner* = Mann; *nikan* = siegen.

Andruschka *m,* russische Koseform für Andrej.

Andy *m,* englische Kurzform für Andrew (↗ Andreas).

Namensträger:

Andy Warhol, geboren 1928; amerikanischer Maler der Pop Art und Filmregisseur.

Äneas *m,* griechisch: lobenswert; italienische Form: *Enea;* französisch: *Énée;* englisch: *Eneas.*

Namensträger:

Äneas, in der griechisch-römischen Mythologie Sohn des Anchises und der Aphrodite; rettet den Vater aus dem brennenden Troja, erreicht nach jahrelanger Irrfahrt Italien und gründet Lavinium.

Anesli *w,* Koseform für ↗ Agnes.

Anette *w,* Nebenform zu ↗ Annette.

Ange *w,* französisch: Engel.

Angel *w,* Koseform für ↗ Angela; auch slawische Form von ↗ Angelus.

Angela *w,* die weibliche Form zu ↗ Angelus; Nebenform: *Angelia;* erweiterte Formen: *Angelika, Angelina;* Koseformen: *Angeli, Angel, Engeli, Gela, Geli;* italienische Form: *Angela;* erweitert: *Angelina;* französisch: *Ange, Angèle;* polnisch: *Aniela.*

Bekannte Namensträgerinnen:

Angela von Foligno, 1248–1309; gründete eine Genossenschaft von Schwestern des Dritten franziskanischen Ordens; Mystikerin (Gedenktag: 4. Januar).

Angela von Stolberg, 1833–1905; erst Hedwigsschwester; seit 1871 Schwester vom Armen Kinde Jesus in der Krankenpflege in Wien; trug in Geduld eigene schwere Krankheit ab 1898 (Gedenktag: 2. November).

Angela Merici, 1474–1540; Gründerin der Ursulinen; deren erste Oberin (Gedenktag: 27. Januar).

Angèle *w,* französische Form von ↗ Angela.

Angeli *w,* Koseform für ↗ Angela.

Angelia *w,* Nebenform zu ↗ Angela.

Angelica *w,* Nebenform zu ↗ Angelika.

Angelico *m,* italienische Form von ↗ Angelikus.

Bedeutender Namensträger:

Fra Angelico da Fiesole, um 1387–1455; Dominikaner; italienischer Meistermaler der Frührenaissance mit spätgotischem Nachklang.

Angelicus *m,* Nebenform zu ↗ Angelikus.

Angelika *w,* die weibliche Form zu ↗ Angelikus, Weiterbildung von Angela; Nebenform: *Angelica;* französische Form: *Angélique.*

Angelikus *m,* griechisch-lateinisch: engelhaft; erweiterte Form von ↗ Angelus; Nebenform: *Angelicus;* italienische Form: *Angelico.*

Angelina *w,* erweiterte Form von ↗ Angela; auch italienisch: die Engelgleiche; Nebenform: *Angeline;* russische Koseform: *Gelja.*

Namensträgerin:

Angelina, gestorben 1510; Gattin des serbischen Fürsten Stephan des Blinden; gründete 1496 das Kloster Kruschedol; starb als Äbtissin in Kupinik (Gedenktag: 10. Dezember).

Angeline *w,* Nebenform zu ↗ Angelina.

Angelino *m,* italienische Verkleinerungsform von Angelo (↗ Angelus).

Angélique *w,* französische Form von ↗ Angelika.

Angelo *m,* italienische Form von ↗ Angelus; verkleinernde Nebenform: *Angelino.*

Bekannter Namensträger:

Angelo Secchi, 1818–1878; Jesuit; italienischer Astronom; Mitbegründer der Astrophysik.

Angelus *m,* lateinisch nach griechisch: *angelos* = Bote (Gottes), Engel; italienische Formen: *Angelo, Angelico, Angelino;* englisch: *Angelo;* slawisch: *Angel, Andel;* bulgarisch: *Anjo.*

Bekannte Namensträger:

Angelus der Karmelit, 1185–1220; einer der ersten Mitglieder des Karmeliterordens; Missionar in Süditalien und Sizilien; ermordet (Gedenktag: 5. Mai).

Angelus Merula, gestorben 1527; evangelischer Blutzeuge in Italien (Gedenktag: 27. Juli).

Angelus Silesius = Schlesischer Bote, 1624–1677; deutscher Barockdichter in Spruch- und Kirchlieddichtung.

Angilbert *m,* ältere Nebenform zu ↗ Engelbert.

Angrit *w,* Koseform für ↗ Annagret.

Angus *m,* altirisch.

Bekannter Namensträger:

Angus Wilson, geboren 1913; englischer Schriftsteller in Erzählungen und Romanen.

Anianus *m,* griechisch-lateinisch.

Namensträger:

Anianus, 7./8. Jahrhundert; legendärer irischer Wandermönch; mit Marinus in Bayern gemartert (Gedenktag: 15. November).

Anicet *m,* Nebenform zu ↗ Anicetus.

Anicetus *m,* latinisiert aus griechisch: *aniketos* = unbesiegt; Nebenform: *Anicet.*

Aniela *w,* polnische Form von ↗ *Angela;* Nebenform: *Aniele.*

Aniele *w,* Nebenform zu ↗ Aniela.

Anik *w,* Nebenform zu ↗ Anika.

Anika *w,* slawische Koseform für ↗ Anna; Nebenformen: *Anik, Annika.*

Anita *w,* Verkleinerungsform von spanisch Ana (↗ Anna) und spanisch Juanita (↗ Johanna); auch italienische Koseform für Anna.

Anja *w,* Nebenform beziehungsweise russische Koseform für ↗ Anna.

Bekannte Namensträgerin:

Anja Silja, geboren 1940; deutsche Opernsängerin (Sopran).

Anjo *m,* bulgarische Kurzform für ↗ Angelus.

Anjuscha *w,* Nebenform zu ↗ Anjuschka.

Anjuschka *w,* slawische Koseform für ↗ Anna und ↗ Juliana; Nebenform: *Anjuscha.*

Anjuška *w,* tschechische Verkleinerungs- und Koseform für ↗ Anna.

Anka *w*, niederdeutsche, slawische und ungarische Koseform für ↗ Anna.

Anke *w*, niederdeutsche Koseform für ↗ Anna.

Ann *w*, englische und skandinavische Form von ↗ Anna.

Anna *w*, hebräisch: die Begnadete; ökumenisch: *Hanna;* weibliche Form zu Anno (↗ Arnold); Nebenformen: *Anne, Annie, Änne, Andel;* Koseformen: *Annele, Anneli, Annerl, Antje, Anke, Nane, Nandel, Nannerl, Netta, Netti;* französisch: *Anne, Annette, Nannette, Nanine, Nanon, Ninon;* englisch: *Ann, Anne, Nanny, Nancy, Nan;* italienisch und spanisch: *Ana, Anita;* slawisch: *Anika;* polnisch: *Anka, Anuschka;* tschechisch: *Anjuška, Anja;* russisch: *Anja.*

Bekannte Namensträgerinnen:

Anna, die Mutter Mariä (Gedenktag: 26. Juli; zusammen mit Joachim).

Anna Askew, gestorben 1546; evangelische Blutzeugin in England (Gedenktag: 16. Juli).

Anna Boleyn, 1507–1536 (hingerichtet); englische Königin als 2. Gattin Heinrichs VIII.

Anna Katharina Emmerick, 1774–1824; westfälische Klosterfrau; führte als stigmatisierte Augustinerin ein Leben der Sühne und Nächstenliebe; ihre Visonen schrieb Clemens von Brentano nieder (Gedenktag: 9. Februar).

Anna Magnani, 1908–1973; italienische Schauspielerin der Bühne und des Films.

Anna Maria Sibylla Merian, 1647–1717; schweizerische Blumen- und Insektenmalerin.

Anna Pawlowa, 1882–1931; klassische russische Ballettänzerin.

Anna Seghers, 1900–1983; deutsche sozialkritische Schriftstellerin (DDR).

Anna L. G. Madame de Staël-Holstein, 1766–1817; französische Schriftstellerin; mit Fichte, Wieland und Goethe bekannt; Vertreterin der Emanzipation der Frau.

Annabarbara *w*, Doppelname aus Anna und Barbara; Koseform: *Annebärbel.*

Annabella *w*, Doppelname aus Anna und Bella (italienisch-spanisch: die Schöne, Liebliche); Koseform und englische Form: *Anabel.*

Annabeth *w*, Doppelname aus Anna und Elisabeth.

Annalisa *w*, Nebenform zu ↗ Anneliese.

Annamarie *w*, Nebenform zu ↗ Annemarie.

Anne *w*, Neben- und englisch-französische Form von ↗ Anna.

Bekannte Namensträgerinnen:

Anne Stuart, 1665–1714; Königin von England und Schottland, die sie zu Großbritannien vereinigte.

Anne Dubourg, gestorben 1559; evangelische Blutzeugin in Frankreich (Gedenktag: 23. Dezember).

Anne Frank, 1928–1945; jüdisches Mädchen; starb im Konzentrationslager Bergen-Belsen; ihr Tagebuch von 1942–1945 erschien 1946.

Anne Robert Turgot, 1727–1781; französischer Sozialökonom und Politiker; Vertreter des Physiokratismus; hob Frondienste und Zünfte auf.

Änne *w*, Nebenform zu ↗ Anna.

Annebärbel *w*, Koseform für ↗ Annabarbara.

Annedore *w*, Doppelname aus Anna und Dorothea oder Theodora.

Annegret *w*, Doppelname aus Anna und Margarete.

Anneke *w*, niederdeutsche Koseform für ↗ Anna.

Annele *w*, Koseform für ↗ Anna.

Anneli *w*, Koseform für ↗ Anna; Nebenform: *Annelie.*

Annelie *w*, Koseform für ↗ Anna.

Anneliese *w*, Doppelname aus Anna und Elisabeth oder Luise; Nebenformen: *Annalisa, Annelise, Annelis.*

Bekannte Namensträgerin:

Anneliese Rothenberger, geboren 1924; deutsche Opern- und Konzertsängerin (Koloratursopran).

Annelis *w*, Nebenform zu ↗ Anneliese.

Annelise *w*, Nebenform zu ↗ Anneliese; auch *Annelis.*

Annelore *w*, Doppelname aus Anna und Eleonore oder Lore.

Annemarei *w*, Nebenform zu ↗ Annemarie.

Annemarie *w*, Doppelname aus Anna und Maria; Nebenformen: *Annamarie, Annemarei, Annemie.*

Bekannte Namensträgerin:

Annemarie Renger, geboren 1919; deutsche sozialdemokratische Politikerin; 1972–1976 Präsidentin des Bundestags.

Annemie *w*, Nebenform zu ↗ Annemarie.

Annerl *w*, Koseform für ↗ Anna.

Annerose *w*, Doppelname aus Anna und Rosa.

Annetraud *w*, Doppelname aus Anna und althochdeutsch: *-traud, -trud* = Stärke; Nebenformen: *Annetraude, Annetrud.*

Annetraude *w*, Nebenform zu ↗ Annetraud.

Annetrud *w*, Nebenform zu ↗ Annetraud.

Annett *w*, Nebenform zu ↗ Annette.

Annette *w*, ursprünglich französische Koseform für Anne (↗ Anna); Nebenformen: *Anette, Annett.*

Bekannte Namensträgerinnen:

Annette von Droste-Hülshoff, 1797–1848; bedeutende deutsche Lyrikerin und Erzählerin.

Annette Kolb, 1870–1967; deutsche Schriftstellerin; kritische Essayistin zu Literatur, Musik und Soziokultur; bemüht um deutsch-französische Verständigung und Frieden.

Anni *w*, Koseform für ↗ Anna; Nebenformen: *Annie, Anny.*

Annibale *m*, italienische Form von ↗ Hannibal.

Annick *w*, Nebenform zu ↗ Annika.

Annie *w*, Nebenform zu ↗ Anna.

Annik *w*, Nebenform zu ↗ Annika.

Annika *w*, Nebenform zu ↗ Anika; schwedische Koseform für ↗ Anna; Nebenformen: *Annik, Annick.*

Annina *w*, Weiterbildung aus ↗ Anna; Nebenform: *Annine.*

Annine *w*, Nebenform zu ↗ Annina.

Anno *m*, Kurzform für ↗ Arnold und andere mit An- oder Arn- beginnende männliche Vornamen.

Bekannte Namensträger:

Anno II., um 1010–1075; seit 1056 Erzbischof von Köln; gründete Reformklöster, Stifts- und Pfarrkirchen; Reichsverweser für Heinrich IV.; 1074 aus Köln vertrieben (Gedenktag: 5. Dezember).

Anno von Sangerhausen, 13. Jahrhundert; Hochmeister des Deutschen Ordens.

Annunciata *w*, lateinisch-italienisch: die Angekündigte; eigentlich: Maria Annunciata nach dem Fest Mariä Verkündigung (25. März); Nebenform: *Annunziata.*

Annunziata *w*, Nebenform zu ↗ Annunciata.

Anny *w*, Koseform für ↗ Anna.

Ansas *m*, litauische Form von ↗ Hans.

Ansbald *m*, althochdeutsch: *ans* = *ase* = Gott; *bald* = kühn.

Ansberga *w*, althochdeutsch: *ans* = *ase* = Gott; *berga* = Schutz.

Ansbert *m*, althochdeutsch: *ans* = *ase* = Gott; *beraht* = glänzend; Nebenform: *Osbert.*

Ansel *m*, Nebenform zu ↗ Anselm.

Anselm *m*, althochdeutsch: *ans* = *ase* = Gott; *helm* = Helm, Schutz; Nebenformen: *Anshelm, Ansem, Ansel, Anzo;* latinisiert: *Anselmus;* italienische Form: *Anselmo.*

Bekannte, teils bedeutende Namensträger:

Anselm von Canterbury, 1033/1034–1109; namhafter philosophischer und theologischer Schriftsteller der Scholastik; Kirchenlehrer; wurde 1078 Abt des Benediktinerklosters Bec, 1093 Erzbischof von Canterbury (Gedenktag: 21. April).

Anselm von Steingaden, gestorben 1162; Prämonstratenser; 1147 Abt des neugegründeten Stifts Steingaden (Gedenktag: 11. Februar).

Anselm von Wien, gestorben 1553; Franziskaner; bekämpfte die Reformation (Gedenktag: 17. Oktober).

Anselm Feuerbach, 1829–1880; deutscher neuklassizistischer und neuromantischer Maler; einer der Deutschrömer.

Anselma *w,* die weibliche Form zu ↗ Anselm; erweitert: *Anselmina;* Koseform: *Selma.*

Anselmina *w,* erweiterte Form von ↗ Anselma.

Anselmo *m,* italienische Form von ↗ Anselm.

Anselmus *m,* lateinische Form von ↗ Anselm.

Ansem *m,* Nebenform zu ↗ Anselm.

Ansfried *m,* althochdeutsch: *ans* = *ase* = Gott; *fridu* = Friede.

Ansgar *m,* althochdeutsch: *ans* = *ase* = Gott; *gar* = *ger* = Speer; daraus neuere Nebenform: Oskar.

Namensträger:

Ansgar, 801–865; Benediktiner; Erzbischof von Hamburg-Bremen; als „Apostel des Nordens" Glaubensbote in Skandinavien (Gedenktag: 3. Februar).

Ansgard *m,* althochdeutsch: *ans* = *ase* = Gott; *gard* = Zaun, Schutz.

Anshelm *m,* Nebenform zu ↗ Anselm.

Ansis *m,* lettische Form von ↗ Johannes.

Anskis *m,* litauische Form von ↗ Johannes.

Ansoalda *w,* die weibliche Form zu ↗ Answald (?).

Namensträgerin:

Ansoalda (Isolde), gestorben 1040; Ordensfrau im Kloster Maubeuge (Gedenktag: 24. August).

Anstad *m,* Kurzform für ↗ Anastas(ius).

Anstatt *m,* Kurzform für ↗ Anastas(ius).

Ansuerus *m,* latinisierte Form von ↗ Answer; Nebenform: *Ansverus.*

Ansverus *m,* latinisierte Form von ↗ Answer.

Answald *m,* althochdeutsch: *ans* = *ase* = Gott; *waltan* = walten, gebieten; dem entspricht das neuere *Oswald.*

Answer *m,* althochdeutsch: *ans* = *ase* = Gott; *wer* (?); latinisiert: *Ansuerus, Ansverus.*

Namensträger:

Answer, gestorben 1066; Benediktinerabt; Missionar der Obotriten; von diesen mit anderen Mönchen gesteinigt (Gedenktag: 18. Juli).

Answin *m,* althochdeutsch: *ans* = *ase* = Gott; *wini* = Freund; neuere Nebenform: *Oswin.*

Namensträger:

Answin (Oswin), gestorben 861; Bischof von Camerino in Mittelitalien; wegen seiner Wohltätigkeit gerühmt (Gedenktag: 13. März).

Antal *m,* ungarische Form von ↗ Anton.

Namensträger:

Antal Doráti, geboren 1906; amerikanischer Dirigent und Komponist ungarischer Herkunft.

Antek *m,* slawische Form von ↗ Anton.

Anthea *w,* griechisch: die Blühende; auch englische Form: *Anthea.*

Anthelm *m,* althochdeutsch: *ans* = *ase* = Gott; *helm* = Helm, Schutz.

Namensträger:

Anthelm von Chignin, um 1107–1178; der erste General des Kartäuserordens; seit 1162 Bischof von Belley; vermittelte 1169 zwischen Heinrich II. von England und Thomas Becket (Gedenktag: 26. Juni).

Anthonis *m,* flämische Form von ↗ Anton.

Bekannter Namensträger:

Anthonis van Dyck, 1599–1641; flämischer Meister der Barockmalerei, Radierer, bedeutender Porträtist, besonders als Londoner Hofmaler.

Anthony *m,* englische Form von ↗ Anton.

Bekannte Namensträger:

Anthony Eden, 1897–1977; englischer konservativer Politiker.

Anthony Quinn, geboren 1915; amerikanischer Filmschauspieler.

Antiochus *m,* latinisiert aus griechisch: *Antiochos:* Gegner.

Antipater *m,* griechisch: *anti* = gegen; *pater* = Vater.

Antje *w*, niederdeutsche und niederländische Koseform für ↗ Anna.
Namensträgerin:
Antje Weisgerber, geboren 1922; deutsche Schauspielerin der Bühne und des Films.

Antka *w*, polnische Koseform für Antonia und Antonina.

Antoine *m*, französische Form von ↗ Anton.
Bekannte Namensträger:
Antoine Marquis de Condorcet, 1743–1794; französischer Mathematiker, Geschichtsphilosoph und Politiker; 1792 Präsident der Nationalversammlung; 1793 von den Jakobinern gestürzt.
Antoine Court, 1696–1760; französischer Hugenotte; „Prediger der Wüste" in Frankreich (Gedenktag: 13. Juni).
Antoine Laurent de Lavoisier, 1743–1794; französischer Chemiker; einer der Begründer der modernen Chemie.
Antoine Plevsner, 1886–1962; russisch-französischer realistischer Maler und Plastiker.
Antoine de Saint-Exupéry, 1900–1944; französischer Schriftsteller und Flieger.

Antoinette *w*, französische verkleinernde Koseform für Antonia (↗ Anton).

Anton *m*, lateinisch: *Antonius*, altrömischer Geschlechtername der Antonier; erweiterte Form: *Antonin, Antoninus;* Kurz- und Koseformen: *Toni, Tonies, Tonis, Tones, Tönnies, Tony, Dönjes, Thüne, Tünnes;* niederländische Formen: *Antoon, Toon, Teunis;* italienisch und spanisch: *Antonio, Tonio;* französisch: *Antoine;* englisch: *Anthony;* slawisch: *Antos, Antusch;* ungarisch: *Antal.*
Bedeutende Namensträger:
Anton Bruckner, 1824–1896; österreichischer Komponist namentlich von Orchestermessen und Sinfonien; beeinflußt von Bach, Beethoven, Schubert und Wagner.
Anton Dvořák, 1841–1904; tschechischer Komponist von Sinfonien, Opern, Tänzen, Rhapsodien und Konzerten.
Anton Tschechow, 1860–1904; russischer kritisch-realistischer Schriftsteller in Erzählungen und Dramen.
Anton von Webern, 1883–1945; österreichischer Komponist des Wiener Expressionismus; Zwölftonmusiker.

Antonella *w*, italienische erweiternde und Koseform für Antonia.

Antonello *m*, italienische erweiternde und Koseform für ↗ Anton.
Namensträger:
Antonello da Messina, um 1430–1476; realistischer italienischer Renaissancemaler.

Antonetta *w*, Nebenform zu Antonette.

Antonette *w*, Nebenform zu ↗ Antonia; gebildet nach französisch: Antoinette; Nebenform: *Antonetta;* Koseform: *Nette.*

Antonia *w*, die weibliche Form zu ↗ Anton; Nebenformen: *Antonie, Antonette;* Kurz- und Koseformen: *Toni, Toneli, Tony;* Verkleinerungsform: *Antonietta;* italienische Formen: *Antonia, Antonina;* französisch: *Antoinette;* slawisch: *Antonina;* deren Kurzformen: *Tonia, Tonja, Toni.*
Namensträgerin:
Antonia, gestorben 259; Märtyrin mit Tertulla in der Verfolgung des Valerius (Gedenktag: 6. Mai).

Antonie *w*, Nebenform zu ↗ Antonia.

Antonin *m*, lateinisch: *Antoninus;* Erweiterungsform von ↗ Anton; auch romanische und tschechische Form von Anton und Antoninus.

Antonina *w*, slawische Form von Antonia; italienische Koseform für Antonia.

Antoninus *m*, Erweiterungsform von Antonius (↗ Anton); lateinische Form von ↗ Antonin.
Namensträger:
Antoninus, 1389–1459; Dominikaner; war seit 1446 Erzbischof von Florenz; bedeutender historischer und theologischer Schriftsteller.

Antonio *m,* italienische Form von ↗ Anton.
Bekannte Namensträger:
Antonio Canal, genannt Canaletto, 1697–1768; italienischer Maler von Stadtansichten.
Antonio Canova, 1757–1822; italienischer klassizistischer Bildhauer.
Antonio da Correggio, 1489–1534; italienischer Maler des Übergangs von der Renaissance zum Frühbarock.
Antonio Gaudi, 1852–1926; spanischer Baumeister; begründete den neukatalanischen architektonischen Jugendstil.
Antonio Herrezuelo, gestorben 1559; evangelischer Blutzeuge in Spanien (Gedenktag: 26. September).
Antonio Stradivari, 1644–1737; der bedeutendste Geigenbauer der Familie Stradivari; ein Schüler Amatis.
Antonio Vivaldi, 1678–1741; italienischer Komponist, Geiger und Organist; maßgeblich für die Entwicklung des Solokonzerts.

Antonita *w,* Erweiterungsform zu Antonia.

Antonius *m,* lateinische Form von ↗ Anton.
Bekannte Namensträger:
Antonius der Große, etwa 251–350; Einsiedler in Ägypten; Mönchsvater; schuf die Einsiedlergemeinde, aus der die Mönchsgemeinde (Orden) entstand; Patron der Antoniter (Gedenktag: 17. Januar).
Antonius, gestorben 1369; Franziskaner aus Sachsen; missionierte in Bulgarien und starb dort als Märtyrer (Gedenktag: 12. Februar).
Antonius, gestorben um 1149; Chorherr in Prémontré, um 1138 Propst zu Ilbenstadt in der Wetterau (Gedenktag: 15. Januar).
Antonius von Padua, 1195–1231; erst Augustiner-Chorherr, dann Franziskaner; begabter Prediger; von Franziskus als erster Lehrer der Theologie für den Orden eingesetzt; Kirchenlehrer (Gedenktag: 13. Juni).
Antonius Maria Claret, 1807–1870; spanischer Volksmissionar; gründete den Missionsorden der Claretiner und die Claretinerinnen; 1850–1857 Erzbischof von Santiago de Cuba (Gedenktag: 24. Oktober).
Antonius Maria Zaccaria, 1502–1539; italienischer Arzt; wurde Priester und gründete mit anderen die Kongregation der Regularkleriker vom heiligen Paulus; Volksmissionar (Gedenktag: 5. Juli).
Antonius Puntigam, 1859–1926; Jesuit; Jugendseelsorger in Sarajewo; gründete die Gebetsgemeinschaft „Eucharistischer Völkerbund" in Wien (Gedenktag: 4. September).

Anuscha *w,* slawische Verkleinerungsform von ↗ Anna; Nebenform: *Anuschka.*

Anuschka *w,* Nebenform zu ↗ Anuscha.

Anusia *w,* polnische Koseform für ↗ Johanna.

Anwar *m,* arabisch.
Namensträger:
Anwar As-Sadat, 1918–1981; ägyptischer Politiker; erreichte als Staatspräsident 1979 mit Israel den Frieden; er wurde ermordet.

Anzo *m,* Nebenform zu ↗ Anselm.

Aonio *m,* italienisch.
Namensträger:
Aonio Paleario, um 1500–1570; italienischer Humanist; evangelischer Blutzeuge in Rom (Gedenktag: 3. Juli).

Apoll *m,* griechisch; Nebenformen: *Apollo, Apollon.*
Namensträger:
Apoll, Gott der griechischen Mythologie; Sohn des Zeus und der Leto; Zwillingsbruder der Artemis; Gott des Lichts, der Weissagung, Poesie und Heilkunde.

Apollinaris *m,* griechisch-lateinisch: dem Gott Apollo geweiht; Nebenform: *Apollinarius;* Nebenform zu ↗ Apollonius.
Namensträger:
Apollinaris, um 200; wohl der erste Bischof von Ravenna; Märtyrer (Gedenktag: 23. Juli).

Apollinaris Morel, 1739–1792; Schweizer Kapuziner; Deutschenseelsorger in Paris; wegen Verweigerung des Eids auf die Zivilkonstitution des Klerus hingerichtet (Gedenktag: 2. September).

Apolline *w*, englische und Nebenform zu ↗ Apollonia.

Apollonia *w*, die weibliche Form zu ↗ Apollonius; Nebenform: *Apolline;* Kurzformen: *Appel, Ploni, Plönn, Loni;* englisch: *Apolline, Polly, Lonny;* dänisch: *Abelone.*

Namensträgerinnen:

Apollonia, 3. Jahrhundert; Jungfrau; unter Kaiser Decius Märtyrin in Alexandrien (Gedenktag: 9. Februar).

Apollonia Radermacher, 1571–1626; erneuerte das Hospitalwesen in Aachen und gründete die Aachener Elisabethinnen für Krankenpflege (Gedenktag: 31. Dezember).

Apollonius *m*, lateinisch aus griechisch: *Apollonios* = dem Gott Apollon geweiht; Nebenform: *Amplonius;* Kurz- und Koseformen: *Plonnies, Plönes, Löns, Polle.*

Namensträger:

Apollonius, 2. Jahrhundert; römischer Märtyrer um 180 unter Kaiser Commodus (Gedenktag: 18. April).

Appel *w*, Kurzform für ↗ Apollonia.

Aquilin *m*, lateinisch: *aquila* = Adler; Nebenform: *Aquilinus.*

Namensträger:

Aquilin, um 970–1018; in Köln, Paris und Mailand tätig (als Kanoniker); von Manichäern ermordet; Märtyrer (Gedenktag: 29. Januar).

Arabel *w*, englische Form von ↗ Arabella.

Arabela *w*, spanische Form von ↗ Arabella.

Arabella *w*, lateinisch-romanisch: die Braune (?), Araberin (?); spanisch: *Arabela;* englisch: *Arabel* mit Koseform: *Bell.*

Araldo *m*, italienische Form von ↗ Harold.

Arbgast *m*, Nebenform zu ↗ Arbogast.

Arbo *m*, Kurzform für ↗ Arbogast.

Arbogast *m*, althochdeutsch: *arbi* = Erbe; *gast* = Fremdling, Gast; Nebenform: *Arbgast;* Kurzformen: *Arbo, Arp, Erbo, Erb, Eppo, Erpo, Erpho.*

Bekannter Namensträger:

Arbogast, 6. Jahrhundert; Bischof von Straßburg, wurde dessen Hauptpatron (Gedenktag: 21. Juli).

Arcadius *m*, Nebenform zu ↗ Arkadius.

Arcangelo *m*, italienisch; griechisch-lateinisch: *archangelus* = Erzengel.

Bekannter Namensträger:

Arcangelo Corelli, 1653–1713; italienischer Komponist und Violinist des klassischen Barock.

Archelaus *m*, griechisch: *archein* = herrschen; *laos* = Volk.

Archibald *m*, Nebenform zu ↗ Erkenbald.

Archimedes *m*, griechisch: *archein* = herrschen; *medos* = Ratschlag, Entwurf.

Bedeutender Namensträger:

Archimedes, etwa 287–212 v. Chr.; griechischer Mathematiker und Mechaniker aus Syrakus.

Arduin *m*, Nebenform zu ↗ Hartwin.

Arend *m*, Nebenform zu ↗ Arnold; Nebenformen: *Arendt, Arent.*

Arendt *m*, Nebenform zu ↗ Arnold.

Arent *m*, Nebenform zu ↗ Arnold.

Argula *w*, Herkunft unsicher.

Namensträgerin:

Argula von Grumbach, gestorben 1598; evangelische Bekennerin in Bayern (Gedenktag: 23. Juni).

Aria *w*, italienisch: das Lied.

Ariadne *w*, griechisch: Bedeutung ungeklärt; französisch: *Ariane;* italienisch: *Arianna.*

Namensträgerinnen:

Ariadne, in der griechischen Mythologie Tochter des Minos; half Theseus aus dem Labyrinth mit dem „Ariadnefaden".

Ariadne, frühchristliche Märtyrin; als Sklavin eines Tertullus, der Christen Zuflucht gewährte, getötet (Gedenktag: 17. September).

Arian *m*, französische Nebenform zu

↗ Adrian; auch niederländisch und ungarisch.

Ariane *w,* französische Form von ↗ Ariadne und Adriane; Koseform für Adriana.

Arianna *w,* italienische Form von ↗ Ariadne.

Aribert *m,* französische Form von ↗ Herbert.

Ariberto *m,* italienische Form von ↗ Herbert.

Ariel *m,* hebräisch: *ara* = Held, *el* = *elohim* = Gott.

Ariela *w,* Nebenform zu ↗ Ariella.

Ariele *w,* italienische Form von ↗ Ariella.

Ariella *w,* die weibliche Form zu ↗ Ariel; Nebenformen: *Arielle, Ariela;* französische Form: *Arielle;* italienisch: *Ariele.*

Arielle *w,* französische und Nebenform zu ↗ Ariella.

Arietta *w,* italienische Verkleinerungsform von Aria (= das kleine Lied) und von Adriane.

Arik *m,* Kurzform verschiedener russischer Vornamen; entspricht: Erich.

Namensträger:

Arik Brauer, geboren 1929; österreichischer Maler; Vertreter des Wiener Phantastischen Realismus.

Arilt *m,* dänische Form von ↗ Arnold.

Ariovist *m,* germanisch: hehr (?); latinisiert: *Ariovistus.*

Namensträger:

Ariovist, germanischer Heerführer der Sueben; drang 71 v. Chr. über den Rhein ins heutige Elsaß; 58 v. Chr. von Cäsar besiegt.

Arist *m,* griechisch: *aristos* = der Beste; Kurzform für mit Arist- beginnende männliche Vornamen; Koseform für ↗ Aristid.

Arista *w,* weibliche Form zu ↗ Arist.

Aristarch *m,* griechisch: *aristos* = der Beste; *archos* = Gebieter; Nebenform: *Aristarchos;* italienisch: *Aristarco.*

Bekannter Namensträger:

Aristarch von Samos, etwa 310–230 v. Chr.; griechischer Astronom; gilt als erster Vertreter des heliozentrischen Weltsystems.

Aristarchos *m,* Nebenform zu ↗ Aristarch.

Aristarco *m,* italienische Form von ↗ Aristarch.

Aristeo *m,* italienische Form von ↗ Aristid.

Aristid *m,* griechisch: *aristos* = der Beste mit der patronymen Endung *id(es)* = Sohn (des); französisch: *Aristide;* so auch deutsche Nebenform; italienisch: *Aristeo;* Koseform: *Arist.*

Aristide *m,* Nebenform und französische Form von ↗ Aristid.

Bekannte Namensträger:

Aristide Briand, 1862–1932; französischer Politiker; nach dem Ersten Weltkrieg bemüht um Verständigung mit Deutschland.

Aristide Maillol, 1861–1944; französischer Bildhauer, Maler, Graphiker und Holzschneider; Plastiker weiblicher Akte.

Aristides *m,* griechisch: *aristos* = der Beste, Vornehmste, *ides* = Sohn.

Bedeutender Namensträger:

Aristides, etwa 550–467 v. Chr.; als athenischer Feldherr siegreich bei Marathon, Salamis und Platää; gründete den Attischen Seebund.

Aristipp *m,* Kurzform für ↗ Aristippos.

Aristippos *m,* griechisch: *aristos* = Bester; *hippos* = Pferd; Kurzform: *Aristipp.*

Bekannter Namensträger:

Aristippos, etwa 435–355 v. Chr.; griechischer Philosoph; Sokratesschüler; Gründer der Kyrenaischen Schule.

Aristobulos *m,* griechisch: *aristos* = Bester; *bule* = Rat.

Aristophanes *m,* griechisch: *aristos* = der Beste; *phanos* = Leuchte.

Bekannter Namensträger:

Aristophanes, etwa 445–385 v. Chr.; griechischer zeitkritisch moralisierender Komödiendichter.

Aristote *m,* französische Form von ↗ Aristoteles.

Aristoteles *m,* griechisch: *aristos* = der Beste; *telos* = Ziel; französische

Form: *Aristote;* italienisch: *Aristotile.*
Bekannter Namensträger:
Aristoteles, um 384–322 v. Chr.; griechischer Philosoph; einer der bedeutendsten und nachhaltig wirkenden europäischen Denker; begründete die wissenschaftliche Philosophie; systematisierte deren Einzelwissenschaften: Metaphysik, Logik und Ethik.

Aristotile *m,* italienische Form von ↗ Aristoteles.

Arka *w,* Kurzform für mit Arn- beginnende weibliche Vornamen; Nebenform: *Arke.*

Arkadius *m,* lateinisch: Arkadier, aus Arkadien stammend; Nebenform: *Arcadius.*

Arke *m,* Nebenform zu ↗ Arko; Kurzform für ↗ Erkenbald.

Arke *w,* Nebenform zu ↗ Arka.

Arko *m,* Kurzform für mit Arn- beginnende männliche Vornamen, auch für ↗ Adrian und ↗ Erkenbald; Nebenform: *Arke.*

Arlene *w,* englisch: Bedeutung nicht klar; weibliche Form zu ursprünglich männlichem Vornamen *Arlen.*

Arlett *w,* Nebenform zu ↗ Arlette.

Arlette *w,* französisch-normannisch; Verkleinerungsform zu Arlene; Nebenform: *Arlett.*

Armand *m,* französische Form von ↗ Hermann und ↗ Hartmann.
Bekannter Namensträger:
Armand-Jean du Plessis de Richelieu, 1585–1642; Kardinal und französischer Politiker; stärkte unter Ludwig XIII. den Absolutismus unter Ausschaltung von Adel und Hugenotten; im Dreißigjährigen Krieg auf seiten Schwedens und des Protestantismus.

Armanda *w,* italienische weibliche Form zu ↗ Armand.

Armande *w,* französische weibliche Form zu ↗ Armand.

Armando *m,* italienische und spanische Form von ↗ Hermann.

Armgard *w,* Nebenform zu ↗ Irmgard.

Armida *w,* italienisch: bewaffnet (?); mit ↗ Armanda zusammenhängend (?); Nebenform: *Armide.*

Armide *w,* Nebenform zu ↗ Armida.

Armin *m,* althochdeutsch: *ermin* = *irmin* = Erde, Welt (?); auch Kurzform für ↗ Arminius.
Namensträger:
Armin, Märtyrer (Gedenktag: 2. Juni).

Arminius *m,* latinisierte Form von ↗ Armin.
Namensträger:
Arminius, etwa 17 v. Chr. – 19 n. Chr.; Fürst der Cherusker; besiegte 9 n. Chr. die Römer unter Varus im Teutoburger Wald.

Arn *m,* althochdeutsch: *arn* = Adler; Kurz- und Koseform für ↗ Arnold; häufig Anfangssilbe männlicher Vornamen.
Namensträger:
Arn, gestorben 892; seit 855 Bischof von Würzburg; im Kampf gegen die Sorben getötet (Gedenktag: 13. Juli).
Arn, um 746–821; Benediktiner; Abt von Saint-Armand; 785 Bischof, später Erzbischof von Salzburg; missionierte die Avaren und in Kärnten; förderte Kunst und Wissenschaft (Bibliothek von 150 Schriftrollen; Gedenktag: 24. Januar).

Arna *w,* Koseform für ↗ Arnolde.

Arnalde *w,* Nebenform zu ↗ Arnolde.

Arnaldo *m,* italienische Form von ↗ Arnold.

Arnaud *m,* französische Form von ↗ Arnold.

Arnd *m,* Kurzform für ↗ Arnold; Nebenformen: *Arndt, Arne.*

Arndt *m,* Kurzform für ↗ Arnold.

Arne *m,* Kurzform für ↗ Arnold und andere mit Arn- beginnende männliche Vornamen; so auch dänisch und schwedisch.

Arneth *m,* Koseform für ↗ Arnold.

Arnfred *m,* Doppelname aus *Arn*fried und Al*fred.*

Arnfried *m,* althochdeutsch: *arn* = Adler; *fridu* = Friede.

Arnfrieda *w,* Nebenform zu ↗ Arnfriede.

Arnfriede *w,* die weibliche Form von ↗ Arnfried; Nebenformen: *Arnfrieda, Ernfriede.*

Arngard *w,* althochdeutsch: *arn* = Adler; *gard* = Zaun, Schutz.

Arnhelm *m,* althochdeutsch: *arn* = Adler; *helm* = Helm, Schutz.

Arnhild *w,* althochdeutsch: *arn* = Adler; *hiltja* = Kampf; Nebenform: *Arnhilde.*

Arnhilde *w,* Nebenform zu ↗ Arnhild.

Arnhold *m,* Nebenform zu ↗ Arnold.

Arnika *w,* ungarische Koseform für ↗ Arnolde.

Arniko *m,* Koseform für mit Arn- beginnende männliche Vornamen.

Arnim *m,* ursprünglich Familienname; wohl aus Armin entwickelt.

Arnke *m,* Koseform für Arnold und andere mit Arn- beginnende männliche Vornamen.

Arno *m,* Koseform für mit Arn- beginnende männliche Vornamen, so für ↗ Arnold; Nebenformen: *Arnd, Arnt, Arend, Arnke, Erno.*

Bekannte Namensträger:

Arno Holz, 1863–1929; deutscher Schriftsteller, Lyriker des Naturalismus, den er mitbegründete und theoretisch unterbaute.

Arno Schmidt, 1914–1979; deutscher Erzähler, Romancier und Essayist.

Arnold *m,* althochdeutsch, Herkunft ↗ Arnwald; Nebenformen: *Arnhold, Arnolt, Arend, Arendt, Arent;* Kurz- und Koseformen: *Arnd, Arndt, Arneth, Arno, Arnke, Arne, Anno, Erni, Nolde, Nolte, Onno;* französische Form: *Arnaud;* italienisch: *Arnaldo, Arnoldo;* dänisch: *Arilt.*

Bekannte Namensträger:

Arnold, um 800; Hofmusiker Karls des Großen; Lautenspieler; vergab seinen Lohn an Arme und Waisen (Gedenktag: 18. Juli).

Arnold von Hiltensweiler, 12. Jahrhundert; stiftete mit seiner Gattin Gunzila um 1122 ebenda ein Kloster, woraus Kloster Langnau entstand (Gedenktag: 1. Mai).

Arnold Böcklin, 1827–1901; schweizerischer romantisch-symbolistischer Maler.

Arnold Janssen, 1837–1909; deutscher katholischer Theologe; Gründer der bedeutenden Steyler Mission und deren Organisator.

Arnold Schönberg, 1874–1951; österreichischer Komponist und Musiktheoretiker; Begründer der atonalen und der Zwölftonmusik.

Arnold Sommerfeld, 1868–1951; deutscher Physiker mit wichtigen Beiträgen zur Kreisel-, Quanten- und Atomtheorie.

Arnold J. Toynbee, 1889–1975; englischer Historiker, Kultur- und Geschichtsphilosph.

Arnold Zweig, 1887–1968; deutscher zeit- und sozialkritischer Schriftsteller; ab 1948 in der DDR.

Arnolda *w,* Nebenform zu ↗ Arnolde.

Arnolde *w,* die weibliche Form von ↗ Arnold; Nebenformen: *Arnolda, Arnalde;* Erweiterungsform: *Arnoldine;* Kurz- und Koseformen: *Arna, Nolda.*

Arnoldine *w,* erweiterte Form von ↗ Arnolde.

Arnoldo *m,* italienische Form von ↗ Arnold.

Arnolfo *m,* italienische Form von ↗ Arnulf.

Arnolt *m,* Nebenform zu ↗ Arnold.

Arnošt *m,* tschechische Form für ↗ Ernst.

Arnoul *m,* französische Form von ↗ Arnulf; Nebenform: *Arnoulf.*

Arnoulf *m,* Nebenform zu ↗ Arnoul.

Arntraud *w,* althochdeutsch: *arn* = Adler; *trud* = Kraft, Stärke; Nebenformen: *Arntrud, Ehrentraud, Ehrentrud, Erentraud, Erentrud, Erindrud.*

Arntrud *w,* Nebenform zu ↗ Arntraud.

Arnulf *m,* althochdeutsch: *arn* = Adler; *wulf* = Wolf; französische Formen: *Arnoul* und *Arnoulf;* italienisch: *Arnolfo.*

Namensträger:

Arnulf, gestorben um 641; Hausmeier, wurde Priester, 614–629 Bischof von Metz; zog sich als Einsiedler zurück (Gedenktag: 18. Juli).

Arnulf von Kärnten, um 850–899; ostfränkischer König und deutscher

Kaiser; siegte 891 entscheidend über die Normannen bei Löwen.

Arnwald *m,* althochdeutsch: *arn* = Adler; *waltan* = walten, herrschen; wurde zu ↗ Arnold.

Aron *m,* Nebenform zu ↗ Aaron; arabisch: *Harun.*

Arp *m,* Kurzform für ↗ Arbogast.

Arpad *m,* hebräisch; ungarische Form: *Árpád.*

Namensträger:

Árpád, gestorben um 907; Madjarengroßfürst; Stammvater der ungarischen Dynastie der Arpaden; führte die Ungarn nach Pannonien.

Arrigo *m,* italienische Form von ↗ Heinrich.

Arsen *m,* Kurzform für ↗ Arsenius.

Arsène *m,* französische Form von ↗ Arsenius.

Arsenij *m,* russische Form von ↗ Arsenius.

Arsenio *m,* italienische Form von ↗ Arsenius.

Arsenius *m,* lateinisch, aus griechisch: *Arsenios* = kraftvoll, männlich; Kurzform: *Arsen;* französische Form: *Arsène;* italienisch: *Arsenio;* russisch: *Arsenij.*

Artemis *w,* griechisch; Nebenform: *Artemisia.*

Namensträgerin:

Artemis, Göttin der griechischen Mythologie, die Zwillingsschwester Apollons; Göttin der Jagd.

Arthur *m,* keltisch: *arth* = Bär (?); Nebenform: *Artur;* französische und englische Form: *Arthur;* italienisch: *Arturo.*

Bekannte, bedeutende Namensträger:

Arthur Adamow, 1908–1970; russisch-französischer Schriftsteller; avantgardistischer Dramatiker des absurden Theaters.

Arthur Balfour, 1848–1930; englischer konservativer Politiker; versprach in der Balfour Declaration 1917 den Juden eine Heimstatt in Palästina.

Arthur Bell, 1590–1643; Franziskanerguardian in London; Märtyrer (Gedenktag: 11. Dezember).

Arthur Chamberlain, 1869–1940; englischer konservativer Politiker; versuchte bis 1939 den Frieden zu erhalten.

Arthur Compton, 1892–1962; amerikanischer Atomphysiker; Entdecker des Comptoneffekts.

Arthur Doyle, 1859–1930; schottischer Schriftsteller von Kriminalromanen mit seinem Sherlock Holmes als Meisterdetektiv.

Arthur Eddington, 1882–1944; englischer Astronom und Astrophysiker.

Arthur Evans, 1851–1941; englischer Archäologe; entdeckte die kretische Kultur des 3.–2. Jahrtausends v. Chr.; Ausgrabungen in Knossos.

Arthur Honegger, 1892–1955; französisch-schweizerischer neoklassizistischer Komponist; Mitglied des „Groupe des Six".

Arthur Korn, 1870–1945; deutscher Physiker; erfand die Bildtelegraphie.

Arthur Miller, geboren 1915; amerikanischer Schriftsteller, vor allem realistischer Dramatiker.

Arthur Nikisch, 1855–1922; deutsch-österreichischer Dirigent.

Arthur O'Nelly, 13. Jahrhundert; irischer Ordensmann (Trinitarier), wurde als Missionar der Sarazenen 1282 lebendig verbrannt; Märtyrer (Gedenktag: 1. November).

Arthur Rimbaud, 1854–1891; französischer Lyriker; Vorläufer der Dekadenz und des Symbolismus.

Arthur Rubinstein, 1887–1982; polnisch-amerikanischer Pianist.

Arthur Schnitzler, 1862–1931; österreichischer Schriftsteller; in Dramen und Novellen Hauptvertreter des Wiener Impressionismus.

Arthur Schopenhauer, 1788–1860; deutscher Philosoph, dessen Hauptwerkstitel „Die Welt als Wille und Vorstellung" seine Philosophie programmatisch formuliert; von starkem Einfluß auf Philosophen, Künstler und Schriftsteller.

Arthur Wellington, 1769–1852; englischer Feldherr und Politiker; 1815 auf dem Wiener Kongreß Vertreter Englands; mit Blücher und Gneisenau 1815 Sieger über Napoleon I. bei Waterloo.

Artur *m,* Nebenform zu ↗ Arthur.
Bekannter Namensträger:
Artur Schnabel, 1883–1951; österreichischer Pianist; von Schönberg beeinflußter Komponist atonaler Musik.

Artura *w,* die weibliche Form von Artur (↗ Arthur).

Arturo *m,* italienische Form von ↗ Arthur.
Bedeutender Namensträger:
Arturo Toscanini, 1867–1957; italienischer Violoncellist; dann internationaler Dirigent als Interpret von Oper und klassischem Konzert.

Arved *m,* Nebenform zu ↗ Arwed.

Arvid *m,* schwedische und norwegische Form von ↗ Arwed.

Arwed *m,* schwedisch: *örn* = Adler; *ved* = Wald; Nebenformen: *Arved, Arvid;* norwegisch: *Arvid.*

Arwin *m,* althochdeutsch: *arn* = Adler; *wini* = Freund.

Asam *m,* Kurzform für ↗ Erasmus.

Asbjörn *m,* skandinavisch: *ås* = Gott; *björn* = Bär.

Ascanius *m,* latinisiert aus *Askan, Askwin,* ↗ Aschwin.

Aschwin *m,* althochdeutsch: *ask* = Esche; *wini* = Freund; Nebenformen: *Askwin, Aswin;* lateinisch: *Ascanius.*

Aser *m,* Koseform für ↗ Erasmus.

Asgard *w,* die weibliche Form von ↗ Ansgard.

Asja *w,* russische Koseform für Anastasia und Anna; Nebenform: *Assja.*

Askan *m,* neuere Form von Aschwin (↗ Ascanius).

Asmus *m,* Kurzform für ↗ Erasmus.

Äsop *m,* griechisch: *Aisopos.*
Bekannter Namensträger:
Äsop, 6. Jahrhundert v. Chr.; ein sagenhafter altgriechischer Fabeldichter.

Aspasia *w,* griechisch: willkommen, erwünscht; französische Form: *Aspasie.*
Namensträgerinnen:
Aspasia, 5. Jahrhundert v. Chr.; Gattin des Perikles.
Aspasia, 5. Jahrhundert v. Chr.; Gattin Kyros' des Jüngeren.

Assja *w,* Nebenform zu ↗ Asja.

Aßmann *m,* Kurzform für ↗ Erasmus.

Assuerus *m,* latinisiert; althochdeutsch: *åse* = Ase = Gott; *wêr* = *wâr* = wahr.

Assunta *w,* italienisch: die (in den Himmel) Aufgenommene; eigentlich: Maria Assunta vom Fest der Aufnahme Marias (Gedenktag: 15. August).

Asta *w,* Kurz- und Koseform für ↗ Anastasia, ↗ Astrid und ↗ Augusta.
Bekannte Namensträgerin:
Asta Nielsen, 1881–1972; dänische Schauspielerin der Stummfilmzeit.

Asteria *w,* Nebenform zu ↗ Astrid.

Astri *w,* Nebenform zu ↗ Astrid.

Astrid *w,* altnordisch; schwedisch: *ås* = *ans* = Gott; *fridhr* = schön; Nebenformen: *Estrid, Asteria, Astri;* Kurzformen: *Asta, Atta, Atti.*
Namensträgerinnen:
Astrid, gestorben 304; Märtyrin unter Diokletian in Bergamo (Gedenktag: 10. August).
Astrid Lindgren, geboren 1907; schwedische Schriftstellerin namentlich weitverbreiteter Kinder- und Jugendbücher.
Astrid Varnay, geboren 1918; ungarisch-amerikanische Opernsängerin (Sopran).

Aswin *m,* Nebenform zu ↗ Aschwin.

Aswina *w,* die weibliche Form zu Aswin (↗ Aschwin).

Atalja *w,* ökumenische Form von ↗ Athalia.

Athalia w, hebräisch: *athal* = erhaben; *jahwe* = Gott; ökumenische Form: *Atalja;* Nebenform: *Attalia;* französische Form: *Athalie.*

Athanasia *w,* die weibliche Form zu ↗ Athanasius; russische Form: *Afanassija.*

Athanasius *m,* latinisiert aus griechisch: *athanasios* = unsterblich; russische Form: *Afanassij.*

Bedeutender Namensträger:
Athanasius der Große, 295–373; Patriarch von Alexandrien; mußte in den Glaubenswirren seiner Zeit in fünfmalige Verbannung; als „Vater der Orthodoxie" Kirchenlehrer (Gedenktag: 2. Mai).

Atke *w*, Koseform für ↗ Beatrix.

Atta *w*, Kurzform für ↗ Astrid.

Attala *m*, gotisch: *atta;* althochdeutsch: *atto* = Vater.

Namensträger:
Attala, gestorben 627; burgundischer Mönch; später Abt in Bobbio (Gedenktag: 10. März).

Attala *w*, die gleichlautende weibliche Form zu ↗ Attala.

Namensträgerin:
Attala, gestorben 741; legendäre Äbtissin des Frauenklosters Sankt Stephan in Straßburg (Gedenktag: 5. Dezember).

Attalia *w*, Nebenform zu ↗ Athalia.

Atti *w*, Kurzform für ↗ Astrid.

Attila *m*, indogermanisch: *atha, ata;* gotisch: *atta* = Vater, Väterchen; Nebenformen: *Atli;* mittelhochdeutsch dann: *Etzel;* italienisch: *Attilo, Attilio.*

Namensträger:
Attila, gestorben nach 916; erster Bischof von Zamora (Gedenktag: 5. Oktober).

Attila, gestorben um 453; seit 434 König der Hunnen; ab 443 Alleinherrscher vom Kaukasus bis zum Rhein; 451 bei Troyes von Germanen unter Aetius besiegt; der *Etzel* der deutschen Sage.

Attila Hörbiger, geboren 1896; österreichischer Schauspieler der Bühne, des Films und Fernsehens; verheiratet mit Paula Wessely.

Attilio *m*, italienische Form von ↗ Attila.

Attilo *m*, italienische Form von ↗ Attila.

Aubert *m*, französische Form von ↗ Adalbert.

Aubrey *m*, englische und französische Form von ↗ Alberich.

Namensträger:
Aubrey Beardsley, 1872–1898; englischer Zeichner des „Fin de siècle" und des Jugendstils.

Aubry *m*, französische Form von ↗ Alberich; Nebenform: *Aubrey.*

Auctor *m*, lateinisch: Vermehrer; Nebenform: *Auktor.*

Namensträger:
Auctor, 5. Jahrhundert; Bischof von Trier (Gedenktag: 20. August).

Aud *w*, altnordisch: *aud* = Glück; Nebenform: *Auda.*

Auda *w*, Nebenform zu ↗ Aud.

Audafrei *m*, provenzalische Form von ↗ Otfrid.

Audifax *m*, Bedeutung unklar.

Namensträger:
Audifax, gestorben um 300; Märtyrer in Rom mit ↗ Abachum und ↗ Marius (Gedenktag: 19. Januar).

Audomar *m*, Nebenform zu ↗ Otmar.

Audrey *w*, altenglische Koseform für ↗ Adeltraud.

Bekannte Namensträgerin:
Audrey Hepburn, geboren 1929; amerikanische Schauspielerin niederländisch-englischer Herkunft; seit 1951 besonders in Filmen.

August *m*, lateinisch: *augustus* = erhaben; Nebenform daher: *Augustus;* Kurzformen: *Gustl, Gust;* französische Form: *Auguste;* italienisch: *Agosto;* spanisch: *Augusto;* russische Koseform: *Ava.*

Bedeutende Namensträger:
August der Starke, 1670–1733; Kurfürst von Sachsen und König von Polen; im Nordischen Krieg von Schweden besiegt.

August Bebel, 1840–1913; deutscher Politiker; Mitbegründer der Sozialdemokratischen Arbeiterpartei.

August Bier, 1861–1949; deutscher Chirurg; führte 1899 Lumbalanästhesie und 1903 Biersche Stauung gegen Infektionen ein.

August Borsig, 1804–1854; Erbauer der ersten deutschen Lokomotive.

August Chapdelaine, 1814–1856; französischer Missionspriester; wurde in

China gemartert (Gedenktag: 29. Februar).
August Euler, 1868–1957; deutscher Flugzeugkonstrukteur; baute das erste deutsche Motorflugzeug.
August Hermann Francke, deutscher evangelischer Theologe, 1663–1727; Vater des Pietismus (Gedenktag: 8. Juni).
August Horch, 1868–1951; deutscher Automobilkonstrukteur.
August W. Iffland, 1759–1814; deutscher Bühnenschriftsteller und Schauspieler.
August Karolus, 1893–1972; deutscher Physiker; nutzte die nach ihm benannte Karoluszelle für Bildfunk-, Film- und Fernsehtechnik.
August von Kotzebue, 1761–1819; deutscher Dramatiker (über 200 Bühnenstücke).
August Macke, 1887–1914; deutscher Maler des „Blauen Reiter".
August Graf von Platen, 1796–1835; deutscher klassizistischer Schriftsteller von Oden, Balladen und antiromantischen Verskomödien.
August Wilhelm von Schlegel, 1767–1845; deutscher Schriftsteller, Literarhistoriker, Kritiker und Übersetzer.
August Schreiber, gestorben 1903; evangelischer Missionar auf Sumatra (Gedenktag: 22. März).
August Strindberg, 1849–1912; schwedischer naturalistisch-realistischer und gesellschaftskritischer Schriftsteller in Dramen, Romanen, Essays und Lyrik.
August Thienemann, 1882–1960; deutscher Zoologe; Mitbegründer der Limnologie.
August Vilmar, gestorben 1718; Vater der Quäker (Gedenktag: 30. Juli).
August Wassermann, 1866–1925; deutscher Bakteriologe; entdeckte die Wassermannreaktion.
August Hermann Werner, gestorben 1882; christlicher Sozialreformer (Gedenktag: 17. Juni).

Augusta *w,* die weibliche Form zu Augustus (↗ August); Nebenform: *Auguste;* erweiterte Form: *Augustine;* Kurzformen: *Gustl, Asta.*

Auguste *m,* französische Form für ↗ August.
Bedeutende Namensträger:
Auguste Comte, 1798–1897; französischer Philosoph und Soziologe; begründete den Positivismus und die wissenschaftliche Soziologie.
Auguste Forel, 1848–1931; schweizerischer Psychiater; gründete den Guttemplerorden.
Auguste Piccard, 1884–1962; schweizerischer Physiker; unternahm Ballonflüge in die Stratosphäre (bis 16 203 m), und mit seinem Tiefseetauchgerät erreichte er 3150 m Tiefe.
Auguste Renoir, 1841–1919; französischer Maler, Zeichner und Bildhauer des Impressionismus mit eigenem Stil in der Freilichtmalerei.
Auguste Rodin, 1840–1917; französischer impressionistischer Bildhauer und Graphiker in Gegensatz zum Klassizismus.

Auguste *w,* Nebenform zu ↗ Augusta.

Augustin *m,* erweiterte Form aus August(us); lateinisch ↗ Augustinus; Kurzform: *Austen;* französische Form: *Augustin;* englische Form: *Augustine, Augsten, Austin.*
Namensträger:
Augustin, gestorben um 604; Benediktiner; Apostel Englands; von Papst Gregor dem Großen mit anderen Mönchen als Abt nach England gesandt; wurde Bischof; gründete als Primas die Kirchenprovinzen London und York (Gedenktag: 27. Mai).
Augustin Bea, 1881–1968; Kurienkardinal; Jesuit; als Präsident des Sekretariats für die Einheit der Christen von bedeutendem Einfluß auf die ökumenische Bewegung.
Augustin Jean Fresnel, 1788–1827; französischer Ingenieur und Physiker; bewies Wellennatur des Lichts.
Augustin Schoeffler, 1822–1851; französischer Missionar in Annam-Tonkin; Märtyrer (Gedenktag: 1. Mai).

Augustina *w*, die weibliche Form zu Augustinus; Nebenformen: *Gustine, Austine;* Erweiterungsform zu ↗ Augusta.

Augustinus *m*, lateinische Form von ↗ August.

Bedeutender Namensträger:

Augustinus, 354–430; einer der vier großen abendländischen Kirchenlehrer; wurde Bischof von Hippo Regius; durch seine „Confessiones", philosophischen, historischen und theologischen Werke von größtem Einfluß auf das vormittelalterliche Denken des abendländischen Christentums (Gedenktag: 28. August).

Augustus *m*, lateinisch: erhaben; Beiname römischer Kaiser.

Bedeutender Namensträger:

Augustus, 63 v. Chr.–14 n. Chr.; römischer Prätor, dann Konsul; machte sich 31 v. Chr. zum Alleinherrscher (erster römischer Kaiser); seinen Ehrentitel Augustus erhielt er 27 v. Chr.; rundete das Reich durch Kriege; schuf Ehegesetz, baute Straßen und Befestigungsanlagen und förderte Kunst und Wissenschaften.

Auktor *m*, Nebenform zu ↗ Auctor.

Aurea *w*, lateinisch: *aureus* = golden.

Namensträgerin:

Aurea, gestorben um 665; Äbtissin eines Frauenklosters in Paris (Gedenktag: 4. Oktober).

Aurel *m*, Kurzform für ↗ Aurelius.

Aurèle *m*, französische Form von ↗ Aurelius.

Aurelia *w*, die weibliche Form zu ↗ Aurelius; Nebenform: *Aurelie;* französische Form: *Aurélie.*

Namensträgerinnen:

Aurelia von Regensburg, gestorben 1027; legendäre Reklusin bei Sankt Emmeram (Gedenktag: 15. Oktober).

Aurelia von Straßburg, legendäre Heilige, Gefährtin der Kölner Ursula (Gedenktag: 13. Oktober).

Aurelian *m*, Nebenform zu ↗ Aurelianus.

Aurelianus *m*, lateinische Erweiterung von ↗ Aurelius; Nebenform: *Aurelian.*

Aurelius *m*, lateinisch: *aureus* = golden; Name nach dem altrömischen Geschlecht der Aurelier; Nebenform: *Orell;* französisch: *Aurèle.*

Namensträger:

Aurelius ↗ Augustinus.

Aureus *m*, lateinisch: *aureus* = golden; Nebenform: *Auräus.*

Namensträger:

Aureus, gestorben um 406; Bischof von Mainz; Märtyrer mit seiner Schwester Justina (Gedenktag: 27. Juni).

Aurica *w*, von lateinisch: *aureus* = golden; rumänische Form von Aurelia.

Aurora *w*, lateinisch: *aurora* = Morgenröte; altrömische Göttin der Morgenröte; französische Form: *Aurore.*

Aurore *w*, französische Form von ↗ Aurora.

Austen *m*, niederdeutsche Kurzform für ↗ Augustin.

Austin *m*, englische Form für ↗ Augustin.

Austine *w*, Nebenform zu ↗ Augustina.

Autbert *m*, Nebenform zu ↗ Otbert.

Auxilia *w*, vom lateinischen: *auxilium* = Hilfe, nach dem Fest „Maria Hilfe der Christen" (24. Mai) entstanden.

Ava *m*, russische Koseform für ↗ August.

Ava *w*, althochdeutsch: *awa* = Wasser; Nebenformen: *Awa, Awe;* erweiterte Form: *Avila.*

Namensträgerin:

Ava, gestorben 1127; früheste österreichische Schriftstellerin; Verfasserin historischer Werke über die Kirche (Gedenktag: 7. Februar).

Avia *w*, lateinisch: *avia* = Großmutter.

Namensträgerin:

Avia, gestorben 1905; Benediktinerin; Missionarin im ehemaligen Deutsch-Ostafrika (Gedenktag: 15. September).

Avila *w*, Erweiterungsform von ↗ Ava.

Awa *m*, ostfriesisch: *awa* = Wasser; Nebenformen: *Awe, Awo.*

Awa *w,* Nebenform zu ↗ Ava.
Awe *m,* Nebenform zu ↗ Awa.
Awe *w,* Nebenform zu ↗ Ava.
Awo *m,* Nebenform zu ↗ Awa.
Axel *m,* skandinavische Kurzform für ↗ Absalom.
Bekannte Namensträger:
Axel Graf von Oxenstierna, 1583–1654; schwedischer Politiker; Reichskanzler Gustaf Adolfs und als Vormund der Königin Christine Regent.
Axel Munthe, 1857–1949; schwedischer Arzt und Schriftsteller.
Axinja *w,* russischer Vorname.
Aya *w,* Nebenform: *Agia.*
Namensträgerin:
Aya, gestorben um 708; fränkische Klosterfrau in Mons (Gedenktag: 18. April).
Aye *m,* Nebenform zu ↗ Ayko.
Ayke *m,* Nebenform zu ↗ Ayko.
Ayko *m,* Kurz- und Koseform für mit Agi- oder Adel- beginnende männliche Vornamen; Nebenformen: *Ayke* und *Aye.*
Ayold *m,* Nebenform zu ↗ Eginald.
Azo *m,* Nebenform zu ↗ Azzo.
Azzing *m,* Nebenform zu ↗ Azzo.
Azzo *m,* Kurz- und Koseform für ↗ Adolf und mit Ad- oder Adal- beginnende männliche Vornamen; Nebenformen: *Azo, Azzing.*
Azzurra *w,* italiensch: *azzurra* = azurblau.

B

Bab *w,* Koseform für ↗ Barbara; auch englische Koseform für Barbara.
Bäbe *w,* auch *Bäbi;* Kurzform für ↗ Barbara.
Babel *w,* Kurz- und Koseform für ↗ Barbara.
Bäbel *w,* Kurz- und Koseform für ↗ Barbara.
Babett *w,* Kurzform für ↗ Babette.
Babetta *w,* Nebenform zu ↗ Babette.
Babette *w,* Verkleinerungsform von ↗ Barbara, auch von ↗ Elisabeth; Nebenform: *Babetta;* Kurz- und Koseformen: *Babett, Betti, Betty;* französische Form: *Babette.*
Babichon *w,* französische Koseform für ↗ Barbara.
Bado *m,* nordisch: *badu* = Kämpfer; Nebenformen: *Batho, Patto, Pado.*
Badulf *m,* Nebenform zu ↗ Bardolf.
Badurad *m,* nordisch: *badu* = Kämpfer; *rad* = *rat* = Rat, Ratgeber.
Namensträger:
Badurad, 9. Jahrhundert, gestorben 862; ein Sachse; seit 815 der zweite Bischof von Paderborn; Erbauer des Doms, mitbeteiligt an Klostergründungen (Gedenktag: 17. September).
Bahn *m,* Koseform für ↗ Urban; Nebenformen: *Bahne, Bahnes, Bohn.*
Bahne *m,* Nebenform zu Bahn (↗ Urban).
Bahnes *m,* Nebenform zu Bahn (↗ Urban).
Balbina *w,* die weibliche Form zu ↗ Balbinus.
Balbinus *m,* lateinisch *balbus* = Stammler; Nebenform: *Balbus.*
Balbus *m,* Nebenform zu ↗ Balbinus.
Balcer *m,* polnische Form für ↗ Balthasar.
Balda *w,* Kurz- und Koseform für mit Bald- beginnende weibliche Vornamen.
Balde *m,* Kurz- und Koseform für ↗ Reimbald und ↗ Willibald.
Baldebert *m,* althochdeutsch: *bald* = mutig; *beraht* = glänzend.
Baldegund *w,* althochdeutsch: *bald* = mutig; *gund* = Kampf.
Baldemar *m,* althochdeutsch: *bald* = *baldo* = mutig; *mari* = berühmt.
Balder *m,* Nebenform zu ↗ Baldur; auch Kurzform für mit Bald- beginnende männliche Vornamen.
Balderich *m,* althochdeutsch: *bald* = *baldo* = mutig, kühn; *rihhi* = reich, mächtig.
Baldewin *m,* Nebenform zu ↗ Balduin.
Baldfried *m,* althochdeutsch: *bald* = *baldo* = mutig; *fridu* = Friede; Nebenform: *Baltfried.*
Baldo *m,* althochdeutsch: *baldo* =

kühn; Kurzform für mit Bald- beginnende männliche Vornamen; auch italienische Kurzform für auf -baldo endigende männliche Vornamen; so für Ubaldo (↗ Hugbald); latinisiert: *Baldus;* Nebenformen: *Balto, Walto.*

Baldomar *m,* althochdeutsch: *bald* = *baldo* = mutig; *mari* = berühmt.

Baldr *m,* Nebenform zu ↗ Baldur.

Baldram *m,* Nebenform zu ↗ Baltram.

Balduin *m,* althochdeutsch: *bald* = *baldo* = mutig; *wini* = Freund; Nebenformen: *Baldwin, Baldewin, Baltwin;* Kurzform: *Balko;* englische Form: *Baldwin;* niederländisch: *Boudewijn;* französisch: *Baudouin.*

Namensträger:

Balduin, gestorben 1140; Zisterzienser; Abt von San Matteo sul Lago bei Rieti (Gedenktag: 21. August).

Baldur *m,* isländisch: Herr, nach dem nordischen Lichtgott *Baldr;* Nebenform: *Balder.*

Baldus *m,* Kurzform für ↗ Sebaldus und ↗ Balthasar; auch latinisierte Form von Baldo.

Baldwin *m,* Nebenform und englische Form von ↗ Balduin.

Balko *m,* Kurzform für ↗ Balduin.

Bäll *w,* auch *Bälle,* Kurzform für ↗ Barbara.

Balster *m,* Kurzform für ↗ Balthasar.

Baltassare *m,* italienische Form von ↗ Balthasar.

Baltes *m,* Kurzform für ↗ Balthasar und ↗ Sebaldus.

Baltfried *m,* Nebenform zu ↗ Baldfried.

Balthard *m,* althochdeutsch: *bald* = *baldo* = mutig; *harti* = fest.

Balthasar *m,* babylonisch-hebräisch: *Belsazar* = Bel (Gott) schütze sein Leben (den König); Nebenformen: *Balthassar;* ökumenische Form: *Belschazzar;* Kurzformen: *Balster, Baltes, Balzer, Balz, Baldus;* italienische Form: *Baltassare;* polnisch: *Balcer;* ungarisch: *Boldisár.*

Bekannte Namensträger:

Balthasar, im Neuen Testament einer der drei Magier aus dem Morgenland, die bei Matthäus ohne Namen durch den Stern nach Bethlehem gewiesen wurden; den Namen erhielt er wie ↗ Kaspar und ↗ Melchior erst im 6. Jahrhundert (Gedenktag: 6. Januar).

Balthasar Neumann, 1687–1753; bedeutender deutscher Baumeister des Spätbarock im Kirchen- und Schloßbau.

Balthassar *m,* Nebenform zu ↗ Balthasar.

Balthild *w,* althochdeutsch: *bald* = kühn; *hiltja* = Kampf; Nebenformen: *Balthilde, Baltild, Baltilde, Bathilde, Bathildis.*

Namensträgerin:

Balthild, gestorben 680/681; fränkische Königin; 649 Gattin König Chlodwigs II.; führte nach dessen Tod für ihren Sohn Chlodwig III. die Regentschaft; Klostergründerin; sorgte für Arme und Hilfsbedürftige (Gedenktag: 30. Januar).

Balthilde *w,* Nebenform zu ↗ Balthild.

Baltild *w,* Nebenform zu ↗ Balthild.

Baltilde *w,* Nebenform zu ↗ Balthild.

Balto *m,* Nebenform zu ↗ Baldo.

Baltram *m,* althochdeutsch: *bald* = *baldo* = kühn; *hraban* = Rabe.

Baltrun *w,* althochdeutsch: *bald* = kühn; *runa* = Geheimnis, Zauber.

Baltwin *m,* Nebenform zu ↗ Balduin.

Balz *m,* Kurzform für ↗ Balthasar.

Balzer *m,* Kurzform für ↗ Balthasar.

Bandel *m,* Kurz- und Koseform für ↗ Pantaleon.

Bandolf *m,* gotisch: *bandwo,* langobardisch: *bandu* = Banner; *wulf* = *wolf* = Wolf; Nebenform: *Bandulf.*

Bandulf *m,* Nebenform zu ↗ Bandolf.

Bantel *m,* Kurz- und Koseform für ↗ Pantaleon.

Banterle *m,* Koseform für ↗ Pantaleon.

Bantle *m,* Koseform für ↗ Pantaleon.

Bäpp *w,* Koseform für ↗ Barbara.

Bapper *m,* Kurzform für ↗ Baptist.

Baptist *m,* griechisch: *baptistes* = Täufer; Nebenform: *Battist;* Kurzformen: *Bapper, Bopp, Boppel, Bisch,*

Bischle; englische und französische Form: *Baptiste,* italienisch: *Battista;* meist in der Form *Johann Baptist,* französisch *Jean-Baptiste,* nach Johannes dem Täufer im Neuen Testament.

Bekannte Namensträger:

Johann Baptist Zimmermann, 1680–1758; deutscher Maler und Stukkateur des Rokoko.

Jean-Baptiste Lully, 1632–1687; italienisch-französischer Komponist barocker Opern.

Jean-Baptiste Chardin, 1699–1779; französischer vorimpressionistischer Maler.

Baptista *w,* die weibliche Form zu ↗ Baptist.

Bärb *w,* auch *Bärber,* Kurz- und Koseform für ↗ Barbara.

Barbara *w,* griechisch: = Barbarin, Ausländerin, Fremde; erweiterte Form: *Barberina;* Kurz- und Koseformen: *Barbel(e), Bärbel(e), Barbe(li), Barbra, Berbe, Bäbe, Bäbi, Bab(e), Babel(e), Bäbel(e), Bärmel, Bäll(e), Bella, Waberl, Wawerl, Wetti, Betti, Bärb(chen), Bärber, Bäpp, Babette;* französische Formen: *Barbe, Barbey;* Koseform: *Babichon;* englisch: *Barbara;* Koseform: *Bab;* schwedisch: *Barbro;* russisch: *Warwara;* Koseformen: *Varinka, Warenka.*

Bekannte Namensträgerinnen:

Barbara, gestorben 306 als Märtyrin in Nikomedien unter Maximinus Daza; eine der 14 Nothelfer (Gedenktag: 4. Dezember).

Barbara Hepworth, 1903–1975; englische abstrakt-konstruktivistische Plastikerin und Zeichnerin.

Barbara Juliane Krüdener, 1764–1824; baltisch-russische mystisch-pietistische Schriftstellerin; beeinflußte die süddeutsche Erweckungsbewegung.

Barbara Pfister, 1867–1909; deutsche Mystikerin und Stigmatisierte (Gedenktag: 9. März).

Barbara Streisand, geboren 1942; amerikanische Sängerin und Filmschauspielerin.

Barbe *w,* Kurzform und französische Form für ↗ Barbara.

Barbel *w,* Kurzform für Barbara.

Bärbel *w,* Kurzform für ↗ Barbara.

Bärber *w,* Kurzform für ↗ Barbara.

Barberina *w,* erweiterte Form von ↗ Barbara.

Bekannte Namensträgerin:

Barberina Campanini, 1721–1799; italienische Tänzerin („La Barberina") internationalen Rufs.

Barbey *w,* französische Form von ↗ Barbara.

Barbo *m,* schwedisch.

Barbra *w,* die weibliche Form zu ↗ Barbo; auch Nebenform zu ↗ Barbara.

Barbro *w,* schwedische Form für ↗ Barbara.

Bardo *m,* Kurzform für ↗ Bardolf; auch für andere mit Bard- beginnende männliche Vornamen.

Namensträger:

Bardo, um 980–1051; Benediktiner; der 20. Erzbischof von Mainz; vollendete und weihte 1036 den Mainzer Dom (Gedenktag: 10. Juni).

Bardolf *m,* althochdeutsch: *barta* = Streitaxt; *wulf* = Wolf; Nebenformen: *Bardulf, Badulf;* Kurzform: *Bardo.*

Bardulf *m,* Nebenform zu ↗ Bardolf.

Bärmel *w,* Kurz- und Koseform für ↗ Barbara.

Barnabas *m,* aramäisch-hebräisch-griechisch: Sohn der Prophezeiung oder des Trostes (?); Kurzformen: *Barnas, Barnes* und *Bas;* englische Form: *Barnaby.*

Bekannter Namensträger:

Barnabas, Zeitgenosse Jesu; eigentlich Joseph von Zypern; Vermittler zwischen Paulus und den Uraposteln; Begleiter des Paulus auf dessen erster Missionsreise; Vertreter der Heidenchristen (Gedenktag: 11. Juni).

Barnaby *m,* englische Form von ↗ Barnabas.

Barnald *m,* Nebenform zu ↗ Bernold.

Barnard *m,* niederdeutsch für ↗ Bernhard.

Barnas *m,* Kurzform für ↗ Barnabas.

Barnd *m,* friesische Kurzform für ↗ Bernhard.

Barnes *m,* Kurzform für ↗ Barnabas.

Barnet *m,* englische Kurzform für ↗ Bernhard.

Barthel *m,* Kurzform für ↗ Bartholomäus.

Barthelmä *m,* Nebenform zu ↗ Bartholomäus.

Barthold *m,* niederdeutsche Form von ↗ Berthold; Kurz- und Koseformen: *Barthel, Barth;* französische Form: *Barthou;* niederländisch: *Bartout.*

Bekannter Namensträger:

Barthold G. Niebuhr, 1776–1831; deutscher Historiker und Diplomat; begründete die philologisch-historische Quellenkritik.

Bartholomäus *m,* aramäisch: Sohn des Tolmai; ökumenische Form: *Bartolomäus;* Nebenformen: *Borromäus, Barthelmä;* Kurzformen: *Barthel, Bartsch, Mawe, Mees, Meus, Mies;* niederdeutsch: *Mew, Mewes;* englische Form: *Bartholomew;* französische Form: *Barthélemy;* italienisch: *Bartolommeo;* Koseform: *Bartolo;* spanisch: *Bartolomé* und *Bartolo;* portugiesisch: *Bartholomëu;* ungarisch: *Bartosch.*

Namensträger:

Bartholomäus, Zeitgenosse Jesu; Apostel; nur in den Apostelverzeichnissen des Neuen Testaments genannt; vermutlich identisch mit Nathanael (Gedenktag: 24. August).

Bartholomäus Bauer, gestorben 1621; heiligmäßiger Franziskaner aus Amberg (Oberpfalz; Gedenktag: 23. Mai).

Bartholomäus Holzhauser, 1613–1658; deutscher katholischer Theologe; gründete die Bartholomäer, eine Weltpriestervereinigung zur Intensivierung der Seelsorge; theologischer Schriftsteller (Gedenktag: 20. Mai).

Bartholomäus Ringwaldt, 1532–1590; deutscher evangelischer Theologe; geistlicher Schriftsteller.

Bartholomäus Ziegenbalg, gestorben 1719; evangelischer Indienmissionar (Gedenktag: 22. Februar).

Bartholomea *w,* die weibliche Form zu ↗ Bartholomäus.

Bartholomëu *m,* portugiesische Form von ↗ Bartholomäus.

Bekannter Namensträger:

Bartholomëu Diaz, um 1450–1500; portugiesischer Seefahrer; umsegelte als erster Europäer die afrikanische Südspitze.

Bartholomew *m,* englische Form von ↗ Bartholomäus.

Barthou *m,* französische Form von ↗ Barthold.

Bartolo *m,* italienische Koseform und spanische Form von Bartholomäus.

Bartolomäus *m,* ökumenische Form von ↗ Bartholomäus.

Bartolomé *m,* spanische Form von ↗ Bartholomäus.

Bekannte Namensträger:

Bartolomé Las Casas, gestorben 1566; evangelischer „Vater der Indios" (Gedenktag: 31. Juli).

Bartolomé Murillo, 1618–1682; bedeutender spanischer Maler des Spätbarock.

Bartolommeo *m,* italienische Form von ↗ Bartholomäus.

Bekannter Namensträger:

Bartolommeo, Fra, 1472–1517; italienischer Meister der Hochrenaissancemalerei.

Bartos *m,* Nebenform zu ↗ Bartosch.

Bartosch *m, Bartos,* ungarische Form von ↗ Bartholomäus.

Bartout *m,* niederländische Form von ↗ Barthold.

Bartram *m,* Nebenform zu ↗ Bertram.

Bartsch *m,* Kurzform für ↗ Bartholomäus.

Baruch *m,* hebräisch: gesegnet; entspricht dem lateinischen Benedikt.

Bekannter Namensträger:

Baruch, im Alten Testament Freund und Begleiter des Propheten Jeremia; schrieb dessen Prophetien nieder; Verfasser des alttestamentlichen Buches Baruch.

Bas *m,* Kurzform für ↗ Barnabas.

Basch *m,* Kurz- und Koseform für ↗ Sebastian.

Baschel *m,* Koseform für ↗ Sebastian.

Bäschele *m,* Koseform für ↗ Sebastian.

Basil *m,* Kurzform für ↗ Basilius; auch englische Form für ↗ Basilius.

Basilea *w,* die weibliche Form zu ↗ Basilius; Nebenform: *Basilia;* Weiterbildung: *Basilissa.*

Basilia *w,* Nebenform zur ↗ Basilea.

Basilides *m,* griechisch: *basileios* = königlich.

Basilissa *w,* Weiterbildung von ↗ Basilea.

Namensträgerin:

Basilissa, um 300; Gattin des Märtyrers Julian, mit dem sie in ihrem Haus ein Hospital für bedürftige Kranke errichtete (Gedenktag: 9. Januar).

Basilius *m,* griechisch: *basileios* = königlich; Kurzform: *Basil;* englische Form: *Basil;* rumänisch: *Vasile;* russisch: *Wassilij, Wasil.*

Bedeutender Namensträger:

Basilius der Große, um 330–379; einer der drei großen ökumenischen Theologen der Ostkirche; Vater des morgenländischen Mönchtums; seit 370 Erzbischof von Cäsarea; durch sein umfangreiches dogmatisches, asketisches, homiletisches und liturgisches Schrifttum einer der wichtigsten Kirchenlehrer (Gedenktag: 2. Januar).

Bast *m,* Kurzform für ↗ Sebastian.

Bästel *m,* Kurz- und Koseform für ↗ Sebastian.

Bastian *m,* Kurzform für ↗ Sebastian; Nebenformen: *Bast, Bastle, Basch;* französische Form: *Bastien.*

Bastien *m,* französische Form von ↗ Sebastian.

Bastienne *w,* französische weibliche Form zur Kurzform Bastien (↗ Sebastian).

Bastin *m,* Kurzform für ↗ Sebastian.

Bastl *m,* Koseform für ↗ Sebastian.

Bastle *m,* Kurzform für ↗ Sebastian.

Bates *m,* Kurzform für ↗ Beatus.

Bathilde *w,* Nebenform zu ↗ Balthild.

Bathildis *w,* Nebenform zu ↗ Balthild.

Batho *m,* Nebenform zu ↗ Bado.

Namensträger:

Batho, 11. Jahrhundert; Slawenmissionar im Pustertal; später Kanonikus in Freising (Gedenktag: 30. Juli).

Batt *m,* schweizerische Kurzform für ↗ Beatus.

Battist *m,* Nebenform zu ↗ Baptist.

Baetze *w,* Koseform für ↗ Beatrix.

Baudouin *m,* französische Form von ↗ Balduin.

Namensträger:

Baudouin I., geboren 1930; seit 1951 König der Belgier; heiratete 1960 Doña Fabiola de Mora y Aragón.

Baue *m,* westfriesisch; Nebenformen: *Bauwe, Bauwen;* auch: *Bouw* und *Bouwe.*

Bauwa *w,* die weibliche Form zu ↗ Baue; Nebenformen: *Bauwe, Bauwine.*

Bauwe *m,* Nebenform zu ↗ Baue.

Bauwe *w,* Nebenform zu ↗ Bauwa.

Bauwen *m,* Nebenform zu ↗ Baue.

Bauwine *w,* Nebenform zu ↗ Bauwa.

Bavo *m.*

Namensträger:

Bavo, eigentlich Allowin, gestorben vor 659; Benediktiner; Begleiter des Missionars Amandus; war später Rekluse in Gent (Gedenktag: 1. Oktober).

Bea *w,* Kurzform für ↗ Beata und ↗ Beatrix.

Beat *m,* Kurzform für ↗ Beatus.

Beata *w,* die weibliche Form zu ↗ Beatus; Nebenform: *Beate;* Kurzform: *Bea;* italienische Form: *Beatrice;* französisch: *Béatrice* und *Béatrix.*

Namensträgerinnen:

Beata, Märtyrin in Afrika (Gedenktag: 8. März).

Beata, gestorben 1399; Äbtissin im Kloster der Klarissen zu Ribnitz (Gedenktag: 8. April).

Beate *w,* Nebenform zu ↗ Beata.

Beatrice *w,* italienische Form von ↗ Beata.

Namensträgerin:

Beatrice, Dantes Jugendliebe; die Führerin in Dantes „Göttlicher Komödie".

Béatrice *w*, französische Form von ↗ Beata.

Beatrix *w*, Weiterbildung von ↗ Beata; lateinisch: die Beglückende; Nebenform und italienische Form: *Beatrice;* französisch: *Béatrix* und *Béatrice;* Kurz- und Koseformen: *Bea, Trix, Atke, Patze, Paitza, Paische, Baetze, Beke.*

Namensträgerinnen:

Beatrix, gestorben 304; mit Simplicius und Faustinus römische Märtyrin unter Diokletian (Gedenktag: 30. Juli).

Beatrix, gestorben 1275; heiligmäßige Prämonstratenserin im Kloster Engelport (Gendenktag: 12. März).

Beatrix von Burgund, 12. Jahrhundert; zweite Gattin Friedrich Barbarossas.

Beatrix von Cappenberg, 12. Jahrhundert; Prämonstratenserin (Gedenktag: 17. Januar).

Beatrix von Tienen, gestorben 1268; flämische Zisterzienserin; Priorin im Kloster Nazareth bei Lier; Mystikerin; Vorläuferin der Herz-Jesu-Verehrung (Gedenktag: 29. August).

Beatrix Wilhelmina Armgard, geboren 1938; seit 1908 Königin der Niederlande; heiratete 1966 Claus von Amsberg.

Béatrix *w*, französische Form von ↗ Beata oder ↗ Beatrix.

Beatus *m*, lateinisch: *beatus* = glücklich; Kurzformen: *Beat, Bates;* schweizerisch: *Batt.*

Namensträger:

Beatus, gestorben um 112; legendärer Glaubensbote der Schweiz; Einsiedler am Thuner See (Gedenktag: 9. Mai).

Beatus, 7. Jahrhundert; nach der Überlieferung mit seinem Bruder Bantus Priester und Einsiedler in Trier (Gedenktag: 28. Juli).

Bechtel *m*, Kurzform für Berchtold; ↗ Berthold.

Bechthold *m*, Nebenform zu ↗ Berthold.

Beck *w*, Koseform für ↗ Rebekka.

Becke *w*, Koseform für ↗ Elisabeth.

Becky *w*, Koseform für ↗ Rebekka.

Beda m, keltisch-angelsächsisch: Besitzer (?); französische Form: *Bède.*

Bedeutender Namensträger:

Beda der Ehrwürdige, um 673–735; angelsächsischer Benediktiner; der erste wissenschaftliche Theologe des Mittelalters; Kirchenlehrer (Gedenktag: 26. Mai; evangelisch: 25. Mai).

Bède *m*, französische Form von ↗ Beda.

Bedřich *m*, tschechische Form von ↗ Friedrich.

Bedeutender Namensträger:

Bedřich Smetana, 1834–1884; tschechischer Komponist; begründete die tschechische Nationalmusik.

Beeke *w*, Nebenform zu ↗ Beke.

Beele *w*, Koseform für ↗ Sibylle.

Bega *w*, althochdeutsch: zu Bert-, *beraht* = glänzend; Nebenform: *Begga.*

Begga *w*, Nebenform zu ↗ Bega.

Namensträgerin:

Begga, 7. Jahrhundert, gestorben 694/695; Tochter Pippins des Älteren und Mutter Pippins des Mittleren; gründete um 692 das Kloster Andenne an der Maas (Gedenktag: 17. Dezember).

Begonia *w*, Vorname nach der Pflanze Begonie.

Beilgen *w*, Koseform für ↗ Sibylle.

Beke *w*, niederdeutsche Kurz- und Koseform für ↗ Beatrix, ↗ Berta und ↗ Elisabeth; Nebenform: *Beeke.*

Bela *m*, nach dem ungarischen ↗ Béla.

Bela *w*, Koseform für ↗ Berta, ↗ Sibylle.

Béla *m*, ungarische Kurz- oder Koseform für Abel oder Adalbert.

Bedeutender Namensträger:

Béla Bartók, 1881–1945; ungarischer Komponist, Pianist und Volksliedforscher; Wegbereiter neuer Musik

Bele *w*, Kurz- oder Koseform für ↗ Berta, ↗ Elisabeth, ↗ Gabriele, ↗ Sibylle.

Beleke *w*, Koseform für ↗ Sibylle.

Beli *w,* Koseform für ↗ Elisabeth.

Bélin *m,* französische Bildung nach Benignus.

Belina *w,* nach dem französischen ↗ Béline.

Belinda *w,* englisch; ursprünglich germanisch *Betlindis* (?); Nebenform: *Belinde.*

Belinde *w,* Nebenform zu ↗ Belinda und ↗ Berlind.

Béline *w,* französische weibliche Form zu ↗ Bélin.

Belisar *m,* keltisch: großer Gott (?).

Bekannter Namensträger:

Belisar, um 505–565; oströmischer Feldherr; Sieger über Wandalen und Goten.

Bell *w,* englische Koseform für ↗ Arabella.

Bella *w,* romanisch: die Schöne; Kurz- und Koseform für ↗ Arabella, ↗ Mirabella und andere auf -bella endende weibliche Vornamen; auch für ↗ Barbara und ↗ Elisabeth.

Bellona *w,* lateinisch: *bellare* = Krieg führen.

Namensträgerin:

Bellona, die römische Göttin des Kriegs.

Belsazar *m,* Nebenform zu ↗ Balthasar.

Belschazzar *m,* hebräisch; die ökumenische Form für ↗ Balthasar.

Ben *m,* hebräisch: *ben* = Sohn; Kurzform für ↗ Benjamin

Bendel *m,* Koseform für ↗ Pantaleon.

Bendele *m,* Koseform für ↗ Pantaleon.

Bendicht *m,* schweizerische Nebenform zu ↗ Benedikt; Nebenform: *Benedicht.*

Bendikt *m,* Nebenform zu ↗ Benedikt.

Bendine *w,* Koseform für ↗ Bernharda.

Bendix *m,* Kurz- und Koseform für ↗ Benedikt.

Bene *m,* Kurzform für ↗ Benedikt.

Benedetta *w,* italienische Form von ↗ Benedikta.

Benedetto *m,* italienische Form von ↗ Benedikt.

Bekannter Namensträger:

Benedetto Croce, 1866–1952; italienischer neoidealistischer Philosoph, kritischer Historiker und Politiker.

Benedicht *m,* Nebenform zu ↗ Bendicht.

Benedicta *w,* Nebenform zu ↗ Benedikta.

Benedictus *m,* lateinisch: *benedictus,* gesegnet.

Bedeutender Namensträger:

Benedictus Spinoza, 1632–1677; niederländischer Philosoph aus portugiesisch-jüdischer Familie; Vertreter eines antidualistischen Monismus.

Benedikt *m,* lateinisch: *Benedictus* = der Gesegnete; Nebenformen: *Benediktus, Bendicht, Bendikt, Bendix, Benedicht, Benzing;* Kurzformen: *Benz, Dix, Beni, Beneke, Bene;* englische Form: *Benedict;* Kurzform: *Bennet;* schwedisch: *Bengt;* französisch: *Benoît;* italienisch: *Benito;* tschechisch: *Beneš.*

Bekannte Namensträger:

Benedikt XII., gestorben 1342; Reformpapst; war Zisterzienserabt von Fontfroide; erbaute den Avignoner Papstpalast.

Benedikt XIV., 1675–1758; seit 1740 Papst; hervorragender Gelehrter und Fachmann des kirchlichen Rechts; Förderer von Kunst und Wissenschaft.

Benedikt XV., 1854–1922; seit 1914 Papst; bemühte sich während und nach dem Ersten Weltkrieg um Wiederherstellung des Friedens und Verständigung und leistete vielfache Hilfe den Notleidenden und Opfern des Kriegs; sein konkreter Friedensvorschlag 1917 blieb ohne Erfolg.

Benedikt von Aniane, eigentlich Witiza, um 750–821; Benediktiner; Gründer des nach ihm benannten Klosters Aniane; Reformator der fränkischen Klöster; später Abt von Cornelimünster (Gedenktag: 12. Februar).

Benedikt von Nursia, etwa 480–547; Vater des abendländischen Mönchtums; gründete – nach dreijährigem Einsiedlerleben bei Subiaco – das Benediktinerkloster Monte Cassino und wurde dessen erster Abt; verfaßte die noch heute gültige „Regel" für den Benediktinerorden (Gedenktag: 11. Juli).

Benedikt Joseph Labre, 1748–1783; ein frommer asketischer Bettler und begnadeter Pilger; suchte die Wallfahrtsorte von Frankreich, Italien, Schweiz, Deutschland und Spanien auf (Gedenktag: 16. April).

Benedikta *w,* die weibliche Form von ↗ Benedikt; Nebenform: *Benedicta;* Abwandlung: *Bettina;* italienische Form: *Benedetta, Benita;* spanisch: *Benita.*

Beneke *m,* niederdeutsche Kurzform für mit Bern- beginnende männliche Vornamen; auch für ↗ Benedikt.

Beneš *m,* tschechische Form von ↗ Benedikt.

Bengt *m,* schwedische Form von ↗ Benedikt; auch Kurzform für ↗ Bernhard.

Beni *m,* Kurzform für ↗ Benedikt.

Benigna *w,* die weibliche Form von ↗ Benignus; Kurzform: *Binke.*

Namensträgerin:

Benigna, 13. Jahrhundert; Zisterzienserin; Märtyrin (Gedenktag: 20. Juni).

Bénigne *m,* französische Form von ↗ Benignus.

Benignus *m,* lateinisch: *benignus* = gütig; französische Formen: *Bénigne, Bénin.*

Namensträger:

Benignus, legendärer Glaubensbote in Burgund; Märtyrer (Gedenktag: 17. Februar).

Bénin *m,* französische Form von ↗ Benignus.

Benita *w,* italienische und spanische Form von ↗ Benedikta.

Benito *m,* italienische und spanische Form von ↗ Benedikt.

Bekannte Namensträger:

Benito Pérez Galdós, 1843–1920; spanischer Schriftsteller; Begründer des modernen spanischen Romans.

Benito Mussolini, 1883–1945; italienischer Politiker; Begründer des Faschismus; als solcher der diktatorische italienische „Duce"; schuf mit Hitler 1936 „Achse Berlin–Rom"; 1943 abgesetzt; auf Flucht erschossen.

Benjamin *m,* hebräisch: *benjamin* = Sohn meiner Rechten (der Glücksseite); Kurzform: *Ben;* englische und französische Form: *Benjamin;* italienisch: *Benjamino;* bulgarische Kurzform: *Beno.*

Bekannte und bedeutende Namensträger:

Benjamin; im Alten Testament der jüngste Sohn Jakobs.

Benjamin, 5. Jahrhundert; Glaubensbote in Persien; in der Christenverfolgung um 422 Märtyrer (Gedenktag: 31. März).

Benjamin Britten, 1913–1976; englischer Komponist (Opern, Konzerte, Chorwerke), Pianist und Dirigent.

Benjamin Constant, 1767–1830, französischer Politiker und Schriftsteller.

Benjamin Disraeli, 1804–1881; englischer Schriftsteller und konservativer Politiker; verfocht den englischen Imperialismus.

Benjamin Franklin, 1706–1790; amerikanischer Politiker und Schriftsteller, erfand als Naturforscher den Blitzableiter; beteiligt an der amerikanischen Unabhängigkeitserklärung.

Benjamin Jonson, 1572–1637; englischer Schriftsteller und Schauspieler; schuf realistisch-satirische Komödie.

Benjamin Rumford, 1753–1814; amerikanischer Physiker; Mitbegründer der mechanischen Wärmetheorie; schuf Münchner Englischen Garten.

Benjamin Schmolck, 1672–1737; evangelischer Kirchenlieddichter (1183 Lieder; Gedenktag: 11. Februar).

Benjamino *m,* italienische Form von ↗ Benjamin.

Bedeutender Namensträger:

Benjamino Gigli, 1890–1957; italienischer Opern- und Konzertsänger; lyrischer Tenor.

Bennet *m,* englische Kurzform für ↗ Benedikt; Nebenform: *Bennett.*

Bennett *m,* Nebenform zu ↗ Bennet.

Benno *m,* Kurzform für ↗ Benedikt, ↗ Benjamin und ↗ Bernhard.

Bekannte Namensträger:

Benno, gestorben 1106; seit 1066 Bischof von Meißen; vielleicht Wendenmissionar (Gedenktag: 16. Juni).

Benno, gestorben 940; Einsiedler; seit 927 Bischof von Metz; wurde geblendet, lebte danach wieder als Einsiedler (Gedenktag: 3. August).

Benno, 1020–1088; seit 1068 Bischof von Osnabrück; Diplomat; wirkte als Architekt an zahlreichen Kirchen- und Klosterbauten mit (Gedenktag: 28. Juli).

Benno Koglbaur, 1862–1925; Kapuzinerlaienbruder; seit 1907 heiligmäßiger Klosterpförtner in Bregenz (Gedenktag: 13. Dezember).

Benny *m,* englische Kurz- und Koseform für ↗ Benjamin.

Bekannter Namensträger:

Benny Goodman, 1909–1986; amerikanischer Klarinettist und Jazzmusiker.

Beno *m,* Nebenform zu ↗ Benno; auch slawische Form von Benno; bulgarische Kurzform für ↗ Benjamin.

Bénoît *m,* französische Form von ↗ Benedikt.

Benso *m,* italienische Koseform für ↗ Bernhard.

Bent *m,* dänische Kurzform für ↗ Benedikt.

Bente *w,* dänische Kurzform für ↗ Benedikta.

Benvenuto *m,* italienisch: willkommen.

Bedeutender Namensträger:

Benvenuto Cellini, 1500–1571; italienischer Bronzebildhauer und Goldschmied im Übergang von der Renaissance zum Barock.

Benvenutus *m,* lateinisch: willkommen; italienische Form: *Benvenuto.*

Benz *m,* Kurzform für ↗ Benedikt und ↗ Bernhard.

Benzing *m,* Nebenform zu ↗ Benedikt.

Beowulf *m,* angelsächsisch: Bienenwolf.

Beppa *w,* Kurz- und Koseform für ↗ Josefine; italienisch für Giuseppina.

Beppe *m,* Koseform für ↗ Josef; auch italienische Koseform für Giuseppe (↗ Josef).

Beppi *m,* Koseform für ↗ Josef.

Beppo *m,* Koseform für ↗ Josef.

Berbe *w,* Koseform für ↗ Barbara.

Berchthold *m,* Nebenform zu ↗ Berthold.

Berchtold *m,* Nebenform zu Berchthold (↗ Berthold).

Namensträger:

Berchtold, gestorben 1197; Benediktiner; Abt von Engelberg in der Schweiz (Gedenktag: 3. November).

Berend *m,* Nebenform zu ↗ Bernhard.

Berendine *w,* niederdeutsche Nebenform zu ↗ Bernhardine.

Berengar *m,* romanische Nebenform zu ↗ Bernger.

Berenice *w,* Nebenform zu ↗ Berenike.

Berenike *m,* mazedonisch-griechisch: Siegbringerin; entspricht dem weiblichen Vornamen Veronika; Nebenform: *Berenice.*

Berit *w,* dänische und schwedische Nebenform zu ↗ Birgit.

Berlind *w,* althochdeutsch: *bero* = Bär; *linta* = Lindenholzschild; Nebenform: *Belinde.*

Namensträgerin:

Berlind, 8. Jahrhundert; asketische Reklusin zu Meerbeke in Brabant (Gedenktag: 3. Februar).

Bern *m,* Kurz- und Koseform für ↗ Bernhard.

Berna *w,* Kurzform für mit Bern- beginnende weibliche Vornamen.

Bernadette *w,* französische Verkleinerungsform für Bernarde und Bernhardine.

Bekannte Namensträgerin:

Bernadette Soubirous, 1844–1879; erlebte 1858 in der Grotte von Massabielle 18 Marienerscheinungen, was Lourdes zum Wallfahrtsort machte; seit 1866 Caritasschwester in Nevers (Gedenktag: 16. April).

Bernald *m,* Nebenform zu ↗ Bernold.

Bernalda *w,* Nebenform zu ↗ Bernalde.

Bernalde *w,* die weibliche Form von Bernald (↗ Bernold); Nebenform: *Bernalda* und *Bernolde.*

Bernard *m,* englische und französische Form von ↗ Bernhard.

Bekannte Namensträger:

Bernard de Fontenelle, 1657–1757; französischer Schriftsteller und Philosoph; Vorläufer der Aufklärung.

Bernard Montgomery, 1887–1976; englischer Feldmarschall; vollzog im Zweiten Weltkrieg 1943 den britischen Vormarsch bei El Alamein und 1944 nach Nordwestdeutschland.

Bernard de Ventadour, etwa 1125–1195; provenzalischer Troubadour.

Bernarda *w,* romanische Form von ↗ Bernharda; Nebenform: *Bernarde.*

Bernarde *w,* Nebenform zu ↗ Bernarda.

Bernardin *m,* Nebenform zu ↗ Bernhardin; latinisiert: *Bernardinus.*

Bernardina *w,* romanische, niederländische und schwedische Form von ↗ Bernhardine.

Bernardino *m,* italienische Form von ↗ Bernhardin.

Bernardinus *m,* lateinische Form von ↗ Bernardin.

Bernardo *m,* italienische Form von ↗ Bernhard.

Namensträger:

Bernardo Bertolucci, geboren 1941; italienischer Filmregisseur und Schriftsteller.

Bernd *m,* Kurz- und Koseform für ↗ Bernhard; Nebenform: *Bernt.*

Bekannter Namensträger:

Bernd Alois Zimmermann, 1918–1970; deutscher Komponist; Vertreter der seriellen Musik.

Bernetta *m,* Neuform für mit Bern- beginnende weibliche Vornamen; Nebenform: *Bernette.*

Bernette *w,* Nebenform zu ↗ Bernetta.

Bernfried *m,* althochdeutsch: *bero* = Bär; *fridu* = Friede.

Bernfrieda *w,* Nebenform zu ↗ Bernfriede.

Bernfriede *w,* die weibliche Form zu ↗ Bernfried; Nebenform: *Bernfrieda.*

Berngard *w,* althochdeutsch: *bero* = Bär; *gard* = Schutz.

Bernger *m,* althochdeutsch: *bero* = Bär; *gar* = *ger* = Speer; romanische Nebenform: *Berengar.*

Bernhard *m,* althochdeutsch: *bero* = Bär; *harti* = hart, stark; Nebenform: *Bernhardt;* Weiterbildungen: *Bernhardin, Bernhardinus;* Kurzformen: *Berno, Benno, Beno, Bero, Bern, Bernd, Benz, Betz, Petz, Barnd;* englische und französische Form: *Bernard;* englische Koseform: *Bernie;* italienisch: *Bernardo, Bento.*

Bekannte und bedeutende Namensträger:

Bernhard, geboren 1911; Prinz zur Lippe-Biesterfeld; heiratete 1937 Juliana von Oranien-Nassau, die spätere Königin der Niederlande.

Bernhard II., 1140–1224; Graf zur Lippe; trat 1196 als Zisterzienser in die Abtei Marienfeld ein; beteiligte sich 1198 an der Kreuzfahrt gegen die Liven; wirkte als Glaubensbote im Baltikum; 1218 Bischof von Semgallen (Gedenktag: 30. April).

Bernhard von Aosta, gestorben 1081; gründete wohl als Laie das Pilgerhospiz auf der Paßhöhe des Großen Sankt Bernhard (Gedenktag: 15. Juni).

Bernhard von Baden, um 1428–1458; Markgraf von Baden; Söldnerführer und Diplomat Kaiser Friedrichs III., sollte von Italien aus einen Kreuzzug gegen die Türken leiten; starb an der Pest (Gedenktag: 15. Juli).

Bernhard von Clairvaux, um 1090–1153; burgundischer Adeliger; Zisterzienser; gründete 1115 Clairvaux und von da aus 68 weitere Zisterzienserklöster; von großem Einfluß auf bedeutende Persönlichkeiten seiner Zeit in Kirche und Politik; Prediger der Gottesliebe, Mystiker; Kreuzzugsprediger des 2. Kreuzzuges; fruchtbarer theologischer Schriftsteller; Kirchenlehrer (Gedenktag: 20. August).

Bernhard von Hildesheim, gestorben um 1153; seit 1130 Bischof von Hildesheim (Gedenktag: 20. Juli).

Bernhard von Kamenz, gestorben 1296; Bischof von Meißen (Gedenktag: 12. Oktober).

Bernhard von Sachsen-Weimar, 1604–1639; Herzog; Feldherr der Protestanten im 30jährigen Krieg; seit 1635 im Dienst der Franzosen.

Bernhard Bolzano, 1781–1848; böhmischer katholischer Theologe, Philosoph und Mathematiker; Sozialreformer.

Bernhard Grzimek, geboren 1909; deutscher Zoologe, Tierarzt und Forschungsreisender.

Bernhard Heiliger, geboren 1915; deutscher abstrakter Plastiker, Maler und Graphiker.

Bernhard Lehner, 1930–1944; vorbildlicher deutscher katholischer Schüler (Gedenktag: 24. Januar).

Bernhard Letterhaus, 1894–1944; christlicher Gewerkschaftler; führend in der Widerstandsbewegung gegen Hitler; 1944 hingerichtet (Gedenktag: 14. November).

Bernhard Lichtenberg, 1875–1943; Berliner Dompropst; betete von der Kanzel im Dritten Reich für die Nichtarier und KZ-Häftlinge; verhaftet und ins Konzentrationslager Dachau gebracht; hier schwer erkrankt, starb er in einem Krankenhaus (Gedenktag: 5. November).

Bernhard Minetti, geboren 1905; deutscher Schauspieler der Bühne, des Films und des Fernsehens.

Bernhard Paumgartner, 1887–1971; österreichischer Komponist und Dirigent; die Salzburger Festspiele gehen mit auf ihn zurück.

Bernhard Riemann, 1826–1866; deutscher Mathematiker; bahnbrechende Forschungen zur Funktionen- und Zahlentheorie sowie für die Geometrie.

Bernhard Schultze, geboren 1915; deutscher informeller Maler, Zeichner und Objektgestalter.

Bernhard Schwendtner, 1891–1944; deutscher katholischer Pfarrer in Neustrelitz; verteidigte den christlichen Glauben gegen die nationalsozialistischen Irrlehren; zum Tod verurteilt und hingerichtet (Gedenktag: 30. Oktober).

Bernhard Wicki, geboren 1919; österreichischer Regisseur und Schauspieler der Bühne und des Films.

Bernharda *w,* die weibliche Form zu ↗ Bernhard; Nebenform: *Bernharde;* Weiterbildung: *Bernhardine;* Kurz- und Koseformen: *Bernadette, Berna, Bernie, Bendine, Dina, Dinah;* französische Form: *Bernadette.*

Bernharde *w,* Nebenform zu ↗ Bernharda.

Bernhardin *m,* Weiterbildung von ↗ Bernhard; Nebenformen: *Bernhardinus, Bernardin, Bernardinus;* französische Form: *Bernardin;* italienisch: *Bernardino.*

Bekannte Namensträger:

Bernhardin von Siena, 1380–1444; italienischer Franziskaner; einflußreicher Volksprediger; wirkte 1439 auf dem Konzil von Florenz für die Union mit der Ostkirche (Gedenktag: 20. Mai).

Bernhardin von Töllersheim, gestorben 1529; Laienbruder des Franziskanerordens; bei der Belagerung von Wien mit Zachäus von Zwettl getötet (Gedenktag: 6. September).

Bernhardine *w,* Weiterbildung von ↗ Bernharda.

Bernhardinus *m,* latinisierte Nebenform zu ↗ Bernhardin.

Bernhardt *m,* Nebenform zu ↗ Bernhard.

Bernhelm *m,* althochdeutsch: *bero* = Bär; *helm* = Helm, Schutz.

Bernhild *w,* althochdeutsch: *bero* = Bär; *hiltja* = Kampf; Nebenform: *Bernhilde.*

Bernhilde *w,* Nebenform zu ↗ Bernhild.

Bernhold, *m,* Nebenform zu ↗ Bernold.

Berni *w,* Kurz- und Koseform für ↗ Bernharda und für andere mit Bern- beginnende weibliche Vornamen.

Bernie *m,* englische Koseform für ↗ Bernhard.

Berno *m,* Kurzform für ↗ Bernhard.
Namensträger:
Berno, gestorben 1191; Zisterzienser; Bischof von Schwerin; Missionar in Mecklenburg; „Apostel der Abodriten“ (Gedenktag: 14. Januar).

Bernold *m,* althochdeutsch: *bero* = Bär; *waltan* = walten, herrschen; Nebenformen: *Bernhold, Bernald, Bernwalt, Barnald.*
Namensträger:
Bernold, 11. Jahrhundert; Mönch und Rekluse in Ottobeuren (Gedenktag: 4. Juli).

Bernolde *w,* die weibliche Form zu ↗ Bernold; Nebenform von Bernalde.

Bernt *m,* Nebenform zu ↗ Bernd.

Bernulf *m,* althochdeutsch: *bero* = Bär; *wulf* = Wolf.
Namensträger:
Bernulf, gestorben 1045; Bischof von Utrecht; bemüht um kirchliche Reform (Gedenktag: 19. Juli).

Bernwalt *m,* Nebenform zu ↗ Bernold.

Bernward *m,* althochdeutsch: *bero* = Bär; *wart* = schützen, hüten.
Bekannter Namensträger:
Bernward, um 960–1022; Erzieher Kaiser Ottos III.; 993 Bischof von Hildesheim; erbaute hier die Michaelskirche und das Benediktinerkloster Sankt Michael; förderte die Hildesheimer Kunstwerkstätten (Gedenktag: 20. November).

Bero *m,* althochdeutsch: *bero* = Bär; Kurzform für mit Bern- beginnende männliche Vornamen; so für ↗ Bernhard.

Berold *m,* althochdeutsch: *bero* = Bär; *waltan* = walten, gebieten.

Bert *m,* Kurzform für ↗ Adalbert und ↗ Albert; allgemein fürt mit Bert- beginnende oder auf -bert endende männliche Vornamen.

Berta *w,* althochdeutsch: *beraht* = glänzend; Nebenformen: *Bertha, Berte;* Weiterbildungen: *Berthild, Bertrada;* auch Kurzform für ↗ Alberta; Koseformen: *Bertel, Bertl, Bertli, Betti, Bete, Bela;* englische Form: *Bertha;* französisch: *Berthe.*
Namensträgerinnen:
Berta, 7./8. Jahrhundert; Witwe; erste Äbtissin des von ihr vor 686 gegründeten Klosters Blangy bei Arras (Gedenktag: 4. Juli).
Berta von Bingen, 8. Jahrhundert; Mutter Ruperts von Bingen (?; Gedenktag: 28. November).
Berta von Suttner, 1843–1914; österreichische pazifistische Schriftstellerin.

Berte, *w,* Nebenform zu ↗ Berta.

Bertel *w,* Koseform für ↗ Berta; auch Kurzform für mit Bert- beginnende oder auf -bert endigende Vornamen beiderlei Geschlechts; vor allen für ↗ Berthold und ↗ Albert.
Bedeutender Namensträger:
Bertel Thorvaldsen, 1768–1844; dänischer klassizistischer Bildhauer.

Bertes *m,* Koseform für ↗ Hubert, ↗ Robert, Rupert.

Bertfried *m,* althochdeutsch: *beraht* = glänzend; *fridu* = Friede.

Bertfriede *w,* die weibliche Form von ↗ Bertfried.

Bertger *w,* althochdeutsch: *beraht* = glänzend; *gar=ger* = Speer.
Namensträger:
Bertger, gestorben um 830; Priester; Seelenführer Idas von Herzfeld (Gedenktag: 26. November).

Bertheid *w,* Nebenform zu ↗ Bertheide.

Bertheide *w,* althochdeutsch: *beraht* = glänzend; Heide Kurzform von Adelheid; Nebenform: *Bertheid.*
Namensträgerin:
Bertheide, gestorben 1042; Gründerin einer adeligen Ordensschule (Gedenktag: 22. Dezember).

Berthild *w,* althochdeutsch: *beraht* = glänzend; *hiltja* = Kampf; auch Weiterbildung von ↗ Berta; Nebenform: *Berthilde.*
Namensträgerin:
Berthild, 8. Jahrhundert; gestorben um 705; Äbtissin in Jouarre (Gedenktag: 5. November).

Berthilde *w,* Nebenform zu ↗ Berthild.

Berthold *m,* althochdeutsch: *beraht* =

glänzend; *waltan* = walten, gebieten; Nebenformen: *Bertold, Bertolt, Barthold, Bertwald, Bechthold;* Kurzformen: *Bert, Bertel, Berti, Berto.*
Bekannte Namensträger:
Berthold von Henneberg, 1442–1504; Erzbischof und Kurfürst von Mainz; betrieb mit Erfolg Reichsreform.
Berthold von Regensburg, um 1210–1272; Franziskaner; der bedeutendste deutsche Volksprediger des Mittelalters (Gedenktag: 14. Dezember; evangelisch: 13. Dezember).
Berhold von Steyr, gestorben 1142; die Ordensregel getreu befolgender Abt von Steyr (Gedenktag: 27. Juli).
Bertholda *w,* die weibliche Form von ↗ Berthold; Nebenformen: *Bertholde, Bertolda, Bertolde.*
Bertholde *w,* Nebenform zu ↗ Bertholda.
Berti *m,* Kurzform für ↗ Albert und ↗ Berthold; allgemein für mit Bert- beginnende oder auf -bert endende Vornamen.
Bertil *m,* schwedische Form von Bertel; Kurzform für mit Bert- beginnende oder auf -bert endende männliche Vornamen; Nebenform: *Bertilo.*
Bertilo *m,* Nebenform zu ↗ Bertil.
Bertin *m,* Kurzform für Albertin, Albertinus; lateinisch: *Bertinus.*
Bertina *w,* Kurzform für Albertina; auch Weiterbildung von Berta; Nebenform: *Bertine.*
Bertine *w,* Nebenform zu ↗ Bertina.
Bertinus *m,* lateinische Form von ↗ Bertin.
Bertl *w,* Koseform für ↗ Berta.
Bertli *w,* Koseform für ↗ Berta.
Bertlinde *w,* althochdeutsch: *beraht* = glänzend; *lind* = sanft, mild; Nebenform: *Bertlindis.*
Bertlindis *w,*Nebenformzu ↗ Bertlinde.
Berto *m,* Kurzform für ↗ Berthold.
Bertold *m,* Nebenform zu ↗ Berthold.
Namensträger:
Bertold von Scheda, um 1200; Prämonstratenser in Scheda (Gedenktag: 13. Juli).
Bertold von Weingarten, gestorben 1232; seit etwa 1200 Abt von Weingarten (Gedenktag: 19. September).
Bertolda *w,* Nebenform zu ↗ Bertholda.
Bertolde *w,* Nebenform zu ↗ Bertholda.
Bertolf *m,* althochdeutsch: *beraht* = glänzend; *wulf* = Wolf; Nebenform: *Bertulf.*
Bertolt *m,* Nebenform zu ↗ Berthold.
Bekannter Namensträger:
Bertolt (Bert) Brecht, 1898–1956; deutscher gesellschaftskritischer Schriftsteller in Dramen und Lyrik; gründete mit seiner Frau Helene Weigel das „Berliner Ensemble".
Bertrada *w,* althochdeutsch: *beraht* = glänzend; *rat* = Rat, Ratgeber; Nebenformen: *Bertrade, Bertradis.*
Bertrade *w,* Nebenform zu ↗ Bertrada.
Bertradis *w,* Nebenform zu ↗ Bertrada.
Bertram *m,* althochdeutsch: *beraht* = glänzend; *hraban* = Rabe; Nebenformen: *Bartram, Bertran;* französische und englische Form: *Bertrand;* italienisch: *Bertrando.*
Bedeutende Namensträger:
Bertram (Meister Bertram), um 1345–1414/15; deutscher Maler und Bildschnitzer; ein Hauptmeister der norddeutschen Spätgotik.
Bertrand *m,* althochdeutsch: *beraht* = glänzend; *rant* = Schild; ist auch die englische und französische Form von ↗ Bertram.
Bekannte Namensträger:
Bertrand, 1260–1350 (ermordet); im diplomatischen Dienst des Papstes Johannes XXII.; ab 1334 Patriarch von Aquileja (Gedenktag: 6. Juni).
Bertrand Russell, 1872–1970; englischer Philosoph und Mathematiker; Gegner von Krieg und atomarer Rüstung; Vertreter des Neurealismus und der Logistik; philosophisches und politisches Schrifttum.
Bertrando *m,* italienische Form von ↗ Bertram und Bertrand.
Bertraude *w,* althochdeutsch: *beraht* = glänzend; *trud* = Stärke; Nebenformen: *Bertrude, Bertraut.*

Bertraut *w,* Nebenform zu ↗ Bertraud.
Bertrude *w,* Nebenform zu ↗ Bertraud.
Bertrum *w,* Nebenform zu ↗ Bertrun.
Bertrun *w,* althochdeutsch: *beraht* = glänzend; *runa* = Geheimnis, Zauber; Nebenformen: *Bertrum, Bertrune.*
Bertrune *w,* Nebenform zu ↗ Bertrun.
Bertulf *m,* Nebenform zu ↗ Bertolf.
Bertwald *m,* Nebenform zu ↗ Berthold.
Bertwin *m,* althochdeutsch: *beraht* = glänzend; *wini* = Freund.
Beryl *w,* englisch; nach dem Edelstein Beryll; deutsch auch: *Beryll.*
Beryll *w,* Nebenform zu ↗ Beryl.
Bess *w,* englische Kurz- und Koseform für ↗ Elisabeth; Nebenformen: *Bessie, Bessy, Betsy.*
Bekannte Namensträgerin:
Bess Mensendieck, 1846–1960; niederländisch-amerikanische Ärztin; entwickelte funktionelle Frauengymnastik.
Bessie *w,* Kurzform für ↗ Elisabeth.
Bessy *w,* Kurzform für ↗ Elisabeth.
Best *m,* Koseform für ↗ Sebastian.
Bestlin *m,* Koseform für ↗ Sebastian.
Betchen *w,* Koseform für ↗ Elisabeth.
Bete *w,* Koseform für ↗ Berta.
Bethli *w,* schweizerische Kurz- und Koseform für ↗ Elisabeth.
Betlindis *w,* germanisch (?), daraus ↗ Belinda.
Betsy *w,* Kurzform für ↗ Elisabeth.
Betta *w,* Nebenform zu ↗ Betti.
Bette *w,* Nebenform zu ↗ Betti.
Bettel *w,* Koseform für ↗ Elisabeth.
Betti *w,* Kurz- und Koseform für ↗ Babette, ↗ Barbara, ↗ Berta und ↗ Elisabeth; Nebenformen: *Betta, Bette, Betty;* Weiterbildungen: *Bettina, Bettine.*
Betti *w,* Koseform für ↗ Elisabeth; Kurzform von ↗ Bettina.
Bettina *w,* Abwandlung von ↗ Elisabeth; Kurzform: *Betti.*
Bekannte Namensträgerin:
Bettina von Arnim, 1785–1859; deutsche Schriftstellerin; Gattin Achim von Arnims; Schwester Clemens Brentanos.
Bettine *w,* Nebenform zu ↗ Bettina.
Betto *m,* italienische Kurzform für Benedetto (↗ Benedikt).
Betty *m,* Nebenform zu ↗ Betti.
Betz *m,* Kurzform für ↗ Bernhard.
Biaggio *m,* italienische Form von ↗ Blasius; auch: *Biagio* und *Biasio.*
Biagio *m,* Nebenform zu ↗ Biaggio.
Bianca *w,* italienische Form von ↗ Blanka; deutsche Form: *Bianka.*
Bianka *w,* deutsche Form von Bianca (↗ Blanka).
Biasio *m,* italienische Form von ↗ Blasius.
Bibiana *w,* Nebenform zu ↗ Viviane; auch *Bibiane;* französische Form: *Bibiane;* spanisch: *Bibiana.*
Namensträgerin:
Bibiana, 4. Jahrhundert; jungfräuliche Märtyrin in Rom (Gedenktag: 2. Dezember).
Bibiane *w,* Nebenform und französische Form von ↗ Bibiana.
Bibieno *m,* portugiesische Form von ↗ Vivianus.
Biel *w,* Koseform für ↗ Sibylle.
Bielgen *w,* Koseform für ↗ Sibylle.
Bilhild *w,* althochdeutsch: *billi* = Schwert; *hiltja* = Kampf; Nebenformen: *Bilhilde, Bilhildis.*
Namensträgerin:
Bilhild, 8. Jahrhundert; gestorben um 734; Herzogin von Thüringen; gründete das Frauenkloster Altmünster bei Mainz (Gedenktag: 27. November).
Bili *m,* englische Kurzform für William (↗ Wilhelm).
Bilibald *m,* Nebenform zu ↗ Billibald.
Bilka *w,* Koseform für ↗ Sibylle.
Bilke *w,* niederdeutsche Koseform für ↗ Sibylle.
Bill *m,* englische Kurz- und Koseform für William (↗ Wilhelm); Nebenformen: *Bili, Billy.*
Billa *w,* Kurz- und Koseform für ↗ Elisabeth und ↗ Sibylle.
Bille *w,* Kurz- und Koseform für ↗ Sibylle.

Billeili *w,* Koseform für ↗ Sibylle.

Billein *w,* Koseform für ↗ Sibylle.

Billfried *w,* althochdeutsch: *billi* = Schwert; *fridu* = Friede.

Billhard *m,* althochdeutsch: *billi* = Schwert; *harti* = hart, stark.

Billibald *m,* althochdeutsch: *billi* = Schwert; *baldo* = kühn; Nebenform: *Bilibald.*

Billo *m,* Kurzform für mit Bill- beginnende männliche Vornamen.

Billy *m,* englische Kurzform für William (↗ Wilhelm).

Bekannte Namensträger:

Billy Graham, geboren 1918; amerikanischer baptistischer Erweckungsprediger.

Billy Wilder, geboren 1906; österreichisch-amerikanischer Filmregisseur und Drehbuchautor.

Bina *w,* Nebenform zu ↗ Bine.

Bine *w,* Kurzform für ↗ Sabine, ↗ Jakobine und andere auf -bine endigende weibliche Vornamen, auch für ↗ Philippine; Nebenform: *Bina.*

Bineli *w,* Kosename für ↗ Sabine.

Bionda *w,* italienisch: die Blonde; Nebenformen: *Blonda, Blondina.*

Birga *w,* Nebenform zu Birgit (↗ Brigitte).

Birger *m,* nordisch-schwedisch: Helfer, Schützer.

Birgit *w,* nordische Form von ↗ Brigitte; auch *Birgitta.*

Bekannte Namensträgerin:

Birgit Nilsson, geboren 1918; schwedische dramatische Sängerin.

Birgitta *w,* nordische Form von ↗ Brigitte.

Bekannte Namensträgerin:

Birgitta von Schweden, um 1303–1373; war Hofmeisterin des Königs Magnus Eriksson; unternahm mehrere Wallfahrten; Mystikerin und Visionärin; gründete den Birgitten-Orden; lebte seit 1349 in Rom (Gedenktag: 23. Juli).

Birk *m,* Kurzform für ↗ Burkhard.

Birka *w,* Nebenform zu ↗ Birke.

Birke *w,* Bildung nach dem Baum Birke; Nebenform: *Birka.*

Birset *w,* Kurz- und Koseform für ↗ Brigitte.

Birte *w,* dänische Kurzform für ↗ Brigitte.

Bisch *m,* Kurz- und Koseform für ↗ Baptist.

Bischle *m,* Kurz- und Koseform für ↗ Baptist.

Biterolf *m,* althochdeutsch: *bittar* = beißend; *wolf* = *wulf* = Wolf.

Bjarne *m,* norwegische und norddeutsche Form von ↗ Björn.

Bjarni *m,* isländische Form von ↗ Björn.

Björn *m,* schwedisch: *björn* = Bär; norwegische und norddeutsche Form: *Bjarne;* dänisch: *Bjørn;* isländisch: *Bjarni;* schwedische Nebenform: *Björne.*

Bjørn *m,* dänische Form von ↗ Björn.

Björne *m,* schwedische Nebenform zu ↗ Björn.

Blaise *m,* französische Form von ↗ Blasius.

Bekannte Namensträger:

Blaise Cendrars, 1887–1961; französischer avantgardistischer Lyriker, Roman- und Reiseschriftsteller.

Blaise Pascal, 1623–1662; französischer Physiker, Mathematiker, Philosoph und Mystiker; Schöpfer der analytischen Geometrie und der Wahrscheinlichkeitsrechnung; Anhänger des Jansenismus und dessen Verteidiger gegen die Jesuiten.

Blanca *w,* spanische Form von ↗ Blanka.

Blanche *w,* französisch: die Weiße; Verkleinerungsform: *Blanchette.*

Blanchette *w,* französische Verkleinerungsform von ↗ Blanche.

Blanda *w,* lateinisch: *blanda* = die Freundliche oder Schmeichlerin (?); Weiterbildungen: *Blandina, Blandine.*

Blandina *w,* Weiterbildung von ↗ Blanda; Nebenform: *Blandine.*

Namensträgerinnen:

Blandina, gestorben 177; jugendliche Märtyrin unter Marc Aurel (Gedenktag: 2. Juni).

Blandina Merten, 1883–1918; Ordensfrau; Lehrerin (Gedenktag: 18. Mai).
Blandina Ridder, 1871–1916; Ordensfrau; Röntgenschwester; erlitt Strahlenschädigung; starb unter großen Qualen (Gedenktag: 22. Oktober).

Blandine *w,* Nebenform zu ↗ Blandina.

Blanka *w,* mittelhochdeutsch: *blanc* = weiß (?); Nebenform: *Blanca;* so auch spanisch; italienische Form: *Bianca;* portugiesisch: *Branca;* französisch: *Blanche* und *Blanchette;* slawisch: *Branka.*
Bekannte Namensträgerin:
Blanka, 1188–1252; französische Königin; Mutter Ludwigs IX., für den sie die Regentschaft führte (Gedenktag: 1. Dezember).

Blankard *m,* althochdeutsch: kühnglänzend.

Blas *m,* Kurzform für ↗ Blasius.

Blase *m,* Kurzform für ↗ Blasius.

Bläse *m,* Kurzform für ↗ Blasius.

Blasi *m,* Kurzform für ↗ Blasius.

Blasius *m,* lateinisch; vielleicht aus griechisch: *basileios* = königlich; Kurz- und Koseformen: *Blase, Bläse, Blasi, Blas;* italienische Formen: *Biagio, Biaggio, Biasio.*
Bekannter Namensträger:
Blasius, gestorben als Märtyrer 316; Bischof von Sebaste in Armenien; einer der 14 Nothelfer (Gedenktag: 3. Februar).

Blidhild *w,* althochdeutsch: *blidi* = munter, froh; *hiltja* = Kampf; Nebenformen: *Blidhilde* und *Blidhildis.*

Blidhilde *w,* Nebenform zu ↗ Blidhild.

Blidhildis *w,* Nebenform zu ↗ Blidhild.

Blonda *w,* Nebenform zu ↗ Bionda; Weiterbildung: *Blondina.*

Blondina *w,* Weiterbildung von Blonda (↗ Bionda).

Bo *m,* dänisch und schwedisch; Bedeutung unsicher: der Seßhafte (?).

Bob *m,* englische Koseform für ↗ Robert.

Bobby *m,* englische Koseform für ↗ Robert.

Bobo *m,* englische Koseform für ↗ Robert.

Bod *m,* Kurzform für ↗ Adalbod.

Bode *m,* Nebenform zu ↗ Bodo.

Bodewald *m,* althochdeutsch: *boto* = Bote; *waltan* = walten, gebieten.

Bodmar *m,* Nebenform zu ↗ Bodomar.

Bodmer *m,* Nebenform zu ↗ Bodomar.

Bodo *m,* althochdeutsch: *boto* = Bote; Kurzform für mit Bodo- beginnende oder auf -bod endende männliche Vornamen; so für ↗ Adalbod; Nebenformen: *Botho, Boto.*
Namensträger:
Bodo, gestorben 880; königlicher Gefolgsmann; fiel mit anderen Sachsen in der Schlacht gegen heidnische Normannen bei Hamburg (Gedenktag: 2. Februar).

Bódog *m,* ungarische Form von ↗ Felix.

Bodomar *m,* althochdeutsch: *boto* = Bote; *mari* = berühmt; Nebenformen: *Bodmar, Bodmer* und *Botmar.*

Bodowin *m,* althochdeutsch: *boto* = Bote; *wini* = Freund; Nebenformen: *Bodwin, Botwin.*

Bodwin *m,* Nebenform zu ↗ Bodowin.

Bogdan *m,* slawisch-russisch: *bog* = Gott; *dan* = Gabe: Gottesgeschenk; entspricht dem griechischen Theodor; Nebenform: *Bohdan;* Kurzform: *Dan.*

Bogdana *w,* die weibliche Form zu ↗ Bogdan; Nebenform: *Bohdana;* Kurzform: *Dana;* Koseform: *Danja.*

Bogislaw *m,* slawisch-russisch: *bog* = Gott; *slawa* = Ehre; entspricht dem deutschen Gottlob; Nebenform: *Boguslaw;* polnisch: *Bogusław.*

Bogoljubow *m,* russisch für ↗ Gottlieb.

Bogumil *m,* slawisch-russisch: *bog* = Gott; *milyi:* = angenehm, lieb; entspricht dem deutschen Gottlieb, dem griechischen Theophil und dem lateinischen Amadeus; tschechisch: *Bohumil;* Kurz- und Koseform: *Miloś.*

Boguslaw *m,* Nebenform zu ↗ Bogislaw; tschechische Form: *Bohuslav;* polnisch: *Bogusław.*

Bogusław *m,* polnische Form von ↗ Boguslaw.

Bohdan *m,* Nebenform zu ↗ Bogdan.

Bohdana *w,* Nebenform zu Bogdana (↗ Bogdan).

Bohn *m,* Koseform für ↗ Urban.

Bohumil *m,* tschechische Form von ↗ Bogumil.

Bohumila *w,* tschechische weibliche Form zu Bohumil (↗ Bogumil).

Bohumír *m,* tschechisch für ↗ Gottfried.

Bohuslav *m,* tschechische Form von ↗ Boguslaw.

Boi *m,* Nebenform zu ↗ Boie.

Boie *m,* norddeutsch: Knabe, Junge; Nebenformen: *Boi, Boje, Boy;* friesisch auch Kurzname für mit Bodo- und Botho- beginnende männliche Vornamen.

Bojan *m,* slawisch: Barde.

Boje *m,* Nebenform zu ↗ Boie.

Boldi *m,* Koseform für ↗ Leopold.

Boldisár *m,* ungarische Form von ↗ Balthasar.

Boleslaw *m,* slawisch-russisch; *bolee* = mehr; *slawa* = Ruhm, Ehre; Kurzform: *Bolko;* polnische Form: *Bolesław.*

Bolesław *m,* polnische Form von ↗ Boleslaw.

Bolko *m,* Kurzform für ↗ Boleslaw.

Bona *w,* lateinisch: *bona* = die Gute.

Bonaventura *m,* lateinisch: *bonus* = gut; *ventura* = Kommendes, Zukunft; Kurzformen: *Bone, Ventura.*

Bedeutender Namensträger:

Bonaventura, 1221–1274; Franziskaner; Kardinalbischof von Albano; Kirchenlehrer; 1257–1273 Ordensgeneral; Prediger; neben Thomas von Aquin der größte Philosoph und Theologe der Scholastik („Doctor seraphicus"; Gedenktag: 15. Juli).

Bone *m,* altdeutsch: *ban* = Bann; Nebenform: *Bonke;* auch Kurzform für ↗ Bonaventura und ↗ Bonifatius.

Boniface *m,* französische Form von ↗ Bonifatius.

Bonifacius *m,* lateinische Nebenform zu ↗ Bonifatius.

Bonifatia *w,* die weibliche Form ↗ zu Bonifatius.

Bonifatius *m,* lateinisch: *bonus* = gut; *fatum* = das Schicksal; oder: *facere* = tun: guten Geschicks oder Wohltäter; Nebenformen: *Bonifacius, Bonifaz;* Kurz- und Koseformen: *Bone, Bonus, Facius, Fetz, Fatzel;* französische Form: *Boniface.*

Bedeutende Namensträger:

Bonifatius, eigentlich Winfried, 672/673–754; angelsächsischer Benediktiner; von Papst Gregor II. mit der Missionierung der germanischen Länder beauftragt („Apostel Deutschlands"), gründete er – 722 zum Bischof geweiht – deutsche Bistümer und schuf damit die kirchliche Organisation; 754 mit 52 Gefährten bei Dokkum gemartert (Gedenktag: 5. Juni).

Bonifatius IV., gestorben 615; Benediktiner; 608 Papst (Gedenktag: 25. Mai).

Bonifatius VIII., um 1230–1303; seit 1294 Papst; kämpfte erfolglos um Erhaltung der päpstlichen Machtstellung gegenüber den aufkommenden Nationalstaaten; vertrat Überordnung der geistlichen über die weltliche Macht.

Bonifatius IX., um 1350–1404; seit 1389 Papst, der zweite des abendländischen Schismas; konnte die päpstliche Herrschaft im Kirchenstaat wiederherstellen.

Bonifatius von Lausanne, 1180–1265; seit 1231 Bischof von Lausanne; gab 1239 dieses Amt auf, wurde Weihbischof von Cambrai; lebte später im Zisterzienserkloster Cambre bei Brüssel (Gedenktag: 19. Februar).

Bonifaz *m,* Nebenform zu ↗ Bonifatius.

Bonita *w,* spanisch: die Hübsche.

Bonosus *m,* lateinisch: von *bonus* = gut (?).

Namensträger:

Bonosus, gestorben 374; seit 358 Bischof von Trier; vertrat mannhaft den wahren Glauben gegen den Arianismus (Gedenktag: 17. Februar).

Bonus *m,* Kurzform für ↗ Bonifatius.

Bopp *m,* auch *Boppel,* Kurzformen für ↗ Baptist.

Boppel *m,* Nebenform zur ↗ Bopp.

Borchard *m,* Nebenform zu ↗ Burkhard.

Borchert *m,* Nebenform zu ↗ Burkhard.

Borghard *m,* Nebenform zu ↗ Burkhard.

Borghild *m,* Nebenform zu ↗ Burghild.

Borgward *m,* Nebenform zu ↗ Burgward.

Boris *m,* slawisch; russisch und bulgarisch: Kämpfer; Kurzform für mit Bor- beginnende männliche Vornamen; so für ↗ Borislaw.

Bekannte Namensträger:

Boris, gestorben 907; der erste christliche Bulgarenfürst; betrieb die Christianisierung Bulgariens, das er der Ostkirche zuführte; wurde 889 Mönch; Nationalheiliger Bulgariens (Gedenktag: 2. Mai).

Boris Blacher, 1903–1975; baltendeutscher Komponist.

Boris Godunow, um 1551–1605; russischer Zar; trennte 1589 die russische Kirche unter dem Patriarchat Moskau von Konstantinopel.

Boris Pasternak, 1890–1960; russischer Schriftsteller symbolistischer Prosa; auch bedeutender Lyriker.

Borislaw *m,* slawisch: *boru* = Kampf; *slawa* = Ruhm; Kurzform: *Boris.*

Bork *m,* niederdeutsche Kurzform für ↗ Burkhard.

Borkard *m,* Nebenform zu ↗ Burkhard.

Börre *m,* Nebenform zu ↗ Börries.

Borries *m,* Nebenform zu ↗ Börries.

Börries *m,* Kurzform für ↗ Liborius; Nebenformen: *Borries, Borris, Bors, Börre.*

Borris *m,* Nebenform zu ↗ Börries.

Borromäus *m,* gebildet nach dem Familiennamen der Borromäer; auch Nebenform zu ↗ Bartholomäus; italienische Form: *Borromeo.*

Borromeo *m,* italienische Form von Borromäus.

Bors *m,* Nebenform zu ↗ Börries.

Bosco *m,* Kurzform für ↗ Burkhard.

Boso *m,* Kurzform für ↗ Burkhard.

Namensträger:

Boso, gestorben 970; bayerischer Benediktiner; Wendenmissionar; erster Bischof von Merseburg (Gedenktag: 1. November).

Bosse *m,* Kurzform für ↗ Burkard.

Boßhard *m,* althochdeutsch: *bos* = eitel; *harti* = hart, stark.

Bothild *w,* Nebenform zu ↗ Bothilde.

Bothilde *w,* althochdeutsch: *bot* = Bote, Gebieter oder *badu* = Kampf; *hiltja* = Kampf; Nebenformen: *Bothild, Botilda.*

Botho *m,* Nebenform zu ↗ Bodo.

Botilda *w,* Nebenform zu ↗ Bothild.

Botmar *m,* Nebenform zu ↗ Bodomar.

Boto *m,* Nebenform zu ↗ Bodo.

Botwin *m,* Nebenform zu ↗ Bodowin.

Bouw *m, Bouwe,* Nebenformen zu ↗ Baue.

Boy *m,* Nebenform zu ↗ Boie.

Branca *w,* portugiesische Form von ↗ Blanka.

Brand *m,* Kurzform für mit Brand- beginnende oder auf -brand endigende männliche Vornamen.

Branda *w,* die weibliche Form zu ↗ Brand; Nebenform: *Brenda.*

Brandolf *m,* althochdeutsch: *brant* = Waffe; *wolf* = *wulf* = Wolf; Nebenform: *Brandulf.*

Brandulf *m,* Nebenform zu ↗ Brandolf.

Branislaw *m,* slawisch: *brani* = schützen; *slawa* = Ehre, Ruhm; Kurz- und Koseform: *Branko.*

Branka *w,* slawische Form von ↗ Blanka; die weibliche Form zu ↗ Branko; portugiesische Form: *Branca.*

Branko *m,* slawische Kurzform für mit Brani- beginnende männliche Vornamen, so für ↗ Branislaw.

Braun *m,* Nebenform zu ↗ Bruno.

Brecht *m,* Kurzform für ↗ Albrecht

und sonstige auf -brecht oder -bert endigende männliche Vornamen.

Breite *w,* Kurzform für ↗ Brigitte.

Brenda *w,* englische Form von ↗ Branda.

Brendan *m,* irisch-englisch; Bedeutung fraglich.

Brian *m,* keltisch-englisch: *bryn* = Hügel; Nebenformen: *Brior, Briunal.*

Brichtilo *m,* Koseform für ↗ Berthold.

Brictius *m,* keltisch (?), latinisiert; Nebenform: *Briccius;* Koseform: *Brix;* französische Form: *Brice;* englisch: *Bruce.*

Namensträger:

Brictius, 5. Jahrhundert; als Nachfolger des heiligen Martin Bischof von Tours (Gedenktag: 13. November).

Brictius, um 900; legendärer Pilger; dänischer Prinz (?); brachte aus Byzanz eine Heiligblutreliquie; in Heiligenblut von Lawine verschüttet (Gedenktag: 4. Mai).

Brid *w,* Kurz- und Koseform für ↗ Brigitte.

Brida *w,* Koseform für ↗ Brigitte.

Briddy *w,* Koseform für ↗ Brigitte.

Bride *w,* Koseform für ↗ Brigitte.

Bridget *w,* englische Form von ↗ Brigitte.

Bridli *w,* Koseform für ↗ Brigitte.

Briga *w,* Kurzform für ↗ Brigitte.

Brigel *w,* Kurzform für ↗ Brigitte.

Briget *w,* Kurzform für ↗ Brigitte.

Brigga *w,* Kurz- und Koseform für ↗ Brigitte.

Brigge *w,* Kurz- und Koseform für ↗ Brigitte.

Brigida *w,* lateinische Form von ↗ Brigitte; Nebenform: *Brigide.*

Brigide *w,* Nebenform zu ↗ Brigida.

Brigit *w,* altirische Form von ↗ Brigitte.

Brigitta *w,* Nebenform zu ↗ Brigitte.

Brigitte *w,* keltisch; altirisch: *Brigit:* die Erhabene; Nebenformen: latinisiert: *Brigida; Brigide, Brigitta, Birgitta, Birgida;* Kurz- und Koseformen: *Briget, Brigel, Brid, Brida, Briddy, Bride, Bridly, Breite, Britta, Birga, Birte, Briga, Brigga, Brigge, Briget, Gita, Gitte;* englische Form: *Bridget;* schwedisch: *Brita;* französisch: *Brigitte.*

Bekannte Namensträgerinnen:

Brigitte von Kildare, 453–523; irische Ordensfrau; gründete unter anderem das Nonnenkloster in Kildare; Patronin Irlands (Gedenktag: 1. Februar).

Brigitte von Schweden ↗ Birgitta.

Brigitte Bardot, geboren 1934; französische Filmschauspielerin.

Brigitte Horney, geboren 1911; deutsche Bühnen-, Film- und Fernsehschauspielerin.

Bringfried *m,* modische Neubildung.

Bringfriede *w,* die weibliche Form zu ↗ Bringfried.

Brior *m,* Nebenform zu Brian.

Brit *w,* Nebenform zu ↗ Brita.

Brita *w,* schwedische Form von ↗ Brigitte; Nebenform: *Brit.*

Britt *w,* Nebenform zu ↗ Britta.

Britta *w,* Kurzform für ↗ Brigitte.

Britto *m,* Herkunft und Bedeutung fraglich.

Namensträger:

Britto, gestorben 385/386; seit 374 Bischof von Trier (Gedenktag: 6. Mai).

Briunal *m,* Nebenform zu ↗ Brian.

Broder *m,* nordisch: Bruder; Koseform: *Bror.*

Bronislaw *m,* slawisch: *bronja* = Panzer; *slawa* = Ruhm, Ehre.

Bronislawa *w,* die weibliche Form zu ↗ Bronislaw.

Namensträgerin:

Bronislawa, um 1200–1259; oberschlesische Prämonstratenserin (Gedenktag: 1. September).

Bronno *m,* friesische Nebenform zu ↗ Bruno.

Broos *m,* Kurzform für ↗ Ambrosius.

Bror *m,* Koseform für ↗ Broder.

Bros *m,* Kurzform für ↗ Ambrosius.

Bröse *m,* Kurzform für ↗ Ambrosius.

Bröseke *m,* Koseform für ↗ Ambrosius.

Broß *m,* Kurzform für ↗ Ambrosius.

Broz *m,* slawische Form von ↗ Ambrosius.

Bruce *m,* nach anglonormannischem Geschlecht.

Bekannter Namensträger:
Bruce Marshall, geboren 1899; schottischer Schriftsteller religiöser und gesellschaftskritischer Romane.

Brun *m,* althochdeutsch: *brun* = braun; Kurzform für mit Brun- beginnende männliche Vornamen.
Namensträger:
Brun (Bruno von Köln), 925–965; Sohn König Heinrichs I. und von Mathilde; war seit 951 Erzkanzler, ab 953 Erzbischof von Köln und Herzog von Lothringen; gründete und reformierte Klöster und Stifte (Gedenktag: 11. Oktober; evangelisch: 10. Oktober).
Brun von Minden, gestorben 1055; seit 1037 Bischof von Minden; gründete ebenda das Mauritiuskloster (Gedenktag: 10. Februar).
Brun von Reims (der Kartäuser), um 1030–1101; seit 1081 Erzbischof von Reims, wurde 1083 Mönch in Molesme; gründete in Sèche-Fontaine eine Eremitensiedlung und 1084 die erste Kartause unweit Grenoble, später die Kartause San Stefano in Bosco, wo er starb (Gedenktag: 6. Oktober).

Bruna *w,* Kurz- und Koseform für ↗ Brunhild.

Brunhard *m,* althochdeutsch: *brun* = braun; *harti* = hart, stark.

Brunhild *w,* althochdeutsch: *brunni* = Brünne, Panzer; *hiltja* = Kampf; Nebenformen: *Brunhilde, Brünhild, Brünhilde;* Kurzformen: *Bruna, Bruni, Brünne;* friesische Koseform: *Bruntje.*

Brünhild *w,* Nebenform zu ↗ Brunhild.

Brunhilde *w,* Nebenform zu ↗ Brunhild.

Brünhilde *w,* Nebenform zu ↗ Brunhild.

Bruni *w,* Kurz- und Koseform für ↗ Brunhild.

Brünne *w,* Kurzform für ↗ Brunhild.

Bruno *m,* althochdeutsch: *brun* = braun oder Bär; Nebenform: *Braun;* Kurzform: *Brun.*
Bekannte Namensträger:
Bruno, 11. Jahrhundert; Mönch und Rekluse in Ottobeuren (Gedenktag: 4. Juli).
Bruno der Kartäuser, Einsiedler, ↗ Brun von Reims.
Bruno von Braunsberg, gestorben 1236; seit 1214 Abt des Prämonstratenserstifts Rommersdorf bei Engers (Gedenktag: 10. Dezember).
Bruno von Köln ↗ Brun.
Bruno von Querfurt, gestorben 1009; Mönch und Einsiedler; 1004 Erzbischof von Magdeburg; Glaubensbote in Preußen; erlitt den Märtyrertod bei Lötzen (Gedenktag: 9. März).
Bruno von Würzburg, gestorben 1045; ab 1034 Bischof von Würzburg; bemüht um Klerusbildung und religiöse Hebung des Bistums; starb auf Ungarnzug Heinrichs III. (Gedenktag: 27. Mai).
Bruno Walter, 1876–1962; österreichischer Dirigent, Komponist und Musikwissenschaftler.

Brunold *m,* althochdeutsch: *brun* = braun oder Bär; *waltan* = walten.

Bruntje *w,* friesische Koseform für ↗ Brunhild.

Brus *m,* Kurzform für ↗ Ambrosius.

Brüs *m,* Kurzform für ↗ Ambrosius.

Brutus *m,* lateinisch: schwerfällig, stumpfsinnig.

Buck *m,* Kurzform für ↗ Burkhard.

Bugg *m,* Kurzform für ↗ Burkhard.

Buggo *m,* Kurzform für ↗ Burkhard.

Buko *m,* Kurzform für ↗ Burkhard.

Burchard *m,* Nebenform zu ↗ Burkhard.
Namensträger:
Burchard, 1028–1088; Bischof von Halberstadt; Anhänger Papst Gregors VII. und der Reform von Cluny (Gedenktag: 7. April).
Burchard von Mallersdorf, gestorben 1122; Mönch zu Bamberg; wurde erster Abt in Mallersdorf (Gedenktag: 25. Juni).
Burchard, gestorben 970; erster Bischof von Meißen; Benediktiner (Gedenktag: 14. Juni).
Burchard von Rot, gestorben 1140; der erste Propst des Prämonstratenser-

stifts Rot an der Rot, das er zu großer Blüte brachte (Gedenktag: 3. August).
Burchard von Worms, um 965–1025; seit 1000 Bischof von Worms; gab ein Rechtshandbuch kirchlicher und weltlicher Vorschriften heraus (Gedenktag: 20. August).

Burga *w,* Nebenform zu ↗ Burgel.

Burgard *m,* Nebenform zu ↗ Burkhard.

Burge *w,* Nebenform zu ↗ Burgel.

Bürge *m,* Kurzform für ↗ Burkhard.

Burgel *w,* süddeutsche Kurz- und Koseform für mit Burg- beginnende oder auf -burg(a) endende weibliche Vornamen; Nebenformen: *Burga, Burge, Burgl.*

Burghard *m,* Nebenform zu ↗ Burkhard.

Burghild *w,* althochdeutsch: *burg* = Schutz; *hiltja* = Kampf; Nebenform: *Burghilde.*

Burghilde *w,* Nebenform zu ↗ Burghild.

Burgit *w,* neuere Bildung.

Burgl *w,* Nebenform zu ↗ Burgel.

Burgunde *w,* althochdeutsch: *burg* = Schutz; *gund* = Kampf.

Burk *m,* Kurzform für ↗ Burkhard.

Bürk *m,* Kurzform für ↗ Burkhard.

Burkart *m,* Nebenform zu ↗ Burkhard.

Burkert *m,* Nebenform zu ↗ Burkhard.

Burkhard *m,* althochdeutsch: *burg* = Burg, Schutz; *harti* = hart, stark; Nebenformen: *Burchard, Borchard, Borchert, Borghard, Burgard, Burghard, Burkart, Burkhart, Burkert;* Kurz- und Koseformen: *Birk, Birkli, Bork, Borkard, Boso, Bosse, Burk, Bürk, Bürge, Buck, Bugg, Buggo, Buko, Bury, Busse, Busso, Butz.*
Bekannte Namensträger:
Burkhard vom Aargau, gestorben 1192; Pfarrer in Beinwil (Aargau; Gedenktag: 18. Mai).
Burkhard von Würzburg, gestorben 753/754; angelsächsischer Benediktiner; um 735 Gefährte des Bonifatius; seit 741/742 Bischof von Würzburg; Glaubensbote (Gedenktag: 14. Oktober, evangelisch: 2. Februar).

Burkhart *m,* Nebenform zu ↗ Burkhard.

Burt *m,* Kurzform für ↗ Burkhard.
Namensträger:
Burt Lancaster, geboren 1913; amerikanischer Trapezartist; seit 1946 Filmschauspieler.

Busse *m,* süddeutsche Kurzform für ↗ Burkhard.

Busso *m,* süddeutsche Kurzform für ↗ Burkhard.

Buster *m,* amerikanisch.
Bekannter Namensträger:
Buster Keaton, 1895–1966; amerikanischer Filmschauspieler und Regisseur; Komiker des Stummfilms.

Butz *m,* Kurz- und Koseform für ↗ Burkhard.

C

Cäcilia *w,* die weibliche Form zu ↗ Cäcilius; Nebenformen: *Cäcilie, Cecilie, Zäzilie;* Kurz- und Koseformen: *Celia, Cilia, Cilli, Cilly, Zilla, Zilli, Zilly, Zilge Zillchen, Silja;* französische Form: *Cécile;* englisch: *Cecily, Cicely;* Koseform: *Ciss;* irische Kurzform: *Sile.*
Bekannte Namensträgerinnen:
Cäcilia, legendäre römische Märtyrin; gilt als Patronin der Kirchenmusik (Gedenktag: 22. November).
Cäcilia Schnur, gestorben 1645; Klarissin; wurde Äbtissin in Znaim (Gedenktag: 4. Mai).

Cäcilie *w,* Nebenform zu ↗ Cäcilia.

Cäcilius *m,* lateinisch: nach der altrömischen Familie der Cäcilier.

Caio *m,* italienische Form von ↗ Kai.

Caius *m,* lateinisch; Nebenform zu ↗ Gajus; auch *Cajus.*

Caja *w,* dänische und schwedische Form von ↗ Kai.

Cajafas *m,* hebräisch; Form der Lutherbibel für ↗ Kajafas.

Cajetan *m,* Nebenform zu ↗ Kajetan.

Cajus *m,* Nebenform zu ↗ Caius.

Calixtus *m,* lateinische Form von ↗ Kallistus.

Calla *w,* schwedische Kurzform für ↗ Karolina.

Calliste *m,* französische Form von ↗ Kallistus.

Calvin *m,* nach dem Familiennamen des schweizerischen Reformators.

Namensträger:

Calvin Coolidge, 1872–1933; amerikanischer Politiker; 1923–1929 Präsident der Vereinigten Staaten von Nordamerika.

Camill *m,* Kurzform für ↗ Camillus.

Camilla *w,* die weibliche Form zu ↗ Camillus.

Camille *m,* französische Form von ↗ Camillus.

Bedeutende Namensträger:

Camille Corot, 1796–1875; französischer Zeichner und Maler der intimen Landschaft (Schule von Barbizon).

Camille Desmoulins, 1760–1794; französischer Revolutionär; Mitgründer der Cordeliers; hingerichtet.

Camille Pissarro, 1830–1903; französischer Maler und Zeichner; einer der ersten Impressionisten.

Camille Saint-Saëns, 1835–1921; französischer neoklassizistischer Komponist, Organist, Pianist und Dirigent.

Camillo *m,* italienische Form von ↗ Camillus; Nebenform: *Kamillo.*

Bekannter Namensträger:

Camillo Graf Benso di Cavour, 1801–1861; italienischer Politiker; schuf das geeinte Italien unter dem Haus Savoyen.

Camillus *m,* lateinisch: ehrbar; Nebenform: *Kamillus;* Kurzformen: *Camill, Kamill;* französische Form: *Camille;* italienisch: *Camillo.*

Namensträger:

Camillus, Marcus Furius, 3. Jahrhundert v. Chr.; römischer Politiker und Feldherr.

Candid *m,* gekürzte Nebenform zu ↗ Candidus.

Candida *w,* die weibliche Form zu ↗ Candidus; Nebenform: *Kandida;* englische Koseformen: *Candie, Candy.*

Candide *m,* französische Form von ↗ Candidus.

Candidus *m,* lateinisch: *candidus* = fleckenlos, lauter; französische Form: *Candide.*

Candie *w,* englische Koseform für ↗ Candida.

Candy *w,* englische Koseform für ↗ Candida.

Canice *m,* irische Form von ↗ Kenneth.

Cara *w,* lateinisch: *cara* = wert, geschätzt; Nebenform: *Kara.*

Carda *w,* Kurzform für ↗ Richarda.

Carel *m,* tschechische Form von ↗ Karl.

Caren *w,* schwedische Nebenform zu ↗ Karin; auch: *Karen.*

Cariberto *m,* italienische Form von ↗ Herbert.

Carin *w,* Nebenform zu ↗ Karin.

Carina *w,* italienische Nebenform zu Caterina (↗ Katharina); Nebenformen: *Carine, Karina, Karine.*

Carine *w,* Nebenform zu ↗ Carina.

Carisma *w,* Nebenform zu ↗ Carissima.

Carissima *w,* lateinisch: Liebste; Nebenformen: *Carisma, Charisma.*

Caritas *w,* lateinisch: *caritas* = die Liebe (als Nächstenliebe); Nebenform: *Charitas.*

Carl *m,* Nebenform zu ↗ Karl.

Bekannte und bedeutende Namensträger:

Carl XVI. Gustav, geboren 1946; seit 1973 König von Schweden.

Carl Amery, geboren 1922; deutscher polemisch-zeitkritischer Schriftsteller.

Carl David Anderson, geboren 1905; amerikanischer Physiker; Entdecker des Positrons.

Carl Bechstein, 1826–1900; deutscher Klavierbauer.

Carl Friedrich Benz, 1884–1929; deutscher Ingenieur; Erbauer des ersten Kraftwagens.

Carl Bosch, 1874–1940; deutscher Chemiker.

Carl J. Burckhardt, 1891–1974; schweizerischer Diplomat, Historiker und Schriftsteller.

Carl Gustav Carus, 1789–1869; deutscher Arzt, Psychologe und Philosoph.

Carl von Clausewitz, 1780–1831; preußischer General und Theoretiker der Kriegsführung.

Carl Duisberg, 1861–1935; deutscher Chemiker und Industrieller; entwikkelte neue Teerfarbstoffe.

Carl Friedrich Gauß, 1777–1855; deutscher Mathematiker; schuf Grundlagen der modernen Mathematik.

Carl Friedrich Goerdeler, 1884–1945 (hingerichtet); deutscher Politiker; seit 1939 führend in der Widerstandsbewegung gegen Hitler; nach dem Attentat 1944 zum Tod verurteilt.

Carl Hagenbeck, 1844–1913; deutscher Tierhändler; gründete Zirkus Hagenbeck und 1907 Hamburger Tierpark.

Carl Gustav Jung, 1875–1961; schweizerischer Philosoph, Psychoanalytiker und Psychotherapeut; Begründer der analytischen Psychologie.

Carl Justi, 1832–1912; deutscher Kunsthistoriker; schrieb Künstlerbiographien.

Carl Ferdinand Langhans, 1782–1869; deutscher klassizistischer Theaterarchitekt.

Carl Gotthard Langhans, 1732–1808; deutscher Baumeister; früher Vertreter des deutschen Klassizismus.

Carl Larsson, 1853–1919; schwedischer Maler des Jugendstils.

Carl von Linde, 1842–1934; deutscher Ingenieur; entwickelte Kältetechnik (Kompressionskältemaschine).

Carl von Linné, 1707–1778; schwedischer Naturforscher; führte in der Pflanzensystematik die binäre Nomenklatur ein.

Carl Loewe, 1796–1869; deutscher Komponist; Schöpfer der neuen Musikballade.

Carl Mannerheim, 1867–1951; finnischer Marschall und Politiker, erreichte 1918 die finnische Unabhängigkeit und im russisch-finnischen Krieg 1939–44 den Waffenstillstand.

Carl Orff, 1895–1982; deutscher Komponist; Schöpfer des Orffschen Schulwerks und Erneuerer des zeitgenössischen Musiktheaters.

Carl von Ossietzky, 1889–1938; deutscher pazifistischer Publizist; Gegner des Nationalsozialismus; kam 1933 in Haft; starb an den Folgen von Mißhandlungen.

Carl Heinrich Rappard, gestorben 1909; evangelischer Pilgermissionar (Gedenktag: 20. September).

Carl Ritter, 1779–1859; deutscher Geograph; begründete die vergleichende Erdkunde.

Carl Ludwig Schleich, 1859–1922; deutscher Arzt und Schriftsteller; erfand die Lokalanästhesie.

Carl Schurz, 1829–1906; deutsch-amerikanischer Politiker; nach ihm die Carl-Schurz-Gesellschaft benannt.

Carl Spitzweg, 1808–1885; deutscher Zeichner und Maler des Biedermeier.

Carl Sternheim, 1878–1942; deutscher expressionistischer sozialkritischer Schriftsteller.

Carl Troll, 1899–1975; deutscher Geograph und Forschungsreisender.

Carl Heinrich Waggerl, 1897–1973; österreichischer Schriftsteller in heimatverbundenen Romanen und Erzählungen.

Carl Maria von Weber, 1786–1826; deutscher Komponist; Wegbereiter der romantischen Oper.

Carl Friedrich von Weizsäcker, geboren 1912; deutscher Physiker (Kern- und Astrophysik) und Philosoph.

Carl Zeiss, 1816–1888; deutscher Mechaniker; gründete in Jena feinmechanisch-optische Werkstätte für Präzisionsinstrumente.

Carl Zuckmayer, 1896–1977; deutscher expressionistisch-realistischer Dramatiker zeitgenössischer Problematik, Essayist und Lyriker.

Carla *w*, die weibliche Form zu Carl; lateinische Schreibweise von Karla (↗ Karl).

Carlo *m*, italienische Form von ↗ Karl. Bekannte Namensträger:

Carlo Maria Giulini; geboren 1914; italienischer Dirigent.

Carlo Goldoni, 1707–1793; italienischer Komödiendichter im Übergang von der Stegreifkomödie zum Rokokolustspiel.

Carlo Schmid, 1896–1979; deutscher sozialdemokratischer Politiker; maßgeblich am Grundgesetz der Bundesrepublik Deutschland beteiligt.

Carlos *m,* spanische, portugiesische und niederländische Form von ↗ Karl.

Carlota *w,* spanische und portugiesische Form von ↗ Charlotte.

Carlotta *w,* italienische Form von ↗ Charlotte.

Carmela *w,* spanische Nebenform zu ↗ Carmen.

Carmelia *w,* Weiterbildung des spanischen ↗ Carmen.

Carmen *w,* spanisch; Bildung aus dem Fest Maria vom Berg Carmel in Palästina (16. Juli); Nebenformen: *Carmela, Carmelia.*

Carmina *w,* Weiterbildung von ↗ Carmen; Nebenform: *Carmine.*

Carmine *w,* Nebenform zu ↗ Carmina.

Carol *m,* rumänische Form von ↗ Karl.

Namensträger:

Carol Reed, 1906–1976; englischer Filmregisseur.

Carola *w,* erweiterte Form von Carla; Nebenformen: *Carole, Karola;* Weiterbildungen: *Carolin, Carolina, Caroline;* italienische Form: *Carlotta;* spanisch und portugiesisch: *Carlota;* französisch und englisch: *Charlotte;* niederdeutsch: *Charlot;* englische Koseformen: *Carrie, Carry.*

Carole *w,* Nebenform zu ↗ Carola.

Carolin *w,* Weiterbildung von ↗ Carola.

Carolina *w,* Weiterbildung von ↗ Carola.

Caroline *w,* Weiterbildung von ↗ Carola.

Namensträgerin:

Caroline Bonaparte, 1782–1839; Schwester Napoleons I.; Gattin von Murat.

Carolus *m,* lateinische Form von ↗ Karl.

Carrie *w,* englische Kurz- und Koseform für Carola und Caroline.

Carry *w,* englische Kurz- und Koseform für Carola und Caroline.

Carsta *w,* niederdeutsche Form von Christa; Nebenform: *Karsta.*

Carsten *m,* niederdeutsche Form von ↗ Christian; Nebenform: *Karsten.*

Cäsar *m,* gebildet nach dem altrömischen Geschlecht der Cäsarianer; Nebenform: *Caesar;* Weiterbildung: *Cäsarius;* italienische Form: *Cesare, Cesario;* französisch: *César,* englisch: *Cesar.*

Bekannter Namensträger:

Cäsar, Gajus Julius, 100–44 v. Chr. (ermordet); römischer Politiker und Feldherr; eroberte Gallien; besiegte die Helvetier und drang nach Britannien vor.

Cäsarius *m,* lateinische Weiterbildung von ↗ Cäsar.

Namensträger:

Cäsarius, gestorben um 1239; war 1217 Kreuzfahrer im Heiligen Land; wurde Franziskaner und der erste Provinzial der deutschen Minderbrüder (Gedenktag: 1. April).

Cäsarius von Arles, 470/471–542; seit 503 Bischof von Arles; war Landseelsorger, Wohltäter und begabter Volksprediger (Gedenktag: 27. August).

Cäsarius von Heisterbach, um 1180–1240; Zisterzienser; verfaßte erbauliche Erzählungen von kulturgeschichtlichem Wert.

Casimir *m,* Nebenform zu ↗ Kasimir.

Caspar *m,* Nebenform zu ↗ Kaspar.

Bekannte Namensträger:

Caspar David Friedrich, 1774–1840; deutscher romantischer Landschaftsmaler.

Caspar Hauser, um 1812–1833; deutscher Findling, dessen Herkunft ungeklärt blieb; erschien 1828 in Nürnberg; starb durch Mord.

Cassandra *w,* Nebenform zu ↗ Kassandra.

Cassian *m,* lateinische Weiterbildung von ↗ Cassius.

Cassius *m,* lateinisch: *cassus* = arm, beraubt; altrömischer Geschlechtername.
Namensträger:
Cassius, gestorben 298; mit Marcellus Märtyrer in Afrika (Gedenktag: 28. Oktober).
Castor *m,* Nebenform zu ↗ Kastor.
Catalina *w,* spanische Form von ↗ Katharina.
Catarina *w,* Nebenform zu ↗ Katharina.
Caterina *w,* italienische Form von ↗ Katharina.
Bekannte Namensträgerin:
Caterina Valente, geboren 1931; deutsche Filmschauspielerin, Schlager- und Jazzsängerin italienisch-spanischer Herkunft.
Catharina *w,* Nebenform und lateinische wie portugiesische Form von ↗ Katharina.
Catherine *w,* englische Form von ↗ Katharina.
Cathérine *w,* französische Form von ↗ Katharina.
Cathia *w,* romanische Form von ↗ Käthe.
Cathlin *w,* irische Form von ↗ Katharina; Nebenform: *Kathleen.*
Cathrin *w,* Kurzform für ↗ Katharina.
Catia *w,* romanische Form von ↗ Käthe.
Catiana *w,* romanische Form von ↗ Käthe.
Catina *w,* romanische Form von ↗ Käthe.
Cato *m,* lateinisch: *cato* = schlau; Beiname eines altrömischen Geschlechts; Nebenform: *Kato.*
Bekannte Namensträger:
M. P. Cato der Ältere; 234–149 v. Chr.; römischer Politiker, Redner und Schriftsteller; 184 strenger Censor.
M. P. Cato der Jüngere; 95–46 v. Chr.; Urenkel des älteren Cato; römischer Politiker; Gegner Cäsars.
Cecco *m,* italienische Koseform für Francesco (↗ Franz).
Cecil *m,* englische Form von ↗ Cäcilius.
Bekannte Namensträger:
Cecil Blount de Mille, 1881–1959; amerikanischer Filmregisseur und -hersteller zahlreicher Monumentalfilme.
Cecil Rhodes, 1853–1902; englischer Kolonialpolitiker; nach ihm Rhodesien benannt; betrieb imperialistische britische Politik in Südafrika.
Cécile *w,* französische Form von ↗ Cäcilia.
Cecilia *w,* Nebenform zu ↗ Cäcilia.
Cecilie *w,* Nebenform zu ↗ Cäcilia.
Cecily *w,* englische Form von ↗ Cäcilia.
Cedric *m,* englisch; altenglisch: *Cerdic.*
Célestin *m,* französische Form von ↗ Cölestin.
Celestina *w,* italienische Form von ↗ Cölestine.
Celestine *m,* englische Form von ↗ Cölestin.
Célestine *w,* französische Form von ↗ Cölestine.
Celestino *m,* italienische und spanische Form von ↗ Cölestin.
Celia *w,* Kurzform für ↗ Cäcilia.
Celina *w,* Kurzform für ↗ Marceline.
Celine *w,* Kurzform für ↗ Marceline; Nebenformen: *Celina, Cellina;* französische Form: *Céline;* englisch: *Celina; Selina.*
Céline *w,* französische Form von ↗ Marceline.
Celio *m,* italienische Kurzform für ↗ Cölestin.
Cella *w,* Kurzform für ↗ Marcella.
Cellina *w,* Kurzform für ↗ Marceline.
Celsus *m,* lateinisch: aufgerichtet.
Centa *w,* Kurzform für ↗ Vincentia; Nebenform: *Zenta.*
Cephas *m,* Nebenform (Vulgata) zu ↗ Kephas.
Cerdic *m,* altenglische Form von ↗ Cedric.
Cesar *m,* englische Form von ↗ Cäsar.
César *m,* französische Form von ↗ Cäsar.
Bekannter Namensträger:
César Franck, 1812–1890; französischer Komponist des instrumentalischen Impressionismus; belgisch-deutscher Herkunft.

Cesare *m,* italienische Form von ↗ Cäsar.
Bekannte Namensträger:
Cesare Pavese, 1908–1950; italienischer neorealistischer Schriftsteller.
Cesare Zavattini, geboren 1902; italienischer neorealistischer Schriftsteller und Drehbuchautor.

Cesario *m,* italienische Form von ↗ Cäsar.

Ceslaus *m,* Kurzform für ↗ Wenzeslaus.
Namensträger:
Ceslaus, 1180–1242; Dominikaner; Provinzial der polnischen Ordensprovinz und Missionar in Schlesien (Gedenktag: 15. Juli).

Chaim *m,* neuhebräisch: *chaim* = Leben.
Bekannte Namensträger:
Chaim Weizmann, 1874–1952; israelischer Politiker; Hauptverteter des Zionismus; erster Präsident Israels.
Chaim Soutine, 1893–1943; französischer expressionistischer Maler litauisch-jüdischer Herkunft.

Chantal *w,* französisch: die „Singende"; nach dem Familiennamen der heiligen ↗ Johanna Franziska von Chantal (Gedenktag: 12. Dezember).

Charis *w,* griechisch: *charis* = Anmut.

Charisma *w,* Nebenform zu ↗ Carissima.

Charitas *w,* Nebenform zu ↗ Caritas.
Namensträgerin:
Charitas Pirckheimer, 1467–1532; Klarissin; seit 1503 Äbtissin des Klarissenkloster Sankt Klara in Nürnberg; stand mit zahlreichen Humanisten in Verbindung; Melanchthon trat für Erhaltung des Klosters ein (Gedenktag: 19. August).

Charles *m,* französische und englische Form von ↗ Karl; englische Koseformen: *Charley, Charlie, Charly.*
Bekannte Namensträger:
Charles Aznavour, geboren 1924; französischer Komponist, Schauspieler und Chansonsänger.
Charles Baudelaire, 1821–1867; französischer Schriftsteller, besonders Lyriker; Begründer von Symbolismus und Surrealismus.
Charles de Coster, 1827–1879; belgischer Schriftsteller; Erneuerer der flämischen Literatur.
Charles Robert Darwin, 1809–1882; englischer Naturforscher; begründete die Abstammungslehre (Darwinismus).
Charles Dickens, 1812–1870; englischer Schriftsteller; bedeutender Erzähler und Schöpfer des sozialen Romans.
Charles Fourier, 1772–1837; französischer Sozialphilosoph einer utopischen sozialistischen Gesellschaftsorganisation.
Charles de Gaulle, 1890–1970; französischer General und Politiker; erster Präsident der 5. Republik; fand zur deutsch-französischen Verständigungspolitik.
Charles Gounod, 1818–1893; französischer Komponist weltlicher und Kirchenmusik.
Charles Ives, 1874–1954; amerikanischer expressionistischer Komponist.
Charles Laughton, 1899–1962; englischer Schauspieler der Bühne und des Films.
Charles Lindbergh, 1902–1974; amerikanischer Flieger; flog 1927 als erster allein von New York nach Paris.
Charles Morgan, 1894–1958; englischer neuromantischer Schriftsteller.
Charles Nicolle, 1866–1936; französischer Bakteriologe; entdeckte Kleiderläuse als Fleckfieberüberträger.
Charles Regnier, geboren 1915; deutscher Schauspieler, Regisseur und Übersetzer.
Charles Sealsfield, 1793–1864; österreichischer politisch und sozial engagierter frührealistischer Schriftsteller.
Charles Scott Sherrington, 1859–1952; englischer Neurophysiologe.
Charles Spurgeon, 1834–1892; englischer evangelischer Erweckungsprediger (Gedenktag: 31. Januar).
Charles de Talleyrand-Périgord, 1754–

1838; Bischof; französischer Politiker und Diplomat; erst Förderer, dann Gegner Napoleons I.; vertrat Frankreich auf dem Wiener Kongreß erfolgreich.

Charley *m*, engl. Koseform für Charles (↗ Karl).

Charlie *m*, englische Koseform für Charles (↗ Karl).

Bekannter Namensträger:

Charlie Chaplin, 1889–1977; englisch-amerikanischer Filmschauspieler und -regisseur; Tragikomiker der Stummfilmzeit.

Charlotte *w*, französische weibliche Form als Weiterbildung aus Charles (↗ Karl); Koseformen: *Lola, Lolo, Lotte;* italienische Form: *Carlotta;* spanisch: *Carlota.*

Namensträgerinnen:

Charlotte Brontë, 1816–1855; englische Schriftstellerin.

Charlotte Buff, 1753–1828; zeitweise Freundin Goethes; die „Lotte" in „Die Leiden des jungen Werthers".

Charlotte Bühler, 1893–1974; deutsche Kinder- und Jugendpsychologin; schrieb mehrere Fachbücher.

Charlotte von Stein, 1742–1827; als Freundin von Einfluß auf Goethe.

Charlotte Thouret, gestorben 1794; Karmelitin im Compiègne; 1792 vertrieben; mit anderen Schwestern zum Tod verurteilt und 1794 hingerichtet; Märtyrin (Gedenktag: 17. Juli).

Charly *m*, englische Koseform für Charles (↗ Karl); Nebenform: *Charley.*

Charmaine *w*, französisch: die Charmante.

Che *m*, spanisch-argentinisch: bedeutet He!, Hallo!, Hör mal!; als Beiname E. Guevaras zum Vornamen in Argentinien entwickelt.

Chiara *w*, italienische Form von ↗ Klara; Koseform: *Chiarella.*

Chiarella *w*, italienische Koseform für ↗ Klara.

Chilia *w*, Nebenform zu ↗ Chilja.

Chilja *w*, russische Koseform für ↗ Rachil; Nebenform: *Chilia.*

Chim *m*, Kurzform für ↗ Joachim.

Chionia *w*, griechisch: *chion* = Schnee.

Namensträgerin:

Chionia, gestorben 304; mit Agape und Irene in der diokletianischen Verfolgung Märtyrin in Saloniki (Gedenktag: 1. April).

Chlodovech *m*, altfränkische Form von ↗ Chlodwig.

Chlodwig *m*, altfränkisch: *Chlodovech;* entspricht Ludwig; Nebenform: *Klodwig.*

Bekannter Namensträger:

Chlodwig I., 466–511; König der Merowinger; Gründer des Fränkischen Reichs; Sieger über Römer, Alemannen und Westgoten; wurde Christ.

Chloe *w*, griechisch: *chloe* = junges Grün, junger Schoß; Weiterbildungen: *Chloris, Chlorinde.*

Chlorinde *w*, Weiterbildung von ↗ Chloe und Chloris; Nebenform: *Klorinde.*

Chloris *w*, Weiterbildung von ↗ Chloe.

Chlothar *m*, altdeutsche Form von ↗ Lothar.

Chlothilde *w*, altdeutsche Form von ↗ Klothilde.

Chrestien *m*, französische Form von ↗ Christian.

Chrétien *m*, französische Form von ↗ Christian.

Chriemhild *w*, altdeutsche Form von ↗ Kriemhild.

Chris *m*, Kurz- und Koseform für ↗ Christian und ↗ Christoph; Nebenform: *Chrissy.*

Chrischona *w*, wohl auf Christiana fußend.

Chrissie *m*, englische Kurz- und Koseform für ↗ Christian.

Chrissy *m*, Kurz- und Koseform für ↗ Christian und ↗ Christoph.

Christ *m*, Kurzform für ↗ Christian und ↗ Christoph.

Christa *w*, Kurzform für ↗ Christiane; Nebenform: *Krista.*

Namensträgerinnen:

Christa, jungfräuliche Märtyrin in Kilikien (?; Gedenktag: 4. Juni).

Christa Ludwig, geboren 1928; österreichische Sängerin (Mezzosopran).
Christa Wolf, geboren 1929; deutsche sozialistische Schriftstellerin der Deutschen Demokratischen Republik mit sozialem Engagement.

Christamaria *w,* Doppelname aus Christa und Maria.

Christel *m,* Kurzform für ↗ Christian.

Christel *w,* Kurzform für ↗ Christiane.

Christer *m,* dänische und schwedische Form von ↗ Christian.

Christfried *m,* pietistische Neubildung.

Christhard *m,* Neubildung aus Christ; althochdeutsch: *harti* = stark.

Christhild *w,* Neubildung aus Christ; althochdeutsch: *hiltja* = Kampf.

Christian *m,* griechisch-lateinisch: *christianos* = *christianus* = Christusanhänger; Nebenform: *Christinus;* niederdeutsche Formen: *Krischan, Carsten, Karsten, Kersten;* Kurz- und Koseformen: *Chris, Christ, Christel, Christl;* englische Form: *Christian;* Koseformen: *Chrissie, Chriss, Kit;* schwedische Form: *Kristian;* dänisch: *Christiern;* französisch: *Chrestien, Chrétien.*

Bekannte und bedeutende Namensträger:
Christian von Galatien, 3./4. Jahrhundert; Märtyrer unter Diokletian (Gedenktag: 14. Mai).
Christian von Himmerod, gestorben 1222; Zisterzienser im Kloster Himmerod (Gedenktag: 4. Februar).
Christian von Köln, gestorben 1002; gelehrter erster Abt des Kölner Pantaleonklosters (Gedenktag: 21. März).
Christian von Oliva, gestorben 1244/1245; Zisterzienser; um 1206 Glaubensbote bei den Preußen; 1215 zum Missionsbischof geweiht; gründete 1228 die „Ritterbrüder Christi von Dobrin"; 1233–1238 in preußischer Gefangenschaft (Gedenktag: 4. Dezember).
Christian von Wedinghausen, gestorben um 1200: wurde 1186 Prämonstratenserabt in Wedinghausen (Gedenktag: 16. August).
Christian Barnard, geboren 1922; südafrikanischer Chirurg; führte 1967 erste Herztransplantation durch.
Christian Gottlob Barth, gestorben 1862; evangelischer Missionsprediger (Gedenktag: 12. November).
Christian Doppler, 1803–1853; österreichischer Physiker; Entdecker des nach ihm benannten Doppler-Effekts.
Christian Ehrenfels, 1859–1932; österreichischer Psychologe und Philosoph; Wegbereiter der Gestaltpsychologie.
Christian Fürchtegott Gellert, 1715–1769; deutscher Schriftsteller der Aufklärung; vor allem Dichter weltlicher und geistlicher Lieder (Gedenktag: 13. Dezember).
Christian Dietrich Grabbe, 1801–1836; deutscher Dramatiker, Wegbereiter des Realismus.
Christian Huygens, 1629–1695; niederländischer Mathematiker, Physiker und Astronom.
Christian Morgenstern, 1871–1914; deutscher Lyriker, Dramaturg und Übersetzer.
Christian Daniel Rauch, 1777–1857; deutscher klassizistischer Bildhauer.
Christian Rohlfs, 1849–1938; deutscher Maler und Zeichner impressionistischer, realistischer und expressionistischer Werke.
Christian Friedrich Schönbein, 1799–1868; deutscher Chemiker; Mitbegründer der Geochemie.
Christian Friedrich Schwartz, gestorben 1798; evangelischer Missionar in Indien (Gedenktag: 13. Februar).
Christian Scriver, gestorben 1693; deutscher evangelischer Liederdichter und Erbauungsschriftsteller (Gedenktag: 5. April).
Christian Thomasius, 1655–1728; deutscher Aufklärungsphilosoph und Jurist; Vertreter des Naturrechts.
Christian Heinrich Zeller, gestorben 1860; evangelisch-christlicher Erzieher in Basel (Gedenktag: 18. Mai).

Christiane *w,* die weibliche Form zu ↗ Christian; Nebenformen: *Christiana,*

Kristiane, Christina, Christine; Kurz- und Koseformen: *Christa, Christel, Christl, Tiana, Tina, Tine, Dina, Dine, Stina, Stine, Nane, Nina;* skandinavische Formen: *Kristina, Kristine, Kristin;* niederdeutsch und schwedisch: *Kerstin.*

Namensträgerinnen:

Christiane, auch Nina, 4. Jahrhundert; zur Zeit Kaiser Konstantins Gefangene der Iberer in Georgien; bekehrte Königshaus und Volk (Gedenktag: 15. Dezember).

Christiane, 8. Jahrhundert (?); angeblich englische Königstochter; lebte in Flandern (Gedenktag: 26. Juli).

Christiern *m,* dänische Form von ↗ Christian.

Christina *w,* Nebenform zu ↗ Christiane.

Christine *w,* Nebenform zu Christiane; auch *Christina, Kristina;* niederdeutsche Form: *Karstine;* Kurzformen: wie bei Christiane; niederländische Form: *Karstjen;* französische Kurzform: *Titine.*

Namensträgerinnen:

Christine von Bolsena, 3./4. Jahrhundert; Märtyrin wohl unter Diokletian (Gedenktag: 24. Juli).

Christine von Hamm, 15. Jahrhundert; lebte als Stigmatisierte seit etwa 1464 in Hamm (Gedenktag: 22. Juni).

Christine von Retters, gestorben 1291; mystisch begabte Chorfrau im Prämonstratenserinnenstift Retters im Taunus (Gedenktag: 29. November).

Christine von Schweden, 1626–1689; war als geistreiche und gebildete Tochter Gustav Adolfs 1632–1654 Königin von Schweden; wurde katholisch und lebte nach Verzicht auf den Thron in Rom.

Christine von Stommeln, 1242–1312; Visionärin und stigmatisierte Begine in Köln und Stommeln (Gedenktag: 6. November).

Christinus *m,* lateinische Nebenform zu ↗ Christian.

Christl *m,* Kurzform für ↗ Christian.

Christl *w,* Kurzform für ↗ Christiane.

Christlieb *w,* Neubildung des Pietismus.

Christmar *m,* Neubildung aus: Christ; althochdeutsch: *mari,* berühmt.

Christo *m,* Kurzform für ↗ Christoph.

Christoph *m,* griechisch: *Christophoros* = Christusträger; lateinisch: *Christophorus;* Nebenform: *Christopher;* Kurz- und Koseformen: *Christ, Chris, Stoffel, Stöffel, Stoffer, Toff, Toffel, Töffel;* französische Form: *Christophe;* englisch: *Christopher;* spanisch: *Cristóbal;* finnische Koseform: *Risto.*

Bekannte Namensträger:

Christoph Blumhardt, gestorben 1919; prophetischer evangelischer Christuszeuge (Gedenktag: 2. August).

Christoph W. Ritter von Gluck, 1714 – 1787; deutscher Komponist, vor allem Opernkomponist; entwickelte neuen Opernstil.

Christoph Hackethal, 1899–1942; deutscher katholischer Priester; unerschrockener Gegner des Nationalsozialismus; starb an Mißhandlungen im Konzentrationslager Dachau (Gedenktag: 25. August).

Christoph Kolumbus, um 1451–1506; italienischer Seefahrer in spanischem Dienst; gilt als Entdecker Amerikas, das aber um 1000 wohl schon die Wikinger erreichten.

Christoph Martin Wieland, 1733–1813; deutscher Rokokoschriftsteller; Vertreter der Aufklärung.

Christophe *m,* französische Form von ↗ Christoph.

Christopher *m,* englische Form von ↗ Christoph; auch deutsche Nebenform.

Namensträger:

Christopher Fry, geboren 1907; englischer Dramatiker.

Christopher Marlowe, 1564–1593; bedeutender englischer Schauspieler und Dramatiker.

Christopher Wren, 1632–1723; englischer klassizistischer Architekt.

Christophorus *m,* lateinische Form von ↗ Christoph.

Namensträger:

Christophorus, gestorben um 250; legendärer Märtyrer; einer der 14 Nothelfer (Gedenktag: 24. Juli).

Christwart *m,* Neubildung des Pietismus: Christ; althochdeutsch: *wart* = Schützer, Helfer.

Chrodegang *m.* althochdeutsch: *hrod* = Ruhm; *gang* = (Waffen-)gang.

Namensträger:

Chrodegang, 8. Jahrhundert, gestorben 766; seit 742 Bischof von Metz; Reformator der fränkischen Kirche; Erneuerer und Gründer von Klöstern (Gedenktag: 6. März).

Chrysant *m,* Nebenform zu ↗ Chrysanth.

Chrysanth *m,* griechisch: *chrysos* = Gold; *anthos* = Blume, Blüte; Nebenformen: *Chrysant, Chrysanthus.*

Namensträger:

Chrysanth, gestorben um 304; Märtyrer mit Daria unter Diokletian (Gedenktag: 25. Oktober).

Chrysanthus *m,* Nebenform zu ↗ Chrysanth.

Chrysostomus *m,* griechisch: *chrysos* = Gold; *stoma* = Mund; entspricht dem deutschen Goldmund.

Chuniald *m,* Nebenform zu ↗ Kuniald.

Cibilla *w,* Nebenform zu ↗ Sibylle.

Cicely *w,* englische Form von ↗ Cäcilia

Cicero *m,* wohl etruskischer Herkunft.

Bekannter Namensträger:

Cicero, Marcus Tullius, 106–43 v. Chr.; bedeutender römischer Politiker, Redner, Schriftsteller und Philosoph.

Cilia *w,* Kurzform für ↗ Cäcilia.

Cilla *w,* Koseform für ↗ Cäcilia.

Cilli *w,* Koseform für ↗ Cäcilia.

Cilly *w,* Koseform für ↗ Cäcilia.

Cinderella *w,* französisch und englisch: Aschenputtel; englische Kurzform: *Cindy.*

Cindy *w,* englische Kurzform für ↗ Cinderella.

Cintia *w,* ungarische Form von ↗ Cynthia.

Cinzia *w,* italienische Form von ↗ Cynthia.

Cirila *w,* spanische Form von ↗ Kyrilla.

Ciss *w,* englische Kurz- und Koseform für Cecily (↗ Cäcilia).

Cissi *w,* Kurz- und Koseform für ↗ Cäcilia und ↗ Franziska; englische Form: *Cissy.*

Cissy *w,* englische Kurzform für ↗ Cäcilia und ↗ Franziska.

Cita *w,* Nebenform zu ↗ Zita.

Claartje *w,* niederländische Form von ↗ Klara.

Claas *m,* Nebenform zu ↗ Klaas; Kurzform für ↗ Nikolaus.

Claire *w,* französische und englische Form von ↗ Klara.

Bekannte Namensträgerin:

Claire Waldoff, 1884–1957; deutsche Schauspielerin und echt Berliner Kabarettistin.

Clais *m,* Kurzform für ↗ Nikolaus.

Clara *w,* lateinische Form von ↗ Klara; Nebenform: *Clare;* englische und französische Form: *Claire.*

Bekannte Namensträgerinnen:

Clara Haskil, 1895–1960; rumänisch-schweizerische Pianistin.

Clara Schumann, 1819–1896; deutsche Pianistin (Chopin, Brahms, Beethoven) und Komponistin; Gattin von Robert Schumann.

Clara Viebig, 1860–1952; naturalistisch-sozialkritische deutsche Schriftstellerin.

Clara Zetkin, 1857–1933; deutsche sozialistische Politikerin; 1919 Mitgründerin der Kommunistischen Partei Deutschlands.

Clare *w,* englische Form von ↗ Klara.

Clarissa *w,* erweiterte Form von ↗ Clara; Nebenform: *Klarissa.*

Clark *m,* amerikanisch: von lateinisch: *clericus* = Kleriker, Gebildeter; englische Formen: *Clarke, Clerke, Clerk.*

Namensträger:

Clark Gable, 1901–1960; amerikanischer Filmschauspieler.

Claes *m,* Kurzform für ↗ Nikolaus.

Claude *m,* französische Form von ↗ Claudius.

Bekannte Namensträger:
Claude Brousson, gestorben 1698; französischer evangelischer Blutzeuge (Gedenktag: 4. November).
Claude Chabrol, geboren 1930; französischer Filmregisseur, -kritiker und Drehbuchautor.
Claude Debussy, 1862–1918; französischer impressionistischer Komponist.
Claude Ledoux, 1736–1806; französischer Baumeister des Klassizismus und der sogenannten Revolutionsarchitektur.
Claude Lorrain, 1600–1682; französischer Maler, Zeichner und Radierer der klassizistischen Großlandschaft.
Claude Monet, 1840–1926; französischer impressionistischer Maler.

Claude *w,* französische Form von ↗ Claudia; Verkleinerungsform: *Claudette.*

Claudette *w,* französische Verkleinerungsform von Claude (↗ Claudia).

Claudia *w,* die weibliche Form zu ↗ Claudius; Nebenformen: *Clodia, Klaudia, Claudine;* französische Formen: *Claude, Claudette.*
Bekannte Namensträgerin:
Claudia Cardinale, geboren 1939; italienische Filmschauspielerin.

Claudine *w,* französische Nebenform zu ↗ Claudia.

Claudinette *w,* französische erweiterte Form von Claudine.

Claudio *m,* italienische Form von ↗ Claudius.
Bedeutende Namensträger:
Claudio Abbado, geboren 1933; italienischer Dirigent (Scala).
Claudio Arrau, geboren 1903; chilenischer Pianist.
Claudio Monteverdi, 1567–1643; italienischer Komponist; vollzog einen Wandel von vollendeter Polyphonie zu einem neuen Stil.

Claudius *m,* lateinisch: *claudus* = hinkend; nach dem altrömischen Geschlecht der Claudier; Nebenform: *Klaudius;* italienische Form: *Claudio;* französisch: *Claude.*
Bekannte Namensträger:
Claudius Dornier, 1884–1969; deutscher Flugzeugkonstrukteur (Ganzmetall-Großflugzeuge).
Claudius Ptolemäus, etwa 85–160; ägyptischer Mathematiker, Astronom und Geograph; nahm in seinem Weltsystem die Erde als Mittelpunkt an.

Claus *m,* Nebenform zu Klaus (↗ Nikolaus).
Bekannter Namensträger:
Claus Graf von Stauffenberg, 1907–1944 (standrechtlich erschossen); in der Widerstandsbewegung aktiv; legte die Attentatsbombe gegen Hitler am 20. Juli 1944.

Clemens *m,* lateinisch: *clemens* = sanftmütig; Nebenform: *Klemens;* englische Form: *Clement;* französisch: *Clément:* italienisch und spanisch: *Clemente.*
Namensträger:
Clemens von Rom, 1./2. Jahrhundert; 92–101 Bischof von Rom, vielleicht der dritte Nachfolger des Apostels Petrus (Gedenktag: 23. November).
Clemens von Brentano, 1778–1842; deutscher Schriftsteller; begründete die Heidelberger Romantik.
Clemens August Graf von Galen, 1878–1946; Kardinal; Bischof von Münster; entschlossener Gegner des Nationalsozialismus.
Clemens Krauss, 1893–1954; bedeutender österreichischer Dirigent.

Clement *m,* englische Form von ↗ Clemens.
Bekannter Namensträger:
Clement Attlee, 1883–1967; englischer Politiker; Führer der Labour Party; 1945–1951 Premier.

Clément *m,* französische Form von ↗ Clemens.

Clemente *m,* italienische und spanische Form von ↗ Clemens.

Clementia *w,* die weibliche Form zu ↗ Clemens; Nebenform: *Klementia;* italienische Form: *Clemenza;* Weiterbildungen: *Clementina, Clementine.*

Clementina *w,* erweiterte Form von ↗ Clementia; Nebenformen: *Clementine, Klementine.*

Clementine *w,* Nebenform zu ↗ Clementina.
Cleophea *w,* die weibliche Form zu ↗ Kleophas.
Cliff *m,* Kurzform für ↗ Clifford.
Clifford *m,* englisch; ursprünglich ein Beiname nach Ortsbezeichnung.
Clio *w,* griechisch: *Kleio,* die Muse der Geschichte; Nebenform: *Klio.*
Clivia *w,* nach der Pflanze Clivia; Nebenform: *Klivia.*
Cloe *w,* Nebenform zu Chloe.
Clois *m,* Koseform für ↗ Nikolaus.
Clos *m,* Koseform für ↗ Nikolaus.
Clothilde *w,* Nebenform zu ↗ Klothilde.
Cohn *m,* Kurzform für ↗ Kohen.
Cola *m,* italienische Verkleinerungsform von ↗ Nikolaus; französische Form: *Colin.*
Cöleste *w,* Nebenform zu ↗ Cölestine.
Cölestin *m,* lateinisch: *coelestinus* = dem Himmel geweiht; Nebenformen: *Cölestinus, Zölestin, Zölestinus;* französische Form: *Célestin;* englisch: *Celestine;* italienisch und spanisch: *Celestino;* Kurzformen: *Cölius;* italienisch: *Celio.*
Cölestina *w,* die weibliche Form zu ↗ Cölestin; Nebenformen: *Cölestine, Cöleste, Zölestine;* französische Formen: *Célestine, Céleste.*
Cölestine *w,* Nebenform zu ↗ Cölestina.
Cölestinus *m,* lateinische Nebenform zu ↗ Cölestin.
Coleta *w,* Nebenform zu ↗ Coletta.
Namensträgerin:
Coleta oder Nicolette Boillet, 1381–1417; seit 1406 Klarissin; reformierte und gründete Klarissinnenklöster (Gedenktag: 6. März).
Coletta *w,* italienische Kurzform für ↗ Nicoletta; Nebenform: *Coleta.*
Colette *w,* französische Kurzform für Nicolette (↗ Nicoletta).
Colin *m,* englische Kurzform für ↗ Nikolaus.
Colom *m,* spanische Form von ↗ Kolumbus.
Coloman *m,* Nebenform zu ↗ Koloman.
Colomba *w,* Nebenform zu ↗ Columba.
Colombine *w,* Verkleinerungsform für ↗ Colomba.
Colombo *m,* italienische Form von ↗ Kolumbus.
Colón *m,* spanische Form von ↗ Kolumbus.
Columba *w,* lateinisch: *columba* = Taube; Nebenformen: *Colomba, Kolomba, Kolumba;* Verkleinerungform: *Colombine.*
Columban *m,* Nebenform zu ↗ Kolumban.
Columbus *m,* Nebenform zu ↗ Kolumbus.
Coen *m,* Kurz- und Koseform für ↗ Konrad.
Concepción *w,* spanisch; gebildet nach dem Marienfest der Immaculata concepta (= ohne Erbsünde empfangen); spanische Kurzform: *Concha* (Gedenktag: 8. Dezember).
Concha *w,* spanische Kurzform für ↗ Concepción.
Concordia *w,* lateinisch: *concordia* = Eintracht; entspricht ↗ Cordula; Nebenform: *Konkordia.*
Conni *m,* englische Koseform für ↗ Konrad.
Conni *w,* englische Koseform für ↗ Konstanze.
Connie *m,* englische Koseform für ↗ Konrad; Nebenformen: *Conni* und *Conny.*
Connie *w,* englische Kurzform für ↗ Konstanze und ↗ Cornelia; auch *Conni* und *Conny.*
Conny *m,* englische Koseform für ↗ Konrad.
Conny *w,* englische Koseform für ↗ Konstanze.
Conrad *m,* Nebenform zu ↗ Konrad.
Namensträger:
Conrad Ferdinand Meyer, 1825–1898; schweizerischer Schriftsteller; bedeutender Lyriker und Novellist.
Conrad Veidt, 1893–1943; deutscher Filmschauspieler.
Constance *w,* die französische und englische Form von ↗ Konstanze.

Constans *m*, lateinisch: *constans* = standhaft; Weiterbildung: *Constantin;* französische Form: *Constant;* italienisch: *Costante, Costanzo* mit Weiterbildung *Costantino.*

Constant *m*, französische Form von ↗ Constans.

Constantia *w*, lateinische Form von ↗ Konstanze.

Constantin *m*, Nebenform zu ↗ Konstantin; auch französische Form.

Bedeutender Namensträger:

Constantin Brâncuşi, 1876–1957; rumänisch-französischer Bildhauer abstrakter, kubistischer Plastiken.

Constantine *m*, englische Form von ↗ Konstantin.

Constantino *m*, romanische Form von ↗ Konstantin.

Constanze *w*, Nebenform zu ↗ Konstanze.

Consuela *w*, spanische weibliche Form zu ↗ Consuelo.

Consuelo *m*, spanisch: *consuelo* = Trost, Zuspruch; vielleicht nach dem Gedenktag „Maria vom guten Rat" (26. April).

Cora *w*, Nebenform zu ↗ Kora; Kurz- und Koseform für Cordelia, Cordula und Cornelius; Verkleinerungsform: *Coretta* und *Corette.*

Corbinian *m*, Nebenform zu ↗ Korbinian.

Cord *m*, Nebenform zu ↗ Kord und ↗ Kurt.

Cordel *w*, Kurzform für ↗ Cordula.

Cordelia *w*, Nebenform zu ↗ Cordula; auch *Kordelia.*

Cordula *w*, griechisch: *kora* = Mädchen; oder lateinisch: *cor* = Herz; Nebenformen: *Kordula, Cordelia;* Kurzformen: *Cordel, Cora, Kora;* Verkleinerungsform: *Corinna.*

Namensträgerin:

Cordula, legendäre Gefährtin Ursulas von Köln; Märtyrin (Gedenktag: 22. Oktober).

Coretta *w*, Verkleinerungsform von ↗ Cora.

Corette *w*, Verkleinerungsform von ↗ Cora.

Corin *m*, französische Form von ↗ Quirin.

Corina *w*, spanische, italienische, und portugiesische Form von ↗ Corinna.

Corinna *w*, Weiterbildung von ↗ Cora; Nebenformen: *Corina, Korinna;* französische Form: *Corinne;* italienisch, spanisch und portugiesisch: *Corina.*

Corinne *w*, französische Form von ↗ Corinna.

Cornel *m*, Kurzform für ↗ Cornelius.

Cornelia *w*, die weibliche Form zu ↗ Cornelius; Nebenform: *Kornelia;* Kurz- und Koseformen: *Corrie, Nelia, Nella, Nelli, Nehle, Nele, Nehlchen, Nehlke, Nahl, Neltje;* englische Form: *Cornell, Corney.*

Namensträgerin:

Cornelia, legendäre Märtyrin in Afrika (Gedenktag: 31. März).

Cornelio *m*, italienische Form von ↗ Cornelius.

Cornelis *m*, niederländische Form von ↗ Cornelius.

Cornelius *m*, lateinisch: nach dem altrömischen Geschlecht der Cornelier; Nebenform: *Kornelius;* Kurz- und Koseformen: *Cornel, Cornell, Kornel, Nelles, Nellis, Neelke, Nilies, Niels, Knelles;* niederländische Form: *Cornelis;* Koseform: *Kees;* italienisch und spanisch: *Cornelio.*

Namensträger:

Cornelius, gestorben 253; seit 251 Papst (Gedenktag: 16. September).

Cornell *m*, Kurzform für ↗ Cornelius.

Cornell *w*, englische Form von ↗ Cornelia.

Corny *w*, englische Kurz- und Koseform für ↗ Cornelia.

Corona *w*, lateinisch: *corona* = Kranz, Krone; Nebenform: *Korona;* Kurzform: *Rona.*

Namensträgerinnen:

Corona, 2. Jahrhundert; legendäre Märtyrin in der Thebais (Gedenktag: 20. Februar).

Corona Schröter, 1751–1802; deutsche Sängerin und Schauspielerin; kam 1776 durch Goethe nach Weimar.

Corrado *m*, italienische Form von ↗ Konrad.

Cort *m*, dänische Form von ↗ Konrad.

Corvin *m*, lateinisch: *corvus* = Rabe; Nebenform: *Korvin*.

Cosett *w*, Nebenform zu ↗ Cosette.

Cosette *w*, französisch; Verkleinerungsform von Nicole; Nebenform: *Cosett*.

Cosima *w*, italienisch; die weibliche Form zu ↗ Cosimo; Nebenform: *Kosima*.

Bekannte Namensträgerin:

Cosima Wagner, 1837–1930; Tochter von F. Liszt; in zweiter Ehe Gattin Richard Wagners.

Cosimo *m*, griechisch-italienisch; von ↗ Cosmas; Nebenform: *Kosimo*.

Cosmas *m*, griechisch: *kosmos* = Ordnung; Nebenformen: *Kosmas, Kosmus;* italienische Form: *Cosimo, Cosmo*.

Namensträger:

Cosmas, legendärer Märtyrer der diokletianischen Verfolgung; zusammen mit Damian; beide Ärzte (Gedenktag: 26. September).

Cosmas Damian Asam, 1696–1739; bayerischer Barockkünstler, Maler und Architekt.

Cosmo *m*, italienische Form von ↗ Cosmas.

Costante *m*, italienische Form von ↗ Constans.

Costantino *m*, italienische Form von ↗ Konstantin.

Costanza *w*, italienische Form von ↗ Konstanze.

Costanzo *m*, italienische Form von ↗ Constans.

Crescentia *w*, Nebenform zu ↗ Kreszentia.

Crescenz *m*, lateinisch: *crescere* = wachsen.

Namensträger:

Crescenz, gestorben 406; Märtyrer beim Einfall der Germanen in Mainz (Gedenktag: 27. Juni).

Crispin *m*, lateinisch: *crispus* = Kraushaar; Nebenformen: *Krispin, Krispinus;* lateinische Form: *Crispinus;* französisch: *Crispin;* italienisch: *Crispino*.

Crispino *m*, italienische Form von ↗ Crispin.

Crispinus *m*, lateinische Form von ↗ Crispin.

Cristiana *w*, italienische Form von ↗ Christiana; Nebenform: *Cristina*.

Cristiano *m*, italienische Form von ↗ Christian.

Cristina *w*, italienische Nebenform zu ↗ Cristiana.

Cristóbal *m*, spanische Form von ↗ Christoph.

Cryn *m*, rheinische Form von ↗ Quirin.

Cunegunda *w*, italienische Form von ↗ Kunigunde.

Cuniberto *m*, italienische Form von ↗ Kunibert.

Curd *m*, Nebenform zu ↗ Kurt.

Bekannter Namensträger:

Curd Jürgens, 1915–1982; deutscher Schauspieler der Bühne und des Films.

Curt *m*, Nebenform zu ↗ Kurt.

Bekannter Namensträger:

Curt Goetz, 1888–1960; deutscher Schauspieler, Schriftsteller gesellschaftskritischer Komödien und satirischer Prosa; auch Filmregisseur.

Curtis *m*, englisch, aus altfranzösisch: *corteis* = höflich.

Cuthbert *m*, altdeutsch: im Kampf glänzend.

Cynthia *w*, griechisch-lateinisch; griechisch: *Kynthia*, Beiname der Jagdgöttin Artemis; italienische Form: *Cinzia;* ungarisch: *Cintia*.

Cyprian *m*, griechisch: von Zypern stammend; Nebenform: *Zyprian;* französische Form: *Cyprien*.

Bekannter Namensträger:

Cyprian von Karthago, gestorben 258; seit 248/249 Bischof von Karthago; in der valerianischen Verfolgung enthauptet; Kirchenvater; Märtyrer (Gedenktag: 16. September; evangelisch: 14. September).

Cyprien *m*, französische Form von ↗ Cyprian.

Cyprienne *w*, französische weibliche Form zu ↗ Cyprian.

Cyra *w,* Nebenform zu ↗ Kyra.

Cyriac *m,* griechisch: *kyriakos* = dem Herrn gehörig; Nebenformen: *Cyriacus, Cyriak, Cyriakus, Zyriak;* niederländische Form: *Cyriel.*

Cyriacus *m,* lateinische Form von ↗ Cyriac.

Cyriak *m,* Nebenform zu ↗ Cyriac.

Cyriakus *m,* Nebenform zu ↗ Cyriac.
Namensträger:
Cyriakus, gestorben 304; Märtyrer der diokletianischen Verfolgung mit mehreren Gefährten (Gedenktag: 8. August).

Cyriel *m,* niederländische Form von ↗ Cyriac.

Cyrill *m,* griechisch *Kyrillos,* von *kyrios* = Herr; Nebenformen: *Cyrillus, Kyrill, Kyrillus;* russische Form: *Kirill.*
Bekannte Namensträger:
Cyrill aus Thessalonike, 826–869; mit seinem Bruder Method Glaubensbote bei den Chasaren, dann Slawenapostel in Pannonien und Mähren (Gedenktag: 14. Februar).
Cyrill von Alexandrien, gestorben 444; Bischof und Patriarch von Alexandrien; Kirchenlehrer; theologischer Schriftsteller (Gedenktag: 27. Juni).
Cyrill von Jerusalem, um 315–386; seit 350/351 Bischof von Jerusalem; Kirchenlehrer; von Arianern bekämpft; mußte dreimal ins Exil; theologischer Schriftsteller (Gedenktag: 18. März).

Cyrilla *w,* die weibliche Form zu ↗ Cyrill oder griechisch *Kyrilla* als Weiterbildung von ↗ Kyra.

Cyrillus *m,* lateinische Form von ↗ Cyrill.

Cyrus *m,* persisch-griechisch: *kyrios* = Herr.

D

Dabbert *m,* Kurzform für ↗ Dagobert.

Dafne *w,* italienische Form von ↗ Daphne.

Dag *m,* Kurzform für mit Dag- oder Dago- beginnende männliche Vornamen; erweiterte Form: *Dagino.*
Bekannter Namensträger:
Dag Hammarskjöld, 1905–1961; schwedischer Politiker und Diplomat; 1953–1961 Generalsekretär der Vereinten Nationen.

Dagino *m,* erweiterte Form von ↗ Dag; Nebenform: *Tagino.*

Dagmar *w,* dänisch, wohl nach keltisch: *dago* = gut; althochdeutsch: *mari* = berühmt; oder von altslawisch *Dragomir: dragi* = teuer, lieb; *mir* = Friede; Nebenform: *Dagmara;* Koseform: *Dagny.*
Namensträgerin:
Dagmar, gestorben 1212; erste Gattin des dänischen Königs Waldemar II. (Gedenktag: 24. Mai).

Dagmara *w,* Nebenform zu ↗ Dagmar.

Dagny *w,* skandinavisch: *dag* = Tag; *ny* = neu: neuer Tag; Koseform für ↗ Dagmar.

Dagobert *m,* keltisch: *dago* = gut; althochdeutsch: *beraht* = glänzend; Kurzform: *Dag;* Koseform: *Dabbert.*
Namensträger:
Dagobert II., um 652–679 (ermordet); König von Austrasien; von Theuderich III. von Neustrien verfolgt und durch dessen Hausmeier auf einer Jagd umgebracht (Gedenktag: 23. Dezember).

Dagoberta *w,* die weibliche Form zu ↗ Dagobert.

Dagomer *m,* althochdeutsch: *dag* = Tag; *mari* = berühmt; oder keltisch: *dago* = gut; *maro* = groß.

Daisy *w,* englisch: Gänseblümchen, Maßliebchen; nach der Pflanze; auch Kurz- und Koseform für ↗ Margarete.

Dale *m* und *w,* englisch-amerikanisch.

Dalila *w,* Nebenform zu ↗ Delila.

Dalilah *w,* Nebenform zu ↗ Delila.

Damaris *w,* griechisch: *damar* = Ehefrau; Geliebte.

Damasus *m,* lateinisch.
Bekannter Namensträger:
Damasus I., um 305–394; Papst seit

366; trat gegen Irrlehren auf; stärkte die Stellung des Papstes in Auseinandersetzung mit der Ostkirche; veranlaßte die Revision des lateinischen Neuen Testaments durch Hieronymus (Gedenktag: 11. Dezember).

Damian *m,* griechisch: *damazein* = bändigen; italienische Form *Damiano;* französisch: *Damien.*

Namensträger:

Damian, legendärer Märtyrer der diokletianischen Christenverfolgung; zusammen mit ↗ Cosmas; beide Ärzte (Gedenktag: 26. September).

Damiana *w,* die weibliche Form zu italienisch Damiano (↗ Damian).

Damiano *m,* italienische Form von ↗ Damian.

Damien *m,* französische Form von ↗ Damian.

Dammo *m,* Koseform für ↗ Dankmar; Nebenform: *Tammo.*

Dan *m,* hebräisch: *dan* = Richter; englische Kurzform für ↗ Daniel; auch slawische Kurzform für ↗ Bogdan.

Dana *w,* schwedische weibliche Form zu ↗ Dan; auch slawische Kurzform für ↗ Bogdana; Nebenformen: *Dania, Danja;* auch russische Form von ↗ Daniela; Nebenform: *Danila;* Koseform: *Danja* und *Nila.*

Dandy *m,* englische Kurzform für Andrew (↗ Andreas).

Danela *w,* Nebenform zu ↗ Daniela.

Danella *w,* englische weibliche Form zu ↗ Daniel; Nebenform: *Danelle.*

Danelle *w,* englische weibliche Form zu ↗ Daniel.

Dangel *m,* slawische Form von ↗ Daniel.

Dani *m,* schweizerische Kurzform für ↗ Daniel; Nebenformen: *Danni, Dänni.*

Dania *w,* Nebenform zu ↗ Dana; Kurzform für ↗ Daniela.

Danie *w,* englische Kurz- und Koseform für ↗ Daniela.

Daniel *m,* hebr.: *dani'el* = Richter ist Gott; italienische Form: *Daniele;* slawisch: *Danilo;* Kurzformen: *Dangel, Danil;* englische Kurz- und Koseformen: *Dan, Dannel, Danny, Nel;* ungarisch: *Dános.*

Bekannte Namensträger:

Daniel, gestorben nach 536 v. Chr.; im Alten Testament der vierte der vier großen Propheten; 605 v. Chr. nach Babylon weggeführt; hier unter Nebukadnezzar und anderen Königen von Einfluß; „Buch Daniel" enthält seine Weissagungen (Gedenktag: 21. Juli).

Daniel von Maratha, 409–493; lebte 33 Jahre als Stylit auf einer Säule (Gedenktag: 11. Dezember).

Daniel von Schönau, gestorben 1209; Zisterzienser in Himmerod, dann Abt in Schönau (Gedenktag: 27. Juni).

Daniel Auber, 1782–1871; französischer Komponist zahlreicher Opern.

Daniel Bernoulli, 1700–1782; schweizerischer Mathematiker, Physiker und Mediziner; Begründer der Hydrodynamik.

Daniel Chodowiecki, 1726–1801; deutscher Zeichner und Maler des Zopfstils.

Daniel Defoe, um 1660–1731; englischer politisch-satirischer Journalist und realistischer Romanschriftsteller.

Daniela *w,* die weibliche Form zu ↗ Daniel; Nebenformen: *Danela;* italienische Form: *Daniela;* Nebenform: *Daniella;* französisch: *Danielle, Danièle;* englische Kurz- und Koseformen: *Danie, Dany, Danny;* russisch: *Dana, Danila;* Koseformen: *Danja, Nila.*

Daniele *m,* italienische Form von ↗ Daniel.

Danièle *w,* französische Form von ↗ Daniela.

Daniella *w,* italienische Form von ↗ Daniela.

Danielle *w,* französische Form von ↗ Daniela.

Namensträgerin:

Danielle Darrieux, geboren 1917; französische Filmschauspielerin.

Danil *m,* slawische Kurzform für ↗ Daniel.

Danila *w,* russische Nebenform zu ↗ Daniela.

Danilo *m,* slawische Form von ↗ Daniel.

Danja *w,* russische Nebenform zu ↗ Dana; Koseform für ↗ Daniela und ↗ Bogdana; auch Nebenform zu ↗ Darja.

Danka *w,* Kurzform für mit Dank- beginnende weibliche Vornamen.

Dankmar *m,* althochdeutsch: *danc* = denken; *mari* = berühmt; Koseformen: *Dammo, Tammo.*

Dankrad *m,* althochdeutsch: *danc* = denken; *rat* = Rat, Beratung; Nebenformen: *Dankrat, Tankred.*

Dankrade *w,* die weibliche Form zu ↗ Dankrad.

Dankrat *m,* Nebenform zu ↗ Dankrad.

Dankward *w,* althochdeutsch: *danc* = denken, Gedanke; *wart* = Wärter, Hüter; Nebenform: *Dankwart.*

Dankwart *m,* Nebenform zu ↗ Dankward.

Dannel *m,* Kurzform für ↗ Daniel.

Danni *m,* schweizerische Kurzform für ↗ Daniel.

Dänni *m,* schweizerische Kurzform für ↗ Daniel.

Danny *m,* englische und französische Koseform für ↗ Daniel.

Bekannter Namensträger:

Danny Kaye, geboren 1913; amerikanischer Schauspieler, Tänzer und Komiker.

Danny *w,* englische und französische Koseform für ↗ Daniela.

Dános *m,* ungarische Form von ↗ Daniel.

Dany *m,* englische und französische Koseform für ↗ Daniel.

Dany *w,* englische und französische Kurz- und Koseform für ↗ Daniela.

Daphne *w,* griechisch: *daphne* = Lorbeer; italienische Form: *Dafne.*

Namensträgerin:

Daphne, Nymphe der griechischen Mythologie; von Apollo in einen Lorbeerbaum verwandelt; daher der Name.

Daria *w,* die weibliche Form zu ↗ Darius.

Namensträgerin:

Daria, gestorben um 304; Märtyrin mit Chrysanth in der diokletianischen Verfolgung (Gedenktag: 25. Oktober).

Dario *m,* italienische Form von ↗ Darius.

Darío *m,* spanische Form von ↗ Darius.

Darius *m,* altpersisch-griechisch: *Dareios,* der Mächtige; italienische Form: *Dario;* spanisch: *Darío.*

Bekannter Namensträger:

Darius Milhaud, 1892–1974; französischer polytonaler Komponist der „Gruppe der Six".

Darja *w,* russische Koseform für ↗ Dorothea; Nebenform: *Danja.*

Dave *m,* englische Koseform für ↗ David.

David *m,* hebräisch: *dawid* = Geliebter, Liebling; Koseformen: *Vid, Vidli, Dofele;* englische Form: *David;* Koseformen: *Dave, Davy, Taffy;* italienisch: *Davide.*

Bekannte und bedeutende Namensträger:

David, um 100 v. Chr.; König von Israel; erhob Jerusalem zur Hauptstadt und zum religiösen Mittelpunkt; der eigentliche Begründer des Reichs Israel (Gedenktag: 29. Dezember).

David, 11. Jahrhundert; englischer Benediktiner; Missionar in Schweden (Gedenktag: 15. Juli).

David von Augsburg, 1201–1272; Franziskaner; war in Regensburg Novizenmeister; tätig als Visitator, Volksprediger und religiöser Schriftsteller (Gedenktag: 19. November).

David von Himmerod, gestorben 1179; mystisch begnadeter Zisterzienser; gründete die Abtei Himmerod (Gedenktag: 11. Dezember).

David von Menevia, etwa 500–589; Abt in Gwyn; später Reformbischof (Gedenktag: 1. März).

David Ben Gurion, 1886–1973; israelischer sozialistischer Politiker; langjähriger Ministerpräsident.

David Brewster, 1781–1868; englischer Physiker; Entdecker der Polarisation des Lichts.

David Griffith, 1880–1948; amerikanischer Filmregisseur.

David Hilbert, 1862–1943; deutscher Mathematiker; entwickelte axiomatische Grundlagen der Geometrie.

David Hume, 1711–1776; schottischer Philosoph, Historiker und Volkswirtschaftler; begründete Positivismus und Psychologismus.

David Herbert Lawrence, 1885–1930; englischer Schriftsteller im Einfluß der Psychoanalyse.

David Livingstone, 1813–1873; englischer evangelischer Afrikaforscher, Missionar (Gedenktag: 30. April).

David Lloyd George, 1863–1945; englischer liberaler Politiker; schuf Sozialgesetzgebung.

David Oistrach, 1908–1974; bedeutender sowjetrussischer Violinist.

David Ricardo, 1772–1823; englischer Nationalökonom; vertrat Arbeitswert- und Lohntheorie zur Reichtumserklärung.

David Oliver Selznick, 1902–1965; amerikanischer Filmproduzent.

David Friedrich Strauß, 1808–1874; deutscher evangelischer Theologe und Religionsphilosoph; Wegbereiter der Bibel- und Dogmenkritik.

David Teniers der Jüngere, 1610–1690; flämischer Genremaler.

David Zeisberger, gestorben 1808; evangelischer Indianermissionar (Gedenktag: 17. November).

Davida *w*, die weibliche Form zu ↗ David; niederländische Form: *Davida, Davita;* englisch: *Davina.*

Davide *m*, italienische Form von ↗ David.

Davina *w*, englische Form von ↗ Davida.

Davita *w*, niederländische Nebenform zu ↗ Davida.

Davy *m*, englische Koseform für ↗ David.

Dawn *w*, englisch: *dawn* = Morgendämmerung.

Dea *w*, Kurzform für ↗ Andrea und ↗ Desideria.

Dean *m*, englisch-amerikanisch: Dekan, Dechant, Ältester; französische Form: *Dean, Deane.*

Namensträger:

Dean Martin, geboren 1917; amerikanischer Schauspieler.

Deba *w*, Kurzform für ↗ Debora.

Debald *m*, niederdeutsche Form von ↗ Dietbald; Nebenformen: *Dewald, Debold.*

Debby *w*, englische Kurz- und Koseform für Deborah (↗ Debora).

Debes *m*, Koseform für ↗ Matthias.

Debir *w*, englische Kurzform für Deborah (↗ Debora).

Debold *m*, Nebenform zu Debald (↗ Dietbald).

Debora *w*, hebräisch: *deborah* = Biene, fleißig; Nebenform: *Deborah;* Kurzform: *Deba;* französische und englische Form: *Deborah;* Kurzformen: *Debra, Debir* und *Debby.*

Namensträgerin:

Debora, 12. Jahrhundert v. Chr.; im Alten Testament Prophetin in Israel.

Deborah *w*, englische und französische Form von ↗ Debora.

Debra *w*, englische Kurzform für Deborah (↗ Debora).

Deda *w*, niederdeutsche Kurzform für mit Diet- beginnende weibliche Vornamen; Nebenformen: *Dedda, Deetje, Didda.*

Dedda *w*, Nebenform zu ↗ Deda.

Dedde *m*, niederdeutsche Kurzform für mit Diet- beginnende männliche Vornamen; Nebenformen: *Deddo, Dedo, Diddo.*

Deddo *m*, Nebenform zu ↗ Dedde.

Dedo *m*, Nebenform zu ↗ Dedde.

Deert *m*, niederdeutsche Kurzform für ↗ Diethard.

Deetje *w*, Nebenform ↗ Deda.

Deewald *m*, niederdeutsche Form von ↗ Theobald.

Degenhard *m*, althochdeutsch: *degan* = Gefolgsmann; *harti* = hart, fest, stark; Nebenformen: *Degenhart, Deinhard*; Kurzform: *Deno.*

Namensträger:
Degenhard, gestorben 1374; Einsiedler (Gedenktag: 12. September).

Degenhart *m,* Nebenform zu ↗ Degenhard.

Dehmel *m,* schlesische Form von ↗ Thomas.

Deik *w,* norddeutsche Kurzform für mit Diet- beginnende weibliche Vornamen; auch Kurzform für ↗ Adelheid; Nebenform: *Deike.*

Deike *w,* Nebenform zu ↗ Deik.

Deinhard *m,* Nebenform zu ↗ Degenhard.

Deis *m,* Koseform für ↗ Matthias.

Dela *w,* Kurzform für ↗ Adele und ↗ Ottilie; Nebenform: *Della, Dele.*

Delan *w,* schwedische Kurzform für ↗ Adele.

Dele *w,* Nebenform zu ↗ Dela.

Delf *m,* Kurzform für ↗ Detlef.

Delfina *w,* italienische und spanische Form von ↗ Delphine.

Delfine *w,* Nebenform zu ↗ Delphine.

Delfino *m,* italienische Form von ↗ Delphinus.

Delia *w,* englisch; griechisch: von Delos stammend; Beiname der altgriechischen Göttin Artemis.

Delila *w,* hebräisch: Frau mit herabfallendem Haar; Nebenformen: *Dalila, Dalilah;* englische Form: *Delilah.*

Delilah *w,* englische Form von ↗ Delila.

Della *w,* Nebenform zu ↗ Dela.

Delphina *w,* Nebenform zu ↗ Delphine.

Delphine *w,* die weibliche Form zu ↗ Delphinus; Nebenformen: *Delphina, Delfine;* französische Form: *Delphine;* italienisch und spanisch: *Delfina.*

Delphinus *m,* griechisch-lateinisch: aus Delphi stammend; italienische Form: *Delfino.*

Demetrio *m,* italienische Form von ↗ Demetrius.

Demetrius *m,* lateinische Form des griechischen *Demetrios* = Sohn der ↗ Demeter oder: ihr geweiht; italienische Form: *Demetrio;* russisch: *Dimitrij, Dmitrij;* Kurz- und Koseform: *Mitja.*
Namensträger:
Demetrius, gestorben um 306; legendärer Märtyrer unter Maximian zu Sirmium (Gedenktag: 8. Oktober).

Demut *w,* Nebenform zu ↗ Dietmut.

Denis *m,* englisch und französisch; aus griechisch-lateinisch: Gott Dionysos geweiht; Nebenform: *Dennis.*
Bekannte Namensträger:
Denis Diderot, 1713–1784; französischer Aufklärungsphilosoph und Schriftsteller; Herausgeber der „Encyclopédie".
Denis Papin, 1647 - um 1712; französischer Physiker; entwickelte den Papinschen Topf zur Erhitzung von Wasser auf über 100° Celsius.

Denise *w,* französische weibliche Form zu ↗ Denis; englische Form von ↗ Dionysia.

Dénise *w,* französische Form von ↗ Dionysia.

Dennis *m,* Nebenform zu ↗ Denis.
Bekannte Namensträger:
Dennis Brain, 1921–1957; bedeutender englischer Hornist.
Dennis Gábor, 1900–1979; englischer Physiker; erfand die Holographie.

Denny *w,* englische Koseform für ↗ Dionysia.

Deno *m,* Kurzform für ↗ Degenhard.

Deodat *m,* lateinisch: *Deodatus* = von Gott geschenkt; französische Form: *Déodat;* italienisch-spanisch: *Deodato.*
Namensträger:
Deodat, gestorben nach 680; wahrscheinlich Missionar und Bischof von Nevers (Gedenktag: 20. Juni).

Déodat *m,* französische Form von ↗ Deodat.

Deodate *w,* die weibliche Form zu ↗ Deodat.

Deodato *m,* italienische und spanische Form von ↗ Deodat.

Dereck *m,* Kurzform für ↗ Dietrich.

Derek *m,* englische Form für ↗ Dietrich.

Derick *m,* Kurzform für ↗ Dietrich.

Derk *m*, niederdeutsche Kurzform für ↗ Dietrich.

Derrick *m*, englische Form für ↗ Dietrich.

Desideratus *m*, lateinisch; Weiterbildung von ↗ Desiderius.

Namensträger:

Desideratus, gestorben 550; Erzbischof von Bourges; von Einfluß auf Lothar I. und Childebert I. (Gedenktag: 8. Mai).

Desideria *w*, die weibliche Form zu ↗ Desiderius; Kurzform: *Dea;* französische Form: *Désirée.*

Desiderius *m*, lateinisch: *desiderare* = wünschen, ersehnen; französische Form: *Désiré, Didier.*

Namensträger:

Desiderius, gestorben um 407/411; seit 346 Bischof von Langres; vermutlich bei Vandaleneinfall ermordet (Gedenktag: 23. Mai).

Désiré *m*, französische Form von ↗ Desiderius.

Désirée *w*, französische Form von ↗ Desideria.

Deta *w*, Kurzform für mit Diet- beginnende weibliche Vornamen.

Dethard *m*, Nebenform zu ↗ Diethard.

Detje *w*, Kurzform für mit Diet- beginnende weibliche Vornamen.

Detlef *m*, niederdeutsch: Sohn des Volks (?); Nebenform: *Detlev;* Koseform: *Delf;* friesisch: *Tjalf;* dänisch: *Ditlev;* schwedisch: *Detlof.*

Detlev *m*, Nebenform zu ↗ Detlef.

Bekannte Namensträger:

Detlev von Liliencron, 1844–1909; deutscher impressionistischer Schriftsteller.

Detlev von Parkentin, gestorben 1419; Prämonstratenser; seit 1395 Bischof von Ratzeburg (Gedenktag: 23. November).

Detlof *m*, schwedische Form von ↗ Detlef.

Detmar *m*, niederdeutsche Form von ↗ Dietmar.

Dette *w*, Kurzform für mit Diet- beginnende weibliche Vornamen.

Dettmar *m*, niederdeutsche Form von ↗ Dietmar.

Detwin *m*, niederdeutsche Form von ↗ Dietwin.

Dewald *m*, niederdeutsche Form von ↗ Dietbald oder ↗ Dietwald.

Diana *w*, lateinisch; nach der römischen Jagd- und Mondgöttin *Diana;* Nebenform: *Diane;* französische Form: *Diane* oder *Dianne.*

Namensträgerin:

Diana Andalò, gestorben 1236; italienische Dominikanerin (Gedenktag: 10. Juni).

Diane *w*, Nebenform und französische Form von ↗ Diana.

Dianne *w*, französische Form von ↗ Diana.

Dick *m*, englische Kurzform für ↗ Richard.

Dicky *m*, englische Kurzform für ↗ Richard.

Didakus *m*, griechisch-lateinisch; griechisch: *didaskein* = lehren, unterrichten.

Didda *w*, Kurzform für mit Diet- beginnende weibliche Vornamen.

Didde *m* und *w*, Kurzform für mit Diet- beginnende männliche und weibliche Vornamen.

Diddo *m*, Kurzform für mit Diet- beginnende männliche Vornamen.

Didier *m*, französische Kurzform für ↗ Desiderius.

Dido *w*, phönizisch-griechisch: Name der Jagd- und Mondgöttin.

Namensträgerin:

Dido, in der griechisch-römischen Sage Königstochter aus Tyros; gründete Karthago.

Diebald *m*, Nebenform zu ↗ Dietbald.

Diebold *m*, Nebenform zu ↗ Dietbald.

Diederich *m*, Nebenform zu ↗ Dietrich.

Diederik *m*, Nebenform zu ↗ Dietrich.

Diederike *w*, die weibliche Form zu ↗ Dietrich.

Diedo *m*, Kurzform für ↗ Dietrich.

Namensträger:

Diedo, gestorben 1120; legendärer Einsiedler im Bregenzer Wald; Prior eines Klosters in Andelsbuch (Gedenktag: 15. März).

Diedrich *m,* Nebenform zu ↗ Dietrich.

Diego *m,* spanische Form von ↗ Jakob: aus *Santiago* abgewandelt; auch Kurzform für ↗ Didakus.

Namensträger:

Diego, gestorben 1463; spanischer Franziskaner; Laienbruder; Glaubensbote auf den Kanarischen Inseln; später in Rom (Gedenktag: 12. November).

Diego Velázquez, 1599–1660; spanischer Maler; als bedeutender Bildnis- und Historienmaler Hofmaler in Madrid.

Diemo *m,* Kurzform für ↗ Dietmar und andere mit Diet- beginnende männliche Vornamen.

Diemut *w,* Nebenform zu ↗ Dietmut.

Namensträgerinnen:

Diemut, gestorben 1130; Reklusin zu Wessobrunn; schrieb rund 50 theologische Werke ab (Gedenktag: 30. März).

Diemut, 12. Jahrhundert; Reklusin bei Sankt Gallen (Gedenktag: 17. März).

Dierk *m,* niederdeutsche Form von ↗ Dietrich.

Diet *m,* Kurzform für ↗ Dietrich.

Dieta *w,* Kurzform für mit Diet- beginnende weibliche Vornamen.

Dietbald *m,* althochdeutsch: *diot* = Volk; *baldo* = kühn; Nebenformen: *Diebald, Diebold, Dietbold, Teutobald;* ↗ *Theobald, Theodebald.*

Dietberga *w,* althochdeutsch: *diot* = Volk; *berga* = Schutz; Nebenformen: *Dietbirg, Dietburga,* friesisch: *Tibeta, Tibetha.*

Dietbert *m,* althochdeutsch: *diot* = Volk; *beraht* = glänzend; Nebenformen: *Teutobert, Theodebert;* französische Form: *Thibert.*

Dietberta *w,* die weibliche Form zu ↗ Dietbert.

Dietbirg *w,* Nebenform zu ↗ Dietberga.

Namensträgerin:

Dietbirg, 10. Jahrhundert; Mutter Ulrichs von Augsburg (Gedenktag: 1. November).

Dietbod *m,* althochdeutsch: *diot* = Volk; *boto* = Bote, Gebieter; Nebenform: *Teutobod.*

Dietbold *m,* Nebenform zu ↗ Dietbald.

Dietbrand *m,* althochdeutsch: *diot* = Volk; *brant* = Schwert, Feuer.

Dietburga *w,* Nebenform zu ↗ Dietberga.

Dietegen *m,* althochdeutsch: *diot* = Volk; *degan* = Gefolgsmann, Krieger.

Dieter *m,* althochdeutsch: *diot* = Volk; *hari* = *heri* = Heer; Nebenform: *Diether;* auch Kurzform für ↗ Dietrich.

Bekannte Namensträger:

Dieter Borsche, geboren 1909; deutscher Schauspieler der Bühne und des Films; Charakterdarsteller.

Dieter Hildebrandt, geboren 1927; deutscher Schauspieler und Kabarettist.

Dietfried *m,* althochdeutsch: *diot* = Volk; *fridu* = Friede; Nebenformen: *Theodfried, Theofrid.*

Dietgard *w,* althochdeutsch: *diot* = Volk; *gard* = Zaun, Schutz.

Dietger *m,* althochdeutsch: *diot* = Volk; *ger* = Speer; Nebenformen: *Theodegar, Theodeger, Theoger.*

Namensträger:

Dietger (auch Deochar), gestorben vor 829; Mönch in Fulda; um 795 erster Abt des Klosters Herrieden (Gedenktag: 7. Juni).

Dietger (auch Theodegar), gestorben um 1065; Priestermissionar in Norwegen und in Jütland (Gedenktag: 30. Oktober).

Dietgunde *w,* althochdeutsch: *diot* = Volk; *gund* = Kampf.

Diethard *m,* althochdeutsch: *diot* = Volk; *harti* = stark, kühn; Nebenformen: *Dethard, Tethard, Tiard, Tiart.*

Diethelm *m,* althochdeutsch: *diot* = Volk; *helm* = Helm, Schutz.

Diether *m,* ältere Nebenform zu ↗ Dieter.

Diethild *w,* althochdeutsch: *diot* = Volk; *hiltja* = Kampf; Nebenform: *Diethilde.*

Namensträgerin:

Diethild (auch Theudechild), gestorben um 503; Tochter König Theuderichs I. von Austrasien; förderte Kirchen und Klöster (Gedenktag: 28. Juni).

Diethilde *w,* Nebenform zu ↗ Diethild.

Dietholf *m,* Nebenform zu ↗ Dietolf.

Dietke *w,* Kurzform für mit Diet- beginnende weibliche Vornamen.

Dietleib *m,* althochdeutsch: *diot* = Volk; *leiba* = Erbe; friesische Kurzformen: *Tialf, Tjalf.*

Dietlind *w,* althochdeutsch: *diot* = Volk; *linta* = Lindenholzschild; oder: *lind* = mild; Nebenformen: *Dietlinde, Theodelinde, Theodelind, Theodolinde, Theolind, Theudelind.*

Namensträgerin:

Dietlind (auch Theudelind), gestorben um 627; erst Gattin des Langobardenkönigs Authari; nach dessen Tod des Herzogs Agilulf von Turin; bemüht um Bekehrung der arianischen Langobarden. (Gedenktag: 22. Januar).

Dietlinde *w,* Nebenform zu ↗ Dietlind.

Dietmar *m,* althochdeutsch: *diot* = Volk; *mari* = berühmt; Nebenformen: *Ditmar, Dittmar, Dittmer, Thietmar, Theodemar, Teutomar;* Kurz- und Koseformen: *Diemo, Dimo, Themke, Thiemo, Tim.*

Namensträger:

Dietmar von Minden, gestorben 1206; seit 1185/1186 Bischof von Minden (Gedenktag: 5. März).

Dietmar von Neumünster, gestorben um 1152; Chorherr in Neumünster; Glaubensbote bei den Wenden in Holstein (Gedenktag: 18. Mai).

Dietmar von Osnabrück ↗ Thietmar.

Dietmar von Prag, gestorben 983; erster Bischof von Prag (Gedenktag: 2. Januar).

Dietmar von Salzburg ↗ Thiemo.

Dietmund *m,* althochdeutsch: *diot* = Volk; *munt* = Schutz, Schützer.

Dietmunde *w,* die weibliche Form zu ↗ Dietmund.

Dietmut *w,* althochdeutsch: *diot* = Volk; *muot* = Sinn, Geist, Gemüt; Nebenform: *Diemut.*

Dieto *m,* Kurzform für mit Diet- beginnende männliche Vornamen, so für ↗ Dietrich.

Dietolf *m,* althochdeutsch: *diot* = Volk; *wolf, wulf* = Wolf; Nebenform: *Dietholf.*

Dietram *m,* althochdeutsch: *diot* = Volk; *hraban* = Rabe.

Dietrich *m,* althochdeutsch: *diot* = Volk; *rihhi* = reich, mächtig; Nebenformen: *Diederich, Diedrich, Diederik, Theoderich, Theuderich;* Kurz- und Koseformen: *Dieter, Diet, Dieto, Diedo, Dietz, Dietze, Dierk, Derk, Dereck, Derick, Dirk, Deddo, Thiede, Thiel, Thiele, Til, Till, Tillmann, Tilo, Tillo;* französische Formen: *Thierri, Thierry;* englisch: *Derek, Derrick.*

Bekannte Namensträger:

Dietrich von Andelsbuch ↗ Diedo.

Dietrich von Bern; Gestalt der germanischen Heldensage.

Dietrich von Kremsmünster, 11. Jahrhundert; Benediktiner der Hirsauer Reform; Abt von Kremsmünster (Gedenktag: 12. Dezember).

Dietrich I. von Metz, gestorben 984; seit 964 Reformbischof von Metz; begann den Bau der Metzer Kathedrale (Gedenktag: 7. September).

Dietrich von Minden, gestorben 880; Bischof von Minden; gründete um 871 das Kloster Wunsdorf; fiel mit Bodo und Markward bei Hamburg durch heidnische Normannen (Gedenktag: 2. Februar).

Dietrich I. von Naumburg, gestorben 1123; Bischof von Naumburg; von apostolischem Eifer; ermordet (Gedenktag: 27. September).

Dietrich von Rommersdorf, gestorben 1145; Prämonstratenser; wurde 1135 Abt von Rommersdorf (Gedenktag: 16. Dezember).

Dietrich von Thoreida, gestorben 1219; Zisterzienser; Abt; Bischof, gründete mit Bischof Albert von Riga den Schwertbrüderorden; bei der

Estenmission in Reval ermordet (Gedenktag: 29. April).

Dietrich Bonhoeffer, 1906–1945 (im Konzentrationslager Flössenburg hingerichtet; deutscher evangelischer Theologe; Widerstandskämpfer der Bekennenden Kirche; Blutzeuge (Gedenktag: 9. April).

Dietrich Fischer-Dieskau, geboren 1925; deutscher Lieder-, Oratorien- und Opernsänger.

Dietrun *w,* althochdeutsch: *diot* = Volk; *runa* = Geheimnis, Zauber.

Dietwald *m,* althochdeutsch: *diot* = Volk; *waltan* = walten, herrschen; Nebenformen: *Dewald, Thewald.*

Dietward *m,* althochdeutsch: *diot* = Volk; *wart* = Hüter; Nebenformen: *Teutwart, Theodewart.*

Dietwin *m,* althochdeutsch: *diot* = Volk; *wini* = Freund.

Dietwolf *m,* althochdeutsch: *diot* = Volk; *wolf* = *wulf* = Wolf; Nebenformen: *Theodolf, Theodulf;* friesische Kurzformen: *Tialf, Tjalf.*

Dietz *m,* Kurz- und Koseform für ↗ Dietrich und andere mit Diet- beginnende männliche Vornamen.

Dietze *m,* Kurz- und Koseform für ↗ Dietrich.

Diktus *m,* Kurzform für Benediktus (↗ Benedikt).

Dilge *w,* Koseform für Odilia (↗ Ottilie).

Dilia *w,* Kurzform für Odilia (↗ Ottilie).

Dille *w,* Koseform für Odilia (↗ Ottilie).

Dilli *w,* Koseform für Odilia (↗ Ottilie).

Dimitri *m,* amerikanische Form und Nebenform zu Dimitrij (↗ Demetrius).

Bekannter Namensträger:

Dimitri Mitropoulus, 1896–1960; griechisch-amerikanischer Dirigent und Komponist.

Dimitrij *m,* russische Form von ↗ Demetrius; Nebenformen: *Dimitri, Dmitrij.*

Bekannte Namensträger:

Dimitrij Mendelejew, 1834–1907; russischer Chemiker; erstellte Periodensystem der Elemente.

Dimitrij Schostakowitsch, 1906–1975; sowjetrussischer Komponist umfangreicher Instrumentalwerke.

Dimo *m,* Kurzform für mit Diet- beginnende männliche Vornamen.

Dina *w,* Kurz- und Koseform für ↗ Bernharda und ↗ Christiane sowie für auf -dina, -tina, -tine endende weibliche Vornamen; Nebenform: *Dinah;* auch weibliche Form zu ↗ Dino.

Dinah *w,* englische Form und Nebenform zu ↗ Dina.

Dine *w,* Kurz- und Koseform für ↗ Christiane und ↗ Eberhardine.

Dinnies *m,* Koseform für ↗ Dionysius.

Dino *m,* Kurzform für auf -dino endende männliche Vornamen; so für Bernardino.

Dinu *m,* rumänische Form von Dino (?).

Bekannter Namensträger:

Dinu Lipatti, 1917–1950; rumänischer Pianist und Komponist.

Diogenes *m,* griechisch: *diogenes* = Zeus (Gott) entstammend.

Bekannter Namensträger:

Diogenes von Sinope, etwa 412–323 v. Chr.; griechischer Philosoph; Vertreter der kynischen Schule.

Dionysia *w,* die weibliche Form zu ↗ Dionysius; englische Form: *Denise;* Koseform: *Denny;* französisch: *Denise.*

Dionysius *m,* griechisch-lateinisch: dem Gott *Dionysos* geweiht; Nebenform: *Dionys;* Koseform: *Dinnies.*

Namensträger:

Dionysius von Augsburg, 8. Jahrhundert; nach der Legende erster Bischof von Augsburg; Märtyrer (Gedenktag: 26. Februar).

Dionysius von Paris, 3. Jahrhundert; Missionar in Gallien; in Paris mit Gefährten gemartert (Gedenktag: 9. Oktober).

Dioskur *m,* griechisch: *dioskoros* = Zeussohn.

Namensträger:

Dioskur, gestorben um 304; Märtyrer in Alexandria (Gedenktag: 18. Mai).

Diotima *w*, griechisch: Zeus (Gott) geweiht.

Dirk *m*, Kurz- und Koseform für ↗ Dietrich.

Disibod *m*, althochdeutsch: *boto* = Bote, Gebieter.

Namensträger:

Disibod, 7. Jahrhundert; Einsiedler auf dem Disibodenberg (Gedenktag: 8. Juli).

Dita *w*, Kurzform für mit Diet- beginnende weibliche Vornamen.

Ditha *w*, Kurzform für mit Diet- beginnende weibliche Vornamen.

Ditlev *m*, dänische Form von ↗ Detlef.

Ditmar *m*, Nebenform zu ↗ Dietmar.

Ditte *w*, Kurzform für mit Diet- beginnende weibliche Vornamen; auch dänische Kurzform für ↗ Dorothea und ↗ Edith.

Dittmar *m*, Nebenform zu ↗ Dietmar.

Dittmer *m*, Nebenform zu ↗ Dietmar.

Dix *m*, Kurz- und Koseform für ↗ Benedikt und Bendix.

Dmitrij *m*, russische Form von ↗ Demetrius.

Dodo *m*, friesische Kurzform für Ludolf und andere männliche Vornamen; Nebenform: *Dudo.*

Namensträger:

Dodo, gestorben 1232; Prämonstratensereinsiedler (Gedenktag: 30. März).

Dodo *w*, Kurz- und Koseform für ↗ Dorothea.

Dokus *m*, Kurzform für Jodokus (↗ Jodok).

Dolf *m*, Kurzform für auf -dolf endende männliche Vornamen, so für ↗ Adolf und ↗ Rudolf.

Dolfi *m*, Kurzform für ↗ Rudolf.

Doll *w*, englische Kurzform für Dorothy (↗ Dorothea).

Dolly *w*, englische Kurzform für Dorothy (↗ Dorothea).

Dolores *w*, spanisch, nach dem Mariengedenktag der Mater dolorosa (der Schmerzensreichen Mutter), spanisch Nuestra Señora de los Dolores (15. September); lateinische Form: *Dolorosa;* Koseformen: *Lola, Lolo.*

Dolorosa *w*, lateinische Form von ↗ Dolores.

Domenica *w*, italienische Form von ↗ Dominika.

Domenico *m*, italienische Form von ↗ Dominikus.

Bekannte Namensträger:

Domenico Cimarosa, 1749–1801; italienischer Komponist zahlreicher Opern und von Kirchenmusik.

Domenico Ghirlandajo, 1449–1494; italienischer Frührenaissancemaler.

Domhnall *m*, irische Form von ↗ Donald.

Domingo *m*, spanische Form von ↗ Dominikus.

Domini *m*, Kurzform für ↗ Dominikus.

Dominic *m*, Kurz- und englische Form von ↗ Dominikus.

Dominica *w*, Nebenform zu ↗ Dominika.

Dominicus *m*, Nebenform zu ↗ Dominikus.

Dominik *m*, Kurz- und slawische Form von ↗ Dominikus.

Dominika *w*, die weibliche Form zu ↗ Dominikus; Nebenform: *Dominica;* italienische Form: *Domenica;* französisch: *Dominique.*

Namensträgerin:

Dominika, 1473–1553; mystisch begnadete Gründerin des Dominikanerinnenklosters Santa Croce in Florenz (Gedenktag: 5. August).

Dominikus *m*, lateinisch: *dominus* = Herr; dem Herrn geweiht; lateinische Form: *Dominicus;* Kurz- und Koseformen: *Dominic, Dominik, Domini, Domni, Minkes, Mini, Kus;* französische Form: *Dominique;* englisch: *Diminic;* italienisch: *Domenico;* spanisch: *Domingo;* slawisch: *Dominik.*

Bekannte Namensträger:

Dominikus, 1170–1221; aus Kastilien stammender Gründer des Dominikanerordens, der Predigerbrüder für Volksmission auf dem Grund der Augustinusregel (Gedenktag: 8. August).

Dominikus Savio, 1842–1857; Lieblingsschüler Don Boscos (Gedenktag: 9. März).

Dominique *m* und *w*, französische Form von ↗ Dominikus und ↗ Dominika.

Domni *m*, Kurzform für ↗ Dominikus.

Don *m*, Kurzform für ↗ Donald.

Dónal *m*, irische Form von ↗ Donald.

Donald *m*, keltisch: *dumno* = Welt; *valo-s* = Herrscher; Nebenformen: *Donewald, Donwald;* Kurz- und Koseformen: *Don, Donny;* ebenso englisch; irisch: *Dónal, Domhnall.*

Donat *m*, deutsche und französische Kurzform für ↗ Donatus.

Donata *w*, die weibliche Form zu ↗ Donatus; Nebenform: *Donate.*

Namensträgerin:

Donata, gestorben 180; eine der frühesten, der scillitanischen Märtyrer in Afrika (Gedenktag: 17. Juli).

Donate *w*, Nebenform zu ↗ Donata.

Donatello *m*, Verkleinerungsform von italienisch Donato (↗ Donatus).

Bedeutender Namensträger:

Donatello, um 1386–1466; italienischer Marmorbildhauer und Bronzegießer der Florentiner Frührenaissance.

Donatien *m*, französische Form von ↗ Donatus.

Namensträger:

Donatien-A.-F. de Sade, 1740–1814; französischer Schriftsteller gewalttätig-erotischer Romane.

Donato *m*, italienische Form von ↗ Donatus.

Bedeutender Namensträger:

Donato Bramante, 1444–1514; italienischer Baumeister der römischen Hochrenaissance, Maler und Lyriker.

Donatus *m*, lateinisch: der (Gott oder von Gott) Geschenkte; italienische und spanische Form: *Donato;* französisch: *Donatien;* englisch: *Donet;* Kurzform: *Donat* (auch französisch).

Namensträger:

Donatus, frühchristlicher Katakombenheiliger (Gedenktag: 30. Juni).

Donatus, etwa 594–656; Mönch in Luxeuil; wurde um 624 Bischof von Besançon (Gedenktag: 7. August).

Donet *m*, englische Form von ↗ Donatus.

Donewald *m*, Nebenform zu ↗ Donald.

Namensträger:

Donewald, 8. Jahrhundert; schottischer Einsiedler (Gedenktag: 15. Juli).

Donisl *m*, Koseform für ↗ Thomas.

Dönjes *m*, Kurz- und Koseform für ↗ Anton.

Donny *m*, Kurz- und Koseform für ↗ Donald.

Donoald *m*, Nebenform zu ↗ Donald.

Namensträger:

Donoald, 5. Jahrhundert; nach Überlieferung Märtyrer im Gebiet von Beauvais (Gedenktag: 11. August).

Dooly *w*, englische Kurzform für Dorothy (↗ Dorothea).

Doorke *w*, Kurz- und Koseform für ↗ Dorothea.

Doortje *w*, niederländische Form von ↗ Dorothea.

Doortjen *w*, Koseform für ↗ Dorothea.

Dora *w*, Kurzform für ↗ Dorothea und ↗ Theodora.

Dore *w*, Kurzform für ↗ Dorothea und ↗ Theodora.

Doreen *w*, englische Kurz- und Koseform für Dorothy (↗ Dorothea).

Döreken *w*, Kurz- und Koseform für ↗ Dorothea.

Dorel *w*, Koseform für ↗ Dorothea.

Dores *m*, Koseform für ↗ Theodor.

Döres *m*, Koseform für ↗ Theodor.

Dorette *w*, französische Verkleinerungs- und Koseform für Dorothée (↗ Dorothea).

Dorina *w*, Weiterbildung von Dora (↗ Dorothea).

Doris *w*, griechisch: Dorerin, aus Doris stammend; auch Kurz- und Koseform für ↗ Dorothea und ↗ Theodora.

Bekannte Namensträgerin:

Doris Lessing, geboren 1919; angloafrikanische Schriftstellerin (Rassenproblem und Frauenfrage).

Dorit *w,* Kurz- und Koseform für ↗ Dorothea.

Dorita *w,* Kurzform für ↗ Dorothea.

Dorke *w,* Kurz- und Koseform für ↗ Dorothea.

Dorle *w,* Koseform für Dora (↗ Dorothea).

Doro *w,* Kurzform für ↗ Dorothea.

Dorothea *w,* griechisch: *doron* = Geschenk; *theos* = Gott: Gottesgeschenk; Nebenformen: *Dorothee, Theodora;* Kurz- und Koseformen: *Dorte, Dörte, Dürte, Dortchen, Dortje, Doortjen, Doorke, Dorit, Dorrit, Dorita, Dodo, Dorel, Dorle, Durle, Durli, Dutti, Dora, Dore, Dorke, Döreken, Doris, Doro, Orthia, Orthja, Thea, Theda;* französische Form: *Dorothée;* Koseform: *Dorette;* englisch: *Dorothy;* Kurz- und Koseformen: *Doreen, Dorrit.*

Namensträgerinnen:

Dorothea von Kappadozien, gestorben um 304 in Cäsarea; Märtyrin unter Diokletian (Gedenktag: 6. Februar).

Dorothea von Montau, 1347–1394; nach 26jähriger Ehe Witwe; wurde begnadete Reklusin zu Marienwerder (Gedenktag: 25. Juni).

Dorothea Erxleben, 1715–1762; die erste promovierte deutsche Ärztin.

Dorothée *w,* französische Form von ↗ Dorothea.

Dorothy *w,* englische Form von ↗ Dorothea.

Dorrit *w,* Kurz- und Koseform für ↗ Dorothea; auch für englisch Dorothy.

Dörtchen *w,* Koseform für ↗ Dorothea.

Dorte *w,* Kurz- und Koseform für ↗ Dorothea.

Dörte *w,* Kurz- und Koseform für ↗ Dorothea.

Dortje *w,* Kurz- und Koseform für ↗ Dorothea.

Dorus *m,* niederländische und Koseform für ↗ Theodor.

Doug *m,* englische Kurzform zu ↗ Douglas.

Douglas *m,* englisch, aus keltisch: *dub(h)* und *glas* = dunkelblau; Kurzformen: *Doug, Duggie.*

Bekannter Namensträger:

Douglas MacArthur, 1880–1964; amerikanischer General im Zweiten Weltkrieg und im Koreakrieg.

Dragan *m,* jugoslawisch, wohl zu slawisch: *dorog* = teuer, lieb; Nebenform: *Drago.*

Dragana *w,* die weibliche Form zu ↗ Dragan.

Draginja *w,* slawisch: *dorog* = teuer, lieb; steht für mit Drag- oder Drago- beginnende weibliche Vornamen.

Drago *m,* Nebenform zu ↗ Dragan.

Drees *m,* Kurzform für ↗ Andreas.

Drewes *m,* Kurzform für ↗ Andreas.

Dries *m,* Kurzform für ↗ Andreas.

Druda *w,* Koseform für ↗ Gertrud.

Drudeke *w,* Koseform für ↗ Gertrud.

Drudwin *m,* Nebenform zu ↗ Trautwein.

Drüke *w,* Koseform für ↗ Gertrud.

Drut *w,* Kurzform für ↗ Gertrud.

Drüte *w,* Koseform für ↗ Gertrud.

Drutke *w,* Koseform für ↗ Gertrud.

Drutmar *m,* althochdeutsch: *trud* = Stärke, Kraft; *mari* = berühmt; Nebenform: *Trudmar.*

Namensträger:

Drutmar, gestorben 1046; seit 1014 Abt im Benediktinerkloster Korvey (Gedenktag: 15. Februar).

Dudo *m,* Nebenform zu ↗ Dodo.

Duggie *m,* englische Koseform für ↗ Douglas.

Dulf *m,* Kurzform für ↗ Rudolf.

Dum *m,* Koseform für ↗ Thomas.

Dumes *m,* Koseform für ↗ Thomas.

Duncan *m,* keltisch: *donno* = braun; *catu-s* = Krieger.

Dunja *w,* slawische Kurz- und Koseform für griechisch Eudokia (= die Hochgeschätzte).

Dures *m,* Koseform für ↗ Theodor.

Durle *w,* Koseform für ↗ Dorothea.

Durli *w,* Koseform für ↗ Dorothea.

Durs *m,* Koseform für ↗ Ursus.

Dursli *m,* Koseform für ↗ Ursus.

Dürte *w,* Kurz- und Koseform für ↗ Dorothea.

Dutti *w,* Koseform für ↗ Dorothea.

Dwight *m,* englisch.
Bekannte Namensträger:
Dwight D. Eisenhower, 1890–1969; amerikanischer General und Politiker; 1945 Oberbefehlshaber der Besatzungstruppen in Deutschland; 1953–1961 Präsident der Vereinigten Staaten von Nordamerika.
Dwight Liman Moody, gestorben 1899; amerikanischer evangelischer Erweckungsprediger (Gedenktag: 22. Dezember).

Dylan *m,* englisch.
Bekannter Namensträger:
Dylan M. Thomas, 1914–1953; englischer surrealistischer, später neoromantischer lyrischer Schriftsteller.

E

Eadgar *m,* ↗ Edgar.

Eadgyo *w,* ↗ Edith.

Eadwine *m,* ↗ Edwin.

Earl *m,* englisch: der edle, freie Mann; heute Adelstitel (Graf).

Ebba *w,* niederdeutsche und friesische Kurz- und Koseform für mit Eber- beginnende weibliche Vornamen.

Ebbe *m,* Kurzform für mit Eber- beginnende männliche Vornamen.

Ebbo *m,* Kurzform für mit Eber- beginnende männliche Vornamen.

Ebel *m,* Kurzform für mit Eber- beginnende männliche Vornamen.

Eber *m,* Kurzform für mit Eber- beginnende männliche Vornamen.

Ebergard *w,* althochdeutsch: *ebur* = Eber; *gard* = Zaun, Schützerin.

Ebergund *w,* althochdeutsch: *ebur* = Eber; *gund* = Kampf; Nebenform: *Ebergunde.*

Ebergunde *w,* Nebenform zu ↗ Ebergund.

Eberhard *m,* althochdeutsch: *ebur* = Eber; *harti* = stark: eberstark; Nebenformen: *Everhard, Ehrhard;* Kurz- und Koseformen: *Ebert, Evert, Ebbo, Eppo;* englische und französische Form: *Everard.*
Bekannte Namensträger:
Eberhard, gestorben 958; Dompropst von Straßburg; 934 Gründer und erster Abt des Benediktinerklosters Einsiedeln (Gedenktag: 14. August).
Eberhard V. im Bart, 1445–1496; Herzog von Württemberg; gründete die Universität Tübingen.
Eberhard von Berg, 12. Jahrhundert; Graf; 1143 Abt des Zisterzienserklosters Georgenthal bei Gotha (Gedenktag: 22. Juli).
Eberhard von Biburg und Hilpoltstein, 1085–1164; Erzbischof von Salzburg (Gedenktag: 22. Juni).
Eberhard von Nellenburg, 11. Jahrhundert; Graf; gründete das Benediktinerkloster Schaffhausen; hier Laienbruder (Gedenktag: 24. Januar).
Eberhard von Schäftlarn, gestorben 1160; Prämonstratenser; Propst im Stift Schäftlarn; betrieb eine Pilgerherberge (Gedenktag: 9. Januar).
Eberhard von Wolfegg, gestorben 1183; Archidiakon; Prämonstratenser; Propst von Obermarchtal (Gedenktag: 17. April).
Eberhard Waechter, geboren 1929; österreichischer Sänger (Bariton).

Eberharda *w,* die weibliche Form zu ↗ Eberhard; Nebenform: *Eberharde;* Weiterbildung: *Eberhardina, Eberhardine;* Kurz- und Koseformen; *Eberta, Dine.*

Eberharde *w,* Nebenform zu ↗ Eberharda.

Eberhardina *w,* Weiterbildung von ↗ Eberharda.

Eberhardine *w,* Weiterbildung von ↗ Eberharda.

Eberhelm *m,* althochdeutsch: *ebur* = Eber; *helm* = Helm, Schützer.

Eberhild *w,* althochdeutsch: *ebur* = Eber; *hiltja* = Kampf; Nebenform: *Eberhilde.*

Eberhilde *w,* Nebenform zu ↗ Eberhild.

Eberolf *m,* Nebenform zu ↗ Eberwolf.

Eberta *w,* Kurzform für ↗ Eberharda.

Ebertine *w,* Weiterbildung von ↗ Eberta.

Eberwin *m,* althochdeutsch: *ebur* = Eber; *wini* = Freund; friesische Form: *Jorn.*

Namensträger:

Eberwin von Helfenstein, gestorben 1152; erst Augustiner in Springiersbach; wurde Propst von Steinfeld, schloß dieses dem Prämonstratenserorden an (Gedenktag: 10. April).

Eberwolf *m,* althochdeutsch: *ebur* = Eber; *wolf* = Wolf; Nebenform: *Eberolf.*

Eble *m,* Kurzform für mit Eber- beginnende männliche Vornamen.

Eck *m,* Kurzform für mit Eck- beginnende männliche Vornamen.

Eckart *m,* althochdeutsch: *ekka* = Schneide; *harti* = stark; Nebenformen: *Eckehart, Eckert, Ekkehard, Edzard, Edzward, Eginhard, Eghart, Einhard, Aichard, Egen, Egon, Hechard;* ostfriesisch: *Egge, Eggo, Egizo, Eitz;* niederdeutsche Kurzform: *Eike;* dänische Form: *Einar;* niederländisch: *Edsart.*

Bedeutender Namensträger:

Eckart, Meister Eckart, 13./14. Jahrhundert; deutscher Mystiker; Dominikaner; von großem Einfluß als Lehrer der Theologie in Paris, Straßburg und Köln sowie als Prediger und deutschsprachiger geistlicher Schriftsteller.

Eckbert *m,* Nebenform zu ↗ Egbert.

Ecke *m,* Kurzform für mit Ecke- beginnende männliche Vornamen.

Eckehart *m,* Nebenform zu ↗ Eckart.

Eckert *m,* Nebenform zu ↗ Eckart.

Eckeward *m,* Nebenform zu ↗ Eckewart.

Eckewart *m,* althochdeutsch: *ekka* = Schneide; *wart* = Wächter; Nebenformen: *Eckward, Eckeward, Egward.*

Eckfried *m,* althochdeutsch: *ekka* = Schneide; *fridu* = Friede.

Eckmund *m,* Nebenform zu ↗ Egmund; vgl. Agimund.

Eckward *m,* Nebenform zu ↗ Eckewart.

Eckwin *m,* althochdeutsch: *ekka* = Schneide; *wini* = Freund.

Ed *m,* englische Kurzform für Edgar, Edward, Edwin; auch *Eddy.*

Eda *m* und *w,* Kurzform für mit Ed- oder Edel- beginnende männliche und weibliche Vornamen.

Edbert *m,* Nebenform zu ↗ Otbert.

Edberta *w,* die weibliche Form zu ↗ Edbert.

Edburga *w,* Nebenform zu ↗ Otburg; Nebenform: *Etburga.*

Edda *w,* Kurzform für Edberta, Edith, Edwine und andere mit Ed- beginnende weibliche Vornamen.

Eddo *m,* Koseform für ↗ Edgar, ↗ Eduard und ↗ Edward.

Eddy *m,* Kurz- und Koseform für ↗ Edgar, ↗ Eduard, ↗ Edward und ↗ Edwin.

Ede *m,* Kurzform für ↗ Edgar, ↗ Eduard und ↗ Edward.

Edel *w,* Kurzform für mit Edel- oder Ethel- gebildete weibliche Vornamen.

Edelbert *m,* althochdeutsch: *adal* = edel, vornehm; *beraht* = glänzend; Grundform: ↗ Adalbert; Nebenform: *Edelbrecht.*

Edelberta *w,* die weibliche Form zu ↗ Edelbert; Grundform: ↗ Adalberta.

Edelbrecht *m,* Nebenform zu ↗ Edelbert.

Edelburg *w, Edelburga, Ethelburg,* Nebenformen zu ↗ Adalberga; Kurzform: *Edel.*

Namensträgerin:

Edelburg, 7. Jahrhundert; Königstochter aus Essex; Äbtissin von Faremoutiers in Frankreich (Gedenktag: 7. Juli).

Edelfriede *w,* Nebenform zu ↗ Adelfrieda; Kurzform: *Edel.*

Edelgard *w,* Nebenform zu ↗ Adalgard; Kurzform: *Edel.*

Edelinde *w,* Nebenform zu ↗ Adelinde.

Edeltraud *w,* Nebenform zu ↗ Adeltraud; Nebenformen: *Edeltrud, Edeltraut;* Kurzform: *Edel.*

Edeltraut *w,* Nebenform zu ↗ Edeltraud.

Namensträgerin:
Edeltraut (auch Ethelred), gestorben 679; Königin von Northumbrien; gründete Kloster Ely in Essex, wurde da Äbtissin (Gedenktag: 23. Juni).

Edeltrud *w,* Nebenform zu Edeltraud (↗ Adeltraud); Kurzform: *Edel.*

Edgar *m,* von angelsächsisch-englisch *Eadgar: ead* = Erbgut; *gar* = *ger* = Speer; englische Koseform: *Ed;* französische Form: *Ogier.*
Bekannte Namensträger:
Edgar der Friedfertige, um 944–975; König der Angelsachsen; betrieb Kirchenreform (Gedenktag: 8. Juli).
Edgar D. Adrian, 1889–1977; englischer Neurophysiologe.
Edgar Degas, 1834–1917; französischer impressionistischer Maler und Zeichner.
Edgar Allan Poe, 1809–1849; amerikanischer Journalist und Schriftsteller; begründete die moderne Detektivgeschichte.
Edgar Wallace, 1875–1932; englischer Schriftsteller; Autor zahlreicher Kriminalromane.

Edith *w,* von angelsächsisch-englisch *Eadgyo: ead* oder *od* = Besitz; *gyth,* althochdeutsch: *gund* = Kampf; latinisiert: *Editha;* Nebenform: *Edithe.*
Namensträgerinnen:
Edith (auch Eadgyth), etwa 964–988; Tochter des angelsächsischen Königs Edgar; führte heiligmäßiges Leben (Gedenktag: 16. September).
Edith, gestorben 819 (?); legendäre Märtyrin im Hennegau (Gedenktag: 8. Dezember).
Edith Piaf, 1915–1963; französische Chansonsängerin („Spatz von Paris“).
Edith Stein, 1891–1942; deutsche Philosophin jüdischer Herkunft; wurde katholisch und Karmeliterin; in Auschwitz Opfer des Nationalsozialismus.

Editha *w,* latinisierte Form von ↗ Edith.

Edithe *w,* Nebenform zu ↗ Edith.

Edlef *m,* niederdeutsch-friesisch; von angelsächsisch *ead* = Besitz; *wulf* = Wolf.

Edmar *m,* Nebenform zu ↗ Otmar.

Edmea *w,* italienische Form von ↗ Edmunda.

Edmée *w,* französische Form von ↗ Edmunda.

Edmond *m,* englische und französische Form von ↗ Edmund.
Bekannter Namensträger:
Edmond Halley, 1656–1742; englischer Astronom; entdeckte den Halleyschen Kometen.

Edmonda *w,* Nebenform zu ↗ Edmunda.

Edmund *m,* altenglisch: *Eadmund: ead* = Besitz; *munt* = Schutz, Schützer; althochdeutsch: *Otmund;* französisch und englisch: *Edmond;* englische Koseform: *Ned;* ungarisch: *Ödön.*
Bekannte Namensträger:
Edmund, um 840–870; König der Ostangeln seit 855; erlitt durch heidnische Dänen das Martyrium (Gedenktag: 20. November).
Edmund Campion, 1540–1581; anglikanischer Diakon; wurde katholisch, Jesuit und Priester; wirkte in England für seinen Glauben; Märtyrer (Gedenktag: 1. Dezember).
Edmund Cartwright, 1743–1823; englischer Erfinder des mechanischen Webstuhls.
Edmund Husserl, 1859–1938; deutscher Philosoph; begründete die Phänomenologie.

Edmunda *w,* die weibliche Form zu ↗ Edmund; Nebenform: *Edmunde, Edmonda;* französische Form: *Edmée;* italienisch: *Edmea.*

Edmunde *w,* Nebenform zu ↗ Edmunda.

Edna *w,* hebräisch: die Angenehme.

Edo *m,* Koseform für ↗ Edgar, ↗ Eduard und ↗ Edward.

Édouard *m,* französische Form von ↗ Eduard.
Bedeutender Namensträger:
Édouard Manet, 1832–1883; französischer Maler des Impressionismus.

Edsard *m,* niederländische Form von ↗ Eckart.

Edu *m,* Kurzform für ↗ Edgar ↗ Eduard und ↗ Edward.

Eduard *m,* angelsächsisch: *Eadweard: ead* = Besitz; *weard* = Schützer; englisch: *Edward;* altdeutsch: *Otward;* Kurz- und Koseformen: *Ed, Ede, Edo, Edu;* englische Koseformen: *Ed, Ned, Teddy;* französisch: *Audouard, Édouard;* italienisch: *Odoardo, Edoardo;* schwedisch und norwegisch: *Edvard.*

Bekannte Namensträger:

Eduard der Bekenner, 1003–1066; letzter angelsächsischer König (Gedenktag: 13. Oktober).

Eduard der Märtyrer, um 962–978; König von England; meuchlings ermordet (Gedenktag: 18. März).

Eduard, Prince of Wales, 1330–1376; Heerführer im Hundertjährigen Krieg.

Eduard Künneke, 1885–1953; deutscher Komponist, besonders von Operetten.

Eduard Lohse, geboren 1924; deutscher evangelischer Theologe; 1971–1985 Vorsitzender des Rats der Evangelischen Kirche in Deutschland.

Eduard Mörike, 1804–1875; deutscher evangelischer Pfarrer und romantisch-realistischer Schriftsteller.

Eduard Müller, 1911–1943; deutscher katholischer Priester in Lübeck; von der nationalsozialistischen Justiz hingerichtet.

Eduard Spranger, 1882–1963; deutscher Philosoph, Pädagoge und Psychologe; entwickelte Kulturpädagogik und Lebensphilosophie.

Eduarde *w,* die weibliche Form zu ↗ Eduard.

Eduardina *w,* Weiterbildung von ↗ Eduarde; Nebenform: *Eduardine.*

Eduardine *w,* Nebenform zu ↗ Eduardina.

Edvard *m,* schwedische und norwegische Form von ↗ Eduard.

Bedeutende Namensträger:

Edvard Grieg, 1843–1907; norwegischer Pianist, Dirigent und romantischer Komponist.

Edvard Munch, 1863–1944; norwegischer Maler und Graphiker von starker Wirkung auf den europäischen Expressionismus.

Edvige *w,* französische Form von ↗ Hedwig.

Edward *m,* englische Form von ↗ Eduard.

Bekannte Namensträger:

Edward Albee, geboren 1928; amerikanischer Schriftsteller.

Edward Appleton, 1892–1965; englischer Physiker.

Edward B. Britten, 1913–1976; englischer Komponist und Dirigent.

Edward Elgar, 1857–1934; englischer Komponist der Spätromantik.

Edward K. Ellington, 1899–1974; amerikanischer farbiger Jazzkomponist und -pianist.

Edwarth Heath, geboren 1916; englischer konservativer Politiker; 1970–1974 Premier.

Edward Jenner, 1749–1823; englischer Arzt; fand Pockenschutzimpfung.

Edward Kendall, 1886–1972; amerikanischer Biochemiker; entdeckte Thyroxin und Cortison.

Edward Sapir, 1884–1939; deutsch-amerikanischer Linguist; begründete die Ethno-Sozio-Linguistik.

Edward Teller, geboren 1908; ungarisch-amerikanischer Kernphysiker; schuf Grundlagen für Wasserstoffbombe.

Edwardina *w,* die weibliche Form zu englisch ↗ Edward; Nebenform: *Edwardine.*

Edwardine *w,* Nebenform zu ↗ Edwardina.

Edwin *m,* angelsächsisch-englisch: *ead* = Erbe, Besitz; *wini* = Freund; altenglisch: *Eadwine;* ↗ Otwin; englische Koseform: *Ned.*

Bekannte Namensträger:

Edwin, gestorben 633; seit 617 König von Northumbrien; bemüht um Ausbreitung des Christentums (Gedenktag: 12. Oktober).

Edwin Fischer, 1886–1960; schweizerischer Pianist und Dirigent.

Edwin P. Hubble, 1889–1933; amerikanischer Astrophysiker.

Edwin M. McMillan, geboren 1907; amerikanischer Chemiker.

Edwina, *w,* die weibliche Form zu ↗ Edwin; Nebenform: *Edwine.*

Edwine *w,* Nebenform zu ↗ Edwina.

Edy *m,* Koseform für Edgar, Eduard und Edward.

Edzard *m,* friesische Form von ↗ Ekkart.

Edzward *m,* Nebenform zu ↗ Eckart; niederländisch: *Edsart;* friesisch: *Edzard.*

Eero *m,* finnisch.

Bekannter Namensträger:

Eero Saarinen, 1910–1961; finnisch-amerikanischer Architekt.

Efe *w,* Koseform für ↗ Euphrosyne.

Efer *w,* Koseform für ↗ Euphrosyne.

Eferlein *w,* Koseform für ↗ Euphrosyne.

Effi *w,* Kurz- und Koseform für Elfriede und Euphemia.

Efraim *m,* ökumenische Form von ↗ Ephraim.

Efrem *m,* englische Form von ↗ Efraim.

Efronis *w,* Koseform für ↗ Euphrosyne.

Egbert *m,* althochdeutsch: *egga* = Schneide; *beraht* = glänzend; Nebenformen: *Eckbert, Ekbert, Ekbrecht, Eggebrecht, Egbrecht.*

Namensträger:

Egbert, 639–729; irischer Mönch und Bischof (Gedenktag: 24. April).

Egbert, gestorben 1076 oder 1077; Benediktiner; seit 1047 Abt von Münsterschwarzach (Gedenktag: 25. November).

Egberta *w,* die weibliche Form zu ↗ Egbert; Nebenform: *Egberte;* Weiterbildung: *Egbertine.*

Egberte *w,* Nebenform zu ↗ Egberta.

Egbertine *w,* erweiterte Form von ↗ Egberta.

Egbrecht *m,* Nebenform zu ↗ Egbert.

Egen *m,* Nebenform zu ↗ Eckart; auch Kurzform für mit Egin- beginnende männliche Vornamen.

Egeno *m,* Kurzform für mit Egin- beginnende männliche Vornamen.

Eget *w,* Kurzform für ↗ Agatha.

Egge *m,* ostfriesische Kurzform für ↗ Eckart.

Eggebrecht *m,* Nebenform zu ↗ Egbert.

Eggert *m,* niederdeutsche und schwedische Form von ↗ Eckart.

Eggo *m,* ostfriesische Kurzform für ↗ Eckart und andere mit Eg- beginnende männliche Vornamen.

Eghart *m,* Nebenform zu ↗ Eckart.

Egid *m,* Kurzform für ↗ Ägidius.

Egidio *m,* spanisch für ↗ Ägidius.

Egidius *m,* Nebenform zu ↗ Ägidius.

Egil *m,* Kurzform für mit Egil- und Agil- beginnende männliche Vornamen; Nebenform: *Eigil.*

Egilbert *m,* Kurzform zu ↗ Agilbert.

Egilhard *m,* althochdeutsch: *egga* = *ecke* = Schneide; *harti* = stark; Nebenformen: *Egilshard, Eilhard, Eilert, Ehlert, Ehler;* vgl. Agilhard.

Namensträger:

Egilhard (auch Eilhard), gestorben um 890; Benediktiner; Abt von Kornelimünster; Märtyrer (Gedenktag: 25. Mai).

Egilmar *m,* Nebenform zu ↗ Eilmar.

Egilo *m,* Kurzform für ↗ Agilbert.

Egilolf *m,* Nebenform zu ↗ Agilolf.

Egilshard *m,* Nebenform zu ↗ Egilhard.

Eginald *m,* althochdeutsch: *egga, ekka* = Schneide; *waltan* = walten, herrschen; Nebenformen: *Eginold, Einald, Aginald;* ostfriesische Formen: *Ayold, Aiwalt.*

Eginhard *m,* Nebenform zu ↗ Eckart.

Egino *m,* Kurzform für mit Egin- beginnende männliche Vornamen; auch *Egen, Egeno.*

Namensträger:

Egino, gestorben 1120; Benediktiner; Abt in Augsburg (Gedenktag: 15. Juli).

Eginold *m,* Nebenform zu ↗ Eginald.

Eginolf *m,* althochdeutsch: *ekka* =

Schneide; *wolf* = Wolf; Kurzform: *Egon*.

Egizo *m*, Kurzform für ↗ Eckart.

Egle *w*, Koseform für ↗ Agatha.

Eglof *m*, Nebenform zu ↗ Egolf.

Egmont *m*, niederländische und niederdeutsche Form von Egmund (↗ Agimund); französische Form: *Aimon*.

Bekannter Namensträger:

Egmont, Graf, 1522–1568; war ab 1559 Statthalter von Artois und Flandern; wegen Opposition gegen spanische Politik in den Niederlanden hingerichtet.

Egmund *m*, Nebenform zu ↗ Agimund; auch *Eckmund*.

Egolf *m*, von ↗ Agilolf über Egilolf; Nebenformen: *Eglof, Eklof*.

Egon *m*, Nebenform zu ↗ Eckart.

Bekannte Namensträger:

Egon Bahr, geboren 1922; deutscher sozialdemokratischer Politiker.

Egon Eiermann, 1904–1970; deutscher Architekt des funktionalen Bauens.

Egon Friedell, 1878–1938; österreichischer Schriftsteller und Schauspieler.

Egon E. Kisch, 1885–1948; tschechischer marxistischer Schriftsteller.

Egward *m*, Nebenform zu ↗ Eckewart.

Ehler *m*, Nebenform zu ↗ Egilhard.

Ehlert *m*, Nebenform zu ↗ Egilhard.

Ehm *m* und *w*, Kurzform für mit Egin-, Ein- beginnende männliche und weibliche Vornamen; Koseform: *Ehmi*.

Ehmi *m* und *w*, Koseform für ↗ Ehm.

Ehregott *m*, pietistische Neubildung des 18. Jahrhunderts.

Ehrenbert *m*, althochdeutsch: *arn* = Adler; *beraht* = glänzend; Nebenformen: *Ehrenbrecht, Ernbert*.

Ehrenbrecht *m*, Nebenform zu ↗ Ehrenbert.

Ehrenfried *m*, evangelische Neubildung des 16. Jahrhunderts; Nebenformen: *Ehrfried, Elfried, Erenfried;* Kurzform: *Ezzo;* schwedisch: *Ernfrid*.

Ehrengard *w*, von ↗ Arngard herleitbar (?).

Ehrenreich *m*, Neubildung des 16. und 17. Jahrhunderts; Nebenformen: *Erenrich, Erentrich*.

Ehrentraud *w*, von ↗ Arntraud herleitbar oder Neubildung; Nebenformen: *Ehrentraut, Ehrentrud, Erentrud, Erentrudis;* oder deutsche Schreibweise von nordisch: ↗ Erindrud.

Ehrentraut *w*, Nebenform zu ↗ Ehrentraud.

Ehrentrud *w*, Nebenform zu ↗ Arntraud und ↗ Ehrentraud; Nebenform: *Erentrud*.

Ehrfried *m*, Nebenform zu ↗ Ehrenfried.

Ehrhard *m*, Nebenform zu ↗ Erhard, auch ↗ Eberhard.

Eico *m*, Nebenform zu ↗ Eckart.

Namensträger:

Eico (auch Eido), gestorben 1015; seit 992 dritter Bischof von Meißen, Missionar und Gründer zahlreicher Kirchen (Gedenktag: 20. Dezember).

Eigil *m*, Nebenform zu ↗ Egil.

Namensträger:

Eigil, gestorben 822; Benediktiner; seit 818 der vierte Abt von Fulda, verwandt mit Sturmius (Gedenktag: 15. Juni).

Eike *m*, Kurzform für ↗ Eckart und ↗ Eilhard; *m* und *w*, Kurzform für mit Eg-, Eck-, Edel-, Adel- beginnende männliche und weibliche Vornamen.

Eiko *m*, Nebenform zu ↗ Eckart, ↗ Eilhard und zum männlichen Vornamen ↗ Eike.

Eil *m*, Kurzform für mit Egil- beginnende männliche Vornamen.

Eila *w*, nordische Nebenform zu ↗ Elin (↗ Helene); Kurzform für mit Eil- beginnende weibliche Vornamen.

Eilbert *m*, Nebenform zu ↗ Agilbert; auch *Eilbrecht* und *Elbert*.

Eilbrecht *m*, Nebenform zu ↗ Eilbert.

Eilburg *w*, althochdeutsch: *agil* = Schwert; *burg* = Schutz; Nebenformen: *Elburg, Elborg*.

Eileen *w*, englisch, irischer Herkunft: angenehm (?); Nebenform zu Evelyn oder Helen.

Eilert *m*, Nebenform zu ↗ Egilhard.

Eilhard *m,* Nebenform zu ↗ Egilhard und ↗ Agilhard.
Namensträger:
Eilhard Mitscherlich, 1794–1863; deutscher Chemiker.

Eilmar *m,* althochdeutsch: *agil* = Schwert; *mari* = berühmt; Nebenformen: *Egilmar, Agilmar; Elimar, Elmer, Elmar;* Kurzformen: *Elmo, Elko.*

Eiltraud *w,* althochdeutsch: *agil* = Schwert; *trud* = Kraft.

Eilward *m,* Nebenform zu ↗ Agilwart.

Eilwart *m,* Nebenform zu ↗ Agilwart.

Eina *w,* schwedische weibliche Form zu ↗ Einar; Kurzform: *Ena.*

Einald *m,* Nebenform zu ↗ Eginald.

Einar *m,* dänische Form von ↗ Ekkart; Nebenform: *Einer.*

Einer *m,* Nebenform zu ↗ Einar.

Einhard *m,* Nebenform zu Eginhard (↗ Eckart).
Bekannter Namensträger:
Einhard, etwa 770–840; fränkischer Gelehrter und Künstler an der Aachener Hofschule Karls des Großen; dessen Berater und Vertrauter.

Einharde *w,* die weibliche Form zu ↗ Einhard.

Eirik *m,* Nebenform zu ↗ Erich.
Namensträger:
Eirik der Rote von Island, entdeckte um 1000 Grönland.

Eitel *m,* in der Kaiserzeit der Hohenzollern selbständig geworden; ursprünglich (im Sinn von „nur") mit einem Vornamen üblich, zum Beispiel: Eitel Friedrich.

Eitz *m,* Kurzform für ↗ Eckart.

Ejnar *m,* dänische Form von ↗ Einar.
Bekannter Namensträger:
Ejnar Hertzsprung, 1873–1967; dänischer Astrophysiker.

Ekbert *m,* Nebenform zu ↗ Egbert.

Ekbrecht *m,* Nebenform zu ↗ Egbert.

Ekkehard *m,* Nebenform zu ↗ Eckart.
Namensträger:
Ekkehard, gestorben 1084; erster Abt des von ihm 1080 gegründeten Doppelklosters Huysburg (Gedenktag: 28. Juni).
Ekkehard (auch Egward), gestorben 1026; seit 968 Bischof von Oldenburg, später von Schleswig (Gedenktag: 13. Februar).

Ekkehart *m,* Nebenform zu ↗ Eckart.

Eklof *m,* Nebenform zu ↗ Egolf.

Ela *w,* Koseform für ↗ Elisabeth.

Elard *m,* niederdeutsche Form von ↗ Egilhard.

Elbert *m,* Nebenform zu ↗ Eilbert.

Elborg *w,* Nebenform zu ↗ Eilburg.

Elburg *w,* Nebenform zu ↗ Eilburg.

Eleanor *w,* englische Form von ↗ Eleonora; nach provenzalisch *Aliénor.*

Eleasar *m,* hebräisch: Gott hilft; ökumenische Form; in der Vulgata: *Eleazar.*

Eleazar *m,* Nebenform zu ↗ Eleasar.

Elektra *w,* griechisch: die Strahlende.

Elena *w,* italienische und spanische Form von ↗ Helene; Nebenform: *Elina.*

Eleonora *w,* aus arabisch-griechisch: *Ellinor:* Gott mein Licht; Nebenform: *Eleonore;* Kurz- und Koseformen: *Leonore, Lenore, Nora, Nore, Lora, Lore, Lorchen, Lorle, Noor, Nortje, Ella, Elli, Elly, Nel;* englische Form: *Eleonora, Eleanor, Ellinor, Ellen;* Kurzform: *Nelly;* nordisch: *Nora;* tschechisch: *Lenorka.*
Bekannte Namensträgerin:
Eleonora Duse, 1858–1924; italienische Schauspielerin.

Eleonore *w,* Nebenform zu ↗ Eleonora.
Namensträgerin:
Eleonore, 1222–1291; Königin von England; Gattin Heinrichs III.; ab 1272 nach Heinrichs Tod Regentin für ihren Sohn Eduard I. (Gedenktag: 25. Juni).

Eleutherius *m,* latinisiert aus griechisch: *Eleutherios* = Befreier.
Namensträger:
Eleutherius, um 500; 487 Bischof von Blandain; ab 496 erster Bischof von Tournai (Gedenktag: 20. Februar).

Elfe *w,* Kurzform für mit Elf- beginnende weibliche Vornamen.

Elfgard *w,* Neubildung: *Elf-* und althochdeutsch: *gard* = Zaun, Schutz.

Elfi *w*, Koseform für ↗ Elfriede; auch Kurzform für mit Elf- beginnende weibliche Vornamen.

Elfie *w*, Kurzform für mit Elf- beginnende weibliche Vornamen; auch Koseform für ↗ Elfriede.

Elfrida *w*, Nebenform zu ↗ Alfrida.

Elfried *m*, Nebenform zu ↗ Ehrenfried.

Elfriede *w*, vielleicht althochdeutsch: *alb* = Naturgeist; *fridu* = Friede; Kurz- und Koseformen: *Elfi, Elfie, Effi, Frieda, Friedel.*

Namensträgerin:

Elfriede, gestorben 795; Tochter des Königs Ossa von Mercien; nach der Legende Reklusin (Gedenktag: 20. Mai).

Elfrun *w*, Nebenform zu ↗ Albrun.

Elga *w*, Nebenform zu ↗ Helga (?).

Elgard *w*, Nebenform zu ↗ Edelgard (?).

Elger *m*, Kurzform für ↗ Adalger.

Elgin *w*, Nebenform zu ↗ Elgine.

Elgine *w*, Weiterbildung von ↗ Elga (?).

Elgo *m*, Kurzform für ↗ Eligius.

Eli *m*, ökumenische Form von ↗ Heli.

Elia *m*, hebräisch: *eli'jahu* = mein Gott ist Jahwe; Form der Lutherbibel; in der Vulgata: *Helias;* Nebenform *Elias;* ökumenisch: *Elija;* Koseformen: *Lieske, Leies.*

Namensträger:

Elia Kazan, geboren 1909; türkisch-amerikanischer Schriftsteller und Filmregisseur.

Eliane *w*, französische weibliche Form zu ↗ Élie.

Elias *m*, Nebenform zu ↗ Elia.

Namensträger:

Elias, gestorben 1201; seit 1196 Abt des Prämonstratenserstifts Rommersdorf (Gedenktag: 24. März).

Elias Canetti, geboren 1905; österreichischer Schriftsteller.

Elias Holl, 1573–1646; deutscher Baumeister im Übergang von der Renaissance zum Frühbarock.

Elias Schrenk, gestorben 1913; evangelischer Erweckungsprediger (Gedenktag: 21. Oktober).

Élice *w*, französische Kurzform für ↗ Elisabeth.

Élie *m*, französische Form von ↗ Elija.

Elieser *m*, hebräisch: Gott ist Hilfe; ökumenische Form; Nebenform: *Eliezer.*

Éliette *w*, verkleinernde weibliche Form zu ↗ Élie.

Eliezer *m*, Nebenform zu ↗ Elieser.

Eligius *m*, lateinisch: der Auserwählte; Kurz- und Koseformen: *Elgo, Eloy, Gloy, Loi, Loy, Lei;* französische Form: *Éloi, Éloy.*

Namensträger:

Eligius von Noyon, 588–660; Goldschmied, Münzmeister; Ratgeber der Könige Chlotar II. und Dagobert I.; 641 Bischof von Noyon (Gedenktag: 1. Dezember).

Elija *m*, hebräisch, ökumenische Form von ↗ Elia; in der Lutherbibel: *Elia,* in der Vulgata: *Helias;* englische Form: *Elijah;* Koseform: *Ellis;* französisch: *Élie;* italienisch: *Elia;* slawisch: *Illja;* russisch: *Ilja, Ilija;* ungarisch: *Illyés.*

Elijah *m*, englische Form von ↗ Elija.

Elimar *m*, Nebenform zu ↗ Eilmar.

Elin *w*, Koseform für ↗ Helene.

Elina *w*, schwedische Form von ↗ Helene; Nebenform zu ↗ Elena.

Elisa *w*, Kurzform für ↗ Elisabeth.

Elisabet *w*, ökumenische Form von ↗ Elisabeth.

Elisabeth *w*, hebräisch: *eli'scheba* = Gott ist vollkommen; ökumenische Form: *Elisabet;* Abwandlungen, Kurz- und Koseformen: *Elsbeth, Elisa, Elise, Elsa, Else, Elice, Elica, Lissy, Lizzy, Babette, Elsabe, Elsebein, Lisbeth, Liesel, Liesl, Liesi, Lil, Lili, Lilli, Elske, Elsle, Ella, Ilsa, Ilse, Ilsebeg, Betti, Betlein, Betchen, Bettel, Beke, Becke, Beli, Sissi;* niederdeutsch-friesisch: *Telsa, Telse;* englische Form: *Elizabeth;* Kurz- und Koseformen: *Bess, Bessie, Bessy, Betsy, Billa, Alice, Lil, Lill, Lilli, Sissi, Sissy;* französisch: *Lisette, Isabeau, Élise, Élice, Alice, Alison, Babette;* spanisch: *Isabel, Isabella, Bella;* schwedische Koseform: *Lisken;* italienisch: *Elisabetta, Elisa, Betta, Lisa, Lisetta, Isabela;* russisch: *Jelisaweta, Lisenka;* ungarisch: *Erzsébet.*

Bekannte Namensträgerinnen:

Elisabeth, im Neuen Testament Mutter Johannes' des Täufers, Frau des Zacharias.

Elisabeth, gestorben 1220; mystisch begnadete Prämonstratenserin (Gedenktag: 20. Januar).

Elisabeth von Österreich, 1520–1592; Königin von Frankreich; Gattin Karls IX.; lebte nach dessen Tod in Wien im Dienst der Armen (Gedenktag: 22. Januar).

Elisabeth von Pommern, gestorben 1393; Gattin Kaiser Karls IV.; nach dessen Tod Franziskanertertiarin (Gedenktag: 28. Februar).

Elisabeth von Portugal, 1271–1336; seit 1283 als Gattin des portugiesischen Königs Dionysius Königin; gründete Klöster und Hospitäler; Friedensvermittlerin; förderte den Dritten Orden des heiligen Franz (Gedenktag: 4. Juli).

Elisabeth von Reute, 1386–1420; die „gute Beth"; Mystikerin; stigmatisierte Klausnerin (Gedenktag: 25. November).

Elisabeth von Schönau, 1129–1164; Benediktinerin in Schönau; hatte seit 1152 Visionen, die sie niederschrieb (Gedenktag: 19. Juni).

Elisabeth von Thüringen, 1207–1231; früh Gattin des Landgrafen Ludwig, der 1227 auf Kreuzzug starb; gründete in Marburg ein Hospital und diente den Armen, Kranken und Aussätzigen (Gedenktag: 19. November).

Elisabeth von Wertheim, 1270–1335; förderte, früh verwitwet, Kirchen, Klöster und Spitäler (Gedenktag: 5. Februar).

Elisabeth Bergner, geboren 1897; österreichische Schauspielerin der Bühne und des Films.

Elisabeth Flickenschildt, 1905–1977; Schauspielerin der Bühne und des Films.

Elisabeth Koch, 1815–1899; gründete 1857 die Franziskanerinnen von der Heiligen Familie und wurde deren Generaloberin (Gedenktag: 3. April).

Elisabeth Langgässer, 1899–1950; deutsche katholische Schriftstellerin.

Elisabeth Schwarzkopf, geboren 1915; deutsche Opern- und Konzertsängerin (Sopran).

Elisabetta *w,* italienische Form von ↗ Elisabeth.

Elisäus *m,* latinisiert aus griechisch: *Elisaios;* hebräisch: *eli'scha* = Gott mein Heil; ökumenische Form: *Elischa;* französische Form: *Élisée;* russisch: *Jelissa.*

Elischa *m,* hebräisch; ökumenische Form von ↗ Elisäus.

Elise *w,* Kurzform für ↗ Elisabeth.

Élise *w,* französische Kurzform für ↗ Elisabeth.

Élisée *m,* französische Form von ↗ Elisäus.

Elizabeth *w,* englische Form von ↗ Elisabeth.

Bekannte Namensträgerinnen:

Elizabeth I. von England, 1533–1603; seit 1558 Königin; ließ Maria Stuart enthaupten; siegte über die spanische Armada; betrieb englische Kolonialpolitik.

Elizabeth II. von England, geboren 1926; seit 1952 Königin.

Elizabeth Fry, 1780–1845; englische Sozialreformerin; Wohltäterin der Gefangenen(Gedenktag: 12.Oktober).

Elizabeth Taylor, geboren 1932; amerikanische Filmschauspielerin.

Elka *w,* Nebenform zu ↗ Elke.

Elke *w,* niederdeutsche und ostfriesische Koseform für Adelheid (vgl. Alke); Nebenform: *Elka.*

Elko *m,* Kurzform für ↗ Eilmar und für mit Adal- oder Egil- beginnende männliche Vornamen.

Namensträger:

Elko (auch Elmar), gestorben 1332; Abt des Prämonstratenserstifts Lidlum; wegen Strenge von Laienbrüdern erschlagen.

Ella *w,* Koseform für ↗ Eleonora, ↗

Elisabeth, ↗ Elvira, ↗ Elwine und ↗ Helene.
Namensträgerin:
Ella Fitzgerald, geboren 1918; amerikanische farbige Jazzsängerin.

Ellen *w,* englische Kurzform von Eleanor (↗ Eleonora) und ↗ Helena.
Bekannte Namensträgerin:
Ellen Key, 1849–1926; schwedische Reformpädagogin.

Elli *w,* Koseform für ↗ Eleonora und ↗ Elisabeth.

Ellinger *m,* ursprünglich Familienname (?).
Namensträger:
Ellinger, gestorben 1056; Abt von Tegernsee; Buchmaler und Klosterreformer (Gedenktag: 13. Mai).

Ellinor *w,* englische Nebenform zu ↗ Eleonora.

Ellis *m,* englische Koseform für ↗ Elija.

Elly *w,* Koseform für ↗ Eleonora.
Bekannte Namensträgerinnen:
Elly Beinhorn, geboren 1907; deutsche Sportfliegerin.
Elly Ney, 1882–1968; deutsche Kammermusikerin und Pianistin.

Elma *w,* Neubildung aus Elisabeth und Maria, auch Kurzform für italienisch: Guglielma (= Wilhelmine).

Elmar *m,* Nebenform zu ↗ Eilmar.
Namensträger:
Elmar, legendärer Bischof und Missionar des 7./8. Jahrhunderts im Gebiet um Lüttich (Gedenktag: 28. August).

Elmer *m,* englische und schwedische Nebenform zu ↗ Eilmar.

Elmira *w,* arabisch-spanisch: Fürstin.

Elmo *m,* Kurzform für ↗ Eilmar und ↗ Erasmus.

Elof *m,* schwedisch: = Alleinerbe; Nebenform: *Eloff.*

Eloff *m,* Nebenform zu ↗ Elof.

Éloi *m,* französische Form von ↗ Eligius.

Elon *m,* Nebenform zu ↗ Alon.

Elona *w,* die weibliche Form zu Elon (↗ Alon).

Eloy *m,* Kurzform für ↗ Eligius.

Éloy *m,* französische Form von ↗ Eligius.

Elpidius *m,* griechisch-lateinisch: Helfer (?).

Elsa *w,* Kurzform für ↗ Elisabeth.
Bekannte Namensträgerin:
Elsa Brandström, 1888–1948; schwedische Rotkreuzschwester; „Engel von Sibirien" der Kriegsgefangenen der Weltkriege.

Elsabe *w,* Kurzform für ↗ Elisabeth.

Elsbeth *w,* Kurzform für ↗ Elisabeth.

Else *w,* Kurzform für ↗ Elisabeth.
Bekannte Namensträgerin:
Else Lasker-Schüler, 1869–1945; deutsch-jüdische expressionistische Schriftstellerin.

Elsebein *w,* Koseform für ↗ Elisabeth.

Elske *w,* Koseform für ↗ Elisabeth.

Elsle *w,* Koseform für ↗ Elisabeth.

Eltje *w,* ostfriesische Koseform, Nebenform zu ↗ Altje.

Elvira *w,* gotisch-spanisch: die Erhabene; Nebenformen: *Elvire, Alwara, Alwera.*
Namensträgerinnen:
Elvira, legendäre Märtyrin in Frankreich (Gedenktag: 25. August).
Elvira (auch Erlvira), 11./12. Jahrhundert; Äbtissin in Trier (Gedenktag: 16. Juli).

Elvire *w,* Nebenform zu ↗ Elvira.

Elvis *m,* amerikanisch.
Bekannter Namensträger:
Elvis Presley, 1935–1977; populärer amerikanischer Gitarrist und Sänger.

Elwert *m,* Nebenform zu ↗ Agilwart.

Elwin *m,* althochdeutsch: *el = adel* = edel; *wini* = Freund; vgl. Alwin.

Elwine *w,* die weibliche Form zu ↗ Elwin; Nebenform zu ↗ Alwine; Kurzform: *Ella.*

Emanuel *m,* lateinisch-griechisch aus hebräisch: *Immanuel:* Gott mit uns; ökumenische Form: *Immanuel;* Nebenform: *Emmanuel;* Kurzformen: *Manuel, Manel, Mani, Nallo;* spanisch: *Manuel, Manolo;* jüdisch: *Mendel;* bulgarische Kurzformen: *Mango, Manko.*
Bekannte Namensträger:

Emanuel, gestorben 1298; seit 1290 Bischof von Cremona; 1295 vertrieben (Gedenktag: 1. Oktober).
Viktor Emanuel III., 1869–1947; seit 1900 König von Italien; 1946 zurückgetreten.
Emanuel Geibel, 1815–1884; deutscher Dichter.
Emanuel Schikaneder, 1751–1812; deutscher Schauspieler, Schriftsteller und Sänger.
Emanuel Swedenborg, 1688–1772; schwedischer Naturphilosoph und Theosoph.

Emanuela *w*, die weibliche Form zu ↗ Emanuel; Nebenform: *Manuela;* Koseform: *Mana.*
Namensträgerin:
Emanuela Theresia von Bayern, 1696–1750; aszetische Klarissin in München (Gedenktag: 9. Oktober).

Emele *w*, Koseform für ↗ Emilia.

Emelka *w*, ungarische Form von ↗ Emma.

Emelrich *m*, Nebenform zu ↗ Amalrich.

Emely *w*, englische Form von ↗ Emilia.

Emerald *w*, englische Form von ↗ Esmeralda.

Emeram *m*, Nebenform zu ↗ Emmeram.

Emeran *m*, Nebenform zu ↗ Emmeram.

Emerentia *w*, lateinisch: die Verdienstreiche, Würdige; Kurz- und Koseformen: *Emerenz, Emerita, Renzie, Renzele, Renzelin, Meret, Merta.*

Emerentiana *w*, Weiterbildung von ↗ Emerentia.
Namensträgerin:
Emerentiana, 4. Jahrhundert; römische Märtyrin (Gedenktag: 23. Januar).

Emerenz *w*, Kurzform für ↗ Emerentia.

Emerich *m*, Nebenform zu ↗ Emmerich.

Emerico *m*, Nebenform zu italienisch ↗ Amerigo.

Emerita *w*, Kurzform für ↗ Emerentia.

Emil *m*, vom lateinischen Geschlechternamen der Ämilier: *Aemilius* = eifrig; *Aemilianus;* französische Form: *Émile;* italienisch und spanisch: *Emilio;* slawisch: *Milan.*
Bekannte Namensträger:
Emil Abderhalden, 1877–1950; schweizerischer Physiologe.
Emil A. von Behring, 1854–1917; deutscher Bakteriologe.
Emil Brunner, 1889–1966; schweizerischer reformierter Theologe der dialektischen Theologie.
Emil Fischer, 1852–1919; deutscher Chemiker.
Emil Frommel, gestorben 1896; evangelischer Prediger (Gedenktag: 9. November).
Emil Jannings, 1884–1950; deutscher Schauspieler; Charakterdarsteller.
Emil Th. Kocher, 1841–1917; schweizerischer Chirurg.
Emil Kraepelin, 1856–1926; deutscher Nervenarzt und Psychiater.
Emil Nolde, 1867–1956; deutscher expressionistischer Maler und Graphiker.
Emil Staiger, geboren 1908; schweizerischer Literaturwissenschaftler.

Émile *m*, französische Form von ↗ Emil.
Bekannter Namensträger:
Émile Zola, 1840–1902; französischer naturalistischer Schriftsteller.

Emilia *w*, lateinisch; die weibliche Form zu ↗ Emil; Nebenformen: *Emilie, Ämilia, Ämiliana;* Kurz- und Koseformen: *Emmi, Milie, Milli, Mil, Milla, Mile, Emele, Miggi, Migele;* englische Form: *Emely;* französisch: *Émilie;* slawisch: *Mila.*

Emilie *w*, Nebenform zu ↗ Emilia.

Émilie *w*, französische Form von ↗ Emilia.

Emilio *m*, italienische und spanische Form von ↗ Emil.
Namensträger:
Emilio Segrè, geboren 1905; italienisch-amerikanischer Atomphysiker.

Emily *w*, englische Form von ↗ Amalia.

Emin *m*, arabisch-türkisch: treu (?).

Emle *m,* Kurzform für ↗ Ermanrich.

Emma *w,* althochdeutsch: erhaben; Kurzform für mit Erm-, Arm-, Herm- oder Irm- beginnende weibliche Vornamen, so Ermengard, Armgard, Irmgard; Koseformen: *Emmi, Emmy;* Weiterbildung: *Emmeline;* ungarische Form: *Emelka.*

Namensträgerin:

Emma von Lesum, gestorben 1038; wohltätige Witwe und Friedensanwältin (Gedenktag: 3. Dezember).

Emmanuel *m,* Nebenform zu ↗ Emanuel.

Bekannter Namensträger:

Emmanuel J. von Sieyès, 1748–1836; französischer Politiker der Französischen Revolution und Napoleons.

Emmelrich *m,* Nebenform zu ↗ Amalrich.

Emmeram *m,* latinisierte Form von ↗ Heimeran; Nebenformen: *Emeram, Emmeran, Emeran.*

Namensträger:

Emmeram, 8. Jahrhundert; westfränkischer Bischof; erlitt nach Berufung nach Regensburg bei Aibling das Martyrium (Gedenktag: 22. September).

Emmeran *m,* Nebenform zu ↗ Emmeram.

Emmerich *m,* Nebenform zu ↗ Amalrich; englische Form: *Amery;* französisch: *Emry;* slawisch: *Mirco, Mirko;* ungarisch: *Imre.*

Namensträger:

Emmerich, Prinz von Ungarn, um 1007–1083; Sohn Stephans I. von Ungarn (Gedenktag: 5. November).

Emmerich Kálmán, 1882–1953; ungarischer Operettenkomponist.

Emmi *w,* Koseform für ↗ Emilia und ↗ Emma.

Emmo *m,* Koseform für mit Erm- oder Irm- beginnende männliche Vornamen; Nebenformen: *Emmo, Erno, Immo, Irmo.*

Emmy *w,* englisch: Kurzform für ↗ Amalia; auch Koseform für ↗ Emma.

Emo *m,* Nebenform zu ↗ Emmo.

Namensträger:

Emo von Huizinge, gestorben 1237; Friese; erster Abt des Prämonstratenserklosters Bloemhoef; Chronist und theologischer Schriftsteller (Gedenktag: 13. Dezember).

Emond *m,* Nebenform zu ↗ Emund.

Emont *m,* Nebenform zu ↗ Emund.

Emrich *m,* Nebenform zu ↗ Amalrich.

Emry *m,* französische Form von ↗ Emmerich.

Emund *m,* althochdeutsch: Bewahrer der Gesetze; Nebenformen: *Emond, Emont, Eumund.*

Ena *w,* Kurzform für Helene; schwedische Nebenform zu ↗ Eina; oder keltischer Herkunft (?).

Enders *m,* niederdeutsche Form von ↗ Andreas.

Endre *m,* ungarische Nebenform zu *Andor* (↗ Andreas).

Namensträger:

Endre Ady, 1877–1919; ungarischer Schriftsteller, Erneuerer der Lyrik.

Endres *m,* Kurzform für ↗ Andreas.

Endrich *m,* Nebenform zu ↗ Heinrich.

Endrik *m,* Nebenform zu ↗ Heinrich.

Endris *m,* Kurzform für ↗ Andreas.

Enea *m,* italienische Form von ↗ Äneas.

Eneas *m,* englische Form von ↗ Äneas.

Énée *m,* französische Form von ↗ Äneas.

Engel *w,* Kurz- und Koseform für Angela, Engelberta und andere mit Engel- beginnende weibliche Vornamen; *m,* auch für mit Engel- beginnende männliche Vornamen.

Engelberga *w,* althochdeutsch: *angil* = Angle; *berga* = Schutz; Nebenform: *Engelburga.*

Engelbert *m,* althochdeutsch: *angil* = Angle; *beraht* = glänzend; Nebenformen: *Engelbrecht,* älter *Angilbert;* Kurzformen: *Engel, Bert, Brecht.*

Bekannte Namensträger:

Engelbert, gestorben 1153; Prämonstratenser; seit 1140 Propst in Schäftlarn (Gedenktag: 8. Juni).

Engelbert, um 1250–1331; Benediktiner; 1297–1327 Abt von Admont; bedeutender Schriftsteller (Gedenktag: 10. April).

Engelbert I., um 1185–1225; seit 1199 Dompropst in Köln; in den politischen Wirren seiner Zeit zwischen den Parteien hin- und hergerissen; exkommuniziert, tat er Buße; 1216 Erzbischof von Köln, Reichsverweser (Gedenktag: 7. November).

Engelbert Dollfuß, 1892–1934; österreichischer Politiker; als Bundeskanzler von Nationalsozialisten umgebracht.

Engelbert Humperdinck, 1854–1921; deutscher Komponist.

Engelbert Kolland, 1827–1860; Franziskaner; Missionar im Heiligen Land; mit sieben Mitbrüdern von Drusen ermordet (Gedenktag: 10. Juli).

Engelberta *w,* die weibliche Form zu ↗ Engelbert; Kurzform: *Engel.*

Engelbrecht *m,* Nebenform zu ↗ Engelbert.

Engelburga *w,* Nebenform zu ↗ Engelberga.

Engelfried *m,* althochdeutsch: *angil* = Angle; *fridu* = Friede.

Engelgard *w,* althochdeutsch: *angil* = Angle; *gard* = Zaun, Schützerin.

Engelhard *m,* althochdeutsch: *angil* = Angle; *harti* = stark.

Engeli *w,* Koseform für ↗ Angela.

Engelina *w,* Weiterbildung von ↗ Engel; Nebenform: *Engeline.*

Engeline *w,* Nebenform zu ↗ Engelina.

Engelmar *m,* althochdeutsch: *angil* = Angle; *mari* = berühmt.

Namensträger:

Engelmar, gestorben um 1096; volkstümlicher Einsiedler in Bayern; von einem Gefährten nach der Legende erschlagen; Märtyrer (Gedenktag: 14. Januar).

Engelmund *m,* althochdeutsch: *angil* = Angle; *munt* = Schutz.

Engelram *m,* althochdeutsch: *angil* = Angle; *hraban* = Rabe; von fränkisch: *Angilram.*

Engeltraud *w,* althochdeutsch: *angil* = Angle; *trud* = Kraft; Nebenform: *Engeltrud.*

Engeltrud *w,* Nebenform zu ↗ Engeltraud.

Enno *m,* friesische Kurzform für Einhard (↗ Eckart).

Enoch *m,* Nebenform (in der Vulgata) zu ↗ Henoch; auch englische Form: *Enoch.*

Enric *m,* rumänische Form von ↗ Heinrich.

Enrica *w,* italienische Form von ↗ Henriette.

Enrico *m,* italienische Form von ↗ Heinrich; Kurzform: *Enzio.*

Bekannte Namensträger:

Enrico Caruso, 1873–1921; italienischer Opernsänger des Belcanto und Schauspieler.

Enrico Fermi, 1901–1954; italienischer Kernphysiker.

Enrico Mainardi, 1897–1976; italienischer Cellist und Komponist.

Enrik *m,* Nebenform zu ↗ Heinrich.

Enrique *m,* spanische Form von ↗ Heinrich.

Enver *m,* türkisch; Nebenform: *Enwer;* arabisch: *Anwar.*

Enwer *m,* Nebenform zu ↗ Enver.

Enzio *m,* italienische Kurzform für Enrico (= Heinrich).

Enzo *m,* italienisch; wohl aus ↗ Enzio abgewandelt.

Eoban *m,* griechisch: *eos* = Morgenröte; *ban* von *bainein* = gehen; oder althochdeutsch: Erbahne.

Namensträger:

Eoban, gestorben 754; angelsächsischer Glaubensbote; 753 Bischof von Utrecht; mit Adalar 754 Begleiter des Bonifatius und bei Dokkum Märtyrer (Gedenktag: 7. Juni).

Eobane *w,* die weibliche Form zu ↗ Eoban.

Eos *w,* griechisch: Morgenröte.

Namensträgerin:

Eos, in der griechischen Mythologie die Göttin der Morgenröte.

Ephraim *m,* hebräisch: *ephraim* = Doppelerbe, doppelt fruchtbar oder Fruchtland; Nebenform: *Ephräm;*

ökumenische Form: *Efraim;* englisch: *Efrem;* russisch: *Jefrem.*
Bekannte Namensträger:
Ephraim, im Alten Testament der zweite Sohn Josephs, Vater des israelitischen Stammes Ephraim, den 722 v. Chr. die Assyrer vernichteten.
G. Ephraim Lessing, 1729–1781; deutscher Schriftsteller, Literaturkritiker, Kunsttheoretiker und Philosoph.

Ephräm *m,* Nebenform zu ↗ Ephraim.
Namensträger:
Ephräm der Syrer, um 306–373; Diakon; bedeutender frühchristlicher theologischer Schriftsteller und Hymnendichter; Kirchenlehrer (Gedenktag: 9. Juni).

Epikur *m,* griechisch: *epikuros* = Helfer.
Bekannter Namensträger:
Epikur, etwa 342–270 v. Chr.; griechischer Philosoph; gründete in Athen die Schule des Epikureismus.

Epimach *m,* griechisch: Kampfgehilfe; latinisiert: *Epimachus;* Kurzformen: *Mach, Machus.*

Epimachus *m,* latinisierte Form von ↗ Epimach.

Epiphanius *m,* griechisch-lateinisch: am Epiphaniefest Christi (6. Januar) geboren.

Epp *m,* Kurzform für mit Eber- beginnende männliche Vornamen.

Epple *m,* Kurzform für mit Eber- beginnende männliche Vornamen.

Eppo *m,* Kurz- und Koseform für ↗ Arbogast und für mit Eber- beginnende männliche Vornamen.
Namensträger:
Eppo, gestorben 1143; Benediktiner; seit 1122 Abt von Mallersdorf (Gedenktag: 27. Juni).
Eppo, gestorben 1066; Glaubensbote bei den Wenden; bei Lenzen mit Gottschalk Märtyrer (Gedenktag: 14. Juni).

Eraldo *m,* italienische Form von ↗ Harold.

Erasmus *m,* griechisch: der Liebenswerte; Kurz- und Koseformen: *Rasmus, Asmus, Aßmann, Asam, Aser, Raß, Rase, Rasi;* italienische Kurzform: *Elmo.*
Bekannte Namensträger:
Erasmus, gestorben 303; nach der Legende Bischof von Antiochien in Syrien; nach Folterung Glaubensbote in Illyrien; erneut gepeinigt; dann in Formiä in Kampanien; einer der 14 Nothelfer (Gedenktag: 2. Juni).
Erasmus von Rotterdam, 1464–1536; niederländischer Humanist und Theologe; vielseitiger Gelehrter; gilt als Wegbereiter der Reformation, von der er sich jedoch bald trennte.

Erb *m,* Kurzform für ↗ Arbogast.

Erberto *m,* italienische Form von ↗ Herbert.

Erbo *m,* Kurzform für ↗ Arbogast.

Erchanbald *m,* Nebenform zu ↗ Erkenbald.

Ercole *m,* italienische Form von ↗ Herkules.

Erda *w,* althochdeutsch: nach der altnordischen Erdgöttin Erda = *Jörd.*

Erdmann *m,* Nebenform zu ↗ Hartmann; auch Vorname für nach Tod eines Jungen nachgeborenen Bruders, um ihn der Erde zu verbinden; entsprechend ↗ Erdmute.
Bekannter Namensträger:
Erdmann Neumeister, gestorben 1756; evangelischer Pfarrer und Liederdichter (Gedenktag: 18. August).

Erdmut *m,* Nebenform zu ↗ Hartmut.

Erdmute *w,* pietistische Bildung des 17. Jahrhunderts: der Erde zugewandt; Vorname für nach Tod eines Mädchens nachgeborene Schwester, um sie der Erde zu verbinden; Nebenform: *Erdmuthe.*

Erdmuthe *w,* Nebenform zu ↗ Erdmute.

Erembert *m,* althochdeutsch: *irmin* = Gott Irmin; *beraht* = glänzend.
Namensträger:
Erembert, 11. Jahrhundert; seit 1050 Abt von Kremsmünster (Gedenktag: 24. Juni).

Eremund *m,* Nebenform zu ↗ Irmund.

Erenfried *m,* Nebenform zu ↗ Ehrenfried.

Namensträger:
Erenfried, 956–1035; Pfalzgraf von Lothringen; Gründer des Benediktinerklosters Brauweiler bei Köln (Gedenktag: 21. Mai).

Erenrich *m,* Nebenform zu ↗ Ehrenreich.

Erentrich *m,* Nebenform zu ↗ Ehrenreich.

Erentrud *w,* Nebenform zu ↗ Arntraud und ↗ Ehrentraud; auch *Erentrudis.*
Namensträgerin:
Erentrud, gestorben 718; Äbtissin des Klosters auf dem Nonnberg in Salzburg (Gedenktag: 30. Juni).

Erentrudis *w,* Nebenform zu ↗ Ehrentraud.

Erfried *m,* Nebenform zu ↗ Ehrenfried.

Erhard *m,* althochdeutsch: *era* = Ehre; *harti* = stark; Nebenformen: *Erhart, Ehrhard;* französische Form: *Érard.*
Namensträger:
Erhard, um 700; Wanderbischof im Elsaß; dann Bischof in Regensburg (Gedenktag: 7. Januar).
Erhard Schnepf, gestorben 1558; Reformator in Württemberg (Gedenktag: 1. November).

Erhardine *w,* die weibliche Form zu ↗ Erhard.

Erhart *m,* Nebenform zu ↗ Erhard.

Eri *w,* Koseform für ↗ Erika.

Eric *m,* skandinavische und englische Form von ↗ Erich.

Erich *m,* althochdeutsch: *era* = Ehre; *rich* = *rihhi* = reich, mächtig; oder *Einrik,* altgermanisch: *airikr* = Alleinherrscher (?); Nebenform: *Eherich* (danach auch von *ehu* = Pfand gedeutet); niederdeutsche Form: *Jerre;* skandinavische Formen: *Eric, Erik;* schwedische Formen: *Erk, Erker, Jerker;* englisch: *Eric.*
Bekannte Namensträger:
Erich IX. (auch Erik), gestorben 1160; König von Schweden; verdient um Bekehrung der Finnen; ermordet; der Landesheilige Schwedens (Gedenktag: 18. Mai).
Erich Fromm, 1900–1980; deutscher Psychoanalytiker.
Erich Heckel, 1883–1970; deutscher expressionistischer Maler und Graphiker der „Brücke".
Erich Honecker, geboren 1912; deutscher Politiker; seit 1979 Vorsitzender des Staatsrats der Deutschen Demokratischen Republik.
Erich Kästner, 1809–1974; deutscher satirischer und gesellschaftskritischer Schriftsteller.
Erich Kleiber, 1890–1956; österreichischer Dirigent.
Erich Kuby, geboren 1910; gesellschaftskritischer deutscher Schriftsteller und Journalist.
Erich von Ludendorff, 1865–1937; deutscher Generalstabschef im Ersten Weltkrieg; gründete 1926 den Tannenbergbund.
Erich Ollenhauer, 1901–1963; deutscher sozialdemokratischer Politiker.
Erich Ponto, 1884–1957; deutscher Bühnen- und Filmschauspieler; Charakterdarsteller.
Erich M. Remarque, 1898–1970; deutsch-amerikanischer gesellschaftskritischer und antimilitärischer Schriftsteller.
Erich Sack, gestorben 1943; evangelischer Blutzeuge im nationalsozialistischen Kirchenkampf (Gedenktag: 24. Januar).
Erich Stroheim, 1885–1957; österreichisch-amerikanischer Filmschauspieler und -regisseur.

Erik *m,* skandinavische Form von ↗ Erich.

Erika *w,* die weibliche Form zu Erik (↗ Erich); Koseform: *Eri.*
Bekannte Namensträgerinnen:
Erika Köth, geboren 1927; deutsche Opern- und Konzertsängerin (Sopran).
Erika Pluhar, geboren 1939; österreichische Schauspielerin und Sängerin.

Erindrud *w,* Nebenform zu ↗ Arntraud; Nebenformen: *Erentrud, Erntrud;* altdeutsch: *Erinthrut.*

Erinthrut *w,* altdeutsche Form von ↗ Erindrud.

Erk *m,* schwedische Kurzform für ↗ Erich; Kurzform für mit Erkan- beginnende männliche Vornamen; hierfür auch *Erko.*

Erkenbald *m,* althochdeutsch: *erkan* = echt, wirklich; *bald* = kühn; Nebenformen: *Erchanbald, Archibald;* Kurzformen: *Arke* und *Arko.*

Erkenbert *m,* althochdeutsch: *erkan* = echt, wirklich, sehr; *beraht* = glänzend; Nebenformen: *Erkenbrecht.*

Namensträger:

Erkenbert von Worms, um 1180–1232; Propst in dem von ihm gegründeten Augustinerchorherrenstift Frankenthal (Gedenktag: 24. Dezember).

Erkenbrecht *m,* Nebenform zu ↗ Erkenbert.

Erkenfried *m,* althochdeutsch: *erkan* = echt, wahr, sehr; *fridu* = Friede, Schutz.

Erkengard *w,* althochdeutsch: *erkan* = echt, wahr; *gard* = Zaun, Schützerin.

Erkenhild *w,* althochdeutsch: *erkan* = echt, wahr; *hiltja* = Kampf.

Erkenrad *m,* althochdeutsch: *erkan* = echt, wahr, sehr; *rad* = *rat* = Rat, Ratgeber.

Erkentraud *w,* althochdeutsch: *erkan* = echt, wahr; *trud* = Kraft.

Erkenwald *m,* althochdeutsch: *erkan* = echt, wahr; *waltan* = walten, Gebieter.

Erker *m,* schwedische Kurzform für ↗ Erich.

Erko *m,* Nebenform zu ↗ Erk.

Erla *w,* Kurz- und Koseform für mit Erl- beginnende weibliche Vornamen.

Erland *m,* nordisch; wohl aus altisländisch: *jarl* = Häuptling; oder althochdeutsch: *erl* = freier Mann, isländische Form: *Erlendr.*

Erlanda *w,* die weibliche Form zu ↗ Erland.

Erlefried *m,* Nebenform zu ↗ Erlfried.

Erlendr *m,* isländische Form von ↗ Erland.

Erlfrid *m,* Nebenform zu ↗ Erlfried.

Namensträger:

Erlfrid, 9. Jahrhundert; alemannischer Adliger; leistete erste Stiftung des Klosters Hirsau im Nagoldtal (Gedenktag: 6. November).

Erlfried *m,* althochdeutsch: *erl* = freier Mann; *fridu* = Friede, Schutz; Nebenform: *Erlfrid, Erlefried.*

Erlfriede *w,* die weibliche Form zu ↗ Erlfried.

Erlgard *w,* althochdeutsch: *erl* = freier Mann; *gard* = Zaun, Schützerin.

Erltraud *w,* althochdeutsch: *erl* = freier Mann; *trud* = Kraft; Nebenform: *Erltrud.*

Erltrud *w,* Nebenform zu ↗ Erltraud.

Erlwin *w,* althochdeutsch: *erl* = freier Mann; *wini* = Freund.

Erlwine *w,* die weibliche Form zu ↗ Erlwin.

Erma *w,* Nebenform zu ↗ Irma; auch Kurzform für mit Erm- oder Ermen- beginnende weibliche Vornamen.

Ermanno *m,* italienische Form von ↗ Hermann.

Bekannter Namensträger:

Ermanno Wolf-Ferrari, 1876–1948; deutsch-italienischer Komponist; Erneuerer der Opera buffa.

Ermanrich *m,* germanisch: *ermin* = Herminonen, althochdeutsch: *rihhi* = reich, mächtig; Nebenformen: *Ermenrich, Ermerich, Irminrich;* Kurzformen: *Emle, Emmo, Ermo.*

Ermelinda *w,* Nebenform zu ↗ Irmlinde.

Ermelinde *w,* Nebenform zu ↗ Irmlinde.

Namensträgerin:

Ermelinde (auch Ermelind und Ermelindis), 6. Jahrhundert; entzog sich nach der Legende einer Verheiratung und lebte als Reklusin in Meldaert/Brabant (Gedenktag: 29. Oktober).

Ermenfried *m,* Nebenform zu ↗ Irmenfried.

Ermengard *w,* Nebenform zu ↗ Irmgard.

Ermenhard *m,* Nebenform zu ↗ Irmenhard.

Ermenhild *w,* Nebenform zu ↗ Irmhild.
Namensträgerin:
Ermenhild (auch Irminhild), 630–700; trat nach Tod ihres Gatten ins Kloster Sheppey ein; später Äbtissin in Ely (Gedenktag: 13. Februar).
Ermenhilde *w,* Nebenform zu ↗ Irmhild.
Ermenrich *m,* Nebenform zu ↗ Ermanrich.
Ermentraud *w,* Nebenform zu ↗ Irmintrud.
Ermentrud *w,* Nebenform zu ↗ Irmintrud.
Ermerich *m,* Nebenform zu ↗ Ermanrich.
Ermgard *w,* Nebenform zu ↗ Irmgard.
Ermgart *w,* ostfriesische Form von ↗ Irmgard.
Ermhild *w,* Nebenform zu ↗ Irmhild.
Ermingard *w,* alte Nebenform zu ↗ Irmgard.
Erminhild *w,* alte Nebenform zu ↗ Irmhild.
Erminhilde *w,* Nebenform zu ↗ Irmhild.
Erminhildis *w,* Nebenform zu ↗ Irmhild.
Erminia *w,* italienische Form von ↗ Hermine.
Erminold *m,* althochdeutsch: *erman* = groß; *waltan* = walten, Herrscher; Nebenform: *Irminald.*
Namensträger:
Erminold, um 1090–1121; seit 1114 erster Abt von Prüfening; wurde wegen seiner Hirsauer Strenge von einem Klosterbruder so zusammengeschlagen, daß er starb (Gedenktag: 6. Januar).
Erminolde *w,* die weibliche Form zu ↗ Erminold.
Ermlinde *w,* Nebenform zu ↗ Irmlinde.
Ermo *m,* Kurzform für ↗ Ermanrich.
Ermtraud *w,* Nebenform zu ↗ Irmintrud.
Ermtrud *w,* Nebenform zu ↗ Irmintrud.
Ern *m,* Kurzform für ↗ Ernst.
Erna *w,* Koseform von ↗ Ernesta und Ernestine; auch Kurzform für mit Arn- und Ern- beginnende weibliche Vornamen; Nebenform: *Erne.*
Bekannte Namensträgerin:
Erna Berger, geboren 1900; deutsche Opern- und Konzertsängerin (Koloratursopran).
Ernbert *m,* Nebenform zu ↗ Ehrenbert.
Erne *w,* Nebenform zu ↗ Erna.
Ernest *m,* englische und französische Form von ↗ Ernst.
Bekannte Namensträger:
Ernest Ansermet, 1883–1969; schweizerischer Dirigent und Komponist moderner Musik.
Ernest Hemingway, 1899–1961; amerikanischer Schriftsteller.
Ernest O. Lawrence, 1901–1958; amerikanischer Kernphysiker; erfand das Zyklotron.
Ernest Renan, 1823–1892; französischer Religionshistoriker, Orientalist und Schriftsteller.
Ernest Rutherford, 1871–1937; englischer Physiker und Chemiker; schuf moderne Atomphysik.
Ernesta *w,* die weibliche Form zu ↗ Ernst; Weiterbildung: *Ernestina, Ernestine;* Kurz- und Koseformen: *Erna, Erne, Erni, Stine.*
Ernestina *w,* Weiterbildung von ↗ Ernesta.
Ernestine *w,* Weiterbildung von ↗ Ernesta.
Namensträgerin:
Ernestine von Rheinhessen, gestorben 1775; Gräfin; nach Tod ihres Gatten Karmelitin zu Neuburg; später heiligmäßige Priorin ebenda (Gedenktag: 14. April).
Ernesto *m,* italienische und spanische Form von ↗ Ernst; Kurzform: *Erno.*
Bekannte Namensträger:
Ernesto Cardenal, geboren 1925; nicaraguanischer religiös-politischer Schriftsteller; ist katholischer Priester.
Ernesto Guevara, 1928–1967 (erschossen); südamerikanischer politischer

Revolutionär; Guerillaführer in Bolivien.

Ernesto Sábato, geboren 1911; argentinischer Schriftsteller.

Ernfrid *m,* schwedische Form von ↗ Ehrenfried.

Ernfriede *w,* Nebenform zu ↗ Arnfriede.

Erni *m,* Koseform für ↗ Arnold und ↗ Ernst.

Erni *w,* Koseform für ↗ Ernesta.

Erno *m,* Nebenform zu ↗ Emmo und Arno; auch italienische Kurzform für ↗ Ernesto.

Ernst *m,* althochdeutsch: *ernust* = Ernst, Entschlossenheit; niederdeutsch: *Arnst;* Koseformen: *Erni, Ern;* englische und französische Form: *Ernest;* italienisch und spanisch: *Ernesto;* schwedisch: *Allvar;* tschechisch: *Arnošt.*

Bekannte und bedeutende Namensträger:

Ernst der Bekenner, gestorben 1546; Schirmherr der Reformation (Gedenktag: 11. Januar).

Ernst der Fromme, gestorben 1675; evangelischer „Landesvater" von Sachsen-Gotha (Gedenktag: 25. März).

Ernst von Pardubitz, um 1300–1364; seit 1343 Bischof, 1344 Erzbischof von Prag; Ratgeber Kaiser Karls IV. (Gedenktag: 30. Juni).

Ernst Edler von Steußlingen, 12. Jahrhundert; 1141–1146 Abt von Zwiefalten; Märtyrer des 2. Kreuzzugs (Gedenktag: 7. November).

Ernst Abbe, 1840–1905; deutscher Physiker.

Ernst M. Arndt, 1769–1860; deutscher patriotischer Schriftsteller; 1848/1849 im Frankfurter Parlament.

Ernst Barlach, 1870–1938; deutscher Bildhauer, Graphiker und expressionistischer Schriftsteller.

Ernst von Bergmann, 1836–1907; baltischer Chirurg.

Ernst Bloch, 1885–1977; deutscher Philosoph; vertrat eine Philosophie der Hoffnung.

Ernst Cassirer, 1874–1945; deutscher Philosoph der Marburger Schule und Philosophiehistoriker.

Ernst Boris Chain, 1906–1979; deutsch-englischer Biochemiker.

Ernst Curtius, 1814–1896; deutscher Historiker und Archäologe.

Ernst Robert Curtius, 1886–1956; deutscher Romanist.

Ernst Deutsch, 1890–1969; österreichischer Schauspieler; Charakterdarsteller.

Ernst Fuchs, geboren 1930; österreichischer Maler des phantastischen Realismus.

Ernst Haeckel, 1834–1919; deutscher Zoologe und Philosoph; vertrat die Evolutionstheorie.

Ernst Heinkel, 1888–1958; deutscher Flugzeugkonstrukteur.

Ernst Th. A. Hoffmann, 1776–1822; deutscher Schriftsteller und Musiker der Spätromantik.

Ernst Jünger, geboren 1895; deutscher Schriftsteller.

Ernst L. Kirchner, 1880–1938; deutscher expressionistischer Maler und Graphiker der „Brücke".

Ernst Kretschmer, 1888–1964; deutscher Psychiater; vertrat die Konstitutionstypenlehre.

Ernst Křenek, geboren 1900; österreichischer Komponist atonaler Musik.

Ernst Lubitsch, 1892–1947; deutsch-amerikanischer Filmregisseur.

Ernst Mach, 1838–1916; österreichischer Physiker.

Ernst May, 1886–1970; deutscher Architekt und Städteplaner.

Ernst Nay, 1902–1968; deutscher Maler.

Ernst Penzoldt, 1892–1955; deutscher Schriftsteller, Maler und Bildhauer.

Ernst Reuter, 1889–1953; deutscher sozialdemokratischer Politiker.

Ernst Röhm, 1887–1934 (erschossen); nationalsozialistischer Politiker.

Ernst von Salomon, 1902–1972; deutscher Schriftsteller und Drehbuchautor.

Ernst F. Sauerbruch, 1875–1951; deut-

scher Chirurg; Spezialist der Brustkorbchirurgie.
Ernst Rüdiger von Starhemberg, 1638–1701; österreichischer Feldmarschall; 1683 Verteidiger Wiens.
Ernst Toller, 1893–1939; deutscher expressionistischer Schriftsteller.
Ernst Thälmann, 1886–1944; deutscher kommunistischer Politiker; im Konzentrationslager Buchenwald erschossen.
Ernst Troeltsch, 1865–1923; deutscher evangelischer Theologe des sogenannten Neuprotestantismus.
Ernst Heinrich von Weber, 1795–1878; deutscher Physiologe; begründete die Psychophysik.
Ernst Wiechert, 1887–1950; deutscher Schriftsteller.

Erntrud *w,* Nebenform zu ↗ Erindrud.

Ernyö *m,* ungarische Form von ↗ Irenäus.

Erpho *m,* Nebenform zu ↗ Erpo.
Namensträger:
Erpho, gestorben 1076; erster Abt des Klosters auf dem Michaelsberg in Siegburg (Gedenktag: 3. Juni).
Erpho, gestorben 1097; seit 1084 Bischof von Münster (Gedenktag: 9. November).

Erpo *m,* Kurzform für ↗ Arbogast; Nebenformen: *Eppo, Erpho.*

Errol *m,* englisch; vielleicht Nebenform zu ↗ Earl.

Erskine *m,* englisch-amerikanisch.
Namensträger:
Erskine Caldwell, geboren 1903; amerikanischer sozialkritischer Schriftsteller.

Ervina *w,* italienische Form von ↗ Erwine.

Ervino *m,* italienische Form von ↗ Erwin.

Erwin *m,* neuere Form von *Herwin,* althochdeutsch: *heri* = Heer; *wini* = Freund; oder von Eberwin (?); italienische Form: *Ervino.*
Bekannte Namensträger:
Erwin (auch Ermin), gestorben 737; Abt und Bischof von Lobbes (Gedenktag: 25. April).
Erwin von Steinbach, um 1144–1318; deutscher Baumeister der Gotik; 1284 und 1293 Werkmeister am Bau der Westfassade des Straßburger Münsters.
Erwin Kolbenheyer, 1878–1962; deutscher nationalsozialistischer Schriftsteller.
Erwin Piscator, 1893–1966; deutscher Regisseur und Theaterleiter.
Erwin Rommel, 1891–1944; deutscher Generalfeldmarschall; führte im Zweiten Weltkrieg das Afrikakorps.
Erwin Schrödinger, 1887–1961; österreichischer Physiker.
Erwin Strittmatter; geboren 1912; deutscher Schriftsteller des sozialistischen Realismus.
Erwin von Witzleben, 1881–1944 (erschossen); deutscher Generalfeldmarschall; als Widerstandskämpfer beteiligt am Hitler-Attentat.

Erwina *w,* Nebenform zu ↗ Erwine.

Erwine *w,* die weibliche Form zu ↗ Erwin; Nebenformen: *Erwina, Erwinia;* italienische Form: *Ervina.*

Erwinia *w,* Nebenform zu ↗ Erwine.

Erzsébet *w,* ungarische Form von ↗ Elisabeth.

Esaias *m,* hebräisch, ↗ Jesaja.

Esau *m,* ist hebräisch; ökumenische Form.

Esdras *m,* Nebenform der Vulgata zu ↗ Esra.

Eskil *m,* nordisch.
Namensträger:
Eskil, 11. Jahrhundert; Glaubensbote in Schweden; erster Bischof von Strängnäs; Märtyrer (Gedenktag: 12. Juni).
Eskill, 1100–1181; seit 1134 Bischof von Roskilde, 1138 Erzbischof von Lund; Primas von Schweden (Gedenktag: 6. September).

Esmeralda *w,* spanisch: = Smaragd, Edelstein; englische Form: *Emerald.*

Esmond *m,* englisch; gleichbedeutend wie ↗ Osmund; oder altenglisch: *est* = Schönheit; *mund* = Schutz.

Espérance *w,* französisch: = Hoffnung.

Esra *m,* hebräisch: *esra* = Hilfe; ökumenische Form; in der Vulgata: *Esdras* oder *Ezra;* die englische Form: *Ezra.*

Esso *m,* Nebenform zu ↗ Ezzo.
Namensträger:
Esso, gestorben 1133; wurde um 1100 erster Abt des Benediktinerklosters Beinwil (später in Mariastein; Gedenktag: 27. Dezember).

Esteban *m,* spanische Form von ↗ Stephan.

Estella *w,* spanisch: der Stern; ältere Form: *Estrella;* Nebenform: *Estelle;* Koseform: *Stella* (lateinisch: Stern); französische Form: *Estelle.*

Estelle *w,* französische Form von ↗ Estella.

Ester *w,* hebräisch: ökumenische Form von ↗ Esther.

Estevan *m,* spanische Form von ↗ Stephan.

Esther *w,* persisch-hebräisch: *esther* = Stern; ökumenische Form: *Ester;* niederländisch und englisch: *Hester.*
Namensträgerin:
Esther, nach dem Buch Esther des Alten Testaments Verwandte des Juden Mordechai in Susa; wurde Gattin des Perserkönigs Ahasver (Xerxes); rettete durch ihr Eintreten bei diesem ihr Volk vor der Ausrottung (Gedenktag: 24. Mai).

Estrella *w,* Nebenform zu ↗ Estella.

Estrid *w,* Nebenform zu ↗ Astrid; Koseform: *Etta.*

Etburga *w,* Nebenform zu ↗ Edburga.

Etelka *m,* ungarische Form von ↗ Otto.

Ethel *w,* angelsächsisch-englisch: edel; englische Kurzform für mit Ethel- oder Edel- beginnende weibliche Vornamen.

Ethelbert *m,* englische Form von ↗ Adalbert.
Namensträger:
Ethelbert, gestorben 616; seit 560 König von Kent; ermöglichte die Christianisierung in seinem Land (Gedenktag: 24. Februar).

Ethelburg *w,* Nebenform zu ↗ Edelburg.
Namensträgerin:
Ethelburg, gestorben 664; Äbtissin des Klosters Barking (Gedenktag: 11. Oktober).

Ethelgard *w,* Nebenform zu ↗ Edelgard.

Étienne *m,* französische Form von ↗ Stephan.

Étiennette *w,* französische Form von Stéphanie (↗ Stephan).

Etta *w,* Nebenform zu ↗ Edda; auch Koseform für Henrietta, Marietta, Estrid.

Etzel *m,* Nebenform zu ↗ Attila; auch Kurzform für mit Adal- beginnende männliche Vornamen; althochdeutsch: *Azilo.*

Eubulus *m,* latinisiert aus griechisch: *Eubulos:* wohlberaten.

Eucharius *m,* lateinisch-griechisch: = der Begnadete, Anmutige; auch latinisierte Form von ↗ Eckart.
Namensträger:
Eucharius, wohl 3. Jahrhundert; der erste bekannte Bischof von Trier (Gedenktag: 9. Dezember; im Bistum Limburg: 11. September).

Eudoxia *w,* griechisch: = von oder in gutem Ruf.

Euergetes *m,* griechisch: = Wohltäter.

Eufemia *w,* italienische Form von ↗ Euphemia.

Eufemio *m,* italienische Form von ↗ Euphemius.

Eugen *m,* griechisch: = der Edelgeborene; Koseform: *Jenni;* englische Form: *Eugene;* französisch: *Eugène;* tschechisch: *Evžen;* russisch: *Jewgenij;* ungarisch: *Jenö.*
Bekannte und bedeutende Namensträger:
Eugen I., gestorben 657; seit 654 Papst (Gedenktag: 2. Juni).
Eugen, Prinz von Savoyen, 1663–1736; österreichischer Feldherr und Politiker; erfolgreich in den Türkenkriegen und im spanischen Erbfolgekrieg.
Eugen d'Albert, 1864–1932; deutscher Komponist und Pianist.

Eugen Bleuler, 1857–1939; schweizerischer Psychiater.
Eugen Bolz, 1881–1945; deutscher Politiker; Gegner des Nationalsozialismus (hingerichtet).
Eugen Gerstenmaier, 1906–1986; deutscher evangelischer Theologe und christdemokratischer Politiker.
Eugen Jochum, geboren 1902; deutscher Dirigent.
Eugen Kogon, geboren 1903; deutscher Politologe und Publizist.
Eugen Loderer, geboren 1920; deutscher Gewerkschaftsführer.
Eugen Roth, 1895–1976; deutscher humoristisch-satirischer Schriftsteller.
Eugen Sänger, 1905–1964; deutscher Raketenforscher und -techniker.
Eugen Schmalenbach, 1873–1955; deutscher Betriebswissenschaftler.

Eugene *m,* englische Form von ↗ Eugen.
Bekannte Namensträger:
Eugene O'Neill, 1888–1953; amerikanischer Schriftsteller, Schauspieler und Regisseur.
Eugene Ormandy, 1899–1985; ungarisch-amerikanischer Dirigent.
Eugene Paul Wigner, geboren 1902; amerikanischer Atomphysiker deutsch-ungarischer Herkunft.

Eugène *m,* französische Form von ↗ Eugen.
Bekannte Namensträger:
Eugène Delacroix, 1798–1863; französischer romantischer Maler und Graphiker.
Eugène Ionesco, geboren 1912; rumänisch-französischer surrealistisch-gesellschaftskritischer Schriftsteller.
Eugène Scribe, 1791–1861; französischer Schriftsteller von über 400 Bühnenstücken und Opernlibretti.

Eugenia *w,* die weibliche Form zu ↗ Eugen; Nebenform *Eugenie;* Kurzformen: *Genia, Genie;* französische Form: *Eugénie.*
Namensträgerin:
Eugenia, 8. Jahrhundert; nach ihrer Tante Odilia Äbtissin im Kloster Hohenburg (Odilienberg; Gedenktag: 26. September).
Eugenia, gestorben 258; Märtyrin in Rom (Gedenktag: 25. Dezember).

Eugenie *w,* Nebenform zu ↗ Eugenia.
Namensträgerin:
Eugenie Marlitt, 1825–1887; deutsche Romanschriftstellerin.

Eugénie *w,* französische Form von ↗ Eugenia.
Bekannte Namensträgerin:
Eugénie Marie de Guzman, 1826–1920; Kaiserin von Frankreich; Gattin Napoleons III.

Euklid *m,* griechisch: *Eukleides:* = wohlgerühmt.
Namensträger:
Euklid, um 300 v. Chr.; griechischer Mathematiker und Philosoph.
Euklid von Megara, etwa 450–380 v. Chr.; griechischer Philosoph.

Eulalia *w,* die weibliche Form zu ↗ Eulalius; Kurzform: *Alea.*
Namensträgerin:
Eulalia von Mérida, gestorben 304; spanische Märtyrin (Gedenktag: 10. Dezember).

Eulalius *m,* lateinisch-griechisch: = beredt.

Eulogius *m,* lateinisch-griechisch: = wohlredend.

Eumenes *m,* griechisch: = wohlwollend.

Eumund *m,* Nebenform zu ↗ Emund.

Eupator *m,* griechisch: = edelgeboren.

Euphemia *w,* die weibliche Form zu ↗ Euphemius; Koseformen: *Effi, Fema, Fimi;* italienische Form: *Eufemia.*
Namensträgerin:
Euphemia, gestorben 1180; Äbtissin des Klosters Altomünster (Gedenktag: 17. Juni).

Euphemius *m,* lateinisch-griechisch: = in gutem Ruf; italienische Form: *Eufemio.*

Euphrasia *w,* griechisch: = wohlmeinende Beraterin.

Euphrosina *w,* Nebenform zu ↗ Euphrosyne.

Euphrosine *w,* Nebenform zu ↗ Euphrosyne.

Euphrosyne *w,* griechisch: = die Heitere; Nebenformen: *Euphrosina, Euphrosine;* Koseformen: *Eva, Efronis, Efe, Efer, Eferlein, Sine, Rosine;* russische Form: *Jewfrossinja.*

Eupolemos *m,* griechisch: = kriegstüchtig.

Euripides *m,* griechisch.
Berühmter Namensträger:
Euripides, um 480–406 v. Chr.; der jüngste der drei großen griechischen Tragödiendichter.

Europa *w,* von semitisch: *ereb* = Dunkel, Nacht.
Namensträgerin:
Europa, in der griechischen Mythologie phönikische Königstochter, von Zeus (in der Gestalt eines Stiers) nach Kreta entführt.

Euryanthe *w,* griechisch: = breite Blüte oder: Blühende.

Eusebia *w,* die weibliche Form von ↗ Eusebius.

Eusebios *m,* griechisch: gottesfürchtig.

Eusebius *m,* latinisiert aus griechisch ↗ Eusebios; Kurz- und Koseformen: *Seb, Sebi, Sefes, Seves.*
Namensträger:
Eusebius, um 263–339; um 313 Bischof von Cäsarea in Palästina; vielseitiger theologischer und kirchenhistorischer Schriftsteller.
Eusebius, 283–371; erster Bischof von Vercelli; nach der Legende Märtyrer (Gedenktag: 2. August).
Eusebius, gestorben 884; Sankt Galler Mönch aus Irland; Einsiedler bei Rankweil (Gedenktag: 31. Januar).

Eustace *m,* englische Form von ↗ Eustachius.

Eustach *m,* Kurzform für ↗ Eustachius.

Eustache *m,* französische Form von ↗ Eustachius.

Eustachius *m,* lateinisch-griechisch: = ährenreich; Kurzformen: *Eustach, Stach, Stachi, Staches, Stäches, Stachel;* englische Form: *Eustace;* französische Form: *Eustache.*
Namensträger:
Eustachius, legendärer Märtyrer unter Hadrian; einer der 14 Nothelfer (Gedenktag: 20. September).
Eustachius Kugler, 1867–1946; heiligmäßiger Barmherziger Bruder (Gedenktag: 10. Juni).

Eustasia *w,* die weibliche Form zu ↗ Eustasius.

Eustasius *m,* lateinisch-griechisch: = standfest.
Namensträger:
Eustasius, gestorben 629; seit 615 Abt von Luxeuil; später vorübergehend Glaubensbote bei den Waraskern am Doubs und bei den Bayern (Gedenktag: 2. April).

Eustathius *m,* lateinisch-griechisch: = standhaft; in lateinischer Übersetzung: *Constantius;* Kurzformen: *Statius, Staat, Statz.*

Eutropia *w,* die weibliche Form zu ↗ Eutropius.

Eutropius *m,* lateinisch-griechisch: = gewandt, von guter Sinnesart.

Eutychianus *m,* Weiterbildung von ↗ Eutychius.

Eutychius *m,* lateinisch-griechisch: = der Beglückte; Nebenform: *Eutychus;* Weiterbildung: *Eutychianus;* dem entspricht lateinisch: Bonifatius.

Eutychus *m,* Nebenform zu ↗ Eutychius.

Ev *w,* Koseform für ↗ Eva.

Eva *w,* hebräisch: *hawa* = die Leben Schenkende; Koseformen: *Ev, Evi;* auch Kurzform für ↗ Genoveva und Koseform für ↗ Euphrosyne; schwedische Form: *Ebba;* englisch: *Eve;* Weiterbildung: *Evelyn;* französisch: *Ève;* spanische Koseform: *Evita.*
Namensträgerinnen:
Eva, im Alten Testament die Gattin Adams, die Stammutter der Lebenden (Gedenktag: 24. Dezember).
Eva, 12. Jahrhundert; Reklusin in Lüttich (Gedenktag: 4. Juni).
Eva (auch Evita) Perón, 1919–1952; Gattin J. D. Peróns; argentinische Politikerin mit sozialem Engagement für die Frau.

Eva von Thiele-Winkler, gestorben 1930; evangelische „Mutter der Elenden" (Gedenktag: 21. Juni).

Evamaria *w,* Doppelname aus Eva und Maria.

Evangelina *w,* englisch: von Evangelium abgeleitet; Nebenform: *Evangeline.*

Evangeline *w,* Nebenform zu ↗ Evangelina.

Evangelist *m,* griechisch: = Verkünder des Evangeliums; oft Beiname zu Johannes im Gegensatz zu Johannes Baptista.

Evangelista *m,* italienische Form von ↗ Evangelist.

Bekannter Namensträger:

Evangelista Torricelli, 1608–1647; italienischer Mathematiker und Physiker.

Evangelos *m,* griechisch: = guter Bote.

Evarist *m,* Nebenform zu ↗ Evaristus.

Evaristus *m,* lateinisch-griechisch: = wohlgefällig; Nebenform: *Evarist.*

Eve *w,* englische Kurzform für Evelyn (↗ Eva).

Ève *w,* französische Form von ↗ Eva.

Evelin *w,* aus englisch ↗ Evelyn; Nebenformen: *Evelina, Eveline, Evelyn;* Kurzformen: *Lina, Line.*

Evelina *w,* Nebenform zu ↗ Evelin.

Eveline *w,* Nebenform zu ↗ Evelin.

Evelyn *m,* englisch.

Namensträger:

Evelyn Arthur Waugh, 1903–1966; englischer satirischer Romanschriftsteller.

Evelyn *w,* englische Weiterbildung von Eve (↗ Eva); auch Nebenform zum deutschen ↗ Evelin; französische Form: *Evelyne.*

Evelyne *w,* französische Form von ↗ Evelyn.

Evert *m,* niederdeutsche Kurzform für ↗ Eberhard.

Evi *w,* Koseform für ↗ Eva.

Evita *w,* spanische Koseform für ↗ Eva.

Evžen *m,* tschechische Form von ↗ Eugen.

Ewald *m,* althochdeutsch: *ewa* = Gesetz; *waltan* = walten, herrschen, gebieten.

Namensträger:

Ewald der Schwarze und Ewald der Weiße, 7. Jahrhundert; legendäre angelsächsische Missionare bei den Sachsen; um 695 Märtyrer (Gedenktag: 3. Oktober).

Ewald Balser, 1898–1978; deutscher Bühnen- und Filmschauspieler; Charakter- und Heldendarsteller.

Ewald Ovir, gestorben 1896; evangelischer Missionar und Blutzeuge (Gedenktag: 20. Oktober).

Eward *m,* Nebenform zu ↗ Ewart.

Ewart *m,* althochdeutsch: *ewa* = Gesetz, Recht; *wart* = Wächter; Nebenformen: *Ewert, Eward.*

Ewert *m,* Nebenform zu ↗ Ewart.

Ezechias *m,* hebräisch: *jehiskijahu* = mich stärkt Jahwe (Gott); griechische Form: *Hezekias;* ökumenisch: ↗ Hiskija.

Ezechiel *m,* hebräisch: *jeheske'el* = Gott stärkt oder: ist stark; die ökumenische Form; in der Lutherbibel griechisch: *Hesekiel,* in der Vulgata: *Ezechiel;* Kurzform: *Zechel;* englische Form: *Ezekiel;* russisch: *Jesekiel.*

Ezekiel *m,* englische Form von ↗ Ezechiel.

Ezra *m,* englische Form von ↗ Esra.

Bekannter Namensträger:

Ezra Pound, 1885–1972; amerikanischer Schriftsteller; erneuerte die anglo-amerikanische Dichtung und begründete den Imagismus.

Ezzo *m,* Kurzform für ↗ Ehrenfried und für mit Adal- beginnende männliche Vornamen; auch italienische Kurzform für Adolfo.

F

Fabia *w,* die weibliche Form zu ↗ Fabius.

Fabian *m,* lateinisch, wohl Weiterbil-

dung von ↗ Fabius; *Fabianus;* Bedeutung nicht gesichert; englische Form: *Fabian;* französisch: *Fabien;* italienisch: *Fabiano.*
Namensträger:
Fabian, gestorben 250; seit 236 Papst; organisierte die römische Stadtkirche in 7 Regionen; Märtyrer der decischen Verfolgung (Gedenktag: 20. Januar).

Fabiana *w,* Weiterbildung von ↗ Fabia; Nebenform: *Fabiane;* französische Form: *Fabienne.*

Fabiane *w,* Nebenform zu ↗ Fabiana.

Fabiano *m,* die italienische Form zu ↗ Fabian.

Fabianus *m,* lateinische Form von ↗ Fabian.

Fabien *m,* französische Form von ↗ Fabian.

Fabienne *w,* die weibliche Form zu französisch ↗ Fabien.

Fabio *m,* italienische und spanische Form von ↗ Fabius.

Fabiola *w,* romanisch-spanische Weiterbildung von ↗ Fabia.
Namensträgerinnen:
Fabiola, gestorben 399/400; römische Adlige aus dem Geschlecht der Fabier; im späteren Leben große Wohltäterin; gründete Hospiz in Rom (Gedenktag: 27. Dezember).
Fabiola, geboren 1928; Königin von Belgien; seit 1960 Gattin König Baudouins I.

Fabius *m,* lateinisch, nach dem altrömischen Geschlecht der Fabier; italienische und spanische Form: *Fabio.*

Facius *m,* Kurzform für ↗ Bonifatius.

Falk *m,* Kurzform für ↗ Falko.

Falkmar *m,* althochdeutsch: *falcho* = Falke; *mari* = berühmt.

Falko *m,* althochdeutsch: *falcho* = Falke; Kurzform: *Falk.*
Namensträger:
Falko, gestorben um 512; Bischof von Tongern-Maastricht (Gedenktag: 20. Februar).
Falko, gestorben 1146; heiligmäßiger Abt von Cava (Gedenktag: 6. Juni).

Fan *w,* Koseform für ↗ Franziska.

Fanchon *w,* französische Koseform für Françoise (↗ Franziska).

Fánika *w,* slawische Koseform für ↗ Franziska.

Fanni *w,* Koseform für ↗ Franziska und ↗ Stephanie; englische Form: *Fanny.*

Fanny *w,* englische Koseform für Frances (↗ Franziska); auch deutsch.
Bekannte Namensträgerinnen:
Fanny Elßler, 1810–1884; österreichische Ballettänzerin.
Fanny Lewald, 1811–1889; deutsche Schriftstellerin.

Fara *w,* Kurzform für ↗ Faralda.

Farah *w,* arabisch: = Freude.
Namensträgerin:
Farah Diba, geboren 1938; ehemalige Kaiserin von Iran; seit 1959 Gattin von Schah Reza Pahlewi.

Farald *m,* althochdeutsch: *faran* = fahren, reisen; *waltan* = walten, herrschen; Nebenformen: *Faralt, Farold, Farolt.*

Faralda *w,* die weibliche Form zu ↗ Farald; Kurzform: *Fara.*

Faralt *m,* Nebenform zu ↗ Farald.

Faramund *m,* althochdeutsch: *faran* = fahren, reisen; *munt* = Schutz, Schützer.

Farhild *w,* althochdeutsch: *faran* = fahren, reisen; *hiltja* = Kampf; Nebenform: *Farhilde.*

Farhilde *w,* Nebenform zu ↗ Farhild.

Farold *m,* Nebenform zu ↗ Farald.

Farolt *m,* Nebenform zu ↗ Farald.

Faruk *m,* arabisch.
Bekannter Namensträger:
Faruk I.; 1920–1965; 1936 bis zur Abdankung 1952 König von Ägypten.

Fastmar *m,* althochdeutsch: *fasti* = fest; *mari* = berühmt.

Fastolf *m,* althochdeutsch: *fasti* = fest; *wolf* = Wolf.

Fastrad *m,* althochdeutsch: *fasti* = fest; *rat* = Rat, Ratgeber; Nebenform: *Fastrat.*

Fastrada *w,* die weibliche Form zu ↗ Fastrad; Nebenform: *Fastrade.*

Fastrade *w,* Nebenform zu ↗ Fastrada.

Fastrat *m,* Nebenform zu ↗ Fastrad.

Fatima *w,* arabisch; Bedeutung unsicher; Nebenform: *Fatime.*
Bekannte Namensträgerin:
Fatima, 606–632; Tochter Mohammeds.
Fatime *w,* Nebenform zu ↗ Fatima.
Fatzel *m,* Kurz- und Koseform für ↗ Bonifatius.
Faust *m,* lateinisch: *Faustus:* = Glücksbringer; italienische Form: *Fausto.*
Fausta *w,* die weibliche Form zu ↗ Faust; Weiterbildung: *Faustina, Faustine.*
Faustina *w,* Weiterbildung von ↗ Fausta; Nebenform: *Faustine.*
Faustine *w,* Nebenform zu ↗ Faustina.
Faustino *m,* italienische Form von ↗ Faustinus.
Faustinus *m,* Weiterbildung von ↗ Faustus; italienische Form: *Faustino.*
Namensträger:
Faustinus, gestorben 304; mit Simplicius und Beatrix unter Diokletian Märtyrer in Rom (Gedenktag: 30. Juli).
Fausto *m,* italienische Form von ↗ Faust.
Faustus *m,* lateinische Form von ↗ Faust.
Namensträger:
Faustus, gestorben 304; mit Januarius und Martialis Märtyrer der diokletianischen Verfolgung in Córdoba (Gedenktag: 13. Oktober).
Feddo *m,* Kurzform für mit Fried- beginnende männliche Vornamen, so für ↗ Friedrich.
Federica *w,* die weibliche Form zu ↗ Federico; Nebenform: *Federiga.*
Federico *m,* italienische Form von ↗ Friedrich; Nebenform und spanisch: *Federigo.*
Bedeutende Namensträger:
Federico García Lorca, 1898–1936; spanischer Schriftsteller; Hauptvertreter des spanischen Surrealismus.
Federico Fellini, geboren 1920; italienischer neorealistischer Filmregisseur und Drehbuchautor.
Federiga *w,* Nebenform zu ↗ Federica.
Federigo *m,* spanische Form von ↗ Friedrich und Nebenform zu ↗ Federico.
Fedor *m,* Eindeutschung des russischen *Fjodor* für ↗ Theodor; Nebenform: *Feodor.*
Bekannte Namensträger:
Fedor Stepun, 1884–1965; deutsch-russischer Schriftsteller, Soziologe und Kulturphilosoph.
Fedor von Zobeltitz, 1857–1934; deutscher Schriftsteller.
Fedora *w,* die weibliche Form zu ↗ Fedor; Nebenform: *Feodora.*
Fee *w,* Kurzform für ↗ Felicia und Felicitas.
Fei *w,* Koseform für ↗ Sophie.
Feie *w,* friesische Kurzform für auf -frede oder -friede endigende weibliche Vornamen; Nebenform: *Feike.*
Feige *w,* Koseform für ↗ Sophie.
Feigin *w,* Koseform für ↗ Sophie.
Feike *m,* friesische Kurzform für auf -fred oder -fried endigende männliche Vornamen.
Feike *w,* Nebenform zu ↗ Feie.
Feiko *m,* Nebenform zu ↗ Feike.
Feli *w,* Kurzform für ↗ Felicitas.
Felice *m,* italienische Form von ↗ Felix.
Felicia *w,* die weibliche Form zu italienisch Felice (↗ Felix); Nebenform: *Felizia;* Kurzform: *Fee.*
Bekannte Namensträgerin:
Felicia Weathers; geboren 1937; afroamerikanische Opern- und Konzertsängerin (Sopran).
Félicien *m,* französische Form von ↗ Felix.
Felicitas *w,* lateinisch: = das Glück; Nebenform: *Felizitas; Felicia;* Kurz- und Koseformen: *Feli, Feta, Fee, Litz, Litzel, Zita;* englische Form: *Felicity.*
Namensträgerinnen:
Felicitas, altrömische Göttin der Fruchtbarkeit.
Felicitas, gestorben 202/203; mit Perpetua unter Septimius Severus Märtyrin in Karthago (Gedenktag: 7. März).

Felicitas, legendäre römische Märtyrin (Gedenktag: 23. November).

Felicity *w,* englische Form von ↗ Felicitas.

Felicius *m,* lateinisch; Weiterbildung von Felix.

Namensträger:

Felicius, legendärer Heiliger aus Aquitanien im 4. Jahrhundert (Gedenktag: 18. Juni).

Feliks *m,* russische Form von ↗ Felix.

Felipa *w,* spanische Form für Philippa (↗ Philipp).

Felipe *m,* spanische Form von ↗ Philipp.

Felix *m,* lateinisch: *felix* = der Glückliche; Weiterbildungen: *Felicius, Felizian, Felizissimus;* französische Formen: *Félix, Félicien;* italienisch: *Felice;* portugiesisch: *Félix;* russisch: *Feliks;* ungarisch: *Bódog.*

Bekannte Namensträger:

Felix I., gestorben 274; ab 269 Papst; vereinte wieder die Kirche von Antiochien mit der römischen (Gedenktag: 30. Dezember).

Felix, gestorben um 303; mit Adauktus Märtyrer der diokletianischen Verfolgung in Rom (Gedenktag: 30. August).

Felix, gestorben um 300–304; christlicher afrikanischer Soldat; mit Nabor Märtyrer zu Lodi (Gedenktag: 12. Juli).

Felix, 1515–1587; Kapuzinerlaienbruder aus Umbrien; Almosensammler in Rom mit mystischer Begnadung (Gedenktag: 18. Mai).

Felix, legendärer Märtyrer der Thebaischen Legion mit Regula unter Maximinian um 300 (Gedenktag: 11. September).

Felix von Valois, 1127–1212; Mitbegründer des Trinitarierordens (Gedenktag: 20. November).

Felix Dahn, 1834–1912; deutscher Schriftsteller.

Felix Klein, 1849–1925; deutscher Mathematiker; förderte den mathematischen Unterricht

Félix Lope de Vega Carpio, 1562–1635; volkstümlicher spanischer Lyriker.

Felix Graf Luckner, 1881–1966; deutscher Seeoffizier des Ersten Weltkriegs; Schriftsteller abenteuerlicher Erlebnisse.

Felix Mendelssohn-Bartholdy, 1809–1857; deutscher romantisch-klassischer Komponist.

Felix Timmermans, 1886–1947; humorvoll-realistischer flämischer Schriftsteller.

Felix Wankel, geboren 1902; deutscher Ingenieur; erfand den Drehkolbenmotor.

Félix *m,* französische und portugiesische Form von ↗ Felix.

Felizia *w,* Nebenform zu ↗ Felicia.

Felizian *m,* Weiterbildung von ↗ Felix; lateinisch: *Felizianus.*

Namensträger:

Felizian, legendärer Märtyrer um 304 in der diokletianischen Verfolgung; zusammen mit seinem Bruder Primus (Gedenktag: 9. Juni).

Felizianus *m,* lateinische Form von ↗ Felizian.

Felizissimus *m,* lateinisch, Weiterbildung von ↗ Felix.

Namensträger:

Felizissimus, gestorben 258; Diakon; Märtyrer mit Agapitus in Rom (Gedenktag: 6. August).

Felizitas *w,* Nebenform zu ↗ Felicitas.

Bekannte Namensträgerinnen:

Felizitas, gestorben 203; war Sklavin von Perpetua; beide starben als Märtyrin in Rom (Gedenktag: 7. März).

Felicitas Rose, 1862–1938; deutsche Schriftstellerin.

Fell *m,* Koseform für ↗ Valentin.

Feltes *m,* Koseform für ↗ Valentin.

Fema *w,* Koseform für ↗ Euphemia.

Femke *m,* friesische Koseform für ↗ Friedemar.

Femke *w,* friesische Koseform für ↗ Euphemia.

Femma *w,* friesische Koseform für ↗ Friedemara; Nebenform: *Femmy.*

Femmy *w,* Nebenform zu ↗ Femma.

Fendel *m,* Koseform für ↗ Ferdinand.

Fenja *w*, niederdeutsche Kurzform für mit Frede- beginnende weibliche Vornamen; Nebenformen: *Fenna, Fenne.*

Fenna *w*, Nebenform zu ↗ Fenja.

Fenne *w*, Nebenform zu ↗ Fenja.

Feodor *m*, verdeutschend für das russische *Fjodor* = *Fedor* (↗ Theodor).

Bekannter Namensträger:

Feodor Lynen, 1911–1979; deutscher Biochemiker.

Feodora *w*, die weibliche Form zu ↗ Feodor.

Feodosi *m*, russische Form von ↗ Theodosius.

Feodosia *w*, die weibliche Form zu Feodosi (↗ Theodosius).

Feofan *m*, russisch.

Bekannter Namensträger:

Feofan, gestorben 1894; russischer Mönch und Seelsorger (Gedenktag: 5. Januar).

Ferdel *m*, Kurzform für ↗ Ferdinand.

Ferdi *m*, Kurzform für ↗ Ferdinand.

Ferdinand *m*, germanisch: *frithu* = Friede; *nanth* = kühn; ältere Form: *Friedenand;* oder: *Hernand* (?); Kurz- und Koseformen: *Ferdi, Ferdel, Ferdl, Fendel, Ferges, Nandel, Nante;* französische Form: *Fernand;* englisch: *Ferdinand;* italienisch: *Ferdinando, Ferrando, Ferrante;* spanisch: *Fernán, Fernandez, Fernando, Hernando;* portugiesisch: *Fernandez, Fernão;* ungarisch: *Nándor.*

Bekannte und bedeutende Namensträger:

Ferdinand III., 1199–1252; König von Kastilien und León (Gedenktag: 30. Mai).

Ferdinand II. der Katholische, 1452–1516; König von Aragón.

Ferdinand I., 1503–1564; seit 1558 deutscher Kaiser; vereinbarte den Augsburger Religionsfrieden 1555.

Ferdinand II., 1578–1637; seit 1619 deutscher Kaiser; Gegner des Protestantismus.

Ferdinand III., 1608–1657; seit 1637 deutscher Kaiser; beendete mit dem Westfälischen Frieden 1648 den Dreißigjährigen Krieg.

Ferdinand Foch, 1851–1929; franz. Marschall des Ersten Weltkriegs.

Ferdinand Freiligrath, 1810–1876; deutscher sozialpolitischer lyrischer Schriftsteller.

Ferdinand Gregorovius, 1821–1891; deutscher Kulturhistoriker.

Ferdinand Hodler, 1853–1918; schweizerischer symbolistischer Maler im Übergang zum Expressionismus.

Ferdinand Lassalle, 1825–1864; deutscher politischer Schriftsteller; Mitgründer der deutschen Sozialdemokratie.

Ferdinand Vicomte de Lesseps, 1805–1894; französischer Ingenieur und Diplomat.

Ferdinand von Lindemann, 1852–1939; deutscher Mathematiker.

Ferdinand Porsche, 1875–1951; deutscher Autoingenieur.

Ferdinand Raimund, 1790–1836; österreichischer Schauspieler und Bühnendichter.

Ferdinand von Richthofen, 1833–1905; deutscher Geologe, Geograph und Chinaforscher.

Ferdinand de Saussure, 1857–1913; schweizerischer Sprachforscher.

Ferdinand von Schill, 1776–1809; preußischer Offizier und Freikorpsführer.

Ferdinand Tönnies, 1855–1936; deutscher Soziologe und einflußreicher Sozialphilosoph.

Ferdinand Georg Waldmüller, 1793–1865; österreichischer Maler des Biedermeier und später des Impressionismus.

Ferdinand (Ferdl) Weiß, 1883–1949; bayerischer Komiker, Humorist und Schauspieler.

Ferdinand Graf von Zeppelin, 1838–1917; deutscher Ingenieur; Erbauer des nach ihm „Zeppelin“ benannten Luftschiffs.

Ferdinanda *w*, Nebenform zu ↗ Ferdinande.

Ferdinande *w*, die weibliche Form zu ↗ Ferdinand; Nebenform: *Ferdinanda;* Koseformen: *Nanda, Nande;*

französische Form: *Fernande;* italienisch: *Fernanda.*

Ferdinandine *w,* niederländische Form von ↗ Ferdinande.

Ferdinando *m,* italienische Form von ↗ Ferdinand.

Ferdl *m,* Koseform für ↗ Ferdinand.

Ferenc *m,* ungarische Form von ↗ Franz; Nebenform: *Ferenz.*

Bekannte Namensträger:

Ferenc Fricsay, 1914–1963; ungarischer Opern- und Konzertdirigent.

Ferenc Molnár, 1878–1952; ungarischer Schriftsteller, besonders der modernen Gesellschaftskomödie.

Ferenz *m,* Nebenform zu ↗ Ferenc.

Ferges *m,* Koseform für ↗ Ferdinand.

Fernán *m,* spanische Form von ↗ Ferdinand.

Fernand *m,* französische Form von ↗ Ferdinand.

Bedeutender Namensträger:

Fernand Léger, 1881–1955; französischer expressionistischer Maler und Graphiker der Moderne.

Fernanda *w,* italienische Form von Ferdinande.

Fernande *w,* französische Form von ↗ Ferdinande.

Fernandel *m,* Verkleinerungsform des französischen ↗ Fernand.

Bekannter Namensträger:

Fernandel Contandin, 1903–1971; französischer Filmschauspieler komischer Charakterrollen.

Fernandez *m,* spanische und portugiesische Form von ↗ Ferdinand.

Fernando *m,* spanische Form von ↗ Ferdinand.

Bekannter Namensträger:

Fernando Álvarez Alba, 1507–1582; Herzog von Toledo; spanischer Feldherr; 1567–1573 Statthalter der Niederlande.

Fernão *m,* portugiesische Form von ↗ Ferdinand.

Bekannter Namensträger:

Fernão Magalhães, um 1480–1521; portugiesischer Seefahrer in spanischen Diensten; durchquerte als erster den Stillen Ozean.

Ferrando *m,* italienische Form von ↗ Ferdinand.

Ferrante *m,* italienische Form von ↗ Ferdinand.

Ferruccio *m,* italienische Form von ↗ Ferrutius.

Namensträger:

Ferruccio Busoni, 1866–1924; deutsch-italienischer Pianist und Komponist.

Ferrutius *m,* lateinisch.

Namensträger:

Ferrutius, 4. Jahrhundert; christlicher Soldat; nach Überlieferung in der diokletianischen Verfolgung Märtyrer in Mainz (Gedenktag: 29. Oktober).

Ferry *m,* französische Kurzform für Frédéric (↗ Friedrich); Nebenform: *Fery.*

Fery *m,* Nebenform zu ↗ Ferry.

Fester *m,* Kurzform für ↗ Silvester.

Festus *m,* lateinisch: = festlich.

Feta *w,* Koseform für ↗ Felicitas.

Fetz *m,* Koseform für ↗ Bonifatius.

Fey *w,* Koseform für ↗ Sophie.

Fi *w,* Kurzform für ↗ Sophie.

Fia *w,* Kurzform für Sophia (↗ Sophie).

Fidel *m,* spanische Form, auch deutsche Kurzform für ↗ Fidelis.

Bekannter Namensträger:

Fidel Castro, geboren 1927; kubanischer kommunistischer Politiker; seit 1976 Staatspräsident.

Fidelia *w,* die weibliche Form zu ↗ Fidelis.

Fidelio *m,* italienische Form von Fidelius (↗ Fidelis).

Fidelis *m,* lateinisch: = treu; Nebenform: *Fidelius;* Kurzform: *Fidel;* italienische Form: *Fidelio;* spanisch: *Fidel.*

Bekannter Namensträger:

Fidelis von Sigmaringen, 1578–1622; Kapuzinerpater; Volksprediger; Märtyrer durch Calvinisten in Graubünden (Gedenktag: 24. April).

Fidelius *m,* Nebenform zu ↗ Fidelis.

Fides *w,* lateinisch: *fides* = Glaube.

Fie *w,* Kurzform für ↗ Sophie.

Fieke *w,* Nebenform zu ↗ Fike.

Fiene *w,* Kurzform für ↗ Josefine.

Fiete *m,* Kurzform für ↗ Friedrich.

Fijgin *w,* Koseform für ↗ Sophie.

Fikchen *w,* Nebenform zu ↗ Fike.

Fike *w,* Koseform für ↗ Ludowika, ↗ Sophie und ↗ Viktoria; Nebenformen: *Fieke, Fikchen, Fiken, Vike.*

Fiken *w,* Nebenform zu ↗ Fike.

Filibert *m,* althochdeutsch: *filu* = viel; *beraht* = glänzend; italienische Form: *Filiberto.*

Filiberta *w,* die weibliche Form zu ↗ Filibert.

Filiberto *m,* italienische Form von ↗ Filibert.

Filip *m,* slawische Form von ↗ Philipp.

Filipa *w,* slawische Form von Philippa (↗ Philipp).

Filippa *w,* italienische Form von Philippa (↗ Philipp).

Filippino *m,* italienische Verkleinerungsform von ↗ Filippo.

Bekannter Namensträger:

Filippino Lippi, um 1457–1504; italienischer Frührenaissancemaler.

Filippo *m,* italienische Form von ↗ Philipp; Verkleinerungsform: *Filippino.*

Bedeutende Namensträger:

Filippo Brunelleschi, 1377–1446; italienischer Architekt und Bildhauer der Frührenaissance.

Filippo Lippi, um 1406–1469; italienischer realistischer Maler der Frührenaissance.

Filko *m,* ungarische Form von ↗ Philipp.

Filo *m,* slawische Form von ↗ Philipp.

Filo *w,* italienische Kurzform für Filomena (↗ Philomene).

Filomela *w,* italienische und Nebenform zu ↗ Philomele.

Filomena *w,* italienische und Nebenform zu ↗ Philomene.

Fina *w,* Kurzform für ↗ Josefine.

Finchen *w,* Koseform für ↗ Josefine.

Findan *m,* irisch-gälisch (?); Nebenform: *Fintan.*

Namensträger:

Findan, um 800–878; irischer Christ; von Normannen als Sklave nach den Orkneyinseln verschleppt; floh nach Schottland, pilgerte nach Rom und wurde Benediktiner in Rheinau (Gedenktag: 15. November).

Fine w, Kurzform für ↗ Josefine.

Finetta *w,* Koseform für ↗ Josefine.

Finette *w,* Koseform für ↗ Josefine.

Finja *w,* die weibliche Form zu ↗ Finn (also: Finnin?); Nebenformen: *Finnja, Finne, Finni.*

Finn *m,* nordisch: = Finne (?); Nebenform: *Fynn.*

Finnchen *w,* Koseform für ↗ Josefine.

Finne *w,* Koseform für ↗ Josefine; auch Nebenform zu ↗ Finja.

Finni *w,* Koseform für ↗ Josefine; auch Nebenform zu ↗ Finja und Koseform für ↗ Euphemia.

Finnie *w,* Koseform für ↗ Josefine.

Finnja *w,* Nebenform zu ↗ Finja.

Fiona *w,* englisch; aus gälisch-keltisch: *finn* = weiß.

Fiora *w,* italienische Form von ↗ Flora.

Fiore *m,* italienische Form von ↗ Florus.

Fioretta *w,* Nebenform zu ↗ Floretta.

Fiorina *w,* Nebenform zu ↗ Florina.

Fips *m,* Koseform für ↗ Philipp.

Firmin *m,* lateinisch: *Firminus* = stark; französische Form: *Firmin.*

Namensträger:

Firmin, gestorben 290; nach der Legende Bischof von Amiens; Märtyrer (Gedenktag: 25. September).

Firmina *w,* die weibliche Form zu ↗ Firmin.

Firminus *m,* lateinische Form von ↗ Firmin.

Firmus *m,* lateinisch: *firmus* = stark, fest, sicher.

Fita *w,* spanische Koseform für ↗ Josefita; niederdeutsche Koseform für ↗ Friederike.

Fitko *m,* slawische Form von ↗ Vitus.

Fito *m,* slawische Form von ↗ Vitus; Nebenform: *Fitko.*

Fjodor *m,* russische Form von ↗ Theodor; Nebenformen: *Fedor, Feodor.*

Bedeutende Namensträger:

Fjodor Dostojewski, 1821–1881; russischer Schriftsteller, schuf den psychologischen Roman.

Fjodor Schaljapin, 1873–1938; russischer Opern- und Konzertsänger (Bassist).

Fjodora *w,* russische Form von Theodora (↗ Theodor); Nebenformen: *Feodora, Fedora.*

Flavia *w,* die weibliche Form zu ↗ Flavius.

Flavian *m,* lateinisch: *Flavianus;* Eigenschaftswort zu ↗ Flavius.

Flavianus *m,* lateinische Form von ↗ Flavian.

Flavio *m,* italienische Form von ↗ Flavius.

Flavius *m,* lateinisch: aus dem altrömischen Geschlecht der Flavier; italienische Form: *Flavio.*

Fleur *w,* französische Form von ↗ Flora; Verkleinerungsform: *Fleurette.*

Fleurette *w,* französische Verkleinerungsform von Fleur (↗ Flora).

Flips *m,* Koseform für ↗ Philipp.

Flomm *m,* Koseform für ↗ Florus.

Flora *w,* lateinisch, die weibliche Form zu ↗ Florus; Nebenformen: *Flore, Florina, Floretta, Florette;* französisch: *Fleur, Fleurette* und *Florence;* englisch: *Florence.*

Namensträgerinnen:

Flora, altrömische Göttin des Frühlings, der Blumen und Blüten.

Flora, 3. Jahrhundert; nach der Legende unter Gallienus mit Lucilla und anderen Märtyrin in Rom (Gedenktag: 29. Juli).

Flora, 8. Jahrhundert; spanische Jungfrau in Córdoba; Märtyrin durch die Araber (Gedenktag: 24. November).

Flore *w,* Nebenform zu ↗ Flora.

Floreke *m,* Koseform für ↗ Florus.

Flöreke *m,* Koseform für ↗ Florus.

Florence *w,* französische und englische Form von ↗ Flora; niederdeutsche Form: *Florenze.*

Bekannte Namensträgerin:

Florence Nightingale, 1820–1910; englische Krankenpflegerin; Einsatz im Krimkrieg.

Florens *m,* lateinisch: *florens* = blühend; Nebenform: *Florenz.*

Florentia *w,* die weibliche Form zu ↗ Florentius; Nebenformen: *Florenzia, Florenze.*

Florentin *m,* lateinisch: *Florentinus;* von *florens* = blühend; Weiterbildung von ↗ Florus.

Florentina *w,* Nebenform zu ↗ Florentine.

Florentine *w,* die weibliche Form zu ↗ Florentin; Nebenform: *Florentina.*

Florentinus *m,* lateinische Form von ↗ Florentin.

Florentius *m,* Weiterbildung von ↗ Florens.

Namensträger:

Florentius, 3. Jahrhundert; mit Kassius Märtyrer in Bonn; Stadtpatrone von Bonn (Gedenktag: 10. Oktober).

Florentius, 6. Jahrhundert; Bischof von Straßburg (Gedenktag: 21. Juli; im Bistum Straßburg: 7. November).

Florenz *m,* Nebenform zu ↗ Florens und ↗ Florentius.

Florenze *w,* Nebenform zu ↗ Florentia.

Florenzia *w,* Nebenform zu ↗ Florentia.

Florestan *m,* lateinisch: *florere* = blühen.

Floretta *w,* Verkleinerungsform von ↗ Flora; Nebenform: *Florette.*

Florette *w,* Nebenform von ↗ Floretta.

Flori *m,* Kurzform für ↗ Florian.

Florian *m,* Weiterbildung von ↗ Florus; lateinisch: *Florianus,* von *florus* = blühend; Kurzformen: *Florin, Flori.*

Bekannte Namensträger:

Florian, gestorben um 304; unter Diokletian Märtyrer zu Lorch an der Enns (Gedenktag: 4. Mai).

Florian Geyer, um 1490–1525; fränkischer Ritter; lutherischer Führer in den Bauernkriegen.

Floriana *w,* die weibliche Form zu ↗ Florian; Nebenform: *Floriane;* französische Form: *Florianne.*

Floriane *w,* Nebenform zu ↗ Floriana.

Florianne *w,* französische Form zu ↗ Floriana.

Floribert *m,* fraglich, ob aus lateinisch: *florus* = blühend und althochdeutsch: *beraht* = glänzend.
Namensträger:
Floribert, gestorben 746; seit 727 Bischof von Lüttich (Gedenktag: 27. April).

Florida *w,* die weibliche Form zu ↗ Floridus.

Floridus *m,* lateinisch: = der Glänzende; niederländische und spanische Form: *Floris.*

Florin *m,* Kurzform für ↗ Florian; lateinisch: *Florinus.*
Namensträger:
Florin, 7. Jahrhundert; schweizerischer Seelsorger (Gedenktag: 17. November).

Florina *w,* Nebenform, Weiterbildung von ↗ Flora; oder: weibliche Form zu ↗ Florin; Nebenform: *Florine.*

Florinda *w,* spanische Form aus lateinisch: *florens* = blühend.

Florine *w,* Nebenform zu ↗ Florina.

Florinus *m,* lateinische Form von ↗ Florin.

Floris *m,* niederländische und spanische Form von ↗ Floridus.

Florus *m,* lateinisch: = blühend; Koseformen: *Floreke, Flöreke, Flomm.*

Fock *m,* Kurz- und Koseform für ↗ Volker.

Focka *w,* Kurzform für mit Folk- oder Volk- beginnende weibliche Vornamen.

Focke *m,* Kurzform für mit Folk- oder Volk- beginnende männliche Vornamen.

Focko *m,* Kurzform für mit Folk- oder Volk- beginnende männliche Vornamen.

Foillan *m,* irisch-gälisch.
Namensträger:
Foillan, gestorben um 656; irischer Missionar in England und Frankreich; Abt von Burgcastle; gründete mit Gertrud von Nivelles das Kloster Fosses (Gedenktag: 31. Oktober).

Foke *w,* Kurzform für mit Folk- oder Volk- beginnende weibliche Vornamen.

Fokka *w,* Kurzform für mit Folk- oder Volk- beginnende weibliche Vornamen.

Fokko *m,* Kurzform für mit Folk- oder Volk- beginnende männliche Vornamen.

Folbert *m,* Nebenform zu ↗ Volkbert.

Folina *w,* Kurzform für mit Folk- oder Volk- beginnende weibliche Vornamen.

Foline *w,* Kurzform für mit Folk- oder Volk- beginnende weibliche Vornamen.

Folk *m,* Kurz- und Koseform für ↗ Volker.

Folke *m,* Kurzform für mit Folk- oder Volk- beginnende männliche Vornamen.

Folke *w,* friesische Koseform für ↗ Volkhild.

Folker *m,* Nebenform zu ↗ Volker.

Folkert *m,* Nebenform zu ↗ Volkhard.

Folkhard *m,* Nebenform zu ↗ Volkhard.
Namensträger:
Folkhard, gestorben 782; mit Graf Emming und Gerwald Missionar in Dithmarschen und Sachsen; hier Märtyrer (Gedenktag: 30. November).

Folkher *m,* Nebenform zu ↗ Volker.

Folkmar *m,* Nebenform zu ↗ Volkmar.

Folko *m,* Kurzform für mit Folk- oder Volk- gebildete männliche Vornamen.

Folkrad *m,* Nebenform zu ↗ Volkrad; auch *Folkrat.*

Folkrat *m,* Nebenform zu ↗ Volkrad.

Folkwart *m,* althochdeutsch: *folk* = Volk; *wart* = Hüter.

Folkwein *m,* Nebenform zu ↗ Volkwin.

Foma *m,* russische Form von ↗ Thomas.

Fons *m,* Kurzform für ↗ Alfons.

Fortuna *w,* lateinisch: Glück, Schicksal.
Namensträger:
Fortuna, altrömische Göttin des Schicksals.

Fortunat *m,* lateinisch: *Fortunatus* = vom Glück begünstigt.

Fortunata *w,* die weibliche Form zu ↗ Fortunat(us).

Namensträgerinnen:

Fortunata, gestorben um 304; Märtyrin der diokletianischen Verfolgung aus Cäsarea in Palästina (Gedenktag: 14. Oktober).

Fortunata, legendäre Märtyrin aus Gallien (Gedenktag: 14. Oktober).

Fortunatus *m,* lateinische Form von ↗ Fortunat; Beiname altrömischer Namen; französische Form: *Fortuné.*

Fortuné *m,* französische Form von ↗ Fortunatus.

Framgard *w,* althochdeutsch: *fram* = fördern; *gard* = Schutz.

Framhild *w,* althochdeutsch: *fram* = fördern; *hiltja* = Kampf.

Fran *m,* südslawische Kurzform für Franzisko (↗ Franz); Nebenform: *Frane.*

Frana *m,* tschechische Koseform für František (↗ Franz).

Franc *m,* französische Form von ↗ Frank.

Franca *w,* Nebenform zu ↗ Franka.

France *w,* die weibliche Form zu französisch ↗ Franc.

Frances *w,* englische Form von ↗ Franziska.

Francesca *w,* italienische Form von ↗ Franziska.

Francesco *m,* italienische Form von Franziskus (↗ Franz).

Bedeutende Namensträger:

Francesco Borromini, 1599–1667; italienischer Architekt und Bildhauer des Spätbarock.

Francesco Guardi, 1712–1793; italienischer Rokokomaler Venedigs.

Francesco Petrarca, 1304–1374; italienischer Lyriker; Gründer des Humanismus.

Francette *w,* französische Form von ↗ Franziska.

Francine *w,* französische Verkleinerungsform von ↗ France.

Francis *m,* englische und französische Form von ↗ Franz.

Bedeutende Namensträger:

Francis Bacon, 1561–1626; englischer Philosoph; Begründer des Empirismus.

Francis Bacon, geboren 1909; englischer abstrakt-surrealistischer Maler.

Francis Drake, um 1540–1596; englischer Seefahrer.

Francis S. K. Fitzgerald, 1886–1940; amerikanischer Erzähler und Romanschriftsteller.

Francis Galton, 1822–1911; englischer Arzt und Anthropologe; Mitgründer der Eugenik.

Francisca *w,* slawische Form von ↗ Franziska; Nebenform: *Franciska.*

Francisco *m,* spanische Form von Franziskus (↗ Franz).

Bekannte und bedeutende Namensträger:

Francisco Bahamonde Franco, 1892–1975; spanischer General und Politiker; nach Sieg im Bürgerkrieg (1936–1939) autoritärer Staatschef („Caudillo").

Francisco José de Goya, 1746–1828; spanischer Maler und Graphiker im Übergang vom Rokoko zum Klassizismus.

Francisco Pizarro, um 1478–1541; spanischer Konquistador; Eroberer des peruanischen Inkareichs.

Francisco de Zurbarán; 1598–1664; spanischer Barockmaler.

Franciscus *m,* mittellateinische Form von Franziskus (↗ Franz).

Franciska *w,* Nebenform zu ↗ Francisca.

Francisque *m,* französische Form von Franziskus (↗ Franz).

Franciszek *m,* polnische Form von Franziskus (↗ Franz).

Franco *m,* italienische Form von ↗ Franz.

François *m,* französische Form von ↗ Franz.

Bedeutende Namensträger:

François Arago, 1786–1853; französischer Physiker und Politiker.

François Boucher, 1703–1770; französischer Rokokomaler.

François-René de Chateaubriand, 1786–1848; französischer frühromantischer Schriftsteller und Politiker.

François Mansart, 1598–1666; französischer Architekt.

François Mauriac, 1885–1970; französischer Schriftsteller katholisch-ethischer Tendenz.

François Mitterrand, geboren 1916; französischer sozialistischer Politiker; wurde 1981 Präsident.

François Quesnay, 1694–1774; französischer Nationalökonom; begründete die Physiokratie und die moderne Volkswirtschaftslehre.

François Rabelais, um 1494–1553; französischer Humanist und humoristisch-satirischer Schriftsteller.

François Truffaut, 1932–1984; französischer Filmregisseur der Neuen Welle.

François Villon, etwa 1431–1463; französischer Lyriker der Vagantendichtung.

François-Marie Voltaire, 1694–1778; französischer aufklärerischer Philosoph und Schriftsteller.

Françoise *w,* französische Form von Franka und Franziska.

Bekannte Namensträgerin:

Françoise Sagan, geboren 1935; französische Schriftstellerin moderner menschlicher Problematik.

Frane *m,* Nebenform von ↗ Fran.

Franek *m,* polnische Koseform für Franciszek (↗ Franz).

Franeka *w,* slawische Koseform für Franziska.

Franja *m,* serbokroatische Form von ↗ Franz.

Franja *w,* slawische Koseform für Františka ↗ (Franziska).

Frank *m,* angelsächsisch: *franka;* althochdeutsch: *franko* = *francho* = Speer; ein Franke; aber auch = frei; Nebenform: *Franko;* auch Kurzform für Franziskus (↗ Franz).

Bekannte Namensträger:

Frank B. Kellogg, 1856–1937; amerikanischer Politiker; betrieb den Kelloggpakt (1928).

Frank Martin, 1890–1974; schweizerischer Komponist unter Einfluß der Zwölftonmusik.

Frank Sinatra, geboren 1915; italienisch-amerikanischer Film-, Funk-, Fernsehsänger und Filmschauspieler.

Frank Thieß, 1890–1977; deutscher Schriftsteller.

Frank Wedekind, 1864–1918; deutscher Dramaturg, Sänger, Schauspieler und gesellschaftskritischer Schriftsteller.

Frank Lloyd Wright, 1869–1959; amerikanischer Architekt des modernen funktionalen Bauens.

Franka *w,* die weibliche Form zu ↗ Frank; Nebenform: *Franca.*

Namensträgerin:

Franka von Vitalda, um 1173–1218; erst Benediktinerin und seit etwa 1198 Äbtissin in Piacenza; 1216 Zisterzienserin und Äbtissin in Plectoli (Gedenktag: 25. April)

Franklin *m,* englisch: wohl aus dem Familiennamen Benjamin Franklins zum Vornamen geworden.

Bekannter Namensträger:

Franklin D. Roosevelt, 1882–1945; amerikanischer Politiker; 1933–1945 der 32. Präsident der Vereinigten Staaten; Mitgründer der Vereinten Nationen.

Franko *m,* Nebenform zu ↗ Frank.

Frankobert *m,* Neubildung aus althochdeutsch: *franko* = Franke oder: = frei; *beraht* = glänzend.

Frankomar *m,* Neubildung aus althochdeutsch: *franko* = Franke oder: = frei; *mari* = berühmt.

Frankward *m,* Neubildung aus althochdeutsch: *franko* = Franke oder: = frei; *wart* = Hüter, Schutz.

Frans *m,* niederländische und schwedische Form von ↗ Franz.

Bedeutende Namensträger:

Frans Hals, um 1581–1666; niederländischer Maler; vor allem Bildnismaler.

Frans Masereel, 1889–1972; belgischer Maler und Graphiker.

Frantek *m,* polnische Koseform für Franciszek (↗ Franz).

František *m,* tschechische Form von Franziskus (↗ Franz).

Franz *m,* Kurzform von *Franziskus,* lateinisch *Franciscus* = der Franke oder: Franzose; Kurz- und Koseformen: *Ziskus, Franzel, Fränzel, Frenzel, Frenz, Frank;* englische Form: *Francis;* niederländisch: *Frans;* französisch: *François, Francisque und Francis;* italienisch: *Francesco;* Koseform: *Cecco;* spanisch: *Francisco;* Koseformen: *Frasquito, Pancho, Paco;* tschechisch: *František;* Koseform: *Frana;* serbokroatisch: *Franja;* polnisch: *Franciszek, Franek, Frantek;* ungarisch: *Ferenc.*

Bekannte und bedeutende Namensträger.

Franz von Assisi, 1181/1182–1226; Stifter des Franziskanerordens (1209); der „seraphische Heilige" (Gedenktag: 4. Oktober; evangelisch: 3. Oktober).

Franz von Paula (Paola), 1436–1507; italienischer Franziskaner; gründete den Orden der Minimen; Einsiedler (Gedenktag: 2. April).

Franz von Retz, um 1343–1427; Dominikaner aus Niederösterreich; bekannter Prediger und Ordensreformer (Gedenktag: 8. September).

Franz von Sales, 1567–1622; Bischof von Genf; Gründer der Salesianerinnen; Kirchenlehrer (Gedenktag: 24. Januar).

Franz-Ferdinand, 1863–1914; Erzherzog von Österreich-Este; österreichischer Thronfolger; in Sarajewo ermordet.

Franz Joseph I. 1830–1916; ab 1848 absolutistischer Kaiser Österreichs.

Franz II. (Joseph Karl), 1768–1835; ab 1804 Kaiser von Österreich.

Franz Joseph Rudigier, 1811–1884; seit 1852 Bischof von Linz; Gegner des Liberalismus (Gedenktag: 29. November).

Franz Urban Salins de Niart, 1760–1792; Kanoniker des südfranzösischen Saint-Lizier; Märtyrer der Pariser Septembermorde (Gedenktag: 2. September).

Franz Xaver, 1506–1552; Jesuit; Apostel Indiens und Japans (Gedenktag: 3. Dezember).

Franz von Dingelstedt, 1814–1881; deutscher Schriftsteller und Theaterleiter.

Franz-Joseph Gall, 1758–1828; deutscher Arzt und Hirnforscher.

Franz Grashof, 1826–1893; deutscher Ingenieur; Gründer des Vereins deutscher Ingenieure.

Franz Grillparzer, 1791–1872; deutscher Schriftsteller des „Vormärz".

Franz Ignaz Günther, 1725–1775; deutscher Bildhauer des bayerischen Spätbarock und Rokoko.

Franz Härter, gestorben 1874; „Diakonissenvater" in Straßburg (Gedenktag: 5. August).

Franz Joseph Haydn, 1732–1809; österreichischer Komponist der Wiener Klassik; Gründer des weltlichen Oratoriums.

Franz Kafka, 1883–1924; österreichischer Schriftsteller; bedeutender Erzähler.

Franz Lehár, 1870–1948; ungarischer Operettenkomponist; erneuerte die Wiener Operette.

Franz von Lenbach, 1836–1904; deutscher Maler; beliebter Porträtist.

Franz von Liszt, 1811–1886; deutsch-ungarischer Komponist und Klaviervirtuose.

Franz Marc, 1880–1916; deutscher expressionistischer Maler; Mitgründer des „Blauen Reiter".

Franz Anton Maulbertsch, 1724–1796; österreichischer Maler und Radierer im Übergang vom Spätbarock zum Klassizismus.

Franz Anton Mesmer, 1734–1815; deutscher Arzt.

Franz Pfanner, 1825–1909; österreichischer Afrikamissionar; wurde 1863 Trappist in Mariawald; gründete 1882 Mariannhill und als dessen Abt die Missionsschwestern vom Kostbaren Blut; wirkte ab 1894 als einfacher Missionar (Gedenktag: 25. Mai).

Franz Schnabel, 1887–1966; deutscher Historiker der Neuzeit.

Franz Schubert, 1797–1828; österreichischer Komponist im Durchbruch zur Romantik und deren Höhepunkt.

Franz von Sickingen, 1481–1523; Reichsritter; trat für die Reformation ein.

Franz Josef Strauß, geboren 1916; deutscher christlich-sozialer Politiker; seit 1978 Ministerpräsident von Bayern.

Franz von Stuck, 1863–1928; deutscher Maler, Graphiker, Bildhauer und Baumeister des Jugendstils.

Franz von Suppé, 1819–1895; österreichischer Komponist; begründete die klassische Wiener Operette.

Franz Tendler, 1820–1902; österreichischer Redemptorist; Volksmissionar und Jugendseelsorger (Gedenktag: 5. Mai).

Franz Werfel, 1890–1945; österreichischer Schriftsteller expressionistischer Lyrik und ekstatischer Dramen und Romane.

Fränze *w,* Koseform für ↗ Franziska.

Franzel *m,* Koseform für ↗ Franz.

Fränzel *m,* Koseform für ↗ Franz.

Franzi *w,* Koseform für ↗ Franziska.

Fränzi *w,* Koseform für ↗ Franziska.

Franzine *w,* die weibliche Form zu ↗ Franz; Nebenform zu ↗ Franziska.

Franziska *w,* die weibliche Form zu Franziskus (↗ Franz); Kurz- und Koseformen: *Franzi, Fränzi, Fränze, Ziska, Zissi, Cissi, Zisl, Fanni, Fan;* englische Form: *Frances;* Koseform: *Cissy, Fanny;* französisch: *Françoise, Francette, Fanchon;* italienisch: *Francesca;* slawisch: *Franciska, Františka, Franeka, Franja, Fánika;* schwedische Kurzform: *Siska.*

Bekannte Namensträgerinnen:

Franziska von Rom, 1384–1440; mystisch begnadete Leiterin einer von ihr gegründeten Vereinigung von Benediktineroblatinnen (Gedenktag: 9. März).

Franziska Schervier, 1819–1876; deutsche Gründerin der Armen Schulschwestern vom heiligen Franz (Gedenktag: 14. Dezember).

Franziska Streitel, 1844–1911; gründete 1883 in Rom die Addolorataschwestern; war deren Oberin (Gedenktag: 6. März).

Franziskus *m,* deutsche Schreibweise von lateinisch Franciscus (↗ Franz).

Frasquito *m,* spanische Koseform für Francisco (↗ Franz).

Frauke *w,* niederdeutsch-friesisch; Nebenformen: *Frauwa, Frawa, Frauwe, Frawe;* aus germanisch: *fraw* = froh; Koseform für „Frau“, auch für Veronika.

Fraukea *w,* ostfriesische Weiterbildung von Frauke; Verkleinerungsform: *Fraukeline.*

Fraukeline *w,* Verkleinerungsform von ↗ Fraukea.

Frauwa *w,* Nebenform zu ↗ Frauke.

Frauwe, *w,* Nebenform zu ↗ Frauke.

Frawa *w,* Nebenform zu ↗ Frauke.

Frawe *w,* Nebenform zu ↗ Frauke.

Fred *m,* Kurzform für Alfred, Manfred, Friedrich und Gottfried.

Bekannte Namensträger:

Fred Astaire, geboren 1899; amerikanischer Sänger, Tänzer und Filmschauspieler.

Fred Raymond, 1900–1954; österreichischer Operetten- und Liederkomponist.

Fred Zimmermann, geboren 1907; österreichisch-amerikanischer Regisseur von Dokumentar- und zeitkritischen Filmen.

Freda *w,* Koseform für Frederika; Nebenform: *Frede;* auch niederdeutsche Kurzform für mit Fried- oder -fried gebildete weibliche Vornamen.

Freddi *m,* Kurzform für mit Fried- (= *fridu*) gebildete männliche Vornamen.

Freddo *m,* Kurzform für mit Fried- (= *fridu*) gebildete männliche Vornamen.

Freddy *m,* englische Kurzform für ↗ Alfred und Frederic (↗ Friedrich); Nebenform: *Fredy.*

Frede *w,* Nebenform zu ↗ Freda.

Fredegar *m,* niederdeutsche Form von ↗ Friedeger.

Fredegard *w,* niederdeutsche Form von ↗ Friedegard.

Fredegund *w,* Nebenform zu ↗ Friedegund; auch: *Fredegunde.*

Fredegunde *w,* Nebenform zu ↗ Friedegund.

Frederic *m,* englische Form von ↗ Friedrich.

Bekannte Namensträger:

Frederic Hopkins, 1861–1947; englischer Biochemiker, Vitaminforscher.

Frederic Loewe, geboren 1901; österreichisch-amerikanischer Komponist; besonders Musicals.

Frédéric *m,* französische Form von ↗ Friedrich, Nebenform: *Frédérick.*

Bekannte Namensträger:

Frédéric Chopin, 1810–1849; polnischer romantisch-poetischer Pianist und Komponist.

Frédéric Joliot-Curie, 1900–1958; französischer Physiker, entdeckte mit seiner Gattin die künstliche Radioaktivität.

Frédeŕic Mistral, 1830–1914; französischer Schriftsteller der neuprovençalischen Literatur.

Frederich *m,* niederdeutsche Form von ↗ Friedrich; auch: *Frederik;* friesisch auch: *Fredrich.*

Frederick *m,* englische Form von ↗ Friedrich.

Bekannte Namensträger:

Frederick Banting, 1891–1941; kanadischer Physiologe; Mitentdecker des Insulins.

Frederick Sanger, geboren 1918; englischer Chemiker; Insulinforscher.

Frederick Soddy, 1877–1956; englischer Physikochemiker.

Frederick Winslow Taylor, 1856–1915; amerikanischer Ingenieur, Begründer der wissenschaftlichen Betriebsführung.

Frédérick *m,* französische Nebenform zu ↗ Frédéric.

Frederik *m,* Nebenform zu Frederich (↗ Friedrich).

Frederika *w,* schwedische Form von ↗ Friederike.

Frédérique *w,* französische Form von ↗ Friederike.

Fredrich *m,* friesische Form von ↗ Frederich.

Fredrik *m,* schwedische Form von ↗ Friedrich.

Fredy *m,* Koseform für ↗ Friedrich; auch Nebenform zu englisch ↗ Freddy.

Freia *w,* nordisch: die Freie; Nebenformen: *Freya, Freyja.*

Namensträgerin:

Freia, in der altnordischen Mythologie Freyja, die Göttin der Ehe und der Fruchtbarkeit.

Frek *m,* niederdeutsche Kurzform für Frederik (↗ Friedrich).

Frenne *w,* Kurz- und Koseform für ↗ Veronika.

Frenz *m,* Koseform für ↗ Franz.

Frenzel *m,* Koseform für ↗ Franz.

Frerich *m,* niederdeutsche Kurzform für Frederich (↗ Friedrich).

Frerk *m,* Kurz- und Koseform für ↗ Friedrich.

Freya *w,* Nebenform zu ↗ Freia.

Freyja *w,* Nebenform zu ↗ Freia.

Frick *m,* Kurzform für ↗ Friedrich.

Fricka *w,* Kurzform für ↗ Friederike; Nebenformen: *Fricke, Frikke.*

Fricke *w,* Kurzform für ↗ Friederike.

Frida *w,* Kurzform für mit Frida- beginnende weibliche Vornamen; Nebenform: *Frieda.*

Friddo *m,* Nebenform zu ↗ Frido.

Fridericus *m,* latinisierte Form von ↗ Friedrich.

Frideswida *w,* althochdeutsch: *fridu* = Friede; *witu* = Wald; Nebenformen: *Friedeswita, Frideswinda.*

Namensträgerin:

Frideswida, gestorben um 735; Tochter eines Königs im Mercia; entfloh einer befohlenen Vermählung nach Oxford; gründete hier ein Frauenkloster (Gedenktag: 19. Oktober).

Frideswinda *w,* Nebenform zu ↗ Frideswida.

Frido *m,* Kurzform für ↗ Friedrich;

auch: *Friddo* und *Friedo;* allgemein für mit Fried- beginnende männliche Vornamen.

Fridolin *m,* Verkleinerungsform von Friedrich; Kurz- und Koseformen: *Friedlein, Friedlin, Friedli, Friedel, Frily.*
Bekannter Namensträger:
Fridolin von Säckingen, 6.–7. Jahrhundert; Glaubensbote am Oberrhein; Klostergründer (Gedenktag: 6. März).

Fridoline *w,* die weibliche Form zu ↗ Fridolin.

Fridtjof *m,* Nebenform zu ↗ Frithjof.
Bekannter Namensträger:
Fridtjof Nansen, 1861–1930; norwegischer Polarforscher; durchquerte 1888 als erster Grönland.

Fried *m,* Kurzform für ↗ Friedrich.

Frieda *w,* Kurzform für ↗ Elfriede, ↗ Friederike, ↗ Friedgund; allgemein Kurzform für mit Fried- oder -fried gebildete weibliche Vornamen; niederdeutsche Formen: *Freda, Vreda.*

Friedbert *m,* althochdeutsch: *fridu* = Friede; *beraht* = glänzend; Nebenform: *Friedebert.*

Friedburg *w,* althochdeutsch: *fridu* = Friede; *burg* = Schutz; Nebenformen: *Friedeburg, Friedeborg.*

Friedebald *m,* althochdeutsch: *fridu* = Friede; *bald* = kühn.

Friedebert *m,* Nebenform zu ↗ Friedbert.

Friedeborg *w,* Nebenform zu ↗ Friedburg.

Friedebrand *m,* althochdeutsch: *fridu* = Friede; *brant* = Schwert.

Friedeburg *w,* Nebenform zu ↗ Friedburg.

Friedeger *m,* Nebenform zu ↗ *Friedger.*

Friedegund *w,* Nebenform zu ↗ Friedgund.

Friedel *m,* Kurz- und Koseform für ↗ Fridolin, ↗ Friedrich und ↗ Gottfried.

Friedel *w,* Kurz- und Koseform für ↗ Elfriede und andere mit Fried- oder -fried gebildete weibliche Vornamen.

Friedelind *w,* Nebenform zu ↗ Friedlind.

Friedemann *m,* Nebenform zu ↗ Friedmann.
Bekannter Namensträger:
Friedemann Bach, 1710–1784; deutscher Organist und Komponist; ältester Sohn J. S. Bachs.

Friedemar *m,* Nebenform zu ↗ Friedmar.

Friedemund *m,* Nebenform zu ↗ Friedmund.

Friedenand *m,* ältere Form von ↗ Ferdinand.

Friedensreich *m,* pietistische Neubildung.
Bekannter Namensträger:
Friedensreich Hundertwasser, geboren 1928; österreichischer Maler, Graphiker und Kunsttheoretiker.

Frieder *m,* Kurzform für ↗ Friedrich und ↗ Gottfried.

Friederika *w,* Nebenform zu ↗ Friederike.

Friederike *w,* die weibliche Form zu ↗ Friedrich; Nebenform: *Friederika;* Kurz- und Koseformen: *Frieda, Frieke, Fritzi, Ricka, Rika, Rike, Rieke;* niederdeutsche und schwedische Form: *Trigga;* französisch: *Frédérique.*
Bekannte Namensträgerin:
Friederike Caroline Neuber (die Neuberin), 1697–1760; deutsche Dichterin und Schauspielerin.

Friedeswita *w,* Nebenform zu ↗ Frideswida.

Friedger *m,* althochdeutsch: *fridu* = Friede; *ger* = Speer; Nebenform: *Friedeger.*

Friedgund *w,* althochdeutsch: *fridu* = Friede; *gund* = Kampf; Nebenform: *Friedegund.*

Friedhelm *m,* althochdeutsch: *fridu* = Friede; *helm* = Helm.

Friedhild *w,* althochdeutsch: *fridu* = Friede; *hiltja* = Kampf; Nebenform: *Friedhilde.*

Friedhilde *w,* Nebenform zu ↗ Friedhild.

Friedlein *w,* Kurz- und Koseform für ↗ Friedrich.

Friedli *m,* Koseform für ↗ Friedrich.

Friedlieb *w,* pietistische Neubildung aus althochdeutsch: *fridu* = Friede und *leip* = Nachkomme.
Bekannter Namensträger:
Friedlieb F. Runge, 1795–1867; deutscher Chemiker.
Friedlind *w,* althochdeutsch: *fridu* = Friede; *linta* = Lindenholzschild; oder: *lind* = mild; Nebenformen: *Friedelind, Friedlinde.*
Friedlinde *w,* Nebenform zu ↗ Friedlind.
Friedmann *m,* althochdeutsch: *fridu* = Friede; *man* = Mann; Nebenform: *Friedemann.*
Friedmar *m,* althochdeutsch: *fridu* = Friede; *mari* = berühmt; Nebenform: *Friedemar.*
Friedmund *m,* althochdeutsch: *fridu* = Friede; *munt* = Schutz; Nebenform: *Friedemund.*
Friedo *m,* Nebenform zu ↗ Frido.
Friedrich *m,* althochdeutsch: *fridu* = Friede; *rihhi* = reich; Kurz- und Koseformen: *Friedlein, Friedli, Fridolin, Friedel, Fried, Fritz, Fritschy, Frerich, Frerk, Frek, Freddy, Frick, Feddo, Fiete;* latinisiert: *Fridericus;* englische Formen: *Frederic, Frederick;* russisch, dänisch und niederländisch: *Frederik:* schwedisch: *Fredrick;* französisch: *Frédéric, Frédérick;* italienisch: *Federico;* spanisch: *Federigo;* tschechisch: *Bedřich;* polnisch: *Frydrych, Fyderyk;* ungarisch: *Frigyes;* finnisch: *Veetrikki.*
Bekannte und bedeutende Namensträger
Friedrich von Altzelle, gestorben 1215; Zisterzienser; Glaubensbote in Livland; hier Märtyrer (Gedenktag: 19. April).
Friedrich von Hallum, gestorben 1175; gründete 1164 das Prämonstratenserstift Mariengaarde; dessen erster Abt (Gedenktag: 3. März).
Friedrich von Hirsau, gestorben 1071; Benediktiner in Einsiedeln; 1065 Abt von Hirsau (Gedenktag: 8. Mai).
Friedrich von Regensburg, gestorben 1329; Laienbruder der Augustiner-Eremiten (Gedenktag: 29. November).
Friedrich von Utrecht, gestorben 835; ab etwa 820 Bischof von Utrecht; starb vielleicht als Märtyrer (Gedenktag: 18. Juli).
Friedrich I. Barbarossa, um 1122–1190; römisch-deutscher Kaiser seit 1155.
Friedrich II., 1194–1250; Staufer; römisch-deutscher Kaiser; König von Jerusalem (5. Kreuzzug) und Sizilien.
Friedrich II. der Große, 1712–1786; machte als König Preußen zur Großmacht.
Friedrich III., 1831–1888; liberaler König von Preußen (99 Tage).
Friedrich der Weise, 1463–1525; seit 1486 Kurfürst von Sachsen; begünstigte (als Katholik) Luther.
Friedrich V., 1596–1632; Kurfürst von der Pfalz; 1619–1620 König von Böhmen („Winterkönig").
Friedrich Wilhelm, 1620–1688; der Große Kurfürst von Brandenburg; erwarb Hinterpommern und Preußen.
Friedrich Wilhelm I. von Preußen, 1688–1740; absolutistischer Herrscher („Soldatenkönig").
Friedrich Wilhelm Argelander, 1799–1875; deutscher Astronom.
Friedrich Bergius, 1884–1949; deutscher Chemiker.
Friedrich Wilhelm Bessel, 1784–1846; deutscher Mathematiker und Astronom.
Friedrich von Bodelschwingh, 1831–1910; evangelischer Geistlicher; Zeuge der Barmherzigkeit; baute die Anstalten von Bethel aus (Gedenktag: 2. April).
Friedrich Christoph Dahlmann, 1785–1860; deutscher kleindeutscher Politiker und Historiker.
Friedrich Dürrenmatt, geboren 1921; schweizerischer Schriftsteller; teils satirischer Dramatiker.
Friedrich Ebert, 1871–1925; deutscher sozialdemokratischer Politiker; war 1919–1925 Präsident der Weimarer Republik.

Friedrich Engels, 1820–1895; deutscher Sozialphilosoph und Politiker; mit K. Marx Verfasser des Kommunistischen Manifests.

Friedrich von Flotow, 1812–1883; deutscher Opernkomponist.

Friedrich Baron de la Motte Fouqué, 1777–1823; deutscher romantischer Schriftsteller.

Friedrich Fröbel, 1782–1852; deutscher Pädagoge; begründete die Kindergartenpädagogik.

Friedrich Gilly, 1772–1800; deutscher klassizistischer Baumeister; beeinflußte die Romantik.

Friedrich Gulda, geboren 1930; österreichischer Pianist und Komponist.

Friedrich Hacker, geboren 1914; österreichisch-amerikanischer Psychiater und Schriftsteller.

Friedrich Hebbel, 1813–1863; deutscher Schriftsteller, namentlich Dramatiker.

Friedrich Herschel, 1738–1822; deutsch-evangelischer Astronom und Musiker.

Friedrich Hölderlin, 1770–1843; deutscher Dichter des Idealismus zwischen Klassik und Romantik.

Friedrich August von Holstein, 1837–1909; deutscher Diplomat und Außenpolitiker („Graue Eminenz").

Friedrich Ludwig Jahn, 1778–1852; deutscher Pädagoge; organisierte das Turnwesen („Turnvater Jahn").

Friedrich Georg Jünger, 1898–1977; deutscher klassizistischer Lyriker und Essayist.

Friedrich Keller, 1891–1943, deutscher Priester, Kolpingpräses; im nationalsozialistischen Konzentrationslager zu medizinischen Versuchen mißbraucht und gemartert (Gedenktag: 15. Mai).

Friedrich Gottlieb Klopstock, 1724–1803; deutscher Schriftsteller; pietistischer Vorklassiker; von Einfluß auf Sturm und Drang (Gedenktag: 14. März).

Friedrich List, 1789–1846; deutscher Nationalökonom.

Friedrich A. J. Löffler, 1852–1915; deutscher Hygieniker und Bakteriologe.

Friedrich Lorenz, gestorben 1944; Oblatenpater; von den Nationalsozialisten umgebracht (Gedenktag: 13. November).

Friedrich Meineke, 1862–1954; deutscher Historiker.

Friedrich Wilhelm Murnau, 1889–1931; deutsch-amerikanischer Schauspieler und Filmregisseur.

Friedrich Naumann, 1860–1919; deutsch-evangelischer Theologe und Politiker.

Friedrich Nicolai, 1733–1811; deutscher Schriftsteller und Politiker der Aufklärung.

Friedrich Wilhelm Nietzsche, 1844–1900; deutscher Philosoph, Philologe und Schriftsteller, Wegbereiter von modernem Atheismus sowie Lebens- und Existenzphilosophie.

Friedrich Oberlin, gestorben 1826; evangelischer Pfarrer und Wohltäter im Elsaß (Gedenktag: 2. Juni).

Friedrich Christoph Oetinger, 1702–1782; schwäbischer Philosoph und evangelischer Theologe (Gedenktag: 10. Februar).

Friedrich Paulus, 1890–1957; im Zweiten Weltkrieg deutscher Generalfeldmarschall der 6. Armee in Stalingrad.

Friedrich Justus Perels, gestorben 1945; evangelischer Blutzeuge im Kirchenkampf (Gedenktag: 22. April).

Friedrich Raiffeisen, 1818–1888; deutscher Agrarpolitiker; Gründer des landwirtschaftlichen Genossenschaftswesens.

Friedrich Rückert, 1778–1866; deutscher spätromantischer Schriftsteller.

Friedrich Carl von Savigny, 1779–1861; deutscher Jurist; Gründer der Historischen Rechtsschule.

Friedrich W. J. von Schelling, 1775–1854; deutscher Philosoph des Idealismus; Wegbereiter der Romantik.

Friedrich von Schiller, 1759–1805;

deutscher klassischer Schriftsteller, Dramatiker des Idealismus.

Friedrich von Schlegel, 1772–1829; deutscher frühromantischer Schriftsteller; schuf romantische Kunsttheorie; Sanskritforscher.

Friedrich Schleiermacher, 1786–1834; deutscher evangelischer Theologe und Philosoph; bedeutender Prediger (Gedenktag: 12. Februar).

Friedrich Schlosser, 1776–1861; deutscher Historiker.

Friedrich Otto Schott, 1851–1935; deutscher Chemiker; gründete Jenaer Glaswerk.

Friedrich Werner Graf von der Schulenburg, 1875–1944; Diplomat und Widerstandskämpfer; hingerichtet.

Friedrich Sieburg, 1893–1964; deutscher Schriftsteller und Publizist.

Friedrich August Tholuck, gestorben 1877; deutscher evangelischer Theologe; Studentenvater in Halle (Gedenktag: 10. Juni).

Friedrich Torberg, 1908–1979; österreichischer Schriftsteller.

Friedrich Theodor Vischer, 1807–1887; deutscher Schriftsteller, Philosoph und Politiker.

Friedrich Weißler, gestorben 1945; deutscher evangelischer Blutzeuge im Kirchenkampf (Gedenktag: 20. Februar).

Friedrich Wöhler, 1800–1882; deutscher Chemiker; begründete die moderne Chemie.

Friedrich Heinrich Graf von Wrangel(l), 1784–1877; preußischer Generalfeldmarschall; schlug 1848 in Berlin den Aufstand nieder.

Friedrun *w,* althochdeutsch: *fridu* = Friede; *run* = Rune, Zauber.

Frieke *w,* Kurzform für ↗ Friederike.

Frigga *w,* schwedische Kurzform für Frederika (↗ Friederike).

Frigyes *m,* ungarische Form von ↗ Friedrich.

Frikke *w,* Kurzform für ↗ Friederike.

Frithjof *m,* altnordisch: *frithr* = Schutz, Liebe; *thjofr* = Räuber; Nebenform: *Fridtjof.*

Fritschy *m,* Koseform für ↗ Friedrich.

Fritz *m,* Kurzform für ↗ Friedrich.

Bekannte Namensträger:

Fritz Baade, 1893–1974; deutscher Nationalökonom und sozialdemokratischer Politiker.

Fritz von Bodelschwingh, 1877–1946; evangelischer Theologe; folgte seinem Vater als Leiter der Bodelschwinghschen Anstalten in Bethel; Zeuge der Barmherzigkeit (Gedenktag: 4. Januar).

Fritz Erler, 1913–1967; deutscher sozialdemokratischer Politiker.

Fritz Haber, 1868–1934; deutscher Chemiker; Entdecker der Ammoniaksynthese.

Fritz Kortner, 1892–1970; österreichischer Schauspieler und Regisseur.

Fritz Kreisler, 1875–1962; österreichischer Violinvirtuose.

Fritz Lang, 1890–1976; österreichisch-amerikanischer Filmregisseur.

Fritz Albert Lipmann, deutsch-amerikanischer Biochemiker u. Mediziner.

Fritz Reuter, 1810–1874; niederdeutscher realistischer Volksschriftsteller.

Fritz Schäffer, 1888–1967; deutscher christlicher Politiker; Mitgründer der Christlich-Demokratischen Union.

Fritz Straßmann, 1902–1980; deutscher Chemiker; Mitentdecker der Kernspaltung.

Fritz von Unruh, 1885–1970; deutscher expressionistischer, später realistischer Dramatiker und Romancier.

Fritz Winter, 1905–1976; deutscher Maler der Abstraktion.

Fritz Wotruba, 1907–1975; österreichischer Bildhauer und Bühnenbildner.

Fritz Wunderlich, 1930–1966; deutscher Opern- und Oratoriensänger (lyrischer Tenor).

Fritz (Frits) Zernike, 1888–1966; niederländischer Physiker.

Fritza *w,* Koseform für ↗ Friederike.

Fritzi *w,* Koseform für ↗ Friederike.

Bekannte Namensträgerin:

Fritzi Massary, 1882–1969; österreichisch-amerikanische Schauspielerin, Operetten- und Chansonsängerin.

Frodebert *m*, althochdeutsch: *frot* = klug; *beraht* = glänzend.

Frodegard *w*, althochdeutsch: *frot* = klug; *gard* = Schutz; Nebenform: *Frogard*.

Frodeger *m*, althochdeutsch: *frot* = klug; *ger* = Speer.

Frodehild *w*, althochdeutsch: *frot* = klug; *hiltja* = Kampf; Nebenformen: *Frodehilde, Frohild*.

Frodehilde *w*, Nebenform zu ↗ Frodehild.

Frodelind *w*, althochdeutsch: *frot* = klug; *lind* = mild; Nebenformen: *Frodelinde, Frolinde*.

Frodelinde *w*, Nebenform zu ↗ Frodelind.

Frodemund *m*, althochdeutsch: *frot* = klug; *munt* = Schutz; Nebenform: *Fromund*.

Frodewald *m*, althochdeutsch: *frot* = klug; *waltan* = walten, herrschen; Nebenform: *Frowald*.

Frodewin *m*, althochdeutsch: *frot* = klug; *wini* = Freund; Nebenformen: *Frowin, Frowein*.

Frodewine *w*, die weibliche Form zu ↗ Frodewin.

Frodo *m*, althochdeutsch: *fruot, frot* = klug, weise.

Frogard *w*, Nebenform zu ↗ Frodegard.

Frohild *w*, Nebenform zu ↗ Frodehild.

Frohmut *w*, pietistische Neubildung; Nebenformen: *Frohmute, Fromut*.

Frohmute *w*, Nebenform zu ↗ Frohmut.

Frolinde *w*, Nebenform zu ↗ Frolind.

Frommhold *m*, pietistische Neubildung aus ↗ Frommwald.

Frommwald *m*, althochdeutsch: *fruma* = Vorteil; *waltan* = walten, herrschen; Nebenform: *Frumold*.

Fromund *m*, Nebenform zu ↗ Frodemund.

Fromut *w*, Nebenform zu ↗ Frohmut.

Fron *w*, Koseform für ↗ Veronika.

Fronika *w*, Koseform für ↗ Veronika.

Frönn *w*, rheinische Koseform für ↗ Veronika.

Frowald *m*, Nebenform zu ↗ Frodewald.

Frowein *m*, Nebenform zu ↗ Frodewin.

Frowin *m*, Nebenform zu ↗ Frodewin.

Namensträger:

Frowin, gestorben 1178; Benediktiner; wurde 1147 Abt von Engelberg in der Schweiz; gründete Schreib- und Malschule (Gedenktag: 27. März).

Frumentius *m*, lateinisch.

Namensträger:

Frumentius, gestorben um 380; Glaubensbote, Apostel und erster Bischof von Abessinien (Gedenktag: 26. Oktober).

Frumold *m*, Nebenform zu ↗ Frommwald.

Fryderyk *m*, polnische Form von ↗ Friedrich.

Fryderyka *w*, polnische Form von ↗ Friederike.

Frydrych *m*, polnische Form von ↗ Friedrich.

Fulbert *m*, Nebenform zu ↗ Volkbert.

Fulberta *w*, Nebenform zu ↗ Volkberta.

Fulgentius *m*, lateinisch: *fulgens* = glänzend.

Namensträger:

Fulgentius, 467–532; augustinischer Theologe; 507 Bischof von Ruspe; bekämpfte den Arianismus (Gedenktag: 1. Januar).

Fulger *m*, lateinisch: *fulgere* = glänzen; oder aus ↗ Volker (?).

Namensträger:

Fulger, gestorben 1307; Zisterzienser im Kloster Lieu-Saint-Bernard (Gedenktag: 5. Juni).

Fulkhard *m*, Nebenform zu ↗ Folkhard.

Fulko *m*, Kurzform für mit Volk- beginnende männliche Vornamen; Koseform für ↗ Volker.

Namensträger:

Fulko, gestorben 900; Erzbischof von Reims; Märtyrer (Gedenktag: 17. Juni).

Fulko, 13. Jahrhundert; Benediktiner; Abt des Klosters Dünen in Flandern (Gedenktag: 31. Mai).

Fülöp *m*, ungarische Form von ↗ Philipp.

Fulrad *m*, Nebenform zu ↗ Volkrad.

Fulvia *w*, die weibliche Form zu ↗ Fulvius.

Fulvian *m*, Weiterbildung von ↗ Fulvius.

Fulvianus *m*, Weiterbildung von ↗ Fulvius.

Fulvius *m*, lateinisch: *fulvus* = rotgelb (des Haares); Weiterbildung: *Fulvian, Fulvianus*.

Fürchtegott *m*, pietistische Neubildung des 18. Jahrhunderts.

Fyderyk *m*, polnische Form von ↗ Friedrich.

G

Gaard *m*, niederländische Form von ↗ Gerhard.

Gabe *m*, Kurzform für ↗ Gabriel.

Gäbe *m*, Kurzform für ↗ Gabriel.

Gaberl *m*, Koseform für ↗ Gabriel.

Gabi *m*, Koseform für ↗ Gabriel.

Gabi *w*, Koseform für ↗ Gabriele.

Gábor *m*, ungarische Form von ↗ Gabriel.

Gabriel *m*, hebr.: *gabri'el* = Held Gottes, oder: Gott (mein) Heil; Kurz- und Koseformen: *Gaberl, Gabe, Gäbe, Gabi;* italienische Form: *Gebriele, Gabriello, Gabrio;* niederländisch, englisch und französisch: *Gabriel;* russisch: *Gawriil;* ungarisch: *Gábor*.

Bekannte Namensträger:

Gabriel, im Alten Testament einer der drei Erzengel, die „vor Gott stehen"; brachte Maria die Verkündigung der Geburt Jesu (Gedenktag: 29. September).

Gabriel von Ferrara, gestorben 1627; Graf; Hospitalitermönch; General der deutschen Ordensprovinz (Gedenktag: 15. Januar).

Gabriel Fauré, 1845–1924; französischer klassizistisch-impressionistischer Komponist und Organist.

Gabriel Lippmann, 1857–1940; französischer Physiker.

Gabriel Marcel, 1889–1973; französischer Philosoph des christlichen Existentialismus, Dramatiker und Essayist.

Gabriel García Márquez, geboren 1928; kolumbianischer Schriftsteller des „Neuen Romans".

Gabriela *w*, italienische und spanische Form von ↗ Gabriele; Nebenform: *Gabriella*.

Bekannte Namensträgerin:

Gabriela Mistral, 1889–1957; chilenische Lyrikerin und Pädagogin.

Gabriele *m*, italienische Form von ↗ Gabriel.

Bekannter Namensträger:

Gabriele d'Annunzio, 1863–1938; italienischer neuromantisch-symbolistischer Schriftsteller und Politiker.

Gabriele *w*, die weibliche Form von ↗ Gabriel; Kurz- und Koseformen: *Gabi, Gaby, Bele, Jella;* italienische und spanische Form: *Gabriela;* französisch: *Gabrielle;* russisch: *Gawrila*.

Namensträgerinnen:

Gabriele Croissy, gestorben 1794; Karmelitin in Compiègne; mit 15 Mitschwestern Märtyrin der Französischen Revolution (Gedenktag: 17. Juli).

Gabriele Münter, 1877–1962; deutsche expressionistische Malerin und Graphikerin; Mitglied des „Blauen Reiters".

Gabriele Reuter, 1859–1941; deutsche Schriftstellerin.

Gabriele Wohmann, geboren 1932; deutsche Schriftstellerin der „Gruppe 47".

Gabriella *w*, Nebenform zu ↗ Gabriela.

Gabrielle *w*, französische Form von ↗ Gabriele.

Bekannte Namensträgerinnen:

Gabrielle Colette, 1873–1954; französische Schriftstellerin, Chansonette und Tänzerin.

Gabrielle Chanel, 1883–1971; französische Modeschöpferin.

Gabriello *m,* italienische Form von ↗ Gabriel.

Gabrio *m,* italienische Kurzform für ↗ Gabriel.

Gaby *w,* Koseform für ↗ Gabriele.

Gaddo *m,* italienische Koseform für ↗ Gerhard.

Gaël *m,* französische Form von ↗ Gallus.

Gaëla *w,* französische Form von ↗ Galla.

Gaëlle *w,* französische Form von ↗ Galla.

Gaétan *m,* französische Form von ↗ Kajetan.

Gaetano *m,* italienische Form von ↗ Kajetan.
Bekannter Namensträger:
Gaetano Donizetti; 1797–1848; italienischer Komponist von zahlreichen Opern und von Kirchenmusik.

Gaga *w,* russische Koseform für ↗ Galina.

Gajus *m,* lateinisch; Nebenform: *Caius.*

Galatea *w,* griechisch: *gala* = Milch; Nebenformen: *Galateia, Galatee;* italienische Form: *Galatea.*

Galatee *w,* Nebenform zu ↗ Galatea.

Galateia *w,* griechische Form von ↗ Galatea.

Galdina *w,* die weibliche Form zu ↗ Galdino.

Galdino *m,* italienisch.

Galileo *m,* italienisch.
Bekannter Namensträger:
Galileo Galilei, 1564–1642; italienischer Naturforscher, Begründer der experimentellen Naturwissenschaft.

Galina *w,* russisch: Ruhe, Friede; Koseformen: *Gaga* und *Gulja.*
Bekannte Namensträgerin:
Galina Ulanowa, geboren 1910; sowjetrussische Ballettänzerin.

Gall *m,* Kurzform für ↗ Gallus.

Galla *w,* die weibliche Form zu ↗ Gallus.
Namensträgerin:
Galla, 6. Jahrhundert; römische Senatorentochter; wurde früh Witwe und danach Ordensfrau (Gedenktag: 5. Oktober).

Galland *m,* französische Form von ↗ Wiland.

Galle *m,* Nebenform zu ↗ Gallus.

Galli *m,* Nebenform zu ↗ Gallus.

Gallo *m,* italienische Form von ↗ Gallus.

Gallus *m,* irisch und lateinisch: Gallier; Nebenformen: *Galle, Galli, Gall;* italienische Form: *Gallo;* polnisch: *Gawel, Gawelka;* tschechisch: *Hawel, Havel;* französisch: *Gaël.*
Bekannter Namensträger:
Gallus, 6./7. Jahrhundert; irischer Missionar; Glaubensbote am Bodensee; ab 612 Einsiedler an der Steinach, wo später das Benediktinerkloster Sankt Gallen entstand (Gedenktag: 16. Oktober).

Gamaliel *m,* hebräisch: Gott mein Vergelter.
Namensträger:
Gamaliel, in der Bibel Haupt des Stamms Manasse; Gesetzeslehrer.

Gamelbert *m,* *gamel* (?); althochdeutsch: *beraht* = glänzend.
Namensträger:
Gamelbert, 8. Jahrhundert; Gründer des Klosters Metten (Gedenktag: 17. Januar).

Gandolf *m,* altisländisch: *Gandulfr: gandr* = Werwolf; ulfr = wolf = Wolf; Nebenform: *Gandulf;* italienische Form: *Gandolfo.*

Gandolfo *m,* italienische Form von ↗ Gandolf.

Gandulf *m,* Nebenform zu ↗ Gandolf.

Gandulfr *m,* isländische Form von ↗ Gandolf.

Gangel *m,* Koseform für ↗ Gangolf und ↗ Wolfgang.

Gangolf *m,* Umkehrform von ↗ Wolfgang; Nebenform: *Gangulf;* Koseform: *Gangel;* französische Form: *Gengoul.*
Namensträger:
Gangolf, gestorben 760; burgundischer Edler im Dienst Pippins; nach der Legende Märtyrer (Gedenktag: 11. Mai).

Gangulf *m,* Nebenform zu ↗ Gangolf.

Ganja *w,* russische Koseform ↗ für Galina und Gawrila (↗ Gabriele).

Garbert *m,* ostfriesische Form von ↗ Gerbert.

Garbeth *m,* westfriesische Form von ↗ Gerbert; Nebenformen: *Garbit, Gerbit.*

Garbine *w,* Koseform für mit Ger- beginnende weibliche Vornamen.

Garbit *m,* Nebenform zu ↗ Garbeth; auch Koseform für ↗ Gerbald.

Garbrand *m,* ostfriesische Form von ↗ Gerbrand; Nebenform: *Garbrant.*

Garbrant *m,* ostfriesische Form von ↗ Gerbrand.

García *m,* germanisch-spanisch.

Gard *m,* Kurzform für ↗ Gerhard; Nebenformen: *Garrit, Gerd.*

Garda *w,* Kurzform für ↗ Gerharda.

Garde *w,* Kurzform für ↗ Gerharda; Nebenformen: *Garda, Gardi, Gardy.*

Gardi *w,* Kurzform für ↗ Gerharde.

Gardy *w,* Kurz- und Koseform für ↗ Gerharde.

Garibald *m,* Nebenform zu ↗ Gerbald.

Garibaldi *m,* italienische Form von ↗ Gerbald; oder: nach dem Familiennamen Giuseppe Garibaldis.

Garibold *m,* Nebenform zu ↗ Gerbald.

Garimund *m,* Nebenform zu ↗ Warmund.

Garin *m,* französische Form von ↗ Guarin.

Garlef *m,* althochdeutsch: *ger* = Speer; *leip* = Sprößling; Nebenform: *Garlieb;* friesische Nebenform: *Garrelf.*

Garlieb *m,* Nebenform zu ↗ Garlef.

Garnier *m,* französische Form von ↗ Werner.

Garrelf *m,* friesische Form von ↗ Garlef.

Garret *m,* friesische Form von ↗ Gerhard.

Garrett *m,* friesische Form von ↗ Gerhard.

Garriet *m,* friesische Form von ↗ Gerhard.

Garrit *m,* friesische Form von ↗ Gerhard.

Gary *m,* amerikanisch: wild (?).

Bekannter Namensträger:

Gary Cooper, 1901–1961; amerikanischer Filmschauspieler.

Gaspar *m,* englische Form von ↗ Kaspar.

Gáspár *m,* ungarische Form von ↗ Kaspar.

Gaspard *m,* französische Form von ↗ Kaspar.

Bekannter Namensträger:

Gaspard de Coligny, 1519–1572; französischer Führer der Hugenotten; Blutzeuge der Bartholomäusnacht (Gedenktag: 23. August).

Gaspare *m,* italienische Form von ↗ Kaspar.

Gasparo *m,* italienische und spanische Form von ↗ Kaspar.

Gast *m,* Kurzform für mit Gast- oder -gast gebildete männliche Vornamen.

Gaeste *w,* Koseform für ↗ Godestin.

Gaston *m,* französische Form des flämischen *Vaast;* latinisiert: ↗ Vedastus.

Bekannter Namensträger:

Gaston Leroux, 1868–1927; französischer Romanschriftsteller und Dramatiker.

Gate *w,* Kurzform für ↗ Agatha.

Gatty *w,* Kurzform für ↗ Agatha.

Gatzen *m,* Kurzform für ↗ Goswin.

Gaudentia *w,* die weibliche Form zu ↗ Gaudentius.

Gaudentius *m,* lateinisch: *gaudere* = sich freuen; Nebenformen: *Gaudiosus;* deutsch: *Gaudenz.*

Gaudenz *m,* deutsche Form von ↗ Gaudentius.

Namensträger:

Gaudenz, 4. Jahrhundert; legendärer Glaubensbote in Graubünden; Märtyrer (Gedenktag: 22. Januar).

Gaudiosus *m,* Nebenform zu Gaudenz.

Gauthier *m,* französische Form von ↗ Walter.

Gautier *m,* französische Form von ↗ Walter.

Gautwein *m,* Nebenform zu ↗ Goswin.

Gautwin *m,* Nebenform zu ↗ Goswin.
Gawel *m,* polnische Form von ↗ Gallus; Nebenform: *Gawelka.*
Gawelka *m,* Nebenform zu ↗ Gawel.
Gawrila *w,* russische Form von ↗ Gabriele.
Gea *w,* griechisch: *ge* = Erde; auch Kurzform für Georgine (↗ Georgia).
Namensträgerin:
Gea, in der griechischen Mythologie Göttin der Erde.
Geba *w,* Kurzform für mit Geb- oder Ger- beginnende weibliche Vornamen; Nebenformen: *Gebba, Gebbe.*
Gebba *w,* Nebenform zu ↗ Geba.
Gebbe *w,* Nebenform zu ↗ Geba.
Gebbert *m,* niederdeutsche Form von ↗ Gebhard.
Gebbo *m,* Kurzform für mit Geb- oder Ger- beginnende männliche Vornamen.
Gebert *m,* Nebenform zu ↗ Gebhard.
Gebes *m,* Koseform für ↗ Gebhard.
Gebhard *m,* althochdeutsch: *geba* = Gabe; *harti* = hart, stark; Nebenformen: *Gebert, Gebbert, Geppert;* Kurz- und Koseformen: *Gebbo, Gebes, Gebke;* niederländische Form: *Gevehard, Gevhard, Gevaert.*
Bekannte Namensträger:
Gebhard von Bregenz, 949–995; Benediktiner; seit 979 Bischof von Konstanz (Gedenktag: 27. August).
Gebhard von Helfenstein, gestorben 1088; Kanzler König Heinrichs III., ab 1060 Erzbischof von Salzburg; gründete Bistum Gurk und Kloster Admont (Gedenktag: 15. Juni).
Gebhard L. von Blücher, 1742–1819; preußischer Feldherr gegen Napoleon.
Gebharda *w,* die weibliche Form zu ↗ Gebhard; Nebenform: *Gebharde;* Kurz- und Koseformen: *Gebine, Geba, Gebba, Gebbe.*
Gebharde *w, Nebenform zu ↗ Gebharda.*
Gebine *w,* Koseform für ↗ Gebharda.
Gebke *m,* Koseform für ↗ Gebhard.
Gedeon *m,* Nebenform zu ↗ Gideon.
Geel *m,* westfriesische Koseform für ↗ Michael.
Geel *w,* westfriesische Koseform für ↗ Gela; Nebenformen: *Geelke, Geeltje.*
Geelke *w,* Nebenform zu ↗ Geel.
Geeltje *w,* Nebenform zu ↗ Geel.
Geerd *w,* niederländische Form von ↗ Gerharda.
Geerdruit *w,* ostfriesisch-niederländische Form von ↗ Gertrud.
Geert *m,* niederländische Form von ↗ Gerhard; Nebenformen: *Gerd, Gert.*
Namensträger:
Geert Groote, 1340–1384; niederländischer Bußprediger der „devotio moderna“ (Gedenktag: 21. August).
Geerta *w,* westfriesisch-niederdeutsche Kurzform für ↗ Gerharde und ↗ Gertrud; Nebenformen: *Geertje, Geertke, Gertje.*
Geertje *w,* Nebenform zu ↗ Geerta.
Geertke *w,* Nebenform zu ↗ Geerta.
Geeske *w,* Koseform für ↗ Gertrud.
Geffry *m,* englische Form von ↗ Gottfried.
Gefion *w,* altnordisch-keltisch: die Gebende; Nebenform: *Gefjon.*
Namensträgerin: Gefion, nordische Meeresgöttin.
Gefjon *w,* Nebenform zu ↗ Gefion.
Gehrt *m,* Kurzform für ↗ Gerhard.
Geila *w,* Nebenform zu ↗ Gela.
Geiler *m,* althochdeutsch: fröhlich.
Geisler *m,* Kurzform für ↗ Giselher.
Gela *w,* Koseform für ↗ Angela und ↗ Gertrud; Nebenform: *Gele;* auch: *Geila.*
Gelais *m,* französische Form von ↗ Gelasius.
Gelasius *m,* lateinisch-griechisch: der Lächelnde; französische Form: *Gelais.*
Gele *w,* Koseform für ↗ Angela und ↗ Gertrud.
Geli *w,* Koseform für ↗ Angela und Angelika.
Gelimer *m,* Nebenform zu ↗ Gelmar.
Gelja *w,* russische Koseform für ↗ Angelina.
Gellért *m,* ungarische Form von ↗ Gerhard.

Gelmar *m,* wandalisch; Nebenform: *Gelimer.*

Geltrude *w,* italienische Form von ↗ Gertrud.

Geltrudis *w,* ältere Form von ↗ Gertrud.

Gemma *w,* lateinisch: *gemma* = Edelstein.

Namensträgerin:

Gemma Galgani, 1878–1903; mystisch begnadete und stigmatisierte Italienerin (Gedenktag: 11. April).

Genesius *m,* lateinisch: guter Abstammung; spanische Form: *Ginés.*

Genest *m,* französisch; aus griechisch: *genos* = Sproß.

Geneviève *w,* französische Form von ↗ Genoveva.

Gengoul *m,* französische Form von ↗ Gangolf.

Geni *w,* Koseform für ↗ Genoveva.

Genia *w,* Kurzform für ↗ Eugenia.

Genie *w,* Kurzform für ↗ Eugenia.

Geno *w,* Kurzform für ↗ Genoveva.

Genofonte *m,* spanische Form von ↗ Xenophon.

Genovefa *w,* Nebenform zu ↗ Genoveva.

Genoveva *w,* gallisch-provenzalisch: *gen* = Volk; *wefa* = Frau; Nebenform: *Genovefa;* Kurz- und Koseformen: *Geno, Geni, Veva, Vefe, Ve, Vevi, Vevele, Eva, Vyfken;* französische Form: *Geneviève;* Koseform: *Ginette.*

Bekannte Namensträgerinnen:

Genoveva von Brabant, Heldin eines Volksbuchs; des Ehebruchs angeklagt, bis sich ihre Schuldlosigkeit erwies.

Genoveva von Nanterre, um 422–502; soll Paris gegen die Hunnen gerettet haben; Patronin von Paris (Gedenktag: 3. Januar).

Geo *m,* Kurzform für ↗ Georg.

Geoffrey *m,* von normannisch-französisch *Geoffroi;* englische Form von ↗ Gottfried.

Bekannte Namensträger:

Geoffrey Chaucer, um 1340–1400; englischer Schriftsteller im Höhepunkt der mittelalterlichen englischen Dichtung.

Geoffrey de Havilland, 1882–1965; englischer Flugzeugkonstrukteur.

Geoffroi *m,* französische Form von ↗ Gottfried.

Geoffroy *m,* französische Form von ↗ Gottfried.

Georg *m,* aus griechisch: *georgos* = Landmann, Bauer; entspricht dem lateinischen: ↗ Agricola; Kurz- und Koseformen: *Geo, Gerg, Gergel, Gergl, Girg, Girgel, Görgel, Gürgel, Gorch, Jörg, Jürgen, Jürg, Jürn, Jörn, Göres, Görres, Schorsch;* niederländische Formen: *Georgius, Joris;* dänisch: *Jorgen;* schwedisch: *Göran, Jöran;* englisch: *George;* französisch: *Georges;* italienisch: *Georgio, Giorgio;* spanisch und portugiesisch: *Jorge;* slawisch: *Juri, Jurek;* tschechisch: *Jiři, Jiřík, Jiřiček;* bulgarisch: *Georgi;* russisch: *Georgij, Jurij;* rumänisch: *Giurgiu;* ungarisch: *György;* arabisch: *Omar.*

Bekannte und bedeutende Namensträger:

Georg, gestorben 304; römischer Soldat unter Diokletian; wurde Christ, daher Märtyrer; „Großmärtyrer" der Ostkirche (Gedenktag: 23. April).

Georg von Ghese, gestorben 1559; evangelischer Blutzeuge in Italien (Gedenktag: 13. März).

Georg von Pfronten-Kreuzegg, 1696–1762; Kapuziner in Rom (Bruder Jörg; Gedenktag: 7. Oktober).

Georg Agricola, 1494–1555; deutscher Naturforscher; begründete Mineralogie, Metallurgie und Bergbaukunde.

Georg Graf von Arco, 1869–1940; deutscher Funktechniker.

Georg Balthasar, gestorben 1629; evangelischer Blutzeuge (Gedenktag: 14. August).

Georg Brandes, 1842–1927; dänischer Literaturhistoriker.

Georg Büchmann, 1822–1884; deutscher Sprachforscher.

Georg Büchner, 1813–1837; deutscher revolutionärer Schriftsteller.

Georg Cantor, 1845–1918; deutscher Mathematiker.
Georg Dehio, 1850–1932; deutscher Kunsthistoriker.
Georg Donner, 1693–1741; österreichischer Barockbildhauer.
Georg F. Grotefend, 1775–1853; deutscher Philologe.
Georg Friedrich Händel, 1685–1759; deutscher Komponist des Hochbarock.
Georg F. W. Hegel, 1770–1831; deutscher Philosoph des Idealismus.
Georg von Hevesy, 1885–1966; ungarischer Chemiker.
Georg Heym, 1887–1912; deutscher frühexpressionistischer Schriftsteller.
Georg Israel, gestorben 1588; Prediger der Brüderkirche in Polen (Gedenktag: 15. Juni).
Georg Kaiser, 1878–1945; deutscher expressionistischer Dramatiker und Romanschriftsteller.
Georg Kerschensteiner, 1854–1932; deutscher Pädagoge, Schulreformer.
Georg von Knobelsdorff, 1699–1753; deutscher Rokokoarchitekt und Maler.
Georg Kolbe, 1877–1947; deutscher Bildhauer.
Georg Kreisler, geboren 1922; österreichischer Sänger und Kabarettist.
Georg Leber, geboren 1920; deutscher sozialdemokratischer Politiker.
Georg Lichtenberg, 1742–1799; deutscher Physiker und Schriftsteller.
Georg Maus, gestorben 1945; deutscher evangelischer Blutzeuge im nationalsozialistischen Kirchenkampf (Gedenktag: 15. Februar).
Georg Elias Müller, 1850–1934; deutscher Psychologe; Mitgründer der experimentellen Psychologie.
Georg Neumark, gestorben 1681; deutscher evangelischer Liederdichter (Gedenktag: 9. Juli).
Georg Simon Ohm, 1787–1854; deutscher Physiker.
Georg W. Pabst, 1885–1967; österreichischer Regisseur des psychologisch-realistischen Films.
Georg F. von Reichenbach, 1772–1826; deutscher Optiker.
Georg Simmel, 1858–1918; deutscher Philosoph und Soziologe.
Georg Solti, geboren 1912; ungarisch-englischer Dirigent.
Georg Ph. Telemann, 1681–1767; deutscher Komponist, Organist und Kapellmeister des Spätbarock.
Georg Daniel Teutsch, gestorben 1893; evangelischer Bischof in Siebenbürgen (Gedenktag: 2. Juli).
Georg Trakl, 1887–1914; österreichischer expressionistischer Lyriker.
Georg Wagner, gestorben 1527; österreichischer evangelischer Blutzeuge (Gedenktag: 8. Februar).

George *m*, englische Form von ↗ Georg.

Bekannte Namensträger:
George Boole, 1815–1864; englischer Mathematiker.
George Lord Byron, 1788–1824; englischer revolutionär-romantischer Schriftsteller.
George Fox, 1624–1691; englischer Wanderprediger; Mitgründer der Quäker (Gedenktag: 14. Januar).
George H. Gallup, 1901–1984; amerikanischer Meinungsforscher.
George Gershwin, 1898–1937; amerikanischer Komponist.
George Grosz, 1893–1959; deutscher Maler und Graphiker der neuen Sachlichkeit.
George Ellery Hale, 1868–1938; amerikanischer Astronom.
George London, 1919–1985; russisch-amerikanischer Sänger.
George C. Marshall, 1880–1959; amerikanischer General und Politiker (Marshallplan).
George Orwell, 1903–1950; englischer gesellschaftskritischer Schriftsteller.
George Sand, 1804–1876; französische Schriftstellerin; Vertreterin der Emanzipation.
George Bernard Shaw, 1856–1950; englisch-irischer Schriftsteller.
George Stephenson, 1781–1848; englischer Eisenbahningenieur.

George Szell, 1897–1970; amerikanischer Dirigent tschechisch-ungarischer Herkunft.

George Washington, 1732–1799; amerikanischer Politiker; der erste Präsident der Vereinigten Staaten von Nordamerika.

Georges *m,* französische Form von ↗ Georg.

Bedeutende Namensträger:

Georges Balanchine, 1904–1983; russischer Tänzer und neoklassischer Choreograph.

Georges Bernanos, 1888–1948; französischer Schriftsteller der katholischen Erneuerung.

Georges Bizet, 1838–1875; französischer Komponist.

Georges Braque, 1882–1963; französischer Maler und Graphiker des Kubismus.

Georges Brassens, 1921–1981; französischer Chansonsänger und Komponist.

Georges L. Buffon, 1707–1788; französischer Naturforscher.

Georges Clemenceau, 1841–1929; französischer Politiker.

Georges Baron de Cuvier, 1769–1832; französischer Biologe; Begründer der Paläontologie.

Georges Danton, 1759–1794; französischer Revolutionär.

Georges Duhamel, 1884–1966; französischer Schriftsteller und Literaturkritiker.

Georges Pompidou, 1911–1974; französischer Politiker.

Georges Rouault, 1871–1958; französischer expressionistischer Maler, Graphiker und Glasmaler.

Georges Seurat, 1859–1891; französischer neuimpressionistischer Maler des Pointillismus.

Georges Simenon, geboren 1903; belgischer Schriftsteller zahlreicher Kriminalromane.

Georgette *w,* französische verkleinernde Koseform für ↗ Georgia.

Georgi *m,* bulgarische Form von ↗ Georg.

Bekannter Namensträger:

Georgi Dimitroff, 1882–1949; bulgarischer kommunistischer Politiker.

Georgia *w,* die weibliche Form zu ↗ Georg; Weiterbildungen: *Georgina, Georgine;* neulateinisch: *Joris.*

Georgij *m,* russische Form von ↗ Georg.

Bekannter Namensträger:

Georgij Schukow, 1896–1974; sowjetrussischer Marschall.

Georgina *w,* Weiterbildung von ↗ Georgia.

Georgine *w,* Weiterbildung von ↗ Georgia.

Georgio *m,* italienische Form von ↗ Georg.

Georgius *m,* latinisierte und niederländische Form von ↗ Georg.

Gepa *w,* Kurzform für das altdeutsche *Gerpirga;* althochdeutsch: *ger* = Speer; *bergan* = bergen, schützen.

Namensträgerin:

Gepa, 12. Jahrhundert; Prämonstratenserin in Füssenich; Vorsteherin des Konvents (Gedenktag: 20. Juli).

Geppert *m,* Nebenform zu ↗ Gebhard.

Gera *m,* slawische Kurzform für ↗ Gerhard und ↗ German.

Gera *w,* Kurzform für mit Ger- beginnende weibliche Vornamen.

Gerald *m,* angelsächsisch-althochdeutsch: *ger* = Speer; *waltan* = walten, herrschen; Nebenformen: *Gerwald, Gerold, Gerhold, Gerrelt;* englische Form: *Gerald;* Koseform: *Gerry;* französisch: *Giraud.*

Namensträger:

Gerald (auch Gerhard), 11. Jahrhundert; Cluniazenser; 1067 Bischof von Ostia; mehrfach päpstlicher Legat (Gedenktag: 7. Dezember).

Geralda *w,* Nebenform zu ↗ Geralde.

Geralde *w,* die weibliche Form zu ↗ Gerald; Nebenform: *Geralda;* Weiterbildung: *Geraldine.*

Geraldine *w,* Weiterbildung von ↗ Geralde.

Gerard *m,* niederländische und englische Form von ↗ Gerhard.

Bekannter Namensträger:

Gerard Terborch, 1617–1681; niederländischer Genre- und Bildnismaler.

Gérard *m,* französische Form von ↗ Gerhard.

Bekannter Namensträger:

Gérard Philipe, 1922–1959; französischer Bühnen- und Filmschauspieler.

Gerarda *w,* die weibliche Form zu Gerard (↗ Gerhard).

Gérarde *w,* französische Form von ↗ Gerharda.

Gerardina *w,* italienische Form von ↗ Gerhardine.

Gérardine *w,* französische Form von ↗ Gerhardine.

Gerardo *m,* italienische und spanische Form von ↗ Gerhard.

Gerardus *m,* lateinische und niederländische Form von ↗ Gerhard.

Gerbald *m,* althochdeutsch: *ger* = Speer; *bald* = kühn; Nebenformen: *Gerbold, Garibald, Garibold;* Koseform: *Garbit;* italienische Form: *Garibaldi.*

Gerberg *w,* althochdeutsch: *ger* = Speer; *berg* = bergen, schützen; Nebenform: *Gerberga.*

Namensträgerin:

Gerberg, gestorben um 998; Gründerin des Stifts Vilich bei Bonn (Gedenktag: 13. November).

Gerberga *w,* Nebenform zu ↗ Gerberg.

Gerbert *m,* althochdeutsch: *ger* = Speer; *beraht* = glänzend; Nebenform: *Gerbracht.*

Gerberta *w,* die weibliche Form zu ↗ Gerbert.

Gerbit *m,* Nebenform zu ↗ Garbeth.

Gerbod *m,* althochdeutsch: *ger* = Speer; *boto* = Bote; Nebenform: *Gerbodo.*

Gerbodo *m,* Nebenform zu ↗ Gerbod.

Gerbold *m,* Nebenform zu ↗ Gerbald.

Gerborg *w,* Nebenform zu ↗ Gerburg.

Gerbracht *m,* Nebenform zu ↗ Gerbert.

Gerbrand *m,* althochdeutsch: *ger* = Speer; *brand* = Feuer, Schwert; Nebenform: *Garbrand;* ostfriesisch: *Garbrant.*

Gerburg *w,* althochdeutsch: *ger* = Speer; *burg* = Burg, Schutz; Nebenform: *Gerborg.*

Namensträgerin:

Gerburg, gestorben 896; seit 874 Äbtissin des Frauenstifts Gandersheim (Gedenktag: 24. Juli).

Gerch *m,* Kurzform für ↗ Gerrich.

Gerd *m,* Kurzform für ↗ Gerhard; Nebenform zu ↗ Geert.

Gerd *w,* Kurzform für ↗ Gertrud.

Gerda *w,* althochdeutsch: *gard* = Schutz; die weibliche Form zu ↗ Gerd; Nebenformen: *Gerde, Gerdi, Gerdie;* ferner Kurzform für mit Gerd- oder Gert- beginnende oder auf -gard endende weibliche Vornamen; so für Gertrud, Edelgard, Irmgard.

Gerde *w,* Nebenform zu ↗ Gerda.

Gerdi *w,* Nebenform zu ↗ Gerda.

Gerdie *w,* Nebenform zu ↗ Gerda.

Gerdina *w,* Koseform für ↗ Gerharda.

Gerdis *w,* schwedisch; nach althochdeutsch: *ger* = Speer; *dis* = Göttin.

Gerdken *w,* Koseform für ↗ Gerharda.

Gerebern *m,* keltisch-irisch.

Namensträger:

Gerebern, 6./7. Jahrundert; nach der Legende irischer Priester und Märtyrer (Gedenktag: 15. Mai).

Gereon *m,* lateinisch-griechisch: alternd, Greis; Nebenform: *Gerion.*

Namensträger:

Gereon, 3. Jahrhundert; christlicher Offizier der Thebaischen Legion; legendärer Märtyrer (Gedenktag: 10. Oktober).

Gerfried *m,* althochdeutsch: *ger* = Speer; *fridu* = Friede.

Namensträger:

Gerfried, gestorben 839; seit 809 Bischof von Münster (Gedenktag: 12. September).

Gerg *m,* Kurzform für ↗ Georg.

Gergel *m,* Koseform für ↗ Georg.

Gergely *m,* ungarische Form von ↗ Gregor.

Gergl *m,* Koseform für ↗ Georg.

Gerhard *m,* althochdeutsch: *ger* = Speer; *harti* = hart, stark; Nebenformen: *Gerhardt, Gerhart, Gerard;* Kurz- und Koseformen: *Gehrt, Gerd, Geert, Gierd, Gero, Gerke, Gerko, Gerrit, Gard, Gerjet, Grades;* friesische Formen: *Garret, Garrett, Garriet, Jerrit;* englische Form: *Gerard;* französisch: *Gérard;* niederländisch: *Gerard, Gerardus, Gaard;* italienisch: *Gerardo, Gherardo, Gaddo;* spanisch: *Gerardo;* ungarisch: *Gellért;* slawische Kurzform: *Gera.*

Bekannte Namensträger:

Gerhard, gestorben um 1050; seit 1040 Abt des Benediktinerklosters Kremsmünster (Gedenktag: 29. Januar).

Gerhard, gestorben 994; aus Köln stammender Bischof von Toul (Gedenktag: 23. April).

Gerhard (Meister Gerhard), gestorben 1295; erster Baumeister des Kölner Doms.

Gerhard Domagk, 1895–1964; deutscher Arzt und Bakteriologe.

Gerhard Fieseler, geboren 1896; deutscher Flugzeugkonstrukteur und Kunstflieger.

Gerhard Majella, 1726–1755; Laienbruder des Redemptoristenordens; mystisch begnadet (Gedenktag: 16. Oktober).

Gerhard Marcks, 1889–1981; deutscher Bildhauer und Graphiker.

Gerhard Mercator, 1512–1594; niederländischer Kartograph.

Gerhard Quardo, um 1090–1150; Pilger; Einsiedler; seit etwa 1144 Zisterzienser (Gedenktag: 8. August).

Gerhard Ritter, 1888–1967; deutscher Historiker im Widerstand gegen den Nationalsozialismus.

Gerhard Sagredo, gestorben 1046; italienischer Mönch; Abt von San Giorgio in Venedig, um 1030 erster Bischof von Csanád in Ungarn; Märtyrer (Gedenktag: 24. September).

Gerhard von Scharnhorst, 1755–1813; preußischer General; führte allgemeine Wehrpflicht ein.

Gerhard Schröder, geboren 1910; deutscher christdemokratischer Politiker.

Gerhard Stoltenberg, geboren 1928; deutscher christdemokratischer Politiker.

Gerhard Tersteegen, 1697–1769; deutscher evangelischer Liederdichter und Erweckungsprediger (Gedenktag: 3. April).

Gerhard Uhlhorn, gestorben 1901; deutscher evangelischer Theologe, Abt von Loccum (Gedenktag: 15. Dezember).

Gerhard Zwerenz, geboren 1925; deutscher realistisch-gesellschaftskritischer Schriftsteller.

Gerharda *w,* die weibliche Form zu ↗ Gerhard; Nebenform: *Gerharde;* Kurz- und Koseformen: *Gerdina, Gerdken, Garda, Garde, Gardi, Gardy;* französische Form: *Gérarde;* niederländisch: *Geerd.*

Gerharde *w,* Nebenform zu ↗ Gerharda.

Gerhardina *w,* Nebenform zu ↗ Gerhardine.

Gerhardine *w,* Weiterbildung von ↗ Gerharda; Nebenform: *Gerhardina;* italienische Form: *Gerardina;* französisch: *Gérardine.*

Gerhardt *m,* Nebenform zu ↗ Gerhard.

Gerhart *m,* Nebenform zu ↗ Gerhard.

Bekannter Namensträger:

Gerhart Hauptmann, 1862–1946; bedeutendster deutscher Schriftsteller des Naturalismus.

Gerhild *w,* althochdeutsch: *ger* = Speer; *hiltja* = Kampf; Nebenform: *Gerhilde.*

Namensträgerin:

Gerhild von Konstanz, 12. Jahrhundert; Reklusin in Sankt Gallen (Gedenktag: 23. September)

Gerhilde *w,* Nebenform zu ↗ Gerhild.

Gerhoh *m,* eigentlich *Gerhoch;* althochdeutsch: *ger* = Speer.

Namensträger:

Gerhoh, 1093/94–1169; seit 1132 Propst des Chorherrenstifts Reichersberg in Oberösterreich; bemüht um Kirchenreform (Gedenktag: 27. Juni).

Gerhold *m,* Nebenform zu ↗ Gerald.

Geriberta *w,* althochdeutsch: *ger* = Speer; *beraht* = glänzend.

Gerion *m,* Nebenform zu ↗ Gereon.

Gerjet *m,* Koseform für ↗ Gerhard.

Gerke *m,* Kurzform für ↗ Gerhard.

Gerke *w,* niederdeutsche Koseform für ↗ Gertrud.

Gerko *m,* Kurzform für ↗ Gerhard.

Gerlach *m,* althochdeutsch: *ger* = Speer; *lah (lachus)* = Grenzzeichen.

Namensträger:

Gerlach, etwa 1100–1175; pflegte 7 Jahre in Jerusalem Kranke; war danach 14 Jahre Einsiedler in den Niederlanden (Gedenktag: 5. Januar).

Gerlach, gestorben um 1200; Prämonstratenser; baute Obermarchtal auf; hier 1187 Propst (Gedenktag: 10. Juni).

Gerlind *w,* Nebenform zu ↗ Gerlinde.

Gerlinde *w,* althochdeutsch: *ger* = Speer; *linda* = Lindenholzschild; Nebenformen: *Gerlind, Gerlindis.*

Namensträgerin:

Gerlinde (auch Gerlind), 8. Jahrhundert; elsässische Herzogin; Schwägerin der heiligen Odilia (Gedenktag: 3. Dezember).

Gerlindis *w,* Nebenform zu ↗ Gerlinde.

Gerlis *w,* Neubildung aus althochdeutsch: *ger* = Speer, und *Lise.*

Germain *m,* französische Form von ↗ German.

Germaine *w,* französische Form von ↗ Germana.

German *m,* althochdeutsch: *ger* = Speer; *man* = Mann; Nebenform: *Germann;* latinisiert: *Germanus;* englische Form: *German, Jarman, Jerman, Jermyn;* französisch: *Germain;* italienisch: *Germano;* bulgarisch: *Germo, Gero;* slawisch: *Gera;* russisch: Form von Hermann.

Germana *w,* die weibliche Form zu ↗ German; lateinisch: *germana* = Schwester; französische Form: *Germaine;* niederländisch: *Germina, Germien.*

Germania *w,* ursprünglich lateinische Bezeichnung für Deutschland.

Germann *m,* Nebenform zu ↗ German.

Germano *m,* italienische Form von ↗ German.

Germanus *m,* latinisierte Form von ↗ German.

Namensträger:

Germanus, um 378–448; seit 418 Bischof von Auxerre; förderte das gallische Mönchtum (Gedenktag: 31. Juli).

Germanus, um 496–576; Abt von Autun; ab etwa 555 Bischof von Paris (Gedenktag: 28. Mai).

Germanus, um 610–675; Einsiedler; um 640 Abt des Klosters Münster-Granfelden im Bistum Basel; mit Randoald Märtyrer (Gedenktag: 21. Februar).

Germar *m,* althochdeutsch: *ger* = Speer; *mari* = berühmt; Nebenform: *Germer.*

Namensträger:

Germar, etwa 610–660; gründete Kloster Isle, 655 Flay; dessen Abt (Gedenktag: 30. Dezember).

Germer *m,* Nebenform zu ↗ Germar.

Germien *w,* niederländische Form von ↗ Germana.

Germina *w,* niederländische Form von ↗ Germana.

Germo *m,* bulgarische Form von ↗ German; allgemein Kurzform für mit Ger- beginnende männliche Vornamen.

Gernot *m,* althochdeutsch: *ger* = Speer; *not* = Gefahr.

Gero *m,* Kurzform für mit Ger- beginnende männliche Vornamen; bulgarische Form von ↗ German.

Namensträger:

Gero, gestorben 976; seit 969 Erzbischof von Köln; stiftete das Gero-Kreuz; gründete das Kloster Gladbach (Gedenktag: 29. Juni)

Gerold *m,* Nebenform zu ↗ Gerald.

Namensträger:

Gerold, gestorben um 978; Einsiedler im Groß-Walsertal (Vorarlberg; Gedenktag: 19. April).

Gerold, gestorben 1241; Kölner Pilger

nach Santiago de Compostela, Jerusalem und Rom; in den Alpen ermordet (Gedenktag: 7. Oktober).
Gerold, gestorben 1163; Bischof von Oldenburg, dann von Lübeck, wohin er den Bischofssitz 1160 verlegte (Gedenktag: 13. August).
Gerolda *w*, die weibliche Form zu ↗ Gerold; Nebenform: *Gerolde.*
Gerolde *w*, Nebenform zu ↗ Gerolda.
Gerolf *m*, Nebenform zu ↗ Gerwulf.
Gerome *m*, englische Form von ↗ Hieronymus.
Geronimo *m*, italienische Form von ↗ Hieronymus.
Bekannter Namensträger:
Geronimo Cardano, 1501–1576; italienischer Mathematiker und Naturphilosoph.
Gerrelt *m*, Nebenform zu ↗ Gerald.
Gerrich *m*, althochdeutsch: *ger* = Speer; *rihhi* = reich, mächtig; Nebenform: *Gerrik.*
Gerrik *m*, Nebenform zu ↗ Gerrich.
Gerrit *m*, Koseform für ↗ Gerhard; neuerdings auch als weiblicher Vorname gebraucht.
Gerry *m*, Kurz- und Koseform für Gerhard und Gerald; allgemein: Kurzform für mit Ger- beginnende männliche Vornamen.
Bekannter Namensträger:
Gerry Mulligan, geboren 1927; amerikanischer Jazzmusiker und Komponist.
Gersom *m*, Nebenform zu ↗ Gerson.
Gerson *m*, hebräisch: = Fremdling, Verbannter; Nebenform: *Gersom.*
Gert *m*, Nebenform zu ↗ Geert; Kurzform für ↗ Gerhard; Nebenform: *Gerd.*
Bekannter Namensträger:
Gert Fröbe, geboren 1913; deutscher Filmschauspieler in Charakterrollen.
Gerta *w*, Kurzform für ↗ Gertrud.
Gerti *w*, Kurzform für ↗ Gertrud.
Gertje *w*, Nebenform zu ↗ Geerta.
Gertke *w*, Koseform für ↗ Gertrud.
Gertraud *w*, Nebenform zu ↗ Gertrud.
Gertraude *w*, Nebenform zu ↗ Gertrud.
Gertraut *w*, Nebenform zu ↗ Gertrud.
Gertrud *w*, althochdeutsch: *ger* = Speer; *trud* = Kraft, Stärke; Nebenformen: *Gertrude, Gertrudis, Gertraud, Gertraude, Gertraut;* Kurz- und Koseformen: *Gerda, Gerd, Gerta, Gertke, Gerti, Gerty, Gela, Gele, Geila, Jerra, Trude, Trudel, Trudchen, Trudi, Traudchen, Traudel, Traud;* niederdeutsch: *Gesa, Gese, Geseke, Gescha, Gesche, Geska, Geeske, Geske, Gesine; Truitgen, Truiken, Drut, Druda, Drüte, Drudeke, Drutke, Drüke;* französische Form: *Gertrude;* italienisch: *Geltrude;* slawisch: *Jerica.*
Bekannte und bedeutende Namensträgerinnen:
Gertrud von Altenberg, 1227–1297; Tochter der heiligen Elisabeth; 1248 Meisterin des Prämonstratenserinnenstifts Altenberg (Gedenktag: 13. August).
Gertrud von Helfta, die Große, 1256–1302; Mystikerin; schrieb ab 1289 ihre mystischen Erlebnisse nieder (Gedenktag: 17. November).
Gertrud von Karlburg oder Nivelles, 626–659; Tochter Pippins des Älteren; 652 erste Äbtissin des Klosters Nivelles (Gedenktag: 17. März).
Gertrud van Oosten, 1300–1358; Delfter Begine; Mystikerin; stigmatisiert (Gedenktag: 6. Januar).
Gertrud von Traunkirchen, gestorben um die Mitte des 11. Jahrhunderts; Äbtissin des Klosters Traunkirchen (Gedenktag: 6. Januar).
Gertrud Bäumer, 1873–1954; deutsche Schriftstellerin und Politikerin der Frauenbewegung.
Gertrud Fussenegger, geboren 1912; österreichische Schriftstellerin.
Gertrud Kückelmann, 1929–1979; deutsche Schauspielerin der Bühne und des Films.
Gertrud von le Fort, 1876–1971; deutsche Schriftstellerin und Lyrikerin meist religiöser Thematik.
Gertrude *w*, Nebenform zu Gertrud; auch französische Form von ↗ Gertrud.

Gertrudis *w,* Nebenform zu ↗ Gertrud.

Gerty *w,* Koseform für ↗ Gertrud.

Gerulf *m,* Nebenform zu ↗ Gerwulf.

Gervais *m,* französische Form von ↗ Gervas.

Gervaise *w,* die französische weibliche Form zu Gervais (↗ Gervas).

Gervas *m,* althochdeutsch: *ger* = Speer; *vass* = Knecht; latinisiert: *Gervasius;* englische Form: *Gervase;* französisch: *Gervais.*

Gervase *m,* englische Form von ↗ Gervas.

Gervasia *w,* die weibliche Form zu Gervasius (↗ Gervas).

Gervasius *m,* lateinische Form von ↗ Gervas.

Namensträger:

Gervasius, Märtyrer, dessen Gebeine mit denen des Protasius von Ambrosius von Mailand gefunden worden seien (Gedenktag: 19. Juni).

Gervinus *m,* lateinische Form von ↗ Gerwin.

Gerwald *m,* Nebenform zu ↗ Gerald.

Namensträger:

Gerwald, gestorben 782; Glaubensbote mit Willehad in Dithmarschen und Sachsen; Märtyrer (Gedenktag: 30. November).

Gerwich *m,* Nebenform zu ↗ Gerwig.

Namensträger:

Gerwich, Edler von Volmudstein, 12. Jahrhundert; nach der Legende Mönch in Siegburg, später in Waldsassen (Gedenktag: 26. Oktober).

Gerwig *m,* althochdeutsch: *ger* = Speer; *wig* = Kampf; Nebenform: *Gerwich.*

Gerwin *m,* althochdeutsch: *ger* = Speer; *wini* = Freund; latinisiert: *Gervinus.*

Gerwine *w,* die weibliche Form zu ↗ Gerwin.

Gerwulf *m,* althochdeutsch: *ger* = Speer; *wulf* = *wolf* = Wolf; Nebenformen: *Gerolf, Gerulf.*

Gesa *w,* Koseform für ↗ Gertrud und ↗ Gesine.

Gescha *w,* Koseform für ↗ Gertrud.

Gesche *w,* Koseform für ↗ Gertrud.

Gese *w,* Koseform für ↗ Gertrud und ↗ Gesine.

Geseke *w,* Koseform für ↗ Gertrud.

Gesina *w,* Nebenform zu ↗ Gesine.

Gesine *w,* Koseform für ↗ Gertrud; allgemein für mit Ger- beginnende weibliche Vornamen; Nebenform: *Gesina.*

Gesinus *m,* westfriesische Koseform für mit Ger- beginnende männliche Vornamen.

Geska *w,* Koseform für ↗ Gertrud.

Geske *w,* Koseform für ↗ Gertrud.

Geuert *m,* Nebenform zu ↗ Gottfried.

Gevaert *m,* niederländische Form von ↗ Gebhard.

Gevehard *m,* niederländische Form von ↗ Gebhard.

Gevert *m,* niederländische Form von ↗ Gottfried.

Gevhard *m,* niederländische Form von ↗ Gebhard.

Géza *m,* ungarisch; ursprünglich ein türkischer Ehrentitel.

Bekannter Namensträger:

Géza Anda, 1921–1976; ungarisch-schweizerischer Pianist.

Gezelin *m,* lateinisch: *Gezzelinus;* Nebenform zu ↗ Gislenus.

Namensträger:

Gezelin, legendärer Schafhirte und Einsiedler im Kölner Raum (Gedenktag: 6. August).

Gezzelinus *m,* lateinische Form von ↗ Gezelin.

Gherardo *m,* italienische Form von ↗ Gerhard.

Ghislain *m,* französische Form von ↗ Gislenus; Nebenform: *Gislain.*

Ghislaine *w,* die französische weibliche Form zu ↗ Ghislain.

Ghita *w,* italienische Koseform für ↗ Margareta.

Giacinta *w,* italienische weibliche Form zu Giacinto (↗ Hyazinth).

Giacinto *m,* italienische Form von ↗ Hyazinth.

Giacomo *m,* italienische Form von ↗ Jakob.

Bedeutende Namensträger:

Giacomo Manzù, geboren 1908; italienischer impressionistisch-naturalistischer Bildhauer.
Giacomo Meyerbeer, 1791–1864; deutscher Komponist der „Großen Oper".
Giacomo Puccini, 1858–1924; italienischer Komponist der traditionellen italienischen Oper.
Giacomo da Vignola, 1507–1573; italienischer Architekt im Übergang von der Renaissance zum Barock.

Giambattista *m,* italienische Form von ↗ Johann Baptist.
Bekannter Namensträger:
Giambattista Piranesi, 1720–1778; italienischer Kupferstecher und Baumeister.

Giampietro *m,* italienische Form von ↗ Hanspeter.

Gian *m,* italienische Form von Hans (↗ Johann).

Giancarlo *m,* italienische Form von Johann Karl.
Namensträger:
Giancarlo Menotti, geboren 1911; italienisch-amerikanischer Komponist der traditionellen italienischen Oper.

Gianna *w,* italienische Form von ↗ Johanna.

Gianni *m,* italienische Form von ↗ Johann.

Gid *m,* Kurzform für ↗ Ägidius.

Gideon *m,* hebräisch: *gideon* = Zertrümmerer; Nebenformen: *Gidion, Gedeon.*

Gidi *m,* Kurzform für ↗ Ägidius.

Gidion *m,* Nebenform zu ↗ Gideon.

Gied *m,* Kurzform für ↗ Ägidius.

Gierd *m,* Koseform für ↗ Gerhard.

Giese *m,* Kurzform für mit Gis- oder Gisel- beginnende männliche Vornamen.

Giesebrecht *m,* Nebenform zu ↗ Giselbert.

Gieseke *m,* Kurzform für mit Gis- oder Gisel- beginnende männliche Vornamen.

Giesel *m,* Kurzform für ↗ Gieselbert.

Gigi *m,* italienische Koseform für Ludovico (↗ Ludwig); Nebenform: *Gigio.*

Gigio *m,* Nebenform zu ↗ Gigi.

Gil *m,* spanische Kurzform für ↗ Ägidius und Kurzform für ↗ Gilbert; französisiche Form: *Gilles.*

Gila *w,* Kurzform für ↗ Gisela.

Gilbert *m,* Nebenform zu ↗ Giselbert.
Namensträger:
Gilbert von Sempringham, 1090–1189; englischer Aszet; gründete ein Nonnenkloster nach der Benediktinerregel und ein Mönchskloster nach der Augustinerchorherren- und Zisterzienserregel; aus beiden entstand der Doppelorden der Gilbertiner (Gedenktag: 4. Februar).
Gilbert von Maria Laach, 12. Jahrhundert, gestorben 1152; seit etwa 1127 Abt von Maria Laach.
Gilbert Bécaud, geboren 1927; französischer Chansonnier und Komponist.
Gilbert K. Chesterton, 1874–1936; englischer katholischer satirischer Schriftsteller.

Gilbrecht *m,* Nebenform zu ↗ Giselbert.

Gilda *w,* die weibliche Form zu ↗ Gildo; oder: italienisch; ferner Kurzform für auf -ilda endende weibliche Vornamen; Nebenform: *Gilta.*

Gildebert *m,* althochdeutsch: *gilt* = Vergeltung; *beraht* = glänzend; Nebenform: *Gildebrecht;* Kurzform: *Gildo.*

Gildebrecht *m,* Nebenform zu ↗ Gildebert.

Gildo *m,* Kurzform für mit Gild- beginnende männliche Vornamen; so für ↗ Gildebert.

Gilg *m,* Koseform für ↗ Ägidius.

Gilian *m,* englische Form von ↗ Juliana.

Gill *w,* englische Koseform für Gillian (↗ Juliana).

Gilla *w,* schwedische Kurzform für ↗ Gisela.

Gilles *m,* Kurzform für ↗ Ägidius und ↗ Ägilius; französische Form von Ägidius.

Gillian *w,* englische Form für ↗ Juliana.

Gilmar *m,* Kurzform für ↗ Giselmar.

Gilta *w,* Nebenform zu ↗ Gilda.

Gina *w,* italienische weibliche Form zu ↗ Gino; auch Kurzform für ↗ Regina; Nebenform: *Gine.*

Bekannte Namensträgerin:

Gina Lollobrigida, geboren 1927; italienische Filmschauspielerin.

Gine *w,* Nebenform zu ↗ Gina.

Ginés *m,* spanische Form von ↗ Genesius.

Ginette *w,* französische Koseform für ↗ Genoveva.

Ginger *w,* englische Koseform für ↗ Virginia.

Ginnie *w,* englische Koseform für ↗ Virginia.

Gino *m,* italienische Kurzform für Ludovico (↗ Ludwig).

Bekannter Namensträger:

Gino Severini, 1883–1966; italienischer futuristischer Maler und Kunsttheoretiker.

Gioacchino *m,* italienische Form von ↗ Joachim.

Bekannter Namensträger:

Gioacchino Rossini, 1792–1868; italienischer Opern- und Kirchenkomponist.

Giobbe *m,* italienische Form von ↗ Ijob.

Gioconda *w,* italienisch; von lateinisch: *iucunda:* = angenehm.

Giona *m,* italienische Form von ↗ Jonas.

Gionata *m,* italienische Form von ↗ Jonathan.

Giordano *m,* italienische Form von ↗ Jordan.

Bekannter Namensträger:

Giordano Bruno, 1548–1600; italienischer Renaissancephilosoph; wegen seines metaphysischen Pantheismus durch die Inquisition hingerichtet.

Giorgio *m,* italienische Form von ↗ Georg.

Bekannte Namensträger:

Giorgio de Chirico, 1888–1978; italienischer Maler; begründete die „metaphysische Malerei".

Giorgio Strehler, geboren 1921; italienischer Regisseur.

Giorgio Vasari, 1511–1574; italienischer Maler, Architekt und Kunstschriftsteller.

Giorgione *m,* Weiterbildung von Giorgio.

Bekannter Namensträger:

Giorgione Barbarelli, um 1478–1510; italienischer Maler der venezianischen Hochrenaissance.

Giorgos *m,* griechische Form von ↗ Georg.

Bekannter Namensträger:

Giorgos Seferis, 1900–1971; griechischer Schriftsteller der modernen neugriechischen Lyrik.

Giosuè *m,* italienische Form von ↗ Josua.

Giotto *m,* italienische Kurzform von Ambrogiotto, der Verkleinerungsform von Ambrogio (↗ Ambrosius).

Bekannter Namensträger:

Giotto di Bondone, 1266–1337; italienischer Maler und Baumeister in Florenz.

Giovanna *w,* italienische Form von ↗ Johanna.

Giovanni *m,* italienische Form von ↗ Johann.

Bekannte und bedeutende Namensträger:

Giovanni Boccaccio, 1313–1375; italienischer Schriftsteller.

Giovanni Don Bosco, 1815–1888; italienischer Jugenderzieher; Gründer der Salesianer (Gedenktag: 31. Januar).

Giovanni Bellini, um 1430–1516; italienischer Maler der venezianischen Hochrenaissance.

Giovanni G. Casanova, 1725–1798; italienischer Abenteurer und Schriftsteller.

Giovanni D. Cassini, 1625–1712; italienisch-französischer Astronom und Mathematiker.

Giovanni Guareschi, 1908–1968; italienischer Schriftsteller und Karikaturist.

Giovanni Mollio, gestorben 1553; italienischer evangelischer Blutzeuge (Gedenktag: 4. September).

Giovanni Schiaparelli, 1835–1910; italienischer Astronom.

Giovanni Tiepolo, 1696–1770; italienischer Maler und Graphiker des Spätbarock.

Giraldo *m,* italienische Form von ↗ Gerald.

Giraud *m,* französische Form von ↗ Gerald.

Girg *m,* Koseform für ↗ Georg.

Girgel *m,* Koseform für ↗ Georg.

Girgl *m,* bayerische Koseform für ↗ Georg.

Girolamo *m,* italienische Form von ↗ Hieronymus.

Bekannter Namensträger:

Girolamo Savonarola, 1452–1498; Dominikaner; italienischer Bußprediger; 1491 Prior von San Marco in Florenz; als Ketzer verbrannt.

Gisa *w,* Kurzform für ↗ Gisela; allgemein für mit Gis- beginnende weibliche Vornamen.

Gisberga *w,* germanisch: *gisa* = Sproß, oder: althochdeutsch: *gisal* = Geisel; *bergan* = bergen, schützen; Nebenform: *Giselberga.*

Gisbert *m,* Nebenform zu ↗ Giselbert.

Namensträger:

Gisbert, um 1200; Zisterzienser; Prior des Klosters Bebenhausen (Gedenktag: 7. November).

Gisberta *w,* die weibliche Form zu ↗ Gisbert.

Gisbrand *m,* Nebenform zu ↗ Giselbrand.

Gisburg *w,* Nebenform zu ↗ Giselburg.

Gisburga *w,* Nebenform zu ↗ Giselburg.

Gisela *w,* althochdeutsch: *gisal* = Geisel; Nebenformen: *Gisele, Gisella;* Kurzformen: *Gisa, Gila, Silke;* englische Form: *Giselle;* französisch: *Giselle, Gisèle;* italienisch: *Gisella;* schwedische Koseform: *Gilla.*

Namensträgerinnen:

Gisela, 985–1060; bayerische Herzogstochter; Gattin König Stephans von Ungarn; mit ihm bemüht um Ausbreitung des christlichen Glaubens; später Äbtissin in Passau (Gedenktag: 7. Mai).

Gisela, gestorben 1277; sonst nichts bekannt (Gedenktag: 13. Februar).

Giselberga *w,* Nebenform zu ↗ Gisberga.

Giselbert *m,* germanisch: *gisa* = Sproß; oder althochdeutsch: *gisal* = Geisel; *beraht* = glänzend; Nebenformen: *Gisbert, Giesebrecht;* Kurz- und Koseformen: *Giese, Giesel, Giso, Gisilo, Gieseke.*

Namensträger:

Giselbert, 11. Jahrundert; nach der Legende als Hirt lebender schottischer Königssohn (Gedenktag: 1. Oktober).

Giselbert, 12. Jahrhundert; mildtätiger Laienbruder in Cappenberg (Gedenktag: 8. Juni).

Giselberta *w,* die weibliche Form zu ↗ Giselbert.

Giselbrand *m,* althochdeutsch: *gisal* = Geisel; *brand* = Feuer, Schwert; Nebenform: *Gisbrand.*

Giselburg *w,* germanisch: *gisa* = Sproß; oder althochdeutsch: *gisal* = Geisel; *burg* = Burg, Schutz; Nebenformen: *Gisburg, Gisburga.*

Gisele *w,* Nebenform zu ↗ Gisela.

Gisèle *w,* französische Form von ↗ Gisela.

Giselher *m,* germanisch: *gisa* = Sproß; oder althochdeutsch: *gisal* = Geisel; *heri* = Heer; Kurzformen: *Geisler, Giese, Giso, Gislar.*

Namensträger:

Giselher, 8. Jahrhundert; legendärer Glaubensbote in Österreich (Gedenktag: 28. September).

Giselher Klebe, geboren 1925; deutscher Komponist der Zwölftonmusik.

Gisella *w,* italienische Form und deutsche Nebenform zu ↗ Gisela.

Giselle *w,* englische und französische Form von ↗ Gisela.

Giselmar *m,* germanisch: *gisa* = Sproß; oder althochdeutsch: *gisal* = Geisel; *mari* = berühmt; Nebenformen: *Gismar, Gilmar.*

Giselmund *m,* germanisch: *gisa* =

Sproß; oder althochdeutsch: *gisal* = Geisel; *munt* = Schutz; Nebenform: *Gismund.*

Giselmut *m,* ältere Form von ↗ Gismut.

Giseltraud *w,* germanisch: *gisa* = Sproß; oder althochdeutsch: *gisal* = Geisel; *trud* = Kraft; Nebenformen: *Gistraud, Giseltrud, Gistrud.*

Giseltrud *w,* Nebenform zu ↗ Giseltraud.

Gisilo *m,* Koseform für ↗ Giselbert.

Gislain *m,* Nebenform zu ↗ Ghislain.

Gislar *m,* Kurzform für ↗ Giselher.

Gislenus *m,* lateinisch; nach dem Hennegauapostel *Gislin* (7. Jahrhundert); Nebenformen: *Gezelin, Gezzelinus, Schetzel;* französische Form: *Ghislain,* auch *Gislain.*

Gislinde *w,* germanisch: *gisa* = Sproß, oder althochdeutsch: *gisal* = Geisel; *lindi* = mild.

Gismar *m,* Nebenform zu ↗ Giselmar.

Gismara *w,* die weibliche Form zu Gismar (↗ Giselmar).

Gismonda *w,* italienische Form von ↗ Siegmunda.

Gismondo *m,* italienische Form von ↗ Siegmund.

Gismund *m,* Nebenform zu ↗ Giselmund.

Gismunda *w,* die weibliche Form zu ↗ Giselmund; Nebenform: *Gismunde.*

Gismunde *w,* Nebenform zu ↗ Gismunda.

Gismut *m,* althochdeutsch: *gisal* = Geisel; *muot* = Mut; ältere Form: *Giselmut.*

Giso *m,* Koseform für ↗ Giselbert; allgemein: Kurzform für mit Gis(e)- beginnende männliche Vornamen.

Gistraud *w,* Nebenform zu ↗ Giseltraud.

Gistrud *w,* Nebenform zu ↗ Giseltraud.

Gita *w,* Kurzform für ↗ Brigitte.

Gitta *w,* Kurzform für ↗ Brigitte; Nebenformen: *Gita, Gitte.*

Gitte *w,* Kurzform für ↗ Brigitte.

Giuditta *w,* italienische Form von ↗ Judith.

Giulia *w,* italienische Form von ↗ Julia.

Giuliana *w,* italienische Form von ↗ Juliana.

Giuliano *m,* italienische Form von ↗ Julian.

Giulietta *w,* italienische Verkleinerungsform von Giulia (↗ Julia).

Bekannte Namensträgerinnen:

Giulietta Masina, geboren 1922; italienische Schauspielerin.

Giulietta Simionato, geboren 1910; italienische Opernsängerin (Mezzosopran).

Giulio *m,* italienische Form von ↗ Julius.

Giurgiu *m,* rumänische Form von ↗ Georg.

Giuseppa *w,* die italienische weibliche Form zu Giuseppe (↗ Josefa).

Giuseppe *m,* italienische Form von ↗ Josef.

Bedeutende Namensträger:

Giuseppe Garibaldi, 1807–1882; italienischer Freiheitskämpfer des Risorgimento.

Giuseppe Mazzini, 1805–1872; italienischer Politiker und Freiheitskämpfer.

Giuseppe di Stefano, geboren 1921; italienischer Sänger.

Giuseppe Tomasi di Lampedusa, 1896–1957; italienischer Schriftsteller.

Giuseppe Verdi, 1813–1901; italienischer Komponist der modernen Gesangsoper.

Giuseppina *w,* italienische Form von ↗ Josefine.

Giustina *w,* italienische Form von ↗ Justina.

Gladusa *w,* Nebenform zu ↗ Gladys.

Gladys *w,* englisch, aus irisch-keltisch: *Gwladys, Gladusa.*

Namensträgerin:

Gladys, legendäre Königin in Wales; bekehrte sich zu heiligmäßigem Einsiedlerleben (Gedenktag: 29. März).

Glares *m,* Koseform für ↗ Hilarius.

Glary *m,* Koseform für ↗ Hilarius.

Glaubrecht *m,* althochdeutsch aus

normannisch: *glau* = scharfäugig; *beraht* = glänzend; oder: pietistische Neubildung des 17. Jahrhunderts.

Glen *m,* Nebenform zu ↗ Glenn.

Glenn *m,* englisch-amerikanisch; nach keltisch: *glen* = enges Tal; demnach Bezeichnung für Herkunft; Nebenform: *Glen.*

Bekannte Namensträger:

Glenn Ford, geboren 1916; amerikanischer Filmschauspieler.

Glenn Miller, 1904–1944; amerikanischer Posaunist und Bandleader.

Glenn Seaborg, geboren 1912; amerikanischer Chemiker.

Glenna *w,* die weibliche Form zu ↗ Glenn.

Glodesind *w,* althochdeutsch: *Klotsinda* = Ruhmstarke; Nebenform: *Glodesindis.*

Namensträgerin:

Glodesind, 7. Jahrhundert; fränkische Herzogstochter; Äbtissin des von ihr in Metz gegründeten Klosters (Gedenktag: 27. Juli).

Glodesindis *w,* Nebenform zu ↗ Glodesind.

Gloria *w,* lateinisch: *gloria* = Ruhm, Ehre.

Gloriana *w,* lateinisch; Weiterbildung von ↗ Gloria.

Gloriosa *w,* lateinisch; Weiterbildung von ↗ Gloria.

Namensträgerin:

Gloriosa, gestorben 303; nach der Überlieferung Märtyrin unter Diokletian (Gedenktag: 26. Juli).

Glorius *m,* lateinisch: *gloria* = Ruhm, Ehre.

Gloy *m,* Kurzform für ↗ Eligius.

Goar *m,* Koseform für ↗ Gotthard.

Namensträger:

Goar, 6. Jahrhundert; Einsiedler am Rhein; Glaubensverkünder; aus seiner Zelle entstanden Stift und Stadt Sankt Goar (Gedenktag: 6. Juli).

Gobbo *m,* Nebenform zu ↗ Gobo.

Gobe *m,* Nebenform zu ↗ Gobo.

Göbel *m,* Nebenform zu ↗ Gobo.

Gobelin *m,* Nebenform zu ↗ Gobo.

Gobert *m,* Nebenform zu ↗ Gottbert.

Goberta *w,* Nebenform zu ↗ Godeberta.

Gobo *m,* Kurzform für mit Gode- oder Gott- beginnende männliche Vornamen; Nebenformen: *Gobe, Göbel, Gobelin, Gobbo.*

God *m,* Koseform für ↗ Gottfried.

Goda *w,* Kurzform für mit Gode- beginnende weibliche Vornamen; Nebenformen: *Gode, Göde, Godja;* auch Nebenform zu ↗ Gudula.

Godard *m,* französische Form von ↗ Gotthard.

Godbert *m,* Nebenform zu ↗ Gottbert.

Goddert *m,* Nebenform zu ↗ Gotthard.

Göddert *m,* Nebenform zu ↗ Gotthard.

Gode *m,* Koseform für ↗ Gottfried.

Gode *w,* Nebenform zu ↗ Goda.

Göde *m,* Koseform für ↗ Gottfried.

Göde *w,* Nebenform zu ↗ Goda.

Godebald *w,* Nebenform zu ↗ Gottbald.

Godebert *m,* Nebenform zu ↗ Gottbert.

Godeberta *w,* die weibliche Form zu ↗ Godebert; Nebenform: *Goberta.*

Godefroy *m,* französische Form von ↗ Gottfried.

Godegisel *m,* althochdeutsch: *got* = Gott; *gisal* = Geisel.

Godehard *m,* ältere Form von ↗ Gotthard.

Gödeke *m,* Koseform für ↗ Gottfried.

Godel *m,* Koseform für ↗ Gottfried.

Godela *w,* Nebenform zu ↗ Gudula.

Goedele *w,* Nebenform zu ↗ Gudula.

Godelieba *w,* Nebenform zu ↗ Gottliebe.

Godelind *w,* althochdeutsch: *got* = Gott; *lindi* = mild; Nebenformen: *Godlind, Godelinde, Gotelind, Gotlind, Gotlinde.*

Godelinde *w,* Nebenform zu ↗ Godelind.

Godeschalk *m,* ältere Form von ↗ Gottschalk.

Godestiu *w* = Gottesdienerin; Nebenformen: *Gotste, Gostie;* Kurz- und Koseformen: *Gosse, Gostike, Gaeste.*

Godhard *m,* ältere Form von ↗ Gotthard; Nebenform: *Godehard.*

Godi *m,* Koseform für ↗ Gottfried.

Godja *w,* Nebenform zu ↗ Goda.

Godlind *w,* Nebenform zu ↗ Godelind.

Godo *m,* niederdeutsche Kurzform für mit Gode- gebildete männliche Vornamen; Nebenformen: *Göde, Gody;* friesisch: *Göke;* auch *Golo.*

Godolewa *w,* die weibliche Form zu ↗ Gottlieb; Nebenform: *Godelieba.*

Godwin *m,* althochdeutsch: *got* = Gott; *wini* = Freund; Nebenformen: *Gotwin, Gottwin.*

Gody *m,* Nebenform zu God (↗ Gottfried).

Goffredo *m,* italienische Form von ↗ Gottfried.

Gohard *m,* Nebenform zu ↗ Gotthard.

Namensträger:

Gohard, gestorben 843; Bischof von Nantes; mit zahlreichen anderen Christen Märtyrer (Gedenktag: 25. Juni).

Golda *w,* jüdische Koseform für „von Gold, golden"; Nebenformen: *Goldchen, Goldine.*

Bekannte Namensträgerin:

Golda Meir, 1898–1978; israelische Politikerin.

Goldchen *w,* Nebenform zu ↗ Golda.

Goldine *w,* Nebenform zu ↗ Golda.

Goele *w,* Nebenform zu ↗ Gudula.

Goliat *m,* ökumenische Form von ↗ Goliath.

Goliath *m,* hebräisch: = Verbannung (?); ökumenische Form: *Goliat.*

Golo *m,* Kurzform für ↗ Gottfried und andere mit God- oder Gott- beginnende männliche Vornamen.

Bekannter Namensträger:

Golo Mann, geboren 1909; deutscher Historiker und Publizist.

Gombert *m,* ältere Form von ↗ Guntbert; Nebenformen: *Gompert, Gomprecht.*

Gommar *m,* Nebenform zu ↗ Gundomar.

Gompert *m,* Nebenform zu ↗ Gombert.

Gomprecht *m,* Nebenform zu ↗ Gombert.

Gonda *w,* Kurzform für auf -gonde (althochdeutsch: *gund* = Kampf) endende weibliche Vornamen.

Gonde *w,* Kurzform für ↗ Adelgunde.

Gondrom *m,* Nebenform zu ↗ Guntram.

Gonsalvo *m,* italienische Form von ↗ Gundolf.

Gontard *m,* französische Form von ↗ Gunthard.

Gontran *m,* französiche Form von ↗ Guntram.

Gonzalvo *m,* spanische Form von ↗ Gundolf.

Gopfer *m,* Kurzform für ↗ Gottfried.

Göpfert *m,* Koseform für ↗ Gottfried.

Goppel *m,* Nebenform zu ↗ Gottbald.

Goppelt *m,* Nebenform zu ↗ Gottbald.

Goppert *m,* Nebenform zu ↗ Gottbert.

Gora *m,* russische Koseform für Georgij (↗ Georg).

Goran *m,* jugoslawische Form von ↗ Georg und ↗ Gregor.

Göran *m,* schwedische Form von ↗ Georg und ↗ Gregor.

Gorch *m,* niederdeutsche Koseform für ↗ Georg; Nebenformen: *Gorg, Görg.*

Gord *m,* Kurzform für ↗ Gordian.

Gordian *m,* lateinisch *Gordianus* = aus Gordium (Phrygien) stammend; Kurzform: *Gord.*

Namensträger:

Gordian, 2./3. Jahrhundert; mit Epimach wohl Märtyrer der valerianischen oder diokletianischen Verfolgung (Gedenktag: 10. Mai).

Gordianus *m,* lateinische Form von ↗ Gordian.

Gordius *m,* lateinisch.

Namensträger:

Gordius, gestorben um 306; Märtyrer in Cäsarea (Kappadozien; Gedenktag: 3. Januar).

Gordon *m,* englisch; ursprünglich ein schottischer Familienname.

Gore *m,* amerikanisch; auch Kurzform für ↗ Gregor.

Namensträger:

Gore Vidal, geboren 1935; amerikanischer sozialkritischer Schriftsteller.
Göreis *m,* Koseform für ↗ Gregor.
Gores *m,* Koseform für ↗ Gregor.
Göres *m,* Kurzform für ↗ Georg und ↗ Gregor.
Gorg *m,* Nebenform zu ↗ Gorch.
Görg *m,* Nebenform zu ↗ Gorch.
Görge *m,* Kurzform für ↗ Georg.
Görgel *m,* Koseform für ↗ Georg.
Gorgely *m,* ungarische Form von ↗ Gregor.
Gorgonius *m,* griechisch-lateinisch.
Namensträger:
Gorgonius von Rom, gestorben um 304; Märtyrer unter Diokletian (Gedenktag: 9. September).
Gorius *m,* Kurzform für Gregorius (↗ Gregor).
Gorjes *m,* Koseform für ↗ Gregor.
Gorm *m,* dänische Kurzform für ↗ Guttorm.
Görres *m,* Nebenform zu ↗ Georg und ↗ Gregor.
Gorris *m,* Koseform für ↗ Gregor.
Görs *m,* Kurzform für ↗ Georg und ↗ Gregor.
Gort *m,* Kurzform für ↗ Gotthard.
Gört *m,* Koseform für ↗ Gottfried und ↗ Gotthard.
Gosbert *m,* althochdeutsch: *gos* = Gote; *beraht* = glänzend.
Namensträger:
Gosbert, gestorben 874; um 832 Bischof für die Schwedenmission; daraus vertrieben, wurde er Bischof von Osnabrück (Gedenktag: 13. Februar).
Gose *m,* Kurzform für ↗ Goswin.
Gosse *w,* Kurzform für ↗ Godestiu.
Gosta *w,* Koseform für ↗ Augusta.
Gösta *m,* schwed. Form von ↗ Gustav.
Gostie *w,* Nebenform zu ↗ Godestiu.
Gostike *w,* Koseform für ↗ Godestiu.
Goswin *m,* althochdeutsch: *gos* = Gote; *wini* = Freund; Nebenformen: *Gautwin, Gautwein,* Kurzformen: *Gose, Gotzen, Gatzen.*
Namensträger:
Goswin, gestorben 835; Mönch; Märtyrer durch die Normannen (Gedenktag: 14. Juli).
Goswin, gestorben 1155; lothringischer Zisterzienser; 1141 Abt von Bonnevaux, 1151 von Cîteaux (Gedenktag: 31. März).
Goswin Nickel, 1582–1664; Jesuit; lehrte in Köln, Aachen und Düsseldorf; 1652 als erster Deutscher Ordensgeneral (Gedenktag: 31. Juli).
Gotelind *w,* Nebenform zu ↗ Godelind.
Gotfrid *m,* Nebenform zu ↗ Gottfried.
Gotje *m,* Koseform für ↗ Gottfried.
Gotje *w,* Kurzform für mit God- oder Got- beginnende weibliche Vornamen.
Götje *m,* Koseform für ↗ Gottfried.
Gotlind *w,* Nebenform zu ↗ Godelind.
Gotlinde *w,* Nebenform zu ↗ Godelind.
Gotsch *m,* Koseform für ↗ Gottfried.
Götschi *m,* Koseform für ↗ Gottfried.
Gotste *w,* Nebenform zu ↗ Godestiu.
Gottbald *m,* althochdeutsch: *got* = Gott; *baldo* = kühn; Nebenformen: *Godebald, Goppel, Goppelt.*
Gottbert *m,* althochdeutsch: *got* = Gott; *beraht* = glänzend; Nebenformen: *Gottbrecht, Godbert, Goppert, Gobert, Govert.*
Gottbrecht *m,* Nebenform zu ↗ Gottbert.
Gottel *m,* Koseform für ↗ Gottfried und ↗ Gotthard.
Gottert *m,* Nebenform zu ↗ Gotthard.
Göttert *m,* Nebenform zu ↗ Gotthard.
Gottfried *m,* althochdeutsch: *got* = Gott; *fridu* = Friede; Nebenform: *Gotfrid;* Kurz- und Koseformen: *Gottel, Gotti, Götschi, Gotsch, Gotzi, Gotje, Götje, Götz, Gödeke, God, Gode, Göde, Godi, Godel, Göte, Gört, Gopfer, Göpfert, Geuert; Frieder, Friedel, Fred;* niederländische Formen: *Govert, Gevert;* englisch: *Geoffrey, Jeffrey, Geffry;* französisch: *Godefroy, Geoffroi, Geoffroy;* italienisch: *Goffredo;* tschechisch: *Bohumir.*
Bekannte und bedeutende Namensträger:
Gottfried von Amiens, 1065–1115; Benediktiner; seit 1091 Abt des Klosters

in Nogent; 1104 Bischof von Amiens (Gedenktag: 8. November).

Gottfried, gestorben 1151; Prämonstratenser; erster Abt von Stift Arnstein (Gedenktag: 12. Oktober).

Gottfried von Bouillon, um 1060–1100; lothringischer Kreuzfahrer des ersten Kreuzzugs; wurde 1099 erster König von Jerusalem.

Gottfried Graf von Cappenberg; 1097–1127; Prämonstratenser; machte seine Schlösser zu Klöstern (Gedenktag: 13. Januar).

Gottfried von Straßburg, 13. Jahrhundert; Epiker der mittelhochdeutschen Dichtung.

Gottfried Arnold, 1666–1714; deutscher evangelischer Theologe und Liederdichter (Gedenktag: 30. Mai).

Gottfried Benn, 1886–1956; deutscher expressionistischer Schriftsteller.

Gottfried A. Bürger, 1747–1794; deutscher Dichter des Sturm und Drang.

Gottfried von Einem, geboren 1918; österreichischer Komponist.

Gottfried Keller, 1819–1890; schweizerischer Schriftsteller des Realismus.

Gottfried Könzgen, 1886–1945; deutscher Sekretär der katholischen Arbeiterbewegung; kam ins Konzentrationslager Oranienburg; beim Abtransport von da in der Ostsee ertrunken (Gedenktag: 14. März).

Gottfried W. Leibniz, 1646–1716; deutscher Philosoph und Universalgelehrter (Gedenktag: 14. November).

Gottfried H. Graf Pappenheim, 1594–1632; kaiserlicher General im Dreißigjährigen Krieg.

Gottfried Semper, 1803–1879; deutscher Architekt und Kunsthistoriker.

Gottfried Silbermann, 1683–1734; deutscher Klavier- und Orgelbauer.

Gottfried Thelen, gestorben 1620; Jesuit; bei Kaub mit vier Gefährten wegen seines Glaubens getötet (Gedenktag: 25. September).

Gottfriede *w,* die weibliche Form zu ↗ Gottfried.

Gottgetreu *m,* pietistische Neubildung.

Gotthard *m,* althochdeutsch: *got* = Gott; *harti* = stark; Nebenformen: *Godehard, Goddert, Göddert, Gottert, Göttert;* Kurz- und Koseformen: *Goar, Gort, Gört, Gottel;* französische Form: *Godard.*

Namensträger:

Gotthard, 960–1038; Benediktiner; Reformabt in Neideraltaich, Hersfeld und Tegernsee nach der Cluniazenserreform; 1022 Bischof von Hildesheim (Gedenktag: 5. Mai).

Gotthelf *m,* pietistische Neubildung; Nebenform: *Gotthilf.*

Gotthelm *m,* althochdeutsch: *got* = Gott; *helm* = Helm, Schutz.

Gotthild *w,* althochdeutsch: *got* = Gott; *hiltja* = Kampf; Nebenform: *Gotthilde.*

Gotthilde *w,* Nebenform zu ↗ Gotthild.

Gotthilf *m,* Nebenform zu ↗ Gotthelf.

Gotthold *m,* pietistische Neubildung; aber auch altdeutsch zu ↗ Gottwald.

Bekannter Namensträger:

Gotthold Ephraim Lessing, 1729–1781; deutscher Schriftsteller, Philosoph, Literaturkritiker Kunsttheoretiker der Aufklärung und Vorklassik.

Gotti *m,* Koseform für ↗ Gottfried.

Gottlieb *m,* pietistische Neubildung; aber auch althochdeutsch: *got* = Gott; *leip* = Erbe; Koseform: *Liebel;* tschechische Form: *Bohumil;* russisch: *Bogoljubow.*

Bekannte Namensträger:

Gottlieb Daimler, 1834–1900; deutscher Maschinenbau- und Kraftfahrzeugingenieur.

Gottlieb August Spangenberg, 1704–1792; evangelischer Theologe; Bischof der Brüdergemeine (Gedenktag: 18. September).

Gottliebe *w,* die weibliche Form zu ↗ Gottlieb; Nebenformen: *Godelieba Gottliebin.*

Gottliebin *w,* Nebenform zu ↗ Gottliebe.

Gottlob *m,* pietistische Neubildung; tschechische Form: *Bohuslav;* polnisch: *Bugusław.*

Gottlobine *w,* die weibliche Form zu ↗ Gottlob.

Gottsch *m,* Kurzform für ↗ Gottschalk.

Göttsch *m,* Kurzform für ↗ Gottschalk.

Gottschalk *m,* althochdeutsch: *got* = Gott; *scalk* = Knecht; ältere Form: *Godeschalk;* Kurzformen: *Gottsch, Göttsch.*

Namensträger:

Gottschalk der Sachse, gestorben 868; Mönch und Theologe; Missionar (Gedenktag: 30. Oktober).

Gottschalk der Wende, gestorben 1066; Fürst; christianisierte sein Volk und gründete Bistümer; Märtyrer (Gedenktag: 14. Juni).

Gottschalk von Steinfeld, gestorben 1184; Prämonstratenser; besiedelte das Stift Zeliv in Böhmen und wurde dessen erster Abt (Gedenktag: 9. Februar).

Gottwald *m,* althochdeutsch: *got* = Gott; *waltan* = walten, herrschen; daraus: *Gotthold.*

Gottwert *m,* pietistische Neubildung.

Gottwin *m,* ältere Form von ↗ Godwin.

Gotwin *m,* Nebenform zu ↗ Godwin.

Götz *m,* Koseform für ↗ Gottfried.

Gotzen *m,* Koseform für ↗ Goswin.

Gotzi *m,* Koseform für ↗ Gottfried.

Govert *m,* niederdeutsche und niederländische Form von ↗ Gottbert und ↗ Gottfried.

Goy *m,* spanische Form von ↗ Guido.

Grace *w,* englische Form von ↗ Gratia.

Bekannte Namensträgerinnen:

Grace Bumbry, geboren 1937; amerikanische schwarze Sängerin (Mezzosopran).

Grace Kelly, 1929–1982; amerikanische Filmschauspielerin; als Gattin Fürst Rainiers III. von Monaco seit 1956 Fürstin Gracia.

Grâce *w,* französische Form von ↗ Gratia.

Gracia *w,* spanische und niederländische Form von ↗ Gratia.

Graciano *m,* spanische Form von ↗ Gratian.

Gracy *w,* englische Form von ↗ Gratia.

Grades *m,* Koseform für ↗ Gerhard.

Graham *m,* englisch, nach schottischem Clan; geht auf Ortsnamen zurück.

Bekannte Namensträger:

Graham Greene, geboren 1904; englischer Schriftsteller zahlreicher Kriminalromane; auch Kritiker.

Graham Sutherland, 1903–1980; englischer expressionistischer Maler und Graphiker.

Grant *m,* englische Kurzform für ↗ Gratian.

Grantly *m,* englische Koseform für ↗ Gratian.

Bekannter Namensträger:

Grantly Dick Read, 1890–1959; englischer Frauenarzt.

Gratia *w,* lateinisch: *gratia* = Gnade, Dank; nach dem Fest „Maria, Mutter der Gnade" (9. Juni); italienische und Nebenform: *Grazia;* englisch: *Grace, Gracy;* spanisch: *Gracia;* französisch: *Grâce.*

Namensträgerin:

Gratia, gestorben 1180; spanische Klosterfrau; Märtyrin durch die Sarazenen (Gedenktag: 21. August).

Gratian *m,* nach ↗ Gratia gebildet; lateinisch: *Gratianus;* Nebenform: *Grazian;* englische Form: *Gratian, Grant, Grantly;* französisch: *Gratien;* italienisch: *Graziano;* spanisch: *Graciano.*

Gratien *m,* französische Form von ↗ Gratian.

Gratz *m,* Koseform für ↗ Pankraz.

Grätz *m,* Koseform für ↗ Pankraz.

Gratzel *m,* Koseform für ↗ Pankraz.

Grazia *w,* Nebenform zu ↗ Gratia.

Graziana *w,* italienische weibliche Form zu Grazian (↗ Gratian).

Graziano *m,* italienische Form von ↗ Gratian.

Graziella *w,* italienische Verkleinerungsform von ↗ Gratia.

Greda *w,* Kurz- und Koseform für ↗ Margareta.

Grede *w,* Koseform für ↗ Margareta.

Gredel *w,* Koseform für ↗ Margareta.

Greet *w,* niederdeutsche und niederländische Kurzform für ↗ Margareta; Nebenformen: *Greetje, Gretje, Grietje, Griet.*

Greetje *w,* Nebenform zu ↗ Greet.

Grégoire *m,* französische Form von ↗ Gregor.

Gregoor *m,* niederländische Form von ↗ Gregor.

Gregor *m,* lateinisch: *Gregorius;* aus griechisch: *gregorein* = wachen; Neben- und Koseformen: *Grigor, Gorius, Gores, Göres, Gore, Gorjes, Grögel, Göreis, Gorris, Görres, Joris;* englische Form: *Gregory;* französisch: *Grégoire, Grégory;* niederländisch: *Gregoor, Joris;* italienisch und spanisch: *Gregorio;* tschechisch: Řehoř; russisch: *Grigorij, Grischa;* ungarisch: *Gorgely.*

Bekannte und bedeutende Namensträger:

Gregor von Einsiedeln, gestorben 996; Angelsachse; 949 Benediktiner und ab 964 Abt von Einsiedeln (Gedenktag: 8. November).

Gregor von Kalabrien, gestorben 999; Abt des Basilianerklosters Cerchiara in Kalabrien; von Otto III. 996 zur Gründung des Benediktinerklosters Burtscheid nach Deutschland berufen; der erste Abt des Klosters (Gedenktag: 4. November).

Gregor von Nazianz, 330–390; lebte lange mit Basilius dem Großen als Einsiedler am Schwarzen Meer; seit 372 Bischof; Kanzelredner; erster Vertreter eines christlichen Humanismus (Gedenktag: 2. Januar; evangelisch: 8. Mai).

Gregor von Spoleto, 4. Jahrhundert; Priester; nach der Überlieferung Märtyrer zu Spoleto (Gedenktag: 23. Dezember).

Gregor von Utrecht, gestorben 777; Adliger; Schüler des Bonifatius; Abt in Utrecht und nach ihm Leiter der Friesenmission (Gedenktag: 26., evangelisch: 25. August).

Gregor I., der Große, um 540–604; seit 590 Papst; Förderer der Christianisierung Englands und des Kirchengesangs; Kirchenlehrer (Gedenktag: 3. September; evangelisch: 12. März).

Gregor II., 669–731; seit 715 Papst; sandte 719 Bonifatius zur Christianisierung der Germanen aus (Gedenktag: 12. Februar).

Gregor VII., um 1022–1085; Benediktiner in Rom; schon vor seiner Wahl als Hildebrand im Dienst der Päpste und der Kirchenreform; 1073 Papst; setzte Reformtätigkeit fort (Cluny); geriet mit König Heinrich IV. in den Investiturstreit; starb in der Verbannung zu Salerno (Gedenktag: 25. Mai).

Gregor X., 1210–1276, seit 1271 Papst; von der Kreuzzugsidee beherrscht; erreichte in Lyon 1274 die Union mit den Griechen (Gedenktag: 10. Januar).

Gregor XIII., 1502–1585; seit 1572 Papst; förderte die katholische Restauration; führte den Gregorianischen Kalender ein.

Gregor J. Mendel, 1822–1884; österreichischer Biologe; Augustinermönch; Begründer der Vererbungslehre.

Gregor von Rezzori, geboren 1914; deutscher Schriftsteller.

Gregorio *m,* italienische und spanische Form von ↗ Gregor.

Gregorius *m,* lateinische Form von ↗ Gregor.

Gregory *m,* englische Form von ↗ Gregor.

Bekannter Namensträger:

Gregory Peck, geboren 1916; amerikanischer Filmschauspieler.

Grégory *m,* französische Form von ↗ Gregor.

Greim *m,* Koseform für ↗ Grimwald.

Grein *m,* rheinische Form von ↗ Quirin.

Greta *w,* Kurzform für ↗ Margareta.

Bekannte Namensträgerin:

Greta Garbo, geboren 1905; schwedische Filmschauspielerin.

Gretchen *w*, Koseform für ↗ Margareta.
Grete *w*, Kurzform für ↗ Margareta.
Gretel *w*, Koseform für ↗ Margareta.
Greten *w*, Koseform für ↗ Margareta.
Grethe *w*, Kurzform für ↗ Margareta.
Bekannte Namensträgerin:
Grethe Weiser, 1903–1970; populäre deutsche Schauspielerin.
Gretje *w*, Nebenform zu ↗ Greet.
Gri *m*, russische Kurz- und Koseform für ↗ Grigorij (↗ Gregor).
Gried *m*, Koseform für ↗ Margareta.
Griet *w*, Nebenform zu ↗ Greet; Koseform für ↗ Margareta.
Grietje *w*, Nebenform zu ↗ Greet.
Griffith *m*, englische Form von ↗ Rufinus.
Grigor *m*, Nebenform zu ↗ Gregor.
Grigorij *m*, russische Form von ↗ Gregor.
Bekannte Namensträger:
Grigorij Potjomkin, 1739–1791; russischer Politiker.
Grigorij Rasputin, 1864/65–1916; russischer Mönch und „Wundertäter"; beeinflußte unheilvoll Hof und Politik.
Grimald *m*, Nebenform zu ↗ Grimwald.
Grimbald *m*, Nebenform zu ↗ Grimwald.
Grimbert *m*, althochdeutsch: *grim* = wild; *beraht* = glänzend.
Grimelt *m*, Nebenform zu ↗ Grimwald.
Grimo *m*, Kurzform für ↗ Grimwald.
Namensträger:
Grimo, gestorben 1172; Prämonstratenser; zweiter Propst des Stifts Ursberg (Gedenktag: 2. März).
Grimoald *m*, Nebenform zu ↗ Grimwald.
Grimolt *m*, Nebenform zu ↗ Grimwald.
Grimwald *m*, althochdeutsch: *grim* = grimmig, wild; *waltan* = walten, herrschen; Nebenformen: *Grimoald, Grimald, Grimolt, Grimelt;* Kurzformen: *Grimo, Greim.*
Grischa *m*, russische Koseform für Grigorij (↗ Gregor).
Griselda *w*, althochdeutsch: *gris* = grau; *helde (helt, hiltja)* = Kampf; Nebenform: *Griseldis;* englische Kurzform: *Zelda.*
Griseldis *w*, Nebenform zu ↗ Griselda.
Grit *w*, Koseform für Margrit (↗ Margareta).
Grita *w*, Kurzform für ↗ Margareta.
Gritli *w*, Koseform für ↗ Margareta.
Gritschi *w*, Koseform für ↗ Margareta.
Gritt *w*, Kurzform für Margrit (↗ Margareta).
Gritta *w*, Kurzform für Margrit (↗ Margareta).
Grittchen *w*, Koseform für ↗ Margareta.
Gritz *m*, Kurzform für ↗ Agritius.
Grolmes *m*, Koseform für ↗ Hieronymus.
Grommes *m*, Koseform für ↗ Hieronymus.
Grönlein *m*, Koseform für ↗ Hieronymus.
Grutschi *w*, Koseform für ↗ Margareta.
Gualfard *m*, Nebenform zu ↗ Wolfhard.
Gualterio *m*, italienische Form von ↗ Walter.
Gualtiero *m*, italienische Form von ↗ Walter.
Guarin *m*, lateinisch: *Quirinus;* Nebenform: *Warin;* französische Formen: *Garin, Guérin;* italienisch: *Guarino.*
Namensträger:
Guarin, 1065–1150; erst Benediktiner und Abt des Priorats Aulps (Savoyen); trat 1136 mit dem Konvent zu den Zisterziensern über; ab 1138 Bischof von Sitten (Gedenktag: 30. August).
Guarino *m*, italienische Form von ↗ Guarin.
Guarnerio *m*, italienische Form von ↗ Werner; auch *Guarniero.*
Guarniero *m*, Nebenform zu ↗ Guarnerio.

Guda *w,* Kurzform für ↗ Gudula oder ↗ Godolewa; allgemein für mit Gud- oder Gund- beginnende weibliche Vornamen; Nebenformen: *Gunda, Gutta.*
Namensträgerin:
Guda, 13. Jahrhundert; stiftete Kirche in Adelberg (Gedenktag: 1. November).

Gudbrand *m,* althochdeutsch: *got* = Gott; oder: *gund* = Kampf; *brand* = Feuer, Schwert; isländisch: *Gudbrandur;* Nebenform: *Gudhbrand.*

Gudbrandur *m,* isländische Form von ↗ Gudbrand.

Gude *w,* Nebenform zu ↗ Gudula.

Güde *w,* friesische Nebenform zu ↗ Gudula.

Gudhbrand *m,* Nebenform zu ↗ Gudbrand, Vorform zu ↗ Gullbrand.

Gudmund *m,* althochdeutsch: *got* = Gott; *mund* = Schutz; isländisch: *Gudmundur.*

Gudmundur *m,* isländische Form von ↗ Gudmund.

Gudrun *w,* althochdeutsch: *Gunderun: gund* = Kampf; *runa* = Geheimnis, Zauber; Nebenformen: *Gudrune, Guntrun, Kudrun;* Koseform: *Gudula.*

Gudrune *w,* Nebenform zu ↗ Gudrun.

Gudula *w,* Koseform für ↗ Gudrun und andere mit Gud- oder Gund- beginnende weibliche Vornamen; Nebenformen: *Godela, Guda, Gude, Guta, Gutta, Goda;* friesisch: *Güde; Jul; Goele, Goedele.*
Namensträgerin:
Gudula, gestorben um 712; Nichte Gertruds von Nivelles, die sie da erzog; führte ein Leben tätiger Nächstenliebe (Gedenktag: 8. Januar).

Guérin *m,* französische Form von ↗ Guarin.

Guernard *m,* französische Form von ↗ Werner.

Guglielmina *w,* italienische Form von ↗ Wilhelmine.

Guglielmo *m,* italienische Form von ↗ Wilhelm.
Bekannter Namensträger:
Guglielmo Marconi, 1874–1937; italienischer Physiker und Ingenieur; Pionier der drahtlosen Nachrichtenübermittlung.

Guibert *m,* französische Form von ↗ Wigbert.

Guichard *m,* französische Form von ↗ Wighard.

Guido *m,* romanisierte Form von ↗ Veit oder des althochdeutschen ↗ Wido; allgemein: Kurzform für mit Wid- beginnende männliche Vornamen; englische und französische Form: *Guy;* italienisch: *Guido;* spanisch: *Goy.*
Bekannte Namensträger:
Guido, gestorben 1012; Küster in Laeken bei Brüssel; pilgerte nach Rom und Jerusalem; erlag der Pest (Gedenktag: 12. September).
Guido, 1010–1046; Benediktiner; Abt von Pomposa; förderte Ordens- und Kirchenreform (Gedenktag: 4. Mai).
Guido von Arezzo, etwa 995–1050; italienischer Musiktheoretiker; Benediktiner.

Guilbert *m,* französische Form von ↗ Wilbert.

Guilelmus *m,* latinisierte Form von ↗ Wilhelm.

Guillard *m,* französische Form von ↗ Wilhard.

Guillaume *m,* französische Form von ↗ Wilhelm.
Bekannte Namensträger:
Guillaume Apollinaire, 1880–1918; französischer Schriftsteller zwischen Symbolismus und Surrealismus.
Guillaume Guizot, 1787–1874; französischer Politiker und Historiker.

Guillerma *w,* spanische Form von ↗ Wilhelmine.

Guillermo *m,* spanische Form von ↗ Wilhelm.

Guinard *m,* französische Form von ↗ Winald.

Guiscard *m,* französische Form von ↗ Wishard; eingedeutschte Nebenform: *Guiskard.*

Guiskard *m,* Nebenform zu ↗ Guiscard.

Guland *w*, Koseform für ↗ Jolanthe.

Gulja *m*, russische Koseform für Georgij (↗ Georg).

Gulja *w*, russische Koseform für ↗ Galina.

Gullbrand *m*, schwedisch; aus *Gudhbrand: got* = Gott; *brand* = Feuer, Schwert.

Gumbel *m*, Nebenform zu ↗ Gundobert.

Gumbert *m*, ältere Form von Guntbert (↗ Gundobert).

Namensträger:

Gumbert, 8. Jahrhundert; fränkischer Abtbischof des von ihm gegründeten Klosters zu Ansbach (Gedenktag: 15. Juli).

Gumbold *m*, ältere Form von ↗ Gundbald; Nebenformen: *Gumpolt, Gumpel.*

Gumbrecht *m*, Nebenform zu ↗ Gundobert.

Gummar *m*, Nebenform zu ↗ Gundomar.

Namensträger:

Gummar, gestorben um 774; belgischer Edelmann; gründete mit Rumold in Lier ein Kloster; lebte als Einsiedler (Gedenktag: 16. März).

Gumpel *m*, Nebenform zu Gumbold (↗ Gundbald).

Gumpert *m*, Nebenform zu ↗ Gundobert.

Gumpolt *m*, Nebenform zu Gumbold (↗ Gundbald).

Gumprecht *m*, Nebenform zu ↗ Gundobert.

Gun *w*, Kurzform für mit Gunt- oder -gund gebildete weibliche Vornamen.

Gunar *m*, Nebenform zu ↗ Gunnar.

Gunborg *w*, schwedisch; aus althochdeutsch: *gund* = Kampf; *burg* = Burg, Zuflucht, Schutz.

Gunda *w*, Nebenform zu ↗ Guda; Kurzform für Fredegunde, Kunigunde; allgemein für mit Gund- oder -gund, -gunda gebildete weibliche Vornamen; auch *Gunde.*

Gundakar *m*, Nebenform zu ↗ Gundekar.

Gundaker *m*, Nebenform zu ↗ Gundekar.

Gunde *w*, entspricht ↗ Gunda.

Gundeberga *m*, Nebenform zu ↗ Guntberga.

Gundeberta *w*, althochdeutsch: *gund* = Kampf; *beraht* = glänzend.

Gundekar *m*, althochdeutsch: *gund* = Kampf; *wakar* = wachsam; Nebenformen: *Gundakar, Gundaker.*

Namensträger:

Gundekar, 1019–1075; Domherr und ab 1057 Bischof von Eichstätt (Gedenktag: 2. August).

Gundel *w*, Kurzform für ↗ Adelgunde, ↗ Kunigunde; allgemein für mit Gund- oder -gunde gebildete weibliche Vornamen.

Gundela *w*, Nebenform zu ↗ Gundula.

Gundelind *w*, althochdeutsch: *gund* = Kampf; *linta* = Lindenholzschild; Nebenformen: *Gundelinde, Guntlinde, Guntlind.*

Namensträgerin:

Gundelind, gestorben um 720; nach der Überlieferung elsässische Herzogstochter; leitete das von ihrer Tante Odilia gestiftete Hospital (Gedenktag: 28. März).

Gundelinde *w*, Nebenform zu ↗ Gundelind.

Gunder *m*, dänische Form von ↗ Günther.

Gundine *w*, Weiterbildung von ↗ Gunda.

Gundisalvus *m*, latinisierte Form von ↗ Gundolf.

Gundo *m*, Kurzform für mit Gund- oder Gunt- beginnende männliche Vornamen.

Gundobald *m*, althochdeutsch: *gund* = Kampf; *bald* = kühn.

Gundobert *m*, althochdeutsch: *gund* = Kampf; *beraht* = glänzend; Nebenformen: *Gundbert, Gundbrecht, Guntbert, Guntprecht, Gumbert, Gumbrecht, Gumpert, Gumprecht, Gumbel.*

Gundolf *m*, althochdeutsch: *gund* = Kampf; *wolf* = Wolf; latinisiert: *Gundisalvus;* italienische Form: *Gonsalvo;* spanisch: *Gonzalvo.*

Namensträger:

Gundolf, gestorben etwa 822; seit etwa 816 Bischof von Metz (Gedenktag: 6. September).

Gundomar *m,* althochdeutsch: *gund* = Kampf; *mari* = berühmt; Nebenformen: *Guntmar, Gommar, Gummar.*

Gundula *w,* Weiterbildung von ↗ Gunda; oder eigener Vorname aus mit Gund- beginnenden weiblichen Vornamen; Nebenform: *Gundela.*

Namensträgerin:

Gundula, gestorben 286; nach der Überlieferung Märtyrin bei Mailand (Gedenktag: 6. Mai).

Gunhild *w,* nordische Form von ↗ Gunthild; Nebenformen: *Gunild, Gunnhild, Gunilla.*

Gunild *m,* Nebenform zu ↗ Gunhild.

Gunilla *w,* Nebenform zu ↗ Gunhild.

Gunn *w,* Kurzform für mit Gun- oder Gund- beginnende weibliche Vornamen.

Gunnar *m,* nordische Form von Gunther und Günther; Nebenformen: *Gunar, Gunner.*

Bekannte Namensträger:

Gunnar Gunnarsson, 1889–1975; isländischer, dänisch schreibender Heimatschriftsteller.

Gunnar Myrdal, geboren 1898; schwedischer Wirtschaftswissenschaftler und Politiker.

Gunner *m,* Nebenform zu ↗ Gunnar.

Gunnert *m,* schwedische Form von ↗ Gunthard.

Gunnhild *w,* Nebenform zu ↗ Gunhild.

Guntberga *w,* althochdeutsch: *gund* = Kampf; *berga* = Schutz, Zuflucht; Nebenform: *Gundeberga.*

Guntbert *m,* Nebenform zu ↗ Gundobert.

Guntberta *w,* die weibliche Form zu ↗ Guntbert.

Guntbrecht *m,* Nebenform zu ↗ Gundobert.

Gunter *m,* althochdeutsch: *gund* = Kampf; *heri* = Heer; Nebenformen: *Gunther, Günter, Günther;* nordische Formen: *Gunar, Gunnar, Gunner.*

Günter *m,* Nebenform zu ↗ Gunter.

Bekannte Namensträger:

Günter Eich, 1907–1972; deutscher Schriftsteller; Hörspieldichter.

Günter Grass, geboren 1927; deutscher Schriftsteller, Maler, Graphiker und Bildhauer.

Günter Neumann, 1913–1972; deutscher Kabarettist, Filmautor und Komponist.

Guntfried *m,* althochdeutsch: *gund* = Kampf; *fridu* = Friede.

Gunthard *m,* althochdeutsch: *gund* = Kampf; *harti* = hart, stark.

Gunthelm *m,* althochdeutsch: *gund* = Kampf; *helm* = Helm, Schutz.

Gunther *m,* Nebenform zu ↗ Gunter.

Namensträger:

Gunther, gestorben 940; Mönch in Sankt Emmeram; 940 Bischof von Regensburg (Gedenktag: 8. Oktober).

Gunther von Bayern, 9. Jahrhundert; Gründer der Abtei Kremsmünster (Gedenktag: 28. November).

Gunther von Schwarzburg, gestorben 1045; lebte erst als Mönch in Hersfeld, später als Einsiedler in Böhmen (Gedenktag: 9. Oktober).

Günther *m,* Nebenform zu ↗ Gunter.

Namensträger:

Günther Ramin, 1898–1956; deutscher Organist und Kirchenmusiker; Thomaskantor.

Günther Rennert, 1911–1978; deutscher Regisseur und Theaterleiter.

Günther Weisenborn, 1902–1969; deutscher zeitkritischer Schriftsteller; Gegner des Nationalsozialismus.

Gunthild *w,* althochdeutsch: *gund* = Kampf; *hiltja* = Kampf; Nebenform: *Gunthilde.*

Namensträgerinnen:

Gunthild, 11. Jahrhundert; legendäre Magd; bescheiden und mildtätig (Gedenktag: 22. September).

Gunthild, gestorben 1131; Grafentochter; erste Äbtissin des Benediktinerinnenklosters Biblisheim (Elsaß; Gedenktag: 21. Februar).

Guntlind *w,* Nebenform zu ↗ Gundelind.

Guntlinde *w,* Nebenform zu ↗ Gundelind.

Guntmar *m,* Nebenform zu ↗ Gundomar.

Guntrad *m,* althochdeutsch: *gund* = Kampf; *rat* = Ratgeber.

Guntrada *w,* die weibliche Form zu ↗ Guntrad; Nebenform: *Guntrade.*

Guntrade *w,* Nebenform zu ↗ Guntrada.

Guntram *m,* althochdeutsch: *gund* = Kampf; *hraban* = Rabe; Nebenform: *Gondrom;* französische Form: *Gontran.*

Namensträger:

Guntram, 525–592; seit 561 König von Burgund; betrieb Kirchenreform; verbot Sonntagsarbeit (Gedenktag: 28. März).

Guntrun *w,* Nebenform zu ↗ Gudrun.

Guntwin *m,* althochdeutsch: *gund* = Kampf; *wini* = Freund.

Gürgel *m,* Koseform für ↗ Georg.

Gus *m,* Kurz- und Koseform für ↗ Gustav.

Guscha *w,* russische Koseform für Olguscha (↗ Olga).

Gussy *w,* englische Kurzform für Augusta (↗ Guste).

Gust *m,* Kurz- und Koseform für ↗ Gustav.

Gusta *w,* Kurzform für ↗ Augusta.

Gustaf *m,* Nebenform zu ↗ Gustav.

Bekannter Namensträger:

Gustaf Gründgens, 1899–1963; deutscher Regisseur und Schauspieler der Bühne und des Films; Charakterdarsteller.

Gustav *m,* altschwedisch: *göt* = Bote; *staf* = Stab, Stütze; Nebenformen: *Gustaf, Gösta;* Kurz- und Koseformen: *Gust, Gustl, Gus;* französische Form: *Gustave;* tschechisch: *Gustáv.*

Bekannte Namensträger:

Gustav, gestorben 890; Einsiedler in Nordschweden(Gedenktag: 10.März).

Gustav I., Wasa, 1496–1560; schwedischer König seit 1523.

Gustav II., Adolf, 1594–1632; schwedischer König; besiegte im Dreißigjährigen Krieg Tilly; fiel bei Lützen.

Gustav Theodor von Fechner, 1801–1887; deutscher Naturwissenschaftler, Psychologe und Philosoph; begründete Psychophysik und experimentelle Psychologie.

Gustav Freytag, 1816–1895; deutscher realistischer Schriftsteller und fortschrittsgläubiger Politiker.

Gustav Heinemann, 1899–1976; deutscher Politiker; der dritte Bundespräsident.

Gustav Hertz, 1887–1975; deutscher Atomphysiker.

Gustáv Husák, geboren 1913; tschechischer kommunistischer Politiker.

Gustav Robert Kirchhoff, 1824–1887; deutscher Physiker; begründete mit Bunsen die Spektralanalyse.

Gustav Klimt, 1862–1918; österreichischer Maler des Wiener Jugendstils.

Gustav Knak, gestorben 1878; deutscher evangelischer Erweckungsprediger (Gedenktag: 27. Juli).

Gustav Knuth, geboren 1901; deutscher Schauspieler der Bühne und des Films.

Gustav Mahler, 1860–1911; österreichischer Komponist und Dirigent.

Gustav Nachtigal, 1834–1885; deutscher Afrikaforscher und Reiseschriftsteller.

Gustav Radbruch, 1878–1949; deutscher Rechtswissenschaftler und sozialdemokratischer Politiker.

Gustav von Schmoller, 1838–1917; deutscher Nationalökonom und Sozialreformer.

Gustav Schwab, 1792–1850; deutscher spätromantischer Schriftsteller des Schwäbischen Dichterkreises.

Gustav Stresemann, 1878–1929; deutscher Politiker; verbesserte das Verhältnis Deutschlands zu den Westmächten.

Gustav Werner, gestorben 1887; evangelischer Zeuge der Barmherzigkeit in Württemberg (Gedenktag: 1. August).

Gustáv *m,* tschechische Form von ↗ Gustav.

Gustava *w,* die weibliche Form zu ↗ Gustav; Nebenform: *Gustave.*

Gustave *w,* Nebenform zu ↗ Gustava.

Gustave *m,* französische Form von ↗ Gustav.

Bekannte Namensträger:

Gustave Courbet, 1819–1877; französischer naturalistischer Maler und Graphiker.

Gustave Eiffel, 1832–1923; französischer Ingenieur; erbaute den Eiffelturm.

Gustave Flaubert, 1821–1880; französischer psychologisch-realistischer Schriftsteller.

Gustave Le Bon, 1841–1931; französischer Anthropologe und Soziologe.

Guste *w,* Kurzform für ↗ Augusta; Nebenformen: *Gusti, Gusse, Gus;* englische Form: *Gussy.*

Gustel *m,* Kurzform für ↗ August und ↗ Gustav.

Gustel *w,* Kurzform für ↗ Augusta.

Gusti *w,* Koseform für ↗ Augusta.

Gustinus *m,* Kurzform für ↗ Augustinus.

Gustl *m,* Kurz- und Koseform für ↗ August und ↗ Gustav.

Gustl *w,* Kurz- und Koseform für ↗ Augusta.

Guta *w,* Nebenform zu ↗ Gudula.

Gutrune *w,* Nebenform zu ↗ Gudrun.

Gutta *w,* Nebenform zu ↗ Guda oder ↗ Gudula.

Guy *m,* englische und französische Form von ↗ Guido, ↗ Veit und ↗ Wido.

Bekannter Namensträger:

Guy de Maupassant, 1850–1893; französischer naturalistisch-pessimistischer Schriftsteller.

Gwen *w,* Kurzform für ↗ Gwendolin; Nebenform: *Gwenn.*

Namensträgerin:

Gwen, 5. Jahrhundert; Mutter von Jacut und Guethenoc, die als Einsiedler in der Bretagne lebten (Gedenktag: 18. Oktober).

Gwenda *w,* Kurzform für ↗ Gwendolin.

Gwendolin *w,* englisch; von keltisch: *gwyn* = weiß; Nebenformen: *Gwendolyn, Gwendoline;* latinisiert: *Gwendolina;* Kurzformen: *Gwen, Gwenn, Gwenda.*

Gwendolina *w,* latinisierte Form von ↗ Gwendolin.

Gwendoline *w,* Nebenform zu ↗ Gwendolin.

Gwendolyn *w,* Nebenform zu ↗ Gwendolin.

Gwenn *w,* Nebenform zu ↗ Gwen.

Gwladys *w,* Nebenform zu ↗ Gladys.

György *m,* ungarische Form von ↗ Georg.

Bekannte Namensträger:

György Ligeti, geboren 1923; ungarischer avantgardistischer Komponist.

György Lukács, 1885–1971; ungarischer marxistischer Kulturphilosoph und Literaturwissenschaftler.

Gyula *m,* ungarische Form von ↗ Julius.

H

Habakuk *m,* hebräisch: = Umschlingung (?).

Namensträger:

Habakuk, einer der Kleinen Propheten im Alten Testament.

Habbo *m,* Kurzform für mit Hadu- beginnende männliche Vornamen; Nebenformen: *Happe, Happo.*

Hadamar *m* und *w,* Nebenform zu ↗ Hademar.

Hadbert *m,* Nebenform zu ↗ Hadubert.

Hadburg *w,* Nebenform zu ↗ Hadeburg.

Hadburga *w,* Nebenform zu ↗ Hadeburg.

Hadebrand *m,* Nebenform zu ↗ Hadubrand.

Namensträger:

Hadebrand, gestorben 1198; gründete um 1183 das niederländische Benediktinerkloster Feldwerd und 1192 das Benediktinerinnenkloster Thesinge (Gedenktag: 30. Juli).

Hadeburg *w,* althochdeutsch: *hadu* = Kampf; *burg* = Burg, Zuflucht; Nebenformen: *Hadburg, Hadburga, Hadeburga.*

Hadeburga *w,* Nebenform zu ↗ Hadeburg.

Hadelin *m,* althochdeutsch: *hadu* = Kampf; *linta* = Lindenholzschild.
Namensträger:
Hadelin, gestorben um Mitte des 7. Jahrhunderts; gründete die Abtei Celles (Gedenktag: 3. Februar).

Hadelind *w,* althochdeutsch: *hadu* = Kampf; *lind* = mild, oder: *linta* = Lindenholzschild; Nebenform: Hadelinde.

Hadelinde *w,* Nebenform zu ↗ Hadelind.

Hadelog *w,* althochdeutsch: *hadu* = Kampf; auch *Hadeloga.*
Namensträgerin:
Hadelog, gestorben um 750; nach der Legende karolingische Jungfrau; stiftete das Doppelkloster Kitzingen (Gedenktag: 2. Februar).

Hadeloga *w,* Nebenform zu ↗ Hadelog.

Hademar *m* und *w,* althochdeutsch: *hadu* = Kampf; *mari* = berühmt; Nebenformen: *Hadamar, Hadumar, Hathumar.*

Hademod *w,* Nebenform zu ↗ Hademut.

Hademund *m,* althochdeutsch: *hadu* = Kampf; *munt* = Schutz.

Hademut *w,* althochdeutsch: *hadu* = Kampf; *muot* = Mut, Geist, Gesinnung; Nebenformen: *Hadmut, Hadmute, Hademod, Hadumod, Hadumoth.*

Hadewig *w,* ältere Form von ↗ Hedwig; Nebenform: *Hadwig.*

Hadewin *m,* althochdeutsch: *hadu* = Kampf; *wini* = Freund; Nebenformen: *Haduin, Haduwin, Hadwin.*

Hädken *w,* Koseform für ↗ Hedwig.

Hadmut *w,* Nebenform zu ↗ Hademut.

Hadmute *w,* Nebenform zu ↗ Hademut.

Hado *m,* Nebenform zu ↗ Hatto.

Hadrian *m,* lateinisch *Hadrianus;* Nebenform zu ↗ Adrianus.
Namensträger:
Hadrian, gestorben 305; nach der Legende christlicher Offizier im Heer Kaiser Maximinians; mit anderen in Nikomedien Märtyrer durch dessen Verfolgung (Gedenktag: 8. September).

Hadrianus *m,* lateinische Form von ↗ Hadrian.

Hadubert *m,* althochdeutsch: *hadu* = Kampf; *beraht* = glänzend; Nebenform: *Hadbert.*

Hadubrand *m,* althochdeutsch: *hadu* = Kampf; *brand* = Feuer, Schwert; Nebenform: *Hadebrand.*

Haduin *m,* Nebenform zu ↗ Hadewin.

Hadumar *m,* Nebenform zu ↗ Hademar.

Hadumod *w,* Nebenform zu ↗ Hademut.
Namensträgerin:
Hadumod, um 840–874; Benediktinerin; seit 852 Äbtissin von Brunshausen (Gedenktag: 28. November).

Hadumoth *w,* ältere Form von ↗ Hademut.

Haduwig *w,* Nebenform zu Hadwig (↗ Hedwig).

Haduwin *m,* Nebenform zu ↗ Hadewin.

Hadwart *m,* Nebenform zu ↗ Hartward.

Hadwig *w,* Nebenform zu Hadewig (↗ Hedwig).
Namensträgerinnen:
Hadwig, gestorben nach 887; seit 858 als Äbtissin in Herford bezeugt (Gedenktag: 16. Oktober).
Hadwig, gestorben um Mitte des 12. Jahrhunderts; Priorin eines Prämonstratenserinnenklosters (Gedenktag: 19. Februar).
Hadwig von Meer, gestorben um 1200; um 1183 Meisterin des Prämonstratenserinnenklosters Meer bei Neuß (Gedenktag: 14. April).

Hadwin *m,* Nebenform zu ↗ Hadewin.

Hadwina *w,* Nebenform zu ↗ Hadwine.

Hadwine *w*, die weibliche Form zu ↗ Hadwin; Nebenform: *Hadwina.*

Hafes *m*, Nebenform zu ↗ Hafis.

Hafis *m*, persisch-arabisch; ein islamischer Ehrentitel für Korankenner; Nebenform: *Hafes.*

Bekannter Namensträger:

Hafis, 1326–1390; bedeutender persischer Lyriker.

Hagar *w*, hebräisch: = flüchtig, wandernd; ökumenische Form; französische und italienische Form: *Agar;* so auch in der Vulgata.

Namensträgerin:

Hagar, im Alten Testament Magd Saras und Mutter von Abrahams Sohn Ismael (Gedenktag: 21. Dezember).

Hagen *m*, althochdeutsch: *hagan* = Einfriedung; Nebenform: *Hakon;* Kurzformen: *Haio, Heio, Hajo, Hayo;* schwedische Form: *Högne;* isländisch: *Högni.*

Namensträger:

Hagen von Tronje, Figur der deutschen Sage im Nibelungenlied; tötete Siegfried.

Hai *m*, Nebenform zu ↗ Hajo.

Haide *w*, Nebenform zu ↗ Heide.

Haider *m*, Nebenform zu ↗ Heider.

Haie *m*, Nebenform zu ↗ Hajo.

Haike *m*, Nebenform zu ↗ Heike.

Haiko *m*, Nebenform zu ↗ Heiko.

Haila *w*, Nebenform zu ↗ Heila.

Haimo *m*, Nebenform zu ↗ Heimo.

Hain *m*, Kurzform für ↗ Heinrich.

Haindl *m*, Koseform für ↗ Heinrad.

Haio *m*, friesische Kurzform für ↗ Hagen.

Hajo *m*, friesische Kurzform für ↗ Hagen und die Doppelnamen ↗ Hansjoachim und ↗ Hansjosef; Nebenformen: *Hai, Haie, Haio, Hayo.*

Hakon *m*, nordisch; altnordisch: Hakvinn: *hak* = Hagen; *wini* = Freund; auch Nebenform zu ↗ Hagen.

Hal *m*, englische Kurzform für ↗ Heinrich.

Haldan *m*, dänisch: = halber Däne; Nebenformen: *Halfdan, Halden.*

Halden *m*, Nebenform zu ↗ Haldan.

Haldis *w*, Nebenform zu ↗ Halldis.

Haldor *m*, nordisch: *hall* = Fels, Stein; dor = Thor; Nebenform: *Halldor, Haldór, Halldór.*

Haldór *m*, Nebenform zu ↗ Haldor.

Halfdan *m*, Nebenform zu ↗ Haldan.

Halfred *m*, nordisch: *hall* = Fels, Stein; *fredu* = Friede; Nebenform: *Hallfred.*

Halina *w*, polnische Verkleinerungsform für ↗ Helene.

Halinka *w*, polnische Koseform für ↗ Helene.

Halka *w*, polnische Koseform für ↗ Helene.

Halldis *w*, schwedisch: *hall* = Fels, Stein; *dis* = Göttin; Nebenform: *Haldis.*

Halldor *m*, Nebenform zu ↗ Haldor.

Halldór *m*, Nebenform zu ↗ Haldór.

Bekannter Namensträger:

Halldór Laxness, geboren 1902; isländischer realistischer Heimatschriftsteller.

Hallfred *m*, Nebenform zu ↗ Halfred.

Hallgard *w*, nordisch: *hall* = Fels, Stein; *gard* = Schutz; schwedische Formen: *Hallgärd, Hallgerd.*

Hallgärd *w*, schwedische Form von ↗ Hallgard.

Hallgerd *w*, schwedische Form von ↗ Hallgard.

Halvar *m*, Nebenform zu ↗ Halvard.

Halvard *m*, nordisch: *hall* = Fels, Stein; *vard* = Hüter; Nebenformen: *Halvar, Halvor.*

Halvor *m*, Nebenform zu ↗ Halvard.

Hamilkar *m*, phönikisch.

Bekannter Namensträger:

Hamilkar, gestorben um 229 v. Chr.; karthagischer Feldherr; Vater Hannibals; verlor ersten Punischen Krieg.

Hamme *m*, friesische Kurzform für mit Had- oder Hade- beginnende männliche Vornamen; auch für ↗ Hermann; Nebenform: *Hammo.*

Hammo *m*, Nebenform zu ↗ Hamme.

Handirk *m*, niederdeutsch: aus Johann und Diderik (= Dietrich).

Hanfried *m*, Doppelname aus ↗ Johann und ↗ Friedrich.

Hania *w*, Nebenform zu ↗ Hanja.

Hanja *w,* Koseform für Hanna (↗ Johanna) in Angleichung an slawisch Anja oder Tanja; Nebenform: *Hania.*

Hanjo *m,* Kurzform für die Doppelnamen ↗ Hansjoachim und ↗ Hansjosef.

Hank *m,* Nebenform zu ↗ Hans und ↗ Johannes.

Hanka *w,* friesische Kurzform, auch slawische Form von ↗ Johanna; Nebenform: *Hanke.*

Hanke *m,* friesische Kurzform für ↗ Johannes.

Hanke *w,* Nebenform zu ↗ Hanka.

Hanko *m,* Kurzform und slawische Form von ↗ Johannes.

Hann *m,* Nebenform zu ↗ Hans.

Hanna *w,* ökumenische Form von ↗ Hannah und Kurzform für ↗ Johanna; Nebenformen: *Hanne, Hanni;* Koseformen: *Hannele, Hannchen, Hansi, Hanja; Hanna* auch schwedische Form von ↗ Johanna.

Bekannte Namensträgerinnen:

Hanna Reitsch, 1912–1949; deutsche Fliegerin.

Hanna Schygulla, geboren 1943; deutsche Filmschauspielerin.

Hannah *w,* hebräisch: = die Begnadete, Anmutige; ökumenische Form: *Hanna;* in der Vulgata und in der Lutherbibel: *Anna.*

Namensträgerinnen:

Hannah, im Alten Testament Mutter Samuels.

Hannah, im Neuen Testament Mutter Marias (Hanna, Anna).

Hannah Arendt, 1906–1975; deutsche Sozialphilosophin und Politologin.

Hannalies *w,* Nebenform zu ↗ Hanneliese.

Hannaliese *w,* Nebenform zu ↗ Hanneliese.

Hannchen *w,* Koseform für ↗ Hanna und ↗ Johanna.

Hanne *w,* Nebenform zu ↗ Hanna, Kurzform für ↗ Johanna.

Bekannte Namensträgerin:

Hanne Wieder, geboren 1929; deutsche Schauspielerin und Chansonsängerin.

Hannedore *w,* Doppelname aus Hannah oder Johanna und Dorothea.

Hannegret *w,* Doppelname aus Hannah oder Johanna und Margarete.

Hannel *w,* Kurz- und Koseform für ↗ Johanna.

Hannele *w,* Koseform für ↗ Hanna, ↗ Hannah und ↗ Johanna.

Hannelies *w,* Nebenform zu ↗ Hanneliese.

Hanneliese *w,* Doppelname aus Hannah oder Johanna und Luise oder Elisabeth; Nebenformen: *Hannalies, Hannaliese, Hannelies.*

Hannelore *w,* Doppelname aus Hannah oder Johanna und Eleonore oder Lore; Koseform: *Loki.*

Hannelotte *w,* Doppelname aus Hanna und Charlotte.

Hannemann *m,* Koseform für ↗ Johannes.

Hannemarie *w,* Doppelname aus Hanna oder Johanna und Maria.

Hannerose *w,* Doppelname aus Hannah oder Johanna und Rosa.

Hannes *m,* Kurzform für ↗ Johannes; Nebenform zu ↗ Hans.

Bekannte Namensträger:

Hannes Alfvén, geboren 1908; schwedischer Physiker.

Hannes Messemer, geboren 1924; deutscher Schauspieler der Bühne und des Films.

Hannes Meyer, 1889–1954; schweizerischer Architekt.

Hanni *w,* Koseform für ↗ Johanna.

Hannibal *m,* phönikisch: = gnädig ist Gott (Baal); italienisch: *Annibale.*

Bekannter Namensträger:

Hannibal, 246–183 v. Chr.; karthagischer Politiker und Feldherr.

Hanno *m,* Kurzform von althochdeutsch: *Hagano* = Hagen und von ↗ Johannes.

Namensträger:

Hanno, gestorben 978; wurde 937 erster Abt der Mauritiusabtei in Magdeburg; seit 950 Bischof von Worms (Gedenktag: 24. Dezember).

Hanns *m,* Kurzform für ↗ Johannes.

Bekannte Namensträger:

Hanns Hörbiger, 1860–1931; österreichischer Ingenieur.

Hanns Klemm, 1885–1961; deutscher Flugzeugkonstrukteur.

Hanns Lothar, 1929–1967; deutscher Schauspieler der Bühne, des Films und Fernsehens.

Hans *m*, Kurzform von ↗ Johann; häufig zur Bildung von Doppelnamen benutzt; Neben- und Koseformen: *Hann, Hanns, Hannes, Hansel, Hänsel, Hensel, Hank, Hänschen, Hansi;* niederdeutsch: *Hanke, Hanko, Henneke.*

Bekannte und bedeutende Namensträger:

Hans Albers, 1891–1960; deutscher Schauspieler der Bühne und des Films.

Hans Christian Andersen, 1805–1875; dänischer Märchen- und Romanschriftsteller.

Hans Arp, 1887–1966; deutsch-französischer Bildhauer, Maler und Schriftsteller.

Hans Carl Artmann, geboren 1941; österreichischer zeitkritischer Schriftsteller.

Hans Baldung Grien, um 1484–1545; deutscher Maler und Kupferstecher der oberrheinsichen Renaissance.

Hans von Bülow, 1830–1894; deutscher Pianist, Komponist und Dirigent.

Hans Carossa, 1878–1956; deutscher Schriftsteller und Arzt.

Hans Egede, 1686–1758; Grönlandmissionar; Apostel der Eskimos (Gedenktag: 5. November).

Hans Magnus Enzensberger, geboren 1929; deutscher gesellschaftskritischer Schriftsteller.

Hans Fallada, 1893–1947; deutscher Schriftsteller.

Hans Geiger, 1882–1945; deutscher Physiker.

Hans-Dietrich Genscher, geboren 1927; deutscher liberal-demokratischer Politiker.

Hans Grade, 1879–1946; deutscher Flugzeugkonstrukteur.

Hans J. Chr. von Grimmelshausen, um 1622–1676; deutscher Barockschriftsteller.

Hans Hartung, geboren 1904; deutsch-französischer Maler der gegenstandslosen Kunst.

Hans Hass, geboren 1919; österreichischer Zoologe (Unterwasserforscher).

Hans Nielsen Hauge, gestorben 1824; evangelischer Erwecker Norwegens (Gedenktag: 29. März).

Hans Werner Henze, geboren 1926; deutscher Komponist der Zwölftonmusik und Dirigent.

Hans Holbein, der Ältere, 1465–1524; deutscher Maler im Übergang von der Spätgotik zur Renaissance.

Hans Holbein, der Jüngere, 1497–1543; deutscher Renaissancemaler und Holzschnittzeichner; Hofmaler Heinrichs VIII. von England.

Hans Henny Jahnn, 1894–1959; deutscher Orgelbauer und Schriftsteller.

Hans Knappertsbusch, 1888–1965; deutscher Dirigent.

Hans Ernst von Kottwitz; gestorben 1843; evangelischer Laienzeuge (Gedenktag: 13. Mai).

Hans Ludendorff, 1873–1941; deutscher Astrophysiker.

Hans Makart, 1840–1884; österreichischer Maler.

Hans von Marées, 1837–1887; deutscher Maler des Idealismus.

Hans Memling, um 1435–1494; deutsch-niederländischer Maler.

Hans Meyer, 1858–1929; deutscher Afrikaforscher; Reiseschriftsteller.

Hans Heinrich Meyer, 1760–1832; schweizerischer klassizistischer Maler und Kunstschriftsteller.

Hans Moser, 1880–1964; österreichischer komischer Filmschauspieler.

Hans Erich Pfitzner, 1869–1949; deutscher spätromantischer Komponist und Dirigent.

Hans Poelzig, 1869–1936; deutscher expressionistischer Architekt.

Hans Werner Richter, geboren 1908; deutscher Schriftsteller der „Gruppe 47".

Hans Rosbaud, 1895–1962; österreichischer Dirigent.

Hans Sachs, 1494–1576; Nürnberger Meistersinger und Schuhmacher.

Hans Schalla, 1904–1983; deutscher Intendant und Regisseur.

Hans Scharoun, 1893–1972; deutscher Architekt.

Hans Scholl, 1918–1943; Mitglied der Widerstandsgruppe „Weiße Rose"; hingerichtet.

Hans-Jürgen Syberberg, geboren 1935; deutscher Filmregisseur.

Hans Thoma, 1839–1924; deutscher realistischer Maler und Graphiker.

Hans Tropsch, 1889–1935; deutscher Chemiker.

Hans Weigel, geboren 1908; österreichischer Schriftsteller.

Hans Zehrer, 1899–1966; deutscher Publizist.

Hans J. von Zieten, 1699–1786; preußischer Reitergeneral.

Hansbernd *m*, Doppelname aus Hans und Bernd.

Hansbert *m*, Doppelname aus Hans und Bert.

Hänschen *m*, Koseform für ↗ Hans.

Hansdieter *m*, Doppelname aus Hans und Dieter.

Hansel *m*, Koseform für ↗ Hans.

Hänsel *m*, Koseform für ↗ Hans.

Hansferdinand *m*, Doppelname aus Hans und Ferdinand.

Hansgeorg *m*, Doppelname aus Hans und Georg.

Hansgerd *m*, Doppelname aus Hans und Gerhard.

Hansgert *m*, Doppelname aus Hans und Gerhard.

Hansheinz *m*, Doppelname aus Hans und Heinrich.

Hansi *m*, Koseform für ↗ Hans.

Hansi *w*, Kosename für ↗ Hannah und ↗ Johanna.

Hansine *w*, weibliche Weiterbildung von ↗ Hans.

Hansjakob *m*, Doppelname aus Hans und Jakob.

Hansjoachim *m*, Doppelname aus Hans und Joachim.

Hansjörg *m*, Doppelname aus Hans und Jörg.

Hansjosef *m*, Doppelname aus Hans und Josef.

Hansjürg *m*, Doppelname aus Hans und Jürgen.

Hansjürgen *m*, Doppelname aus Hans und Jürgen.

Hanskarl *m*, Doppelname aus Hans und Karl.

Hanspeter *m*, Doppelname aus Hans und Peter; italienische Form: *Giampietro*.

Hansrolf *m*, Doppelname aus Hans und Rudolf.

Hansulrich *m*, Doppelname aus Hans und Ulrich.

Hanswalter *m*, Doppelname aus Hans und Walter.

Hanswerner *m*, Doppelname aus Hans und Werner.

Happe *m*, Kurzform wie ↗ Habbo.

Happo *m*, Kurzform wie ↗ Habbo.

Harald *m*, nordische und englische Form von ↗ Harold.

Bekannte Namensträger:

Harald Blauzahn, gestorben 986; König von Dänemark, wo er nach seiner Taufe 960 das Christentum verbreitete; Märtyrer (Gedenktag: 1. November).

Harald Braun, 1901–1960; deutscher Filmregisseur und Drehbuchautor.

Harald Kreutzberg, 1902–1968; deutscher Tänzer, Ballettmeister und Choreograph.

Haralda *w*, die weibliche Form zu ↗ Harald.

Harbert *m*, ostfriesische Form von ↗ Herbert.

Harbertje *w*, ostfriesische Form von ↗ Herberta.

Hard *m*, Kurzform für mit Hard-, Hart- oder -hard gebildete männliche Vornamen.

Harder *m*, Kurzform wie ↗ Hard.

Hardi *m*, Kurzform wie ↗ Hard.

Harding *m*, englische Nebenform zu ↗ Hartwin.

Hardl *m*, Kurzform wie ↗ Hard.

Hardmod *m,* Nebenform zu ↗ Hartmut.

Hardo *m,* Kurzform wie ↗ Hard.

Harduin *m,* Nebenform zu ↗ Hartwin.

Hardy *m,* Kurzform wie ↗ Hard.

Bekannter Namensträger:

Hardy Krüger, geboren 1928; deutscher Filmschauspieler und Schriftsteller.

Haribert *m,* Nebenform zu ↗ Herbert.

Hariolf *m,* Nebenform zu ↗ Hariulf.

Namensträger:

Hariolf, gestorben um 800; nach der Legende Gründer der Benediktinerabtei Ellwangen und Bischof in Langres (Gedenktag: 13. August).

Hariulf *m,* althochdeutsch: *heri* = Heer; *wulf* = *wolf* = Wolf; Nebenform: *Hariolf.*

Hark *m,* friesische Kurzform für mit Har- oder Her- beginnende männliche Vornamen; Nebenformen: *Harke, Harko.*

Harke *m,* Kurzform wie ↗ Hark.

Harko *m,* Kurzform wie ↗ Hark.

Harm *m,* niederdeutsche Form für ↗ Hermann.

Harman *m,* niederdeutsche Form für ↗ Hermann.

Harmanna *w,* niederdeutsche Form für ↗ Hermanna.

Harmen *m,* niederdeutsche Form für ↗ Hermann.

Harmina *w,* friesische weibliche Bildung zu ↗ Harm.

Harmke *w,* niederdeutsche Form von ↗ Hermanna; friesische Weiterbildung: *Harmkedina, Harmkelina.*

Harmkedina *w,* Weiterbildung von ↗ Harmke.

Harmkelina *w,* Weiterbildung von ↗ Harmke.

Harms *m,* friesische Kurzform für Harmson = Sohn des Harm (↗ Hermann); Nebenform: *Herms.*

Haro *m,* Nebenform zu ↗ Harro.

Harold *m,* althochdeutsch: *heri* = Heer; *waltan* = walten, herrschen; Nebenformen: *Harald, Herwald, Herold;* Kurzform: *Harro;* italienische Formen: *Araldo, Eraldo;* französisch: *Hérault.*

Bekannte Namensträger:

Harold Lloyd, 1893–1971; amerikanischer Filmschauspieler; Komiker des Stummfilms.

Harold Pinter, geboren 1930; englischer Schriftsteller des absurden Theaters.

Harpprecht *m,* Nebenform zu ↗ Hartbert.

Harri *m,* Nebenform zu ↗ Harry.

Harriet *w,* englische Form von ↗ Henriette; Nebenform: *Harriot.*

Bekannte Namensträgerin:

Harriet Beecher-Stowe, 1811–1896; amerikanische Schriftstellerin der Bewegung gegen die Sklaverei.

Harris *m,* friesische Kurzform für ↗ Hermann.

Harro *m,* Kurzform für ↗ Harold, ↗ Herbert und ↗ Hermann; Nebenform: *Haro.*

Harry *m,* englische Koseform zu Henry (↗ Heinrich); auch: *Harri.*

Bekannte Namensträger:

Harry Belafonte, geboren 1927; amerikanischer Sänger und Filmschauspieler.

Harry Buckwitz, geboren 1904; deutscher Schauspieler und Regisseur.

Harry (Bing) Crosby, 1904–1977; amerikanischer Sänger und Filmschauspieler.

Harry Sinclair Lewis, 1885–1951; amerikanischer Schriftsteller.

Harry Piel, 1892–1963; deutscher Filmschauspieler und -regisseur; Sensationsdarsteller.

Harry S. Truman, 1884–1972; amerikanischer demokratischer Politiker.

Hart *m,* Kurzform für ↗ Erhard.

Hartbert *m,* althochdeutsch: *harti* = hart, stark; *beraht* = glänzend; Nebenformen: *Hartbrecht, Harpprecht.*

Hartbrecht *m,* Nebenform zu ↗ Hartbert.

Hartel *m,* Kurzform für mit Hard- oder -hard gebildete männliche Vornamen.

Hartfried *m,* althochdeutsch: *Harti* = hart, stark; *fridu* = Friede.

Hartger *m,* althochdeutsch: *harti* = hart, stark; *ger* = Speer.

Hartke *m,* niederdeutsche Form von ↗ Hard.

Hartlef *m,* niederdeutsche Nebenform zu ↗ Hartlieb.

Hartlieb *m,* althochdeutsch: *harti* = hart, stark; *liob* = lieb, oder: *leiba* = Erbe, Hinterlassenschaft; niederdeutsche Nebenform: *Hartlef.*

Hartmann *m,* althochdeutsch: *harti* = hart, stark; *man* = Mann; Nebenformen: *Hertmann, Erdmann;* französische Form: *Armand.*

Bekannte Namensträger:

Hartmann von Aue, etwa 1168–1210; mittelhochdeutscher Minnesänger.

Hartmann Schedel, 1440–1514; deutscher Humanist und Arzt.

Hartmod *m,* Nebenform zu ↗ Hartmut.

Hartmund *m,* althochdeutsch: *harti* = hart, stark; *munt* = Schutz.

Hartmut *m,* althochdeutsch: *harti* = hart, stark; *muot* = Mut, Geist, Gesinnung; Nebenformen: *Erdmut, Hardmod, Hartmod;* Kurzform: *Mutz.*

Namensträger:

Hartmut, gestorben nach 905; seit 872 Abt von Sankt Gallen; dankte nach reicher Bautätigkeit 883 ab und lebte als Rekluse (Gedenktag: 23. Januar).

Harto *m,* Kurzform wie ↗ Hartel.

Hartrat *m,* althochdeutsch: *harti* = hart, stark; *rat* = Ratgeber.

Hartung *m,* niederdeutsche Form von ↗ Hard; althochdeutsch: *harti* = stark.

Hartward *m,* althochdeutsch: *harti* = hart, stark; *warjan* = wehren; Nebenform: *Hadwart.*

Namensträger:

Hartward, gestorben 853; seit 805 zweiter Bischof von Minden (Gedenktag: 16. September).

Hartwich *m,* Nebenform zu ↗ Hartwig.

Hartwig *m,* althochdeutsch: *harti* = hart, stark; *wig* = Kampf; Nebenformen: *Hartwich, Hertwig, Herwig;* englische Form: *Harvey.*

Namensträger:

Hartwig von Sponheim, gestorben 1023; war seit 991 Erzbischof von Salzburg (Gedenktag: 5. Dezember).

Hartwin *m,* althochdeutsch: *harti* = hart, stark; *wini* = Freund; Nebenformen: *Arduin, Harduin;* französische Form: *Ardouin;* englisch: *Harding.*

Harun *m,* arabisch; hebräisch: *charon* = Aaron.

Harvey *m,* englische Form von ↗ Hartwig.

Bekannter Namensträger:

Harvey Cushing, 1869–1939; amerikanischer Hirnchirurg.

Hasa *w,* Koseform für ↗ Hedwig.

Hasan *m,* Nebenform zu ↗ Hassan.

Haseke *w,* niederdeutsche Koseform für ↗ Hedwig.

Haske *m,* Nebenform zu ↗ Hasko.

Hasko *m,* friesische Form von ↗ Hasso und friesische Kurzform für ↗ Johannes; Nebenform: *Haske.*

Hassan *m,* arabisch: = schön; Nebenform: *Hasan.*

Hasse *m,* Kurzform wie ↗ Hasso.

Hasso *m,* althochdeutsch: *hasso* = Hesse; Kurzform für mit Hard-, Hart- oder -hard gebildete männliche Vornamen; Nebenformen: *Hesso, Hasse, Hatto.*

Namensträger:

Hasso, gestorben um 1133; wurde um 1100 erster Abt des Klosters Beinwil (Gedenktag: 27. Dezember).

Hate *m,* Kurzform wie ↗ Hatto.

Hathumar *m,* Nebenform zu ↗ Hademar.

Namensträger:

Hathumar, gestorben nach der Überlieferung 815; sächsischer Adliger; seit 806/807 Bischof von Paderborn (Gedenktag: 9. August).

Hato *m,* Kurzform wie ↗ Hatto.

Hatta *w,* die weibliche Form zu ↗ Hatto.

Hatte *m,* Kurzform wie ↗ Hatto.

Hattie *w,* Kurzform für ↗ Henriette; Nebenformen: *Hatty, Hetty.*

Hattilo *m*, Verkleinerungsform von ↗ Hatto.

Hatto *m*, Kurzform für mit Had- beginnende männliche Vornamen; Nebenformen: *Hado, Hate, Hato, Hatte;* auch Nebenform zu ↗ Hasso; Koseformen: *Hattilo, Hettel.*

Namensträger:

Hatto, gestorben um 985; Mönch und Rekluse (Gedenktag: 4. Juli).

Hatty *w*, englische Koseform für ↗ Henriette.

Haubert *m*, Nebenform zu ↗ Hubert.

Haug *m*, friesische Form von ↗ Hugo; allgemein Kurzform für mit Hug- beginnende männliche Vornamen.

Hauk *m* und *w*, Nebenform zu ↗ Hauke.

Hauke *m* und *w*, friesische Kurzform für mit Hug- beginnende Vornamen; Nebenform: *Hauk.*

Havel *m*, tschechische Form von ↗ Gallus.

Havlik *m*, tschechische Form von ↗ Gallus.

Hawel *m*, tschechische Form von ↗ Gallus.

Haymo *m*, Nebenform zu ↗ Heimo; Kurzform für ↗ Heinrich.

Hayo *m*, friesische Kurzform für ↗ Hagen.

Hazel *w*, Kurzform für ↗ Hedwig; ist auch englischer Vorname.

Heather *w*, englisch: = Heidekraut.

Hébert *m*, französische Form von ↗ Herbert.

Hechard *m*, Nebenform zu ↗ Eckart.

Namensträger:

Hechard, gestorben zwischen 1150 und 1170; Priester; Mitgründer des Prämonstratenserstifts Scheda (Gedenktag: 1. Juli).

Hector *m*, französische Form von ↗ Hektor.

Bedeutender Namensträger:

Hector Berlioz, 1803–1859; französischer romantischer Komponist; Begründer der Programm-Musik.

Heda *w*, niederdeutsche Kurzform für mit Had-, Hadu- beginnende weibliche Vornamen; Nebenform: *Hedda;* auch Kurz- und Koseform für ↗ Hedwig.

Hedda *w*, Nebenform zu ↗ Heda.

Hede *w*, Kurz- und Koseform für ↗ Hedwig.

Hedel *w*, Koseform für ↗ Hedwig.

Hedgen *w*, Koseform für ↗ Hedwig.

Hedi *w*, Kurz- und Koseform für ↗ Hedwig.

Hedvig *w*, schwedische Form von ↗ Hedwig.

Hedwig *w*, althochdeutsch: *hadu* = Kampf; *wig* = Kampf; ältere Formen: *Haduwig, Hadwig;* Kurz- und Koseformen: *Heda, Hedda, Hede, Hedi, Hedy, Hedel, Heta, Hete, Hetti, Wig, Wigel, Wigge, Wiggel, Hedgen, Hädken, Hasa;* niederdeutsch: *Hese, Haseke, Heseke;* polnische und russische Form: *Jadwiga;* schwedisch: *Hedvig;* französisch: *Edvige.*

Bekannte Namensträgerinnen:

Hedwig von Andechs und Schlesien, 1174–1243; förderte, fromm, mildtätig und glaubensstark, die Christianisierung Schlesiens; lebte nach dem Tod ihres Gatten im Zisterzienserinnenkloster Trebnitz (Gedenktag: 16. Oktober; evangelisch: 15. Oktober).

Hedwig Bleibtren-Paulsen, 1868–1958; österreichische Schauspielerin.

Hedwig Courths-Mahler, 1867–1950; deutsche Schriftstellerin der leichten Unterhaltung.

Hedy *w*, Kurz- und Koseform für ↗ Hedwig.

Heibert *m*, Nebenform zu ↗ Heidbert.

Heida *w*, Kurzform wie ↗ Heide.

Heidbert *m*, althochdeutsch: *heitar* = heiter, hell; *beraht* = glänzend; Nebenformen: *Heidbrecht, Heibert.*

Heidbrecht *m*, Nebenform zu ↗ Heidbert.

Heide *w*, Kurzform für mit Heid-, Heit- oder -heid gebildete weibliche Vornamen; Nebenformen: *Heida, Haide, Heidi.*

Heidegard *w*, Neubildung aus ↗ Heide und althochdeutsch: *gard* = Zaun, Schutz.

Heidegret *w*, Doppelname aus Heide und Margarete.

Heidelinde *w*, Doppelname aus Heide und Linda.

Heidelore *w*, Doppelname aus Heide und Lore.

Heidelotte *w*, Doppelname aus Heide und Charlotte.

Heidemaria *w*, Nebenform zu ↗ Heidemarie.

Heidemarie *w*, Doppelname aus Heide und Maria; Nebenform: *Heidemaria.*

Bekannte Namensträgerin:

Heidemarie Hatheyer, geboren 1919; österreichische Charakterdarstellerin der Bühne und des Films.

Heidenreich *m*, Nebenform zu ↗ Heidrich; Kurzformen: *Heis, Heise.*

Heider *m*, Kurzform für ↗ Heidrich; Nebenform: *Haider.*

Heiderich *m*, Nebenform zu ↗ Heidrich.

Heiderose *w*, Doppelname aus Heide und Rosa.

Heidewich *w*, Nebenform zu ↗ Heidewig.

Heidewicke *w*, Nebenform zu ↗ Heidewig.

Heidewig *w*, altfriesisch: *hed* = Ehre; althochdeutsch: *wig* = Kampf; Nebenformen: *Heidwig, Heidewich, Heidewicke;* Kurzform: *Heidje.*

Heidi *w*, Kurzform wie ↗ Heide; Koseform für ↗ Adelheid.

Heidje *w*, Kurzform für ↗ Heidewig.

Heidrich *m*, althochdeutsch: *heidan* = Heide; *rihhi* = reich, mächtig; Nebenformen: *Heidenreich, Heiderich;* Kurzformen: *Haider, Heider, Heis(e).*

Heidrun *w*, althochdeutsch: *heid* = *heit* = Wesen; *runa* = Geheimnis, Zauber.

Heidwig *w*, Nebenform zu ↗ Heidewig.

Heidwolf *m*, althochdeutsch: *heid* = *heit* = Wesen; *wolf* = Wolf.

Heike *m*, niederdeutsche Koseform für ↗ Heinrich; Nebenform: *Haike.*

Bekannter Namensträger:

Heike Kamerlingh Onnes, 1853–1926; niederländischer Physiker.

Heike *w*, niederdeutsche Koseform für ↗ Heinrike.

Heiko *m*, niederdeutsche Kurz- und Koseform für ↗ Heinrich; Nebenformen: *Heike, Haiko.*

Heil *m*, Kurzform für mit Heil- beginnende männliche Vornamen; Nebenformen: *Heile, Heilo, Heiling, Heilmann.*

Heila *w*, Kurzform für mit Heil- beginnende weibliche Vornamen; Nebenform: *Haila.*

Heilburg *w*, althochdeutsch: *heil* = gesund; *burg* = Schutz, Zuflucht.

Heile *m*, Kurzform wie ↗ Heil.

Heilgard *w*, Nebenform zu ↗ Helgard.

Heilika *w*, Nebenform zu ↗ Helgard oder ↗ Helga.

Namensträgerinnen:

Heilika (Helga), gestorben 1020; Äbtissin des Klosters Niederburg in Passau (Gedenktag: 7. Mai).

Heilika (Heilgard), 12. Jahrhundert, Reklusin bei Sankt Andreas in Köln (Gedenktag: 14. Januar).

Heiling *m*, entspricht ↗ Heil.

Heilke *w*, niederdeutsche Form von ↗ Heilwig; Kurzform für mit Heil- beginnende weibliche Vornamen.

Heilko *m*, friesisch-niederdeutsche Kurzform für mit Heil- beginnende männliche Vornamen; Nebenform: *Heilo.*

Heilmann *m*, entspricht ↗ Heil.

Heilmar *m*, althochdeutsch: *heil* = gesund; *mari* = berühmt; Nebenformen: *Helmar, Hellmar;* Kurzformen: *Heilko, Heilo.*

Heilmut *m*, althochdeutsch: *heil* = gesund; *muot* = Mut, Geist, Gesinnung; Nebenform: *Heilmuth.*

Heilmuth *m*, Nebenform zu ↗ Heilmut.

Heilo *m*, Kurzform wie ↗ Heil und ↗ Heilko.

Heilrun *w*, althochdeutsch: *heil* = gesund, *runa* = Zauber; Nebenform: *Helrun.*

Heilswint *w*, althochdeutsch: *heil* = gesund; *wint, wit* = stark; Nebenformen: *Heilswinth, Helswind;* französische Form: *Héloïse.*

Heilswinth *w,* Nebenform zu ↗ Heilswint.

Heiltrud *w,* althochdeutsch: *heil* = gesund; *trud* = Kraft.

Heilwig *m,* althochdeutsch: *heil* = gesund; *wig* = Kampf; Nebenform: *Helwig;* Kurzformen: *Heilko, Heilo.*

Heilwig *w,* Erklärung wie Heilwig, *m;* Kurzform: *Heilke.*

Heim *m,* Kurzform wie ↗ Heime.

Heima *w,* Kurzform für mit Heim- beginnende weibliche Vornamen.

Heimberga *w,* althochdeutsch: *heim* = Heim, Haus; *bergan* = bergen, schützen.

Heimbert *m,* althochdeutsch: *heim* = Heim, Haus; *hraban* = Rabe, oder: *beraht* = glänzend; Nebenformen: *Heimbrot, Heimbrecht.*

Heimbrecht *m,* Nebenform zu ↗ Heimbert.

Heimbrot *m,* Nebenform zu ↗ Heimbert.

Heimburg *w,* althochdeutsch: *heim* = Heim, Haus; *burg* = Burg, Schutz; Nebenform: *Heimburga.*

Heimburga *w,* Nebenform zu ↗ Heimburg.

Heime *m,* Kurzform für mit ↗ Heim- beginnende männliche Vornamen; Nebenform: *Heim.*

Heimerad *m,* Nebenform zu ↗ Heinrad.

Namensträger:

Heimerad (Heimo), gestorben 1019; badischer Unfreier; Einsiedler bei Kassel (Gedenktag: 27. Juni).

Heimeram *m,* Nebenform zu ↗ Heimeran.

Heimeran *m,* althochdeutsch: *heim* = Heim, Haus; *hraban* = Rabe; Nebenformen: *Heimeram, Heimram;* Kurzformen: *Haimo, Heimo;* latinisierte Form: *Emmeramus.*

Heimerich *m,* althochdeutsch: *heim* = Heim, Haus; *rihhi* = reich, mächtig; Nebenform: *Heimrich.*

Heimfried *m,* althochdeutsch: *heim* = Heim, Haus; *fridu* = Friede.

Heimito *m,* Weiterbildung von ↗ Heimo.

Bekannter Namensträger:

Heimito von Doderer, 1896–1966; österreichischer Schriftsteller.

Heimke *w,* ostfriesische Kurzform für mit Heim- beginnende weibliche Vornamen.

Heimlinde *w,* Neubildung aus althochdeutsch: *heim* = Heim, Haus; *lind* = mild.

Heimo *m,* Kurzform für mit Heim- beginnende männliche Vornamen, so für ↗ Heimeran; Nebenformen: *Haimo, Haymo.*

Namensträger:

Heimo, gestorben 853; Mönch und Lehrer in Fulda und Hersfeld; ab 840 Bischof von Halberstadt (Gedenktag: 27. März).

Heimo, gestorben 1024; um 988 Bischof von Verdun; Förderer der Cluniazenser Reform (Gedenktag: 30. April).

Heimram *m,* Nebenform zu ↗ Heimeran.

Heimrich *m,* Nebenform zu ↗ Heimerich.

Hein *m,* Kurzform für ↗ Heinrich.

Heinar *m,* Kurz- und Koseform für ↗ Heinrich.

Heine *m,* Kurzform für ↗ Heinrich.

Heinel *m,* Kurzform für ↗ Heinrich.

Heinemann *m,* Nebenform zu ↗ Heinrich.

Heiner *m,* Kurzform für ↗ Heinrich.

Heinfried *m,* Doppelname aus Heinrich und Friedrich.

Heini *m,* Kurzform für ↗ Heinrich.

Heinke *m,* Nebenform zu ↗ Heinko.

Heinke *w,* niederdeutsche Kurzform für ↗ Heinrike.

Heinkje *m,* Nebenform zu ↗ Heintje.

Heinko *m,* Kurz- und Koseform für ↗ Heinrich; Nebenform: *Heinke.*

Heino *m,* Kurz- und Koseform für ↗ Heinrich.

Heinold *m,* althochdeutsch: *heim* = Heim, Haus; *waltan* = walten, herrschen.

Heinrad *m,* althochdeutsch: *heim* = Heim, Haus; *rat* = Rat; Nebenform: *Heimerad;* Koseform: *Haindl.*

Heinrich *m*, aus Heimerich (?) oder althochdeutsch: *hagan* = Einfriedung, Schutz; *rihhi* = reich, mächtig; Nebenformen: *Endrich, Endrik;* Kurz- und Kosenamen: *Heiner, Heinel, Heine, Heini, Heinar, Hein, Heinsel, Heinz, Hinz, Heiko, Heino, Henne, Henno, Henrik, Hendrik, Hinrik, Hinner, Henning, Heinemann, Hennes, Heise;* latinisierte Form: *Henricus;* englische Form: *Henry;* Koseform: *Harry, Hal;* französisch: *Henri;* italienisch: *Enrico, Arrigo;* Koseform: *Rico, Enzio;* spanisch: *Enrique;* rumänisch: *Enric;* tschechisch: *Jindřich, Jindřiška;* slawisch: *Jendrich.*
Bekannte und bedeutende Namensträger:
Heinrich, gestorben 1211; mystisch begnadeter Chorprofesse in Clairvaux (Gedenktag: 19. Januar).
Heinrich der Ältere, gestorben um 1253 (?); Dominikaner; Berater König Ludwigs des Heiligen von Frankreich (Gedenktag: 15. Juli).
Heinrich Graf von Arnsberg, gestorben 1200; lebte nach Tod seiner Gattin ab 1183 als Laienbruder in dem von ihm gegründeten Prämonstratenserstift bei Arnsberg (Gedenktag: 8. Januar).
Heinrich von Bozen, 1250–1315; frommer, aszetisch lebender Taglöhner (Gedenktag: 10. Juni).
Heinrich von Ebrantshausen, 11. Jahrhundert (?); nach Palästinareise Einsiedler in Ebrantshausen (Gedenktag: 25. Mai).
Heinrich I., 876–936; seit 919 deutscher König; „Gründer des Deutschen Reichs".
Heinrich II., der Heilige, 973–1024; seit 1014 deutscher Kaiser; betrieb Kirchenreform und Slawenmission (Gedenktag: 13. Juli).
Heinrich III., 1017–1056; seit 1046 deutscher Kaiser; förderte Papsttum.
Heinrich IV., 1050–1106; seit 1084 deutscher Kaiser; führte den Investiturstreit mit Papst Gregor VII.; Bußgang nach Canossa.
Heinrich V., 1086–1125; ab 1111 deutscher Kaiser; schloß 1122 Wormser Konkordat.
Heinrich VI., 1165–1197; seit 1190 deutscher Kaiser.
Heinrich der Löwe, 1129–1195; Sachsenherzog; betrieb Ostkolonisation.
Heinrich IV. von Frankreich, 1553–1610; seit 1589 König; Führer der Hugenotten; wurde 1593 katholisch.
Heinrich VIII. von England, 1491–1547; seit 1509 König; gründete die Anglikanische Kirche und machte sich zu deren Oberhaupt.
Heinrich Albertz, geboren 1915; deutscher evangelischer Theologe und sozialdemokratischer Politiker.
Heinrich Barkhausen, 1881–1956; deutscher Physiker.
Heinrich Barth, 1890–1965; deutscher neukantianischer Philosoph.
Heinrich Böll, 1917–1985; deutscher realistischer gesellschaftskritischer Schriftsteller.
Heinrich Brüning, 1885–1970; deutscher Zentrumspolitiker; 1930–1932 Reichskanzler.
Heinrich Egher, 1328–1408; Kartäuser in Köln; Prior und Leiter mehrerer Kartäuserklöster und Visitator (Gedenktag: 20. Dezember).
Heinrich Focke, 1890–1979; deutscher Flugzeugingenieur.
Heinrich von Gagern, 1799–1880; war 1848 Präsident der Frankfurter Nationalversammlung.
Heinrich George, 1893–1946; deutscher Schauspieler der Bühne und des Films.
Heinrich Goebel, 1818–1893; deutscher Erfinder der Glühbirne.
Heinrich Hahn, 1800–1882; deutscher Arzt und Politiker; sozial und caritativ engagiert (Gedenktag: 11. März).
Heinrich Heine, 1797–1856; deutscher Lyriker und Journalist.
Heinrich R. Hertz, 1857–1894; deutscher Physiker.
Heinrich von Kleist, 1777–1811; deutscher Dramatiker und Erzähler.

Heinrich Lübke, 1894–1972; deutscher christdemokratischer Politiker; 1959–1969 der zweite Bundespräsident.

Heinrich Lützeler, geboren 1902; deutscher Kunsthistoriker.

Heinrich Mann, 1871–1950; deutscher gesellschaftskritischer pazifistischer Schriftsteller.

Heinrich Melchior Mühlenberg, gestorben 1787; Führer des amerikanischen Luthertums (Gedenktag: 7. Oktober).

Heinrich Richter, 1898–1945; deutscher katholischer Theologe; Präses der Kölner Kolpingfamilie; 1944 verhaftet und 1945 im Konzentrationslager Ohrdruf ermordet (Gedenktag: 4. April).

Heinrich Schliemann, 1822–1890; deutscher Archäologe; unternahm Ausgrabungen in Troja, Mykene, Tiryns, Ithaka und Orchomenos.

Heinrich Schlusnus, 1888–1952; deutscher Konzert- und Opernsänger (Bariton).

Heinrich Schröder, gestorben 1883; evangelischer Missionar und Blutzeuge (Gedenktag: 6. Juni).

Heinrich Schütz, 1585–1672; deutscher Komponist, Kapellmeister und evangelischer Kirchenmusiker; Begründer des deutschen Barock (Gedenktag: 6. November).

Heinrich Seuse, um 1295–1366; deutscher Dominikaner, Wanderprediger und Mystiker (Gedenktag: 23. Januar; evangelisch: 25. Januar).

Heinrich Ritter von Srbik, 1878–1951; österreichischer Historiker.

Heinrich von Stephan, 1831–1897; deutscher Generalpostmeister.

Heinrich von Sybel, 1817–1895; deutscher Historiker und Politiker.

Heinrich Thyssen, 1755–1844; deutscher Franziskaner; wirkte in Antwerpen als Seelsorger der Armen, Kranken, Seeleute und Gefangenen (Gedenktag: 31. März)

Heinrich von Treitschke, 1834–1896; deutscher Historiker und Politiker; preußischer Staatshistoriograph.

Heinrich Voes, gestorben 1523; evangelischer Blutzeuge in den Niederlanden (Gedenktag: 1. Juli).

Heinrich Wölfflin, 1864–1945; schweizerischer Kunsthistoriker.

Heinrich Zille, 1858–1929; deutscher humoristisch-sozialkritischer Graphiker des Berliner „Milieus“.

Heinrich Zütphen, gestorben 1524; evangelischer Blutzeuge in Dithmarschen (Gedenktag: 10. Dezember).

Heinriette *w,* Nebenform zu ↗ Henriette.

Heinrike *w,* die weibliche Form zu ↗ Heinrich; Nebenform und niederländische Form: *Henrike;* Koseform: *Hendrikje.*

Heinsel *m,* Koseform für ↗ Heinrich.

Heintje *m,* friesische Koseform für ↗ Heinrich, auch *Heinkje.*

Heinz *m,* Koseform für ↗ Heinrich.

Bekannte Namensträger:

Heinz Hilpert, 1890–1967; deutscher Schauspieler und Regisseur.

Heinz Rühmann, geboren 1902; deutscher Schauspieler der Bühne und des Films.

Heinz Oskar Vetter, geboren 1917; deutscher Gewerkschaftsführer.

Heinz Zahrnt, geboren 1915; deutscher evangelischer Theologe und Schriftsteller.

Heinzkarl *m,* Doppelname aus Heinz und Karl.

Heinzpeter *m,* Doppelname aus Heinz und Peter.

Heio *m,* friesische Kurzform für ↗ Hagen.

Heis *m,* Kurzform für ↗ Heidenreich; Koseform für ↗ Matthias.

Heise *m,* Kurzform für ↗ Heidenreich und ↗ Heinrich.

Heitor *m,* portugiesische Form von ↗ Hektor.

Bekannter Namensträger:

Heitor Villa-Lobos, 1887–1959; brasilianischer impressionistisch-neoklassizistischer Komponist und Dirigent.

Hektor *m,* griechisch: Schirmer, Herr-

scher; englische Form: *Hector;* italienisch: *Ettore;* portugiesisch: *Heitor.*
Namensträger:
Hektor, Held des Trojanischen Kriegs der griechischen Sage, den Achill tötete.

Hela *w,* Nebenform zu ↗ Hella; Koseform für ↗ Helene; schwedische Form von ↗ Heloise.

Heldemar *m,* Nebenform zu ↗ Heilmar.
Namensträger:
Heldemar, gestorben 1197; Hofkaplan Wilhelms des Eroberers; gründete Chorherrenstift Arrouaise (Gedenktag: 13. Januar).

Hele *w,* Nebenform zu ↗ Hella.

Helen *w,* englische Form von ↗ Helene.
Bekannte Namensträgerin:
Helen Keller, 1880–1968; amerikanische blinde und taube Sozialreformerin und Schriftstellerin.

Helena *w,* Nebenform zu ↗ Helene.

Helene *w,* griechisch: = die Leuchtende; Nebenform: *Helena;* Kurz- und Koseformen: *Lena, Lene, Leni, Lenel, Leneli, Lenchen, Leli, Ena, Eila, Nella, Nelli, Hela, Hella, Hilchen, Hilgen, Leneke;* englische Form: *Aileen, Helen, Ella, Ellen, Nelly;* italienisch und spanisch: *Elena, Elina;* französisch: *Hélène;* slawisch: *Alina, Aline, Jelica, Lenka;* ukrainisch: *Iljana;* russisch: *Jelena;* ungarisch: *Ilona, Ilonka, Ilka;* polnisch: *Halina, Halinka, Halka.*
Bekannte Namensträgerinnen:
Helene, um 255–330; römische Kaiserin; Mutter Konstantins; wurde Christin; erbaute mehrere Kirchen (Gedenktag: 18. August).
Helene Lange, 1848–1930; deutsche Lehrerin; führend in der Frauenbewegung.
Helene Leuther, gestorben 1662; bußfertige Drittordensschwester vom heiligen Franz (Gedenktag: 26. April).
Helene Thimig, 1889–1947; österreichische Schauspielerin.
Helene Weigel, 1900–1971; deutsch-österreichische Schauspielerin und Theaterleiterin; Gattin von B. Brecht.

Hélène *w,* französische Form von ↗ Helene.

Helferich *m,* althochdeutsch: *helfan* = Hilfe; *rihhi* = reich, mächtig; Nebenform: *Helfrich.*

Helfgott *m,* pietistische Neubildung des 17./18. Jahrhunderts; Umkehrform zu ↗ Gotthilf.

Helfrich *m,* Nebenform zu ↗ Helferich.

Helfried *m,* Nebenform zu ↗ Helmfried.

Helga *w,* schwedisch: *hailac* = gesund; Nebenformen: *Helge, Helgi, Hilga, Ilga;* russische Form: *Olga.*
Namensträgerin:
Helga (Ilga), gestorben 1115; Einsiedlerin im Bregenzer Wald (Gedenktag: 8. Juni).

Helgamaria *w,* Doppelname aus Helga und Maria.

Helgard *w,* althochdeutsch: *hel* = *heil* = Heil; *gard* = hüten, Schutz; Nebenformen: *Heilgard, Heilika.*

Helge *m,* skandinavisch: = heil, gesund; Nebenform: *Helgo;* russische Form: *Oleg.*
Namensträger:
Helge A. Rosvaenge, 1897–1972; dänischer Opernsänger (Tenor).

Helge *w,* Nebenform zu ↗ Helga.

Helgi *w,* Nebenform zu ↗ Helga.

Helgo *m,* Nebenform zu ↗ Helge.

Heli *m,* hebräisch: *eli* = Gott ist erhaben; ökumenische Form: *Eli.*
Namensträger:
Heli, im Alten Testament Priester in Silo, Erzieher Samuels.
Heli, im Neuen Testament Vater Josefs.

Heliane *w,* Nebenform zu ↗ Eliane; Koseform für ↗ Helene.

Helias *m,* hebräisch, ältere Form von ↗ Elias (Elija).

Heliodor *m,* griechisch: *helios* = Sonne; *doron* = Geschenk.

Helke *w,* niederdeutsche Kurzform für mit Heil- beginnende weibliche Vornamen.

Hella *w*, Kurz- und Koseform für ↗ Helene und ↗ Helga; Nebenform: *Hela, Hele, Helle, Helli.*

Hellburg *w*, Nebenform zu ↗ Helleborg.

Helle *m*, Kurzform für ↗ Helmut.

Helle *w*, Nebenform zu ↗ Hella.

Helleborg *w*, niederdeutsche Form von ↗ Heilburg und ↗ Hildburg; Nebenform: *Hellburg*.

Hellfried *m*, Nebenform zu ↗ Helmfried.

Helli *w*, Nebenform zu ↗ Hella.

Hellmar *m*, Nebenform zu ↗ Heilmar.

Hellmut *m*, Nebenform zu ↗ Helmut.

Hellwig *w*, Nebenform zu ↗ Heilwig.

Helma *w*, Kurzform für ↗ Wilhelma, ↗ Wilhelmine, ↗ Helmtrud; allgemein für mit Helen- beginnende weibliche Vornamen; Nebenform: *Hilma*.

Helmar *m*, Nebenform zu ↗ Heilmar.

Helmbald *m*, althochdeutsch: *helm* = Helm; *bald* = kühn; Nebenform: *Helmbold*.

Helmbert *m*, Nebenform zu ↗ Helmbrecht.

Helmbold *m*, Nebenform zu ↗ Helmbald.

Helmbrecht *m*, althochdeutsch: *helm* = Helm; *beraht* = glänzend; Nebenform: *Helmbert*.

Helmburg *w*, althochdeutsch: *Helm* = Helm; *burg* = Burg, Schutz.

Helmer *m*, Nebenform zu ↗ Heilmar und ↗ Helmko.

Helmes *m*, Kurzform für ↗ Wilhelm.

Helmet *m*, Kurzform für ↗ Wilhelm.

Helmfrid *m*, Nebenform zu ↗ Helmfried.

Helmfried *m*, althochdeutsch: *helm* = Helm, *fridu* = Friede; Nebenform: *Helmfrid, Hellfried, Helfried*.

Helmgard *w*, althochdeutsch: *helm* = Helm; *gard* = Einfriedung.

Helmgerd *m*, Doppelname aus Helmut und Gerhard.

Helmher *m*, Nebenform zu ↗ Heilmar.

Helmi *m*, Koseform für ↗ Wilhelm.

Helmi *w*, Koseform für ↗ Wilhelma.

Helmina *w*, Nebenform zu ↗ Helmine.

Helmine *w*, Weiterbildung von ↗ Helma oder Kurzform für ↗ Wilhelmine; Nebenform: *Helmina*.

Helmke *m*, Nebenform zu ↗ Helmko.

Helmke *w*, niederdeutsche Kurzform für mit Helm- oder Helma- beginnende weibliche Vornamen.

Helmko *m*, niederdeutsche Kurzform für mit Helm- beginnende männliche Vornamen; Nebenform: *Helmke, Helmer, Helmo*.

Helmo *m*, Nebenform zu ↗ Helmko.

Helmold *m*, althochdeutsch: *helm* = Helm; *waltan* = walten, herrschen; Nebenform: *Helmolt, Helmwald*.

Helmolt *m*, Nebenform zu ↗ Helmold.

Helmrich *m*, althochdeutsch: *helm* = Helm; *rihhi* = reich, mächtig.

Helmtraud *w*, Nebenform zu ↗ Helmtrud.

Helmtraude *w*, Nebenform zu ↗ Helmtrud.

Helmtrud *w*, althochdeutsch: *helm* = Helm; *trud* = Kraft; Nebenformen: *Helmtrude, Helmtraud(e), Helmtrudis*.

Namensträgerin:

Helmtrud (Hiltrud), gestorben um 950; Einsiedlerin bei Heerse (Gedenktag: 31. Mai).

Helmtrude *w*, Nebenform zu ↗ Helmtrud.

Helmtrudis *m*, Nebenform zu ↗ Helmtrud.

Helmut *m*, althochdeutsch: *helm* = Helm; *muot* = Mut, Geist, Gesinnung; Nebenformen: *Helmuth, Hellmut*.

Bekannte Namensträger:

Helmut (Helmstan), gestorben um 850; Bischof von Winchester (Gedenktag: 29. März).

Helmut Gollwitzer, geboren 1908; deutscher evangelischer Theologe und Schriftsteller.

Helmut Grieshaber, 1909–1981; deutscher expressionistischer Graphiker und Maler.

Helmut Heißenbüttel, geboren 1921; deutscher avantgardistischer Schriftsteller.

Helmut Käutner, 1908–1980; deutscher Regisseur der Bühne und des Films.

Helmut Kohl, geboren 1930; deutscher christdemokratischer Politiker; der sechste Bundeskanzler.

Helmut Krebs, geboren 1913; deutscher Opern-, Konzert- und Oratoriensänger (Tenor).

Helmut Qualtinger, geboren 1928; österreichischer Schriftsteller, Schauspieler und Kabarettist.

Helmut Schelsky, 1912–1984; deutscher Soziologe.

Helmut Schmidt, geboren 1918, deutscher sozialdemokratischer Politiker; der fünfte Bundeskanzler.

Helmut Thielicke, geboren 1908; deutscher evangelischer Theologe; Mitglied der Bekennenden Kirche.

Helmut Zacharias, geboren 1920; deutscher Violinvirtuose und Komponist.

Helmuth *m,* Nebenform zu ↗ Helmut.

Bekannter Namensträger:

Helmuth Graf von Moltke, 1800–1891; preußischer Generalfeldmarschall und Militärschriftsteller.

Helmwald *m,* Nebenform zu ↗ Helmold.

Helmward *m,* althochdeutsch: *helm* = Helm; *wart* = Schützer; Nebenform: *Helmwart.*

Namensträger:

Helmward, gestorben 958; seit 950 Bischof von Minden (Gedenktag: 12. Februar).

Helmwart *m,* Nebenform zu ↗ Helmward.

Heloise *w,* germanisch: *Helewidis,* althochdeutsch: *hel, heil* = gesund; *wit* = weit, groß; französische Form: *Héloïse;* schwedisch: *Hela;* ungarisch: *Jelka.*

Héloïse *w,* französische Form von ↗ Heloise und ↗ Heilswint.

Helri *w,* finnische Form von ↗ Hedwig; schwedische Nebenform zu Helwig (↗ Heilwig).

Helrun *w,* Nebenform zu ↗ Heilrun.

Helswind *w,* Nebenform zu ↗ Heilswint.

Namensträgerin:

Helswind Arnold, gestorben 1256; Zisterzienserin in Aachen; seit 1220 Äbtissin von Burtscheid (Gedenktag: 22. Mai).

Helwig *w,* Nebenform zu ↗ Heilwig.

Hemke *m,* friesische Kurzform für ↗ Hermann und für mit Heim- beginnende männliche Vornamen.

Hemma *w,* Koseform für ↗ Wilhelma.

Namensträgerinnen:

Hemma, um 808–876; seit 827 Gattin König Ludwigs des Deutschen; gilt als zweite Gründerin des Frauenklosters Obermünster in Regensburg (Gedenktag: 31. Januar).

Hemma von Gurk, gestorben um 1045; Gründerin des Benediktinerinnenklosters Gurk und des Benediktinerklosters Admont (Gedenktag: 27. Juni).

Hemmo *m,* friesische Kurzform für ↗ Hermann und für mit Heim- beginnende männliche Vornamen.

Hendrik *m,* niederdeutsche und niederländische Form von ↗ Heinrich.

Bekannter Namensträger:

Hendrik A. Lorenz, 1853–1928; niederländischer Physiker.

Hendrika *w,* die weibliche Form zu Hendrik (↗ Heinrich); Nebenform: *Hendrike.*

Hendrike *w,* Nebenform zu ↗ Hendrika.

Hendrikje *w,* niederländische Koseform für ↗ Heinrike.

Henk *m,* Nebenform zu ↗ Henneke.

Henn *m,* Koseform für ↗ Heinrich und ↗ Hans.

Henna *w,* Koseform für Henrike (↗ Heinrike).

Henne *m,* Koseform für ↗ Heinrich und ↗ Johannes.

Henneke *m,* niederdeutsche Form von ↗ Hans und ↗ Heinrich; Nebenform: *Henk.*

Henner *m,* Kurzform für ↗ Heinrich.

Hennes *m,* Koseform für ↗ Heinrich und ↗ Hans.

Henni *w,* Kurzform für Henrike (↗ Heinrike).

Hennig *m,* Kurzform für ↗ Heinrich und ↗ Hans.

Hennilotte *w,* Doppelname aus Henni und Charlotte.

Henning *m,* Koseform für ↗ Heinrich und ↗ Hans (Johannes).

Henno *m,* Kurzform für ↗ Heinrich und ↗ Hans.

Henny *w,* Kurzform für Henrike (↗ Heinrike) und ↗ Henriette.

Bekannte Namensträgerin:

Henny Porten, 1890–1960; deutsche Schauspielerin der Bühne und des Films.

Henoch *m,* hebräisch: = der Geweihte; ökumenische Form; in der Vulgata: *Enoch.*

Namensträger:

Henoch, einer der Urväter im Alten Testament.

Henri *m,* französische Form von ↗ Heinrich.

Bekannte Namensträger:

Henri Becquerel, 1852–1908; französischer Physiker.

Henri Bergson, 1859–1941; französischer Philosoph; Vertreter der Lebensphilosophie.

Henri-Georges Clouzot, 1907–1977; französischer Filmregisseur.

Henri Dunant, 1828–1910; schweizerischer Philantrop; Begründer des Roten Kreuzes (Gedenktag: 29. Oktober).

Henri Laurens, 1885–1954; französischer kubistischer Bildhauer und Maler.

Henri Matisse, 1869–1954; Graphiker und Plastiker des Fauvismus.

Henri Moissan, 1852–1907; französischer Chemiker.

Henri-Philippe Pétain, 1856–1951, französischer Marschall und Politiker; 1940–1944 Staatschef der Vichy-Regierung.

Henri Pousseur, geboren 1929; belgischer Komponist und Musikschriftsteller.

Henri Rousseau, 1844–1910; französischer Maler der naiven Malerei.

Henri de Toulouse-Lautrec, 1864–1901; französischer Maler und Graphiker.

Henricus *m,* latinisierte Form von ↗ Heinrich.

Henrietta *w,* Nebenform zu ↗ Henriette; Koseform: *Etta.*

Henriette *w,* die weibliche Verkleinerungsform zu französisch Henri; Nebenformen: *Henrietta, Heinriette;* Koseformen: *Henny, Jette;* englische Form: *Henny;* italienisch: *Enrica.*

Bekannte Namensträger:

Henriette Sontag, 1806–1854; deutsche Sängerin (Sopran).

Henrik *m,* niederdeutsche und schwedische Form von ↗ Heinrich.

Bedeutender Namensträger:

Henrik Ibsen, 1828–1906; norwegischer realistisch-pessimistischer Dramatiker.

Henrika *w,* Nebenform zu ↗ Heinrike.

Namensträgerin:

Henrika (Katharina) Faßbender, gestorben 1875; Franziskanerin; als Missionsschwester mit vier Mitschwestern auf der Überfahrt nach Saint Louis in Nordamerika ertrunken (Gedenktag: 6. Dezember).

Henrike *w,* Nebenform zu ↗ Heinrike; Kurzform: *Rike.*

Henry *m,* englische Form von ↗ Heinrich.

Bekannte Namensträger:

Henry Bessemer, 1813–1898; englischer Ingenieur.

Henry Cavendish, 1731–1810; englischer Chemiker und Physiker.

Henry Fielding, 1707–1754; englischer satirisch-realistischer Schriftsteller.

Henry Fonda, 1905–1982; amerikanischer Filmschauspieler; Charakterrollen.

Henry Hudson, um 1550–1611; englischer Seefahrer.

Henry James, 1843–1916; englischer Schriftsteller, von Einfluß auf den psychologischen Roman.

Henry Kissinger, geboren 1923; amerikanischer Politiker.

Henry Miller, 1891–1980; amerikanischer Schriftsteller.

Henry de Montherlant, 1896–1972; französischer Schriftsteller.
Henry Moore, 1898–1986; englischer Bildhauer, Graphiker und Maler der Abstraktion.
Henry Purcell, 1659–1695; englischer Komponist und Organist.
Henry Stanley, 1841–1904; englischer Forschungsreisender (Afrika).
Henry van de Velde, 1863–1957; belgischer Architekt und Kunstgewerbler des Jugendstils.

Henryk *m,* polnische Form von ↗ Heinrich.
Bekannter Namensträger:
Henryk Szeryng, geboren 1918; mexikanischer Violinvirtuose polnischer Herkunft.

Henschel *m,* Koseform für ↗ Johannes.

Hensel *m,* Koseform für ↗ Hans.

Hera *w,* griechisch, weibliche Form zu Heros = Held.
Namensträgerin:
Hera, in der griechischen Mythologie die Schwester und Gattin des Zeus; Schutzgöttin der Ehe.

Herakles *m,* griechisch: *Hera* = Gattin des Zeus, *kles* = Ruhm; latinisiert ↗ Herkules.
Namensträger:
Herakles, der berühmteste Held der griechischen Sage.

Heraklit *m,* griechisch: *Herakleitos.*
Namensträger:
Heraklit von Ephesos, etwa 540–480 v. Chr.; griechischer Philosoph; erklärte Feuer als Grundstoff der Welt.

Herald *m,* Nebenform zu ↗ Herold.

Heralt *m,* Nebenform zu ↗ Herold.

Hérault *m,* französische Form von ↗ Harold.

Herbald *m,* althochdeutsch: *heri* = Heer; *bald* = kühn; Nebenform: *Herebald, Heribald.*

Herbert *m,* althochdeutsch: *heri* = Heer; *beraht* = glänzend; Nebenform: *Heribert;* Kurzform: *Harro;* französische Form: *Aribert, Hébert;* italienisch: *Ariberto, Cariberto, Erberto.*
Bekannte und bedeutende Namensträger:
Herbert Hoover, 1874–1964; amerikanischer republikanischer Politiker; 31. Präsident der Vereinigten Staaten.
Herbert Ihering, 1888–1977; deutscher Dramaturg und Theaterkritiker.
Herbert von Karajan, geboren 1908; österreichischer Dirigent; Gründer der Salzburger Osterfestspiele.
Herbert Marcuse, 1898–1979; deutscher Philosoph und Sozialwissenschaftler; Vertreter der kritischen Theorie.
Herbert Spencer, 1820–1903; englischer Philosoph; Begründer des Evolutionismus.
Herbert Wehner, geboren 1906; deutscher sozialdemokratischer Politiker; 1969–1983 Fraktionsvorsitzender.
Herbert G. Wells, 1866–1946; englischer sozialreformerischer und zeitkritischer Schriftsteller.

Herberta *w,* die weibliche Form zu ↗ Herbert; Nebenform: *Heriberta.*

Herborg *w,* schwedische Form von ↗ Herburg.

Herbrand *m,* althochdeutsch: *heri* = Heer; *brand* = Feuer, Schwert.

Herburg *w,* althochdeutsch: *heri* = Heer; *burg* = Burg, Schutz; Nebenform: *Heriburg;* schwedisch: *Herborg.*
Namensträgerin:
Herburg, gestorben nach 834; erste Äbtissin des Franziskanerklosters Nottuln (Gedenktag: 16. Oktober).

Hercule *m,* französische Form von ↗ Herkules.

Herdi *w,* Kurz- und Koseform für mit Her- beginnende weibliche Vornamen.

Herdis *w,* isländisch-schwedisch; althochdeutsch: *heri* = Heer; *dis* = Göttin.

Herebald *m,* Nebenform zu ↗ Herbald.
Namensträger:
Herebald (Erlebold), gestorben um 1145; Propst des Prämonstratenserinnenstifts Doksany bei Leitmeritz (Gedenktag: 5. Februar).

Herfrid *m,* althochdeutsch: *heri* = Heer; *fridu* = Friede; Nebenform: *Herfried.*
Namensträger:
Herfrid, gestorben um 747; schottischer Einsiedler; identisch mit Herfrid von Lindisfarne (?; Gedenktag: 9. November).

Herfried *m,* Nebenform zu ↗ Herfrid.

Heribald *m,* Nebenform zu ↗ Herbald.

Heribert *m,* Nebenform zu ↗ Herbert.
Namensträger:
Heribert, gestorben 1150; seit etwa 1130 Propst des Prämonstratenserstifts Knechtsteden (Gedenktag: 25. Mai).
Heribert von Worms, um 970–1021: Kanzler Ottos III.; seit 999 Erzbischof von Köln (Gedenktag: 30. August; evangelisch: 16. März).

Heriberta. *w,* Nebenform zu ↗ Herberta.

Heriburg *w,* Nebenform zu ↗ Herburg.

Herko *m,* niederdeutsche Kurzform für mit Her- beginnende männliche Vornamen.

Herkules *m,* lateinische Form des griechischen *Herakles;* französische Form: *Hercule;* italienisch: *Ercole.*

Herkumbert *m,* althochdeutsch: *erkan* = wahr, echt; *beraht* = glänzend.
Namensträger:
Herkumbert, gestorben 805; erster Bischof von Minden (Gedenktag: 7. Juni).

Herlind *w,* Nebenform zu ↗ Herlinde.
Namensträgerin:
Herlind, gestorben um 750; mit ihrer Schwester Reinhild Leiterin des Klosters Aldeneyk (Gedenktag: 12. Oktober).

Herlinde *w,* althochdeutsch: *heri* = Heer; *linta* = Lindenholzschild; oder: *lind* = lind, mild; Nebenform: *Herlind, Herlindis.*

Herlindis *w,* Nebenform zu ↗ Herlinde.

Herlof *m,* althochdeutsch: *heri* = Heer; *wolf* = Wolf; Nebenform: *Herluf.*

Herluf *m,* Nebenform zu ↗ Herlof.

Herluka *w.*
Namensträgerin:
Herluka, um 1060–1127; lebte der Nächstenliebe und der Meditation in Epfach, später Bernried (Gedenktag: 18. April).

Herm *m,* Kurzform für ↗ Hermann.

Herma *w,* Kurzform für ↗ Hermine.

Hermagoras *m,* griechisch: Hermes; oder *herma* = Hügel; *agora* = Markt, Versammlung.
Namensträger:
Hermagoras, nach der Überlieferung gestorben um 304; mit Fortunat Märtyrer der diokletianischen Verfolgung (Gedenktag: 12. Juli).

Herman *m,* Nebenform zu ↗ Hermann.
Bekannter Namensträger:
Herman Melville, 1819–1911; amerikanischer humorvoll-ironischer Schriftsteller.

Hermandine *w,* Weiterbildung von ↗ Hermanna.

Hermann *m,* althochdeutsch: *heri* = Heer; *man* = Mann; Nebenform: *Herrmann, Herman, Harman;* Kurz- und Koseformen: *Herm, Herme, Hermel, Hermeli, Harm, Hetzel, Hesse, Hemmo, Hessl, Haro, Harro, Manes, Mani, Mann, Männe, Manno;* italienische Formen: *Ermanno, Erminio;* italienisch und spanisch: *Armando;* französisch: *Armand;* niederländisch: *Hermien;* russisch: *German.*
Bekannte und bedeutende Namensträger:
Hermann, gestorben 1429; Prior der Zisterzienserabtei Neuzelle; mit andern von den Hussiten ermordet (Gedenktag: 2. Oktober).
Hermann, gestorben 1326; um 1320 Konverse in Niederaltaich; Einsiedler (Gedenktag: 28. Dezember).
Hermann, etwa 1110–1173; Kölner Jude, wurde katholisch und Propst im Prämonstratenserstift Scheda (Gedenktag: 6. August).
Hermann, 1200–1275; Benediktiner;

seit 1242 Abt von Niederaltaich (Gedenktag: 31. Juli).

Hermann der Lahme, 1013–1054; Graf von Altshausen; Benediktiner der Reichenau; Historiker, Astronom, Dichter und Komponist (Gedenktag: 24. September).

Hermann von Are, gestorben 1210; seit 1171 Propst des Prämonstratenserstifts Cappenberg (Gedenktag: 6. August).

Hermann I., Markgraf von Baden, um 1040–1074; Sohn Markgraf Bertholds I. von Zähringen; 1073 Laienbruder in Cluny (Gedenktag: 25. April).

Hermann von Salza, 1170–1239; ab 1209 der vierte Hochmeister des Deutschen Ordens.

Hermann Joseph, 1150–1241; Prämonstratenser in Steinfeld (Eifel); Mystiker (Gedenktag: 21. Mai).

Hermann Bahr, 1863–1934; österreichischer Schriftsteller und Kritiker.

Hermann Betzel, gestorben 1917, bayerischer evangelischer Theologe und Kirchenführer (Gedenktag: 8. Juni).

Hermann Broch, 1886–1951; österreichischer Schriftsteller.

Hermann Ebbinghaus, 1850–1909; deutscher Psychologe; Mitgründer der experimentellen Psychologie.

Hermann Haack, 1872–1966; deutscher Kartograph.

Hermann von Helmholtz, 1821–1894; deutscher Physiker und Physiologe.

Hermann Hesse, 1877–1962; deutscher Schriftsteller.

Hermann Hollerith, 1860–1929; deutsch-amerikanischer Ingenieur; Erfinder des Lochkartensystems.

Hermann Kant, geboren 1926; deutscher humorvoller Schriftsteller (in Berlin-Ost).

Hermann Kasack, 1896–1966; deutscher expressionistisch-surrealistischer Schriftsteller.

Hermann Kesten, geboren 1900; deutscher gesellschaftskritischer Schriftsteller.

Hermann Knaus, 1892–1970; österreichischer Gynäkologe.

Hermann Friedrich Kohlbrügge, gestorben 1875; evangelischer Schriftausleger (Gedenktag: 5. März).

Hermann Lange, 1912–1943; katholischer Kaplan; mit J. Prassik und E. Müller wegen Verbreitung der Predigten des Münsteraner Bischofs von Galen vom nationalsozialistischen Sondergericht zum Tod verurteilt und hingerichtet.

Hermann Lautensach, 1886–1971; deutscher Geograph.

Hermann Lietz, 1868–1919; deutscher Reformpädagoge.

Hermann Löns, 1866–1914; deutscher Schriftsteller der Lüneburger Heide.

Hermann Minkowski, 1864–1909; litauischer Mathematiker und Physiker.

Hermann Oberth, geboren 1894; deutscher Raketenforscher.

Hermann Oncken, 1869–1945; deutscher Historiker.

Hermann Prey, geboren 1929; deutscher Opern- und Konzertsänger (Bariton).

Hermann Fürst von Pückler-Muskau, 1785–1871; deutscher Schriftsteller und Gartenkünstler.

Hermann Rorschach, 1884–1922; schweizerischer Psychologe und Psychiater.

Hermann Scherchen, 1891–1966; deutscher Dirigent und Komponist der Neuen Musik.

Hermann Schulze-Delitzsch, 1808–1883; deutscher liberaler Politiker und Sozialreformer; Gründer des deutschen Genossenschaftswesens.

Hermann Staudinger, 1881–1965; deutscher Chemiker; begründete die makromolekulare Chemie.

Hermann Sudermann, 1857–1928; deutscher naturalistischer und sozialkritischer Schriftsteller.

Hermann Thimig, geboren 1890; österreichischer Schauspieler der Bühne und des Films; Charakterdarsteller und Komiker.

Hermann Weyl, 1885–1955; deutscher Mathematiker und Physiker.

Hermann von Wied, 1477–1552; 1515 Erzbischof von Köln; versuchte das Erzbistum zu reformieren; wurde suspendiert und resignierte 1547; starb als Lutheraner (evangelischer Gedenktag: 15. August).
Hermann von Wissmann, 1853–1905; deutscher Afrikaforscher.

Hermanna *w,* die weibliche Form zu ↗ Hermann; Nebenform: *Hermanne;* niederdeutsche Form: *Harmanna;* Koseform: *Harmke;* Weiterbildung: *Hermandine.*

Hermanne *m,* Nebenform zu ↗ Hermanna.

Hermel *m,* Koseform für ↗ Hermann.

Hermeli *m,* Koseform für ↗ Hermann.

Hermen *m,* Kurzform für ↗ Hermann.

Hermenegild *m,* althochdeutsch: *ermin* = Erde, Welt; *gelt* = Entgelt, Lohn (?).
Namensträger:
Hermenegild, gestorben 585; westgotischer Königssohn; wurde Christ; erhob sich gegen seinen Vater, der ihn enthaupten ließ (Gedenktag: 13. April).

Hermenegilde *w,* die weibliche Form zu ↗ Hermenegild.

Hermes *m,* griechisch: *herma* = Stütze.
Namensträger:
Hermes, der Götterbote in der altgriechischen Mythologie.

Hermi *w,* Kurzform für ↗ Hermine.

Hermia *w,* Nebenform zu ↗ Hermine.

Hermien *m,* niederländische Nebenform zu ↗ Hermann.

Hermin *m,* Neubildung zu Herman (?).

Hermine *w,* auf ↗ Hermann zurückgehende weibliche Bildung; Nebenform: *Hermione;* Kurzformen: *Herma, Hermia, Mina, Minna;* niederländische Nebenform: *Urmina;* italienische Form: *Erminia.*
Bekannte Namensträgerin:
Hermine Körner, 1882–1960; deutsche Schauspielerin, Regisseurin und Theaterleiterin.

Herminia *w,* Weiterbildung von ↗ Hermine.

Hermintrud *w,* wohl Nebenform zu ↗ Irmintrud.

Hermione *w,* Nebenform zu ↗ Hermine oder eine Weiterbildung des griechischen ↗ Hermes.

Hermo *m,* Kurzform für ↗ Hermann.

Herms *m,* Nebenform zu ↗ Harms.

Hermund *m,* althochdeutsch: *heri* = Heer; *munt* = Schutz.

Hernán *m,* Nebenform zu↗Hernando.

Hernando *m,* spanische Form von ↗ Ferdinand; Nebenform: *Hernán.*
Bekannter Namensträger:
Hernando Cortez, 1485–1547; spanischer Eroberer in Mexiko.

Hero *m,* Koseform für ↗ Hermann.

Herold *m,* Nebenform zu ↗ Harold.

Herrad *m,* althochdeutsch: *heri* = Heer; *rat* = Rat, Beratung.

Herrada *w,* die weibliche Form zu Herrad; Nebenform: *Herrade.*

Herrade *w,* Nebenform zu ↗ Herrada.

Herrmann *m,* Nebenform zu ↗ Hermann.

Herta *w,* Kose- oder Kurzform für mit Hert-, Hart- beginnende weibliche Vornamen; geht wohl auf falsche Lesung bei Tacitus für die Erdgöttin *Nerthus* zurück; Nebenform: *Hertha.*
Namensträgerin:
Herta, gestorben 303; christliche Jungfrau in Rom; Märtyrin der diokletianischen Verfolgung (Gedenktag: 12. April).

Hertha *w,* Nebenform zu ↗ Herta.
Namensträgerin:
Hertha Töpper, geboren 1924; österreichische Opern-, Oratorien- und Konzertsängerin.

Hertmann *m,* Nebenform zu ↗ Hartmann.

Hertrud *w,* althochdeutsch: *heri* = Heer; *trud* = Kraft, Stärke.

Hertwig *m,* Nebenform zu ↗ Hartwig.

Hertwiga *w,* die weibliche Form zu Hertwig (↗ Hartwig).

Herwald *m,* Nebenform zu ↗ Harold.

Herward *m,* althochdeutsch: *heri* = Heer; *wart* = Hüter, Schützer; Nebenform: *Herwarth.*

Herwarth *m,* Nebenform zu ↗ Herward.
Bekannter Namensträger:
Herwarth Walden, 1878–1941; deutscher expressionistischer Schriftsteller und Musiker.
Herwig *m,* Nebenform zu ↗ Hartwig.
Herwiga *w,* die weibliche Form zu Herwig (↗ Hartwig).
Herwin *m,* althochdeutsch: *heri* = Heer; *wini* = Freund; daraus entwikkelte sich ↗ Erwin.
Hese *w,* niederdeutsche Kosefom für ↗ Hedwig.
Heseke *w,* niederdeutsche Koseform für ↗ Hedwig.
Hesekiel *m,* griechische Form von ↗ Ezechiel.
Heß *m,* Koseform für ↗ Matthias.
Hessl *m,* Koseform für ↗ Hermann.
Hesso *m,* Kurzform wie ↗ Hasso.
Hester *w,* niederdeutsche und englische Form von ↗ Esther.
Heta *w,* Kurz- und Koseform für ↗ Hedwig.
Hete *w,* Kurz- und Koseform für ↗ Hedwig.
Hettel *m,* Koseform für ↗ Hatto.
Hetti *w,* Koseform für ↗ Hedwig.
Hetty *w,* Kurzform für ↗ Hedwig und ↗ Henriette.
Hetzel *m,* Koseform für ↗ Hermann.
Hezekias *m,* griechische Form von ↗ Hiskija.
Hias *m,* Kurz- und Koseform für ↗ Matthias.
Hiasel *m,* Koseform für ↗ Matthias.
Hiasl *m,* Koseform für ↗ Matthias.
Hidda *w,* friesische Kurz- und Koseform für mit Hild- beginnende weibliche Vornamen.
Hiddo *m,* friesische Kurz- und Koseform für mit Hild- beginnende männliche Vornamen.
Hieronyma *w,* die weibliche Form zu ↗ Hieronymus.
Hieronymus *m,* griechisch: *hieros* = heilig; *onyma* = *onoma* = Name; Nebenform: *Jeronimus;* Kurz- und Koseformen: *Romus, Ronimus, Onimus, Grolmes, Grommes, Grönlein, Olmes;* italienische Formen: *Geronimo, Girolamo;* französisch: *Jérôme;* englisch: *Gerome, Jerome.*
Namensträger:
Hieronymus, um 345–420; Mönch; Priester; Sekretär Papst Damasus' I.; Verfasser zahlreicher theologischer Werke und Übersetzer; Kirchenlehrer (Gedenktag: 30. September).
Hieronymus Ämiliani, 1486–1537; Offizier; geriet in Gefangenschaft; daraus befreit, wurde er Krankenpfleger; gründete Waisenhäuser und eine Genossenschaft von Regularklerikern; starb an der Pest im Dienst an Pestkranken (Gedenktag: 8. Februar).
Hieronymus von Prag, um 1365–1416; Anhänger von Hus und Wiclif; auf Konstanzer Konzil 1416 verurteilt und verbrannt (evangelischer Gedenktag: 29. Mai).
Hieronymus Bosch, um 1450–1516; niederländischer Maler.
Hiesel *m,* Koseform für ↗ Matthias.
Hilar *m,* Nebenform zu ↗ Hilarius.
Hilaria *w,* die weibliche Form zu ↗ Hilarius; englische Form: *Hilary;* italienisch: *Ilaria.*
Namensträgerin:
Hilaria, gestorben um 304; mit Afra und andern legendäre Märtyrin der diokletianischen Verfolgung (Gedenktag: 7. August).
Hilarius *m,* lateinisch: *hilarus* = heiter, fröhlich; Koseformen: *Glares, Glary, Lares, Lari;* englische Form: *Hilary;* italienisch: *Ilario.*
Bekannter Namensträger:
Hilarius von Poitiers, etwa 315–367; wurde 345 Christ; um 350 Bischof von Poitiers; trat gegen den Arianismus auf; verfaßte umfangreiches theologisches Schrifttum; gilt als erster Hymnendichter der lateinischen Kirche (Gedenktag: 13. Januar).
Hilary *m,* englische Form von ↗ Hilarius.
Hilary *w,* englische Form von ↗ Hilaria.
Hilbert *m,* Kurzform für ↗ Hildebert, auch schwedische Form.

Hilberta *w,* Nebenform zu ↗ Hildeberta.

Hilbertina *w,* Nebenform zu ↗ Hildeberta.

Hilbrand *m,* Nebenform zu ↗ Hildebrand.

Hilbrecht *m,* Kurzform für ↗ Hildebrecht.

Hilchen *w,* Koseform für ↗ Helene.

Hild *w,* schwedische Form von Hilda (↗ Hildegard); auch *Hilda.*

Hilda *w,* Kurzform für ↗ Hildegard.

Namensträgerinnen:

Hilda, gestorben 680; Äbtissin des Klosters Hartlepool; gründete das Doppelkloster Whitby (Gedenktag: 17. November).

Hilda, 11./12. Jahrhundert, Benediktinerin auf dem Nonnberg zu Salzburg (Gedenktag: 12. Januar).

Hildburg *w,* althochdeutsch: *hiltja* = Kampf; *burg* = Burg, Schutz; Nebenform: *Hildeburg;* niederdeutsche Formen: *Helleborg, Hellburg.*

Namensträgerin:

Hildburg von Ivry, gestorben nach 1115; lebte als Witwe und Reklusin der Buße und Caritas; gründete ein Hospital in Pontoise (Gedenktag: 3. Juni).

Hilde *w,* Kurzform für ↗ Hildegard, ↗ Mathilde; allgemein für mit Hild- oder -hild gebildete weibliche Vornamen.

Bekannte Namensträgerinnen:

Hilde Domin, geboren 1912; deutsche Schriftstellerin.

Hilde Güden, geboren 1917; österreichische Opern- und Konzertsängerin (Koloratursopran).

Hilde Körber, 1906–1969; deutsche Schauspielerin der Bühne und des Films; Charakterrollen.

Hilde Krahl, geboren 1917; deutsche Schauspielerin der Bühne und des Films; Charakterrollen.

Hildebald *m,* althochdeutsch: *hiltja* = Kampf; *bald* = kühn.

Hildebert *m,* althochdeutsch: *hiltja* = Kampf; *beraht* = glänzend; Nebenform: *Hildebrecht;* Kurzform: *Hilbert;* friesisch: *Hidde;* italienische Form: *Ildeberto;* schwedisch: *Hilbert.*

Hildeberta *w,* die weibliche Form zu ↗ Hildebert; Nebenformen: *Hilberta, Hilbertina.*

Hildebrand *m,* althochdeutsch: *hiltja* = Kampf; *brant* = Schwert; Nebenformen: *Hilbrand, Hillebrand;* italienische Form: *Ildebrando.*

Namensträger:

Hildebrand, in der deutschen Sage Waffenschmied Dietrichs von Bern.

Hildebrand, gestorben 1209; Zisterzienserkonverse; Märtyrer durch Albigenser (Gedenktag: 11. April).

Hildebrecht *m,* Nebenform zu ↗ Hildebert.

Hildeburg *w,* Nebenform zu ↗ Hildburg.

Namensträgerin:

Hildeburg, deutsche Gestalt der Gudrunsage.

Hildefons *m,* althochdeutsch: *hiltja* = Kampf; *funs* = bereit; heute übliche Form: *Ildefons.*

Hildegar *m,* Nebenform zu ↗ Hildeger.

Hildegard *w,* althochdeutsch: *hiltja* = Kampf; *gard* = Gerte, oder: Zaun, Schutz; Kurzform: *Hilda, Hilde;* niederdeutsch: *Hilla, Hille, Hilke;* friesisch: *Hilge, Hiltje;* französische Form: *Hildegarde;* italienisch: *Ildegarda;* schwedisch: *Hild, Hilda.*

Bekannte Namensträgerinnen:

Hildegard von Bingen, 1098–1179; Benediktinerin; Äbtissin; Mystikerin; gründete Kloster auf dem Rupertsberg bei Bingen und in Eibingen; Bußpredigerin; Ratgeberin von Päpsten und Fürsten; besaß Kenntnisse in Medizin und Naturwissenschaften (Gedenktag: 17. September).

Hildegard Knef, geboren 1925; deutsche Schauspielerin und Chansonsängerin.

Hildegarde *w,* französiche Form von ↗ Hildegard.

Hildeger *m,* althochdeutsch: *hiltja* =

Kampf; *ger* = Speer; Nebenformen: *Hildegar, Hildiger, Hildjer;* Kurzformen: *Hildger, Hill, Hilli.*

Hildegrim *m,* althochdeutsch: *hiltja* = Kampf; *grim* = Helm.

Namensträger:

Hildegrim, gestorben 827; Bischof von Châlons-sur-Marne (Gedenktag: 19. Juni).

Hildegund *w,* althochdeutsch: *hiltja* = Kampf; *gund* = Kampf; Nebenformen: *Hildegunde, Hillegonde;* Kurz- und Koseformen: *Hilda, Hilla.*

Namensträgerinnen:

Hildegund von Meer, gestorben um 1183; gründete nach Tod ihres Gatten 1165 bei Neuß ein Prämonstratenserinnenkloster (Meer), das sie leitete (Gedenktag: 6. Februar).

Hildegund, gestorben 1188; wallfahrte mit dem Vater ins Heilige Land, wo dieser starb; auf dessen Rat kehrte sie zu ihrem Schutz als „Josef" in Männerkleidung zurück; trat in ein Männerkloster ein, wo man erst bei ihrem Tod ihr Geheimnis erkannte (Gedenktag: 20. April).

Hildegund, starb um 1100 am Tag der ihr aufgezwungenen Heirat (Gedenktag: 14. Oktober).

Hildegunde *w,* Nebenform zu ↗ Hildegund.

Hildelies *w,* Doppelname aus Hilde und Elisabeth.

Hildemar *m,* Nebenform zu ↗ Heilmar.

Hildemara *w,* die weibliche Form zu Hildemar (↗ Heilmar).

Hildemoda *w,* ältere Form von ↗ Hildemut.

Hildemund *m,* althochdeutsch: *hiltja* = Kampf; *munt* = Schutz; Nebenform: *Hildmund.*

Hildemut *w,* althochdeutsch: *hiltja* = Kampf; *muot* = Mut, Geist, Gesinnung; Nebenformen: *Hildmut, Hildemoda.*

Hilderich *m,* althochdeutsch: *hiltja* = Kampf; *rihhi* = reich, mächtig; Nebenform: *Hilrich.*

Hilderun *w,* Nebenform zu ↗ Hildrun.

Hildeward *m,* althochdeutsch: *hiltja* = Kampf; *wart* = Hüter.

Hildewin *m,* Nebenform zu ↗ Hildwin.

Hildger *m,* Nebenform zu ↗ Hildeger.

Hildiger *m,* Nebenform zu ↗ Hildeger.

Namensträger:

Hildiger (Hilger), gestorben 753; Bischof von Köln; begleitete Pippin gegen die Sachsen und fiel im Kampf (Gedenktag: 8. August).

Hildjer *m,* Nebenform zu ↗ Hildeger.

Hildmund *m,* Nebenform zu ↗ Hildemund.

Hildmut *w,* Nebenform zu ↗ Hildemut.

Hildo *m,* Kurzform für ↗ Hildolf; Nebenform: *Hitto.*

Hildolf *m,* althochdeutsch: *hiltja* = Kampf; *wolf* = Wolf; Kurzform: *Hildo.*

Hildrun *w,* althochdeutsch: *hiltja* = Kampf; *runa* = Geheimnis, geheime Beratung; Nebenformen: *Hilderun, Hiltrun.*

Hildtrud *w,* Nebenform zu ↗ Hiltraud.

Hildulf *m,* althochdeutsch: *hiltja* = Kampf; *wulf* = *wolf* = Wolf.

Namensträger:

Hildulf, 7. Jahrhundert; Chorbischof von Trier; später Abt von Mittelmünster (Gedenktag: 11. Juli).

Hildulf, gestorben um 707; fränkischer Adliger um Pippin den Mittleren; wurde im Alter Mönch in Lobbes (Gedenktag: 23. Juni).

Hildwara *w,* althochdeutsch: *hiltja* = Kampf; *wara* = Schützerin.

Hildwin *m,* althochdeutsch: *hiltja* = Kampf; *wini* = Freund; Nebenformen: *Hildewin, Hiltwin.*

Hilga *w,* Nebenform zu ↗ Helga.

Hilge *w,* friesische Kurzform für ↗ Hildegard.

Hilgen *w,* Koseform für ↗ Helene.

Hilger *m,* Kurzform für ↗ Hildeger.

Hilka *w,* niederdeutsche Koseform für Hildegard; auch *Hilke.*

Hilke *w,* niederdeutsche Kurzform für

mit Hild- beginnende weibliche Vornamen; auch Nebenform zu ↗ Hilka.

Hilko *m*, niederdeutsch-friesische Kurzform für mit Hild- beginnende männliche Vornamen.

Hill *m*, Kurzform für ↗ Hildeger.

Hilla *w*, niederdeutsche Form von ↗ Hildegard; allgemein Kurzform für mit Hild- oder -hild gebildete weibliche Vornamen; Nebenform: *Hille.*

Hille *w*, Nebenform zu ↗ Hilla.

Hillebrand *m*, Nebenform zu ↗ Hildebrand.

Hillegonde *w*, Nebenform zu ↗ Hildegunde.

Hilleke *w*, niederdeutsch-friesische Koseform für mit Hild- beginnende weibliche Vornamen.

Hilli *m*, Kurzform für ↗ Hildeger.

Hilma *w*, Nebenform zu Helma (↗ Wilhelma).

Hilmar *m*, Nebenform zu ↗ Heilmar.

Hilpert *m*, Kurzform für ↗ Hildebert und ↗ Hildebrecht.

Hilrich *m*, Nebenform zu ↗ Hilderich.

Hiltje *w*, friesische Koseform für ↗ Hildegard; allgemein Kurzform für mit Hild- beginnende weibliche Vornamen.

Hiltke *m* und *w*, friesische Kurzform für mit Hild- beginnende Vornamen.

Hiltraud *w*, althochdeutsch: *hiltja* = Kampf; *trud* = Kraft, Stärke; Nebenformen: *Hiltrud, Hildetrud.*

Hiltrud *w*, Nebenform zu ↗ Hiltraud.

Namensträgerinnen:

Hiltrud, 12. Jahrhundert; Ordensfrau auf dem Rupertsberg bei Bingen (Gedenktag: 17. November).

Hiltrud, 8. Jahrhundert; aszetisch lebende Reklusin beim Kloster Lissies im Hennegau (Gedenktag: 27. September).

Hiltrun *w*, Nebenform zu ↗ Hildrun.

Hiltwin *m*, Nebenform zu ↗ Hildwin.

Himer *m*, lateinisch: *Himerius;* französische Form: *Imier.*

Namensträger:

Himer, etwa 550–610; Eremit und Glaubensbote im nördlichen Jura (Gedenktag: 13. November).

Himerius *m*, lateinische Form von ↗ Himer.

Hinner *m*, Koseform für ↗ Heinrich.

Hinnerk *m*, niederdeutsche und friesische Form von ↗ Heinrich.

Hinrich *m*, niederdeutsche Form von ↗ Heinrich.

Hinrik *m*, niederdeutsche Koseform für ↗ Heinrich.

Hinz *m*, Kurzform für ↗ Heinrich; Nebenform zu ↗ Heinz.

Hiob *m*, hebräisch; in der lateinischen Vulgata und in der Lutherbibel verwendete Form von ↗ Ijob.

Hippe *m*, Kurzform wie ↗ Hippo.

Hippo *m*, Kurzform für ↗ Hippolyt; Nebenform: *Hippe.*

Hippokrates *m*, griechisch: *hippos* = Pferd; *kratos* = Kraft, Stärke.

Namensträger:

Hippokrates von Chios, 5. Jahrhundert v. Chr., griechischer Mathematiker.

Hippokrates von Kos, etwa 460–377 v. Chr.; griechischer Arzt; begründete die abendländische wissenschaftliche Medizin.

Hippolyt *m*, griechisch: *Hippolytos: hippos* = Pferd; *lyein* = lösen; lateinisch: *Hippolytus;* auch: *Hippolyth;* Kurzform: *Litt;* Koseform: *Pilt;* französische Form: *Hippolyte;* italienisch: *Ippolito.*

Bekannter Namensträger:

Hippolyt, 2./3. Jahrhundert; griechischer Kirchenschriftsteller der Westkirche; Gegenpapst zu Kalixt (Gedenktag: 13. August).

Hippolyta *w*, die weibliche Form zu ↗ Hippolyt; italienisch: *Ippolita.*

Hippolyte *m*, französische Form von ↗ Hippolyt.

Bekannter Namensträger:

Hippolyte Taine, 1828–1893; französischer Historiker, Philosoph und Kulturkritiker.

Hippolyth *m*, Nebenform zu ↗ Hippolyt.

Hippolytos *m*, griechische Form von ↗ Hippolyt.

Hippolytus *m*, lateinische Form von ↗ Hippolyt.

Hiskia *m,* Nebenform zu ↗ Hiskija; so in der Lutherbibel.

Hiskija *m,* hebräisch; ökumenische Form von ↗ Ezechias (Form der Vulgata) und *Hiskia* (Lutherbibel); griechisch: *Hezekias.*

Hitto *m,* Nebenform zu ↗ Hildo.
Namensträger:
Hitto (Hildo), gestorben nach 926; Mönch in Sankt Gallen (Gedenktag: 24. November).

Hjalle *m,* Koseform für ↗ Hjalmar.

Hjalmar *m,* schwedisch und dänisch; altisländisch: *Hjalmarr: hjalmr* = Helm; *herr* = Heer; Koseform: *Hjalle.*
Namensträger:
Hjalmar Kutzleb, 1885–1959; deutscher Schriftsteller.
Hjalmar Schacht, 1877–1970; deutscher Finanzpolitiker.

Hob *m,* englische Kurzform für ↗ Robert; auch *Hobby.*

Hobby *m,* englische Koseform für ↗ Robert.

Hodge *m,* englische Koseform für ↗ Robert.

Hoger *m,* wohl Nebenform zu ↗ Holger.
Namensträger:
Hoger, gestorben 916; Benediktiner in Korvey; 909 Bischof von Hamburg-Bremen (Gedenktag: 20. Dezember).

Hogge *m,* Koseform für ↗ Holger.

Högne *m,* schwedische Form von ↗ Hagen.

Högni *m,* isländische Form von ↗ Hagen.

Hoimar *m,* Herkunft unsicher: althochdeutsch: *hag* = Einfriedung; oder: *hoh* = hoch (?); *mari* = berühmt.

Hold *m,* Kurzform für ↗ Reinhold.

Holda *w,* Nebenform zu ↗ Hulda.

Holde *m,* Kurzform für ↗ Reinhold.

Holder *m,* Koseform für ↗ Reinhold.

Holdger *m,* Nebenform zu ↗ Holger.

Holdine *w,* Weiterbildung von ↗ Holda.

Holdo *m,* Kurzform für auf -hold endende männliche Vornamen.

Holge *m,* Koseform für ↗ Holger.

Holger *m,* nordisch; schwedisch: *holm* = Insel; altisländisch: *geirr* = Speer; Nebenform: *Holdger;* Koseform: *Hogge, Holge.*

Holle *w,* Nebenform zu ↗ Hulda.

Holm *m,* nordisch; schwedisch: *Holme: holm* = Insel; altisländische Form: *Holmr.*

Holma *w,* die weibliche Form zu ↗ Holm.

Holme *m,* schwedische Form von ↗ Holm.

Holmr *m,* altisländische Form von ↗ Holm.

Homer *m,* griechisch: *homeros* = Pfand, Geisel; griechisch: *Homeros;*
Bedeutender Namensträger:
Homer, um 850–800 v. Chr.; griechischer epischer Dichter der „Ilias" und der „Odyssee".

Homeros *m,* griechische Form von ↗ Homer.

Honorat *m,* lateinisch: *honoratus* = geehrt; lateinische Form: *Honoratus;* italienisch: *Onorato;* französisch: *Honoré.*
Namensträger:
Honorat, gestorben 429; gründete um 410 das Kloster Lérins; 427 Bischof von Arles (Gedenktag: 16. Januar).

Honoratus *m,* lateinische Form von ↗ Honorat.

Honoré *m,* französische Form von ↗ Honorius und ↗ Honorat.
Bekannte Namensträger:
Honoré de Balzac, 1799–1850; französischer Schriftsteller.
Honoré Daumier, 1808–1894; französischer Maler, Graphiker und Bildhauer im Übergang von der Romantik zum Realismus.
Honoré G. de Mirabeau, 1749–1791; französischer Politiker; erstrebte konstitutionelle Monarchie.

Honorine *w,* französische weibliche Form zu ↗ Honoré; Koseform: *Norine.*

Honorius *m,* lateinisch: *honor* = Ehre; französische Form: *Honoré;* italienisch: *Onorio.*

Hoppert *m,* Nebenform zu ↗ Hubert.

Horace *m,* französische und englische Form von ↗ Horaz.

Bekannte Namensträger:

Horace B. de Saussure, 1740–1799; schweizerischer Naturforscher (Pflanzengeogrphie).

Horace Vernet, 1789–1863; französischer realistischer Maler und Porträtist.

Horant *m,* von *Horant,* dem Spielmann der Gudrunsage.

Horatio *m,* englische Form von ↗ Horaz.

Bekannter Namensträger:

Horatio Nelson, 1758–1805; englischer Admiral; siegte 1798 bei Abukir und 1805 bei Trafalgar.

Horatius *m,* lateinische Form von ↗ Horaz; genau: dem altrömischen Geschlecht der Horatier zugehörig.

Horaz *m,* wohl ursprünglich etruskisch; lateinisch: *Horatius;* englisch *Horace, Horatio;* französisch: *Horace;* italienisch: *Orazio.*

Bekannter Namensträger:

Horaz, 65–8 v. Chr.; römischer Dichter von Oden, Epen, Satiren und Episteln; von abendländischer Bedeutung.

Horst *m,* auf althochdeutsch: *hurst* = Gehölz, Gebüsch zurückführbar.

Bekannte Namensträger:

Horst Bienek, geboren 1930; deutscher Schriftsteller; lebt nach fünfjähriger Zwangsarbeit in Sibirien seit 1956 in der Bundesrepublik Deutschland.

Horst Buchholz, geboren 1933, deutscher Filmschauspieler.

Horst Caspar, 1913–1952; deutscher Schauspieler.

Horst Wolfram Geißler, 1893–1983; deutscher Unterhaltungsschriftsteller.

Horstmar *m,* Doppelname aus Horst und Dietmar.

Horstwin *m,* althochdeutsch: *hurst* = Gebüsch; *wini* = Freund.

Hortense *w,* französische Form von ↗ Hortensia.

Bekannte Namensträgerinnen:

Hortense Beauharnais, 1783–1837; Gattin Louis Bonapartes; Mutter Napoleons III.

Hortense Schneider, 1833–1920; französische Schauspielerin und Operettensängerin.

Hortensia *w,* die weibliche Form zu ↗ Hortensius; französische Form: *Hortense.*

Hortensius *m,* lateinisch; altrömischer Name des Geschlechts der Hortensier.

Hoschea *m,* hebräisch: *hoschea* = Errettung; ökumenische Form.

Namensträger:

Hoschea, im Alten Testament König von Israel; in der Lutherbibel als *Hosea,* in der Vulgata als *Osee* geführt.

Hosea *m,* hebräisch: *hoschea* = Errettung; ökumenische Form von *Osee* für das alttestamentliche „Buch Hosea“ und dessen Verfasser.

Namensträger:

Hosea, einer der kleinen Propheten des Alten Testaments.

Howard *m,* englisch; auf germanisch: *ward* = Wärter, Wächter zurückgehend.

Bekannter Namensträger:

Howard Walter Florey, 1898–1968; australischer Pathologe; erforschte Penicillin.

Hrabanus *m,* lateinische Form von *Hraban;* althochdeutsch: *hraban* = Rabe; neuere Form: *Raban.*

Namensträger:

Hrabanus Maurus, um 780–856; Benediktiner; Abt von Fulda; seit 847 Erzbischof von Mainz; „Praeceptor (Lehrer) Germaniae“ (Gedenktag: 4. Februar).

Hrolf *m,* Kurzform für ↗ Rudolf.

Hroswitha *w,* ältere Form von ↗ Roswitha.

Bekannte Namensträgerin:

Hroswitha (Roswitha) von Gandersheim, um 935 – nach 973; Benediktinerin in Gandersheim; erste deutsche Dichterin; verfaßte mittellateinische Legenden, erste christliche Dramen.

Hroswitha (Roswitha) von Liesborn, 9. Jahrhundert; Äbtissin des Frauenklosters Liesborn in Westfalen (Gedenktag: 29. April).

Hubald *m,* Nebenform zu ↗ Hugbald.

Hubert *m,* althochdeutsch: *hugu* = Gedanke, Verstand; *beraht* = glänzend; Nebenformen: *Huprecht, Huppert, Hoppert, Huppel, Haubert;* Kurzformen: *Hüp, Hüppe, Bert, Brecht, Bertes;* ältere Form: *Hugbert;* latinisiert: *Hubertus;* italienisch: *Umberto, Oberto.*

Bekannte Namensträger:

Hubert, gestorben 727; Glaubensbote in Südbrabant und in den Ardennen; um 704 Bischof von Tongern-Maastricht, dann Lüttich (Gedenktag: 3. November).

Hubert van Eyck, um 1370–1426; niederländischer Maler; Mitgründer der Flämischen Malerschule.

Hubert Rohracher, 1903–1972; österreichischer Philosoph und Psychologe.

Huberta *w,* die weibliche Form zu ↗ Hubert; Weiterbildung: *Hubertina.*

Hubertina *w,* Weiterbildung von ↗ Huberta; Nebenform: *Hubertine.*

Hubertine *w,* Nebenform zu ↗ Hubertina.

Hubertus *m,* latinisierte Form von ↗ Hubert.

Hubrecht *m,* Nebenform zu ↗ Hubert.

Hudson *m,* englisch; Bedeutung fraglich.

Namensträger:

Hudson Taylor, gestorben 1905; evangelischer Förderer der Chinamission (Gedenktag: 3. Juni).

Hugbald *m,* althochdeutsch: *hugu* = Gedanke; *bald* = kühn; Nebenformen: *Hubald, Ubald;* italienische Form: *Ubaldo;* Kurzform: *Baldo.*

Hugbert *m,* ältere Form von ↗ Hubert; Nebenform: *Hugibert.*

Hugdietrich *m,* Doppelname aus Hugo und Dietrich.

Hugh *m,* englische Form von ↗ Hugo.

Hughes *m,* englische Form von ↗ Hugo.

Hugibert *m,* Nebenform zu ↗ Hugbert.

Hugo *m,* Kurzform für mit Hug- beginnende männliche Vornamen; Nebenformen: *Hukko, Haug;* friesische Form: *Hauk;* italienisch: *Ugo;* Kurzform: *Ugolino;* französisch: *Hugo, Hugues;* englisch: *Hugo, Hugh, Hughes;* schwedisch: *Hugo.*

Bekannte Namensträger:

Hugo, 1024–1109; Benediktiner; seit 1049 Abt von Cluny; unter ihm weite Ausbreitung der Reformbewegung von Cluny (Gedenktag: 28. April).

Hugo, 1053–1132; Bischof von Grenoble; betrieb Kirchenreform (Gedenktag: 1. April).

Hugo, gestorben 1270; Zisterzienser (Gedenktag: 20. August).

Hugo von Sankt Viktor, 1096–1141; Theologe; Lehrer in Paris; Mystiker und Scholastiker; Kirchenlehrer (Gedenktag: 11. Februar).

Hugo von Trimberg, etwa 1230–1313; mittelhochdeutscher Dichter.

Hugo van der Goes, um 1440–1482; niederländischer Maler der altflämischen Schule.

Hugo Grotius, 1583–1645; niederländischer Rechtsphilosoph und Theologe; begründete das moderne Natur- und Völkerrecht.

Hugo Hartung, 1902–1972; deutscher Schriftsteller.

Hugo von Hofmannsthal, 1874–1929; österreichischer Schriftsteller des österreichischen Impressionismus und Symbolismus.

Hugo Junkers, 1859–1935; deutscher Flugzeug- und Motorenkonstrukteur.

Hugo Münsterberg, 1863–1916; deutscher Psychologe; Begründer der Psychotechnik.

Hugo Riemann, 1849–1919; deutscher Musikwissenschaftler; begründete die Musikwissenschaft.

Hugo Tschudi, 1851–1911; deutscher Kunsthistoriker.

Hugo Wolf, 1860–1903; österreichischer spätromantischer Komponist und Kapellmeister.

Hugues *m,* französische Form von ↗ Hugo.

Huguette *w,* französische weibliche Form zu Hugues (↗ Hugo).

Hulda *w,* althochdeutsch: *hold* = gnädig, auch treu; *holda* = guter weiblicher Geist; oder hebräisch = Wiesel (?); Nebenformen: *Holda, Holle.*

Namensträgerin:

Hulda, gestorben 620 v. Chr.; Prophetin des Alten Bundes.

Huldreich *m,* wohl auf Uldrich (↗ Ulrich) zurückgehend; schweizerische Nebenform: *Huldrych.*

Huldrych *m,* Nebenform zu ↗ Huldreich.

Bekannter Namensträger:

Huldrych Zwingli, 1484–1531; schweizerischer Reformator; mit Calvin Gründer der Reformierten Kirche (Gedenktag: 11. Oktober).

Humbert *m,* althochdeutsch: *huni* = Hüne, Riese (?); *beraht* = glänzend; Nebenform: *Humbrecht;* italienische Form: *Umberto.*

Namensträger:

Humbert, 1126–1189; Graf von Savoyen; kirchlich gesinnter Fürst (Gedenktag: 4. März).

Humberta *w,* die weibliche Form zu ↗ Humbert.

Humbrecht *m,* Nebenform zu ↗ Humbert.

Humfried *m,* Nebenform zu ↗ Hunfried.

Humphrey *m,* englische Form von ↗ Hunfried; Nebenform: *Humphry.*

Namensträger:

Humphrey Bogart, 1899–1957; amerikanischer Schauspieler der Bühne und des Films.

Humphry *m,* englische Nebenform zu Humphrey (↗ Hunfried).

Huna *w,* Nebenform zu ↗ Unna.

Hunfried *m,* althochdeutsch: *huni* = Hüne, Riese (?); *fridu* = Friede; Nebenform: *Humfried.*

Hunno *m,* Kurzform für mit Hun- beginnende männliche Vornamen.

Hunold *m,* althochdeutsch: *huni* = Hüne, Riese (?); *waltan* = walten.

Hüp *m,* Kurzform für ↗ Hubert.

Hüppe *m,* Koseform für ↗ Hubert.

Huppel *m,* Nebenform zu ↗ Hubert.

Huppert *m,* Nebenform zu ↗ Hubert.

Huprecht *m,* Nebenform zu ↗ Hubert.

Huschke *m,* tschechische und sorbische Koseform für ↗ Johannes.

Hyacinthe *m,* französische Form von ↗ Hyazinth.

Hyacinthus *m,* lateinische Form von ↗ Hyazinth.

Hyazinth *m,* griechisch: *hyakinthos;* Bedeutung ungeklärt; lateinische Form: *Hycinthus;* französisch: *Hyacinthe;* spanisch: *Jacinto.*

Bekannter Namensträger:

Hyazinth von Polen, vor 1200–1257; Dominikaner; Glaubensbote in Südrußland und in Preußen; gründete Klöster (Gedenktag: 17. August).

Hyazintha *w,* die weibliche Form zu ↗ Hyazinth.

Hygin *m,* lateinisch: *Hyginus;* italienische Form: *Igino.*

Hyginus *m,* lateinische Form von ↗ Hygin.

Hynek *m,* tschechische Form von ↗ Ignatius.

I

Ib *m,* friesische Koseform; Nebenformen: *Ibo, Ibbe, Ibbo.*

Ib *w,* Koseform für ↗ Isabella.

Iba *w,* friesische Koseform.

Ibbe *m,* Nebenform zu ↗ Ib.

Ibbo *m,* Nebenform zu ↗ Ib.

Ibo *m,* Nebenform zu ↗ Ib und ↗ Ivo.

Ibrahim *m,* arabische Form von ↗ Abraham.

Ida *w,* althochdeutsch: *itis,* von *Ita* = Seherin; Kurzform für mit Id- oder Hild- beginnende weibliche Vornamen; Neben- und Koseformen: *Idda, Idis, Itta, Ita, Ite, Ide, Idchen, Iken.*

Bekannte Namensträgerinnen:

Ida von Boulogne, um 1040–1113; lothringische Herzogstochter; Mutter

Gottfrieds von Bouillon und Balduins I. von Jerusalem; förderte Reform von Cluny (Gedenktag: 13. April).

Ida von Herzfeld, gestorben um 820; Gattin des Herzogs Egbert von Sachsen; lebte nach dessen Tod der Buße und Caritas (Gedenktag: 4. September).

Ida von Hohenfels, 12. Jahrhundert; trat nach Tod ihres Gatten Eberhard von Sponheim ins Kloster auf dem Rupertsberg bei Bingen ein (Gedenktag: 24. Februar).

Ida von Toggenburg, 13./14. Jahrhundert; wahrscheinlich Benediktiner-Konverse oder -Rekluse im Kloster Fischingen (Thurgau; Gedenktag: 3. November).

Ida Ehre, geboren 1900; deutsche Schauspielerin, Regisseurin und Intendantin.

Ida Kerkovius, 1879–1970; deutsch-lettische Malerin.

Idchen *w,* Koseform für ↗ Ida.

Idda *w,* Nebenform zu ↗ Ida.

Ide *w,* Nebenform zu ↗ Ida.

Idis *w,* Nebenform zu ↗ Ida.

Iduna *w,* latinisierte Form von altnordisch: *Idhun.*

Namensträgerin:

Iduna (Idhun), in der nordischen Mythologie Göttin der Jugend.

Igino *m,* italienische Form von ↗ Hygin.

Ignace *m,* französische Form von ↗ Ignatius.

Ignatia *w,* die weibliche Form zu ↗ Ignatius.

Ignatij *m,* russische Form von ↗ Ignatius.

Ignatius *m,* lateinisch: *ignis* = Feuer; Nebenform: *Egnatius;* Kurz- und Koseformen: *Ignaz, Ignatz, Naz, Naze, Nazi, Nazerl;* französische Form: *Ignace;* tschechisch: *Hynek;* russisch: *Ignatij;* italienisch: *Ignazio.*

Bedeutende Namensträger:

Ignatius von Antiochien, gestorben um 117; Bischof von Antiochien am Orontes; mit andern unter Trajan nach Rom gebracht; schrieb sieben theologische Gemeindebriefe; Märtyrer (Gedenktag: 17. Oktober).

Ignatius von Loyola, 1491–1556; Spanier; Gründer der Gesellschaft Jesu (Jesuiten; Gedenktag: 31. Juli).

Ignatz *m,* Nebenform zu Ignaz (↗ Ignatius).

Ignaz *m,* deutsche Form von ↗ Ignatius.

Bekannte Namensträger:

Ignaz von Döllinger, 1799–1890; deutscher katholischer Theologe; Gegner des päpstlichen Unfehlbarkeitsdogmas.

Ignaz Seipel, 1876–1932; österreichischer christlich-sozialer Politiker; katholischer Priester; mehrfach Bundeskanzler.

Ignaz Semmelweis, 1818–1865; österreichischer Gynäkologe.

Ignazio *m,* italienische Form von ↗ Ignatius.

Bekannter Namensträger:

Ignazio Silone, 1900–1978; italienischer realistisch-sozialkritischer Schriftsteller.

Igor *m,* russische Form von ↗ Ingwar; Kurzform: *Ika.*

Bekannte Namensträger:

Igor, Großfürst von Kiew, gestorben 1147; wurde 1146 Großfürst; zur Abdankung gezwungen; trat in ein Kloster ein; in dessen Kirche ermordet (Gedenktag: 19. September).

Igor Oistrach, geboren 1931; sowjetrussischer Violinist.

Igor Sikorski, 1889–1972; russisch-amerikanischer Flugzeugkonstrukteur.

Igor Strawinski, 1882–1971; amerikanischer Komponist russischer Herkunft.

Ijob *m,* hebräisch: *iob* = Befeinder; ökumenische Form von *Hiob* (Lutherbibel) und *Job* (Vulgata); italienische Form: *Giobbe.*

Namensträger:

Ijob, der gerechte Verfolgte und Dulder im gleichnamigen Buch des Alten Testaments.

Ika *m,* russische Kurzform für ↗ Igor.

Iken *w*, niederländische Koseform für ↗ Ida.

Ilaria *w*, italienische Form von ↗ Hilaria.

Ildeberto *m*, italienische Form von ↗ Hildebert.

Ildebrando *m*, italienische Form von ↗ Hildebrand.

Ildefons *m*, aus altdeutsch: ↗ Hildefons (= kampfbereit); italienische und spanische Form: *Ildefonso;* französisch: *Ildefonse.*

Namensträger:

Ildefons, gestorben 667; Mönch und Abt in Agalia; wurde 657 Erzbischof von Toledo (Gedenktag: 23. Januar).

Ildefonse *m*, französische Form von ↗ Ildefons.

Ildefonso *m*, italienische und spanische Form von ↗ Ildefons.

Ildegarda *w*, italienische Form von ↗ Hildegard

Ildico *w*, Nebenform zu ↗ Ildiko.

Ildiko *w*, Koseform für mit Hild- oder -hild gebildete weibliche Vornamen; Nebenform: *Ildico.*

Ileana *w*, rumänische Form von ↗ Helene.

Ilg *m*, Koseform für ↗ Ägidius.

Ilga *w*, Nebenform zu ↗ Helga (?).

Iliane *w*, schwedische und flämische Form von ↗ Juliane.

Ilija *m*, russische Form von Elias (↗ Elija).

Ilja *m*, russische Form von Elias (↗ Elija); ungarische Form: *Illyés.*

Bekannte Namensträger:

Ilja Ehrenburg, 1891–1967; sowjetrussischer Schriftsteller und Propagandist.

Ilja Repin, 1844–1930; russischer realistischer Maler und Graphiker.

Iljana *w*, slawische weibliche Form zu Ilja (↗ Elija); auch ukrainische Nebenform zu ↗ Helene.

Ilka *w*, ungarische Kurzform für Ilona (↗ Helene).

Illa *w*, Koseform für ↗ Aloisia.

Illo *m*, friesische Kurzform für ↗ Ägidius (?).

Illo *w*, Koseform für ↗ Isolde.

Illyés *m*, ungarische Form von ↗ Elija.

Ilona *w*, ungarische Form von ↗ Helene.

Ilonka *w*, ungarische Koseform für Ilona (↗ Helene).

Ilsa *w*, Kurzform für ↗ Elisabeth.

Ilsabe *w*, niederdeutsche Form von ↗ Elisabeth.

Ilsabeth *w*, Nebenform von ↗ Elisabeth.

Ilse *w*, Kurzform für ↗ Elisabeth.

Bekannte Namensträgerinnen:

Ilse Aichinger, geboren 1921; österreichische Schriftstellerin.

Ilse Werner, geboren 1918; deutsche Schauspielerin der Bühne und des Unterhaltungsfilms.

Ilsebey *w*, Koseform für ↗ Elisabeth.

Ilsebill *w*, Nebenform zu ↗ Isabella; oder Doppelname aus Ilse und Sibylle.

Ilsedore *w*, Doppelname aus Ilse und Dorothea.

Ilsegard *w*, Doppelname aus Ilse und althochdeutsch: *-gard,* aus Namen auf *-gard,* wie Irmgard.

Ilsegret *w*, Doppelname aus Ilse und Margareta.

Ilselore *w*, Doppelname aus Ilse und Eleonore.

Ilselotte *w*, Doppelname aus Ilse und Charlotte.

Ilsemarie *w*, Doppelname aus Ilse und Maria.

Ilsetraud *w*, Doppelname aus Ilse und althochdeutsch *-trud* = Kraft, Stärke, Nebenformen: *Ilsetraut, Ilsetrud, Ilsetrude.*

Ilsetraut *w*, Nebenform zu ↗ Ilsetraud.

Ilsetrud *w*, Nebenform zu ↗ Ilsetraud.

Ilsetrude *w*, Nebenform zu ↗ Ilsetraud.

Ilske *w*, niederdeutsche Koseform für ↗ Ilse.

Iluska *w*, ungarische Koseform für Ilona (↗ Helene).

Imad *m*, althochdeutsch: *irmin* = Welt, allumfassend; *adal* = edel (?).

Namensträger:

Imad, gestorben 1076; Bischof von Paderborn (Gedenktag: 3. Februar).

Imagina *w*, lateinisch: *imago* = Bild; Verkleinerungs- und Koseform: *Imma*.

Imbert *m*, althochdeutsch: *beraht* = glänzend.

Imela *w*, Koseform für ↗ Irma.

Imelda *w*, Nebenform zu ↗ Irmhild.

Imier *m*, französische Form von ↗ Himer.

Imke *w*, friesische Koseform für ↗ Imma und ↗ Irma.

Imma *w*, Koseform für ↗ Imagina; Nebenform zu ↗ Irma und ↗ Irmgard; allgemein für mit Irm- beginnende weibliche Vornamen; Nebenformen: *Emma, Imke, Imme*.

Immaculata *w*, lateinische Form von ↗ Immakulata.

Immakulata *w*, lateinisch: *immaculata* = die Unbefleckte, Reine; Name vom Marienfest der unbefleckt Empfangenen (Gedenktag: 8. Dezember); lateinische Form: *Immaculata*.

Immanuel *m*, hebräisch: *immanu'el* = mit uns (ist) Gott; ökumenische Form von ↗ Emanuel.

Bedeutender Namensträger:

Immanuel Kant, 1724–1804; deutscher Philosoph; prägte die Philosophie des 19. Jahrhunderts.

Immo *m*, Nebenform zu ↗ Irmo.

Imo *m*, Nebenform zu ↗ Irmo.

Imogen *w*, englisch; altirisch: *ingen* = Mädchen (?).

Imre *m*, ungarische Form von ↗ Emmerich.

Bekannter Namensträger:

Imre Nagy, 1896–1958; ungarischer kommunistischer Politiker; zur Zeit des ungarischen Aufstands 1956 Ministerpräsident; von den Sowjets verschleppt, zum Tod verurteilt und hingerichtet.

Ina *w*, Kurzform von ↗ Karoline, ↗ Katharina und ↗ Regine; Nebenform: *Ine;* ostfriesische Koseform: *Ineke*.

Bekannte Namensträgerin:

Ina Seidel, 1885–1974; deutsche neuromantische Lyrikerin und Romanschriftstellerin.

Indira *w*, indisch.

Bekannte Namensträgerin:

Indira Gandhi, 1917–1984 (ermordet); indische Politikerin der Kongreßpartei.

Indra *w*, italienisch; sanskritisch: *indh* = funkeln; nach dem altindischen Gott Indra.

Indro *m*, italienisch; sanskritisch: *indh* = funkeln; nach dem altindischen Gott Indra.

Ine *w*, Nebenform zu ↗ Ina.

Ineke *m*, niederdeutsche und niederländische Kurzform für mit Agin- oder Egin- beginnende männliche Vornamen; Nebenform: *Inken*.

Ineke *w*, ostfriesische Koseform für ↗ Ina.

Ines *w*, spanisch: *Inés*, Form von ↗ Agnes; portugiesische Form: *Inês*.

Inés *w*, spanische Form von ↗ Agnes.

Inês *w*, portugiesische Form von ↗ Agnes.

Inga *w*, dänische und schwedische Form von ↗ Agnes; auch schwedische Form von Inge (↗ Ingeborg).

Ingalisa *w*, Doppelname aus Ingeborg und Elisabeth.

Ingbert *m*, Nebenform zu ↗ Ingobert.

Namensträger:

Ingbert (Ingobert), 6. Jahrhundert; Mönch oder Einsiedler im Saarland; an der Stelle seiner Einsiedelei entstand die Stadt Sankt Ingbert (Gedenktag: 22. Oktober).

Ingbert Naab, 1885–1935; deutscher Kapuziner; Jugend- und Studentenseelsorger; bekämpfte die nationalsozialistische Ideologie; mußte 1933 fliehen (Gedenktag: 28. März).

Inge *w*, Kurzform für ↗ Ingeborg; allgemein für mit Ing- beginnende weibliche Vornamen; dänische und schwedische Form: *Inga*; Koseform: *Ingela*.

Bekannte Namensträgerinnen:

Inge Konradi, geboren 1925; österreichische Schauspielerin (Charakterrollen).

Inge Meysel, geboren 1910; Schauspielerin der Bühne und des Films in Charakterrollen.

Ingebald *m*, althochdeutsch: *Ingi, Ingwio* = germanischer Sternengott (der Ingwäonen); *bald* = kühn.

Ingeborg *w*, althochdeutsch: *Ingi, Ingwio* = germanischer Stammesgott; *borg* = *burg* = Schutz; Nebenform: *Ingeburg;* Kurzform: *Inge.*

Bekannte Namensträgerinnen:

Ingeborg, gestorben 1237; französische Königin; vom König verstoßen; durch den Papst aus der Haft befreit (Gedenktag: 30. Juli).

Ingeborg Bachmann, 1926–1973; österreichische Schriftstellerin, besonders Lyrikerin.

Ingeborg Hallstein, geboren 1939; deutsche Konzert- und Opernsängerin (Koloratursopran).

Ingegund *w*, althochdeutsch: *Inge, Ingwio* = germanischer Stammesgott; *gund* = Kampf; Nebenform: *Ingegunde.*

Ingegunde *w*, Nebenform zu ↗ Ingegund.

Ingehild *w*, althochdeutsch: *Ingi, Ingwio* = germanischer Stammesgott; *hiltja* = Kampf; Nebenformen: *Inghilde, Inglid, Ingild, Ingvild, Ingwilde.*

Ingela *w*, Koseform für ↗ Inge.

Ingelene *w*, Doppelname aus Inge und Helene.

Ingelies *w*, Doppelname aus Inge und Elisabeth.

Ingelore *w*, Doppelname aus Inge und Eleonore.

Ingelotte *w*, Doppelname aus Inge und Charlotte.

Ingemar *m*, Nebenform zu ↗ Ingomar.

Ingemaren *w*, Doppelname aus Inge und Marina.

Ingemarie *w*, Doppelname aus Inge und Maria.

Ingenuin *m*, wohl latinisierte Form von ↗ Ingwin.

Namensträger:

Ingenuin, gestorben um 605; Bischof von Säben; Langobarden und Bajuwaren drangsalierten sein Bistum (Gedenktag: 5. Februar).

Inger *w*, schwedische Kurzform für ↗ Ingrid.

Ingerid *w*, nordische Nebenform zu ↗ Ingrid.

Ingerose *w*, Doppelname aus Inge und Rosa.

Ingetraud *w*, Doppelname aus Inge und Edeltraud.

Ingetrud *w*, Doppelname aus Inge und Trude.

Ingewert *m*, Nebenform zu ↗ Ingward.

Inghilde *w*, Nebenform zu ↗ Ingehild.

Ingild *w*, Nebenform zu ↗ Ingehild.

Inglid *w*, Nebenform zu ↗ Ingehild.

Ingmar *m*, Nebenform zu ↗ Ingomar.

Bekannter Namensträger:

Ingmar Bergman, geboren 1918; schwedischer Theater- und Filmregisseur; Drehbuchautor.

Ingo *m*, Kurzform für mit Ing- oder Ingo- beginnende männliche Vornamen; Nebenform: *Inko.*

Ingobald *m*, althochdeutsch: *Ingi, Ingwio* = germanischer Stammesgott; *bald* = kühn.

Ingoberg *w*, althochdeutsch: *Ingi, Ingwio* = germanischer Stammesgott; *berg* = Schutz.

Namensträgerin:

Ingoberg, gestorben 594; Gemahlin des Frankenkönigs Charibert; von ihm verstoßen, lebte sie der Wohltätigkeit (Gedenktag: 30. August).

Ingobert *m*, althochdeutsch: *Ingi, Ingwio* = germanischer Stammesgott; *beraht* = glänzend; Nebenform: *Ingbert.*

Ingold *m*, althochdeutsch: *Ingi, Ingwio* = germanischer Stammesgott; *waltan* = walten, herrschen.

Ingolf *m*, althochdeutsch: *Ingi, Ingwio* = germanischer Stammesgott; *wolf* = Wolf.

Ingomar *m*, althochdeutsch: *Ingi, Ingwio* = germanischer Stammesgott; *mari* = berühmt; Nebenform: *Ingmar.*

Ingraban *m*, Nebenform zu ↗ Ingram.

Ingram *m*, althochdeutsch: *Ingi, Ingwio* = germanischer Stammesgott;

hraban = Rabe; Nebenform: *Ingraban.*

Ingrid *w,* althochdeutsch: *Ingi, Ingwio* = germanischer Stammesgott; *fridr* = schön, oder: *rid* = Reiterin.
Bekannte Namensträgerinnen:
Ingrid Bergman, 1915–1982; schwedische Filmschauspielerin.
Ingrid Elovsdotter, gestorben 1282; Priorin des Dominikanerinenklosters Skennige in Südschweden (Gedenktag: 2. September).
Ingrid Thulin, geboren 1929; schwedische Bühnen- und Filmschauspielerin.

Ingrun *w,* neuere Bildung aus ↗ Inge und althochdeutsch: *runa* = Geheimnis, Zauber.

Ingvar *m,* ältere nordische Form von ↗ Ingwar.

Ingvild *w,* Nebenform zu ↗ Ingehild.

Ingwar *m,* althochdeutsch: *Ingi, Ingwio* = germanischer Stammesgott; *heri* = Heer; Nebenformen: *Ingvar, Ingwer;* russische Form: *Igor.*

Ingward *m,* althochdeutsch: *Ingi, Ingwio* = germanischer Stammesgott; *wart* = Wärter, Hüter.

Ingwer *m,* Nebenform von ↗ Ingwar.

Ingwilde *w,* Nebenform zu ↗ Ingehild.

Ingwin *m,* althochdeutsch: *Ingi, Ingwio* = germanischer Stammesgott; *wini* = Freund.

Inigo *m.*
Bekannter Namensträger:
Inigo Jones, 1573–1652; englischer Architekt, Maler und Graphiker des Klassizismus.

Inja *w,* Doppelname aus Ingeborg und Jakob; auch russische Koseform für Innokentija (↗ Innozentia).

Inka *w,* Nebenform zu ↗ Inken; außerdem ungarische Koseform für Ilona (↗ Helene).

Inke *w,* Nebenform zu ↗ Inken.

Inken *m,* Nebenform zu ↗ Ineke.

Inken *w,* friesische Koseform für mit Ing- beginnende weibliche Vornamen; Nebenformen: *Inka, Inke.*

Inko *m,* Nebenform zu ↗ Ingo.

Innocentia *w,* lateinische Form von ↗ Innozentia.

Innocentius *m,* lateinische Form von ↗ Innozenz.

Innokentija *w,* russische Form von ↗ Innozentia.

Innozentia *w,* lateinisch: *innocentia* = die Unschuld; weibliche Form zu ↗ Innozenz; lateinisch: *Innocentia;* Koseformen: *Sensa, Zenz, Zenta;* russische Form: *Innokentija;* Koseform: *Inja.*

Innozenz *m,* lateinisch: *innocens* = unschuldig; lateinisch: *Innocentius.*
Bekannte Namensträger:
Innozenz I., gestorben 417; seit 402 Papst; Verfechter des päpstlichen Primats (Gedenktag: 28. Juli).
Innozenz III., 1160–1216; seit 1198 Papst; unter ihm erreichte das Papsttum seine höchste Machtstellung.
Innozenz XI., 1611–1689; seit 1676 Papst; betrieb Kirchenreform.

Insa *w,* Nebenform zu ↗ Inse.

Inse *w,* friesische Kurz- und Koseform für mit Ing- beginnende weibliche Vornamen; Nebenform: *Insa.*

Iolanthe *w,* griechisch: *iolanthe* = Veilchen; Nebenform: *Jolanthe.*

Iphigenie *w,* griechisch.
Namensträgerin:
Iphigenie, in der altgriechischen Sage Tochter des Agamemnon und der Klytämnestra.

Ira *m,* amerikanisch; aus hebräisch: *ira* = Wächter (?).

Ira *w,* Koseform für ↗ Irene.

Iram *m,* hebräisch: = wachsam; ökumenische Form.

Ireen *w,* Nebenform zu ↗ Irene.

Irena *w,* Nebenform zu ↗ Irina.

Irenäus *m,* griechisch: *eirene* = Friede; französische Form: *Iréné;* italienisch: *Ireneo;* ungarisch: *Ernyö.*
Bekannter Namensträger:
Irenäus von Lyon, etwa 130–200; ab 177 Bischof von Lyon; verdient um Mission der südgallischen Kelten; theologischer Schriftsteller; Kirchenvater (Gedenktag: 28. Juni).

Irene *w,* die weibliche Form zu ↗ Irenäus; Nebenform: *Irina;* Kurz- und Koseformen: *Ira, Reni, Irinka;* französische Formen: *Irène, Irénée;* russisch: *Irina;* polnische Verkleinerungsform: *Irka.*

Bekannte Namensträgerinnen:

Irene, gestorben 304; in der diokletianischen Verfolgung mit ihren Schwestern Agape und Chionia Märtyrin zu Thessalonike (Gedenktag: 1. April).

Irene, um 752–803; byzantinische Kaiserin 790–802; gestürzt.

Irène *w,* französische From von ↗ Irene.

Bekannte Namensträgerin:

Irène Joliot-Curie, 1877–1956; französische Physikerin und Chemikerin; entdeckte 1934 mit F. Joliot die künstliche Radioaktivität.

Iréné *m,* französische Form von ↗ Irenäus.

Irénée *w,* französische Form von ↗ Irene.

Ireneo *m,* italienische Form von ↗ Irenäus.

Irg *m,* Koseform für ↗ Georg.

Irina *w,* russisch-slawische Form von ↗ Irene; Nebenform: *Irena.*

Iring *m,* althochdeutsch: = Ire; in Schweiz und Süddeutschland wiederaufgenommen.

Irinka *w,* Koseform für ↗ Irene.

Iris *w,* griechisch: *iris* = Regenbogen; oder: nach der Pflanze Iris (?).

Namensträgerinnen:

Iris, in der griechischen Mythologie die Götterbotin.

Iris, 2. Jahrhundert; legendäre Tochter des Apostels Philippus (Gedenktag: 4. September).

Irka *w,* polnische Verkleinerungsform von ↗ Irene.

Irma *w,* die weibliche Form zu ↗ Irmo; Kurzform für mit Irm- beginnende weibliche Vornamen; Nebenform: *Erma;* Koseformen: *Irmela, Irmelin, Imka.*

Irmald *m,* althochdeutsch: *irmin* = allumfassend (?); oder *irm* = Beziehung zum westgermanischen Stamm der Ermionen; *waltan* = walten, herrschen.

Irmalotte *w,* Doppelname aus Irma und Charlotte.

Irmberga *w,* althochdeutsch: *irmin* = allumfassend (?); *bergan* = Schutz.

Irmbert *m,* althochdeutsch: *irmin* = Welt, allumfassend; *beraht* = glänzend; Nebenformen: *Irmenbert, Irminbert.*

Irmburg *w,* althochdeutsch: *irmin* = allumfassend; *burg* = Burg, Schutz, Zuflucht; Nebenformen: *Irmburga, Irmenburg.*

Irmburga *w,* Nebenform zu ↗ Irmburg.

Irmel *w,* Koseform für ↗ Irma.

Irmela *w,* Weiterbildung und Koseform von ↗ Irma.

Irmelin *w,* Weiterbildung und Koseform von ↗ Irma.

Irmenbert *m,* Nebenform zu ↗ Irmbert.

Irmenburg *w,* Nebenform zu ↗ Irmburg.

Irmene *w,* Nebenform zu ↗ Irmina.

Irmenfried *m,* althochdeutsch: *irmin* = Welt, allumfassend; *fridu* = Friede; Nebenformen: *Irmfried, Irminfried, Ermenfried.*

Irmengard *w,* Nebenform zu ↗ Irmgard.

Namensträgerinnen:

Irmengard, gestorben 866; Tochter König Ludwigs des Deutschen; Benediktinerin; seit 857 Äbtissin von Frauenchiemsee (Gedenktag: 16. Juli).

Irmengard, um 1195/1200–1260; Gattin Markgraf Hermanns V. von Baden; gründete die Zisterzienserinnenabtei Lichtenthal bei Baden-Baden (Gedenktag: 24. Februar).

Irmenhard *m,* althochdeutsch: *irmin* = Welt, allumfassend; *harti* = hart, stark; Nebenformen: *Ermenhard, Irminhard, Irmert.*

Irmenrad *m,* althochdeutsch: *irmin* = Welt, allumfassend; *rat* = Rat, Beratung.

Irmentrud *w,* Nebenform zu ↗ Irmintrud.

Irmert *m,* Nebenform zu ↗ Irmenhard.

Irmfried *m,* Nebenform zu ↗ Irmenfried.

Irmgard *w,* althochdeutsch: *irmin* = Welt, allumfassend; *gard* = Einfriedung, Schutz; Nebenformen: *Irmengard, Irmingard, Ermgard, Ermengard, Armgard;* Kurz- und Koseformen: *Irma, Irmela, Irmel, Irmelin, Irmina, Erma, Emma, Imma, Gerda.*
Namensträgerinnen:
Irmgard, gestorben 851; Gattin Kaiser Lothars I.; gründete 849 die Frauenabteil Erstein im Elsaß (Gedenktag: 20. März).
Irmgard von Aspel, gestorben 1065; förderte Kirchen; errichtete in Rees um 1040 ein Chorherrenstift (Gedenktag: 19. Februar).
Irmgard, 13. Jahrhundert; als Witwe Äbtissin des Zisterzienserinnenklosters Baindt in Schwaben (Gedenktag: 3. Oktober).
Irmgard von Süchteln, gestorben um 1085; Einsiedlerin; später Kölner Wohltäterin (Gedenktag: 4. September).
Irmgard Seefried, geboren 1919; österreichische Sängerin (Sopran).

Irmhild *w,* althochdeutsch: *irmin* = allumfassend; *hiltja* = Kampf; Nebenformen: *Irminhild, Ermenhild, Ermenhilde, Ermhild, Erminhild, Erminhilde, Erminhildis;* Koseform: *Imelda.*

Irmin *w,* Nebenform zu ↗ Irmina.

Irmina *w,* Weiterbildung von ↗ Irma; auch als weibliche Form zu ↗ Irmo; Nebenformen: *Irmine, Irmin, Irmene.*
Namensträgerin:
Irmina, gestorben 710; Gattin eines fränkischen Großgrundherren; gab ihren Besitz nach dessen Tod an Willibrord; wurde Äbtissin von Öhren bei Trier (Gedenktag: 3. Januar).

Irminald *m,* Nebenform zu ↗ Erminold.

Irminbert *m,* Nebenform zu ↗ Irmbert.

Irmine *w,* Nebenform zu ↗ Irmina.

Irminfried *m,* Nebenform zu ↗ Irmenfried.

Irmingard *w,* Nebenform zu ↗ Irmgard.

Irminhard *m,* Nebenform zu ↗ Irmenhard.

Irminrich *m,* Nebenform zu ↗ Ermanrich.

Irmintraud *w,* Nebenform zu ↗ Irmintrud.

Irmintrud *w,* althochdeutsch: *irmin* = Welt, allumfassend; *trud* = stark, kräftig; Nebenformen: *Irmintraud, Irmtraud, Irmtraut, Irmtrud, Hermintrud, Ermentraud, Ermentrud, Ermtraud, Ermtrud.*

Irmio *m,* Nebenform zu ↗ Irmo.

Irmlinde *w,* althochdeutsch: *irmin* = Welt, allumfassend; *lind* = sanft, mild; Nebenformen: *Ermelinda, Ermelinde, Ermlinde.*

Irmo *m,* Kurzform für mit Irm- beginnende männliche Vornamen; Nebenformen: *Immo, Imo, Irmio.*

Irmtraud *w,* Nebenform zu ↗ Irmintrud.

Irmtraut *w,* Nebenform zu ↗ Irmintrud.

Irmtrud *w,* Nebenform zu ↗ Irmintrud.
Namensträgerinnen:
Irmtrud, 9. Jahrhundert; Tochter Kaiser Karls des Kahlen; Äbtissin des Klosters Hasnon (Gedenktag: 29. April).
Irmtrud von Millendonk, 13. Jahrhundert; Äbtissin des Stifts Dietkirchen bei Bonn (Gedenktag: 29. Mai).

Irmund *m,* althochdeutsch: *irmin* = Welt, allumfassend; *munt* = Schutz, Schützer; Nebenform: *Eremund;* Kurz- und Koseformen: *Mund, Mundi.*
Namensträger:
Irmund, ohne Daten; Einsiedler und Hirte im Jülicher Raum (Gedenktag: 28. Januar).

Irvin *m,* englisch; angelsächsischer Herkunft = Seefreund; Nebenform: *Irwin.*

Irving *m,* englische Nebenform zu ↗ Irvin.
Bekannter Namensträger:
Irving Berlin, geboren 1888; russisch-amerikanischer Operetten- und Filmkomponist.

Irwin *m,* Nebenform zu ↗ Irvin.

Isa *w,* Koseform für ↗ Isabella, ↗ Isolde, ↗ Luise.

Isaac *m,* englische Form von ↗ Isaak.
Bekannte Namensträger:
Isaac Newton, 1643–1727; englischer Physiker, Mathematiker und Astronom; einer der bedeutendsten Naturwissenschaftler aller Zeiten.
Isaac Stern, geboren 1920; amerikanischer Violinvirtuose russischer Herkunft.

Isaak *m,* hebräisch: *jisshag* = (Gott) ist gnädig; ökumenische Form; jüdische Koseform: *Itzig;* englisch: *Isaac;* ungarisch: *Izsák.*
Bekannte Namensträger:
Isaak, im Alten Testament Sohn Abrahams; Erzvater der Israeliten.
Isaak Babel, 1894–1941 (starb im Straflager); russischer Schriftsteller.
Isaak Jogues, 1607–1646; Jesuit; Glaubensbote in Kanada; Märtyrer (Gedenktag: 19. Oktober).
Isaak Le Febvre, gestorben 1702; evangelischer Bekenner in Frankreich (Gedenktag: 12. Juni).
Isaak B. Singer, geboren 1904; jiddisch-hebräischer Schriftsteller.

Isabe *w,* Kurzform zu ↗ Isabella.

Isabel *w,* spanische Kurzform für ↗ Elisabeth.

Isabela *w,* italienische Kurzform für ↗ Elisabeth.

Isabella *w,* italienisch und spanisch; von hebräisch: *Jezabel* oder *Isebel* (ökumenische Form); = die Unberührte (?); auch spanische Form von ↗ Elisabeth; Nebenform: *Elisabeth;* Kurz- und Koseformen: *Ilsebill, Isa, Isabe, Bella;* französische Form: *Isabelle;* italienisch: *Isabella.*
Bekannte Namensträgerinnen:
Isabella, 1225–1270; Schwester des französischen Königs Ludwig IX.; gründete in Longchamps ein Klarissenkloster (Gedenktag: 22. Februar).
Isabella I., die Katholische, 1451–1504; seit 1479 Königin von Spanien.

Isabelle *w,* französische Form von ↗ Isabella.

Isadora *w,* Nebenform zu ↗ Isidora.
Bekannte Namensträgerin:
Isadora Duncan, 1878–1927; amerikanische Tänzerin.

Isai *m,* hebräisch: *jischai* = ökumenische Form von Jesse.
Namensträger:
Isai (Jesse), Vater Davids im Alten Testament und somit Stammvater von Jesus Christus.

Isaias *m,* hebräisch; ökumenische Form: *Jesaja* (↗ Jesajas).

Isalda *w,* Nebenform zu ↗ Isolde.

Isang *m,* koreanisch.
Bekannter Namensträger:
Isang Yun, geboren 1917; südkoreanischer Komponist.

Isangard *m,* Nebenform zu ↗ Isgard.

Isantrud *w,* Nebenform zu ↗ Isentraud.

Isberga *w,* althochdeutsch: *isan* = Eisen; *bergan* = Schutz.

Isbert *m,* althochdeutsch: *isan* = Eisen; *beraht* = glänzend; Nebenform: *Isenbert.*

Isburga *w,* althochdeutsch: *isan* = Eisen; *burg* = Burg, Zuflucht.

Isenbert *m,* Nebenform zu ↗ Isbert.

Isenbrand *m,* althochdeutsch: *isan* = Eisen; *brant* = Feuer, Schwert.

Isenfried *m,* Nebenform zu ↗ Isfried.

Isenger *m,* Nebenform zu ↗ Isger.

Isengrimm *m,* althochdeutsch: *isan* = Eisen; *grima* = Helm.

Isenhard *m,* althochdeutsch: *isan* = Eisen; *harti* = hart, stark; Nebenform: *Isenhart.*

Isenhart *m,* Nebenform zu ↗ Isenhard.

Isentraud *w,* althochdeutsch: *isan* = Eisen; *trud* = Kraft, Stärke; Nebenformen: *Istraud, Isentrud, Isantrud, Istrud.*

Isentrud *w,* Nebenform zu ↗ Isentraud.

Isfried *m,* althochdeutsch: *isan* = Eisen; *fridu* = Friede; Nebenform: *Isenfried.*
Namensträger:
Isfried, gestorben 1204; Prämonstratenser; wurde 1180 Bischof von Ratzeburg (Gedenktag: 15. Juni).
Isgard *w,* althochdeutsch: *isan* = Eisen; *gard* = Schutz; Nebenform: *Isangard.*
Isger *m,* althochdeutsch: *isan* = Eisen; *ger* = Speer; Nebenform: *Isenger.*
Ishild *w,* Nebenform zu ↗ Ishilde.
Ishilde *w,* althochdeutsch: *isan* = Eisen; *hiltja* = Kampf; Nebenform: *Ishild.*
Isidor *m,* griechisch: *isi* = Göttin *Isis; doron* = Geschenk; lateinische Form: *Isidorus.*
Namensträger:
Isidor, etwa 560–635; Spanier; ab 600 Erzbischof von Sevilla; schuf Schulen mit Bibliotheken und Schreibstuben; vielseitiger Kirchenschriftsteller; Kirchenlehrer (Gedenktag: 4. April).
Isidora *w,* die weibliche Form zu ↗ Isidor; Nebenform: *Isidore.*
Isidore *w,* Nebenform zu ↗ Isidora.
Isidorus *m,* lateinische Form von ↗ Isidor.
Islav *m,* isländisch: *Isleifr.*
Namensträger:
Islav, 1005–1080; seit 1056 der erste Bischof von Island (Gedenktag: 3. März).
Ismael *m,* hebräisch: *jischma'el* = es hört Gott; ökumenische Form.
Ismar *m,* althochdeutsch: *isan* = Eisen; *mari* = berühmt.
Iso *m,* althochdeutsch: *isan* = Eisen; allgemein: Kurzform für mit Is-, Isan- beginnende männliche Vornamen; Nebenform: *Yso.*
Namensträger:
Iso, 833–871; Mönch und Lehrer in Sankt Gallen, später in Münster-Granfelden (Gedenktag: 14. Mai).
Isolda *w,* Nebenform zu ↗ Isolde.
Isolde *w,* keltisch (?) oder angelsächsisch; althochdeutsch: *isan* = Eisen; *waltan* = walten, herrschen; Nebenformen: *Isolda, Isalda, Ansoalda;* italienische Form: *Isotta;* Kurz- und Koseform: *Illo.*
Isotta *w,* italienische Form von ↗ Isolde.
Israel *m,* hebräisch: = Gott kämpft; ökumenische Form.
Istraud *w,* Nebenform zu ↗ Isentraud.
Istrud *w,* Nebenform zu ↗ Isentraud.
István *m,* ungarische Form von ↗ Stephan.
Bekannter Namensträger:
István Kertész, 1929–1973; ungarischer Dirigent.
Ita *w,* Nebenform zu ↗ Ida und ↗ Jutta.
Itamar *m,* hebräisch: *tamar* = Palme; ökumenische Form; in Lutherbibel und Vulgata: *Ithamar.*
Ite *w,* Nebenform zu ↗ Ida und ↗ Jutta.
Ithamar *m,* Nebenform zu ↗ Itamar; daneben: germanisch: *idh* = Tätigkeit; althochdeutsch: *mari* = berühmt.
Itta *w,* Nebenform zu ↗ Ida und ↗ Jutta.
Itte *w,* Nebenform zu ↗ Ida und ↗ Jutta.
Itzig *m,* jüdische Koseform für ↗ Isaak.
Ivan *m,* Nebenform zu ↗ Iwan.
Ivana *w,* die weibliche Form zu Ivan (↗ Iwan); Nebenformen: *Ivanna, Iwana* (↗ Johanna); Koseformen: *Ivanka, Iwanka.*
Ivanka *w,* Koseform zu ↗ Ivana (↗ Johanna); auch serbokroatische Form von ↗ Johanna.
Ivar *m,* nordisch; Bedeutung nicht geklärt; Nebenform: *Iver;* deutsch: *Iwar.*
Iver *m,* Nebenform zu ↗ Ivar.
Ivette *w,* französische Verkleinerungsform von ↗ Ivonne; Nebenformen: *Ivett, Ivetta, Yvetta, Yvette.*
Namensträgerin:
Ivette, gestorben 1228; früh Witwe;

pflegte Aussätzige im Spital von Huy; lebte dann in Huy als Reklusin (Gedenktag: 13. Januar).

Ivo *m,* althochdeutsch: *iwa* = Eibe, Eibenholz; auch englische und ostfriesische Form; Nebenformen: *Iwo, Ibo, Yvo;* friesisch: *Iwe;* französische Form: *Yves.*

Bekannte Namensträger:

Ivo, um 1040–1116; seit 1090 Bischof von Chartres; bemüht um kirchliche und klösterliche Reform; gelehrter Kirchenschriftsteller (Gedenktag: 23. Dezember).

Ivo Hélory, 1253–1303; katholischer Theologe und Rechtsgelehrter; unentgeltlicher Anwalt der Armen, Hilflosen und Unterdrückten vor weltlichen und geistlichen Gerichten (Gedenktag: 19. Mai).

Ivo Andrić, 1892–1975; serbischer realistischer Schriftsteller.

Ivonn *w,* Nebenform zu ↗ Ivonne.

Ivonne *w,* französische weibliche Form zu ↗ Ivo; Nebenformen: *Ivonn, Yvonne.*

Iwan *m,* russische Form von ↗ Johann; Nebenform: *Ywan;* Koseform: *Wanja;* bulgarische Koseform: *Wanko.*

Bedeutende Namensträger:

Iwan IV., der Schreckliche, 1530–1584; seit 1547 Zar von Rußland; Willkürherrscher.

Iwan Gontscharow, 1812–1891; russischer Romanschriftsteller und Literaturkritiker.

Iwan Petrowitsch Parlow, 1849–1936; russischer Physiologe und Verhaltensforscher.

Iwan Turgenjew, 1818–1883; russischer Schriftsteller: Dramatiker, Lyriker und realistischer Romancier.

Iwana *w,* Nebenform zu ↗ Ivana.

Iwanka *w,* Nebenform zu ↗ Ivanka.

Iwar *m,* deutsche Form von ↗ Ivar.

Iwe *m,* friesische Form von ↗ Ivo.

Iwo *m,* Nebenform zu ↗ Ivo.

Izsák *m,* ungarische Form von ↗ Isaak.

J

Jabbo *m,* Koseform für ↗ Jakob.

Jacinta *w,* die weibliche Form zu Jacinto (↗ Hyazinth); Nebenform: *Jacintha.*

Jacintha *w,* Nebenform zu ↗ Jacinta.

Jacinto *m,* spanische Form von ↗ Hyazinth.

Jack *m,* englische Koseform für John (↗ Johannes); Nebenformen: *Jacky, Jakie.*

Namensträger:

Jack Lemmon, * 1925; amerikanischer Regisseur und Filmschauspieler.

Jack London, 1876–1916; amerikanischer Schriftsteller abenteuerlicher Weltreisen.

Jackel *m,* Koseform für ↗ Jakob.

Jäckel *m,* Koseform für ↗ Jakob.

Jackie *w,* Koseform für Jacqueline; Nebenform: *Jacky.*

Jackson *m,* englische Weiterbildung von Jack.

Namensträger:

Jackson Pollok, 1912–1956; amerikanischer Maler des Action Painting.

Jacky *m,* Nebenform zu ↗ Jack.

Jacky *w,* Koseform für ↗ Jacqueline.

Jacob *m,* Nebenform zu ↗ Jakob.

Bekannte Namensträger:

Jacob Burckhardt, 1818–1897; schweizerischer Kunst- und Kulturhistoriker.

Jacob Epstein, 1880–1959; englischer Bildhauer.

Jacob Grimm, 1785–1863; deutscher Sprachwissenschaftler und Schriftsteller.

Jacob Kaiser, 1888–1961; deutscher christdemokratischer Politiker.

Jacobo *m,* spanische Form von ↗ Jakob.

Jacobus *m,* lateinische Form von ↗ Jakob; ↗ Jakobus.

Namensträger:

Jacobus H. van't Hoff, 1852–1911; niederländischer Chemiker.

Jacopo *m,* italienische Form von ↗ Jakob.

Jacqueline *w*, die weibliche Form zu ↗ Jacques, französische Form von Jakobine; Koseformen: *Jackie, Jakky.*

Jacques *m*, französische Form von ↗ Jakob.

Bekannte Namensträger:

Jacques Audiberti, 1899–1965; französischer Schriftsteller, Dramatiker.

Jacques Brel, 1929–1978; französischer Chansonnier.

Jacques Callot, 1592–1635; französischer Radierer.

Jacques Cousteau, * 1910; französischer Tiefseeforscher.

Jacques Montgolfier, 1745–1799; französischer Erfinder mit seinem Bruder Joseph-Michel.

Jacques Offenbach, 1819–1880; französischer Operettenkomponist.

Jacques Prévert, 1900–1977; französischer Lyriker und Drehbuchautor.

Jacques Tati, 1908–1982; französischer Schauspieler und Filmregisseur.

Jadwiga *w*, polnische und russische Form von ↗ Hedwig; russische Koseform; *Jascha.*

Jafet *m*, ökumenische Form von ↗ Japhet.

Jäg *m*, Koseform für ↗ Jakob.

Jäggi *m*, Koseform für ↗ Jakob.

Jago *m*, spanische Form von ↗ Jakob.

Jahn *m*, Kurz- und Koseform für ↗ Johannes.

Jaime *m*, spanische Form von ↗ Jakob.

Jakie *m*, Nebenform des englischen ↗ Jack.

Jakob *m*, hebräisch: *ja'aqob* = Nachgeborener (?); lateinisch *Jacobus, Jakobus;* Kurz- und Koseformen: *Jakkel, Jockel, Jäckel, Jäggi, Jäg, Joggi, Joggeli, Jeggeli, Jocki, Joppes, Jobbi, Jabbo, Kobes, Kobel, Kobus, Koob, Köbi, Köbes, Schack;* französische Form: *Jacques:* englisch: *Jacob, James, Jimmy, Jaquet;* italienisch: *Jacopo, Giacomo;* spanisch: *Jacobo, Jaime, Jago* (Santiago), *Yago, Diego;* tschechisch: *Jakub;* russisch: *Jakow, Jascha.*

Bekannte Namensträger:

Jakob, gestorben 1429; Zisterzienser in der Niederlausitz; Märtyrer (Gedenktag: 2. Oktober).

Jakob F. Bussereau, 1863–1919; Priester; gründete Brüder und Schwestern vom heiligen Paulus (Gedenktag: 2. Juli).

Jakob der Notar, gestorben um 403; Märtyrer in Persien (Gedenktag: 14. Oktober).

Jakob Andreä, 1528–1590, lutherischer Theologe; Einiger des Luthertums (Gedenktag: 7. Januar).

Jakob Bernoulli, 1654–1705; schweizerischer Mathematiker.

Jakob Böhme, 1575–1624; schlesischer Mystiker und Philosoph (Gedenktag: 17. November).

Jakob Fugger, 1459–1525; Augsburger Kaufmann.

Jakob Griesinger (Alemannus), 1407–1491; deutscher Glasmaler, Dominikanerlaienbruder.

Jakob Jordaens, 1593–1678; flämischer Barockmaler (Gedenktag: 11. Oktober).

Jakob F. Kern, 1897–1924; Prämonstratenser; 1916 schwer verwundet, opferte er seine Leiden als Sühne (Gedenktag: 20. Oktober).

Jakob Potfliet, gestorben 1628; Franziskanerpriester (Gedenktag: 20. Januar).

Jakob Rem, 1546–1618; österreichischer Jesuit; gründete 1574 in Dillingen die erste Marianische Kongregation (Gedenktag: 12. Oktober).

Jakob van Ruisdael, 1628/29–1682; niederländischer Maler und Radierer.

Jakob Spiegel, 1580–1642; Priester; Zisterzienser; Beichtvater im Kölner Zisterzienserinnenkloster Mariengarten (Gedenktag: 10. Oktober).

Jakob Stainer, 1617(?)–1683; österreichischer Geigenbauer.

Jakob Sturm, 1489–1553; Bürgermeister von Straßburg; Förderer der Reformation (Gedenktag: 30. Oktober).

Jakob von Uexküll, 1864–1944; deutscher Biologe; Mitgründer der Umweltforschung.

Jakob Wassermann, 1873–1934; neuromantischer deutscher Schriftsteller.

Jakoba *w,* die weibliche Form zu ↗ Jakob; Nebenform: *Jakobea;* Weiterbildung: *Jakobina, Jakobine;* Kurzform: *Koba.*

Jakobea *w,* Nebenform zu ↗ Jakoba.

Jakobina *w,* Nebenform zu ↗ Jakobine.

Jakobine *w,* Weiterbildung von Jakoba (↗ Jakob); Kurz- und Koseformen: *Koba, Bine;* französische Form: *Jacqueline.*

Jakobus *m, Jacobus,* lateinische Form von ↗ Jakob.

Bekannte Namensträger:

Jakobus, der Herrenbruder, zur Zeit Jesu; meist mit Jakobus dem Jüngeren gleichgesetzt; an Ostern 62 Märtyrer (Gedenktag: 23. Oktober).

Jakobus der Ältere, Apostel Jesu, Bruder des Evangelisten Johannes; um Ostern 44 Märtyrer (Gedenktag: 25. Juli).

Jakobus der Jüngere, Apostel Jesu, mit dem „Bruder des Herrn" gleichgesetzt (Gedenktag: 3. Mai; evangelisch: 1. Mai).

Jakow *m,* russische Form von ↗ Jakob.

Jakub *m,* tschechische Form von ↗ Jakob.

Jama *w,* Neubildung aus Jakob und Maria.

James *m,* englische Form von ↗ Jakob.

Bekannte und bedeutende Namensträger:

James Baldwin, geboren 1924; afroamerikanischer Schriftsteller.

James Bradley, 1692–1762; englischer Astronom.

James Breasted, 1865–1935; amerikanischer Archäologe und Orientalist.

James Chadwick, 1891–1974; englischer Physiker.

James Cook, 1728–1779; englischer Seefahrer und Entdecker.

James F. Cooper, 1789–1851; amerikanischer Schriftsteller.

James Dean, 1931–1955; amerikanischer Filmschauspieler.

James Ensor, 1860–1949; belgischer realistisch-symbolistischer Maler im Übergang vom Impressionismus zum Expressionismus.

James Franck, 1882–1964; deutscher Kern- und Biophysiker.

James Prescott Joule, 1818–1889; englischer Physiker.

James Joyce, 1882–1941; irischer Schriftsteller.

James Last, geboren 1929; deutscher Jazzmusiker und Dirigent.

James Last, geboren 1943; amerikanischer Dirigent und Pianist.

James Mason, 1909–1984; englisch-amerikanischer Filmschauspieler.

James Clerk Maxwell, 1831–1879; schottischer Physiker.

James Monroe, 1758–1831; der 5. Präsident der Vereinigten Staaten von Amerika (Monroe-Doktrin).

James C. Ross, 1800–1862; englischer Polarforscher und Entdecker.

James Stuart, geboren 1908; amerikanischer Filmschauspieler.

James Dewey Watson, geboren 1928; amerikanischer Biochemiker.

James Watt, 1736–1819; englischer Ingenieur und Erfinder.

James Whistler, 1834–1903; amerikanischer Maler und Graphiker des Impressionismus.

Jan *m,* niederdeutsche, niederländische, polnische und russische Kurzform für ↗ Johannes; niederdeutsch auch: *Janne, Janus, Jannich;* friesisch: *Janning.*

Bekannte Namensträger:

Jan van Esch, gestorben 1523; niederländischer Blutzeuge der Reformation (Gedenktag: 1. Juli).

Jan van Eyck, um 1390–1441; niederländischer Maler; Mitgründer der flämischen Malerschule.

Jan Hus ↗ Johannes Hus.

Jan Kiepura, 1902–1966; polnischer Opern-, Operetten- und Konzertsänger (Tenor).

Jan van Ruysbroeck, 1293–1381; niederländischer Mystiker; Augustinerchorherr (Gedenktag: 2. Dezember).

Jan Swammerdam, 1637–1680; niederländischer Zoologe und Arzt.

Jan van Woerden, gestorben 1525; niederländischer Blutzeuge der Reformation (Gedenktag: 15. September).

Jana *w,* slawische weibliche Form zu Jan (↗ Johannes); auch schwedische Kurzform für auf -iana endende weibliche Vornamen.

Jane *w,* englische Form von ↗ Johanna; auch deutsche Kurzform für auf -iane endende weibliche Vornamen; Nebenform: *Janet.*

Bekannte Namensträgerin:

Jane Fonda, geboren 1937, amerikanische Filmschauspielerin.

Janek *m,* slawische Form von ↗ Johannes.

Janes *m,* rheinische Koseform für ↗ Sebastian.

Janet *w,* englische Verkleinerungsform von ↗ Jane.

Janett *w,* Nebenform zu ↗ Janette.

Janette *w,* deutsche Form von ↗ Jeannette; Nebenformen: *Janett* und *Jannette.*

Janfried *m,* Doppelname aus Jan und auf -fried (althochdeutsch: *fridu* = Friede) endende männliche Vornamen.

Janheinz *m,* Doppelname aus Jan und Heinz (Heinrich).

Janika *w,* bulgarische Verkleinerungsform von Jana (↗ Johanna).

Janina *w,* slawische und ungarische Koseform für ↗ Johanna; Nebenform: *Janine, Janinka* und *Jannina.*

Janine *w,* Nebenform zu ↗ Janina.

Janinka *w,* Nebenform zu ↗ Janina.

Janis *w,* litauische Form von ↗ Johanna.

Janita *w,* weibliche Namensbildung aus Jan (↗ Johannes).

Janka *w,* ungarische Koseform für Jana (↗ Johanna); slawische Koseform für Anna und andere Vornamen.

Janko *m,* friesische und slawische Koseform für Johannes; ungarische Form: *Jankó.*

Jankó *m,* ungarische Koseform für ↗ Johannes.

Janna *w,* friesische Kurzform für ↗ Johanna; Nebenform: *Janne.*

Janne *m,* niederdeutsche Form von ↗ Johannes.

Janne *w,* friesische Kurzform für ↗ Johanna und ↗ Marianne.

Janneken *w,* Koseform für ↗ Johanna.

Jannes *m,* niederländische und friesische Form von ↗ Johannes; Nebenform: *Jannis.*

Jannetje *w,* Verkleinerungsform von Janna.

Jannette *w,* Nebenform zu ↗ Janette.

Jannich *m,* niederdeutsche Form von ↗ Johannes.

Jannik *m,* dänische Koseform für Jan (↗ Johannes).

Jannina *w,* Nebenform zu ↗ Janina.

Janning *m,* niederdeutsche Koseform für Jan (↗ Johannes).

Jannis *m,* Nebenform zu ↗ Jannes.

Janno *m,* Koseform für ↗ Johannes.

Jano *m,* slowakische Kurzform für Johannes; ungarisch: *Janó.*

Janó *m,* ungarische Kurzform für ↗ Johannes.

János *m,* ungarische Form von ↗ Johannes.

Bekannte Namensträger:

János Ferenczik, geboren 1907; ungarischer Dirigent.

János Kádár, geboren 1912; ungarischer Politiker; seit 1965 Generalsekretär der ungarischen Kommunistischen Partei.

Janosch *m,* verdeutschte Form des ungarischen ↗ János.

Janpeter *m,* Doppelname aus Jan und Peter.

Jantje *w,* Verkleinerungsform von ↗ Janna.

Januarius *m,* lateinisch: = dem Gott Ianus geweiht.

Namensträger:

Januarius, nach der Legende 305 unter Diokletian Märtyrer als Bischof von Benevent (Gedenktag: 19. September).

Janus *m*, niederdeutsche Form von ↗ Johannes; auch polnisch.

Japhet *m*, hebräisch: *jephet* = fern (?); ökumenische Form: *Jafet*.

Namensträger:

Japhet, im Alten Testament ein Sohn Noachs, Stammvater der Japhetiten.

Jaquet *m*, englische Form von ↗ Jakob.

Jar *m*, Kurzform für ↗ Jaroslaw.

Jarik *m*, Koseform für ↗ Jaroslaw.

Jark *m*, Kurzform für ↗ Jaroslaw.

Jarka *m*, Kurzform für ↗ Jaroslaw.

Jarl *m*, altisländisch: *iarl*, nordisch = Vornehmer, Edler.

Jarla *w*, schwedische weibliche Form zu ↗ Jarl.

Jarmen *m*, englische Form von ↗ German.

Jarmila *w*, die weibliche Form zu Jaromil (↗ Jaromir).

Jaro *m*, Kurzform für ↗ Jaromir und ↗ Jaroslaw.

Jaromil *m*, Nebenform zu ↗ Jaromir.

Jaromir *m*, russisch = fester Friede; oder: mutig; Nebenform: *Jaromil;* Kurzform: *Jaro;* tschechische Form: *Jaromír;* Verkleinerungsform: *Mirek*.

Jaromír *m*, tschechische Form von ↗ Jaromir.

Bekannter Namensträger:

Jaromír Weinberger, 1896–1967; tschechischer Komponist.

Jaroš, *m*, Nebenform zu ↗ Jaroslaw.

Jaroslaw *m*, slawisch = durch mutigen Kampf berühmt; Kurz- und Koseformen: *Jar, Jarik, Jark, Jarka, Jaro, Jaroš, Jasko, Jesko*.

Namensträger:

Jaroslaw Hašek, 1883–1923; tschechischer Schriftsteller.

Jarste *w*, friesische Form für mit Ger- beginnende weibliche Vornamen.

Jascha *m* und *w*, russische Koseform für Andrijan (↗ Adrian), ↗ Jadwiga und ↗ Jakob.

Bekannter Namensträger:

Jascha Heifetz, geboren 1901; russisch-amerikanischer Violinvirtuose.

Jasko *m*, Koseform für ↗ Jaroslaw.

Jasmin *w*, persisch; nach dem Blütenstrauch Jasmin; Nebenformen: *Jasmina, Jasmine, Yasmin, Yasmina, Yasmine*.

Jasmina *w*, Nebenform zu ↗ Jasmin.

Jasmine *w*, Nebenform zu ↗ Jasmin.

Jason *m*, griechisch = heilend (?).

Namensträger:

Jason, Führer der Argonauten in der griechischen Sage.

Jasp *m*, englische Koseform für ↗ Kaspar.

Jaspar *m*, friesische Form von ↗ Kaspar.

Jasper *m*, deutsche Nebenform, niederländische und englische Form von ↗ Kaspar.

Jaspert *m*, friesische Form von ↗ Kaspar.

Javier *m*, spanische Form von ↗ Xaver.

Jean *m*, französische Form von ↗ Johannes.

Bekannte und bedeutende Namensträger:

Jean Améry, 1912–1978; österreichischer Schriftsteller, namentlich Essayist.

Jean Anouilh, geboren 1910; französischer Schriftsteller; zeitkritisch-satirischer Dramatiker.

Jean d'Alembert, 1717–1783; französischer Mathematiker, Physiker und Aufklärungsphilosoph.

Jean de Brébeuf, 1593–1649; französischer Jesuit, Glaubensbote in Kanada; Märtyrer (Gedenktag: 19. Oktober).

Jean Cocteau, 1889–1963; französischer Schriftsteller, Maler, Filmregisseur und Drehbuchautor moderner Richtungen.

Jean Fournet, geboren 1913; französischer Dirigent.

Jean Gabin, 1904–1976; französischer Tänzer und Filmschauspieler.

Jean Genet, 1910–1986; französischer Schriftsteller der Welt der gesellschaftlich Ausgestoßenen.

Jean Gilbert, 1879–1942; französischer Operettenkomponist.

Jean Giono, 1895–1970; französischer

Romanschriftsteller und Dramatiker.
Jean Giraudoux, 1882–1944; französischer Diplomat; Schriftsteller, besonders Dramatiker.
Jean Jaurès, 1859–1914 (ermordet); französischer sozialistischer und pazifistischer Philosoph und Politiker.
Jean de la Fontaine, 1621–1695; französischer Schriftsteller der Klassik.
Jean Marais, geboren 1913; französischer Filmschauspieler.
Jean Paul, 1763–1825; deutscher idealistischer Schriftsteller eigenen Stils.
Jean Plaget, 1896–1980; schweizerischer Psychologe.
Jean Renoir, 1894–1979; französischer Filmregisseur.
Jean Sibelius, 1865–1957; finnischer Komponist.
Jean Tinguely, geboren 1929; schweizerischer Plastiker absurder Maschinen aus Schrott.
Jean Vallière, gestorben 1523; Blutzeuge der Reformation in Frankreich (Gedenktag: 8. August).

Jean *w,* englische Form von ↗ Johanna.

Jean-Antoine *m,* französischer Doppelname (Johann und Anton).
Bekannter Namensträger:
Jean-Antoine Watteau, 1684–1721; französischer Rokokomaler.

Jean-Auguste *m,* französischer Doppelname (Johann und August).
Bekannter Namensträger:
Jean-Auguste Ingres, 1780–1867; französischer klassizistischer Maler und Zeichner.

Jean-Baptiste *m,* französischer Doppelname aus Jean (= Johannes) und Baptiste (= Täufer), nach Johannes dem Täufer des Neuen Testaments; deutsch: *Johann Baptist.*
Bekannte und bedeutende Namensträger:
Jean-Baptiste Bernadotte, 1763–1844; französischer General; seit 1818 als Karl XIV. schwedisch-norwegischer König.
Jean-Baptiste Chardin, 1699–1779; französischer Maler.
Jean-Baptiste-Joseph de Fourier, 1768–1830; französischer Mathematiker und Physiker.
Jean-Baptiste de Lamarck, 1744–1829; französischer Naturforscher (Lamarckismus).
Jean-Baptiste Lully, 1632–1687; französischer Komponist der Barockoper.
Jean-Baptiste Racine, 1639–1699; französischer Schriftsteller; klassischer Dramatiker.

Jean-Bernard *m,* französischer Doppelname (Johann und Bernhard).
Namensträger:
Jean-Bernard-Léon Foucault, 1819–1868; französischer Physiker.

Jean-Christophe *m,* französischer Doppelname (Johann und Christoph).

Jean-Claude *m,* französischer Doppelname (Johann und Klaudius).

Jean-Daniel *m,* französischer Doppelname (Johann und Daniel).

Jean-François *m,* französischer Doppelname (Johann und Franz).
Bekannter Namensträger:
Jean-François Millet, 1814–1875; französischer Maler der Barbizonschule.

Jean-Honoré *m,* französischer Doppelname (Johann und Honorius).
Bekannter Namensträger:
Jean-Honoré Fragonard, 1732–1806; vom Rokoko bestimmter französischer Maler.

Jeanine *w,* Nebenform zu ↗ Jeannine.

Jean-Jacques *m,* französischer Doppelname (Johann und Jakob).
Bedeutender Namensträger:
Jean-Jacques Rousseau, 1712–1778; französisch-schweizerischer Aufklärungsphilosoph, Pädagoge und Schriftsteller.

Jean-Louis *m,* französischer Doppelname (Johann und Ludwig).
Bekannter Namensträger:
Jean-Louis Barrault, geboren 1910; französischer Schauspieler und Regisseur.

Jean-Luc *m,* französischer Doppelname (Johann und Lukas).
Bekannter Namensträger:
Jean-Luc Godard, geboren 1930; französischer Filmregisseur.

Jean-Marc *m,* französischer Doppelname (Johann und Markus).

Jean-Martin *m,* französischer Doppelname (Johann und Martin).
Namensträger:
Jean-Martin Moyé, 1730–1793; französischer Chinamissionar; Krankenseelsorger in Trier (Gedenktag: 4. Mai).

Jean-Michel *m,* französischer Doppelname (Johann und Michael).

Jeanne *w,* die französische Form von ↗ Johanna; Verkleinerungsform: *Jeannette;* Weiterbildung: *Jeannine.*
Namensträgerinnen:
Jeanne d'Arc, „la pucelle", um 1412–1431; die „Jungfrau von Orléans"; befreite Frankreich von England und führte den französischen König Karl XII. zur Krönung nach Reims; von den Engländern zum Tod auf dem Scheiterhaufen verurteilt; Nationalheldin der Franzosen (Gedenktag: 30. Mai).
Jeanne Moreau, geboren 1928; französische Bühnen- und Filmschauspielerin.
Jeanne-Antide Thouret, 1765–1826; französische Vinzentinerin; gründete Schwesternhäuser für Mädchenerziehung und Caritas. (Gedenktag: 4. September).

Jeannette *w,* französische Verkleinerungsform von ↗ Jeanne.

Jeannine *w,* französische Weiterbildung von Jeanne; Nebenform: *Jeanine;* polnische Form: *Janine.*

Jean-Paul *m,* französischer Doppelname (Johann und Paul).
Bekannte Namensträger:
Jean-Paul Belmondo, geboren 1933; französischer Bühnen- und Filmschauspieler.
Jean-Paul Marat, 1743–1793 (von Charlotte Corday ermordet); französischer Revolutionär und Arzt.
Jean-Paul Sartre, 1905–1980; französischer existentialistischer Philosoph und Schriftsteller.

Jean-Philippe *m,* französischer Doppelname (Johann und Philipp).
Bekannter Namensträger:
Jean-Philippe Rameau, 1683–1764; französischer Komponist und Musikwissenschaftler.

Jean-Pierre *m,* französischer Doppelname (Johann und Peter).

Jeff *m,* englische Kurzform für ↗ Jeffrey.

Jeffrey *m,* englische Form von ↗ Gottfried; Kurzform: *Jeff.*

Jefta *m,* verdeutschte Form von ↗ Jephtha.

Jeggeli *m,* Koseform für ↗ Jakob.

Jehanne *w,* friesische Nebenform zu ↗ Johanna.

Jehannes *m,* friesische Nebenform zu ↗ Johannes.

Jehudi *m,* hebräisch; männliche Form zu ↗ Judith; Nebenform: *Yehudi.*

Jekaterina *w,* russische Form von ↗ Katharina.

Jeldrik *m,* jüngere friesische Form für ↗ Adalrich.

Jelena *w,* russische Form von ↗ Helene; Koseform: *Jelenka.*

Jelenka *w,* russische Koseform für Jelena (↗ Helene).

Jelger *m,* friesische Form von ↗ Adalger.

Jelica *w,* slawische Form von ↗ Helene.

Jelisaweta *w,* russische Form von ↗ Elisabeth.

Jelissa *m,* russische Form von ↗ Elisäus.

Jelka *w,* friesische Kurzform für mit Geld- gebildete weibliche Vornamen; ungarische Form von ↗ Héloise und Koseform für ↗ Helene.

Jella *w,* Koseform für Gabriella und ↗ Gabriele.

Jelle *m,* friesische Kurzform für mit Geld- beginnende männliche Vornamen; Nebenform: *Jelto.*

Jelto *m,* Nebenform zu ↗ Jelle.

Jendrich *m,* slawische Form von ↗ Heinrich; Nebenformen: *Jendrick, Jendrik, Jenrich.*

Jendrick *m,* Nebenform zu ↗ Jendrich.

Jendrik *m,* Nebenform zu ↗ Jendrich.

Jeneke *w*, Koseform für ↗ Johanna.

Jengen *w*, Koseform für ↗ Johanna.

Jeníček *m*, tschechische Form von ↗ Johannes.

Jeník *m*, tschechische Form von ↗ Johannes.

Jenne *m*, Koseform für ↗ Johannes.

Jenni *m*, Koseform für ↗ Eugen und ↗ Johannes.

Jenni *w*, Koseform für ↗ Johanna; englische Nebenform: *Jenny*.

Jennifer *w*, englisch, aus keltisch: *Guinevere*.

Jenning *m*, niederdeutsche Form von Jan (↗ Johannes).

Jenny *w*, englische Koseform für ↗ Johanna.

Bekannte Namensträgerin:

Jenny Lind, 1820–1887; schwedische Sängerin („Nachtigall"); Sopranistin.

Jenö *m*, ungarische Form von ↗ Eugen.

Bekannter Namensträger:

Jenö von Hubay, 1858–1937; ungarischer Komponist und Violinist.

Jenrich *m*, Nebenform zu ↗ Jendrich.

Jens *m*, dänische Form von ↗ Johannes.

Jensine *w*, dänische Form von ↗ Johanna.

Jephtha *m*, hebräisch = (Gott) öffnet; verdeutscht: *Jefta*.

Jeremia *m*, ökumenische Form von ↗ Jeremias.

Bekannter Namensträger:

Jeremia, 7. Jahrhundert v. Chr.; im Alten Testament der zweite der Großen Propheten; nach ihm das *Buch Jeremia* benannt.

Jeremias *m*, hebräisch: *jerem'jahu* = Jahwe (Gott) verwirft; schweizerische Form: *Mies;* englisch: *Jeremy;* Koseform: *Jerry;* ökumenisch: *Jeremia;* finnisch: *Jeroma*.

Bekannte Namensträger:

Jeremias Bentham, 1748–1832; englischer utilitaristischer Moral- und Rechtsphilosoph.

Jeremias Gotthelf, 1797–1854; schweizerischer Schriftsteller realistischer Bauernromane; evangelischer Pfarrer (Gedenktag: 22. Oktober).

Jeremy *m*, englische Form von ↗ Jeremias.

Jerez *m*, spanische Form von ↗ Xerxes.

Jerg *m*, veraltete Form von ↗ Georg.

Jerges *m*, spanische Form von ↗ Xerxes.

Jerica *w*, slawische Form von ↗ Gertrud.

Jerk *m*, schwedische Nebenform zu ↗ Erich; auch *Jerker*.

Jerker *m*, schwedische Nebenform zu ↗ Erich.

Jerman *m*, englische Form von ↗ German.

Jermyn *m*, englische Form von ↗ German.

Jero *m*, Kurzform für Jeronimus (↗ Hieronymus).

Jeroboam *m*, hebräisch: = der Barmherzige.

Jeroma *m*, finnische Form von ↗ Jeremias.

Jerome *m*, englische Form von Jérôme (↗ Hieronymus).

Jérôme *m*, französische Form von ↗ Hieronymus; englisch: *Jerome*.

Jeron *m*, auch *Hieron*, Kurzform für Jeronimus (↗ Hieronymus).

Namensträger:

Jeron, 9. Jahrhundert; Glaubensbote in Holland und Friesland; um 856 enthauptet; Märtyrer (Gedenktag: 17. August).

Jeronimo *m*, Nebenform zu Jeronimus (↗ Hieronymus).

Jeronimus *m*, Nebenform zu ↗ Hieronymus; auch: *Jero, Jeron, Jeronimo*.

Jerra *w*, friesische Koseform für ↗ Gertrud.

Jerre *m*, niederdeutsche Form für ↗ Erich.

Jerrit *m*, Koseform für ↗ Gerhard.

Jerry *m*, englische Koseform für ↗ Gerald und ↗ Jeremias.

Bekannter Namensträger:

Jerry Lewis, geboren 1926; amerikanischer Filmkomiker.

Jerzy *m*, polnische Form von ↗ Georg.

Bekannter Namensträger:
Jerzy Kawalerowicz, geboren 1922; polnischer Filmregisseur.

Jes *m*, Koseform für ↗ Johannes.

Jesaja *m*, ökumenische Form von ↗ Jesajas.

Jesajas *m*, hebräisch: *jescha'ja* = Heil Jahwes (Gottes); in der Vulgata: *Isaias;* ökumenische Form: *Jesaja.*

Bekannter Namensträger:
Jesajas, im Alten Testament einer der vier Großen Propheten; lebte und wirkte im 8. Jahrhundert v. Chr. in Jerusalem; von ihm der erste Teil des „Buchs Jesaja".

Jesekiel *m*, russische Form von ↗ Ezechiel.

Jesko *m*, Koseform für ↗ Jaromir und ↗ Jaroslaw.

Jesper *m*, dänische Form von ↗ Kaspar.

Jesse *m*, hebräisch; ökumenische Form: ↗ Isai.

Jessica *w*, englisch aus hebräisch *jiskah* = Gott sieht; Nebenform: *Jessika.*

Jessika *w*, Nebenform zu englisch ↗ Jessica; schwedische Koseform für ↗ Johanna.

Jetta *w*, Nebenform zu ↗ Jette.

Jette *w*, deutsche und französische Kurzform für ↗ Henriette; Nebenform: *Jetta.*

Jewfrossinja *w*, russische Form von ↗ Euphrosyne.

Jewgenij *m*, russische Form von ↗ Eugen.

Jidáš *m*, tschechische Form von ↗ Juda.

Jill *w*, englische Kurzform für Gillian (↗ Juliana).

Jim *m*, Nebenform zu ↗ Jimmy.

Jimi *m*, Nebenform zu ↗ Jimmy.

Jimmy *m*, englische Koseform für James (↗ Jakob); Nebenformen: *Jim, Jimi.*

Bekannter Namensträger:
Jimmy Carter, geboren 1924; amerikanischer demokratischer Politiker; der 39. Präsident (1976–1981) der Vereinigten Staaten von Amerika.

Jindra *w*, tschechischer weiblicher Vorname zu ↗ Jindřich.

Jindřich *m*, tschechische Form von ↗ Heinrich; Koseform: *Jindřiška.*

Jindřiška *m*, tschechische Koseform von ↗ Heinrich.

Jiři *m*, tschechische Form von ↗ Georg; Nebenformen: *Jiřík* und *Jiřiček.*

Jiřiček *m*, tschechische Form von ↗ Georg.

Jiřík *m*, tschechische Form von ↗ Georg.

Jirko *m*, tschechische Koseform für Jiři (↗ Georg).

Jitka *w*, tschechische Koseform für ↗ Judith.

Jo *w*, englische Kurzform für ↗ Johanna und ↗ Josefine; allgemein auch Kurzform für mit Jo- beginnende weibliche Vornamen.

Joachim *m*, hebräisch: *jehojaqim* = von Gott aufgerichtet; Kurzformen: *Jochim, Jochem, Jochen, Juchem, Achim, Chim;* italienische Form: *Gioacchino;* spanisch: *Joaquín;* portugiesisch: *Joaquim;* russisch: *Joakim, Akim;* bulgarische und schwedische Kurzform: *Kim.*

Bekannte Namensträger:
Joachim, nach dem Protoevangelium des Jakobus der Vater der Gottesmutter Maria (Gedenktag: 26. Juli).
Joachim Neander, 1650–1680; reformierter Liederdichter (Gedenktag: 31. Mai).
Joachim Ringelnatz, 1883–1934; deutscher humoristischer und kabarettistischer Schriftsteller.
Joachim Tabernitz, Benediktiner; um 1610 Pfarrer in Inzersdorf (Niederösterreich); 1617 von Weinbauern getötet; Märtyrer (Gedenktag: 11. Mai).

Joachime *w*, die weibliche Form zu ↗ Joachim.

Joakim *m*, russische Form von ↗ Joachim.

Joan *m*, spanische Form von ↗ Johannes.

Bekannter Namensträger:
Joan Miró, 1893–1983; spanischer surrealistischer Maler und Graphiker.

Joan *w,* englische Form von ↗ Johanna.
Namensträgerin:
Joan Sutherland, geboren 1926; australische Opernsängerin (Sopran).

Joanna *w,* Nebenform und polnische Form von ↗ Johanna.

João *m,* portugiesische Form von ↗ Johannes.

Joaquim *m,* portugiesische Form von ↗ Joachim.

Joaquín *m,* spanische Form von ↗ Joachim.

Job *w,* hebräisch, Nebenform von *Hiob;* ↗ Ijob.

Jobbi *m,* Koseform für ↗ Jakob.

Jobst *m,* Koseform für ↗ Jodokus und ↗ Justus.

Jocelyn *m,* englische und französische Form von ↗ Jodok.

Jochem *m,* Kurzform für ↗ Joachim.

Jochen *m,* Kurzform für ↗ Joachim.

Jochim *m,* Kurzform für ↗ Joachim.

Jockel *m,* Koseform für ↗ Jakob.

Jocki *m,* Koseform für ↗ Jakob.

Jocky *m,* Koseform für ↗ Jakob.

Joconde *m,* französische Form von ↗ Jukundus.

Jod *m,* Nebenform zu ↗ Jost.

Jodel *m,* Nebenform zu ↗ Jost.

Jodok *m,* keltischer Herkunft: = Kämpfer; Koseformen: *Jobst, Jos, Jost;* lateinische Form: *Jodokus;* niederländisch: *Joost;* englisch: *Jocelyn, Joyce;* französisch: *Jocelyn, Josse.*
Namensträger:
Jodok, 7. Jahrhundert; bretonischer Fürstensohn; Priester, Einsiedler (Gedenktag: 13. Dezember).

Jodokus *m,* lateinische Form von ↗ Jodok.

Joe *m,* englische Kurzform für ↗ Josef.

Joel *m,* hebräisch: *jo'el* = Jahwe ist Gott; französische Form: *Joël.*

Joël *m,* französische Form von ↗ Joel.

Joëlle *w,* die weibliche Form zu *Joel.*

Jofried *m,* Neubildung aus Johannes und Friedrich.

Joggeli *m,* Koseform für ↗ Jakob.

Joggi *m,* Koseform für ↗ Jakob.

Johan *m,* niederländische und nordische Form von ↗ Johannes.
Bekannter Namensträger:
Johan Huizinga, 1872–1945; niederländischer Geschichtsphilosoph.

Johann *m,* Kurzform von ↗ Johannes.
Bekannte und bedeutende Namensträger:
Johann der Beständige, gestorben 1532; Schirmherr der Reformation (Gedenktag: 16. August).
Johann Friedrich der Großmütige, gestorben 1554; Schirmherr der Reformation (Gedenktag: 3. März).
Johann Baptist de Lasalle, 1651–1719; Priester; Gründer der Genossenschaft der Schulbrüder, zahlreicher Freischulen und der französischen Volksschule (Gedenktag: 7. April).
Johann Nepomuk von Tschiderer zu Gleifheim, 1777–1860; Weihbischof von Brixen, später Fürstbischof von Trient (Gedenktag: 3. Dezember).
Johann Nepomuk David, 1895–1977; österreichischer Komponist.
Johann Valentin Andreä, 1586–1654; evangelischer Theologe; kirchlicher Führer in Württemberg (Gedenktag: 27. Juni).
Johann Arnd, gestorben 1621; lutherischer Erbauungsschriftsteller (Gedenktag: 11. Mai).
Johann Sebastian Bach, 1685–1750; deutscher Komponist; Meister der Barockmusik und der evangelischen Kirchenmusik (Gedenktag: 28. Juli).
Johann Jakob Bachofen, 1815–1887; schweizerischer Kultur- und Rechtshistoriker und Anthropologe.
Johann Bernhard Basedow, 1723–1790; deutscher Pädagoge und Philanthrop.
Johann Albrecht Bengel, gestorben 1752; schwäbischer evangelischer Theologe (Gedenktag: 2. November).
Johann Bernoulli, 1667–1748; schweizerischer Mathematiker.
Johann Christoph Blumhardt, 1805–1880; evangelischer pietistischer Theologe; prophetischer Christuszeuge (Gedenktag: 24. Februar).

Johann Elert Bode, 1747–1826; deutscher Astronom.
Johann Friedrich Böttger, 1682–1719; deutscher Miterfinder des europäischen Hartporzellans.
Johann Heinrich Bullinger, 1504–1575; schweizerischer Reformator in Zürich (Gedenktag: 17. September).
Johann Amos Comenius, 1592–1670; tschechischer Theologe und Pädagoge; Bischof der Böhmischen Brüder (Gedenktag: 16. November).
Johann Friedrich von Cotta, 1764–1832; deutscher Verleger Goethes und Schillers.
Johann Gustav Droysen, 1808–1884; deutscher Historiker.
Johann Friedrich von Eosander, 1669–1728; baltendeutscher Architekt.
Johann Andreas Eysenbarth, 1663–1727; der Augen- und Wundarzt „Doktor Eisenbart".
Johann Gottlieb Fichte, 1762–1814; deutscher idealistischer Philosoph.
Johann Fischart, etwa 1546–1590; deutscher satirischer Schriftsteller.
Johann Bernhard Fischer von Erlach, 1656–1723; österreichischer Architekt des Hochbarock.
Johann Friedrich Flattich, 1713–1797; schwäbischer evangelischer Theologe und Pädagoge (Gedenktag: 31. Mai).
Johann Georg Forster, 1754–1794; deutscher Schriftsteller und Naturforscher.
Johann Heinrich Füßli, 1741–1825; schweizerischer Maler, Graphiker und Kunstschriftsteller.
Johann Gottfried Galle, 1812–1910; deutscher Astronom.
Johann Gerhard, 1582–1637; deutscher lutherischer Theologe (Gedenktag: 17. August).
Johann Wolfgang von Goethe, 1749–1832; deutscher Dichter und Naturwissenschaftler.
Johann Christian Gottsched, 1700–1766; deutscher Literaturhistoriker und Schriftsteller.
Johann Grammann, gestorben 1541; evangelischer Liederdichter (Gedenktag: 28. April).
Johann Michael Hahn, gestorben 1819; evangelischer Laienzeuge (Gedenktag: 19. Januar).
Johann Georg Hamann, 1730–1788; deutscher Philosoph; der „Magus des Nordens" (Gedenktag: 20. Juni).
Johann Peter Hebel, 1760–1826; deutscher alemannischer Volksdichter und evangelischer Theologe (Gedenktag: 22. September).
Johann Heermann, 1585–1647; evangelischer Liederdichter (Gedenktag: 17. Februar).
Johann Friedrich Herbart, 1776–1841; deutscher Philosoph und Pädagoge.
Johann Gottfried von Herder, 1744–1803; deutscher Dichter, Theologe, Historiker und Kulturphilosoph.
Johann Wilhelm Hittorf, 1824–1914; deutscher Physiker.
Johann Hüglin, gestorben 1527; evangelischer Blutzeuge in Meersburg (Gedenktag: 10. Mai).
Johann Kepler, 1571–1630; deutscher Astronom (Gedenktag: 15. November).
Johann Heinrich Lambert, 1728–1777; deutscher Mathematiker, Physiker und Astronom.
Johann Laski, 1499–1560; Reformator in Ostfriesland und Polen (Gedenktag: 9. Januar).
Johann Marteilhe, gestorben um 1740; evangelischer Bekenner auf den Galeeren (Gedenktag: 19. Juli).
Johann Mathesius, 1504–1565; evangelischer Prediger (Gedenktag: 8. Oktober).
Johann Matthäus Meyfart, 1590–1642; lutherischer Theologe und Liederdichter (Gedenktag: 26. Januar).
Johann Jakob Moser, 1701–1785; deutscher Rechtslehrer.
Johann Nepomuk Nestroy, 1801–1862; österreichischer Schriftsteller und Schauspieler.
Johann Heinrich Pestalozzi, 1746–1827; schweizerischer Pädagoge und Sozialreformer.

Johann Rodbertus-Jagetzow, 1805–1875; deutscher Sozialpolitiker; vertrat Staatssozialismus.

Johann Andreas Rothe, gestorben 1758; evangelischer Liederdichter (Gedenktag: 5. Juli).

Johann Michael Sailer, 1751–1832; deutscher katholischer Theologe und Pädagoge; Bischof von Regensburg (Gedenktag: 20. Mai).

Johann Gottfried Schadow, 1764–1850; deutscher klassischer Plastiker und Graphiker.

Johann Adam Schall von Bell, 1592–1666; Jesuit; Mathematiker und Astronom am Pekinger Hof; Märtyrer (Gedenktag: 15. August).

Johann Schrammel, 1850–1893; österreichischer Violinist und Komponist.

Johann Georg Seidenbusch, 1641–1729; deutscher katholischer Theologe; gründete in Aufhausen (Oberpfalz) die Wallfahrtskirche Maria Schnee und ein Oratorianerinstitut (Gedenktag: 10. Dezember).

Johann Strauß (Vater), 1804–1849; österreichischer Komponist.

Johann Strauß (Sohn), 1825–1899; österreichischer Komponist.

Johann Tetzel, um 1465–1519; deutscher Dominikaner; Ablaßprediger.

Johann von Thünen, 1783–1850; deutscher Nationalökonom.

Johann Tserclaes von Tilly, 1559–1632; kaiserlicher Feldherr im Dreißigjährigen Krieg.

Johann Heinrich Tischbein, 1722–1789; deutscher Rokokomaler und Porträtist.

Johann Heinrich Volkening, gestorben 1877; evangelischer Erweckungsprediger (Gedenktag: 24. Juli).

Johann Walter, gestorben 1570; evangelischer Kantor; Mitarbeiter Luthers (Gedenktag: 24. April).

Johann Hinrich Wichern, 1808–1881; evangelischer Theologe, „Vater“ der Inneren Mission (Gedenktag: 7. April).

Johann Winckelmann, 1717–1768; deutscher Kunstwissenschaftler; begründete die klassische Archäologie.

Johanna *w,* die weibliche Form zu ↗ Johannes; Nebenform: *Joanna;* Kurz- und Koseformen: *Hanna, Hanne, Hannele, Hannel, Hannchen, Hansi, Andel, Janneken, Jeneke, Jengen, Netta, Nette, Nettchen;* dänische Formen: *Jensine, Jonna;* schwedisch: *Hanna;* polnisch: *Janina, Joanna, Anusia;* tschechisch: *Jana, Ivana;* russisch: *Ivanna;* serbokroatisch: *Ivanka, Jovanka;* englisch: *Jane, Janet, Joan, Jenny;* französisch: *Jeanne, Jeannette;* italienisch: *Giovanna,* Koseform: *Gianna, Nana;* spanisch: *Juana, Juanita;* ungarisch: *Janka.*

Bekannte Namensträgerinnen:

Johanna Maria Bonomo, 1606–1670; italienische Benediktinerin; stigmatisierte Äbtissin (Gedenktag: 22. Februar).

Johanna Franziska von Chantal, 1572–1641; Gründerin der Salesianerinnen (Gedenktag: 12. Dezember).

Johanna Merzenich, gestorben 1652, Klosterfrau des Annuntiatinnenordens in Aachen (Gedenktag: 20. Oktober).

Johanna von Valois, 1464–1505; Tochter König Ludwigs XI. von Frankreich; Gründerin der Annuntiatinnen (Gedenktag: 4. Februar).

Johannes *m,* hebräisch *Jochanan* = Gott ist gnädig; griechische Form: *Ioannes;* Kurz- und Koseformen: ↗ *Johann,* ↗ *Hans, Hansi, Hannes, Hanno, Han, Henne, Henneke, Henning, Hannemann, Hanke, Henke, Jahn, Jan, Jens, Jes, Janning, Henschel, Jenne, Jenni, Haiseli, Schani, Schang, Schäng;* friesische Kurzform: *Hasko;* niederländische Form: *Jan;* österreichische Koseform: *Schani;* englisch: *John, Johnny, Jack;* dänisch: *Jens;* französisch: *Jean;* italienisch: *Giovanni;* Koseform: *Gian, Gianni, Nino;* spanisch: *Juan, Juanito;* portugiesisch: *João;* schwedisch: *Jon;* tschechisch: *Jan, Jenik, Jeníček, Ivo;* Koseform: *Huschka;* polnisch:

Jan, Janus; russisch: *Iwan;* ungarisch: *János;* finnisch: *Juhani;* lettisch: *Ansis;* litauisch: *Anskis.*

Bekannte und bedeutende Namensträger:

Johannes, 1. Jahrhundert; der Apostel, den Jesus liebte; verfaßte das nach ihm benannte Evangelium sowie auf Patmos die Geheime Offenbarung (Gedenktag: 27. Dezember).

Johannes, 4. Jahrhundert; nach der Legende mit seinem Bruder Paulus Märtyrer in Rom (Gedenktag: 26. Juni).

Johannes von Capestrano, 1386–1456; Franziskanerobservant; Wanderprediger in Italien, Süddeutschland und Österreich (Gedenktag: 23. Oktober).

Johannes von Damaskus, 8. Jahrhundert; arabischer Christ; vertrat die Bilderverehrung (Gedenktag: 4. Dezember).

Johannes von Gott, 1495–1550; gründete den Hospitalorden der Barmherzigen Brüder für Krankenpflege (Gedenktag: 8. März).

Johannes von Köln, gestorben 1572; Dominikaner; Märtyrer (Gedenktag: 9. Juli).

Johannes von Krakau, 1390–1473; Priester der Armen und der Studenten (Gedenktag: 23. Dezember).

Johannes vom Kreuz, 1542–1591; Karmeliter; mit Theresia von Ávila bemüht um Ordensreform; Prior in Segovia; Mystiker (Gedenktag: 14. Dezember).

Johannes der Täufer, 1. Jahrhundert; Bußprediger; taufte Jesus; verkündigte das Messiasreich; Herodes Antipas ließ ihn enthaupten (Gedenktag: 24. Juni).

Johannes I., gestorben 526; Papst; starb in Gefangenschaft Theoderichs (Gedenktag: 18. Mai).

Johannes XXIII., 1881–1963; Papst; berief das 2. Vatikanische Konzil.

Johannes Chrysostomus, 350–407; Bischof von Konstantinopel; berühmter Prediger der Ostkirche; starb in der Verbannung (Gedenktag: 13. September).

Johannes Paul I.; 1912–1978; wurde 1978 Papst (33 Tage).

Johannes Paul II.; geboren 1920; Papst; Pole; nach 455 Jahren 1978 als erster Nichtitaliener gewählt.

Johannes von Meißen, gestorben 1492; Franziskaner; Leiter der böhmischen Observanten (Gedenktag: 21. November).

Johannes von Vandières, gestorben 976; Abt in Metz (Gedenktag: 7. März).

Johannes Arnolds, 1904–1944; Seelsorger und Jugendführer; nahm sich vom Nationalsozialismus Verfolgter an; kam in Haft und wurde hingerichtet (Gedenktag: 12. August).

Johannes R. Becher, 1891–1958; deutscher Schriftsteller und Kulturpolitiker (DDR).

Johannes Berchmans, 1599–1621; Jesuit; starb während seiner römischen Studien (Gedenktag: 13. August).

Johannes Bonaventura ↗ Bonaventura.

Johannes Bosco ↗ Giovanni Don Bosco.

Johannes Brahms, 1833–1897; deutscher spätromantischer Komponist.

Johannes de Brébeuf ↗ Jean de Brébeuf.

Johannes Brenz, 1499–1570; Reformator in Württemberg (Gedenktag: 11. September).

Johannes Bugenhagen, 1485–1558; Reformator in Norddeutschland und Dänemark (Gedenktag: 20. April).

Johannes Calvin, 1509–1564; Reformator der französischen Schweiz (Gedenktag: 27. Mai).

Johannes Cochläus, 1479–1552; katholischer Theologe; erst zu Luther positiv stehend, wurde er sein Gegner und vertrat in Wort und Schrift die katholische Kirche auf Reichstagen und Religionsgesprächen (Gedenktag: 12. Januar).

Johannes Duns Scotus, 1265–1308; Minorit; scharfsinniger Theologe und Lehrer in Cambridge, Oxford, Paris und Köln (Gedenktag: 8. November).

Johannes Eudes, 1601–1680; gründete eine Weltpriester- und eine Schwesternkongregation; Volksmissionar (Gedenktag: 19. August).

Johannes Daniel Falk, 1768–1826; deutscher Schriftsteller; gründete „Gesellschaft der Freunde in der Not" für verwahrloste Kinder („Vater der Waisen"; Gedenktag: 14. Februar).

Johannes Evangelista Goßner, 1773–1858; evangelischer Erweckungsprediger; förderte die Mission (Gedenktag: 30. März).

Johannes Gramann ↗ Johann Gramann.

Johannes Gutenberg, um 1397–1468; Erfinder des Buchdrucks mit beweglichen Lettern.

Johannes Haller, 1865–1947; deutscher Geschichtsforscher des Mittelalters.

Johannes Höver, 1816–1864; deutscher Jugendseelsorger; Gründer der Armen Brüder vom heiligen Franziskus (Gedenktag: 13. Juli).

Johannes (Jan) Hus, um 1370–1415; tschechischer Reformator in Böhmen; als Ketzer verurteilt; evangelischer Blutzeuge (Gedenktag: 6. Juli).

Johannes Kepler, 1571–1630; deutscher Mathematiker und Astronom.

Johannes Kaspar Kratz, 1698–1737; Jesuit; seit 1736 Missionar in Indochina; mit 3 Gefährten Märtyrer (Gedenktag: 12. Januar).

Johannes von Kęty, 1390–1473; Kanoniker und Universitätslehrer in Krakau (Gedenktag: 23. Dezember).

Johannes Leisentritt, 1527–1586; Stiftsdekan in Olmütz; Generalkommissar der Lausitzen; vertrat deutsche Sprache für die Liturgie und verfaßte deutsche Kirchenlieder (Gedenktag: 24. November).

Johannes Leonardi, 1541–1609; italienischer Theologe; in päpstlichem Auftrag Ordensreformator (Gedenktag: 9. Oktober).

Johannes Lilje, 1899–1977; evangelischer deutscher Bischof; Präsident des Lutherischen Weltbundes.

Johannes Müller, 1801–1858; deutscher Physiologe.

Johannes von Nepomuk, um 1350–1393; Generalvikar von Prag; von König Wenzel gefangengenommen und in der Moldau ertränkt; Märtyrer (Gedenktag: 16. Mai).

Johannes Ökolampad, 1482–1531; schweizerischer Reformator in Basel (Gedenktag: 24. November).

Johannes Prassek, 1911–1943; deutscher katholischer Theologe; wegen Verbreitung von Predigten des Bischofs von Galen (Münster) mit Kaplan Hermann Lange und Eduard Müller hingerichtet (Gedenktag: 10. November).

Johannes Reuchlin, 1455–1522; deutscher Humanist und Philologe.

Johannes Rimer, gestorben 1427; Erzpriester im niederschlesischen Lauban; hier mit 1000 anderen durch Hussiten ermordet; Märtyrer (Gedenktag: 16. Mai).

Johannes von Ruysbroeck ↗ Jan van Ruysbroeck.

Johannes Sarkander, 1576–1620; Jesuit; wirkte in Mähren für den katholischen Glauben; Märtyrer (Gedenktag: 17. März).

Johannes Schaaf, geboren 1933; deutscher Schauspieler und Regisseur.

Johannes Schultz, 1884–1970; deutscher Neurologe; gründete autogenes Training.

Johannes Simmel, geboren 1924; österreichischer Unterhaltungsschriftsteller.

Johannes Skotus, gestorben 1066; irischer Priester; 1055 Bischof von Mecklenburg; Märtyrer (Gedenktag: 10. November).

Johannes Stark, 1874–1957; deutscher Physiker.

Johannes Baptist Stöger, 1810–1883; Redemptoristen-Laienbruder (Gedenktag: 3. November).

Johannes Tauler, um 1300–1361; deutscher Mystiker (Gedenktag: 16. Juni).

Johannes Maria Vianney, 1786–1859; französischer Bauernsohn; nach schwerem Studium Landpfarrer von Ars; Beichtvater, Seelenführer und Helfer in religiösen Fragen (Gedenktag: 4. August).

Johannes Zwick, gestorben 1542; evangelischer Liederdichter (Gedenktag: 23. Oktober).

Johanno *m*, Weiterbildung von ↗ Johann.

John *m*, niederdeutsche und englische Kurzform für ↗ Johannes.

Bekannte und bedeutende Namensträger:

John Barbirolli, 1899–1970; englischer Cellist und Dirigent.

John Bunyan, gestorben 1688; englischer Erweckungsprediger (Gedenktag: 31. August).

John Cage, geboren 1912; amerikanischer Pianist und Komponist (25-Ton-Musik).

John Constable, 1776–1837; englischer realistischer Landschaftsmaler.

John Cranko, 1927–1973; englischer Tänzer und Choreograph.

John Dalton, 1766–1844; englischer Chemiker und Physiker.

John Dewey, 1859–1952; amerikanischer Sozialphilosoph, Psychologe und Pädagoge.

John Dos Passos, 1896–1970; amerikanischer Schriftsteller.

John Foster Dulles, 1888–1959; amerikanischer einflußreicher Politiker (Republikaner).

John Boyd Dunlop, 1840–1921; schottischer Erfinder der pneumatischen Luftreifen.

John Eliot, gestorben 1690; evangelischer Indianermissionar (Gedenktag: 21. Juli).

John F. Enders, geboren 1897; amerikanischer Mikrobiologe.

John Fisher, um 1469–1535; englischer katholischer Theologe; Kardinal, den Heinrich VIII. enthaupten ließ; Märtyrer (Gedenktag: 22. Juni).

John Ford, 1895–1973; amerikanischer Filmregisseur.

John Fowler, 1817–1898; englischer Ingenieur (Londoner U-Bahn).

John Franklin, 1786–1847; englischer Polarforscher.

John Galsworthy, 1867–1933; englischer Schriftsteller.

John H. Glenn, geboren 1921; amerikanischer Astronaut.

John Hooper, gestorben 1555; englischer Bischof, Blutzeuge der Reformation (Gedenktag: 9. Februar).

John Keats, 1795–1821; englischer Dichter der Hochromantik.

John C. Kendrew, geboren 1917; englischer Chemiker.

John F. Kennedy, 1917–1963; der 35. Präsident der Vereinigten Staaten von Amerika (ermordet).

John M. Keynes, 1883–1946; englischer Nationalökonom und Politiker.

John Knox, um 1502–1572; Reformator Schottlands (Gedenktag: 24. November).

John Law, 1671–1729; schottischer Nationalökonom; wirkte als Finanzmann in Frankreich.

John Lennon, 1940–1980; englischer Musiker der „Beatles" (ermordet).

John Locke, 1632–1704; englischer Philosoph des Empirismus.

John James R. Macleod, 1876–1935; englisch-kanadischer Physiologe.

John Ch. Marlborough, 1650–1722; englischer Feldherr und Politiker; Sieger im Spanischen Erbfolgekrieg.

John Stuart Mill, 1806–1873; englischer utilitaristischer Philosoph und Nationalökonom.

John Milton, 1608–1674; englischer humanistischer Dichter.

John Napier, 1550–1617; schottischer Mathematiker.

John Neumeier, geboren 1942; amerikanischer Choreograph.

John Northrop, geboren 1891; amerikanischer Biochemiker.

John Ogilvie, 1579–1615; schottischer Calvinist; wurde katholisch, Jesuit und Märtyrer (Gedenktag: 10. März).

John Oldcastle, gestorben 1417; englischer Blutzeuge (Gedenktag: 13. Dezember).
John Osborne, geboren 1929; englischer Schriftsteller; Dramatiker.
John Rayleigh, 1842–1919; englischer Physiker.
John Ross, 1777–1856; englischer Polarforscher.
John Steinbeck, 1902–1968; amerikanischer realistischer Schriftsteller.
John M. Synge, 1871–1909; irischer Schriftsteller; Dramatiker.
John Travolta, geboren 1954; amerikanischer Sänger und Schauspieler.
John Wayne, 1907–1979; amerikanischer Schauspieler.
John Wesley, gestorben 1791; englischer evangelischer Erweckungsprediger (Gedenktag: 2. März).
John Wiclif, um 1330–1384; englischer Reformator, Evangeliumszeuge (Gedenktag: 31. Dezember).

Johnny *m.* englische Koseform für John (↗ Johannes) und ↗ Jonas; Nebenformen: *Jonny, Jonni.*

Johst *m,* Nebenform zu ↗ Jost.

Joki *m,* Koseform für ↗ Jakob.

Joky *m,* Koseform für ↗ Jakob.

Jola *w,* Kurz- und Koseform für ↗ Jolanthe; Nebenform: *Yola.*

Jolanda *w,* italienische und spanische Form von ↗ Jolanthe.

Namensträgerinnen:
Jolanda, 13. Jahrhundert; französische Benediktinerin; später Zisterzienserin (Gedenktag: 29. November).
Jolanda von Vianden, gestorben 1283; seit 1258 Priorin des Dominikanerinnenklosters Mersch in Luxemburg (Gedenktag: 17. Dezember).

Jolande *w,* Nebenform zu ↗ Jolanthe.

Jolanta *w,* Nebenform zu ↗ Jolanthe.

Namensträgerin:
Jolanta, 1235–1298; ungarische Königstochter; Gattin Herzog Boleslaws VI.; nach dessen Tod Klarissin; 1292 Äbtissin zu Gnesen (Gedenktag: 11. Juni).

Jolanthe *w,* von griechisch: *ion anthos* = Veilchenblüte (?); Nebenformen: *Jolanta, Jolande, Yolanda;* Kurz- und Koseformen: *Jola, Yola, Guland;* italienische und spanische Form: *Jolanda.*

Jon *m.* Kurzform für ↗ Johannes und ↗ Jonas; auch schwedische Form von ↗ Johannes.

Jona *m,* ökumenische Form von ↗ Jonas.

Jonas *m,* hebräisch: *jonah* = Taube; ökumenische Form: *Jona*; Koseform: *Jonko*; italienische Form: *Giona.*

Namensträger:
Jonas, 8. Jahrhundert v. Chr.; einer der Kleinen Propheten des Alten Testaments; über ihn berichtet das „Buch Jonas".
Jonas Edward Salk, geboren 1914; amerikanischer Bakteriologe.

Jonathan *m,* hebräisch: *jehonathan* = Geschenk Jahwes (Gottes); italienische Form: *Gionata.*

Bekannter Namensträger:
Jonathan Swift, 1667–1745; englischer satirischer Schriftsteller.

Jonko *m,* Koseform für Johannes und Jonas.

Jonna *w,* dänische Form von ↗ Johanna.

Jonni *m,* Nebenform zu ↗ Johnny.

Jonny *m,* Nebenform zu ↗ Johnny.

Bekannter Namensträger:
Jonny Cash, geboren 1932; amerikanischer Musiker (Country- und Westernmusik).

Jöns *m,* schwedische Form von Johann.

Namensträger:
Jöns Jacob von Berzelius, 1779–1848; schwedischer Chemiker.

Jooris *m,* Nebenform zu ↗ Joris.

Joos *m,* Nebenform zu ↗ Jost.

Joost *m,* niederländische Form von ↗ Jodok.

Joppes *m,* Koseform für ↗ Jakob.

Jöran *m,* schwedische Form von ↗ Georg.

Jordaan *m,* niederländische Form von ↗ Jordan.

Jordan *m,* germanisch-althochdeutsch: Erde und kühn; niederländische Form: *Jordaan*; französisch: *Jourdain*; italienisch: *Giordano.*

Namensträger:

Jordan, gestorben 1237; Dominikaner; 1222 Nachfolger des Dominikus als Ordensmeister; ertrank bei Schiffbruch (Gedenktag: 13. Februar).

Jordan Mai, 1866–1922; deutscher Laienbruder im Franziskanerorden; führte strenges Leben der Sühne (Gedenktag: 20. Februar).

Jorg *m,* Nebenform zu ↗ Jörg.

Jörg, Kurzform für ↗ Georg; Nebenform: *Jorg.*

Bekannter Namensträger:

Jörg Demus, geboren 1928; österreichischer Konzertpianist und Kammermusiker.

Jorge *m,* portugiesische und spanische Form von ↗ Georg.

Namensträger:

Jorge Amado, geboren 1912; brasilianischer sozialkritischer Schriftsteller.

Jorge Luis Borges, geboren 1899; argentinischer Schriftsteller; auch Übersetzer.

Jorgen *m,* dänische Form von ↗ Georg.

Jörgen *m,* dänische Form von Jürgen (↗ Georg).

Jorid *w,* isländischer Herkunft: *ior* = Pferd; *frithr* = schön.

Jorina *w,* friesische weibliche Form zu ↗ Gregor; Nebenformen: *Jorine, Jorinna, Jorinde.*

Jorinde *w,* Nebenform zu ↗ Jorina.

Jorine *w,* Nebenform zu ↗ Jorina.

Jorinna *w,* Nebenform zu ↗ Jorina.

Joris *m,* niederdeutsche und niederländische Form von ↗ Georg und ↗ Gregor; Nebenform: *Jooris.*

Joris *w,* neulateinische Form von ↗ Georgia.

Jorit *m,* Nebenform zu ↗ Jorrit.

Jork *m,* Nebenform zu ↗ Georg; auch Kurzform für mit Eber- oder Ewer- beginnende männliche Vornamen.

Jorma *m,* finnische Koseform für Jeroma (↗ Jeremias).

Jorn *m,* friesische Form für ↗ Eberwin.

Jörn *m,* niederdeutsche Form und Koseform für Jürgen (↗ Georg).

Jörna *w,* die weibliche Form zu ↗ Jörn.

Jorrit *m,* friesische Form für ↗ Eberhard; Nebenform: *Jorit.*

Jos *m,* Kurzform für ↗ Josef und andere mit Jos- beginnende männliche Vornamen; Koseform für ↗ Jodok.

Josaphat *m,* hebräisch: *jehu'schafat* = Jahwe (Gott) richtet; Namensform der Lutherbibel, *Iosaphat* in der Vulgata; ökumenische Form: *Joschafat.*

Namensträger:

Josaphat Kunzewitsch, 1580–1623; Erzbischof von Polozk; Märtyrer (Gedenktag: 12. November).

Joscha *m,* ungarische Koseform für ↗ Josef.

Joschafat *m,* ökumenische Form von ↗ Josaphat.

Joschija *m,* ökumenische Form von ↗ Josias.

José *m,* spanische Form von ↗ Josef; auch französisch und portugiesisch.

Bekannter Namensträger:

José Ortega y Gasset, 1883–1955; spanischer Philosoph, Soziologe und Schriftsteller; Essayist.

Josée *w,* die weibliche Form zu französisch José (↗ Josef).

Josef *m,* hebräisch: *joseph* = Jahwe (Gott) fügt hinzu; ältere Schreibweise: *Joseph*; Kurz- und Koseformen: *Sepp, Seppo, Seppi, Beppo, Beppi, Pepi, Peppi, Josel, Josl, Seppl, Sepperle, Seppli, Sebi, Sebel, Jupp;* englische Form: *Joseph*; Koseformen: *Joe, Jo*; französisch: *Joseph, José*; italienisch: *Giuseppe*; Koseform: *Beppe;* spanisch und portugiesisch: *José*; polnisch: *Józef*; russisch: *Ossip*; arabisch: *Jussuf.*

Bekannte und bedeutende Namensträger:

Josef, im Neuen Testament Bräutigam Marias, dann Nährvater Jesu (Gedenktage: 19. März; Josef des Arbeiters: 1. Mai).

Josef von Calasanza, 1556–1648; spanischer Priester; eröffnete in Rom-Trastevere die erste unentgeltliche Volksschule Europas; Gründer der Piaristen (Gedenktag: 25. August).

Josef Freinademetz, 1852–1908; Steyler Missionar in China (Gedenktag: 28. Januar).

Josef Frings, 1887–1978; Erzbischof von Köln seit 1942; Kardinal.

Josef Greindl, geboren 1912; deutscher Sänger (Baß-Bariton).

Josef Hoffmann, 1870–1956; österreichischer Architekt.

Josef Kainz, 1858–1910; österreichischer Schauspieler klassischer Rollen.

Josef Keilberth, 1908–1968; deutscher Opern- und Konzertdirigent.

Josef Kentenich, 1885–1968; deutscher Pallottiner; Gründer der Schönstattbewegung; überlebte Konzentrationslager des Nationalsozialismus.

Josef Krips, 1902–1974; österreichischer Dirigent.

Josef Lenzel, 1890–1942; deutscher katholischer Priester in Berlin; hielt Bestimmungen für Gottesdienst polnischer Zwangsarbeiter nicht ein; erlag in Dachau den brutalen Methoden der Lagerleitung (Gedenktag: 3. Juli).

Josef Lingens, 1818–1902; deutscher Rechtsanwalt; Gründer mehrerer kirchlicher und sozial-caritativer Einrichtungen (Gedenktag: 31. Oktober).

Josef Meinrad, geboren 1913; österreichischer Bühnen- und Filmschauspieler.

Josef Mindszenty, Kardinal, ungarischer Theologe; Kämpfer gegen den Kommunismus; zu lebenslangem Zuchthaus verurteilt; 1956 befreit.

Josef Müller, 1894–1944; deutscher katholischer Theologe; Pfarrer des Bistums Hildesheim; wegen Weitererzählen eines politischen Witzes hingerichtet (Gedenktag: 11. September).

Josef Nadler, 1884–1963; österreichischer Literaturwissenschaftler.

Josef Schmidt, 1904–1943; deutscher Opern- und Operettensänger (Tenor).

Josef Stalin, 1879–1953; diktatorischer Politiker, Nachfolger Lenins.

Josef von Sternberg, 1894–1969; österreichischer Filmregisseur.

Josef Weinheber, 1892–1945; österreichischer Schriftsteller; Lyriker.

Josefa *w,* die weibliche Form zu ↗ Josef; ältere Schreibweise: *Josepha*; italienische Form: *Giuseppa.*

Josefina *w,* spanische Form von ↗ Josefine.

Josefine *w,* andere weibliche Form zu ↗ Josef; ältere Schreibweise: *Josephine*; Nebenform: *Josefina*; Kurz- und Koseformen: *Josefa, Josepha, Josi, Josy, Sefa, Sefe, Seffi, Seferl, Seppele, Seppeli, Sefchen, Peppi, Peppe, Beppa, Fina, Fine, Finchen, Finnchen, Finnie, Finni, Fiene*; französische Formen: *Joséphine, Josée, Josette*; italienisch: *Giuseppa, Giuseppina*; Koseform: *Peppina*; spanisch: *Josefina, Josefita*; Koseform: *Pepita, Fita.*

Bekannte Namensträgerin:

Josefine Baker, 1906–1975; amerikanische Revuetänzerin und Sängerin; gründete Heim für verschiedenrassige Waisenkinder.

Josel *m,* Koseform für ↗ Josef.

Joseph *m,* ältere Schreibweise für ↗ Josef.

Bekannte und bedeutende Namensträger:

Joseph II., 1741–1790; absolutistischer römisch-deutscher Kaiser; innenpolitische Reformen.

Joseph Beuys, 1921–1986; Objekt- und Aktionskünstler.

Joseph Conrad, 1857–1924; englischer Schriftsteller polnischer Herkunft.

Joseph von Eichendorff, 1788–1857; deutscher romantischer Schriftsteller; Lyrik und Erzählungen.

Joseph von Fraunhofer, 1787–1826; deutscher Physiker.

Joseph Goebbels, 1897–1945; nationalsozialistischer Propagandaminister.

Joseph von Görres, 1776–1848; deutscher Schriftsteller der Heidelberger Romantik.

Joseph Höffner, geboren 1906; deutscher katholischer Theologe; Erzbischof von Köln, Kardinal.
Joseph-Marie Jacquard, 1752–1834; französischer Weber; erfand den Jacquard-Webstuhl.
Joseph-Louis de Lagrange, 1736–1813; französischer Mathematiker und Astronom.
Joseph Lanner, 1801–1843; österreichischer Walzerkomponist.
Joseph Lister, 1827–1912; englischer Chirurg; führte antiseptische Wundbehandlung ein.
Joseph Losey, 1909–1984; amerikanischer Filmregisseur.
Joseph Luns, geboren 1911; niederländischer Diplomat; 1971–1984 Generalsekretär der NATO.
Joseph-Michel Montgolfier, 1740–1810; französischer Erfinder des Heißluftballons.
Joseph Paxton, 1803–1865; englischer Architekt und Ingenieur.
Joseph Priestley, 1733–1804; englischer Naturforscher, Theologe und Schriftsteller.
Joseph Pulitzer, 1847–1911; amerikanischer Journalist; Stifter des Pulitzer-Preises.
Joseph von Radetzky, 1766–1858; österreichischer Feldmarschall.
Joseph Ratzinger, geboren 1927; deutscher katholischer Theologe; Erzbischof von München-Freising; Kardinal; seit 1981 Kurienkardinal in Rom.
Joseph Ressel, 1793–1857; österreichischer Techniker; erfand die Schiffsschraube.
Joseph Roth, 1894–1939; österreichischer impressionistischer Schriftsteller.
Joseph Schumpeter, 1883–1950; österreichischer Volkswirtschaftler und Politiker.
Joseph Smith, 1805–1844; Gründer der Mormonen; wurde ermordet.
Joseph Szigeti, 1892–1973; ungarisch-amerikanischer Violinist.
Joseph M. Turner, 1775–1851; englischer Landschaftsmaler und -zeichner.

Josepha *w*, ältere Schreibweise von ↗ Josefa.

Josephine *w*, ältere Schreibweise von ↗ Josefine.

Joséphine *w*, französische Form von ↗ Josefine.
Bekannte Namensträgerinnen:
Joséphine Beauharnais, 1763–1814; in zweiter Ehe Gattin Napoleons I.; wegen Kinderlosigkeit 1809 geschieden.
Joséphine Leroux, 1747–1794; Klarissin in Valenciennes; Märtyrin der Französischen Revolution (Gedenktag: 26. Oktober).

Josette *w*, französische Koseform für Joséphine (↗ Josefine).

Joshua *m*, englische Form von ↗ Josua.
Bekannte Namensträger:
Joshua Lederberg, geboren 1925; amerikanischer Genetiker.
Joshua Reynolds, 1723–1792; englischer Rokokomaler; Porträtist.

Josi *w*, Kose- und Kurzform für ↗ Josefine.

Josiane *w*, französische Koseform für ↗ Josefine.

Josianne *w*, französische Koseform für ↗ Josefine.

Josias *m*, hebräisch: *joschua* = Jahwe (Gott) heilt; ökumenische Form: *Joschija*.

Josina *w*, niederländische Form von ↗ Josefine.

Josip *m*, slawische Form von ↗ Josef.
Bekannter Namensträger:
Josip Broz Tito, 1892–1980; jugoslawischer kommunistischer Politiker; ab 1953 Staatspräsident.

Josl *m*, Koseform für ↗ Josef.

Josse *m*, französische Form von ↗ Jodok.

Jost *m*, Kosename für ↗ Jodok und ↗ Justus; Nebenformen: *Joos, Johst, Josse, Jodel, Jod, Dokus*; niederländische Form: *Joost*.

Josta *w*, die weibliche Form zu ↗ Jost.

Josua *m*, hebräisch: *joschua* = Jahwe (Gott) hilft; griechische Form: *Jesus;*

englisch: *Joshua*; italienisch: *Giosuè;* spanisch: *Josué.*
Namensträger:
Josua Stegmann, gestorben 1632; evangelischer Liederdichter (Gedenktag: 3. August).

Josy *w,* Koseform für ↗ Josefine.

Joubert *m,* französische Form von ↗ Gosbert.

Joujou *w,* französischer Phantasie-Kosename für kleine Mädchen.

Jourdain *m,* französische Form von ↗ Jordan.

Jovan *m,* serbokroatische Form von ↗ Johannes.

Jovanka *w,* serbokroatische und slowenische Form von ↗ Johanna.

Jovita *w,* südslawische Koseform für Johanna; Nebenform: *Jowita.*

Jowita *w,* Nebenform zu ↗ Jovita.

Joy *w,* englischer Kosename: = Freude.

Joyce *m,* englische Form von ↗ Jodok.

Józef *m,* polnische Form von ↗ Josef.
Bekannter Namensträger:
Józef Piłsudski, 1867–1935; polnischer Politiker; ab 1926 Diktator Polens.

Ju *w,* russische Koseform für Julja (↗ Julia).

Juan *m,* spanische Form von ↗ Johannes.
Bekannte Namensträger:
Juan d'Austria, 1547–1578; spanischer Feldherr; siegte 1571 bei Lepanto über die Türken.
Juan Carlos I., geboren 1938; wurde 1975 König von Spanien.
Juan Gris, 1887–1927; spanischer kubistischer Maler und Bühnenbildner.
Juan Ramón Jiménez, 1881–1958; spanischer modernistischer und realistischer Schriftsteller.
Juan Domingo Perón, 1895–1974; argentinischer Politiker; 1951–1955 und 1973–1974 Staatspräsident.

Juana *w,* spanische Form von ↗ Johanna; Koseform: *Juanita.*

Juanita *w,* spanische Koseform und Verkleinerung für Juana (↗ Johanna).

Juchem *m,* Kurzform für ↗ Joachim.

Jucunda *w,* die weibliche Form zu Jucundus (↗ Jukundus).

Jucundus *m,* lateinische Form von ↗ Jukundus.

Juda *m,* hebräisch: *jehuda* = Jahwe (Gott) Dank; ökumenische Form; Nebenform: *Jehuda;* gräzisierte Form: *Judas;* tschechisch: Jidáš.

Judas *m,* gräzisierte Form von ↗ Juda.
Bekannter Namensträger:
Judas Thaddäus, Zeitgenosse Jesu Christi; von ihm als Apostel berufen (Gedenktag: 28. Oktober).

Judit *w,* ökumenische Form von ↗ Judith.

Judith *w,* hebräisch: = Frau aus Jehud (Juda); ökumenische Form: *Judit;* Koseformen: *Juditha, Jutta, Jutte;* italienische Form: *Giuditta;* englische Kurzform: *Judy;* tschechische Koseform: *Jitka.*
Bekannte Namensträgerinnen:
Judith, nach dem apokryphen „Buch Judith" jüdische Heldin, brachte den gegnerischen Feldherrn Holofernes zur Rettung ihres Volkes um.
Judith von Niederaltaich, 11. Jahrhundert; Reklusin bei Niederaltaich, zusammen mit ihrer Nichte Salome (Gedenktag: 29. Juni).
Judith von Ringelheim, 11. Jahrhundert; Äbtissin des Chorfrauenstifts Ringelheim (Gedenktag: 13. März).

Juditha *w,* Koseform für ↗ Judith.

Judy *w,* englische Koseform für ↗ Judith.
Namensträgerin:
Judy Garland, 1922–1961; amerikanische Filmschauspielerin.

Juhani *m,* finnische Form von ↗ Johannes.

Jukunda *w,* die weibliche Form zu ↗ Jukundus.

Jukundus *m,* lateinisch: *iucundus* = liebenswürdig; französische Form: *Joconde.*

Jul *m,* Kurzform für ↗ Julian.

Jul *w,* Nebenform zu ↗ Gudula.

Jula *w,* Kurzform für ↗ Julia; Nebenform: *Jule.*

Julchen *w,* Koseform für ↗ Julia.

Jule *w,* Kurzform für ↗ Julia.

Julef *m,* friesische Form von ↗ Gotthelf.

Jules *m,* französische Form von ↗ Julius.

Bekannte Namensträger:

Jules Bordet, 1870–1961; belgischer Arzt und Bakteriologe.

Jules Mazarin, 1602–1661; Kardinal; französischer Politiker.

Jules Verne, 1828–1905; französischer Schriftsteller, besonders von Zukunftsromanen.

Julia *w,* die weibliche Form zu ↗ Julius; Nebenform: *Julie;* Koseformen: *Jula, Jule, Julchen, Lia, Lili, Lilli;* Weiterbildungen: *Juliana, Juliane;* englische Formen: *Julia, Juliet;* französisch: *Julie, Julienne;* italienisch: *Giulia, Giuliana, Giulietta;* rumänisch: *Julia;* russisch: *Julija, Julja;* ungarisch: *Julika, Juliska, Julischka.*

Namensträgerinnen:

Julia, 3. Jahrhundert; eine christliche Sklavin; vermutlich um 250 unter Decius Märtyrin in Karthago (Gedenktag: 22. Mai).

Julia, 8. Jahrhundert; Äbtissin in Trier (Gedenktag: 16. September).

Julian *m,* Weiterbildung von ↗ Julius; Kurzform: *Jul;* lateinische Form: *Julianus;* englisch: *Julian;* französisch: *Julien;* italienisch: *Giuliano.*

Namensträger:

Julian, gestorben um 304, richtete mit seiner Frau im eigenen Haus ein Armenspital ein; Märtyrer in Ägypten (Gedenktag: 9. Januar).

Julian, erster Bischof von Le Mans; nach der Legende einer der 70 Jünger Jesu (Gedenktag: 27. Januar).

Julian, gestorben um 1250; Kapellmeister am französischen Hof; wurde in Paris Franziskaner (Gedenktag: 9. Februar).

Julian Bream, geboren 1933; englischer Musiker; Gitarrist und Lautenist.

Juliana *w,* Weiterbildung von Julia; Nebenformen: *Juliane, Liane;* englische Formen: *Juliana, Gilian, Gillian, Gill;* flämisch und schwedisch: *Iliane;* italienisch: *Giuliana;* slawisch: *Julianka;* Koseform: *Anjuschka;* russisch: *Uljana;* ungarisch: *Julianna.*

Namensträgerinnen:

Juliana, 4. Jahrhundert; jungfräuliche Märtyrin in Nikomedien (Gedenktag: 16. Februar).

Juliana, 1192–1258; Augustinerchorfrau; mystisch begnadet; veranlaßte die Einführung des Fronleichnamsfests in Lüttich; starb in der Verbannung als Priorin (Gedenktag: 5. April).

Juliana, geboren 1909; bis 1980 Königin der Niederlande.

Juliane *w,* Nebenform zu ↗ Juliana.

Julianka *w,* slawische Form von ↗ Juliana.

Julianna *w,* Weiterbildung von ↗ Julia; auch ungarische Form von Juliana; Nebenform: *Julianne.*

Julianne *w,* Nebenform zu ↗ Julianna.

Julie *w,* Nebenform und französische Form von ↗ Julia.

Julien *m,* französische Weiterbildung von Jules (↗ Julius).

Bekannte Namensträger:

Julien Duvivier, 1896–1967; französischer Filmregisseur.

Julien Offray de Lamettrie, 1709–1751; französischer materialistischer und atheistischer Philosoph.

Julienne *w,* französische Verkleinerungsform von Julie (↗ Julia).

Juliet *w,* englische Form von ↗ Julia.

Julietta *w,* Verkleinerungsform von ↗ Julia.

Juliette *w,* französische Koseform für ↗ Julie.

Bekannte Namensträgerin:

Juliette Gréco, geboren 1927; französische Filmschauspielerin und Chansonsängerin.

Julija *w,* russische Form von ↗ Julia.

Julika *w,* ungarische Form von ↗ Julia; Koseform: *Julischka,* ungarische Schreibweise: *Juliska.*

Juline *w,* eine weibliche Neubildung zu ↗ Julius.

Julischka *w*, verdeutschte Schreibweise des ungarischen *Juliska*, Koseform für Julia.

Juliska *w*, ungarische Koseform für ↗ Julia.

Julita *w*, bulgarische Weiterbildung von ↗ Julia.

Julitta *w*, russische Weiterbildung von ↗ Julia.

Julius *m*, lateinisch: aus dem Geschlecht der Julier; Weiterbildungen: *Julian; Julianus;* englische Form: *Julius;* französisch: *Jules, Julien;* italienisch: *Giulio, Luglio;* ungarisch: *Gyula*.

Bekannte Namensträger:

Julius I., gestorben 352; seit 337 Papst (Gedenktag: 12. April).

Julius II., 1443–1513; seit 1503 Papst; baute den Kirchenstaat aus.

Julius Hackethal, geboren 1921; deutscher Chirurg; Kritiker.

Julius Leber, 1891–1945; deutscher sozialdemokratischer Politiker; Widerstandskämpfer gegen Hitler; hingerichtet.

Julius R. von Mayer, 1814–1878; deutscher Arzt und Physiker.

Julius Meier-Graefe, 1867–1935; deutscher Kunsthistoriker und Schriftsteller.

Julius Lothar Meyer, 1830–1895; deutscher Chemiker und Arzt.

Julius A. Nyerere, geboren 1921; ostafrikanischer Politiker.

Julius Raab, 1891–1964, österreichischer Politiker; unter ihm als Bundeskanzler Abschluß des österreichischen Staatsvertrags.

Julius Schnorr von Carolsfeld, 1794–1872; deutscher Maler und Zeichner.

Julja *w*, Nebenform des russischen *Julija*.

Julka *w*, ungarische Koseform für ↗ Julia.

Junia *w*, die weibliche Form zu ↗ Junius.

Junius *m*, lateinisch: aus dem alten Geschlecht der Junier.

Juno *w*, lateinisch: die Blühende.

Namensträgerin:

Juno, in der römischen Mythologie Göttin der Ehe.

Jupp *m*, Koseform für ↗ Josef.

Jurek *m*, slawische Form von Juri (↗ Georg).

Jurena *w*, Herkunft und Bedeutung unbekannt.

Jürg *m*, Koseform für ↗ Georg.

Jürgen *m*, Nebenform zu ↗ Georg.

Bekannte Namensträger:

Jürgen Fehling, 1885–1968; deutscher Regisseur.

Jürgen Habermas, geboren 1929; deutscher Soziologe und Philosoph.

Jürgen von Manger, geboren 1923; deutscher Schauspieler und Kabarettist.

Juri *m*, slawische Form von ↗ Georg.

Jurij *m*, russische Form von ↗ Georg.

Bekannter Namensträger:

Jurij Gagarin, 1934–1968; sowjetischer Astronaut; unternahm 1961 den ersten bemannten Raumflug.

Jürn *m*, Koseform für ↗ Georg.

Jürnjakob *m*, Doppelname aus Jürn und Jakob.

Jürnjochen *m*, Doppelname aus Jürn und Jochen.

Jussi *m*, schwedisch.

Bekannter Namensträger:

Jussi Björling, 1911–1960; schwedischer Opernsänger (Heldentenor).

Jussuf *m*, arabisch-türkische Form von ↗ Josef.

Just *m*, Kurzform für ↗ Justus.

Justa *w*, die weibliche Form zu ↗ Justus.

Juste *w*, Kurz- und Koseform für ↗ Justina.

Justel *w*, Koseform für ↗ Justina.

Justin *m*, lateinisch: *Justinus*, Weiterbildung von ↗ Justus; niederländische Form: *Stijn*.

Namensträger:

Justin, gestorben um 165; neapolitanischer Theologe und Philosoph; Märtyrer in Rom (Gedenktag: 1. Juni).

Justina *w*, die weibliche Form von Justin (↗ Justus); Nebenformen: *Justi-*

ne, Juste, Justel, Stine; italienische Form: *Giustina.*
Namensträgerin:
Justina, gestorben 304; jungfräuliche Märtyrin in Padua (Gedenktag: 7. Oktober).
Justine *w,* Nebenform zu ↗ Justina.
Justinian *m,* Weiterbildung von ↗ Justus; lateinisch: *Justinianus.*
Justinianus *m,* lateinische Form von Justinian (↗ Justus).
Justinus *m,* Weiterbildung von ↗ Justus.
Justus *m,* lateinisch: *iustus* = gerecht; Weiterbildungen: *Justinus, Justinianus, Justin, Justinian;* Kurzform: *Just;* Koseform: *Jobst.*
Namensträger:
Justus, gestorben 627; Missionar in England; erster Bischof von Rochester; ab 624 Erzbischof von Canterbury (Gedenktag: 10. November).
Justus Jonas, 1493–1555; Gehilfe Luthers (Gedenktag: 9. Oktober).
Justus von Liebig, 1803–1873; deutscher Chemiker; begründete die Agrikulturchemie.
Jutta *w,* Koseform für ↗ Judith; Nebenformen: *Jutte, Ita, Ite, Itta, Itte;* dänische Form: *Jytte.*
Namensträgerinnen:
Jutta, 12. Jahrhundert; Einsiedlerin (Gedenktag: 25. März).
Jutta von Arnstein, 12. Jahrhundert; Einsiedlerin beim Doppelstift Arnstein (Gedenktag: 17. August).
Jutta von Bedburg, 13. Jahrhundert; Prämonstratenserin im Stift Bedburg (Gedenktag: 31. Oktober).
Jutta von Heiligenthal, 13. Jahrhundert; erste Äbtissin des Klosters Heiligenthal (Gedenktag: 29. November).
Jutta von Sangershausen, gestorben 1260; nach Krankenpflege Einsiedlerin bei Kulmsee (Gedenktag: 5. Mai).
Jutta von Sponheim, um 1090–1136; gründete beim Kloster Disibodenberg ein Frauenkloster; dessen „Meisterin" (Gedenktag: 22. Dezember).
Jutte *w,* Nebenform zu ↗ Jutta.
Jytte *w,* dänische Form von ↗ Jutta.

K

Kaarina *w,* finnische Form von ↗ Katharina.
Kaarle *m,* finnische Form von ↗ Karl.
Kačenka *w,* tschechische Koseform für ↗ Katharina.
Kadidja *w,* Herkunft und Bedeutung fraglich.
Kadl *w,* Koseform für ↗ Katharina.
Kahn *m,* Kurzform für ↗ Kohen.
Kai *m,* keltisch-friesisch (?), Bedeutung fraglich; Nebenformen: *Kay, Kei, Keil, Keyl;* dänische und schwedische Form: *Kaj;* italienisch: *Caio.*
Namensträger:
Kai-Uwe von Hassel, geboren 1913; deutscher christdemokratischer Politiker.
Kai *w,* entspricht dem männlichen Vornamen ↗ Kai; Nebenformen: *Kaj, Kay, Kaja, Kaya;* dänische und schwedische Form: *Kaja* und *Caja;* englische Koseform für ↗ Katharina.
Kaija *w,* finnische und schwedische Form von ↗ Kaj.
Kain *m,* hebräisch: der Erworbene; ökumenische Form; in der Vulgata: *Cain.*
Namensträger:
Kain, im Alten Testament Bruder des Abel, den er tötete.
Kaiphas *m,* hebräisch, Form der Lutherbibel für ↗ Kajafas.
Kaj *m,* dänische und schwedische Form von ↗ Kai.
Kaj *w,* Nebenform zu ↗ Kai; auch friesische Kurz- und Koseform für ↗ Katharina; Nebenform: *Kaya;* finnische und schwedische Form: *Kaija.*
Kaja *w,* Nebenform zu ↗ Kai; auch dänische und schwedische Form.
Kajafas *m,* hebräisch; ökumenische Form von *Kaiphas* (Lutherbibel) und *Cajafas* (Vulgata).
Kajetan *m,* lateinisch: aus dem mittelitalienischen Gaeta stammend; Nebenform: *Cajetan;* italienische Form: *Gaetano;* französisch: *Gaétan.*

Namensträger:
Kajetan von Tiene, 1480–1547; Jurist der römischen Kurie; Theologe; Mitgründer des Ordens der Theatiner (Gedenktag: 7. August).

Kajetana *w*, die weibliche Form zu ↗ Kajetan.

Kajus *m*, Nebenform zu Cajus oder Caius (↗ Gajus).
Namensträger:
Kajus, gestorben 295/296; vielleicht aus Dalmatien; seit 282/283 Papst (Gedenktag: 22. April).

Kalixtus *m*, Nebenform zu ↗ Kallistus.
Namensträger:
Kalixtus I., gestorben 222; ursprünglich Sklave; wurde Diakon und 217 Papst; bekämpfte Irrlehren (Gedenktag: 14. Oktober).

Kalle *m*, Koseform und schwedische Form von ↗ Karl.

Kalliope *w*, griechisch: die mit der schönen Stimme.
Namensträgerin:
Kalliope, in der griechischen Mythologie die Muse der epischen Dichtkunst.

Kallist *m*, deutsche Kurzform für ↗ Kallistus.

Kallistus *m*, griechisch: *kallistos* = der Schönste; latinisiert: *Callixtus, Kalixtus;* deutsche Kurzform: *Kallist;* französische Form: *Calliste.*

Kalman *m*, deutsche Schreibweise von ↗ Kálmán.

Kálmán *m*, ungarisch; keltisch: ↗ Koloman; deutsche Schreibweise: *Kalman.*
Namensträger:
Kálmán, 1095–1114; König von Ungarn; gewann Kroatien und Dalmatien.

Kamill *m*, Kurzform für Kamillus (↗ Camillus).

Kamilla *w*, Nebenform zu ↗ Camilla.

Kamillus *m*, Nebenform zu ↗ Camillus.
Bekannter Namensträger:
Kamillus de Lellis, 1550–1614; italienischer Soldat und Sanitäter im Türkenkrieg; unter Einfluß Philipp Neris Priester; Gründer des Ordens der Kamillianer (Gedenktag: 14. Juli).

Kandida *w*, Nebenform zu ↗ Candida.

Kanut *m*, ältere Form von ↗ Knut.

Kapp *m*, Koseform für ↗ Kaspar.

Käpp *m*, Koseform für ↗ Kaspar.

Kara *w*, Nebenform zu ↗ Cara.

Karda *w*, Kurzform für Rikarda (↗ Richard).

Kare *m*, bayerische Form von ↗ Karl.

Karel *m*, niederländische, dänische und tschechische Form von ↗ Karl.
Bekannte Namensträger:
Karel Ančerl, 1908–1973; tschechischer Dirigent.
Karel Čapek, 1890–1938; tschechischer Romanschriftsteller, Dramatiker und Journalist.

Karel *w*, neugebildeter Vorname aus Karoline und Elisabeth (?).

Karen *w*, schwedische Nebenform zu Caren (↗ Karin).
Bekannte Namensträgerin:
Karen Blixen, 1885–1962; dänische Schriftstellerin und Großwildjägerin in Kenia.

Karena *w*, Nebenform zu italienisch ↗ Carina.

Kari *m*, Koseform für ↗ Karl.

Karianne *w*, niederländischer Doppelname aus Katharina und Johanna oder Anna.

Karin *w*, schwedische Kurzform für ↗ Katharina; Nebenform: *Carin.*
Namensträgerin:
Karin Michaelis, 1872–1950; dänische Schriftstellerin.

Karina *w*, Nebenform zu italienisch Carina (↗ Katharina).
Namensträgerin:
Karina, 4. Jahrhundert; Märtyrin zu Angora unter Kaiser Julian dem Abtrünnigen (Gedenktag: 7. November).

Karine *w*, Nebenform zu ↗ Katharina.

Karl *m*, althochdeutsch: *charal* = der Freie (ohne Erbgut), Tüchtige; Nebenformen: *Carl, Karle, Karli;* Koseformen: *Kerdel, Kordel, Kari, Kalle, Karlmann;* niederdeutsche Form: *Korl;* bayerisch: *Kare;* lateinisch:

Carolus; italienisch: *Carlo;* niederländisch: *Karel* und *Carlos;* spanisch und portugiesisch: *Carlos;* dänisch und tschechisch: *Karel, Carel;* französisch: *Charles;* englisch: *Charles, Charley, Charlie, Charly;* polnisch: *Karol;* ungarisch: *Karol(y);* finnisch: *Kaarle.*

Bekannte und bedeutende Namensträger:

Karl, 1150–1230; Ritter; wurde Zisterzienser und Abt (Gedenktag: 29. Januar).

Karl I., der Große, 742–814; seit 768 König des Frankenreichs, seit 800 Kaiser; schuf europäisches Großreich; förderte Christentum, Wirtschaft, Wissenschaft und Bildung (Gedenktag: 28. Januar).

Karl IV., 1316–1378; König und seit 1355 deutscher Kaiser; baute Hausmacht aus.

Karl V., 1500–1558; König und 1516–1556 römisch-deutscher Kaiser; herrschte über ein Weltreich.

Karl der Gute, 1082–1127; Graf von Flandern; förderte das Christentum, schützte Gottesfriedenbewegung; Märtyrer (Gedenktag: 2. März).

Karl der Kühne, 1433–1477; seit 1467 Herzog von Burgund; in den Burgunderkriegen 1476 von den Schweizern geschlagen; fiel bei Nancy.

Karl I. von England, 1600–1649; vertrat Absolutismus; hingerichtet.

Karl XII. von Schweden, 1682–1718; seit 1697 König; Feldherr im Nordischen Krieg; 1709 von den Russen besiegt.

Karl Ernst von Baer, 1792–1876; deutscher Zoologe; begründete die moderne Embryologie.

Karl Barth, 1886–1968; schweizerischer reformierter Theologe.

Karl Blechen, 1798–1840; deutscher romantisch-realistischer Maler und Graphiker; Vorläufer des Impressionismus.

Karl Böhm, 1894–1981; österreichischer Dirigent; Mozart- und Strauss-Interpret.

Karl von Borango, gestorben 1684; österreichischer Jesuit; Glaubensbote und Märtyrer auf den Marianen (Gedenktag: 24. August).

Karl Borromäus, 1538–1584, Jurist und Theologe; Privatsekretär Papst Pius' IV.; 1560 Kardinal; Administrator von Mailand; 1563 Priester und Bischof; Reformator in Realisierung der Beschlüsse des Trienter Konzils (Gedenktag: 4. November).

Karl Dietrich Bracher, geboren 1922; deutscher Historiker und Politologe.

Karl F. Braun, 1850–1918; deutscher Physiker; Erfinder der Braunschen Röhre.

Karl Bücher, 1847–1930; deutscher Volkswirtschaftler und Historiker der jüngeren historischen Schule.

Karl Bühler, 1879–1963; deutscher Psychologe; Beiträge zur Denk-, Willens-, Gestalt-, Sprach- und Kinderpsychologie.

Karl Carstens, geboren 1914; deutscher christdemokratischer Politiker; 1979–1984 Bundespräsident.

Karl Ditters von Dittersdorf, 1739–1799; österreichischer Komponist von 30 Opern.

Karl Dönitz, 1891–1980; deutscher Großadmiral; nach Hitlers Tod deutsches Staatsoberhaupt; vollzog die Kapitulation; mit 10 Jahren Haft vom internationalen Gericht bestraft.

Karl von Drais, 1785–1851; deutscher Erfinder der Draisine, des Vorläufers des Fahrrads.

Karl Franken, 1875–1931; deutscher Trappist; gesuchter Seelenführer (Gedenktag: 24. April).

Karl von Frisch, 1886–1982; österreichischer Zoologe und Verhaltensforscher; Entdecker der Tanzsprache der Bienen.

Karl Gutzkow, 1811–1878; deutscher Schriftsteller des „Jungen Deutschland“, Kritiker und Dramaturg.

Karl Amadeus Hartmann, 1905–1963; deutscher expressionistischer Komponist.

Karl Leberecht Immermann, 1796–

1840; deutscher Schriftsteller zwischen Idealismus und Realismus.

Karl Jaspers, 1883–1969; deutscher Psychiater und Philosoph; mit Heidegger Hauptvertreter der Existenzphilosophie.

Karl Kautsky, 1854–1938; österreichischer Sozialist; marxistischer Theoretiker; Hauptverfasser des Erfurter Programms der deutschen Sozialdemokraten.

Karl Kerényi, 1897–1973; ungarischer Philologe und Religionswissenschaftler.

Karl Theodor Körner, 1791–1813; deutscher Schriftsteller; Wiener Theaterdichter; Verfasser patriotischer Dichtung.

Karl Kraus, 1874–1936; österreichischer Schriftsteller; war erst Schauspieler, dann Journalist und Literaturkritiker; Satiriker der hohlen Bürgermoral.

Karl Krolow, geboren 1915; deutscher Lyriker und Essayist.

Karl Lachmann, 1793–1851; deutscher Germanist; Herausgeber mittelhochdeutscher Klassiker.

Karl Lampert, gestorben 1944; katholischer Theologe, Provikar; von den Nationalsozialisten umgebracht (Gedenktag: 13. November).

Karl Landsteiner, 1868–1943; österreichisch-amerikanischer Bakteriologe; entdeckte Blutgruppen und Rhesusfaktor.

Karl Richard Lepsius, 1810–1884; deutscher Ägyptologe.

Karl Liebknecht, 1871–1919; deutscher kommunistischer Politiker; Führer des Spartakusbunds; mit R. Luxemburg beim Aufstand in Berlin erschossen.

Karl Löwith, 1897–1973; deutscher Philosoph und Philosophiehistoriker.

Karl Lwanga, 1865–1886; mit 12 Gefährten in Uganda Märtyrer (Gedenktag: 3. Juni).

Karl Marx, 1818–1883; deutscher Philosoph und Politiker, Gründer des Marxismus; Mitbegründer der Ersten Internationale; mit Engels 1848 Verfasser des Kommunistischen Manifests.

Karl Marx, geboren 1897; deutscher Komponist und Musikpädagoge.

Karl May, 1842–1912; deutscher Schriftsteller; verfaßte zahlreiche spannende Abenteuerromane.

Karl Mez, gestorben 1877; evangelischer Laienzeuge (Gedenktag: 28. Mai).

Karl Millöcker, 1842–1899; österreichischer Komponist der klassischen Wiener Operette; auch Dirigent.

Karl F. H. Münchhausen, 1720–1797; heldische Gestalt der Lügengeschichten der „Wunderbaren Reisen zu Wasser und zu Land ...“

Karl R. Piloty, geboren 1902; österreichisch-englicher Philosoph und Wissenschaftstheoretiker; Hauptvertreter des kritischen Rationalismus.

Karl Th. von Piloty, 1826–1886; deutscher Maler der realistischen Historienmalerei.

Karl Rahner, 1904–1984; deutscher Philosoph und katholischer Theologe; Jesuit; einer der „Väter“ des 2. Vatikanischen Konzils.

Karl Renner, 1870–1950; österreichischer sozialistischer Politiker; 1945–1950 Bundespräsident.

Karl Richter, 1926–1981; deutscher Organist und Dirigent.

Karl W. Scheele, 1742–1786; schwedischer Chemiker; Entdecker von Sauerstoff, Chlor, Mangan und verschiedenen Säuren.

Karl Schiller, geboren 1911; deutscher Wirtschaftswissenschaftler und sozialdemokratischer Politiker; regte die „Konzertierte Aktion“ der Sozialpartner an.

Karl Friedrich Schinkel, 1781–1841; deutscher Architekt und Maler des Klassizismus in Preußen; seine Großbauten in Berlin bestimmten dessen Stadtbild.

Karl Schlau, gestorben 1919; baltischer evangelischer Blutzeuge (Gedenktag: 26. März).

Karl Schmidt-Rottluff, 1884–1976; deutscher Maler und Graphiker; Hauptvertreter des Expressionismus; Mitgründer der „Brücke".

Karl Schwarzschild, 1873–1916; deutscher Astrophysiker.

Karl Segebrock, gestorben 1896; evangelischer Missionar und Blutzeuge (Gedenktag: 20. Oktober).

Karl W. Siemens, 1823–1883; Miterfinder des Siemens-Martin-Verfahrens zur Erzeugung von Stahl.

Karl Simrock, 1802–1876; deutscher Schriftsteller und Literaturhistoriker; Übersetzer germanischer und mittelalterlicher Dichtung.

Karl Freiherr vom und zum Stein, 1757–1831; preußischer Politiker; führte als Minister bedeutende Reformen durch; Gegner Napoleons.

Karl Friedrich Stellbrink, gestorben 1943; evangelischer Blutzeuge im Kirchenkampf (Gedenktag: 10. November).

Karl Valentin, 1882–1948; deutscher Schriftsteller, Schauspieler und Kabarettist; spielte mit Liesl Karlstadt zeitsatirische Stegreifkomödien.

Karl Th. W. Weierstraß, 1815–1897; deutscher Mathematiker.

Karl Wolfskehl, 1869–1948; deutscher Schriftsteller und Übersetzer.

Karl Zeller, 1842–1898; österreichischer Opern- und Operettenkomponist.

Karl Ziegler, 1898–1973; deutscher Chemiker.

Karla *w,* althochdeutsch; deutsche Schreibweise von ↗ Carla; weibliche Form zu ↗ Karl.

Karle *m,* Nebenform zu ↗ Karl.

Karlfred *m,* Doppelname aus Karl und -fred (althochdeutsch: *fridu* = Friede); auch *Karlfried.*

Karlfried *m,* Nebenform zu ↗ Karlfred.

Karlhans *m,* Doppelname aus Karl und Hans (= Johannes).

Karlheinz *m,* Doppelname aus Karl und Heinz (= Heinrich).

Bekannte Namensträger:

Karlheinz Böhm, geboren 1928; Schauspieler in zahlreichen Filmen.

Karlheinz Stockhausen, geboren 1928; deutscher Komponist serieller und elektronischer Musik.

Karlheinz Stroux, 1908–1985; deutscher Regisseur moderner und klassischer Werke.

Karli *m,* Nebenform zu ↗ Karl.

Karline *w,* Nebenform zu ↗ Karoline.

Karlludwig *m,* Doppelname aus Karl und Ludwig.

Karlmann *m,* althochdeutsch: *charlman* = freier Mann; Koseform für ↗ Karl.

Bekannter Namensträger:

Karlmann, gestorben 754; Sohn Karl Martells; Merowingerkönig; wurde 747 Mönch in Monte Cassino; kehrte ins Frankenreich zurück, wo ihn Pippin in ein Kloster in Vienne verwies (Gedenktag: 17. August).

Karol *m,* polnische Form von ↗ Karl.

Karola *w,* Nebenform zu ↗ Carola.

Karolina *w,* Nebenform zu ↗ Karoline.

Karoline *w,* Weiterbildung von ↗ Carola; Nebenform: *Karolina;* Kurz- und Koseformen: *Karla, Lina, Line, Lini, Linchen, Lining, Lola, Lolo, Charlotte, Lotte, Ina, Ine;* schwedische Kurzform: *Calla.*

Namensträgerinnen:

Karoline Barbara Carré de Malberg, 1829–1891; Gründerin der „Gesellschaft der Töchter des heiligen Franz von Sales" (Gedenktag: 28. Januar).

Karoline Fliedner, gestorben 1892; Diakonissenmutter im Rheinland (Gedenktag: 15. April).

Karoline Utriainen, gestorben 1929; finnische evangelische Laienpredigerin (Gedenktag: 14. Juli).

Károly *m,* ungarische Form von ↗ Karl.

Karpus *m,* Kurzform für Polykarp.

Namensträger:

Karpus, gestorben um 165; Märtyrer mit Papylus in Pergamon (Gedenktag: 10. Januar).

Karsta *w,* Nebenform zu ↗ Carsta.

Karsten *m,* Nebenform zu ↗ Carsten; niederdeutsche Form von ↗ Christian.

Karstine *w,* niederländische und niederdeutsche Form von ↗ Christine.

Karstjen *w,* niederländische Form von ↗ Christine; Nebenform: *Karstine.*

Käsch *m,* Koseform für ↗ Kaspar.

Kasilda *w,* arabisch (?).

Namensträgerin:

Kasilda, 11. Jahrhundert; angeblich Tochter eines Emirs von Toledo; half schon vor ihrer christlichen Taufe gefangenen Christen; lebte danach als Einsiedlerin (Gedenktag: 9. April).

Kasimir *m,* slawisch: *kasati mir* = Stifter des Friedens; Nebenform und französische Form: *Casimir;* polnisch: *Kazimierz.*

Bekannte Namensträger:

Kasimir, 1458–1484; seit 1471 polnischer König; konnte sich gegen Matthias Corvinus nicht durchsetzen (Gedenktag: 4. März).

Kasimir Edschmid, 1890–1966; deutscher Schriftsteller realistischer Romane und Reisebücher.

Kasimira *w,* die weibliche Form zu ↗ Kasimir.

Kaspar *m,* persisch: Schatzmeister; Nebenformen: *Kasper, Käsper, Kesper, Caspar;* Kurz- und Koseformen: *Kapp, Käpp, Käsch, Kes, Kasperle, Kasperl;* dänische Form: *Jesper;* englisch: *Gaspar, Jasper, Jasp;* französisch: *Gaspard;* italienisch: *Gaspare, Gasparo;* spanisch: *Gasparo;* ungarisch: *Gáspár.*

Namensträger:

Kaspar, mit Melchior und Balthasar einer der „Weisen" aus dem Morgenland, die nach dem Matthäusevangelium (2, 1–12) durch einen Stern zur Krippe in Betlehem geführt wurden (Gedenktag: 6. Januar).

Kaspar Olevianus, gestorben 1587; Reformtheologe (Gedenktag: 15. März).

Kaspar Stanggassinger, 1871–1899; Ordenspriester; Jugenderzieher (Gedenktag: 26. September).

Kaspar Tauber, gestorben 1524; evangelischer Blutzeuge in Wien (Gedenktag: 16. September).

Kasper *m,* Nebenform zu ↗ Kaspar.

Käsper *m,* Nebenform zu ↗ Kaspar.

Kasperl *m,* Koseform für ↗ Kaspar.

Kasperle *m,* Koseform für ↗ Kaspar.

Kassandra *w,* griechisch: Frau, die Männer fängt (?); englische Form: *Cassandra.*

Kassian *m,* lateinisch: *Cassianus,* von ↗ Cassius abgeleitet.

Namensträger:

Kassian, gestorben 304; nach der Legende erster Bischof von Säben; Märtyrer unter Diokletian (Gedenktag: 13. August).

Kassius *m,* lateinisch: *Cassius,* Name eines altrömischen Geschlechts.

Namensträger:

Kassius, 3. Jahrhundert; mit Florentius Märtyrer in Bonn (Gedenktag: 10. Oktober).

Kastor *m,* griechisch: der Ausgezeichnete (aus dem Stammwort *kas* = sich auszeichnen); Nebenform: *Castor.*

Namensträger:

Kastor, in der griechischen Mythologie mit Polydeukes (= Pollux) einer der Dioskuren, Söhne der Leda und des Tyndaros oder des Zeus.

Kastor, gestorben um 400; lebte mit Gefährten als Priester und Einsiedler in Karden an der Mosel (Gedenktag: 13. Februar).

Kastulus *m,* von lateinisch: *castus* = rein; gewissenhaft (?).

Namensträger:

Kastulus, gestorben wahrscheinlich um 286; römischer Märtyrer (Gedenktag: 26. März).

Katalin *w,* ungarische Form von ↗ Katharina; auch *Katalyn.*

Katalyn *w,* ungarische Form von ↗ Katharina.

Katarina *w,* Nebenform zu ↗ Katharina.

Kate *w,* englische Koseform für ↗ Katharina.

Käte *w,* Kurzform für ↗ Katharina.

Bekannte Namensträgerin:

Käte Haack, 1897–1986; deutsche Schauspielerin der Bühne und des Films; Charakterdarstellerin.

Katerina *w*, russische Form von ↗ Katharina.

Kateřina *w*, tschechische Form von ↗ Katharina.

Katharina *w*, griechisch: *kathara* = rein, die Reine; Nebenformen: *Katharine, Katarina, Catharina;* Kurz- und Koseformen: *Kathrin, Katrin, Kathe, Käthe, Käte, Katrein, Katreindl, Katri, Kathi, Katti, Kätt, Katl, Kadl, Kätter, Kätterle, Ketterle, Kitti, Kerrin, Krein, Krin, Cathrin, Trina, Trine, Trienchen, Riening, Karin, Kitty, Ina, Ine;* französische Formen: *Cathérine, Trinette;* englisch: *Katherine, Catherine* mit Koseformen: *Kate, Kit, Kitty* und *Kai;* irisch: *Cathlin* und *Kathleen;* italienisch: *Caterina, Catia;* portugiesisch: *Catharina;* spanisch: *Catalina;* tschechisch: *Kateřina, Kačenka;* russisch: *Jekaterina, Katerina;* Koseformen: *Katinka, Katja, Katjana, Katjuschka;* bulgarisch: *Katrina;* Koseform: *Katrischa;* ungarisch: *Katicza, Katalin, Katalyn;* finnisch: *Kaarina.*

Bekannte und bedeutende Namensträgerinnen:

Katharina Benincasa ↗ Katharina von Siena.

Katharina Faßbender ↗ Henrika Faßbender.

Katharina Zell, gestorben 1562; evangelische „Gemeindemutter" in Straßburg (Gedenktag: 5. September).

Katharina von Alexandrien, zur Zeit des Kaisers Maxentius um 307 in Alexandrien Märtyrin; eine der 14 Nothelfer (Gedenktag: 25. November).

Katharina von Bora, 1499–1552; Zisterziensernonne; ab 1525 Luthers Ehefrau.

Katharina von Schweden, um 1331–1381; Tochter Birgittas von Schweden; blieb nach Tod ihres Gatten bei ihrer Mutter in Rom; nach deren Tod 1374 erste Vorsteherin des Klosters des Birgittenordens Vadstena (Gedenktag: 24. März).

Katharina von Siena, 1347–1380; Bußschwester vom heiligen Dominikus; pflegte 1374 die Pestkranken; legte durch ihre diplomatischen Fähigkeiten viele Feindschaften bei; bemüht um Reform der Kirche und Rückkehr des Papstes aus Avignon nach Rom; stigmatisiert (Gedenktag: 29. April).

Katharina I. von Rußland, 1684–1727; Gattin Peters des Großen; 1725 dessen Nachfolgerin als Zarin.

Katharina II., die Große, 1729–1796; Gattin Zar Peters III., den sie stürzte; ab 1762 Zarin; machte Rußland wieder zur Großmacht.

Katharine *w*, Nebenform zu ↗ Katharina.

Kathe *w*, Kurzform für ↗ Katharina.

Käthe *w*, Kurz- und Koseform für ↗ Katharina.

Bekannte Namensträgerinnen:

Käthe Dorsch, 1890–1957; deutsche Schauspielerin der Bühne und des Films; Charakterdarstellerin.

Käthe Gold, geboren 1907; österreichische Schauspielerin der Bühne und des Films in klassischen Rollen.

Käthe Kollwitz, 1867–1945; deutsche sozialkritische Bildhauerin und Graphikerin.

Käthe Kruse, 1883–1968; deutsche Kunsthandwerkerin; schuf die „Käthe-Kruse-Puppen".

Käthemie *w*, Namensbildung aus Käthe (↗ Katharina) und einer Koseform von Maria.

Katherine *w*, englische Form von ↗ Katharina.

Bekannte Namensträgerinnen:

Katherine Hepburn, geboren 1909; amerikanische Schaupsielerin der Bühne und des Films; Shakespeare-Darstellerin.

Katherine Mansfield, 1888–1923; impressionistische englische Schriftstellerin.

Kathi *w*, Koseform für ↗ Katharina.

Kathinka *w*, Nebenform zu ↗ Katinka.

Kathleen *w*, irische Form von ↗ Katharina; auch *Cathleen* und *Cathlin*.
Kathrin *w*, Kurzform für ↗ Katharina.
Katicza *w*, ungarische Form von ↗ Katharina.
Katina *w*, bulgarische Form von ↗ Katharina; Nebenform: *Catina*.
Katinka *w*, russische, allgemein slawische Koseform für ↗ Katharina; Nebenform: *Kathinka*.
Katja *w*, russische Koseform für ↗ Katharina.
Namensträgerinnen:
Katja Ebstein, geboren 1945; deutsche Schlagersängerin.
Katja Ricciarelli, geboren 1946; italienische Opernsängerin.
Katjana *w*, Weiterbildung von ↗ Katja.
Katjuscha *w*, russische Verkleinerungs- und Koseform für Jekaterina (↗ Katharina).
Katka *w*, ungarische Kurzform für ↗ Katharina.
Katl *w*, Koseform für ↗ Katharina.
Katna *w*, Kurz- und Koseform für ↗ Katharina (?).
Kato *m*, Nebenform von ↗ Cato.
Katrein *w*, Koseform für ↗ Katharina.
Katreindl *w*, Koseform für ↗ Katharina.
Katri *w*, Koseform für ↗ Katharina.
Katrin *w*, Kurzform für ↗ Katharina.
Katrina *w*, Weiterbildung von ↗ Katrin.
Katrischa *w*, bulgarische Koseform für ↗ Katharina.
Katsushika *m*, japanisch.
Bekannter Namensträger:
Katsushika Hokusai, 1760–1849; japanischer Maler, Zeichner und Schriftsteller.
Kätt *w*, Koseform für ↗ Katharina.
Kätter *w*, Kurz- und Koseform für ↗ Katharina.
Kätterle *w*, Koseform für ↗ Katharina.
Katti *w*, Koseform für ↗ Katharina.
Kay *m* und *w*, Nebenform zu ↗ Kai.
Kaya *w*, Nebenform zu ↗ Kai.
Kea *w*, Kurzform für auf -kea endende friesische weibliche Vornamen.
Kees *m*, niederländische Form von Cornelis (↗ Cornelius).
Kefas *m*, ökumenische Form für ↗ Kephas (Lutherbibel) und *Cephas* (Vulgata).
Kei *m*, Nebenform zu ↗ Kai.
Keike *w*, friesischer Vorname.
Keil *m*, Nebenform zu ↗ Kai.
Keith *m*, schottisch-englisch; war schottischer Orts- und Familienname.
Kelly *w*, englisch; eigentlich Familienname.
Kelt *m*, Nebenform zu ↗ Ketil.
Kemal *m*, türkisch.
Bekannter Namensträger:
Kemal Atatürk, 1881–1938; türkischer Offizier und Politiker; Gründer und Reformer der türkischen Republik.
Ken *m*, Kurzform für ↗ Kenneth.
Kenned *m*, Nebenform zu ↗ Kined.
Kenneth *m*, englisch, keltischer Herkunft: = hübsch, tüchtig; Kurzform: *Ken;* irische Form: *Canice*.
Keno *m*, friesische Form von ↗ Kuno, Konrad.
Kenzo *m*, japanisch.
Bekannter Namensträger:
Kenzo Tange, geboren 1913; japanischer Architekt und Städteplaner für Großbauten in Tokio und Hiroshima.
Kerdel *m*, Koseform für ↗ Karl.
Kerima *w*, türkisch; Bedeutung fraglich.
Kermit *m*, angloamerikanisch, keltischer Herkunft: = der Dunkle, Freie; auch Nebenform von englisch-irisch Jeremy (↗ Jeremias).
Kerrin *w*, Kurzform für ↗ Katharina.
Kerry *w*, indo-amerikanische Koseform; Bedeutung unklar.
Kersten *m*, niederdeutsche Form von ↗ Christian.
Kersten *w*, Nebenform zu Kerstin (↗ Christiane).
Kersti *w*, Nebenform zu Kristina (↗ Christiane).
Kerstin *w*, niederdeutsche und schwedische Form von ↗ Christiane; Nebenformen: *Kersten, Kersti*.
Kerstina *w*, Nebenform zu Kristina (↗ Christiane).

Kes *m,* Koseform für ↗ Kaspar.

Kesper *m,* Nebenform zu ↗ Kaspar.

Ketel *m,* Nebenform zu ↗ Ketil.

Ketil *m,* altnordisch: etwa helmtragender Krieger; Nebenformen: *Ketel, Kelt.*

Ketterle *w,* Koseform für ↗ Katharina.

Kevin *m,* englisch, irischer Herkunft: *Caoimthghin* = hübsch von Geburt.
Namensträger:
Kevin, gestorben 618; Gründer und Abt des Klosters Glendalough südlich von Dublin (Gedenktag: 6. Juni).

Keyl *m,* Nebenform zu ↗ Kai.

Kilian *m,* keltisch, Bedeutung fraglich: Mann in der Zelle, = Mönch oder Kirchenmann (?); Kurzformen: *Kill, Kille.*
Namensträger:
Kilian, gestorben 689; kam als Glaubensbote nach Franken; wurde Bischof von Würzburg; Märtyrer (Gedenktag: 8. Juli).

Kill *m,* Kurzform für ↗ Kilian.

Kille *m,* Kurzform für ↗ Kilian.

Kim *m,* irisch-englisch, aus keltisch *Kimball;* auch bulgarische und schwedische Kurzform für ↗ Joachim.

Kim *w,* amerikanischer weiblicher Vorname; nach dem männlichen ↗ Kim.

Kined *m,* keltisch (zu Kenneth?).
Namensträger:
Kined, 6. Jahrhundert; aus Wales stammender Einsiedler in den Bergen von Clamorgan (Gedenktag: 1. August).

Kinga *w,* ungarische Kurzform für ↗ Kunigunde.

Kira *w,* Nebenform zu ↗ Kyra.

Kirein *m,* bayerische Form von ↗ Quirin.

Kiri *m,* elsässische Form von ↗ Quirin; Nebenformen: *Kiry, Küri.*

Kirill *m,* russische Form von ↗ Cyrill.

Kirk *m,* englisch.
Namensträger:
Kirk Douglas, geboren 1916; amerikanischer Filmschauspieler und Filmproduzent.

Kirsi *w,* Koseform für ↗ Kirsten.

Kirsten *w,* niederdeutsche und skandinavische Kurzform für ↗ Christine; Nebenformen: *Kirsti, Kirstin;* Koseform: *Kirsi.*
Namensträgerin:
Kirsten Flagstad, 1895–1962; norwegische Sängerin (Sopran); Wagner-Interpretin.

Kirsti *w,* Nebenform zu ↗ Kirsten.

Kirstin *w,* Nebenform zu ↗ Kirsten.

Kirsty *w,* schottische Koseform für ↗ Katharina; Nebenform: *Kitti;* englisch: *Kitty.*

Kiry *m,* Nebenform zu Kiri (↗ Quirin).

Kit *m,* englische Koseform für ↗ Christian, Christoph.

Kit *w,* englische Koseform für ↗ Katharina.

Kitti *w,* Koseform für ↗ Katharina.

Kitty *w,* englische Koseform für ↗ Katharina.

Kjeld *m,* dänisch: Helm, Kessel (?); schwedische Form: *Kjöll.*
Namensträger:
Kjeld, gestorben 1150; seit 1145 Dompropst zu Viborg (Gedenktag: 27. September).

Kjöll *m,* schwedische Form von ↗ Kjeld.

Klaas *m,* niederdeutsche Kurzform für ↗ Nikolaus; Nebenformen: *Klas, Claas.*

Klara *w,* lateinisch: *clara* = hell, leuchtend, berühmt; Nebenformen: *Clara, Clare, Kläre;* Koseform: *Klärle;* Weiterbildungen: *Klarissa, Clarissa, Clarine;* niederländische Form: *Claartje;* französisch: *Claire;* Koseform: *Clairette;* englisch: *Clare* und *Claire;* italienisch: *Chiara.*
Bekannte Namensträgerinnen:
Klara von Assisi, 1194–1253; Gründerin des Klarissenordens (Gedenktag: 11. August).
Klara Fey, 1815–1894; deutsche Ordensfrau; Gründerin (1848) der Kongregation der Schwestern vom Armen Kinde Jesus und deren Generaloberin (Gedenktag: 8. Mai).

Klara Fietz, 1905–1937; deutsche Schulschwester (Gedenktag: 15. Juni).

Kläre *w*, Nebenform zu ↗ Klara; deutsche Schreibweise des französischen *Claire*.

Klarina *w*, Weiterbildung von ↗ Klara.

Klarinda *w*, Weiterbildung von ↗ Klara; Nebenform: *Klarinde*.

Klarinde *w*, Nebenform zu ↗ Klarinda.

Klarissa *w*, Nebenform zu ↗ Clarissa.

Klas *m*, niederdeutsche Kurzform für ↗ Nikolaus.

Klasina *w*, eine weibliche Form zu Klas (↗ Klaas); Nebenform: *Klasine*.

Klasine *w*, Nebenform zu ↗ Klasina.

Klaudia *w*, Nebenform zu ↗ Claudia.

Namensträgerin:

Klaudia, 15. Jahrhundert; erste Ätissin des Klarissenklosters in Genf; (Gedenktag: 18. August).

Klaudina *w*, deutsche Schreibweise des französischen ↗ Claudine; Nebenform: *Klaudine*.

Klaudine *w*, Nebenform zu ↗ Klaudina.

Klaudinette *w*, deutsche Schreibweise des französischen ↗ Claudinette.

Klaudius *m*, Nebenform zu ↗ Claudius.

Namensträger:

Klaudius, gestorben um 700; Abt des Klosters Condat; zeitweise wohl auch Bischof von Besançon (Gedenktag: 6. Juni).

Klaus *m*, Kurzform für ↗ Nikolaus; Nebenform: *Claus*.

Bekannte Namensträger:

Klaus Fuchs, geboren 1911; deutscher Kernphysiker; seit 1959 in der Deutschen Demokratischen Republik.

Klaus Groth, 1819–1889; plattdeutscher Schriftsteller.

Klaus Harms, 1778–1855; deutscher Erneuerer des reformatorischen Glaubens (Gedenktag: 1. Februar).

Klaus Kammer, 1929–1964; deutscher Schauspieler; Charakterdarsteller.

Klaus Kinski, geboren 1926; deutscher Schauspieler der Bühne, des Films und Fernsehens.

Klaus Störtebeker, gestorben 1401; einer der Führer der Vitalienbrüder (Freibeuter und Seeräuber in der Nord- und Ostsee); 1401 geschlagen und in Hamburg enthauptet.

Klausdieter *m*, Doppelname aus Klaus und Dieter (= Dietrich).

Klausjürgen *m*, Doppelname aus Klaus und Jürgen (= Georg).

Klemens *m*, Nebenform zu ↗ Clemens; auch: *Klement*.

Namensträger:

Klemens Fuhl, 1874–1935; deutscher Augustiner-Eremit; 1920–1929 Provinzial, seit 1931 General seines Ordens (Gedenktag: 31. März).

Klemens Maria Hofbauer, 1751–1820; wurde 1784 erster Redemptorist; seit 1808 Volksseelsorger in Wien („Apostel Wiens"; Gedenktag: 15. März).

Klemens von Metternich, 1773–1859; österreichischer Politiker; Leiter des Wiener Kongresses 1814.

Klement *m*, Nebenform zu Klemens (↗ Clemens).

Klementia *w*, Nebenform zu ↗ Clementia.

Klementina *w*, Nebenform zu ↗ Clementina.

Klementine *w*, Nebenform zu ↗ Clementina.

Kleon *m*, griechisch: *kleos* = Ruhm.

Kleopas *m*, griechisch; ökumenische Form von *Klopas*, von *Kleopas* der Lutherbibel und *Cleopas* der Vulgata; Nebenform: *Kleophas*.

Kleopatra *w*, griechisch: *kleos* = Ruhm; *pater* = Vater.

Namensträgerin:

Kleopatra, 69–30 v. Chr.; ägyptische Königin seit 47 durch Cäsar; nach dessen Tod Geliebte des Antonius.

Kleopha *w*, die weibliche Form zu Kleophas (↗ Kleopas); Nebenform: *Kleophea*.

Kleophas *m*, Nebenform zur ökumenischen Form ↗ Kleopas.

Kleophea *w*, Nebenform zu ↗ Kleopha.

Klio *w*, Nebenform zu ↗ Clio.

Klivia *w*, Nebenform zu ↗ Clivia.

Klobes *m*, Koseform für ↗ Nikolaus.

Klodewig *m*, Nebenform zu ↗ Chlodwig; auch *Klodwig*.

Klodia *w*, Nebenform zu ↗ Claudia.

Klodulf *m*, Nebenform zu ↗ Ludolf; auch *Chlodulf*.

Klodwig *m*, Nebenform zu ↗ Chlodwig.

Klorinde *w*, Nebenform zu ↗ Chlorinde.

Klos *m*, Koseform für ↗ Nikolaus; Nebenformen: *Klose, Klösel*.

Klose *m*, Nebenform zu ↗ Klos.

Klösel *m*, Nebenform zu ↗ Klos.

Klotar *m*, Nebenform zu ↗ Chlothar.

Klothar *m*, Nebenform zu ↗ Chlothar.

Klothild *w*, Nebenform zu ↗ Klothilde.

Klothilde *w*, althochdeutsch: *hlut* = berühmt; *hiltja* = Kampf; Nebenformen: *Klothild, Chlothilde;* Kurz- und Koseform: *Tilde*.

Namensträgerin:

Klothilde, gestorben 544; Gattin des Frankenkönigs Chlodwig I.; führte nach dessen Tod ein mildtätiges Leben; gründete Kirchen (Gedenktag: 4. Juni, im Bistum Straßburg 7. Juni).

Klotho *w*, griechisch: Spinnerin des Lebensfadens.

Namensträgerin:

Klotho, in der griechischen Mythologie die älteste der Parzen, der Schicksalsgöttinnen.

Klotsinda *w*, althochdeutsche Form von ↗ Glodsind.

Knelles *m*, Koseform für ↗ Cornelius.

Knud *m*, Nebenform zu ↗ Knut.

Knut *m*, dänisch, aus althochdeutsch: *chnot* = adelig, frei; Nebenformen: *Knud, Kanut;* finnisch: *Knutti*.

Bekannte Namensträger:

Knut der Große, um 1000–1035; wurde 1016 König in Dänemark, 1018–1035 in England, 1028 in Norwegen; schuf großes Nordseereich.

Knut der Heilige, 1040–1086; König von Dänemark; in Odense ermordet, Märtyrer (Gedenktag: 10. Juli).

Knut Lavard, 1096–1131; dänischer Königssohn; 1115 Herzog von Südjütland; 1129 König der Wenden; bemüht um Ausbreitung des Christentums und deutscher Kultur im Norden; ermordet (Gedenktag: 7. Januar).

Knut Hamsun, 1859–1952; bedeutender norwegischer Romanschriftsteller.

Koba *w*, Kurzform für ↗ Jakoba und ↗ Jakobine.

Kobel *m*, Koseform für ↗ Jakob.

Kobes *m*, Koseform für ↗ Jakob.

Köbes *m*, Koseform für ↗ Jakob.

Köbi *m*, Koseform für ↗ Jakob.

Kobus *m*, Nebenform zu ↗ Jakob.

Kohen *m*, hebräisch: Diener, Priester; jüdische Kurz- und Koseformen: *Kohn, Cohn, Kahn*.

Kohn *m*, Kurzform für ↗ Kohen und ↗ Konrad.

Kola *m*, Kurz- und Koseform für ↗ Nikolaus; Nebenform: *Kolas*.

Kolas *m*, Nebenform zu ↗ Kola.

Kolbert *m*, *kol* (?); althochdeutsch: *beraht* = glänzend.

Kolja *m*, russische Kurzform für ↗ Nikolaus.

Koloman *m*, keltisch; Bedeutung unklar; vielleicht: Mönch, Einsiedler; Nebenform: *Coloman;* ungarische Form: *Kálmán*.

Bekannter Namensträger:

Koloman, gestorben 1012; irischer Palästinawallfahrer; Märtyrer in Österreich (Gedenktag: 13. Oktober).

Kolomba *w*, Nebenform zu ↗ Columba.

Kolombine *w*, Weiterbildung von ↗ Kolomba; Nebenform: *Colombine*.

Kolumba *w*, Nebenform zu ↗ Columba.

Namensträgerin:

Kolumba, 3. Jahrhundert; legendäre christliche Märtyrin (Gedenktag: 31. Dezember).

Kolumban *m*, lateinisch: *Columbanus;* Weiterbildung von ↗ Kolumbus.

Namensträger:

Kolumban, 543–615; irischer Wander-

und Bußprediger in Gallien; gründete Kloster Luxeuil und später Bobbio (Gedenktag: 23. November).

Kolumbus *m,* lateinisch: *columba* = Taube; Nebenform: *Columbus;* italienische Form: *Colombo;* spanisch: *Colom, Colón.*

Koen *m,* Koseform für ↗ Konrad.

Konde *m,* Koseform für ↗ Konrad.

Kondratij *m,* russische Form von ↗ Konrad.

Köne *m,* Koseform für ↗ Konrad.

Koneke *w,* Koseform für ↗ Kunigunde.

Konert *m,* Koseform für ↗ Konrad.

Konkordia *w,* Nebenform zu ↗ Concordia.

Konne *m,* Koseform für ↗ Konrad.

Konne *w,* Koseform für ↗ Kunigunde.

Konni *m,* Koseform für ↗ Konrad (↗ Connie).

Konni *w,* Koseform für ↗ Cornelia und ↗ Konstanze; Nebenform: *Konny* (englisch: ↗ Connie).

Konrad *m,* althochdeutsch: *kuoni* = kühn, tapfer; *rat* = Berater, Beratung; Nebenformen: *Conrad, Kunrad;* Kurz- und Koseformen: *Cord, Kord, Kuno, Kurt, Kunz, Konde, Konne, Konni, Küre, Kudli, Konert, Koert, Köne, Kunike, Koen, Kohn, Cren, Kün, Keno, Radel, Räde, Rädel, Rades, Rätsch;* Verkleinerung: *Konradin;* englische Form: *Conrad;* Koseformen: *Conni, Connie, Conny;* dänisch: *Cort;* italienisch: *Corrado;* russisch: *Kondratij.*

Bekannte und bedeutende Namensträger:

Konrad I., gestorben 918; Herzog der Franken; seit 911 König.

Konrad II., um 990–1039; Salier; 1024 König; seit 1027 Kaiser; stärkte das Kaisertum; gewann 1032 das Königreich Burgund.

Konrad III., 1093–1152; staufischer König seit 1138; Gegenkönig Lothars II.; nahm am 2. Kreuzzug teil.

Konrad von Bayern, 1106–1155; Zisterzienser; in Palästina Einsiedler; starb auf Rückweg in Bari (Gedenktag: 17. März).

Konrad von Konstanz, um 900–975; seit 934 Bischof von Konstanz (Gedenktag: 26. November).

Konrad von Liechtenau, Prämonstratenser in Ursberg; hier 1231 Propst (Gedenktag: 19. Dezember).

Konrad von Mondsee, gestorben 1145; Mönch in Siegburg, seit 1127 Abt von Mondsee; Reformer; von Lehensleuten ermordet (Gedenktag: 15. Januar).

Konrad von Parzham, 1818–1891; Kapuzinerbruder; 41 Jahre lang Pförtner in Altötting (Gedenktag: 21. April).

Konrad von Ratzeburg, gestorben 1291; Prämonstratenser in Ratzeburg; ab 1284 Bischof von Ratzeburg (Gedenktag: 26. November).

Konrad von Regensburg ↗ Kuno von Regensburg.

Konrad I. von Salzburg, Graf von Abensberg, 1075–1147; seit 1105 Erzbischof von Salzburg; von politischem Einfluß (Gedenktag: 9. April).

Konrad II. von Salzburg, 1115–1168; wurde 1148 Bischof von Passau, 1164 Erzbischof von Salzburg (Gedenktag: 28. September).

Konrad von Seldenbüren, gestorben 1126 (ermordet); stiftete auf seinem Besitz das Kloster Engelberg, wo er Laienbruder wurde (Gedenktag: 2. Mai).

Konrad von Ursberg ↗ Konrad von Liechtenau.

Konrad von Weissenau, gestorben 1241; Prämonstratenser in Weissenau (Württemberg); hier Propst; später Abt in Valsecret; 1220 Generalabt; aufgrund von Verleumdungen abgesetzt; 1235 Abt von Cuissy (Gedenktag: 4. April).

Konrad Adenauer, 1876–1967; deutscher Politiker; erster Kanzler der Bundesrepublik Deutschland 1949–1963; Mitgründer der Christlich-Demokratischen Union.

Konrad Birndörfer ↗ Konrad von Parzham.

Konrad Duden, 1829–1911; Sprachforscher; gab das nach ihm benannte „Wörterbuch der deutschen Sprache" heraus.

Konrad Hubert, gestorben 1577; evangelischer Liederdichter (Gedenktag: 13. April).

Konrad Lorenz, geboren 1903; österreichischer Zoologe, Mitgründer der Verhaltensforschung.

Konrad Müller, gestorben 1532; Franziskaner; in Sachsen Märtyrer (Gedenktag: 14. März).

Konrada *w,* Nebenform zu ↗ Konrade.

Konrade *w,* die weibliche Form zu ↗ Konrad; Nebenform: *Konrada.*

Konradin *m,* Weiterbildung von ↗ Konrad.

Konradine *w,* die weibliche Form zu ↗ Konradin.

Konstantia *w,* lateinische Form: *Constantia;* Nebenform von ↗ Konstanze.

Namensträger:

Konstantia, 4. Jahrhundert; Verwandte Kaiser Konstantins; nach der Legende durch Agnes von Rom von unheilbarer Krankheit geheilt (Gedenktag: 18. Februar).

Konstantin *m,* lateinisch: *constans* = beständig, standhaft; Nebenformen: *Constantin, Constantinus;* französische Form: *Constantin;* englisch: *Constantine;* romanisch: *Constantino;* italienisch: *Costantino;* südslawisch: *Kostadin, Kosta;* serbokroatisch: *Stanko;* russisch: *Kostja;* ungarisch: *Koszta;* neugriechisch: *Kostis.*

Bekannte und bedeutende Namensträger:

Konstantin der Große, 285–337; römischer Kaiser 306–337, ab 325 als Alleinherscher; förderte das Christentum als Staatsreligion; betrieb Verwaltungsreform; erst kurz vor dem Tod getauft (Gedenktag: 21. Mai).

Konstantin, gestorben 1145; Schüler Bernhards von Clairvaux; Prior in Troisfontaines; seit 1132 Abt in Orval (Gedenktag: 8. Dezember).

Konstantin Karamanlis, geboren 1907; griechischer Politiker; zeitweise Minister- und Staatspräsident.

Konstantin Stanislawskij, 1863–1938; russischer Schauspieler und Regisseur; Mitgründer und Leiter des Moskauer Künstlertheaters.

Konstantin Ziolkowskij, 1857–1935; russischer Mathematiker und Raketentechniker.

Konstantine *w,* die weibliche Form zu ↗ Konstantin; Nebenform: *Constantine.*

Konstantinus *m,* lateinisch: *Constantinus,* Nebenform zu ↗ Konstantin.

Konstanz *m,* die männliche Form zu ↗ Konstanze; Nebenform zu ↗ Constans.

Konstanza *w,* Nebenform zu ↗ Konstanze.

Konstanze *w,* lateinisch: *constantia* = Beständigkeit, Standhaftigkeit; Nebenformen: *Konstantia, Constance, Konstanza;* Kurz- und Koseformen: *Stanze, Stanzi, Stanzerl;* französische Form: *Constance;* englisch: *Constance;* Koseformen: *Conni, Connie, Conny;* italienisch: *Costanza.*

Konz *m,* Kurz- und Koseform für ↗ Konrad.

Koob *m,* Kurzform für ↗ Jakob.

Kora *w,* griechisch: Mädchen, Jungfrau; Kurzform für Cordula, Cordelia und Cornelia; Verkleinerungsformen: *Korinna, Corinna.*

Körb *m,* Kurz- und Koseform für ↗ Korbinian.

Körbel *m,* Kurz- und Koseform für ↗ Korbinian.

Korbinian *m,* vermutlich keltisch: sorgenfrei (?); Nebenform: *Corbinian;* Kurz- und Koseformen: *Körb, Körbel, Körbl, Körblin, Körbling.*

Bekannter Namensträger:

Korbinian, um 670 (?) – um 725; Glaubensbote in Bayern; gründete in Kains bei Mais-Meran ein Kloster, wurde Bischof von Freising (Gedenktag: 20. November; evangelisch: 8. September).

Körbl *m*, Kurz- und Koseform für ↗ Korbinian.
Körblin *m*, Kurz- und Koseform für ↗ Korbinian.
Körbling *m*, Kurz- und Koseform für ↗ Korbinian.
Kord *m*, niederdeutsche Kurz- und Koseform für ↗ Konrad; Nebenform zu Kurt; auch *Kort* und *Cord*.
Kordel *m*, Koseform für ↗ Karl.
Kordel *w*, Kurzform für Kordula (↗ Cordula).
Kordelia *w*, Nebenform zu Cordelia (↗ Cordula).
Kordia *w*, Kurzform für Konkordia (↗ Concordia).
Kordula *w*, Nebenform zu ↗ Cordula; lateinisch: *Cordelia* (= Herzchen); Kurzform: *Kordel*.
Korinna *w*, Nebenform zu ↗ Corinna.
Korl *m*, niederdeutsche Form für ↗ Karl.
Kornelia *w*, Nebenform zu ↗ Cornelia.
Kornelius *m*, Nebenform zu ↗ Cornelius.
Namensträger:
Kornelius (Conan) O'Rourke, gestorben 1578; Zisterzienser in Irland; Märtyrer zu Kilmallock (Gedenktag: 14. September).
Korona *w*, Nebenform zu ↗ Corona.
Kort *m*, Nebenform zu ↗ Kord.
Koert *m*, Koseform für ↗ Konrad.
Korvin *m*, Nebenform zu ↗ Corvin.
Kosima *w*, Nebenform zu ↗ Cosima.
Kosimo *m*, Nebenform zu ↗ Cosimo.
Kosmas *m*, Nebenform zu ↗ Cosmas.
Kosmus *m*, Nebenform zu ↗ Cosmas.
Kosta *m*, südslawische Kurzform für ↗ Konstantin.
Kostadin *m*, südslawische Form von ↗ Konstantin.
Kostis *m*, neugriechische Form von ↗ Konstantin.
Kostja *m*, russische Kurzform für ↗ Konstanin.
Koszta *m*, ungarische Form von ↗ Konstantin.
Kraft *m*, althochdeutsch: = Kraft, Mut, Macht.
Kratz *m*, Koseform für ↗ Pankraz.
Kre *w*, Koseform für ↗ Kreszentia.
Kredel *w*, Koseform für ↗ Kreszentia; Nebenformen: *Krettel, Kresel*.
Krees *m*, Koseform für ↗ Pankraz.
Kreiel *m*, bayerische Form von ↗ Quirin.
Krein *m*, rheinische Form von ↗ Quirin.
Krein *w*, Koseform für ↗ Katharina.
Krele *w*, Koseform für ↗ Kreszentia.
Krelen *w*, Koseform für ↗ Kreszentia.
Kreon *m*, griechisch: Herrscher.
Namensträger:
Kreon, in der griechischen Sage König von Theben, Bruder der Iokaste.
Kresel *w*, Koseform für ↗ Kreszentia.
Kreszentia *w*, lateinisch: *crescens* = wachsend; Nebenform: *Crescentia;* Kurzform: *Kreszenz;* Koseformen: *Kresel, Kredel, Krettel, Krelen, Krele, Kre, Zenz, Zenta, Zenze, Zenzi, Senta, Senz, Senze, Senzel*.
Namensträgerin:
Kreszentia Höß, 1682–1744; seit 1703 Franziskanertertiarin in Kaufbeuren; seit 1741 Oberin (Gedenktag: 5. April).
Kreszenz *w*, Kurzform für ↗ Kreszentia.
Krettel *w*, Koseform für ↗ Kreszentia.
Kriemhild *w*, althochdeutsch: *grima* = Helm; *hiltja* = Kampf; Nebenformen: *Kriemhilde, Krimhild, Krimhilde*.
Namensträgerin:
Kriemhild, Gestalt der Nibelungensage; Gattin Siegfrieds, später Etzels.
Kriemhilde *w*, Nebenform zu ↗ Kriemhild.
Krien *m*, rheinische Form von ↗ Quirin.
Krijn *m*, niederländische Form von ↗ Quirin.
Krimhild *w*, Nebenform zu ↗ Kriemhild.
Krimhilde *w*, Nebenform zu ↗ Kriemhild.
Krin *w*, Koseform für ↗ Katharina.
Krischan *m*, niederdeutsche Form von ↗ Christian.

Krishna *m,* indisch; Sanskrit: der Schwarze.

Krispin *m,* Nebenform zu ↗ Crispin; Weiterbildung: *Krispinian(us).*

Namensträger:

Krispin, mit Krispinian nach der Legende Schuhmacher; erlitten wohl um 287 in Rom das Martyrium (Gedenktag: 25. Oktober).

Krispinian *m,* Weiterbildung von Krispin (↗ Crispin); Nebenform: *Krispinianus.*

Namensträger:

Krispinian, Märtyrer mit ↗ Krispin (Gedenktag: 25. Oktober).

Krispinus *m,* Nebenform zu ↗ Crispin.

Krista *w,* Nebenform zu ↗ Christa.

Krister *m,* nordische Kurzform für ↗ Christian.

Kristian *m,* schwedische Form von ↗ Christian.

Kristiane *w,* Nebenform zu ↗ Christiane.

Kristin *w,* skandinavische Form von ↗ Christiane.

Kristina *w,* skandinavische Form von Christine (↗ Christiniane); Nebenformen: *Kristine, Kristin, Kerstina.*

Bekannte Namensträgerin:

Kristina Söderbaum, geboren 1912; schwedisch-deutsche Filmschauspielerin; Gattin Veit Harlans.

Kristine *w,* Nebenform zu Kristina (↗ Christine).

Kristof *m,* nordische Form von ↗ Christoph.

Kronos *m,* griechisch: Vollender.

Namensträger:

Kronos, in der griechischen Mythologie Sohn des Uranos, Vater des Zeus.

Krzysztof *m,* polnische Form von ↗ Christoph.

Bekannter Namensträger:

Krzysztof Penderezki, geboren 1933; polnischer avantgardischer Komponist.

Kudli *m,* Koseform für ↗ Konrad.

Kudrun *w,* Nebenform zu ↗ Gudrun.

Kühnemund *m,* Neubildung aus ↗ Kunimund.

Kün *m,* Koseform für ↗ Konrad.

Kundel *w,* Koseform für ↗ Kunigunde.

Kuneke *w,* Koseform für ↗ Kunigunde.

Kuni *w,* Kurzform für ↗ Kunigunde.

Kuniald *m,* althochdeutsch: *kunni* = Sippe; *ald* = *wald* = der Waltende; Nebenform: *Chuniald.*

Namensträger:

Kuniald, mit ↗ Giselher im 8. Jahrhundert Priester und Glaubensbote in Niederösterreich (Gedenktag: 28. September).

Kunibert *m,* althochdeutsch: *kunni* = Geschlecht, Sippe; *beraht* = glänzend; italienische Form: *Cuniberto.*

Namensträger:

Kunibert, gestorben um 663; wahrscheinlich 623 Bischof von Köln, baute das Bistum neu auf; königlicher Berater (Gedenktag: 12. November).

Kunigunda *w,* Nebenform zu ↗ Kunigunde.

Kunigunde *w,* althochdeutsch: *kunni* = Sippe, Geschlecht; *gund* = Kampf; Nebenform: *Kunigunda;* Kurz- und Koseformen: *Kunna, Kuni, Kunissa, Kunni, Kundel, Kunnel, Kunza, Kunniza, Gunda, Gunde, Gundel, Chüngi, Koneke, Konne, Kuneke, Kusa;* italienische Form: *Cunegunda.*

Namensträgerinnen:

Kunigunde, gestorben um 1033 (1039); Gattin Kaiser Heinrichs II., 1002 Königin, 1014 Kaiserin; gründete 1017 das Benediktinerinnenkloster Kaufungen; hier ab 1029 Ordensfrau (Gedenktag: 3. März; evangelisch: 13. Juli).

Kunigunde von Dietzen ↗ Kunissa.

Kunigunde von Polen, 1224–1292 (?); als Gattin Herzog Boleslaws V. Herzogin von Polen; gründete und leitete nach dessen Tod (1279) das Klarissenkloster Alt-Sandecz (Gedenktag: 24. Juli).

Kunihild *w,* althochdeutsch: *kunni* = Sippe, Geschlecht; *hiltja* = Kampf.

Kunike *m,* Koseform für ↗ Konrad.

Kunimund *m,* althochdeutsch: *kunni* = Sippe, Geschlecht; *munt* = Schützer; Umbildung: *Kühnemund.*

Kunissa *w,* Koseform für ↗ Kunigunde.
Namensträgerin:
Kunissa von Dießen, gestorben um 1020; gründete als Gräfin von Dießen nach dem Tod ihres Gatten vor 1020 in Dießen das Chorfrauenstift Sankt Stephan, das bis 1130 bestand (Gedenktag: 6. März).

Kuniza *w,* Koseform für ↗ Kunigunde.

Kunna *w,* Kurzform für ↗ Kunigunde.

Kunnel *w,* Koseform für ↗ Kunigunde.

Kunni *w,* Koseform für ↗ Kunigunde.

Kuno *m,* Kurzform für ↗ Konrad und für mit Kuni- beginnende männliche Vornamen; Nebenformen: *Kunz, Kurt;* niederdeutsch: *Köne;* friesisch: *Keno.*
Namensträger:
Kuno, gestorben 1132; wurde 1105 Abt des Klosters Siegburg, 1126 Bischof von Regensburg; von großem Einfluß auf das Geistesleben seiner Zeit (Gedenktag: 19. Mai).

Kunrad *m,* Nebenform zu ↗ Konrad.

Kunz *m,* Koseform für ↗ Konrad.

Kunza *w,* Kurz- und Koseform für ↗ Kunigunde; auch: *Kuniza.*

Küre *m,* Koseform für ↗ Konrad.

Küri *m,* Nebenform zu Kiri (↗ Quirin).

Kürin *m,* bayerische Form von ↗ Quirin.

Kurt *m,* Kurzform für ↗ Konrad und ↗ Kunibert; Nebenformen: *Curd, Kord, Cord.*
Bekannte und bedeutende Namensträger:
Kurt W. Ceram, 1915–1977; populärwissenschaftlicher deutscher Schriftsteller.
Kurt Edelhagen, 1920–1982; deutscher Tanzkapellmeister und Komponist.
Kurt Hoffmann, geboren 1910; deutscher Filmregisseur.
Kurt Jooss, 1901–1979; deutscher Choreograph und Ballettmeister.
Kurt Georg Kiesinger, geboren 1904; deutscher christdemokratischer Politiker; 1966–1969 Bundeskanzler.
Kurt Lewin, 1890–1947; deutscher Psychologe; Vertreter der Gestaltpsychologie.
Kurt Meisel, geboren 1912; österreichisch-deutscher Schauspieler und Regisseur von Theater und Film.
Kurt Scharff, geboren 1902; deutscher evangelischer Theologe; 1966–1976 Bischof der Evangelischen Kirche von Berlin-Brandenburg.
Kurt Schumacher, 1895–1952; deutscher sozialdemokratischer Politiker; nach dem 2. Weltkrieg führend beim Wiederaufbau seiner Partei; Gegner der Politik Adenauers.
Kurt Schuschnigg, 1897–1977; österreichischer christlich-sozialer Politiker; als Bundeskanzler 1938–1945 in deutscher Haft.
Kurt Schwitters, 1887–1948; deutscher Maler, Graphiker, Bildhauer und Schriftsteller; vertrat „Merz"-Kunst.
Kurt Tucholsky, 1890–1935; deutscher linksorientierter pazifistisch-humanistischer Schriftsteller, Publizist und ironisch-satirischer Kritiker.
Kurt Waldheim, geboren 1918; österreichischer Diplomat und Politiker; 1972–1981 Generalsekretär der Vereinten Nationen; 1986 Bundespräsident von Österreich.
Kurt Weill, 1900–1950; deutscher Komponist des zeitkritischen Musiktheaters.

Kurtmartin *m,* Doppelname aus Kurt (= Konrad) und Martin.

Kus *m,* Kurz- und Koseform für ↗ Dominikus.

Kusa *w,* Koseform für ↗ Kunigunde.

Kyra *w,* griechisch; weibliche Form zu Kyrill (↗ Cyrill); Nebenformen: *Kira, Cyra.*

Kyrill *m,* Nebenform zu ↗ Cyrill; auch *Kyrillus, Kyrillos.*

Kyrilla *w,* Weiterbildung von Kyra, weibliche Form zu Kyrill (↗ Cyrill); spanische Form: *Cirila.*
Namensträgerin:
Kyrilla, gestorben um 304; nach der Überlieferung jungfräuliche Märtyrin unter Diokletian zu Cyrene in Libyen (Gedenktag: 5. Juli).

Kyrillos *m,* griechische Form von ↗ Cyrill.

Kyrillus *m,* latinisierte Nebenform zu ↗ Cyrill.

L

Laban *m,* hebräisch: *laban* = weiß, hell.

Laci *m,* Kurzform für das ungarische ↗ László.

Ladewig *m,* niederdeutsche Nebenform zu ↗ Ludwig.

Ladislaus *m,* latinisierte Form von ↗ Wladislaw.

Namensträger:

Ladislaus I., um 1040–1095; seit 1077 König von Ungarn; Gründer des Bistums Agram/Zagreb (Gedenktag: 29. Juli).

Laila *w,* finnisch-lappländisch: = die Weise (?); oder Lallwort der Kindersprache (?); schwedische Form: *Lajla*; englisch: *Leila, Leilah.*

Lajla *w,* schwedische Form von ↗ Laila.

Lajos *m,* ungarische Form von ↗ Ludwig.

Bekannter Namensträger:

Lajos Kossuth, 1802–1894; ungarischer Freiheitskämpfer; betrieb die Unabhängigkeit Ungarns; Nationalheld.

Lale *w,* dänisch und niederdeutsch.

Namensträgerin:

Lale Andersen, 1910–1972; deutsche Chansonsängerin und Kabarettistin.

Lambert *m,* Nebenform zu ↗ Lamprecht.

Namensträger:

Lambert, gestorben um 705; um 672 Bischof von Maastricht; Glaubensbote in Brabant; ermordet (Gedenktag: 18. September).

Lambert von Neuwerk, gestorben 1144; wurde um 1114 erster Propst des Chorherrenstifts Neuwerk bei Halle (Gedenktag: 9. Februar).

Lambert Conradi, gestorben 1594; Franziskaner; seit 1592 Provinzial der kölnischen Ordensprovinz (Gedenktag: 31. März).

Lamberta *w,* die weibliche Form zu Lambert (↗ Lamprecht); Nebenform: *Lambertine.*

Lambertine *w,* Nebenform zu ↗ Lamberta.

Lambrecht *m,* Nebenform zu ↗ Lamprecht.

Lampe *m,* Kurzform für ↗ Lamprecht.

Lampert *m,* Nebenform zu ↗ Lamprecht.

Lamprecht *m,* althochdeutsch: *lant* = Land (besitzend); *beraht* = glänzend; Nebenformen: *Lampert, Lambrecht, Lambert;* Kurz- und Koseformen: *Lampe, Land, Lando, Lande, Lanz, Lanzo, Lanze.*

Lana *w,* Koseform für russische und andere slawische auf -lana endende weibliche Vornamen.

Lancelot *m,* französisch; Bedeutung nicht geklärt; Nebenform: *Lanzelot.*

Namensträger:

Lancelot, in der Sage einer der Ritter in der Tafelrunde des Königs Artus.

Land *m,* Kurzform für ↗ Lamprecht.

Lande *m,* Kurzform für ↗ Lamprecht.

Landelin *m,* althochdeutsch: *lant* = Land; Nebenformen: *Landolin, Lando;* Koseform: *Lendle.*

Namensträger:

Landelin, 7. Jahrhundert; Einsiedler in Baden, vielleicht Glaubensbote der Ortenau; Märtyrer (Gedenktag: 22. September).

Landelin (Lando), 7. Jahrhundert; Gründer der Klöster Lobbes und Crespin, hier Abt (Gedenktag: 15. Juni).

Landerich *m,* althochdeutsch: *lant* = Land; *rihhi* = mächtig; Nebenform: *Landrich.*

Landewin *m,* althochdeutsch: *lant* = Land; *wini* = Freund; Nebenformen: *Landwin, Lantwin, Landuin.*

Landfried *m,* althochdeutsch: *lant* = Land; *fridu* = Friede, Schutz; Nebenformen: *Lantfried, Lantfrid.*

Landino *m,* Nebenform zu ↗ Lando.

Lando *m,* Kurzform für ↗ Lamprecht, ↗ Landelin und andere mit Land- gebildete männliche Vornamen; Nebenform: *Landino.*

Landoald *m,* althochdeutsch: *lant* = Land; *ald* = bewährt, stark.

Namensträger:

Landoald, gestorben 668; Glaubensbote der Niederlande (Gedenktag: 1. Dezember).

Landolf *m,* althochdeutsch: *lant* = Land; *wolf* = Wolf; Nebenform: *Landulf.*

Landolin *m,* Nebenform zu ↗ Landelin.

Landolt *m,* althochdeutsch: *lant* = Land; *waltan* = walten, gebieten.

Landrada *w,* althochdeutsch: *lant* = Land; *rad* = *rat* = Rat, Hilfe.

Namensträgerin:

Landrada, 7. Jahrhundert; Einsiedlerin; dann Gründerin und Äbtissin des Klosters Münsterbilsen in Belgisch-Limburg (Gedenktag: 8. Juli).

Landrich *m,* Nebenform zu ↗ Landerich.

Landuin *m,* Nebenform zu ↗ Landewin.

Landulf *m,* Nebenform zu ↗ Landolf.

Landwin *m,* Nebenform zu ↗ Landewin.

Lantfrid *m,* Nebenform zu ↗ Landfried.

Namensträger:

Lantfrid, gestorben um 771; gelehrter Abt des Klosters Benediktbeuern (Gedenktag: 10. Juli).

Lantfried *m,* Nebenform zu ↗ Landfried.

Lantpert *m,* althochdeutsch: *lant* = Land; *pert* = *beraht* = glänzend.

Namensträger:

Lantpert, gestorben 957; seit 937 Bischof von Freising (Gedenktag: 18. September).

Lantwin *m,* Nebenform zu ↗ Landewin.

Lanz *m,* Kurzform für ↗ Lamprecht.

Lanze *m,* Kurzform für ↗ Lamprecht.

Lanzelot *m,* Nebenform zu Lancelot.

Lanzo *m,* Kurzform für ↗ Lamprecht.

Lara *w,* russische Kurz- und Koseform für ↗ Larissa; Nebenform zu ↗ Laura; italienische Kurzform für Larisa.

Lares *m,* Koseform für ↗ Hilarius.

Lari *m,* Koseform für ↗ Hilarius.

Larisa *w,* italienische Form von ↗ Larissa.

Larissa *w,* altgriechisch nach der Stadt Larissa, dann russisch; Kurz- und Koseform: *Lara;* italienisch: *Larisa.*

Namensträgerin:

Larissa, 4. Jahrhundert; legendäre Märtyrin; mit andern auf der Krim bei Gottesdienst lebendig verbrannt (Gedenktag: 26. März).

Larry *m,* englische Kurzform für ↗ Lawrence.

Lars *m,* schwedische Form von ↗ Laurentius; Nebenform: *Lasse.*

Bekannte Namensträger:

Lars Levi Laestadius, gestorben 1861; evangelischer geistlicher Führer der Samen (Gedenktag: 21. Februar).

Lars Olsen Skrefsrud, gestorben 1910; evangelischer Missionar in Indien (Gedenktag: 11. Dezember).

Larsina *w,* norwegische Form von ↗ Laurentia.

Laslo *m,* Eindeutschung des ungarischen ↗ László.

Lasse *m,* schwedische Koseform für ↗ Laurentius.

László *m,* ungarische Form von Ladislaus (↗ Wladislaw).

Bekannter Namensträger:

László Németh, 1901–1975; ungarischer Schriftsteller des Populismus.

Laetitia *w,* lateinische Form von ↗ Lätizia.

Lätizia *w,* lateinisch: *laetitia* = Freude; nach dem Gedächtnistag der „Sieben Freuden Marias" am 5. Juli: Verkündigung, Heimsuchung, Geburt Jesu, Anbetung der Weisen, Wiederfinden Jesu im Tempel, Auferstehung Jesu, Mariä Aufnahme in den Himmel; Nebenformen: *Laetitia, Letitia, Letizia;* Kurzformen: *Titia, Tizia.*

Laetus *m,* lateinisch: *laetus* = froh.

Lauks *m,* Koseform für ↗ Lukas.

Laura *w,* italienische Kurzform für ↗ Laurentia; englische Form: *Laura;* französisch: *Laure;* französische Verkleinerungsform: *Laurette;* italienisch: *Lauretta.*

Laure *w,* französische Form von ↗ Laura.

Laureen *w,* englische Form von ↗ Laurentia.

Lauren *w,* englische Form von ↗ Laurentia.

Laurena *w,* englische Form von ↗ Laurentia.

Laurence *m,* englische Form von ↗ Laurentius.

Bekannter Namensträger:

Laurence Olivier, geboren 1907; englischer Schauspieler und Regisseur.

Laurence *w,* französische Form von ↗ Laurentia.

Laurencia *w,* ungarische Form von ↗ Laurentia.

Laurens *m,* niederländische Form von ↗ Laurentius.

Laurense *w,* norwegische Form von ↗ Laurentia.

Laurent *m,* französische Form von ↗ Laurentius.

Laurentia *w,* die weibliche Form zu ↗ Laurentius; Nebenform: *Laurenzia;* Kurz- und Koseformen: *Laura, Lenze;* englische Formen: *Laureen, Lauren, Laurena;* französisch: *Laurence;* italienisch: *Lorenza;* niederländisch: *Laurentia, Laurina;* norwegisch: *Larsina, Laurense, Laurine;* ungarisch: *Laurencia.*

Laurentius *m,* lateinisch: Mann aus dem mittelitalienischen Laurentum; oder: mit Lorbeer geschmückt (?); deutsche Form: *Lorenz*; Nebenform: *Laurenz*; Koseform: *Löns;* italienisch: *Lorenzo;* niederländisch: *Laurens;* schwedisch: *Laurits, Lars, Lasse;* dänisch: *Laurids;* englisch: *Laurence, Lawrence;* tschechisch: *Vavřinec;* ungarisch: *Lörinez.*

Namensträger:

Laurentius, gestorben 258 nach der Überlieferung; Erzdiakon des Papstes Sixtus II.; nach der Legende römischer Märtyrer (Gedenktag: 10. August).

Laurentius von Brindisi, 1559–1619; Kapuziner; 1602–1605 Ordensgeneral; Berater Maximilians I. von Bayern (Gedenktag: 21. Juli).

Laurenz *m,* Nebenform zu ↗ Laurentius; Kurzform: *Lenz.*

Lauretta *w,* italienische Verkleinerungsform von ↗ Laura.

Laurette *w,* französische Verkleinerungsform von Laure (↗ Laura).

Laurids *m,* dänische Form von ↗ Laurentius.

Laurin *m,* Herkunft und Bedeutung ungeklärt.

Namensträger:

Laurin, Zwergkönig in der Dietrichsage der Heldendichtung.

Laurina *w,* niederländische Form von ↗ Laurentia.

Laurine *w,* norwegische Form von ↗ Laurentia; auch die weibliche Form zu ↗ Laurin oder Weiterbildung von ↗ Laura.

Laurits *m,* schwedische Form von ↗ Laurentius.

Lauritz *m,* deutsche Form des dänischen Laurids (↗ Laurentius).

Laux *m,* Koseform für ↗ Lukas.

Lavina *w,* Nebenform zu ↗ Lavinia.

Lavinia *w,* lateinisch; Bedeutung fraglich; möglich: aus der Stadt Lavinium stammend; Nebenform: *Lavina.*

Lawrence *m,* englische Form von ↗ Laurentius.

Bekannter Namensträger:

Lawrence Durrell, geboren 1912; englisch-irischer Schriftsteller.

Lazar *m,* Nebenform zu ↗ Lazarus.

Lázár *m,* ungarische Form von ↗ Lazarus.

Lazare *m,* französische Form von ↗ Lazarus.

Lazarus *m,* hebräisch: *el hasar, Elasar* = Gott hilft; entspricht dem deutschen Namen „Gotthelf“; Nebenform *Lazar;* französische Form: *Lazare;* italienisch: *Lazzaro;* ungarisch: *Lázár.*

Namensträger:
Lazarus, im Neuen Testament Zeitgenosse Jesu; von ihm vier Tage nach seinem Tod zum Leben erweckt (Gedenktag: 17. Dezember).
Lazarus Spengler, gestorben 1534; Ratschreiber und Förderer der Reformation in Nürnberg (Gedenktag: 7. September).

Lazzaro *m,* italienische Form von ↗ Lazarus.

Lea *w,* hebräisch: *leah* = die Ermüdete (?) oder Wildkuh (?); Nebenformen: *Lee* und *Lia.*
Namensträgerin:
Lea, gestorben um 304; begüterte römische Witwe im Kreis des Hieronymus; Klosterleiterin (Gedenktag: 22. März).

Leander *m,* griechisch: *Leandros* = Mann aus dem Volk.
Namensträger:
Leander, um 540–600; seit 579 Erzbischof von Sevilla; bemüht um Bekehrung der arianischen Westgoten und das dritte Konzil von Toledo 589 (Gedenktag: 12. März).

Leandra *w,* die weibliche Form zu ↗ Leander.

Leart *m,* Koseform für ↗ Leonhard.

Leberecht *m,* Nebenform zu ↗ Lebrecht.

Lebold *m,* Nebenform zu ↗ Leopold.

Lebrecht *m,* althochdeutsch: *liuti* = Volk; *beraht* = glänzend; oder pietistische Neubildung; Nebenform: *Leberecht.*

Lebuin *m,* Nebenform zu ↗ Liafwin.

Leda *w,* griechisch; Bedeutung nicht geklärt.
Namensträgerin:
Leda, Gestalt der griechischen Mythologie.

Lee *m* und *w,* englisch-amerikanisch; Bedeutung ungeklärt.

Lee *w,* Nebenform zu ↗ Lea.

Leen *m,* Koseform für ↗ Leonhard.

Leent *m,* Koseform für ↗ Leonhard.

Leffe *m,* Koseform für ↗ Leif.

Leffert *m,* Nebenform zu ↗ Liebhard und ↗ Liebrecht.

Legardis *w,* Nebenform zu ↗ Luitgard.

Léger *m,* französische Form von ↗ Leodegar.

Lehar *m,* Koseform für ↗ Leonhard.

Lei *m,* Koseform für ↗ Eligius, ↗ Leo und ↗ Leonhard.

Lei *w,* Koseform für ↗ Adelheid.

Leibold *m,* Nebenform zu ↗ Leopold.

Leies *m,* Koseform für ↗ Elia.

Leif *m,* nordisch: Sohn, Erbe, Hinterlassenschaft; Kurzform für mit *leifr* gebildete männliche Vornamen; Koseform: *Leffe.*

Leila *w,* persisch: Nacht, die Dunkle; auch englische Form von ↗ Laila.

Leilah *w,* englische Form von ↗ Laila.

Leindel *m,* Koseform für ↗ Leonhard.

Leli *w,* Koseform für ↗ Helene und ↗ Magdalena.

Lelia *w,* italienisch, vom altrömischen Frauennamen *Laelia;* Bedeutung unklar.

Lelio *m,* die männliche Form zu ↗ Lelia.

Len *m,* englische Kurzform für ↗ Leonhard.

Lena *w,* Kurzform für ↗ Helene und ↗ Magdalena; auch dänisch und norwegisch.

Lenard *m,* oberdeutsche Nebenform zu ↗ Leonhard.

Lenardo *m,* italienische Form von ↗ Leonhard.

Lenchen *w,* Koseform für ↗ Helene und ↗ Magdalena.

Lendle *m,* Koseform für ↗ Landelin.

Lene *w,* Kurzform für ↗ Helene und ↗ Magdalena.

Leneke *w,* Koseform für ↗ Helene und ↗ Magdalena.

Lenel *m,* Koseform für ↗ Leonhard.

Lenel *w,* Kurzform für ↗ Helene und ↗ Magdalena.

Leneli *w,* Koseform für ↗ Helene und ↗ Magdalena.

Lenelies *w,* Doppelname aus Helene und Elisabeth.

Lenelore *w,* Doppelname aus Helene und Eleonore.

Lenelotte *w,* Doppelname aus Helene und Charlotte.

Leni *w,* Kurzform für ↗ Helene und ↗ Magdalena.
Bekannte Namensträgerin:
Leni Riefenstahl, geboren 1902; deutsche Filmschauspielerin, Regisseurin und Photographin.

Lenka *w,* slawische Kurzform für ↗ Helene und ↗ Magdalena; Nebenform: *Lenke.*

Lenke *w,* Nebenform zu ↗ Lenka.

Lennart *m,* niederdeutsche und schwedische Nebenform zu ↗ Leonhard; auch *Lennert.*

Lenne *m,* Koseform für ↗ Leonhard.

Lennert *m,* Nebenform zu Lennart (↗ Leonhard).

Lenore *w,* Nebenform zu ↗ Leonore.

Lenz *m,* Kurzform für Laurenz (↗ Laurentius) und ↗ Leonhard.

Lenza *w,* die weibliche Form zu ↗ Lenz; Koseform: *Lenzi.*

Lenze *w,* Kurz- und Koseform für ↗ Laurentia.

Lenzi *w,* Koseform für ↗ Lenza.

Leo *m,* lateinisch: *leo* = Löwe; oder Kurzform für ↗ Leopold und ↗ Leonhard; Nebenform: *Leon;* Koseform: *Lei;* englische Form: *Lion;* französisch: *Léo, Léon;* englische und französische Verkleinerungsform: *Lionel (Lyonel);* italienisch: *Leone;* russisch: *Lew.*
Bekannte und bedeutende Namensträger:
Leo I., der Große, gestorben 461; seit 440 Papst; Hüter des Glaubens und der Rechte des Papsttums; bewahrte 452 Rom vor den Hunnen (Gedenktag: 10. November).
Leo III., gestorben 816; seit 795 Papst; wirkte in enger Beziehung zu Karl dem Großen, den er 800 in Rom zum Kaiser krönte, und zu dem angelsächsischen England (Gedenktag: 12. Juni).
Leo IX., 1001–1054; wurde 1026 Bischof von Toul, 1048 Papst; bemüht um Reform der Kirche; konnte Trennung der Ostkirche von Rom nicht verhindern (Gedenktag: 19. April).
Leo XIII., 1810–1903; seit 1878 Papst; unter ihm Beendigung des deutschen Kulturkampfs; Gegner des italienischen Einheitsstaats; erließ mit „Rerum novarum“ erste päpstliche Sozialenzyklika.
Leo Baeck, 1873–1956; jüdischer Theologe; führender Vertreter des Judentums und des christlich-jüdischen Dialogs.
Leo Hendrik Baekeland, 1863–1944; amerikanischer Chemiker; erfand das Bakelit.
Leo Blech, 1871–1958; deutscher Dirigent und Komponist.
Leo Fall, 1873–1925; österreichischer Operettenkomponist.
Leo Frobenius, 1873–1938; deutscher Völkerkundler; Erforscher der afrikanischen Kulturen.
Leo von Klenze, 1784–1864; deutscher klassizistischer Architekt; Hofbaumeister Ludwigs I. von Bayern.
Leo (Lew) Tolstoi, 1828–1910; russischer Schriftsteller, einer der größten der Weltliteratur.
Leo D. Trotzki, 1879–1940, sowjetrussischer Politiker; schuf die Rote Armee; Gegner Stalins, daher des Landes verwiesen.
Leo Slezak, 1873–1946; österreichischer Opern- und Konzertsänger (Heldentenor).
Leo Jozef Suenens, geboren 1904; belgischer katholischer Theologe; als Kardinal Vertreter der Reformtheologie des Zweiten Vatikanischen Konzils.

Léo *m,* französische Form von ↗ Leo.

Leoba *w,* Nebenform zu ↗ Lioba.

Leocadia *w,* Herkunft und Bedeutung fraglich; Nebenform: *Leokadia.*

Leodegar *m,* althochdeutsch: *liuti* = Leute, Volk; *ger* = Speer; Nebenformen: *Leodegar, Ludger, Lutgar, Lutger, Liudger, Liutiger;* französische Form: *Léger.*
Namensträger:
Leodegar (Lutger), 616–679; ab 663 Bischof von Autun; 676 von Hausmeier Ebroin gefangengenommen; Märtyrer (Gedenktag: 3. Oktober).

Leodegar (Liutiger) von Lechsgemünd, gestorben 1074; Stiftsherr in Eichstätt; gründete Benediktinerinnenkloster St. Walburg in Eichstätt (Gedenktag: 21. Februar).

Leodeger *m,* Nebenform zu ↗ Leodegar.

Leodewin *m,* Nebenform zu ↗ Luitwin.

Leogard *w,* Nebenform zu ↗ Luitgard.

Leokadia *w,* Nebenform zu ↗ Leocadia.

Leon *m,* Nebenform zu ↗ Leo.

Namensträger:

Leon Jessel, 1871–1942; deutscher Operettenkomponist.

Léon *m,* französische Form von ↗ Leo; auch Kurzform für Léonard (↗ Leonhard).

Bekannte Namensträger:

Léon Blum, 1872–1950; französischer Politiker; gründete die sozialistische Partei.

Léon Gambetta, 1838–1882; französischer linksradikaler Politiker; Gegner Napoleons III.

Léon-Ignace Mangin, 1857–1900; französischer Jesuit; Chinamissionar; Märtyrer (Gedenktag: 20. Juli).

Leona *w,* die weibliche Form zu ↗ Leo; Kurzform für mit Leo- gebildete weibliche Vornamen; Nebenformen: *Leoni, Leonia, Leonie;* Koseformen: *Loni, Lonni.*

Leonard *m,* englische Form von ↗ Leonhard; auch deutsche Nebenform.

Bekannte Namensträger:

Leonard Bernstein, geboren 1918; amerikanischer Dirigent und Komponist.

Leonard Kaiser, gestorben 1527; evangelischer Blutzeuge der Reformation in Passau (Gedenktag: 16. August).

Léonard *m,* französische Form von ↗ Leonhard.

Leonarda *w,* Nebenform zu Leonharda (↗ Leonhard).

Leonardo *m,* italienische Form von ↗ Leonhard; Nebenform: *Lionardo.*

Bedeutender Namensträger:

Leonardo da Vinci, 1452–1519; italienischer Maler, Bildhauer, Architekt, Naturforscher und Erfinder.

Leone *m,* italienische Form von ↗ Leo.

Leonhard *m,* althochdeutsch; *liuti* = Leute, Volk; oder: lateinisch: *leo* = Löwe; *harti* = stark; Nebenformen: *Leonhardi, Lienhard, Leonard;* Kurz- und Koseformen: *Lenard, Lennart, Lennert, Linnart, Lienert, Lienet, Liendel, Lieni, Leindel, Lenel, Lernet, Leret, Leart, Lehar, Liart, Liert, Leen, Leent, Lenne, Lei, Len, Lenz, Hard, Hardl;* englische Form: *Leonard;* französisch: *Léonard;* italienisch: *Leonardo;* russisch: *Leonid.*

Bekannte Namensträger:

Leonhard, 6. Jahrhundert; nach der Legende Einsiedler in Noblac (Diözese Limoges), wo er ein Kloster gründete; Wohltäter der Gefangenen (Gedenktag: 6. November).

Leonhard Euler, 1707–1783; schweizerischer Mathematiker.

Leonhard Frank, 1882–1961; deutscher Romanschriftsteller und Dramatiker.

Leonhard Lechner, 1553–1606; deutscher evangelischer Kirchenmusiker und Komponist (Gedenktag: 10. September).

Leonharda *w,* die weibliche Form zu ↗ Leonhard; Nebenform: *Leonarda.*

Leonhardi *m,* Nebenform zu ↗ Leonhard.

Leoni *w,* Nebenform zu ↗ Leona.

Leonia *w,* Nebenform zu ↗ Leona.

Leonid *m,* russische Form von ↗ Leonhard und von griechisch ↗ Leonides.

Bekannte Namensträger:

Leonid, gestorben 1841; russischer Mönch und Seelsorger; Starez (Gedenktag: 24. Oktober).

Leonid Breschnew, 1906–1982; sowjetrussischer Politiker; ab 1966 Generalsekretär des Zentralkomitees der russischen Kommunistischen Partei.

Leonid Koyan, geboren 1924; sowjetrussischer Violinvirtuose.

Leonid Iwanowitsch Sedow, geboren

1907; sowjetrussischer Physiker und Raketentechniker.

Leonidas *m,* griechisch: *leon* = Löwe; russische Form: *Leonid.*

Leonie *w,* Nebenform zu ↗ Leona; französische Form: *Léonie.*

Bekannte Namensträgerin:

Leonie Rysanek, geboren 1926; österreichische Opernsängerin (dramatischer Sopran).

Leonilda *w,* lateinisch: *leo* = Löwe (?); althochdeutsch: *hiltja* = Kampf; Nebenform: *Leonille.*

Leonille *w,* Nebenform zu ↗ Leonilda; auch französische Form.

Leonor *m,* spanisch, männliche Form zu Leonore.

Namensträger:

Leonor de Cisnere, gestorben 1568; evangelischer Blutzeuge in Spanien (Gedenktag: 26. September).

Leonore *w,* Kurzform für ↗ Eleonora; Nebenform: *Lenore.*

Leontine *w,* die weibliche Form zu ↗ Leontinus; englische Form: *Leontyne.*

Leontinus *m,* lateinisch: aus Leontini in Sizilien stammend.

Leontius *m,* lateinisch: *leo* = Löwe; Koseform: *Löns.*

Leontyne *w,* englische Form von ↗ Leontine.

Bekannte Namensträgerin:

Leontyne Price, geboren 1927, afroamerikanische Sängerin (Sopran).

Leopard *m,* lateinisch; Bedeutung unklar.

Namensträger:

Leopard, 4. Jahrhundert; legendärer Märtyrer unter Kaiser Julian, dessen Kämmerer er war (Gedenktag: 30. September).

Leopold *m,* althochdeutsch: *liuti* = Leute, Volk; *bald* = kühn; ältere Formen *Luitpold, Liutpold;* Nebenformen: *Leupold, Lippold, Lüpold, Leibold, Lebold;* Kurz- und Koseformen: *Polt, Polte, Polde, Poldes, Poldi, Poldl, Pold, Boldi;* französische Form: *Léopold;* italienisch: *Leopoldo, Poldo;* ungarisch: *Lipót.*

Bekannte und bedeutende Namensträger:

Leopold III., 1075–1136; Markgraf von Österreich; christlich denkender und handelnder Monarch (Gedenktag: 15. November).

Leopold I., 1676–1747; preußischer Feldmarschall; schuf preußische Armee („Der Alte Dessauer").

Leopold Figl, 1902–1965; christlich-sozialer österreichischer Politiker; schloß als Bundeskanzler 1955 den österreichischen Staatsvertrag.

Leopold von Ranke, 1795–1886; deutscher Historiker und Philologe; schuf Quellenkritik der historischen Wissenschaft.

Leopold Rudolf, geboren 1911; österreichischer Schauspieler; Charakterdarsteller.

Leopold Stokowski, 1887–1977; amerikanischer Dirigent.

Leopold Zahn, 1890–1970; österreichischer Kunsthistoriker; Befürworter der modernen Kunst.

Léopold *m,* französische Form von ↗ Leopold.

Bekannter Namensträger:

Léopold Sédar Senghor, geboren 1906; senegalesischer Politiker und Dichter.

Leopolda *w,* die weibliche Form zu ↗ Leopold; Nebenform: *Leopolde.*

Leopolde *w,* Nebenform zu Leopolda (↗ Leopold).

Leopoldine *w,* Weiterbildung von ↗ Leopolda.

Leoš *m,* tschechisch.

Bekannter Namensträger:

Leoš Janáček, 1854–1928; tschechischer Komponist.

Leret *m,* Koseform für ↗ Leonhard.

Lernet *m,* oberdeutsche Koseform für ↗ Leonhard.

Leschek *m,* deutsche Schreibweise des polnischen ↗ Leszek.

Leslie *w,* englisch und französisch; geht auf schottischen Familiennamen zurück; ist englisch auch Männername.

Bekannte Namensträgerin:

Leslie Caron, geboren 1931; französische Filmschauspielerin und Tänzerin.

Lester *m,* englisch; Bedeutung nicht geklärt; vielleicht ehedem Familienname.

Bekannter Namensträger:

Lester Bowles Pearson, 1897–1972; kanadischer Politiker; Mitbegründer der NATO.

Leszek *m,* polnische Form von ↗ Alexander; deutsche Schreibweise: *Leschek.*

Letitia *w,* Nebenform zu ↗ Lätizia.

Letizia *w,* Nebenform zu ↗ Lätizia.

Letta *w,* Kurz- und Koseform für ↗ Violetta und ähnliche; Nebenformen: *Letteke, Letti, Letty.*

Letteke *w,* Nebenform zu ↗ Letta.

Letti *w,* Nebenform zu ↗ Letta.

Letty *w,* Nebenform zu ↗ Letta.

Leukardis *w,* Nebenform zu ↗ Luitgard.

Leupold *m,* Nebenform zu ↗ Leopold.

Leutfried *m,* Nebenform zu ↗ Luitfried.

Leutgard *w,* Nebenform zu ↗ Luitgard.

Leuthold *m,* Nebenform zu ↗ Luithold.

Leutwein *m,* Nebenform zu ↗ Luitwin.

Leutwin *m,* Nebenform zu ↗ Luitwin.

Lev *m,* Nebenform zu ↗ Lew.

Leve *m,* friesische Koseform für ↗ Levin.

Leveke *w,* niederdeutsche Kurzform für mit Lieb- gebildete weibliche Vornamen.

Leven *m,* friesische Koseform für ↗ Levin.

Levi *m,* hebräisch: *levi* = anhänglich; Nebenform: *Levy.*

Levin *m,* niederdeutsche Form von ↗ Liebwin; Nebenform: *Lewin;* friesische Koseformen: *Leve, Leven, Lewe.*

Bekannter Namensträger:

Levin Schücking, 1814–1883; deutscher realistischer Schriftsteller; lange mit Annette von Droste-Hülshoff befreundet.

Levy *m,* Nebenform zu ↗ Levi.

Lew *m,* russische Form von ↗ Leo; Nebenform: *Lev.*

Namensträger:

Lew Borisowitsch Kamenew, 1883–1936; russisch-bolschewistischer Politiker; Gegner Stalins; wurde hingerichtet.

Lewe *m,* friesische Koseform für ↗ Levin.

Lewin *m,* Nebenform zu ↗ Levin und ↗ Liafwin.

Lewis *m,* englische Form von ↗ Ludwig.

Lex *m,* Kurz- und Koseform für ↗ Alexander.

Lexa *w,* Kurz- und Koseform für Alexandra (↗ Alexander).

Lexel *m,* Kurz- und Koseform für ↗ Alexander.

Li *w,* Kurz- und Koseform für ↗ Elisabeth und andere mit -li- gebildete weibliche Vornamen.

Lia *w,* Koseform für ↗ Julia und ↗ Elisabeth; auch Nebenform von ↗ Lea.

Liafwin *m,* althochdeutsch; *leiba* = Erbe, Nachkomme; *wini* = Freund; Nebenformen: *Lebuin, Lewin;* latinisiert: *Livinus.*

Namensträger:

Liafwin, 8. Jahrhundert; um 770 Glaubensbote bei den Friesen (Gedenktag: 12. November).

Liana *w,* Nebenform zu ↗ Liane.

Liane *w,* Kurzform für ↗ Juliana; auch nach der Schlingpflanze Liane (?); Nebenform: *Liana.*

Liart *m,* Kurz- und Koseform für ↗ Leonhard.

Liawizo *m,* Nebenform zu ↗ Liebizo.

Namensträger:

Liawizo, gestorben 1013; kam wohl 964 mit dem verbannten Papst Benedikt V. nach Hamburg; hier 988 Erzbischof; Glaubensbote unter den Elbslawen und Dänen (Gedenktag: 4. Januar).

Liberat *m,* lateinisch: *liberatus* = der Befreite.

Namensträger:

Liberat Weiß, 1675–1716; der erste

Missionar in Äthiopien; Franziskaner; in Gondar zu Tode gesteinigt; Märtyrer (Gedenktag: 3. März).

Liberata *w*, die weibliche Form zu ↗ Liberat.

Liberia *w*, die weibliche Form zu Liberius (↗ Liborius).

Liberius *m*, Nebenform zu ↗ Liborius.

Liberta *w*, die weibliche Form zu früherem Liebert; althochdeutsch: *liob* = lieb; *beraht* = glänzend; Nebenform: *Liberte*.

Liberte *w*, Nebenform zu ↗ Liberta.

Libet *w*, Nebenform zu Liesbeth (↗ Elisabeth); auch *Libeth*.

Libeth *w*, Nebenform zu ↗ Libet.

Libgard *w*, Nebenform zu ↗ Liebgard.

Libgart *w*, Nebenform zu ↗ Liebgard.

Liborius *m*, von lateinisch: *libare*, griechisch: *leibein*, beides = Gott opfern; Nebenform: *Liberius*; Kurzformen: *Borries, Börries, Borris, Börre, Bors*.

Namensträger:

Liborius, gestorben um 397; seit 348 Bischof von Le Mans (Gedenktag: 23. Juli).

Liborius Wagner, 1593–1631; kam 1623 von der evangelischen Kirche zur katholischen; 1625 Priester, 1626 Pfarrer in Altenmünster; 1631 von den Schweden gemartert (Gedenktag: 9. Dezember).

Libusa *w*, Nebenform zu ↗ Libussa.

Libussa *w*, slawisch, nach tschechisch *Luboslaw* = Liebe, Liebling; Nebenform: *Libusa*.

Lida *w*, Kurz- und Koseform für ↗ Adelheid, ↗ Ludmilla und ↗ Luise; Nebenform: *Lide*.

Lidda *w*, Nebenform zu ↗ Liddi.

Liddi *w*, Koseform für ↗ Adelheid, ↗ Ludmilla, ↗ Luise und ↗ Lydia; Nebenformen: *Lidda, Liddy, Lide*.

Liddy *w*, Nebenform zu ↗ Liddi.

Lide *w*, Nebenform zu ↗ Lida und ↗ Liddi.

Lidia *w*, Nebenform zu ↗ Lydia und ↗ Ludwina.

Lidmila *w*, Nebenform zu ↗ Ludmilla.

Lidvina *w*, Nebenform zu ↗ Lidwina.

Lidvine *w*, französische Form von ↗ Lidwina.

Lidwiga *w*, Nebenform zu ↗ Luitwina.

Lidwina *w*, Nebenform zu ↗ Luitwina; Nebenform: *Lidvina;* französische Form: *Lidvine*.

Liebegard *w*, Nebenform zu ↗ Liebgard.

Liebel *m*, Koseform für ↗ Gottlieb und andere mit -lieb gebildete männliche Vornamen.

Liebert *m*, Nebenform zu ↗ Liebrecht.

Liebetraud *w*, Nebenform zu ↗ Liebtraud.

Liebfried *m*, althochdeutsch: *liob* = lieb; *fridu* = Friede.

Liebgard *w*, althochdeutsch: *liob* = lieb; *gard* = Zaun, Schutz, Schützerin; Nebenformen: *Liebegard, Libgard, Libgart*.

Liebhard *m*, althochdeutsch: *liob* = lieb; *harti* = stark, kühn; Nebenformen: *Lippert, Leffert, Liefert, Lievert*.

Liebhild *w*, althochdeutsch: *liob* = lieb; *hiltja* = Kampf.

Liebizo *m*, althochdeutsch: *liob* = lieb; *wit* = weit, stark; Nebenform: *Liawizo*.

Liebrecht *m*, althochdeutsch: *liob* = lieb; *beraht* = glänzend; Nebenformen: *Liebert, Leffert;* auch Nebenform zu ↗ Luitbrecht.

Liebtraud *w*, althochdeutsch: *liob* = lieb; *trud* = Stärke, Kraft; Nebenformen: *Liebetraud, Liebtrud*.

Liebtrud *w*, Nebenform zu ↗ Liebtraud.

Liebwald *m*, althochdeutsch: *liob* = lieb; *waltan* = walten, gebieten.

Liebward *m*, althochdeutsch: *liob* = lieb; *wart* = Hüter, Schützer; Nebenform: *Liebwart*.

Liebwart *m*, Nebenform zu ↗ Liebward.

Liebwin *m*, althochdeutsch: *liob* = lieb; *wini* = Freund; niederdeutsche Form: ↗ Levin.

Liefert *m*, Nebenform zu ↗ Liebhard.

Liendel *m*, Koseform für ↗ Leonhard.

Lienert *m*, Koseform für ↗ Leonhard.

Lienet *m*, Koseform für ↗ Leonhard.

Lienhard *m*, oberdeutsche und schweizerische Nebenform zu ↗ Leonhard.
Lienhart *m*, oberdeutsche und schweizerische Nebenform zu ↗ Leonhard.
Lieni *m*, Koseform für ↗ Leonhard.
Liert *m*, Kurz- und Koseform für ↗ Leonhard.
Lies *w*, Kurzform für ↗ Elisabeth.
Liesa *w*, Kurzform für ↗ Elisabeth.
Liesbeth *w*, Kurzform für ↗ Elisabeth; Nebenformen: *Lisbeth, Libet.*
Liese *w*, Kurzform für ↗ Elisabeth.
Liesel *w*, Kurzform für ↗ Elisabeth.
Lieselore *w*, Doppelname aus Elisabeth und Eleonore; Nebenform: *Liselore.*
Lieselotte *w*, Doppelname aus Elisabeth und Charlotte; Nebenform: *Liselotte;* Koseformen: *Lilotte, Lilo.*
Liesemarie *w*, Doppelname aus Elisabeth und Maria.
Liesi *w*, Koseform für ↗ Elisabeth.
Lieske *m*, Koseform für ↗ Elia.
Liesl *w*, Kurz- und Koseform für ↗ Elisabeth.
Bekannte Namensträgerin:
Liesl Karlstadt, 1892–1960; deutsche Volksschauspielerin; seit 1915 Partnerin von Karl Valentin.
Lievert *m*, Nebenform zu ↗ Liebhard.
Lil *w*, Koseform für ↗ Elisabeth und ↗ Lilian; Nebenform: *Lill.*
Bekannte Namensträgerin:
Lil Dagover, 1897–1980; deutsche Schauspielerin des Stumm- und Tonfilms sowie der Bühne.
Lili *w*, Koseform für ↗ Elisabeth, ↗ Julia und ↗ Lilian; Nebenform: *Lilli.*
Lilian *w*, von lateinisch: *lilium* = Lilie (?); oder Weiterbildung von Lilly; Nebenform: *Liliane;* Koseformen: *Lil, Lili, Lilli;* italienische Form: *Liliana.*
Bekannte Namensträgerin:
Lilian Harvey, 1907–1968; englisch-deutsche Filmschauspielerin.
Liliana *w*, italienische Form von ↗ Lilian.
Liliane *w*, Nebenform zu ↗ Lilian.
Lilith *w*, babylonisch: ein Sturmdämon; hebräisch: ein Nachtdämon.
Lill *w*, Nebenform zu ↗ Lil.
Lilli *w*, Koseform für ↗ Elisabeth, ↗ Julia und ↗ Lilian.
Bekannte Namensträgerinnen:
Lilli Lehmann, 1848–1929; deutsche Opern- und Konzertsängerin (Koloratursopran).
Lilli Palmer, geboren 1914; deutsch-britische Schauspielerin der Bühne und des Films.
Lilo *w*, Koseform für ↗ Lieselotte.
Lilotte *w*, Koseform für ↗ Lieselotte.
Limone *w*, nach der italienischen Zitrusfrucht Limone.
Lina *w*, Kurzform für ↗ Evelin, ↗ Karoline, ↗ Pauline und andere auf -lina (-line) endende weibliche Vornamen; Nebenform: *Line;* französische Koseform: *Linette.*
Linchen *w*, Koseform für ↗ Karoline.
Linda *w*, Kurzform für ↗ Dietlinde, ↗ Rosalinde und andere auf -linde endigende weibliche Vornamen.
Linde *w*, Nebenform zu ↗ Linda.
Lindgard *w*, althochdeutsch: *lind* = mild; *gard* = Zaun, Schutz, Schützerin; Nebenform: *Lindgart.*
Lindgart *w*, Nebenform zu ↗ Lindgard.
Lindtraud *w*, ältere Form von ↗ Lintrud; Nebenform: *Lindtrud.*
Lindtrud *w*, Nebenform zu ↗ Lindtraud.
Line *w*, Nebenform zu ↗ Lina.
Linette *w*, französische Koseform für Line (↗ Lina).
Lini *w*, Koseform für ↗ Karoline.
Lining *w*, niederdeutsche Koseform für ↗ Karoline.
Linnart *m*, schwedische Nebenform zu Lennart (↗ Leonhard).
Lintrud *w*, althochdeutsch: *lind* = mild; *trud* = Kraft, Stärke; ältere Formen: *Lindtrud, Lindtraud.*
Linus *m*, griechisch: der Betrauerte, der Klagende (?); auch Kurzform für auf -linus endende männliche Vornamen.
Namensträger
Linus, gestorben 67; der erste Nachfolger des Petrus als Bischof von Rom (Gedenktag: 23. September).

Linus Pauling, geboren 1901; amerikanischer Chemiker.

Lioba *w,* westgotisch: die Liebe, Liebende; oder Kurzform für ↗ Liobgid; Nebenformen: *Leoba, Liuba, Ljuba.*
Namensträgerin:
Lioba, um 710 - um 782; angelsächsische Nonne, verwandt mit Bonifatius; 735 erste Äbtissin des Klosters Tauberbischofsheim; angesehene Erzieherin (Gedenktag: 28. September).

Liobgid *w,* althochdeutsch: *liob* = lieb; altenglisch: *gyth* = Kampf.

Lion *m,* Nebenform zu ↗ Leo und zum französischen Léon; Verkleinerungsform: *Lionel.*
Namensträger:
Lion Feuchtwanger, 1884–1958; deutscher Romanschriftsteller.

Lionardo *m,* italienische Nebenform zu Leonardo (↗ Leonhard).

Lionel *m,* französische und englische Verkleinerungsform von Leo, Lion; italienische Form: *Lionello.*
Bekannter Namensträger:
Lionel Hampton, geboren 1913; amerikanischer Jazzmusiker des Swing.

Lionello *m,* italienische Form von ↗ Lionel.

Lionne *w,* französische weibliche Form zu Lion (↗ Léon).

Lipa *w,* russische Kurzform für ↗ Olympia.

Lipo *m,* slawische Form von ↗ Philipp.

Lipp *m,* Kurz- und Koseform für ↗ Philipp.

Lipperl *m,* Koseform für ↗ Philipp.

Lippert *m,* Nebenform zu ↗ Liebhard.

Lippi *m,* Koseform für ↗ Philipp.

Lippl *m,* Kurz- und Koseform für ↗ Philipp.

Lippo *m,* italienische Kurzform für Filippo (↗ Philipp).

Lippold *m,* Nebenform zu ↗ Leopold; ältere Form von Luitpold (↗Leopold).

Lipps *m,* Kurz- und Koseform für ↗ Philipp.

Lippus *m,* Koseform für ↗ Philipp.

Lipus *m,* Koseform für ↗ Philipp.

Lis *w,* Kurzform für ↗ Elisabeth; englische Form: *Liz.*

Lisa *w,* italienische Kurzform für ↗ Elisabeth.
Bekannte Namensträgerin:
Lisa Della Casa, geboren 1919; schweizerische Sängerin (Sopran); Mozart- und Strauss-Interpretin.

Lisabeth *w,* Kurzform zu ↗ Elisabeth.

Lisanne *w,* Doppelname aus Elisabeth und Anna.

Lisbeth *w,* Kurzform für ↗ Elisabeth.

Lise *w,* Kurzform für ↗ Elisabeth.
Namensträgerin:
Lise Meitner, 1878–1968; österreichische Physikerin der Atom- und Kernphysik.

Lisebeth *w,* Kurzform für ↗ Elisabeth.

Liselore *w,* Nebenform zu ↗ Lieselore.

Liselott *w,* Nebenform zu ↗ Lieselotte.

Liselotte *w,* Nebenform zu ↗ Lieselotte; auch *Liselott.*
Bekannte Namensträgerin:
Liselotte von der Pfalz, 1652–1722; Gattin Herzog Philipps I. von Orléans; bekannt durch ihre Schilderung des französischen Hoflebens.

Lisenka *w,* slawische Koseform für ↗ Elisabeth.

Lisetta *w,* italienische Kurzform für ↗ Elisabeth.

Lisette *w,* französische Kurzform für ↗ Elisabeth.

Lisia *w,* italienische Weiterbildung von Lisa (↗ Elisabeth).

Lisiane *w,* französische Weiterbildung von Lisa (↗ Elisabeth); Nebenformen: *Lysiane, Lysianne.*

Liska *w,* Nebenform zu ↗ Lisken.

Lisken *w,* schwedische Koseform für ↗ Elisabeth; Nebenform: *Liska.*

Lissa *w,* Koseform für ↗ Elisabeth und ↗ Melitta.

Lisse *w,* Koseform für ↗ Elisabeth.

Lissi *w,* Koseform für ↗ Elisabeth.

Lissy *w,* Koseform für ↗ Elisabeth.

Litt *m,* Kurzform für ↗ Hippolyt.

Litthard *m,* Nebenform zu ↗ Luithard.

Litz *w,* Koseform für ↗ Felicitas.

Litzel *w,* Koseform für ↗ Felicitas.

Liuba *w,* Nebenform zu ↗ Lioba.

Liudbirg *w,* Nebenform zu ↗ Luitberga.
Namensträgerin:
Liudbirg (Luitbirg), gestorben um 880; Klausnerin beim Kloster Wendhausen bei Thale; unterrichtete Mädchen (Gedenktag: 3. April).

Liudger *m,* Nebenform zu ↗ Leodegar.
Namensträger:
Liudger (Ludger), um 742–809; friesischer Glaubensbote in Friesland, Helgoland und Sachsen; seit 804 erster Bischof von Münster (Gedenktag: 26. März).

Liudolf *m,* Nebenform zu ↗ Luidolf.

Liutbald *m,* Nebenform zu ↗ Luitbald.

Liutberga *w,* Nebenform zu ↗ Luitberga.

Liutbert *m,* Nebenform zu ↗ Luitbert.

Liutbrand *m,* Nebenform zu ↗ Luitbrand.

Liutgard *w,* Nebenform ↗ Luitgard.

Liutger *m,* Nebenform zu ↗ Luitger (↗ Leodegar).

Liuthard *m,* Nebenform zu ↗ Luithard.
Namensträger:
Liuthard (Luthard), gestorben um 887; seit etwa 860 Bischof von Paderborn; gründete mit seiner Schwester Walburg 868 das Frauenstift Neuenheerse (Gedenktag: 2. Mai).

Liutiger *m,* Nebenform zu ↗ Leodegar.

Liutolf *m,* Nebenform zu ↗ Luidolf.

Liutpold *m,* ältere Form von ↗ Leopold.

Liutrud *w,* althochdeutsch: *liut* = Leute, Volk; *trud* = treu, stark.
Namensträgerin:
Liutrud (Lutrud), 6. Jahrhundert; Einsiedlerin in der Champagne (Gedenktag: 22. September).

Liutwin *m,* Nebenform zu ↗ Luitwin.
Namensträger:
Liutwin (Lutwin), gestorben zwischen 717 und 723; gründete um 690 das Kloster Mettlach; Bischof von Reims und Laon (Gedenktag: 23. September).

Liv *w,* nordisch: *hlif* = Wehr, Schutz; oder: *liv* = Leben.
Bekannte Namensträgerin:
Liv Ullmann, geboren 1938; norwegische Schauspielerin, besonders des Films; seit 1980 Sonderbotschafterin von UNICEF.

Livia *w,* die weibliche Form zu ↗ Livius.

Livinus *m,* latinisierte Form von ↗ Liafwin.

Livio *m,* italienische Form von ↗ Livius.

Livius *m,* lateinisch: aus dem altrömischen Geschlecht der Livier stammend; italienische Form: *Livio.*

Liz *w,* englische Kurzform für ↗ Elisabeth.

Liza *w,* englische Kurzform für ↗ Elisabeth.
Bekannte Namensträgerin:
Liza Minelli, geboren 1946; amerikanische Schauspielerin, Sängerin und Tänzerin.

Lizzi *w,* englische Kurzform für ↗ Elisabeth und Alice (↗ Alexandra).

Lizzy *w,* englische Kurzform für ↗ Elisabeth und Alice (↗ Alexandra).

Ljuba *w,* slawisch: Liebe, Liebende; auch Nebenform zu ↗ Lioba.

Ljubica *w,* Sanskrit: Liebchen (?).

Ljubinka *w,* slawische Koseform für ↗ Ljuba; Nebenform: *Lubinka.*

Ljubomir *m,* slawisch: *ljubow* = Liebe; *mir* = Friede.

Ljudomir *m,* altslawisch: *ljudi* = Leute, Volk; *mir* = Friede.

Loana *w,* Nebenform zu ↗ Luana oder Weiterbildung von ↗ Lona.

Lobgott *m,* pietistische Neubildung des 17./18. Jahrhunderts.

Lodewik *m,* niederdeutsche und niederländische Form von ↗ Ludwig.

Lodovico *m,* italienische Form von ↗ Ludwig.

Löhr *m,* Kurz- und Koseform für ↗ Lorenz.

Loi *m,* Koseform für ↗ Eligius; auch *Loy.*

Lois *m,* Kurzform für ↗ Alois.

Loisa *w,* Koseform für ↗ Aloisia; Nebenform: *Loysa.*

Loisl *m,* bayerische Koseform für ↗ Alois (Aloisius).

Loki *w,* Koseform für ↗ Hannelore.

Lola *w,* spanische Koseform für ↗ Charlotte, ↗ Dolores, ↗ Karoline; Nebenform: *Lolo.*

Bekannte Namensträgerin:

Lola Montez, 1818–1861; schottische Tänzerin; Geliebte König Ludwigs I. von Bayern.

Lolita *w,* spanisch; Koseform für ↗ Lola.

Lolo *w,* Nebenform zu ↗ Lola.

Lona *w,* Nebenform zu ↗ Loni und ↗ Malina; auch norwegische Kurzform für ↗ Magdalena.

Lone *w,* Nebenform zu ↗ Loni.

Longinus *w,* von lateinisch: *longus* = lang.

Loni *w,* Kurz- und Koseform für ↗ Apollonia, ↗ Eleonora und ↗ Leonie; Nebenformen: *Lona, Lone, Lony, Lonni.*

Lonni *w,* Nebenform zu ↗ Loni.

Lonny *w,* englische Koseform für ↗ Apollonia.

Löns *m,* Koseform für ↗ Apollonius, ↗ Laurentius (Lorenz) oder ↗ Leontius.

Lony *w,* Nebenform zu ↗ Loni.

Lope *m,* spanisch: = Wolf; Nebenform: *Lopez.*

Bekannter Namensträger:

Lope F. de Vega Carpio, 1562–1635; bedeutender spanischer Dramatiker; schuf das spanische Nationaltheater.

Lopez *m,* spanisch; Nebenform zu ↗ Lope.

Lora *w,* Kurzform für ↗ Eleonora und ↗ Laura; Nebenform: *Lore.*

Lorchen *w,* Koseform für ↗ Eleonora.

Lore *m,* Koseform für ↗ Lorenz.

Lore *w,* Kurzform für ↗ Eleonora und Laura.

Bekannte Namensträgerin:

Lore Lorentz, geboren 1925; Kabarettistin („Düsseldorfer Kom(m)ödchen“).

Loredana *w,* italienisch; von lateinisch: *laurus* = Lorbeer.

Lorelies *w,* Doppelname aus Eleonora und Elisabeth.

Lorella *w,* Weiterbildung von ↗ Laura.

Loremarie *w,* Doppelname aus Eleonora und Maria.

Lorena *w,* englisch-amerikanisch; Weiterbildung von ↗ Laura.

Lorenz *m,* deutsche Form von ↗ Laurentius; Kurz- und Koseformen: *Lore, Lori, Löhr, Löns, Lenz, Renz;* italienische Form: *Lorenzo.*

Bekannte Namensträger:

Lorenz Böhler, 1855–1973; österreichischer Chirurg; begründete die moderne Unfallchirurgie.

Lorenz Petri (Peterson), gestorben 1574; Reformator Schwedens (Gedenktag: 27. Oktober).

Lorenz von Stein, 1815–1890; deutscher Jurist und Nationalökonom.

Lorenza *w,* italienische Form von ↗ Laurentia; Koseform: *Lorenzina.*

Lorenzina *w,* italienische Koseform für Lorenza (↗ Laurentia).

Lorenzo *m,* italienische Form von Lorenz (↗ Laurentius); Koseform: *Renzo, Rienzo.*

Bedeutende Namensträger:

Lorenzo G. Bernini, 1598–1680; italienischer Bildhauer und Architekt des Barock.

Lorenzo Ghiberti, 1378–1455; italienischer Bildhauer und Goldschmied; einer der größten Plastiker Italiens.

Loretta *w,* italienische Form von ↗ Lauretta; nach dem italienischen Wallfahrtsort Loreto (französisch: Notre Dame de Lorette); Nebenform: *Loritta;* französische Form: *Lorette;* bulgarisch: *Lorita.*

Lorette *w,* französische Form von ↗ Loretta.

Loretto *m,* die männliche Form zu ↗ Loretta.

Lorin *m,* französische Form von ↗ Laurin (?).

Bekannter Namensträger:

Lorin Maazel, geboren 1930; amerikanischer Dirigent; mehrfach in europäischen Orchestern.

Lorina *w,* Koseform für ↗ Laurentia; auch *Loris.*

Lörinez *m,* ungarische Form von ↗ Laurentius.

Loris *w,* Nebenform zu ↗ Lorina.

Lorita *w,* bulgarische Form von ↗ Loretta.

Loritta *w,* Nebenform zu ↗ Loretta.

Lorna *w,* amerikanische Neubildung.

Lotar *m,* Nebenform zu ↗ Lothar.

Lothar *m,* althochdeutsch *Chlothar: hluth* = berühmt; *hari* = *heri* = Heer; Nebenform: *Lotar;* niederdeutsche Formen: *Lüder, Lüders;* italienisch und spanisch: *Lotario.*

Namensträger:

Lothar, 795–855; Sohn Ludwigs des Frommen; deutscher Kaiser; konnte die Reichseinheit nicht wahren; starb als Mönch von Prüm (Gedenktag: 29. Dezember).

Lothar, gestorben 756; nach Tod seiner Gattin in ein Kloster zurückgezogen, wurde er für 32 Jahre Bischof von Sées (Gedenktag: 15. Juni).

Lottchen *w,* Nebenform zu ↗ Lotte.

Lotte *w,* Koseform für ↗ Charlotte und ↗ Karoline; Nebenformen: *Lotti, Lottchen.*

Bekannte Namensträgerin:

Lotte Lehmann, 1888–1976; deutsch-amerikanische Opern- und Konzertsängerin (lyrisch-dramatischer Sopran).

Lottelies *w,* Doppelname aus Charlotte und Elisabeth; Nebenformen: *Lotteliese, Lottlisa.*

Lotteliese *w,* Nebenform zu ↗ Lottelies.

Lotti *w,* Nebenform zu ↗ Lotte.

Lottlisa *w,* Nebenform zu ↗ Lottelies.

Lotz *m,* Kurz- und Koseform für ↗ Ludwig.

Lotze *m,* Kurz- und Koseform für ↗ Ludwig.

Lou *m,* Kurz- und Koseform für französisch Louis (↗ Ludwig).

Lou *w,* Kurz- und Koseform für ↗ Louise.

Louis *m,* französische Form von ↗ Ludwig.

Bekannte und bedeutende Namensträger:

Louis Ferdinand, 1772–1806; Prinz von Preußen; Heerführer in den Koalitionskriegen.

Louis Philippe, 1773–1850; ab 1830 französischer König („Bürgerkönig"); 1848 vertrieben.

Louis Aragon, 1897–1982; französischer Schriftsteller des Surrealismus; führend in der Résistance des 2. Weltkriegs.

Louis Daniel Armstrong, 1900–1971; afroamerikanischer Jazztrompeter und -sänger.

Louis Blériot, 1872–1936; französischer Flugzeugkonstrukteur und Pilot, der 1909 als erster den Ärmelkanal überflog.

Louis-Victor Duc de Broglie, 1892–1976; französischer Physiker.

Louis II. Condé, 1621–1686; französischer Heerführer; zeitweise in spanischen Diensten.

Louis Jacques M. Daguerre, 1787–1851; französischer Maler; Erfinder der Daguerreotypie.

Louis Joseph Gay-Lussac, 1778–1850; französischer Physiker und Chemiker.

Louis Malle, geboren 1932; französischer Filmregisseur.

Louis Pasteur, 1822–1895; französischer Chemiker und Bakteriologe.

Louis Renault, 1843–1918; französischer Völkerrechtler am Internationalen Ständigen Schiedshof in Den Haag.

Louis C. Tiffany, 1848–1933; amerikanischer Kunsthandwerker und Maler des Jugendstils.

Louise *w,* die weibliche Form zu französisch ↗ Louis; Kurz- und Koseform: *Lou;* Nebenformen: *Lowis, Lowisa.*

Bekannte Namensträgerin:

Louise de Marillac, 1591–1660; Mitarbeiterin des heiligen Vinzenz von Paul; gründete 1633 die „Töchter der christlichen Liebe" oder Vinzentinerinnen (Gedenktag: 15. März).

Loulou *w,* Verdoppelung von ↗ Lou; deutsche Nebenform: *Lulu.*

Lovis *m,* niederdeutsche Nebenform zu ↗ Ludwig; auch *Lowis.*

Bedeutender Namensträger:

Lovis Corinth, 1858–1925; deutscher Maler und Graphiker; ein Hauptvertreter des deutschen Impressionismus; 1915 Leiter der Berliner Sezession.

Lovisa *w,* niederdeutsche Nebenform zu ↗ Luise; auch: *Lowisa, Lowise.*

Lowik *m,* niederländische Form von ↗ Ludwig.

Lowis *m,* Nebenform zu ↗ Lovis.

Lowisa *w,* Nebenform zu ↗ Lovisa.

Lowise *w,* Nebenform zu ↗ Lovisa.

Loy *m,* Koseform für ↗ Eligius oder Lodewik (↗ Ludwig); Nebenform: *Loi.*

Loysa *w,* Nebenform zu ↗ Loisa.

Lu *m,* Koseform für ↗ Ludwig.

Lu *w,* Kurz- und Koseform für ↗ Luise und andere mit Lu- beginnende weibliche Vornamen.

Luana *w,* englisch-amerikanisch; Herkunft und Bedeutung fraglich.

Lubbe *m,* Nebenform zu ↗ Lübbe.

Lübbe *m,* friesische Kurzform für mit Luit- gebildete männliche Vornamen; Nebenformen: *Lubbe, Lübe, Lübbo, Lüppe, Lüppo.*

Lübbo *m,* Nebenform zu ↗ Lübbe.

Lübe *m,* Nebenform zu ↗ Lübbe.

Lubentius *m,* latinisiert, wohl von angelsächsisch: *liub* = lieb, wert, gütig.

Namensträger:

Lubentius, 4./5. Jahrhundert; nach der Überlieferung Schüler Martins von Tours; wirkte als Priester an der unteren Mosel (Gedenktag: 13. Oktober).

Lubinka *w,* slawische Nebenform zu ↗ Ljubinka.

Lubomierski *m,* polnisch: friedliebend.

Luc *m,* Kurzform für ↗ Lucien.

Lucas *m,* Nebenform zu ↗ Lukas.

Bedeutender Namensträger:

Lucas Cranach der Ältere, 1472–1553; deutscher Maler und Graphiker der Reformationszeit.

Luchino *m,* italienisch.

Bekannter Namensträger:

Luchino Visconti, 1906–1976; italienischer neorealistischer Regisseur der Bühne und des Films.

Lucia *w,* die weibliche Form zu ↗ Lucius, etwa: leuchtend; Nebenformen: *Luzia, Lucie, Luzie;* Koseformen: *Lutzel, Luzi, Luz, Luzeile, Zeia, Zeieli, Zeje, Zizi, Zeigen;* Weiterbildung: *Lucinde;* französische Form: *Lucie;* italienisch: *Lucia;* englisch: *Lucy.*

Lucian *m,* Weiterbildung von ↗ Lucius; lateinische Form: *Lucianus;* deutsche Schreibweise: *Luzian.*

Luciana *w,* die weibliche Form zu ↗ Lucian; Nebenform: *Luciane.*

Luciane *w,* Nebenform zu ↗ Luciana.

Lucie *w,* französische Form und Nebenform zu ↗ Lucia.

Lucien *m,* französische Form von ↗ Lucius; Kurzform: *Luc.*

Lucienne *w,* die weibliche Form zu französisch Lucien (↗ Lucius).

Lucilla *w,* Weiterbildung von ↗ Lucia; Nebenformen: *Lucille, Luzilla.*

Namensträgerin:

Lucilla (Lucille), 3. Jahrhundert; mit Flora legendäre Märtyrin unter Kaiser Gallienus; ursprünglich Sklavin (Gedenktag: 29. Juli).

Lucille *w,* Nebenform zu ↗ Lucilla.

Lucinde *w,* Weiterbildung von ↗ Lucia; Nebenform: *Luzinde.*

Lucius *m,* von lateinisch: *lux* = Licht; bei Tagesanbruch geboren (?); deutsche Schreibweise: *Luzius;* französische Form: *Lucien,* Kurzform: *Luc.*

Namensträger:

Lucius (Luzius), 5./6. Jahrhundert; Glaubensbote in der Gegend von Chur; nach der Legende König von Britannien und Märtyrer (Gedenktag: 2. Dezember).

Lucius Apulejus, um 125 bis um 80 v. Chr.; römischer Dichter des Sittenromans „Metamorphosen".

Lucius Clay, 1898–1978; amerikanischer General; organisierte als Mili-

tärgouverneur 1947–1949 die Luftbrücke zur Versorgung Berlins.
Lucke *w,* Koseform für ↗ Luitgard.
Lücke *m,* Koseform für ↗ Ludwig.
Lücke *w,* Koseform für ↗ Luitgard.
Luckele *w,* Koseform für ↗ Luitgard.
Luckhard *w,* Nebenform zu ↗ Luitgard.
Lucrèce *w,* französische Form von ↗ Lukretia.
Lucretia *w,* lateinische Form von Lukretia (↗ Lukretius), französische Form: Lucrèce.
Lucretius *m,* lateinische Form von ↗ Lukretius.
Lucrezia *w,* italienische Form von ↗ Lukretia.
Luculla *w,* Koseform für ↗ Luitgard.
Lucy *w,* die englische Form von ↗ Lucia.
Lud *w,* Kurzform für ↗ Ludmilla.
Ludan *m,* lateinisch: *Ludanus.*
Namensträger:
Ludan, gestorben 1202 im Elsaß auf der Rückreise von einer Pilgerfahrt nach Rom (Gedenktag: 12. Februar).
Ludanus *m,* lateinische Form von ↗ Ludan.
Ludbert *m,* Nebenform zu ↗ Luitbert.
Lude *m,* Nebenform zu ↗ Lüde; Koseform für ↗ Ludwig.
Lüde *m,* niederdeutsch-friesische Kurzform für mit Luit- gebildete männliche Vornamen; Nebenformen: *Lude, Ludeke, Lüdeke, Luideke.*
Ludeke *m,* Nebenform zu ↗ Lüde; Kosename für ↗ Luidolf.
Lüdeke *m,* Nebenform zu ↗ Lüde; Kurzform für ↗ Ludwig; Kosename für ↗ Luidolf.
Ludel *m,* Koseform für ↗ Ludwig.
Lüder *m,* niederdeutsche Form von ↗ Lothar und ↗ Luither; Nebenform: *Lüders.*
Lüders *m,* Nebenform zu ↗ Lüder.
Ludgardis *w,* Nebenform zu ↗ Luitgard.
Ludger *m,* Nebenform zu ↗ Leodegar und ↗ Luitger.
Ludgera *w,* die weibliche Form zu ↗ Ludger.
Ludi *m,* Kurzform für ↗ Ludwig.
Ludmila *w,* Nebenform zu ↗ Ludmilla.
Ludmilla *w,* slawisch: *ljud* = Leute, Volk; *milyj* = lieb; Nebenformen: *Ludmila, Lidmila;* Kurz- und Koseformen: *Lud, Lulu, Lida, Lidda, Liddi, Liddy, Mila, Milina, Milena, Militza, Milka.*
Namensträgerin:
Ludmilla (Ludmila), um 860–921; Herzogin von Böhmen; auf der Burg Tetin auf Betreiben ihrer heidnischen Schwiegertochter erdrosselt; Märtyrin (Gedenktag: 15. September).
Ludo *w,* Kurzform für ↗ Ludwig und andere mit Lud- oder Luit- gebildete männliche Vornamen; Nebenform: *Luto.*
Ludolf *m,* althochdeutsch: *hluth* = berühmt; *wolf* = Wolf.
Bekannte Namensträger:
Ludolf von Korvey, gestorben 983; seit 965 Abt von Korvey, unter dem die Abtei und deren Klosterschule erblühten (Gedenktag: 13. August).
Ludolf von Ratzeburg, gestorben 1250; Mitgründer des Benediktinerinnenklosters Rehna; seit 1236 Bischof von Ratzeburg; von Herzog Albrecht gefangengesetzt; starb nach Freilassung an den Folgen der Entbehrungen (Gedenktag: 29. März).
Ludolfa *w,* die weibliche Form zu ↗ Ludolf.
Ludolfine *w,* Weiterbildung von ↗ Ludolfa.
Ludovica *w,* lateinische Form von ↗ Ludwiga.
Ludovico *m,* italienische Form von ↗ Ludwig.
Bedeutender Namensträger:
Ludovico Ariosto, 1474–1533; italienischer Renaissancedichter und Humanist.
Ludovicus *m,* lateinische Form von ↗ Ludwig.
Ludowika *w,* slawische Form und Nebenform zu ↗ Ludwiga.

Ludvig *m,* dänische und schwedische Form von ↗ Ludwig.

Ludvik *m,* tschechische Form von ↗ Ludwig; auch allgemein slawisch.

Namensträger:

Ludvik Svoboda, 1895–1979; tschechischer General und kommunistischer Politiker.

Ludvika *w,* slawische Form von ↗ Ludwiga.

Ludwig *m,* althochdeutsch: *hluth* = berühmt, oder: *hlotho* = Schar; *wig* = Kampf, Krieg; fränkische Form: *Chlodwig;* latinisiert: *Ludovicus;* Kurz- und Koseformen: *Lude, Ludi, Luggi, Lüdeke, Lücke, Lutz, Lotz, Lotze, Luwi, Ludel, Luthe, Lu, Wiggerl, Wiggl, Wigg, Wickel, Wickes;* niederdeutsche Formen: *Ladewig, Lovis, Lowis, Lodwijk;* niederländisch: *Lodewik, Lowik;* dänisch und schwedisch: *Ludvig;* englisch: *Lewis;* französisch: *Louis;* italienisch: *Ludovico, Lodovico;* Kurzformen: *Luigi, Gigi, Gigio, Vico, Gino;* spanisch und portugiesisch: *Luis;* tschechisch: *Ludvik;* slawisch: *Ludvik, Ludwik;* ungarisch: *Lajos.*

Bekannte und bedeutende Namensträger:

Ludwig III. von Arnstein, 1109–1185; gründete Klöster; seine Gemahlin Guda lebte bei Arnstein als Reklusin (Gedenktag: 25. Oktober).

Ludwig IX., König von Frankreich, 1214 (?) – 1270; seit 1226 König; Verwaltungs- und Sozialreformer; förderte Glauben und Wissenschaft; beseitigte kirchliche Mißstände; starb auf Kreuzzug an Seuche (Gedenktag: 25. August).

Ludwig IV., gestorben 1227; Landgraf von Thüringen; Gemahl der heiligen Elisabeth; starb als Kreuzfahrer (Gedenktag: 11. September).

Ludwig von Berquin, gestorben 1529; Blutzeuge der Reformation in Frankreich (Gedenktag: 17. April).

Ludwig der Fromme, 778–840; fränkischer Kaiser seit 814; unter ihm ging Reichseinheit verloren.

Ludwig der Deutsche, um 805–876; seit 843 König des Ostfrankenreichs, das sich zum Deutschen Reich entwickelte.

Ludwig II. von Bayern, 1845–1886; ab 1864 König; Erbauer von Prachtschlössern.

Ludwig XIV. von Frankreich, 1638–1715; der „Sonnenkönig"; absolutistischer Monarch; erreichte den Höhepunkt der französischen Machtstellung.

Ludwig XVI. von Frankreich, 1754–1793; Gemahl Marie Antoinettes aus Österreich; in der Französischen Revolution hingerichtet.

Ludwig Aschoff, 1866–1942; deutscher Pathologe.

Ludwig Beck, 1880–1944; deutscher General; Gegner von Hitlers Kriegsplänen; trat 1938 zurück; aktiv in der Widerstandsbewegung; 1944 erschossen.

Ludwig van Beethoven, 1770–1827; deutscher Komponist von Sinfonien, Kammermusiken, Streichquartetten, Klavierwerken, Solosonaten.

Ludwig Bölkow, geboren 1912; deutscher Konstrukteur der Luft- und Raumfahrtindustrie.

Ludwig Börne, 1786–1837; Schriftsteller des Jungen Deutschland.

Ludwig Curtius, 1874–1954; deutscher Archäologe; 1928–1937 Direktor des Archäologischen Instituts in Rom.

Ludwig Devrient, 1784–1832; deutscher Schauspieler; Charakterdarsteller.

Ludwig Erhard, 1897–1977; deutscher christdemokratischer Politiker; begründete die Soziale Marktwirtschaft; 1963–1966 Bundeskanzler.

Ludwig Feuerbach, 1804–1872; deutscher sensualistisch-materialistischer Philosoph; beeinflußte Karl Marx.

Ludwig Harms, gestorben 1865; Begründer der evangelischen Hermannsburger Mission (Gedenktag: 13. November).

Ludwig Hofacker, gestorben 1828; deutscher evangelischer Erweckungsprediger (Gedenktag: 18. November).

Ludwig Ihmels, gestorben 1933; deutscher evangelischer Theologe und Bischof in Sachsen (Gedenktag: 7. Juni).

Ludwig Klages, 1872–1956; deutscher Psychologe und Philosoph; begründete die Charakterkunde neu.

Ludwig Ritter von Köchel, 1800–1877; österreichischer Musikwissenschaftler; schuf das „Köchelverzeichnis" sämtlicher Werke Mozarts.

Ludwig Leichhardt, 1813–1848 (verschollen); deutscher Australienforscher.

Ludwig Marcuse, 1894–1971; deutscher Schriftsteller, Journalist und Literaturkritiker.

Ludwig Mies van der Rohe, 1886–1969; deutscher Architekt; bis 1933 Leiter des Bauhauses; emigrierte.

Ludwig Nommensen, gestorben 1918; evangelischer Missionar auf Sumatra; gründete die Batakkirche (Gedenktag: 23. Mai).

Ludwig Prandtl, 1875–1953; deutscher Physiker; Mitbegründer von Aero- und Hydrodynamik.

Ludwig Quidde, 1858–1941; deutscher Geschichtswissenschaftler und Pazifist.

Ludwig Richter, 1803–1884; deutscher volkstümlich-biedermeierlicher Maler, Zeichner und Illustrator.

Ludwig Rosenberg, 1903–1977; deutscher Gewerkschaftsführer.

Ludwig Schneller, gestorben 1896; evangelischer „Vater der Waisen" in Palästina (Gedenktag: 19. Oktober).

Ludwig Steil, gestorben 1945; evangelischer deutscher Blutzeuge im Kirchenkampf (Gedenktag: 18. Januar).

Ludwig Thoma, 1867–1921; deutscher zeitkritischer Schriftsteller.

Ludwig Uhland, 1787–1862; deutscher Schriftsteller; Haupt der „Schwäbischen Dichterschule".

Ludwig Wittgenstein, 1889–1951; deutscher Philosoph; Vertreter der analytischen Philosophie und des Pragmatismus sowie einer neuen Theorie der Psychologie.

Ludwig Yorck von Wartenburg, 1759–1830; preußischer Feldmarschall; schloß mit Rußland Konvention von Tauroggen.

Ludwig Zamenhof, 1859–1917; polnischer Augenarzt; entwickelte die Welthilfssprache Esperanto.

Ludwig Zimmermann, gestorben 1906; evangelischer Blutzeuge im Baltikum (Gedenktag: 31. August).

Ludwiga *w*, die weibliche Form zu ↗ Ludwig; latinisiert: *Ludovica, Ludowika;* Koseformen: *Fieke, Fike, Fikchen, Vike;* französische Form: *Louise;* italienisch: *Luigia;* spanisch: *Luisa;* polnisch: *Ludwika;* slawisch: *Ludvika, Ludwika, Ludowika.*

Ludwik *m*, slawische Form von ↗ Ludwig.

Ludwika *w*, slawische Form von ↗ Ludwiga; Nebenform: *Ludowika.*

Ludwina *w*, Nebenform zu ↗ Luitwina; auch: *Lidwiga, Lidia, Lidwina.*

Namensträgerin:

Ludwina (Lidwina, Lidia), 1380–1433; ertrug 38 Jahre ein schmerzhaftes Leiden in heroischer Geduld (Gedenktag: 14. April).

Luf *m*, Kosename für ↗ Liudolf.

Lüfthild *w*, Nebenform zu ↗ Liuthild.

Namensträgerin:

Lüfthild, 9. Jahrhundert; lebte nach der Überlieferung im Raum von Bonn (Gedenktag: 23. Januar).

Luggi *m*, österreichische und schweizerische Koseform für ↗ Ludwig.

Luideke *m*, Nebenform zu ↗ Lüde.

Luidger *m*, Nebenform zu ↗ Liudger.

Luidolf *m*, althochdeutsch: *liut* = Leute, Volk; *wolf* = Wolf; Nebenformen: *Luitolf, Liutolf, Liudolf;* Kurz- und Koseformen: *Ludeke, Lüdeke, Lülf, Luf, Lauf.*

Luigi *m*, italienische Form von ↗ Ludwig und ↗ Alois.

Bekannte und bedeutende Namensträger:

Luigi Cherubini, 1760–1842; italienischer Komponist; wirkte seit 1788 in Paris als Opernkomponist.

Luigi Dallapiccola, 1904–1975; italienischer Komponist der Zwölftontechnik.

Luigi Galvani, 1737–1798; italienischer Arzt und Naturwissenschaftler; fand galvanische Elektrizität.

Luigi Nono, geboren 1924; italienischer Komponist der seriellen Musik und eines expressiven Vokalstils.

Luigi Pasquali, gestorben 1560; Blutzeuge der Reformation in Spanien (Gedenktag: 9. September).

Luigi Pirandello, 1867–1936; italienischer Schriftsteller; Dramatiker und Romancier.

Luigia *w,* italienische Form von ↗ Ludwiga.

Luis *m,* spanische und rätoromanische Form von ↗ Ludwig.

Bekannte Namensträger:

Luis Buñuel, geboren 1900; spanischer surrealistischer Filmregisseur.

Luis Trenker, geboren 1892; deutscher Bergsteiger, Filmschauspieler und -regisseur sowie Schriftsteller.

Luisa *w,* italienische, spanische und rätoromanische Form von ↗ Luise und Ludwiga.

Luise *w,* deutsche Form von französisch Louise; Nebenform von ↗ Ludwiga; Kurz- und Koseformen: *Lu, Lulu, Lida, Lidda, Liddi, Liddy, Lide, Wise, Wisele;* italienische und spanische, auch rätoromanische Form: *Luisa.*

Bekannte Namensträgerinnen:

Luise de Marillac ↗ Louise de Marillac.

Luise von Savoyen, 1462–1503; Klarissin im Kloster Orbe; war nach dem Tod ihres Gatten 1490 zunächst Terziarin geworden (Gedenktag: 24. Juli).

Luise, 1776–1810; Gattin Friedrich Wilhelms I., Königin von Preußen; bemühte sich erfolglos bei Napoleon um bessere Friedensbedingungen.

Luise Otto-Peters, 1819–1895; deutsche Frauenrechtlerin; Gründerin des Allgemeinen deutschen Frauenvereins.

Luise Rinser, geboren 1911; deutsche progressiv-katholische Schriftstellerin.

Luise Scheppler, gestorben 1837; Gehilfin Oberlins im Elsaß (Gedenktag: 26. Juli).

Luise Ullrich, geboren 1911; deutsche Schauspielerin der Bühne und des Films; auch Schriftstellerin.

Luisella *w,* romanische Verkleinerung von ↗ Luisa; Nebenform: *Luiselle.*

Luiselle *w,* Nebenform zu ↗ Luisella.

Luiselotte *w,* Doppelname aus Luise und Charlotte.

Luitbald *m,* althochdeutsch: *liut* = Leute, Volk; *bald* = kühn; ältere Form von ↗ Luitpold; Nebenformen: *Liutbald, Lupold.*

Luitberga *w,* althochdeutsch: *liut* = Leute, Volk; *berga, burg* = Schutz; Nebenformen: *Liutberga, Luitburga, Liudbirg, Lutbirg.*

Luitbert *m,* althochdeutsch: *liut* = Leute, Volk; *beraht* = glänzend; Nebenformen: *Liutbert, Luitbrecht, Liebrecht.*

Luitbrand *m,* althochdeutsch: *liut* = Leute, Volk; *brant* = Feuer, Schwert; Nebenformen: *Liutbrand, Luitprand.*

Luitbrecht *m,* Nebenform zu ↗ Luitbert; auch *Liebrecht.*

Luitburga *w,* Nebenform zu ↗ Luitberga.

Luitfrid *m,* Nebenform zu ↗ Luitfried; auch *Leutfried.*

Namensträger:

Luitfrid, gestorben 1096; Benediktiner in Sankt Blasien; wurde 1082 Abt des Klosters; starb nach heiligmäßigem Leben (Gedenktag: 31. Dezember).

Luitfried *m,* althochdeutsch: *liut* = Leute, Volk; *fridu* = Friede; Nebenform: *Luitfrid.*

Luitfriede *w,* die weibliche Form zu ↗ Luitfried.

Luitgard *w,* althochdeutsch: *liut* = Leute, Volk; *gard* = Schutz; Nebenformen: *Liutgard, Lutgard, Leutgard, Leogard, Legardis, Leukardis, Luck-*

hard, Lukardis, Lükardis; Kurz- und Koseformen: *Lucke, Luckele, Lücke, Luculla.*
Namensträgerinnen:
Luitgard, 9. Jahrhundert; Gründerin und erste Äbtissin des Frauenklosters Bassum (Gedenktag: 1. Juni).
Luitgard von Tongern, 1182–1246; schon 1203 Priorin des Benediktinerinnenklosters Sankt Katharina bei Sint-Truiden; wurde 1206 Zisterzienserin im Kloster Aywières bei Brüssel (Gedenktag: 16. Juni).
Luitgard von Wittichen, 1291–1348; wurde mit 12 Jahren Begine; gründete Terziarinnenkloster in Wittichen und leitete es (Gedenktag: 16. Oktober).

Luitger *m,* althochdeutsch: *liut* = Leute, Volk; *ger* = Speer; Nebenformen: *Ludger, Liutger.*

Luitgund *w,* althochdeutsch: *liut* = Leute, Volk; *gund* = Kampf, Krieg.

Luithard *m,* althochdeutsch: *liut* = Leute, Volk; *harti* = stark, fest; Nebenformen: *Liuthard, Litthard.*

Luither *m,* althochdeutsch: *liut* = Leute, Volk; *heri* = Heer.

Luithild *w,* althochdeutsch: *liut* = Leute, Volk; *hiltja* = Kampf.

Luithold *m,* althochdeutsch: *liut* = Leute, Volk; *waltan* = herrschen, gebieten; ältere Form: *Luitwald;* Nebenform: *Leuthold.*

Luitolf *m,* Nebenform zu ↗ Luidolf.

Luitpold *m,* ältere Form von ↗ Leopold; Nebenformen: *Luitbald, Lippold.*
Namensträger:
Luitpold, 13. Jahrhundert; Graf von Wolfratshausen-Dießen; wurde Einsiedler in Lautbrunn am Ammersee (Gedenktag: 1. November).

Luitprand *m,* Nebenform zu ↗ Luitbrand.

Luitprecht *m,* Nebenform zu ↗ Luitbert.

Luitwald *m,* ältere Form von ↗ Luithold.

Luitwin *m,* althochdeutsch: *liut* = Leute, Volk; *wini* = Freund; Nebenformen: *Liutwin, Lutwin, Leodewin, Leutwin, Leutwein.*

Luitwine *w,* die weibliche Form zu ↗ Luitwin; Nebenform: *Lutwine.*

Luitzen *m,* niederländisch.
Bekannter Namensträger:
Luitzen Egbertus Jan Brouwer, 1881–1966; niederländischer Mathematiker; begründete den mathematischen Intuitionismus.

Lukácz *m,* ungarische Form von ↗ Lukas.

Lukan *m,* lateinisch: *Lucanus* = Lukaner.
Namensträger:
Lukan, 5. Jahrhundert; Bischof von Säben/Brixen (Gedenktag: 27. Juli).

Lukardis *w,* Nebenform zu ↗ Luitgard; auch *Lükardis.*
Namensträgerin:
Lukardis, gestorben 1309; Zisterzienserin in Oberweimar; litt lange Jahre; stigmatisiert (Gedenktag: 22. März).

Lükardis *w,* Nebenform zu Lukardis (↗ Luitgard).

Lukarz *m,* polnische Form von ↗ Lukas.

Lukas *m,* griechisch: *Lukas* = aus dem unteritalischen Lukanien stammend; lateinische Form: *Lucas;* Kurz- und Koseformen: *Luks, Lauks, Laux, Lux;* polnische Form: *Lukarz;* ungarisch: *Lukácz.*
Bekannte Namensträger:
Lukas, 1. Jahrhundert; heidnischer Arzt; wurde Christ und zeitweise Begleiter des Apostels Paulus auf dessen Missionsreisen; Verfasser des dritten Evangeliums und der Apostelgeschichte des Neuen Testaments (Gedenktag: 18. Oktober).
Lukas Cranach, 1472–1553; deutscher Maler, Holzschnitzer und Kupferstecher; ein Hauptmeister des 16. Jahrhunderts (Gedenktag: 16. Oktober).

Lüke *m,* niederdeutsche Kurzform für mit Luit- gebildete männliche Vornamen; Nebenform: *Lüken.*

Lüken *m,* Nebenform zu ↗ Lüke.

Lukerja *w,* russische Form von ↗ Lukretia.

Lükke *w*, nordisch: = Glück.
Lukretia *w*, die weibliche Form zu ↗ Lukretius; Nebenformen: *Lucretia, Lukrezia:* französische Form: *Lucrèce;* italienisch: *Lucrezia;* russisch: *Lukerja.*
Lukretius *m*, lateinisch: *Lucretius* = aus dem Geschlecht der Lukretier.
Luks *m*, Koseform für ↗ Lukas.
Lul *m*, latinisiert *Lullus;* Nebenform: *Lull.*
Namensträger:
Lul, um 710–786; aus Wessex; Mönch und Archidiakon des heiligen Bonifatius; 752 Chorbischof; 754 Bischof, erster Metropolit der Kirchenprovinz Mainz (Gedenktag: 16. Oktober).
Lülf *m*, Kosename für ↗ Luidolf.
Lull *m*, Nebenform zu ↗ Lul.
Lullus *m*, lateinische Form von ↗ Lul.
Lulu *w*, Koseform für ↗ Ludmilla und ↗ Luise; Nebenform zu ↗ Loulou.
Lunetta *w*, amerikanisch; von lateinisch: *luna* = Mond.
Lupizinus *m*, von lateinisch: *lupus* = Wolf (?).
Namensträger:
Lupizinus, gestorben um 480; gründete mit seinem Bruder Romanus um 450 das Kloster Condat in Burgund; nach seinem Bruder dessen Abt (Gedenktag: 28. Februar).
Lupold *m*, Nebenform zu ↗ Luitbald.
Lüpold *m*, Nebenform zu ↗ Leopold.
Lüppe *m*, Nebenform zu ↗ Lübbe.
Lüppo *m*, Nebenform zu ↗ Lübbe.
Lupus *m*, lateinisch: *lupus* = Wolf.
Lutbirg *w*, Nebenform zu ↗ Luitberga.
Lutgar *m*, Nebenform zu ↗ Leodegar.
Lutgard *w*, Nebenform zu ↗ Luitgard.
Lutger *m*, Nebenform zu ↗ Leodegar.
Luthe *m*, Koseform für ↗ Ludwig.
Luther *m*, Nebenform zu ↗ Lothar.
Lütjen *m*, friesische Kurzform für mit Luit- gebildete männliche Vornamen.
Lütmer *m*, niederdeutsch-friesische Form eines älteren Namens *Luitmar* (althochdeutsch: *liut* = Volk; *mari* = berühmt); Nebenform: *Lüttmer.*
Luto *m*, Nebenform zu ↗ Ludo.
Lutrud *w*, Nebenform zu ↗ Liutrud.
Lutter *m*, Nebenform zu ↗ Lothar.
Lüttmer *m*, Nebenform zu ↗ Lütmer.
Lutwin *m*, Nebenform zu ↗ Luitwin.
Lutwine *w*, Nebenform zu ↗ Luitwine.
Lutz *m*, Koseform für ↗ Ludwig und ↗ Lukas.
Lutzel *w*, Koseform für ↗ Lucia.
Luwi *m*, Kurzform für ↗ Ludwig.
Lux *m*, Kurz- und Koseform für ↗ Lukas.
Luz *w*, Koseform für ↗ Lucia.
Luzeile *w*, Koseform für ↗ Lucia.
Luzi *w*, Koseform für ↗ Lucia.
Luzia *w*, Nebenform zu ↗ Lucia.
Namensträgerin:
Luzia, frühchristliche Märtyrin in Syrakus; Jungfrau (Gedenktag: 13. Dezember).
Luzian *m*, deutsche Schreibweise von ↗ Lucian.
Luzie *w*, Nebenform zu ↗ Luzia.
Luzilla *w*, Nebenform zu ↗ Lucilla.
Luzinde *w*, Nebenform von ↗ Lucinde.
Luzius *m*, Nebenform zu ↗ Lucius.
Namensträger:
Luzius ↗ Lucius.
Lyda *w*, Nebenform zu ↗ Lydia.
Lydia *w*, griechisch-lateinisch: Lydierin; Nebenform: *Lyda;* Koseformen: *Lida, Lidda, Liddi, Liddy, Lide.*
Namensträgerin:
Lydia, 1. Jahrhundert; Purpurhändlerin aus Thyatira; von Paulus bekehrt (Gedenktag: 3. August).
Lyndon *m*, englisch-amerikanisch.
Namensträger:
Lyndon Baines Johnson, 1908–1973; amerikanischer Politiker; 1963–1969 36. Präsident der Vereinigten Staaten von Amerika.
Lyonel *m*, amerikanische Form von ↗ Leo.
Bekannter Namensträger:
Lyonel Feininger, 1871–1956; deutsch-amerikanischer Maler und Graphiker; 1919–1933 am Bauhaus.
Lys *w*, Kurz- und Koseform für ↗ Elisabeth.

Lysander *m*, griechisch: *lyein* = lösen, befreien; *aner* = Mann.

Lysiane *w*, französische Nebenform zu ↗ Lisiane.

Lysianne *w*, französische Nebenform zu ↗ Lisiane.

M

Maart *m*, niederländische Koseform für ↗ Martin.

Maarten *m*, niederländische Form von ↗ Martin.

Maartinus *m*, latinisierte niederländische Form von ↗ Martin.

Maas *m*, rheinische Form von ↗ Thomas; Nebenform: *Maes*.

Mab *w*, englische Kurzform für ↗ Mabel.

Mabel *w*, englische Koseform zu älterem *Amabel* (↗ Amabella); von lateinisch: *amabilis* = liebenswert; Kurzform: *Mab*.

Mabella *w*, englische Form von ↗ Amabella.

Macaire *m*, französische Form von ↗ Makarius.

Macarius *m*, lateinisch, Nebenform zu ↗ Makarius.

Mach *m*, Kurzform für ↗ Epimach.

Machus *m*, Kurzform für ↗ Epimach.

Maciej *m*, polnische Form von ↗ Matthias.

Mack *m*, Kurz- und Koseform für ↗ Markward.

Madalen *w*, Nebenform zu ↗ Magdalena.

Madalena *w*, Nebenform zu Maddalena (↗ Magdalena).

Maddalena *w*, italienische Form von ↗ Magdalena; Nebenform: *Madalena*.

Maddie *w*, englische Koseform für ↗ Magdalena.

Maddy *w*, englische Koseform für ↗ Magdalena.

Made *w*, deutsche Koseform und englische Kurzform für ↗ Magdalena.

Madej *m*, polnische Form von ↗ Amadeus.

Madel *w*, Koseform für ↗ Magdalena; auch norwegische Koseform.

Madelberta *w*, Doppelname aus Magdalena und Berta; *beraht* = glänzend.

Namensträgerin:

Madelberta, gestorben um 705; ab 696 Äbtissin des Klosters Maubeuge (Gedenktag: 7. September).

Madeleine *w*, französische Form von ↗ Magdalena; deutsche Form: *Madlen* oder *Madlene;* französische Koseform: *Madelon*.

Bekannte Namensträgerin:

Madeleine de Scudéry, 1607–1701; französische Schriftstellerin der zeitgenössischen preziösen Literatur.

Madelena *w*, spanische Form von ↗ Magdalena; italienische Nebenform zu ↗ Magdalena.

Madeli *w*, Koseform für ↗ Magdalena.

Madelina *w*, Nebenform zu Magdalina (↗ Magdalena).

Madeline *w*, englische Form von ↗ Magdalena.

Madelon *w*, französische Koseform für ↗ Magdalena.

Mades *m*, Koseform für ↗ Matthias.

Madge *w*, englische Koseform für Margaret (↗ Margareta).

Madgy *w*, englische Koseform für Margaret (↗ Margareta).

Madi *w*, Koseform für ↗ Magdalena.

Mädi *w*, verdeutschtes englisches Mady, Koseform für ↗ Magdalena; Nebenform: *Mädy*.

Madina *w*, Kurz- und Koseform für ↗ Magdalena.

Madlen *w*, nach französischem Madeleine; Koseform für ↗ Magdalena; Nebenform: *Madlene*.

Madlene *w* Nebenform zu ↗ Madleen.

Madlenka *w*, slawische Form für ↗ Magdalena.

Madlon *w*, Koseform für ↗ Magelone.

Mado *w*, Koseform for ↗ Magdalena.

Madrisa *w*, Nebenform zu ↗ Maris.

Mady *w*, englische Koseform für ↗ Magdalena.

Mädy *w*, Nebenform zu ↗ Mädi.

Mae *w*, englische Koseform für ↗ Mary, May.
Namensträgerin:
Mae West, 1892–1980; amerikanische Schauspielerin der Bühne und des Films; auch Drehbuchautorin.

Mafalda *w*, italienische und portugiesische Form von Matilda (↗ Mathilde); Nebenform: *Matelda.*
Namensträgerin:
Mafalda, 1184–1256; portugiesische Königstochter; wurde als Witwe Heinrichs I. von Kastilien Benediktinerin im Kloster Arouca (Gedenktag: 2. Mai).

Mag *w*, englische Kurzform für Margaret (↗ Margareta).

Magalonne *w*, französische Form von ↗ Magelone.

Magda *w*, deutsche, italienische und dänische Kurzform für ↗ Magdalena.

Magdalen *w*, Nebenform zu ↗ Magdalena.

Magdalena *w*, hebräisch-griechisch: (Maria) *Magdalene* = aus Magdala (= Magada) am See Gennesaret Stammende; Nebenformen: *Magdalen, Madalen;* Kurz- und Koseformen: *Magda, Alena, Made, Madel, Madi, Mädi, Madeli, Magel, Lena, Lene, Leni, Lenel, Leneli, Lenchen, Leneke, Malen, Malene, Malena, Magdali, Mado, Madelon, Madina;* englische Formen: *Magdalen, Madeline, Mady, Maddy, Maudlin, Maudin, Maud, Maggy;* französische Formen: *Madeleine, Madelon;* italienisch: *Maddalena, Madalena, Madelena;* Koseform: *Magda;* schwedisch: *Malin, Malina, Malen, Lona;* dänisch: *Magdalene, Magdelone;* Koseformen: *Magda, Lena, Lene;* norwegisch: *Magdelone, Madel, Magli, Malene, Lena, Lona;* spanisch: *Madelena;* slawisch: *Madlenka, Lenka;* russisch auch: *Magdalina, Madelina;* ungarisch: *Magdolna, Aléna.*
Namensträgerin:
Magdalena Sophie Barat, 1779–1865; gründete die „Gesellschaft der Ordensfrauen vom Heiligen Herzen Jesu (Sacré-Cœur-Schwestern) für Erziehung der weiblichen Jugend; leitete sie ab 1806 (Gedenktag: 25. Mai).

Magdalene *w*, Nebenform und dänische Form von ↗ Magdalena.

Magdali *w*, Kurzform für ↗ Magdalena.

Magdalina *w*, russische Form von ↗ Magdalena; Nebenform: *Madelina.*

Magdelone *w*, dänische und norwegische Form für ↗ Magdalena.

Magdolna *w*, ungarische Form von ↗ Magdalena; Koseform: *Aléna.*

Magel *w*, Koseform für ↗ Magdalena.

Magelone *w*, Nebenform zu ↗ Magdalena (?); Koseform: *Madlon;* französische Form: *Magalonne;* dänisch-norwegisch: *Magdelone;* slowenisch: *Makalonca.*
Namensträgerin:
Magelone, sagenhafte Gestalt des deutschen Volksbuchs „Die schöne Magelone“.

Magenhild *w*, nordische Form von ↗ Mathilde; Nebenform: *Magna.*

Magg *w*, englische Kurzform für Margaret (↗ Margareta).

Magga *w*, Nebenform zu ↗ Maggi.

Maggi *w*, englische Kurzform für Margaret (↗ Margareta); Nebenformen: *Magga, Maggie, Maggy, Meggie, Meggy.*

Maggie *w*, englische Kurzform für Margaret (↗ Margareta).

Maggy *w*, englische Koseform für ↗ Magdalena und Margaret (↗ Margareta).

Maglie *w*, norwegische Koseform für ↗ Magdalena.

Magna *w*, die weibliche Form zu ↗ Magnus; auch Nebenform zu Magenhild (↗ Mathilde).

Magnar *m*, norwegisch, aus althochdeutsch: *magan* = Kraft; *heri* = Heer.

Magnerich *m*, althochdeutsch: *magan* = Kraft; *rihhi* = mächtig, reich.
Namensträger:
Magnerich, gestorben nach 578; wurde 561/565 Bischof von Trier; hochangesehen, mildtätig (Gedenktag: 27. Juli).

Magnus *m,* lateinisch: *magnus* = groß, angesehen; war altrömischer Beiname; nordische Form: *Maans;* italienisch: *Magno;* dänisch: *Magnus;* Nebenform: *Mogens;* schwedisch: *Magnus;* Nebenform: *Måns;* finnisch: *Manno.*
Namensträger:
Magnus, um 699 – um 772; Rätoromane; Mönch in Sankt Gallen; Glaubensbote im Allgäu; gründete das Kloster Füssen (Gedenktag: 6. September).
Magnus I., 1024–1047; Sohn König Olavs des Heiligen; König von Norwegen und Dänemark.
Magnus Gottfried Lichtwer, 1719–1783; deutscher Fabeldichter.

Mahalia *w,* amerikanisch.
Namensträger:
Mahalia Jackson, 1911–1972; farbige amerikanische Gospelsängerin.

Mahaut *w,* französische Kurzform für ↗ Mathilde.

Mai *w,* friesische Koseform für ↗ Maria; auch = Maigeborene.

Maia *w,* Kurzform für ↗ Maria.

Mai-Britt *w,* skandinavischer Doppelname aus Maria und Britta.

Maidi *w,* Nebenform zu ↗ Maidie.

Maidie *w,* amerikanische Koseform für Margaret (↗ Margareta); Nebenform: *Maidi.*

Maie *w,* friesische Koseform für ↗ Maria.

Maija *w,* finnische Form von ↗ Maja.

Maik *m,* eindeutschende Form für das englische *Mike* (↗ Michael); Nebenformen: *Maiko, Meik;* auch friesische Koseform für ↗ Meinhard.

Maika *w,* niederdeutsch-friesische, auch russische Koseform für ↗ Maria.

Maike *w,* niederdeutsch-friesische Koseform für ↗ Maria; Nebenformen: *Maika, Maiken, Meika, Meike;* schwedische Form: *Majken.*

Maiken *w,* Nebenform zu ↗ Maike.

Mailin *w,* Herkunft und Bedeutung fraglich.

Maio *m,* Kurzform für mit althochdeutsch *magan-* oder *megin-* (= Mein-) gebildete männliche Vornamen; Nebenformen: *Majo, Meio;* auch rumänischer Vorname.

Maire *w,* irische Form von ↗ Maria.

Mairin *w,* irische Verkleinerungsform von Maire (↗ Maria).

Maita *w,* Herkunft und Bedeutung fraglich; vielleicht zu Margarita oder Margita in Zusammenhang.

Maj *w,* schwedische Kurzform für Maja (↗ Maria).

Maja *w,* nach der griechischen oder altrömischen Göttin des Wachstums *Maja* oder *Maria* (Maigöttin); auch Koseform für ↗ Maria, ↗ Marianne und Margit; schwedische und dänische Form: *Maja;* Koseform: *Majse;* finnisch: *Maija.*

Maje *w,* friesische Koseform für ↗ Maria.

Majella *w,* Weiterbildung von ↗ Maja (?).

Majken *w,* schwedische Koseform für ↗ Maria.

Majo *m,* Nebenform zu ↗ Maio.

Majse *w,* schwedische und dänische Koseform für ↗ Maja.

Makalonca *w,* slowenische Form von ↗ Magelone.

Makarie *w,* die weibliche Form zu ↗ Makarius.

Makarij *m,* russische Form von ↗ Makarius.

Makarius *m,* lateinisch; griechisch: *Makarios: makarios* = selig; Nebenform: *Macarius;* französische Form: *Macaire;* russisch: *Makarij.*
Namensträger:
Makarius, um 1110–1153; schottischer Mönch; erster Abt seit 1139 des Schottenklosters zu Würzburg (Gedenktag: 6. Januar).

Makkabäus *m,* hebräisch: Hammer, Hammerschläger oder Auslöscher (?).

Mala *w,* Kurzform für mit *Mal-* oder *-mal-* gebildete weibliche Vornamen, wie ↗ Amalia, ↗ Malwine; Nebenformen: *Male, Mali.*

Malachias *m,* hebräisch: *maleachi* =

Bote Jahwes; ökumenische Form: *Maleachi*.
Namensträger:
Malachias (Maleachi), einer der Kleinen Propheten des Alten Testaments; Verfasser des gleichnamigen prophetischen Buchs.

Malberta *w*, Kurzform für ↗ Amalberta.

Malchen *w*, Koseform für ↗ Amalia.

Malchus *m*, hebräisch-griechischer Herkunft.
Namensträger:
Malchus, legendärer Einsiedler aus Nisibis, der sich in die Chalzidische Wüste zurückzog (Gedenktag: 21. Oktober).

Male *w*, Koseform für ↗ Amalia; allgemein: Nebenform zu ↗ Mala.

Maleen *w*, Koseform für ↗ Magdalena.

Malen *w*, Nebenform zu ↗ Malina; Koseform für ↗ Magdalena.

Malena *w*, Koseform für ↗ Magdalena.

Malene *w*, Kurzform und norwegische Nebenform zu ↗ Magdalena.

Malenka *w*, slawische Koseform für ↗ Melanie.

Malfriede *w*, althochdeutsch: *mahal* = Gerichtsplatz; *fridu* = Friede.

Mali *w*, Nebenform zu ↗ Mala; Koseform für ↗ Amalia.

Malika *w*, Herkunft und Bedeutung fraglich.

Malin *w*, Nebenform zu ↗ Malina.

Malina *w*, schwedische Form von ↗ Magdalena; Nebenformen: *Maline, Malin, Malen, Lona;* englische Koseform für ↗ Magdalena.

Malinde *w*, amerikanische Form von Magdalena (?).

Maline *w*, Nebenform zu ↗ Malina.

Malli *w*, Koseform für ↗ Amalia und ↗ Magdalena; Nebenform: *Mally*.

Mally *w*, Nebenform zu ↗ Malli.

Malte *m*, dänische und schwedische Kurzform für Helmwald, Helmold (?); Bedeutung fraglich; dänisch auch: *Molte*.

Malve *w*, Nebenform zu ↗ Malvida (?).

Malvida *w*, Herkunft und Bedeutung fraglich; Nebenformen: *Malve, Malwida*.

Malvina *w*, Nebenform zu ↗ Malwine.

Malvine *w*, Nebenform zu ↗ Malwine.

Malwida *w*, Nebenform zu ↗ Malvida.
Bekannte Namensträgerin:
Malwida Meysenbug, 1816–1903; deutsche Schriftstellerin; vertrat Arbeiter- und Frauenemanzipation.

Malwin *m*, althochdeutsch: *mahal* = Gerichtsplatz, Rat; *wini* = Freund; englische Formen: *Melvin, Melvyn*.

Malwina *w*, Nebenform zu ↗ Malwine.

Malwine *w*, die weibliche Form zu ↗ Malwin; Nebenformen: *Malwina, Malvina, Malvine;* Kurz- und Koseformen: *Mala, Male, Mali*.

Mamertinus *m*, lateinische Weiterbildung von ↗ Mamertus.

Mamertus *m*, lateinisch nach dem römischen Kriegsgott Mars.
Namensträger:
Mamertus, gestorben um 475; wurde etwa 461 Bischof von Vienne (Gedenktag: 11. Mai).

Mami *w*, amerikanische Koseform für ↗ Maria.

Mamme *m*, friesische Koseform; Herkunft fraglich; Nebenform: *Mammo*.

Mammo *m*, Nebenform zu ↗ Mamme.

Mana *w*, Koseform für Manuela (↗ Emanuela).

Manasse *m*, hebräisch: *menasche* = vergessen machend (ist Jahwe).

Mand *m*, Kurzform für ↗ Amadeus; Nebenform; *Mandes*.

Manda *w*, Kurzform für ↗ Amanda; Nebenform: *Mandi;* englische Form: *Mandy*.

Mandes *m*, Kurzform für ↗ Amandus.

Mandi *w*, Nebenform zu Manda (↗ Amanda).

Mandus *m*, Kurzform für ↗ Amandus.

Mandy *m*, Kurzform für ↗ Amandus.

Mandy *w*, englische Form von Manda (↗ Amanda).

Manegold *m*, Nebenform zu ↗ Mangold.

Namensträger:
Manegold, gestorben 1204; ab 1191 Propst des Prämonstratenserstifts Obermarchtal (Gedenktag: 8. April).

Manegolt *M*, ältere Form von ↗ Mangold.

Maneke *m*, Koseform für ↗ Mangold.

Manel *m*, Kurzform für ↗ Emanuel.

Manes *m*, Koseform für ↗ Hermann; allgemein Kurzform für mit Man- oder -man(n) gebildete männliche Vornamen.

Manfred *m*, althochdeutsch: *man* = Mann; *fridu* = Friede; Nebenformen: *Manfried, Manfrid;* Koseformen: *Fred, Mani, Many:* italienische Form: *Manfredo.*

Bekannte Namensträger:
Manfred, gestorben nach der Überlieferung 1430; Einsiedler bei Riva am Comersee (Gedenktag: 28. Januar).
Manfred, 1232–1266; Sohn Kaiser Friedrichs II.; seit 1258 König von Sizilien; fiel gegen Karl von Anjou.
Manfred von Ardenne, geboren 1907; deutscher Physiker der Funk- und Fernsehtechnik.
Manfred Bieler, geboren 1934; deutscher Schriftsteller; Romancier und Hörspielautor.
Manfred Hausmann, geboren 1898; deutscher Schriftsteller.
Manfred von Richthofen, 1892–1918; im Ersten Weltkrieg 1916–1918 erfolgreichster deutscher Jagdflieger.

Manfreda *w*, weibliche Form zu ↗ Manfred.

Manfrid *m*, Nebenform zu ↗ Manfred.

Manfried *m*, Nebenform zu ↗ Manfred.

Mang *m*, Koseform für ↗ Mangold.

Mango *m*, bulgarische Kurzform für ↗ Emanuel; Nebenform: *Manko.*

Mangold *m*, althochdeutsch: *man* = Mann, oder: *manag* = viel; *waltan* = walten, gebieten; ältere Form: *Manegolt;* Nebenform: *Manegold;* Koseformen: *Maneke, Mang, Mengel.*

Manhard *m*, althochdeutsch: *man* = Mann; *harti* = stark; Nebenform: *Manhart.*

Manhart *m*, Nebenform zu ↗ Manhard.

Mani *m*, Kurzform für ↗ Emanuel, ↗ Hermann, ↗ Manfred.

Mania *w*, Nebenform zu ↗ Manja.

Manila *w*, Herkunft und Bedeutung fraglich.

Manina *w*, Herkunft und Bedeutung fraglich.

Manja *w*, slawische Kurz- und Koseform für ↗ Maria; Nebenform: *Mania.*

Manjana *w*, Weiterbildung von ↗ Manja.

Manko *m*, bulgarische Kurzform für ↗ Emanuel.

Mann *m*, Kurzform für ↗ Hermann.

Männe *m*, Koseform für ↗ Hermann.

Manno *m*, Koseform für ↗ Hermann.

Mannon *w*, Nebenform zu ↗ Manon.

Mano *m*, slawische Kurzform für ↗ Emanuel; Kurzform für ↗ Thoman.

Manolita *w*, Koseform für ↗ Manuela.

Manolito *m*, spanische Verkleinerungsform von ↗ Manolo.

Manolo *m*, italienische und spanische Koseform für ↗ Emanuel.

Manon *w*, französische Koseform für ↗ Maria und ↗ Marianne; Nebenform: *Mannon.*

Måns *m*, schwedische Nebenform zu ↗ Magnus.

Mansuetus *m*, lateinisch: *mansuetus* = sanft.

Manu *m*, Kurzform für ↗ Emanuel.

Manuel *m*, Kurzform für ↗ Emanuel; auch spanische Form für Emanuel; Koseform: *Manu;* italienische Form: *Manuele.*

Bekannter Namensträger:
Manuel de Falla, 1876–1946; spanischer, aus der spanischen Volksmusik schaffender Komponist.

Manuela *w*, italienische und spanische Form von Emanuela (↗ Emanuel); Nebenform: *Manuella;* Koseformen: *Manolita, Nela.*

Manuele *m,* italienische Form von Manuel (↗ Emanuel).

Manuella *w,* Nebenform zu ↗ Manuela.

Many *m,* Koseform für ↗ Manfred.

Mara *m,* russische Koseform für Makar (↗ Makarius) und ↗ Markus.

Mara *w,* hebräisch: *marah* = bitter; auch Kurzform für ↗ Maralda; russische Kurz- und Koseform für Marija (↗ Maria) und Margarita (↗ Margareta).

Marald *m,* althochdeutsch: *marah* = Pferd, Streitroß; *waltan* = walten, gebieten; Nebenform: *Marhold.*

Maralda *w,* die weibliche Form zu ↗ Marald.

Marbert *m,* althochdeutsch: *marah* = Pferd, Streitroß; *beraht* = glänzend.

Marbod *m,* althochdeutsch: *mari* = berühmt, oder: *marah* = Pferd, Streitroß; *boto* = Bote, Gebieter; Nebenform: *Marbot.*

Bekannter Namensträger:

Marbod, gestorben 37 n. Chr.; seit 8 v. Chr. König der Markomannen, die er nach Böhmen führte; Gründer des ersten germanischen Reichs, das aber durch Arminius zerbrach.

Marbot *m,* Nebenform zu ↗ Marbod.

Marc *m,* Nebenform zu ↗ Mark; Kurzform für ↗ Marcus; französische Form von Markus; allgemein Kurzform für mit Marc-, Mark- gebildete männliche Vornamen.

Bekannte und bedeutende Namensträger:

Marc Aurel, 121–180; ab 161 römischer Kaiser, unter dem der Niedergang Roms einsetzte.

Marc Chagall, 1887–1985; französischer Maler russischer Herkunft; von Bedeutung für Expressionismus und Surrealismus.

Marcel *m,* französische Form von lateinisch Marcellus (↗ Marzellus).

Bekannte und bedeutende Namensträger:

Marcel Aymé, 1902–1967; französischer phantastischer und satirischer Schriftsteller.

Marcel Carné, geboren 1909; französischer Filmregisseur.

Marcel Duchamp, 1887–1968; französischer Maler und Schriftsteller des Dadaismus.

Marcel Lefebvre, geboren 1905; französicher katholischer Theologe; Traditionalist und Gegner der Beschlüsse des zweiten Vatikanischen Konzils; vom Papst als Bischof suspendiert.

Marcel Marceau, geboren 1923; französischer Pantomime.

Marcel Proust, 1871–1922; französischer Romanschriftsteller.

Marcel Reich-Ranicki, geboren 1920; deutscher Schriftsteller polnischer Herkunft; Literaturkritiker.

Marcelin *m,* französische Form von ↗ Marcellinus.

Marcelina *w,* spanische Form von ↗ Marcellina.

Marceline *w,* französische weibliche Form zu ↗ Marcel und ↗ Marcelin; Kurzformen: *Celine, Celina;* französisch: *Céline.*

Marcella *w,* die weibliche Form zu ↗ Marcellus; Nebenform: *Marzella;* Verkleinerungsform: *Marcellina* (↗ Marcelline); Kurzformen: *Cella, Zella.*

Marcellina *w,* Weiterbildung von Marcella; Nebenformen: *Marcelline, Marzellina, Marzelline;* Kurzform: *Cellina;* spanische Form: *Marcelina;* französisch: *Marceline.*

Marcelline *w,* Nebenform zu ↗ Marcellina.

Marcellinus *m,* lateinisch, Verkleinerungsform von Marcus (↗ Markus); Nebenform: *Marzellinus.*

Namensträger:

Marcellinus, gestorben um 304; römischer Märtyrer mit Petrus unter Diokletian (Gedenktag: 2. Juni).

Marcello *m,* italienische Form von ↗ Marcellus.

Bekannter Namensträger:

Marcello Mastroianni: geboren 1924; italienischer Filmschauspieler.

Marcellus *m,* Weiterbildung von lateinisch Marcus (↗ Markus); deutsche Schreibweise: *Marzellus;* Kurz- und Koseformen: *Marzel, Marzolf, Marzlof, Marzluff, Merzluft;* italienische Form: *Marcello;* französisch: *Marcel.*

Namensträger:

Marcellus I., gestorben 308/309; vermutlich seit 307 Papst; soll kirchliche Verwaltung neu geordnet haben; von Kaiser Maxentius verbannt (Gedenktag: 16. Januar).

Marcellus, gestorben um 298; mit Cassius Märtyrer in Nordafrika (Gedenktag: 28. Oktober).

Marcia *w,* portugiesische Form von Marcella (?).

Bekannte Namensträgerin:

Marcia Haydée, geboren 1939; brasilianische Tänzerin; seit 1962 Primaballerina, seit 1976 Direktorin des Balletts des Staatstheaters in Stuttgart.

Marcin *m,* polnische Form von ↗ Martin.

Marco *m,* italienische und spanische Form von Marcus (↗ Markus); Nebenform: *Marko.*

Bekannter Namensträger:

Marco Polo, 1254 – um 1325; venezianischer Weltreisender; 1271 Chinareise.

Marcus *m,* lateinische Form von ↗ Markus.

Namensträger:

Marcus Antonius, um 82 v. Chr. – um 31 n. Chr.; römischer Politiker und Feldherr; rächte Cäsar.

Marcus Ulpius Trajan, 53–117; ab 98 römischer Kaiser, unter dem das Römische Reich seine größte Ausdehnung erreichte.

Mareen *w,* Nebenform von ↗ Maren; Weiterbildung von Maria (?).

Marei *w,* oberdeutsche Koseform für ↗ Maria; Nebenform: *Mareile.*

Mareike *w,* Koseform für ↗ Maria; von niederländisch *Marijke;* Nebenform: *Marieke.*

Mareile *w,* oberdeutsch-schweizerische Koseform für ↗ Maria.

Mareilies *w,* Doppelname aus Marei (Maria) und Elisabeth.

Marek *m,* polnische und tschechische Form von ↗ Markus.

Marelcek *m,* slawische Form von ↗ Markus.

Maren *w,* friesische Kurzform für ↗ Maria; auch dänische Form von ↗ Marina; Nebenformen: *Mareen, Marene.*

Marene *w,* Nebenform zu ↗ Maren.

Mařenka *w,* Nebenform zu ↗ Marinka.

Maresa *w,* Herkunft und Bedeutung fraglich; vielleicht Ableitung von Maria.

Maret *w,* ungarisch-baltische Kurzform für Margareta; Nebenformen: *Mareta, Marete.*

Mareta *w,* Nebenform zu ↗ Maret.

Marete *w,* Nebenform zu ↗ Maret.

Marfa *w,* russiche Form von ↗ Martha.

Marfee *w,* Herkunft und Bedeutung fraglich.

Marga *w,* Kurz- und Koseform für ↗ Margareta.

Margalita *w,* russische Nebenform zu ↗ Margareta.

Margard *w,* althochdeutsch: *mari* = berühmt; *gard* = Zaun, Schutz.

Margaret *w,* englische Form von ↗ Margareta; auch niederländische Form.

Bekannte Namensträgerinnen:

Margaret Mead, 1901–1978; amerikanische Völkerkundlerin und Forschungsreisende.

Margaret Thatcher, geboren 1925; konservative englische Politikerin; wurde 1979 Premierministerin.

Margareta *w,* orientalisch-griechisch: *margarites* = Perle; lateinisch: *margarita* = Perle; Nebenformen: *Margarete;* älter: *Margaretha, Margarethe, Margarita;* Kurz- und Koseformen: *Margret, Margit, Margot, Marga, Märget, Mega, Meigel, Meta, Metta, Greta, Greda, Grete, Grede, Greet, Gretchen, Gretel, Gredel, Grethe, Gried, Griet, Greten, Grit, Gritli, Grita, Gritt, Gritta, Grittchen, Grit-*

schi, Grutschi, Reda, Redel, Retchen, Rita; englische Form: *Margaret:* Koseformen: *Maggi, Magga, Maggie, Maggy, Mag, Madge, Madgy, Margery;* schottisch: *Marjorie;* französisch: *Marguerite;* italienisch: *Margherita, Marghita, Marghitta;* Koseform: *Ghita;* niederländisch: *Margaret, Margriet;* spanisch, bulgarisch und russisch: *Margarit(h)a;* russisch auch: *Margalita;* schwedisch: *Margareta, Margita, Margit;* finnisch: *Marketta;* dänisch: *Merete;* slawisch: *Margita, Margit.*

Bekannte Namensträgerinnen:

Margareta, 4. Jahrhundert; jungfräuliche Märtyrin unter Diokletian in Antiochien (Pisidien); eine der 14 Nothelfer (Gedenktag: 20. Juli).

Margareta von Cortona, 1247–1297; Gründerin eines Hospitals und einer Vereinigung von Franziskanertertiarinnen (Gedenktag: 22. Februar).

Margareta Maria Alacoque, 1647–1690; Burgunder Ordensfrau in Paray-le-Monial; mystisch begnadet, betrieb sie die Herz-Jesu-Verehrung (Gedenktag: 16. Oktober).

Margarete *w,* Nebenform zu ↗ Margareta.

Namensträgerinnen:

Margarete von Hohenfels, 12. Jahrhundert; Nonne und später Priorin des Benediktinerinnenklosters Rupertsberg bei Bingen (Gedenktag: 29. Oktober).

Margarete von Roskilde, gestorben 1176; von ihrem Ehemann Herlogh unter Vortäuschung eines Selbstmords umgebracht (Gedenktag: 25. November).

Margarete von Schottland, 1046–1093; Hofdame, dann Gemahlin des Königs Malcolm III. von Schottland; tätig für Reform der schottischen Kirche; Wohltäterin der Armen (Gedenktag: 16. November).

Margarete Ebner, 1291–1351; Dominikanerin im Kloster Maria-Medingen bei Dillingen; seit 1312 leidend, trug sie die Leiden als Opfer für ihre Mitmenschen und die Verstorbenen (Gedenktag: 20. Juni).

Margaretha *w,* ältere Form von ↗ Margareta.

Namensträgerin:

Margaretha Blarer, gestorben 1541; evangelische Gemeindemutter in Konstanz (Gedenktag: 28. November).

Margarethe *w,* ältere Form von ↗ Margareta.

Bekannte Namensträgerin:

Margarethe II., geboren 1940; seit 1972 Königin von Dänemark.

Margarita *w,* Nebenform zu ↗ Margareta.

Margaritha *w,* spanische, bulgarische und russische Form von ↗ Margareta.

Margery *w,* englische Koseform für Margaret (↗ Margareta).

Märget *w,* Kurz- und Koseform für ↗ Margareta.

Margherita *w,* italienische Form von ↗ Margareta; Nebenform: *Marghita.*

Marghita *w,* Nebenform zu Margherita (↗ Margareta); auch *Marghitta.*

Marghitta *w,* Nebenform zu Margherita (↗ Margareta).

Margit *w,* Kurzform sowie schwedische und ungarische Koseform für ↗ Margareta.

Margita *w,* schwedische Nebenform zu ↗ Margareta; auch ungarisch.

Margitta *w,* Weiterbildung von Margit (↗ Margareta); Nebenformen: *Margita, Margitte.*

Margitte *w,* Nebenform zu ↗ Margitta.

Margo *w,* russische Form von ↗ Margot.

Margone *w,* Weiterbildung von ↗ Marga (?).

Margot *w,* Kurzform für ↗ Margareta.

Bekannte Namensträgerin:

Margot Fonteyn, geboren 1919; englische Tänzerin des klassischen Balletts; Primaballerina im Royal Ballet.

Margret *w,* Kurzform für ↗ Margareta.

Margreth *w,* Kurzform für ↗ Margareta.

Margriet *w,* niederländische Form von ↗ Margareta.

Margrit *w.* Kurzform für Margareta.

Marguerite *w,* französische Form von ↗ Margareta.

Margund *w,* althochdeutsch: *mari* = berühmt; *gund* = Kampf.

Marhold *m,* Nebenform zu ↗ Marald.

Maria *w,* aramäisch: *mirjam* = die Schöne (?), Jahwe Liebende (?), Bittere (?); oft auch männlicher Zweitname; Koseformen: *Marei, Mareile, Mariechen, Maia, Maja, Mia, Mizzi, Mieze, Miezel, Mimi, Mirl, Ria;* niederdeutsch-friesische Koseformen: *Maricke, Mai, Maie, Maika, Maike, Meika, Meike, Maje, Mite, Miete, Mike, Mieke, Maryse;* englische Formen: *Mary, Molly, May, Polly;* irisch: *Maura, Maureen;* amerikanisch: *Marilyn, Mani;* finnisch: *Maija;* schwedisch: *Maja, Maj, Majse, Majken;* französisch: *Marie, Marion, Manon, Mannon, Mia;* italienisch: *Maria, Maris, Marisa, Mariella, Marietta;* spanisch: *María, Marita;* polnisch: *Marya;* tschechisch: *Maria, Marinka, Mařenka, Maruška;* russisch: *Marija, Mascha, Maika, Maschinka, Schura;* ältere russische und bulgarische Form: *Mariam;* ungarisch: *Marika.*

Bekannte und bedeutende Namensträgerinnen:

Maria, Mutter Jesu (Gedenktag ihrer Geburt: 8. September); weitere Gedenktage: 25. März (*Ancilla* und *Annunziata:* Verkündigung des Herrn); 15. August (*Assunta:* Mariä Aufnahme); 24. Mai (*Auxilia:* Hilfe der Christen); 16. Juli (*Carmen;* Unsere Liebe Frau vom Carmel); 26. April (*Consuelo:* Maria vom guten Rat); 23. Januar (*Desponsata* oder *Sponsata:* Mariä Vermählung); 15. September (*Dolores, Dolorosa:* Gedächtnis der Schmerzen Mariä); 9. Juni (*Gratia:* Mutter der Gnade); 8. Dezember (*Conzeption* und *Immaculata;* die unbefleckt Empfangene); 5. Juli (*Lätizia:* Gedächtnis der Freuden Mariä); 24. September (*Mercedes:* Maria von der Barmherzigkeit); 12. Oktober (*Pilár:* María del Pilár [von der Säule] in Saragossa); 22. August (*Regina:* Maria Königin); 7. Oktober (*Rosa:* Rosenkranzfest); 5. August (*Schnee:* Gedächtnis der Weihe der Kirche Santa Maria Maggiore in Rom, deren Bauplatz nach der Legende durch ein Schneewunder bestimmt wurde).

Maria von Ägypten, legendäre Einsiedlerin in Palästina (Gedenktag: 2. April).

Maria de Behorques, gestorben 1559; evangelische Blutzeugin in Spanien (Gedenktag: 23. September).

Maria Amandine Jeuris, gestorben 1900; Missionsschwester in China; Märtyrin im Boxeraufstand (Gedenktag: 10. Juli).

Maria Anna von Jesus, 1618–1645; schon in jugendlichem Alter Franziskanertertiarin in Quito (Ekuador); „Lilie von Quito" (Gedenktag: 26. Mai).

Maria Josefa von Österreich, 1699–1757; Erzherzogin; Kurfürstin von Sachsen; mit ihrem Gemahl Kurfürst Friedrich August III. von Sachsen Erbauerin der Dresdener Hofkirche (Gedenktag: 17. November).

Maria Magdalena, Zeitgenossin Jesu; durch ihn von Krankheit geheilt, begleitete sie ihn durch Galiläa und diente ihm (Gedenktag: 22. Juli).

Maria Magdalena von Pazzi, 1566–1607; seit 1582 Karmelitin in Florenz; nach schweren Leiden mystisch begnadet (Gedenktag: 25. Mai).

Maria Sophie Watteyne, 1832–1895; seit 1853 Borromäerin; ab 1886 Generaloberin der schlesischen Kongregation in Trebnitz (Gedenktag: 16. Oktober).

Maria Theresia, 1717–1780; ab 1740 römisch-deutsche Kaiserin; führte Siebenjährigen Krieg gegen Friedrich den Großen; reformierte Verwaltung und gründete Schulen.

Maria Theresia Ledóchowska, 1863–1922; Gräfin; gründete ab 1888 Antisklavereivereine; daraus entstand 1894 die Petrus-Claver-Sodalität, seit 1947 Missionsschwestern des heiligen Petrus Claver (Gedenktag: 6. Juli).

Maria Theresia von Wüllenweber, auch Maria von den Aposteln, 1833–1907; gründete mit Pater Jordan 1888 in Tivoli die Genossenschaft der Salvatorianerinnen; deren erste Generaloberin (Gedenktag: 5. September).

Maria Becker, geboren 1920; deutsche Schaupielerin; Charatkerdarstellerin.

Maria Callas, 1923–1977; griechische Opernsängerin (dramatischer Sopran).

Maria Cebotari, 1910–1949; österreichische Sängerin (Sopran); Mozart-Interpretin.

Maria Goretti, 1890–1902; von einem Nachbarsohn, der sie vergewaltigen wollte, ermordet (Gedenktag: 6. Juli).

Maria Lichtenegger, 1906–1923 (Gedenktag: 8. Juli).

Maria Montessori, 1870–1952; italienische Ärztin und Pädagogin; begründete autoritätsfreie Unterrichtsmethode.

Maria Schell, geboren 1926; schweizerische Schauspielerin der Bühne und seit 1942 des Films.

Maria Stader, geboren 1911; schweizerische Opern- und Konzertsängerin (Sopran); Mozart-Interpretin.

Maria Stollenwerk, 1852–1900; Mitgründerin der Steyler Missionsschwestern; war deren erste Oberin (Gedenktag: 3. Februar).

Maria Stuart, 1542–1587; war 1558–1567 Königin von Schottland; durch ihre Halbschwester Elizabeth I. von England in Haft genommen und hingerichtet.

Maria Taglioni, 1804–1884; italienische Tänzerin des romantischen Stils.

Maria Wimmer, geboren 1914; deutsche Schauspielerin klassischer Rollen; auch im Film.

María *w,* spanische Form von ↗ Maria.

Mariam *w,* ältere russiche und bulgarische Form von ↗ Maria.

Mariamne *w,* Nebenform zu ↗ Mirjam (= Maria).

Marian *m,* Nebenform oder Weiterbildung von ↗ Marius; lateinisch: *Marianus.*

Namensträger:

Marian, 8. Jahrhundert; angelsächsischer Diakon; Glaubensbote an der unteren Elbe; nach der Legende 782 in Bardowiek bei Lüneburg gemartert (Gedenktag: 3. November).

Marian (Muiredach), gestorben um 1084; irischer Mönch; kam 1067 nach Bamberg; ab 1072 Inkluse in Regensburg; gründete in Weih-Sankt-Peter eine Mönchsniederlassung (Gedenktag: 24. April)

Marian der Schotte (Moel Brigte), gestorben 1083; irischer Mönch; 1056–1058 in Köln; ab 1069 Inkluse am Mainzer Dom; verfaßte eine Weltchronik (Gedenktag: 22. Dezember).

Marian *w,* Kurzform für ↗ Mariana oder ↗ Marianne.

Mariana *w,* Weiterbildung von Maria; Nebenform: *Mariane;* auch dänische Form von Marianne und weibliche Form zu ↗ Marianus.

Mariandel *w,* Koseform für ↗ Marianne.

Mariandl *w,* Koseform für ↗ Marianne.

Mariane *w,* Nebenform zu ↗ Mariana.

Marianita *w,* Doppelname aus Maria und Anita (↗ Juanita).

Marianka *w,* slawische Koseform für ↗ Maria.

Marianna *w,* Nebenform zu ↗ Marianne.

Marianne *w,* Doppelname aus Maria und Anna; oder von hebräisch *Mariamne;* oder Weiterbildung von Maria; Nebenform: *Marianna;* Koseformen: *Mariandel, Mariandl;* friesische Kurzform: *Janne;* italienische Form: *Marianna;* Koseform: *Nanna;* französisch: *Marianne.*

Bekannte Namensträgerin:

Marianne Hoppe, geboren 1911; deutsche Schauspielerin der Bühne und des Films; Charakterdarstellerin.

Marianus *m,* lateinische Form von ↗ Marian.

Marie *w,* deutsche Nebenform zu ↗ Maria; französische Form von ↗ Maria; wird französisch auch als Beiname zu männlichen Vornamen gebraucht.

Bekannte und bedeutende Namensträger(innen):

Marie Antoinette, 1755–1793; ab 1770 französische Königin; Gattin Ludwigs XVI.; Tochter Maria Theresias und Franz' I. von Österreich; hingerichtet.

Marie Curie, 1867–1934; französisch-polnische Chemikerin; Mitentdeckerin von Radium und Polonium.

Marie Jeanne Dubarry, 1743–1793; Mätresse Ludwgis XV. von Frankreich; in der Französischen Revolution hingerichtet.

Marie von Ebner-Eschenbach, 1830–1916; österreichische realistische, sozial engagierte Schriftstellerin.

Marie Luise Kaschnitz, 1901–1974; deutsche Schriftstellerin; Lyrikerin; schrieb auch Hörspiele.

Marie Joseph de la Fayette, 1757–1834; französischer General und Politiker; entwarf Erklärung der Menschenrechte.

Marie-Elisabeth Lüders, 1878–1966; deutsche Politikerin der Deutschen Demokratischen Partei.

Marie Schlieps, gestorben 1919; baltische evangelische Blutzeugin (Gedenktag: 18. März).

Mariechen *w,* Koseform für ↗ Maria.

Mariehed *w,* Doppelname aus Maria und Hedwig.

Marieke *w,* Nebenform zu ↗ Mareike.

Mariele *w,* Koseform für ↗ Maria; Nebenform: *Marile.*

Marielene *w,* Doppelname aus Maria und Helene oder Magdalena; Nebenform: *Marlene, Marilen.*

Marielies *w,* Doppelname aus Maria und Elisabeth; Nebenformen: *Marilis, Marilisa.*

Mariella *w,* italienische Verkleinerungsform von ↗ Maria.

Marielle *w,* französische Verkleinerungs- und Koseform für ↗ Maria.

Marielore *w,* Doppelname aus Maria und Eleonore.

Marieluise *w,* Doppelname aus Maria und Luise.

Namensträgerin:

Marieluise (Marie Louise), 1791–1847; seit 1810 zweite Gattin Napoleons I.; 1822 morganatische Ehe mit A. W. Graf Neipperg.

Marierose *w,* Doppelname aus Maria und Rosa; englische Form: *Maryrose.*

Marieta *w,* Nebenform zu ↗ Marita (?).

Marietheres *w,* Doppelname aus Maria und Theresia; Nebenform: *Mariethres.*

Marietta *w,* italienische Verkleinerungsform von ↗ Maria; Koseform: *Etta.*

Mariette *w,* französische Verkleinerungs- und Koseform für Marie (↗ Maria).

Marigard *w,* althochdeutsch: *mari* = berühmt; *gard* = Zaun, Schutz.

Marija *w,* russische Form von ↗ Maria.

Marika *w,* ungarische und schwedische Form von ↗ Maria.

Bekannte Namensträgerin:

Marika Rökk, geboren 1913; deutsche Tänzerin, Schauspielerin und Sängerin ungarischer Herkunft.

Marile *w,* Nebenform zu ↗ Mariele.

Marilen *w,* Nebenform zu ↗ Marielene.

Marilis *w,* Nebenform zu ↗ Marielies.

Marilisa *w,* Nebenform zu ↗ Marielies.

Marilu *w,* italienischer Doppelname aus Maria und Luise.

Marilyn *w,* englisch-amerikanische Verkleinerungs- und Koseform für Mary (↗ Maria); Nebenformen: *Marilyne, Marylin, Maryline.*

Marilyne *w,* Nebenform zu ↗ Marilyn.

Marin *m,* Nebenform und französische Form von ↗ Marinus.

Marina *w,* die weibliche Form zu ↗ Marinus; oder Weiterbildung von ↗ Maria; auch französische, italieni-

sche, englische und schwedische Form.
Namensträgerin:
Marina, 5. Jahrhundert; legendäre Nonne, die ihrem Vater in Knabenkleidung unter dem Namen Marinus ins Kloster gefolgt sei und erst beim Tod als Frau entdeckt wurde (Gedenktag: 17. Juli).

Marinka *w,* tschechische Koseform für ↗ Maria; Nebenformen: *Mařenka, Maruška.*

Marino *m,* italienische Form von ↗ Marinus.
Bekannter Namensträger:
Marina Marini, 1901–1980; italienischer Bildhauer, Maler und Graphiker.

Marinus *m,* lateinisch; von der See stammend, am Meer wohnend; oder: Weiterbildung von Marius; Nebenform: *Marin;* italienische Form: *Marino;* französisch: *Marin.*
Namensträger:
Marinus, 7./8. Jahrhundert; Bischof aus Irland oder Westfrankenreich; mit dem Diakon Anianus Glaubensbote in Oberbayern; Märtyrer (Gedenktag: 15. November).

Mario *m,* italienische Form von ↗ Marius.
Bekannte Namensträger:
Mario Adorf, geboren 1930; deutscher Schauspieler; Charakterdarsteller.
Mario Del Monaco, geboren 1915; italienischer Opernsänger (Tenor).
Mario Lanza, 1921–1959; amerikanischer Opern- und Schlagersänger (Tenor).

Mariola *w,* italienische Weiterbildung von ↗ Maria.

Mariolina *w,* italienische Weiterbildung von Mariola (?).

Mariolino *m,* italienische Verkleinerungs- und Koseform für Mario (↗ Marius).

Marion *w,* französische Koseform für ↗ Maria.
Bekannte Namensträgerinnen:
Marion Gräfin Dönhoff, geboren 1909; deutsche Publizistin.
Marion von Klot, gestorben 1919; baltische evangelische Blutzeugin (Gedenktag: 22. Mai).

Mariona *w,* Weiterbildung von ↗ Marion; Nebenformen: *Marionna, Marionne.*

Marionna *w,* Nebenform zu ↗ Mariona.

Marionne *w,* Nebenform zu ↗ Mariona.

Maris *w,* Nebenform zu ↗ Marisa.

Marisa *w,* italienischer Doppelname aus Maria und Elisabeth oder Isabella; Nebenformen: *Maris, Marise, Madrisa;* niederländische Form: *Maryse.*

Marischka *w,* Koseform für ↗ Maria; nach ungarischer Form: *Mariska.*

Marise *w,* Nebenform zu ↗ Marisa.

Marisibill *w,* Doppelname aus Maria und Sibylle; Nebenform: *Marizebill.*

Mariska *w,* ungarische Koseform für Marisa (↗ Maria).

Marit *w,* schwedische Kurz- und Koseform für Margit (↗ Margareta).

Marita *w,* spanische Koseform für María (↗ Maria) und ↗ Margareta; italienische Neben- oder Verkleinerungsform: *Maritta.*

Maritta *w,* italienische Neben- oder Verkleinerungsform zu ↗ Marita.

Marius *m,* lateinisch: vom altrömischen Geschlecht der Marier stammend; oder: Mann vom Meer, am Meer wohnend; Nebenform: *Maro;* italienische Form: *Mario.*
Namensträger:
Marius, gestorben um 300; mit Abachum und Audifax römischer Märtyrer der Diokletianverfolgung (Gedenktag: 19. Januar).

Marizebill *w,* Nebenform zu ↗ Marisibill.

Marja *w,* slawische Form von ↗ Maria.

Marjorie *w,* schottische Form von ↗ Margareta; Nebenform: *Marjory.*

Marjory *w,* Nebenform zu ↗ Marjorie.

Mark *m,* dänische, niederländische und russische Form von ↗ Markus;

deutsche Kurzform für ↗ Markus, allgemein für mit Mark- gebildete männliche Vornamen; Nebenformen: *Marc, Marke, Marko.*
Bekannter Namensträger:
Mark Twain, 1835–1910; amerikanischer Romanschriftsteller und Verfasser von Reiseberichten und Satiren.

Marke *m,* Nebenform zu ↗ Mark.

Marketa *w,* slawische Form von ↗ Margareta; Nebenform: *Markyta.*

Marketta *w,* finnische Form von ↗ Margareta.

Markhelm *m,* althochdeutsch: *mari* = berühmt, oder: *marcha* = Marke, Grenze; *helm* = Helm, Schutz.
Namensträger:
Markhelm, 8. Jahrhundert; angelsächsischer Glaubensbote bei Deventer (Gedenktag: 14. Juli).

Marko *m,* Nebenform zu ↗ Marco sowie zu ↗ Mark; auch schwedische und slawische Form von ↗ Markus.

Markolf *m,* althochdeutsch: *mari* = berühmt, oder *marcha* = Marke, Grenze; *wolf* = Wolf; Nebenform: *Markulf.*

Marks *m,* Kurz- und Koseform für ↗ Markus.

Markulf *m,* Nebenform zu ↗ Markolf.
Namensträger:
Markulf, geboren 490; errichtete Kloster Nanteuil in der Normandie; war dessen erster Abt; Todesjahr unbekannt (Gedenktag: 1. Mai).

Markus *m,* lateinisch: *Marcus* = Sohn des altrömischen Kriegsgottes Mars oder ihm geweiht; Nebenform: *Marcus;* Kurz- und Koseformen: *Mark, Marke, Marko, Marks, Marx, Merk, Merkel, Merkle;* englische Form: *Mark;* französisch: *Marc;* italienisch und spanisch: *Marco;* polnisch und tschechisch: *Marek;* slawisch: *Marko, Marelcek.*
Bekannte Namensträger:
Markus, Verfasser des zweiten Evangeliums des Neuen Testaments; Begleiter des Barnabas und Paulus auf dessen erster Missionsreise; später mit Barnabas auf Zypern; 61/63 in Rom; danach in Ephesus (Gedenktag: 25. April).
Markus von Aviano, 1631–1699; seit 1648 Kapuziner; Prediger in Venetien; Bußprediger in Deutschland; erreichte 1683 den Entsatz Wiens gegen die Türken und 1688 die Eroberung Belgrads (Gedenktag: 13. August).
Markus Stephan Crisinus, geboren 1580; Seelsorger in Kroatien; dann Domherr und Seminarregens in Tyrnau (Gedenktag: 7. September).

Markward *m,* althochdeutsch: *marcha* = Mark, Grenze; *ward* = Wart, Schütze; Nebenformen: *Markwart, Marquard;* Kurz- und Koseformen: *Mark, Marke, Mack, Merkel, Merkle;* schwedische Form: *Markvard.*
Namensträger:
Markward, gestorben 880; Bischof von Hildesheim; fiel 880 mit dem königlichen Gefolgsmann Bodo und anderen in der Schlacht bei Hamburg gegen Normannen (Gedenktag: 2. Februar).
Markward, gestorben 1142; schweizerischer Prämonstratenser; 1138 Propst von Wilten (Gedenktag: 6. Mai).
Markward, gestorben 853; war 829–836 Abt von Prüm; Berater Kaiser Ludwigs des Frommen (Gedenktag: 27. Februar).

Markwart *m,* Nebenform zu ↗ Markward.

Markyta *w,* slawische Nebenform zu ↗ Marketa.

Marle *w,* Kurzform für ↗ Marlene.

Marleen *w,* Kurzform für ↗ Marlene.

Marlen *w,* Kurzform für ↗ Marlene.

Marlene *w,* Nebenform zu ↗ Marielene; Nebenformen: *Marlina, Marline;* Kurzformen: *Marleen, Marlen, Marle.*
Bekannte Namensträgerin:
Marlene Dietrich, geboren 1901; deutsch-amerikanische Filmschauspielerin und Sängerin.

Marlies *w,* Doppelname aus Maria und Luise oder Elisabeth; Nebenformen: *Marliese* und *Marlis.*

Marliese *w*, Nebenform zu ↗ Marlies.

Marlina *w*, Nebenform zu ↗ Marlene.

Marline *w*, Nebenform zu ↗ Marlene.

Marlis *w*, Nebenform zu ↗ Marlies.

Marlit *w*, Nebenform zu ↗ Marlitt.

Marlitt *w*, Neubildung; Herkunft und Bedeutung fraglich; Nebenform: *Marlit*.

Marlo *m*, Nebenform zu ↗ Marlon.

Marlon *m*, Herkunft und Bedeutung unklar; vielleicht englisch-italienische Koseform für den altenglischen Namen *Marlow;* Nebenform: *Marlo*.

Bekannter Namensträger:

Marlon Brando, geboren 1924; amerikanischer Filmschauspieler und -regisseur.

Maro *m*, Nebenform zu ↗ Marius.

Namensträger:

Maro, 531–594; seit 574 Bischof von Avenches; verlegte den Bischofssitz nach Lausanne; war Goldschmied liturgischer Gefäße und trieb Ackerbau zur Unterstützung der Armen (Gedenktag: 4. Januar).

Marquard *m*, Nebenform zu ↗ Markward.

Marret *w*, friesische Kurzform für ↗ Margareta.

Marsilius *m*, lateinisch: aus Marseille stammend; auch Nebenform zu Marcellus (?).

Mart *m*, niederdeutsche Form von ↗ Martin.

Marta *w*, Nebenform zu ↗ Martha; auch die italienische Form.

Märta *w*, schwedische Form von ↗ Martha.

Märte *m*, Koseform für ↗ Martin.

Martel *m*, Koseform für ↗ Martin.

Märtel *m*, Koseform für ↗ Martin.

Marten *m*, niederdeutsche Form von ↗ Martin; auch niederländische, dänische und schwedische Form.

Märten *m*, niederdeutsche Form von ↗ Martin.

Martha *w*, hebräisch: *marta* = Herrin, oder: *marah* = bitter; Nebenformen: *Marta, Marthe;* italienische Form: *Marta;* schwedisch: *Märta;* russisch: *Marfa;*englisch: *Maud, Mat.*

Bekannte Namensträgerinnen:

Martha, im Neuen Testament Schwester des Lazarus und der Maria; setzte nach des Lazarus Tod alle Hoffnung auf Jesus, der dann den Bruder aus dem Tod erweckte (Gedenktag: 29. Juli).

Martha Argerich, geboren 1941; argentinische Pianistin mit Welterfolg.

Martha Mödl, geboren 1912; deutsche Opernsängerin (dramatischer und Mezzo-Sopran).

Marthe *w*, Nebenform zu ↗ Martha.

Marti *m*, Koseform für ↗ Martin.

Marti *w*, Koseform für ↗ Martina.

Märti *m*, Koseform für ↗ Martin.

Martili *m*, Koseform für ↗ Martin.

Martin *m*, lateinisch: *Martinus:* Sohn des altrömischen Kriegsgottes Mars oder ihm geweiht; Nebenformen: *Marten, Märten, Merten, Mertin;* Kurz- und Koseformen: *Mart, Martel, Märtel, Märte, Marti, Märti, Martili, Tienes;* englische und französische Form: *Martin;* italienisch: *Martino;* spanisch: *Martín;* niederländisch: *Martinus, Marten, Maarten, Maartinus, Maart;* schwedisch: *Marten;* dänisch: *Marten, Morten;* polnisch: Marcin; russisch: *Martin;* ungarisch: Mártoni.

Bekannte und bedeutende Namensträger:

Martin I., gestorben 655; wurde 649 Papst; verurteilte 649 den Monotheletismus; 653 in Konstantinopel des Hochverrats angeklagt; 654 nach Cherson verbannt (Gedenktag: 13. April).

Martin von Porres, 1569–1639; Mediziner; als Dominikaner-Laienbruder in Lima sich aufopfernder Krankenpfleger (Gedenktag: 3. November).

Martin von Tours, 316–397; in Rom kaiserlicher Gardist; wurde Christ; lebte als Einsiedler bei Genua; seit 360 bei Hilarius von Poitiers; ab 371 Bischof von Tours; gründete 375 das Kloster Marmoutier (Gedenktag: 11. November).

Martin Andersen-Nexö, 1869–1954; dänischer Schriftsteller sozialistisch-kommunistischer Tendenz.

Martin Behaim, 1459–1507; deutscher Astronom und Seefahrer; schuf ersten Globus.

Martin Boos, gestorben 1825; evangelischer Erweckungsprediger im Rheinland (Gedenktag: 29. August).

Martin Buber, 1878–1965; jüdischer Religionsphilosoph, Soziologe und Schriftsteller.

Martin Bucer (Butzer), 1491–1551; Humanist und Theologe; Dominikaner; wurde Reformator in Straßburg, Hessen und England (Gedenktag: 28. Februar).

Martin Chemnitz, gestorben 1586; evangelischer Theologe; Einiger des Luthertums (Gedenktag: 8. April).

Martin Heidegger, 1889–1976; deutscher Philosoph; Begründer der Existentialontologie.

Martin Held, geboren 1908; deutscher Bühnen- und Filmschauspieler; Charakterdarsteller.

Martin Kähler, 1835–1912; evangelischer Theologe (Gedenktag: 7. September).

Martin Luther, 1483–1546; deutscher Reformator; ursprünglich Augustinermönch; begründete in Auseinandersetzung mit der katholichen Kirche die deutsche Reformation; schuf deutsche Bibelübersetzung (Gedenktag: 17. Februar).

Martin Luther King, 1929–1968; amerikanischer Negerführer und baptistischer Prediger; betrieb gewaltlose Beseitigung der Rassendiskriminierung; ermordet.

Martin Moller, gestorben 1606; deutscher evangelischer Liederdichter und Erbauungsschriftsteller (Gedenktag: 1. März).

Martin Niemöller, 1892–1984; deutscher evangelischer Theologe; gründete 1933 Pfarrernotbund, den Vorläufer der Bekennenden Kirche gegen die nationalsozialistische Ideologie.

Martin Rinckart, gestorben 1649; evangelischer Liederdichter (Gedenktag: 8. Dezember).

Martin Schalling, gestorben 1608; evangelischer Liederdichter (Gedenktag: 30. Dezember).

Martin Ed. von Simson, 1810–1899; deutscher Politiker; Präsident der Frankfurter Nationalversammlung.

Martin Walser, geboren 1927; deutscher zeitsatirischer und sozialkritischer Schriftsteller.

Martín *m,* spanische Form von ↗ Martin.

Martina *w,* die weibliche Form zu ↗ Martin; Nebenform: *Martine;* Koseform: *Marti;* französische Form: *Martine;* englisch und italienisch: *Martina.*

Namensträgerin:

Martina, nach der Überlieferung frühchristliche Märtyrin in Rom (Gedenktag: 30. Januar).

Martine *w,* deutsche Nebenform und französische Form von Martina (↗ Martin).

Martino *m,* italienische Form von ↗ Martin.

Martinus *m,* lateinische und niederländische Form von ↗ Martin.

Martje *w,* friesische Koseform für ↗ Martha.

Mártoni *m,* ungarische Form von ↗ Martin.

Marula *w,* slawische Form von ↗ Maria.

Maruschka *w,* slawische Koseform für ↗ Maria und ↗ Marinka; Nebenformen: *Marusja. Maruška.*

Marusja *w,* Nebenform zu ↗ Maruschka.

Maruška *w,* Nebenform zu ↗ Maruschka.

Marvin *m,* englisch; althochdeutsch: *mari* = berühmt; *wini* = Freund; Nebenformen: *Marwin, Merwin.*

Marwald *m,* althochdeutsch: *marah* = Pferd, Streitroß; *waltan* = walten, gebieten.

Marwin *m,* Nebenform zu ↗ Marvin.

Marx *m,* Koseform für ↗ Markus.

Mary *w,* englische Form von ↗ Maria.
Bekannte Namensträgerin:
Mary Wigman, 1886–1973; deutsche Tänzerin, Tanzpädagogin des Ausdruckstanzes und Choreographin.

Marya *w,* polnische Form von ↗ Maria.

Maryla *w,* polnische Koseform für Marya (↗ Maria).

Marylin *w,* Nebenform zu ↗ Marilyn.
Bekannte Namensträgerin:
Marylin Monroe, 1926–1962; amerikanische Filmschauspielerin.

Maryline *w,* Nebenform zu ↗ Marilyn.

Marylis *w,* englischer Doppelname aus Mary und Elisabeth.

Marylou *w,* englischer Doppelname aus Mary und Louise.

Maryrose *w,* englische Form von ↗ Marierose.

Maryse *w,* Koseform für ↗ Maria; niederländische Nebenform zu ↗ Marisa.

Maryvonne *w,* französischer Doppelname aus Marie und Yvonne.

Marzel *m,* Kurzform für Marzellus (↗ Marcellus).

Marzella *w,* Nebenform zu ↗ Marcella.
Namensträgerin:
Marzella, um 330–410; römische Adelige; sammelte Witwen und Mädchen zu Askese und Glaubensstudium; durch die Goten von Soldaten erschlagen; Märtyrin (Gedenktag: 31. Januar).

Marzellina *w,* Nebenform zu ↗ Marcellina.

Marzelline *w,* Nebenform zu ↗ Marcellina.

Marzellinus *m,* Nebenform zu ↗ Marcellinus.
Namensträger:
Marzellinus ↗ Marcellinus.

Marzellus *m,* Nebenform zu ↗ Marcellus.

Marzlof *m,* Kurzform für Marzellus (↗ Marcellus).

Marzluff *m,* Kurz- und Koseform für Marzellus (↗ Marcellus).

Marzolf *m,* Kurzform für Marzellus (↗ Marcellus).

Maes *m,* Nebenform zu Maas (↗ Thomas).

Mascha *w,* russische Koseform für Marija (↗ Maria).

Maschinka *w,* russiche Koseform für Marija (↗ Maria).

Masetto *m,* italienische Verkleinerungs- und Koseform für Maso (↗ Thomas); Nebenform: *Masino.*

Masino *m,* Nebenform zu ↗ Masetto.

Maso *m,* italienische Kurzform für Tommaso (↗ Thomas).

Massimiliano *m,* italienische Form von ↗ Maximilian.

Massimo *m,* italienische Form von ↗ Maximus.

Mat *w,* englische Kurzform für ↗ Martha.

Matěj *m,* tschechische Form von ↗ Matthias.

Matelda *w,* Nebenform zu ↗ Mathilde.

Maternus *m,* von lateinisch: *mater* = Mutter; Kurzform: *Ternes.*
Namensträger:
Maternus, 4. Jahrhundert; laut Bischofslisten von Köln und Tongern der erste Bischof von Köln (Gedenktag: 11. September).

Mateusz *m,* polnische Form von ↗ Matthäus.

Matfij *m,* russische Form von ↗ Matthias.

Mathew *m,* englische Form von ↗ Matthias.

Mathias *m,* Nebenform zu ↗ Matthias.

Mathies *m,* Nebenform zu ↗ Matthias.

Mathieu *m,* französische Form von ↗ Matthäus und ↗ Matthias.

Mathilda *w,* Nebenform zu ↗ Mathilde; auch englische Form.

Mathilde *w,* althochdeutsch: *mahti* = Macht, Kraft; *hiltja* = Kampf; ältere Form: *Mechthild;* Nebenformen: *Mathilda, Matilde;* Kurz- und Koseformen: *Metta, Mette, Tilde, Till, Tilla, Tilly:* niederdeutsch: *Tilje, Teljesche;* englische Form: *Mathilda;* Koseformen: *Maud, Maudie;* italienisch: *Matilda, Matilde, Mafalda;*

portugiesisch: *Mafalda;* französisch: *Mathilde, Mahaut, Maude.*
Namensträgerin:
Mathilde, um 890–968; Gattin König Heinrichs I. und Mutter Ottos I.; gründete die Klöster Quedlinburg, Engern, Nordhausen und Pölde (Gedenktag: 14. März).

Mathis *m,* niederdeutsche Kurzform für ↗ Matthias.
Bekannter Namensträger:
Mathis Gothard Nithard (Grünewald), um 1470–1528; deutscher religiöser Maler der Spätgotik im Übergang zur Renaissance; auch Ingenieur (Gedenktag: 30. August).

Mathurin *m,* englische Form von ↗ Maturin.

Matilda *w,* Nebenform und italienische Form von ↗ Mathilde.
Namensträgerin:
Matilda Wrede, gestorben 1928; evangelische Wohltäterin der Gefangenen in Schweden (Gedenktag: 24. Dezember).

Matilde *w,* Nebenform zu ↗ Mathilde.

Matouš *m,* tschechische Form von ↗ Matthäus.

Mattäus *m,* ökumenische Form von ↗ Matthäus.

Mattea *w,* italienische Form von ↗ Matthäa.

Matteo *m,* italienische Form von ↗ Matthäus und ↗ Matthias.

Mattes *m,* Kurzform für ↗ Matthias.

Matthäa *w,* die weibliche Form zu ↗ Matthäus; italienische Form: *Mattea.*

Matthaios *m,* griechische Form von ↗ Matthäus.

Matthäus *m,* griechisch: *Matthaios;* Nebenform zu ↗ Matthias; ökumenische Form: *Mattäus;* englische Form *Mathew;* französisch: *Matthieu;* italienisch: *Matteo;* tschechisch: *Matouš;* polnisch: *Mateusz;* russisch: *Matwei.*
Bekannte Namensträger:
Matthäus, Apostel Jesu; ihm das erste Evangelium des Neuen Testaments zugeschrieben; soll nach der Legende in Äthiopien Märtyrer geworden sein (Gedenktag: 21. September).
Matthäus Apelles von Löwenstern, gestorben 1648; evangelischer Liederdichter (Gedenktag: 11. April).
Matthäus Merian, 1593–1650; schweizerischer Kupferstecher und Topograph.
Matthäus Daniel Pöppelmann, 1662–1736; bedeutender deutscher Baumeister; Schöpfer des Dresdener Spätbarocks.
Matthäus Ulicky, gestorben 1627; evangelischer Blutzeuge der Reformation in Böhmen (Gedenktag: 12. September)

Mattheis *m,* Nebenform zu ↗ Matthias.

Matthias *m,* griechisch; hebräisch: = Geschenk Gottes; ökumenische Form: *Mattias;* Nebenformen: *Matthäus, Mathias, Mathies, Mathis, Mattheis;* Kurz- und Koseformen: *Mattes, Mades, Matz, Thieß, Theiß, Teiwes, Tebes, Tews, Teus, Theuß, Teves, Tigges, Deis, Debes, Heis, Heß;* bayerisch: *Hias, Hiasel, Hiasl, Hiesel;* englische Form: *Mathew, Matty;* französisch: *Mathieu, Mattieu;* italienisch: *Mattia;* tschechisch: *Matěj;* polnisch: *Maciej;* Koseform: *Tyciak;* russisch: *Matfij:* finnisch: *Matti.*
Bekannte Namensträger:
Matthias, Apostel Jesu; ersetzte Judas im Apostelkollegium; soll in Jadäa, später in Athiopien das Evangelium verkündet haben (Gedenktag: 24. Februar).
Matthias Claudius, 1740–1815; deutscher Volksschriftsteller (Gedenktag: 21. Januar).
Matthias Desubas, gestorben 1746; evangelischer Prediger und Blutzeuge in Frankreich (Gedenktag: 3. Februar).
Matthias Erzberger, 1875–1921 (ermordet); deutscher Politiker; unterzeichnete 1918 den Waffenstillstand.
Matthias J. Schleiden, 1804–1881; deutscher Botaniker; Mitbegründer der Zellbiologie.

Matthias Waibel, gestorben 1525; evangelischer Blutzeuge der Reformation in Schwaben (Gedenktag: 6. September).

Matti *m,* finnische Form von ↗ Matthias.

Mattia *m,* italienische Form von ↗ Matthias.

Mattias *m,* ökumenische Form von ↗ Matthias.

Mattieu *m,* französische Form von ↗ Matthias.

Matty *m,* englische Koseform für ↗ Matthias.

Matty *w,* englische Koseform für ↗ Martha.

Maturin *m,* von lateinisch: *maturus* = reif; englische Form: *Mathurin;* italienisch: *Maturino;* lateinisch: *Maturinus.*

Maturino *m,* italienische Form von ↗ Maturin.

Maturinus *m,* lateinische Form von ↗ Maturin.

Matwei *m,* russische Form von ↗ Matthäus.

Matz *m,* Koseform für ↗ Matthias.

Maud *w,* englische Koseform für ↗ Magdalena, ↗ Margareta, ↗ Martha und ↗ Mathilde; Nebenformen: *Maudin, Maudlin, Maudie.*

Maude *w,* französische Kurzform für ↗ Mathilde.

Maudie *w,* Nebenform zu ↗ Maud.

Maudin *w,* Nebenform zu ↗ Maud.

Maudlin *w,* Nebenform zu ↗ Maud.

Mauno *m,* finnische Form von ↗ Magnus.

Maura *w,* lateinisch: *maura* = Mohrin; weibliche Form zu ↗ Maurus; auch irische Form von ↗ Maria; Verkleinerungsform: *Maureen, Mairin.*

Maureen *w,* irische Verkleinerungsform von Maura (↗ Maria), englische Form von ↗ Mary.

Maurelius *m,* lateinische Verkleinerungsform von ↗ Maurus; Nebenform: *Maurilius;* spanische Form: *Morillo, Murillo.*

Maurice *m,* englische und französische Form von ↗ Mauritius (Moritz).

Bedeutende Namensträger:

Maurice André, geboren 1933; französischer Trompetenvirtuose.

Maurice Béjart, geboren 1927; französischer Tänzer und Choreograph.

Maurice Chevalier, 1889–1972; französischer Chansonnier und Filmschauspieler.

Maurice Maeterlinck, 1862–1949; französisch-belgischer symbolistischer Schriftsteller; Dramatiker.

Maurice Ravel, 1875–1937; französischer impressionistischer Komponist.

Maurice Utrillo, 1883–1955; französischer Maler und Graphiker; von Impressionismus und Kubismus bestimmt.

Maurice de Vlaminck, 1876–1958; flämisch-französischer Maler und Graphiker des Fauvismus.

Mauricio *m,* spanische Form von ↗ Mauritius.

Bekannter Namensträger:

Mauricio Kagel, geboren 1931; argentinisch-deutscher Komponist der seriellen Musik und Dirigent.

Maurilius *m,* Nebenform zu ↗ Maurelius.

Maurilla *w,* italienische Weiterbildung von ↗ Maura.

Maurin *m,* lateinisch: *Maurinus;* Weiterbildung von ↗ Maurus (?).

Namensträger:

Maurin, nicht datierbarer Märtyrer in Köln (Gedenktag: 10. Juni).

Maurina *w,* italienische Weiterbildung von ↗ Maura.

Maurinus *m,* lateinische Form von ↗ Maurin.

Mauritius *m,* Weiterbildung von ↗ Maurus; deutsche Form: *Moritz;* italienisch: *Maurizio;* spanisch: *Mauricio;* englisch: *Maurice, Morris;* französisch: *Maurice;* schwedisch: *Maurits;* tschechisch: *Moric;* ungarisch: *Moricz.*

Namensträger:

Mauritius, gestorben um 280/300; Offizier der Thebaischen Legion von Christen, die nach der Legende unter Kaiser Maximianus Herkulius in

Ägypten den Martertod erlitten (Gedenktag: 22. September).

Maurits *m,* schwedische Form von ↗ Mauritius (Moritz).

Mauriz *m,* Nebenform zu ↗ Maurizio.

Maurizio *m,* italienische Form von ↗ Mauritius; Nebenform: *Mauriz.*

Bekannter Namensträger:

Maurizio Pollini, geboren 1942; italienischer Pianist; Interpret Beethovens, Schuberts, Chopins, Strawinskis, Schönbergs und anderer.

Mauro *m,* italienische Form von ↗ Maurus.

Maurus *m,* lateinisch: *maurus* = Maure (Mohr) aus der römischen Provinz Mauretanien.

Namensträger:

Maurus, 6. Jahrhundert; Römer, von seinem Vater Benedikt von Nursia anvertraut; später wahrscheinlich Abt von Subiaco (Gedenktag: 15. Januar).

Mawe *m,* Kurz- und Koseform für ↗ Bartholomäus.

Max *m,* Kurzform für ↗ Maximilian.

Bekannte und bedeutende Namensträger:

Max Beckmann, 1884–1950; deutscher expressionistischer Maler und Graphiker der Sezession.

Max Bill, geboren 1908; schweizerischer Maler, Bildhauer, Architekt, Graphiker und Kunstschriftsteller.

Max Born, 1882–1970; deutscher Physiker.

Max Brod, 1884–1968; österreichischer Schriftsteller und Kulturphilosoph.

Max Ernst, 1891–1976; deutsch-amerikanischer surrealistischer Maler, Graphiker und Bildhauer.

Max Frisch, geboren 1911; schweizerischer Schriftsteller; Dramatiker.

Max Horkheimer, 1895–1973; deutscher Sozialphilosoph und Soziologe; Mitbegründer der Kritischen Theorie.

Max Klinger, 1857–1920; deutscher neoklassizistischer Maler, Graphiker und Bildhauer.

Max von Laue, 1879–1960; deutscher Physiker.

Max Liebermann, 1847–1935; deutscher impressionistischer Maler und Graphiker.

Max Joseph Metzger, 1887–1944; katholischer Theologe und Pazifist; gründete verschiedene Friedensorganisationen; hingerichtet.

Max Ophüls, 1902–1957; deutscher Filmregisseur und Schriftsteller.

Max Pallenberg, 1877–1934; österreichischer Schauspieler; Charakterkomiker.

Max Pechstein, 1881–1955; expressionistischer deutscher Maler und Graphiker; Mitgründer der „Brücke".

Max F. Perutz, geboren 1914; österreichisch-englischer Chemiker.

Max von Pettenkofer, 1818–1901; deutscher Begründer der wissenschaftlichen Hygiene.

Max Planck, 1858–1947; deutscher Physiker; Begründer der Quantenphysik.

Max Reger, 1873–1916; deutscher Komponist, Organist und Dirigent.

Max Reinhardt, 1873–1943; einflußreicher österreichischer Regisseur und Theaterleiter.

Max Rubner, 1854–1932; deutscher Physiologe und Hygieniker; begründete die Ernährungslehre.

Max Scheler, 1874–1928; deutscher Philosoph; Vertreter der phänomenologischen Schule.

Max Slevogt, 1868–1932; deutscher impressionistischer Maler und Graphiker.

Max Stirner, 1806–1856; deutscher Philosoph und Schriftsteller eines extremen Individualismus.

Max von Sydow, geboren 1929; schwedischer Filmschauspieler.

Max Tau, 1897–1976; deutscher Schriftsteller; setzte sich für Frieden und Völkerverständigung ein.

Max Weber, 1864–1920; deutscher Nationalökonom, Soziologe und Politiker; Mitgründer der Deutschen Gesellschaft für Soziologie.

Max Wertheimer, 1880–1943; österreichischer Psychologe und Philosoph; Mitgründer der Berliner Schule der Gestaltpsychologie.

Max Wolf, 1863–1932; deutscher Astronom; entwickelte die Himmelsphotographie.

Maxbert *m,* Doppelname aus Maximilian und Albert.

Maxe *w,* Koseform für ↗ Maximiliane.

Maxence *m,* französische Form von ↗ Maxentius.

Maxentius *m,* lateinisch: *maximus* = der Größte, erhaben.

Maxi *m,* Kurz- und Koseform für ↗ Maximilian.

Maxi *w,* Kurz- und Koseform für ↗ Maximiliane.

Maxilie *w,* Weiterbildung von ↗ Maxi.

Maxim *m,* Kurzform für ↗ Maximilian und ↗ Maximin.

Bekannter Namensträger:

Maxim Gorki; 1868–1936; russischer Schriftsteller; begründete den sozialistischen Realismus.

Maxime *m,* französische Form von ↗ Maximus.

Maxime *w,* die weibliche Form zu ↗ Maxim.

Maximian *m,* lateinisch; Weiterbildung von ↗ Maximus.

Maximilian *m,* Doppelname aus lateinisch: *maximus* = der Größte (Maximus als römischer Beiname) und *Aemilanus* = aus dem Geschlecht der Ämilier stammend; Kurzform: *Max;* englische Form: *Maximilian;* französisch: *Maximilien, Maxence;* italienisch: *Massimiliano.*

Bekannte Namensträger:

Maximilian von Celeia (Cilli), um 700; legendärer Heiliger; als Bischof und Märtyrer überliefert (Gedenktag: 12. Oktober).

Maximilian I., 1459–1519; seit 1493 deutscher Kaiser; unter ihm wurde Habsburg mächtigste Dynastie in Europa.

Maximilian II. von Bayern, 1527–1576; seit 1564 deutscher Kaiser; gewährte Religionsfreiheit und beendete den Türkenkrieg.

Maximilian Ferdinand Joseph, 1832–1867 (erschossen); 1864–1867 Kaiser von Mexiko.

Maximilian Kolbe, 1894–1941; polnischer Franziskaner; opferte sich im Konzentrationslager Auschwitz für einen jungen polnischen Familienvater, der als Geisel hingerichtet werden sollte (Gedenktag: 14. August).

Maximilian Schell, geboren 1930; schweizerischer Schauspieler der Bühne und des Films; auch Schriftsteller.

Maximiliana *w,* Nebenform zu ↗ Maximiliane.

Maximiliane *w,* die weibliche Form zu ↗ Maximilian; Nebenform: *Maximiliana;* Koseformen: *Maxe, Maxi.*

Maximilien *m,* französische Form von ↗ Maximilian.

Bekannte Namensträger:

Maximilien de Robespierre, 1758–1794 (hingerichtet); französischer Revolutionär; führte Schreckensherrschaft.

Maximilien de Béthune, 1560–1641; Herzog von Sully; Minister Heinrichs IV. von Frankreich.

Maximin *m,* Weiterbildung von ↗ Maximus; lateinisch: *Maximinus.*

Namensträger:

Maximin, gestorben 346; Bischof von Trier; verteidigte die Kirche gegen den Arianismus (Gedenktag: 29. Mai).

Maximinian *m,* lateinisch: *Maximinianus;* Weiterbilung von ↗ Maximus.

Maximinianus *m,* lateinische Form von ↗ Maximinian.

Maximinus *m,* lateinische Form von ↗ Maximin.

Maximo *m,* spanische Form von ↗ Maximus.

Maximus *m,* lateinisch: *maximus* = der Größte; französische Form: *Maxime;* italienisch: *Massimo.*

Namensträger:

Maximus, Bischof von Mainz nach 406; soll den Überlebenden des Germaneneinfalls Hilfe gewährt haben (Gedenktag: 27. Juni).

Maxwell *m*, englisch-amerikanisch. Bekannter Namensträger:

Maxwell Anderson, 1888–1959; amerikanischer Schriftsteller und Journalist; Dramatiker.

May *w*, englische Koseform für Mary (↗ Maria).

Maya *w*, Nebenform zu ↗ Maja.

Mazelin *m*, Herkunft und Bedeutung fraglich.

Namensträger:

Mazelin, 11. Jahrhundert; seit 1025 Abt in Salzburg; später lebte er als Einsiedler auf dem Gaisberg (Gedenktag: 17. Februar).

Mechel *m*, Kurz- und Koseform für ↗ Michael.

Mechtheld *w*, Nebenform zu ↗ Mechthild.

Mechthild *w*, althochdeutsch: *maht* = Macht, Kraft; *hiltja* = Kampf; ältere Form von Mathilde; Nebenformen: *Mechthilde, Mechtheld, Mechtilde, Mechtild.*

Bekannte Namensträgerinnen:

Mechthild von Dießen, gestorben 1160; aus Andechs; früh im Kanonissenstift Dießen, später dessen Meisterin; vorübergehend ab 1153/1154 Äbtissin im Kloster Edelstetten (Gedenktag: 31. Mai).

Mechthild von Hackeborn, 1241–1299; Klosterschulleiterin in Helfta (Gedenktag: 19. November).

Mechthild von Hochsal, soll vor 1200 in Hochsal bei Waldshut als Einsiedlerin gelebt haben (Gedenktag: 6. März).

Mechthild von Magdeburg, etwa 1209–1290; seit 1230 Begine in Magdeburg; legte ab 1250 als erste ihre mystischen Erlebnisse in deutscher Sprache nieder; lebte später zwölf Jahre im Zisterzienserinnenkloster Helfta, wo sie starb (Gedenktag: 15. August).

Mechthild von Sponheim, gestorben 1154; Reklusin beim Kloster Sponheim (Gedenktag: 26. Februar).

Mechthilde *w*, Nebenform zu ↗ Mechthild.

Mechtild *w*, Nebenform zu ↗ Mechthild.

Mechtilde *w*, Nebenform zu ↗ Mechthild.

Bekannte Namensträgerin:

Mechtilde Fürstin Lichnowsky, 1859–1958; österreichische Schriftstellerin.

Medard *m*, althochdeutsch: *maht* = Macht, Kraft; *harti* = stark; latinisiert: *Medardus;* französische Form: *Médard.*

Namensträger:

Medard, gestorben um 560; gallofränkischer Adeliger; Bischof von Noyon (Gedenktag: 8. Juni).

Médard *m*, französische Form von ↗ Medard.

Medardus *m*, lateinische Form von ↗ Medard.

Medea *w*, griechisch-lateinisch; von griechisch: *medon* = herrschend.

Medes *m*, Kurzform für ↗ Nikomedes.

Meenken *m*, Koseform für ↗ Meinrad.

Mees *m*, Koseform für ↗ Bartholomäus.

Meffried *m*, Nebenform zu ↗ Meinfried.

Mega *w*, Kurz- und Koseform für ↗ Margareta.

Meggie *w*, englische Nebenform zu ↗ Maggi.

Meggy *w*, englische Nebenform zu ↗ Maggi.

Meginhard *m*, Nebenform zu ↗ Meinhard.

Meginwerk *m*, Nebenform zu ↗ Meinwerk.

Mehmed *m*, arabisch.

Bekannter Namensträger:

Mehmed Emin Pascha, 1840–1892 (ermordet); deutscher Afrikaforscher (Uganda und Ostsudan).

Mehne *m*, Kurz- und Koseform für ↗ Meinrad.

Meier *m*, Nebenform zu ↗ Meir.

Meigel *w*, Koseform für ↗ Margareta.

Meijer *m*, Nebenform zu ↗ Meir.

Meika *w*, Nebenform zu ↗ Maike.

Meike *w,* Nebenform zu ↗ Maike.

Meiko *m,* friesische Koseform für ↗ Meinhard.

Mein *m,* Kurzform für ↗ Meinrad.

Meina *w,* Kurzform für ↗ Amöna; friesische Kurzform für mit Mein- gebildete weibliche Vornamen; Nebenformen: *Mena, Menna.*

Meinald *m,* althochdeutsch: *magan* = *megin* = Kraft, Stärke; *waltan* = walten, gebieten; Nebenformen: *Meinhold, Meinold, Meinwalt.*

Meinard *m,* Nebenform zu ↗ Meinhard.

Meinarde *w,* Nebenform zu Meinharde (↗ Meinhard).

Meinbert *m,* althochdeutsch: *magan* = *megin* = Stärke, Kraft; *beraht* = glänzend.

Meinberta *w,* die weibliche Form zu ↗ Meinbert.

Meinbod *m,* althochdeutsch: *magan* = *megin* = Kraft; *boto* = Bote.

Meindert *m,* niederdeutsche und niederländische Nebenform zu ↗ Meinhard.

Meiner *m,* Kurzform für ↗ Meinhard.

Meinert *m,* niederdeutsche und niederländische Nebenform zu ↗ Meinhard.

Meinfrid *m,* Nebenform zu ↗ Meinfried.

Meinfried *m,* althochdeutsch: *magan* = *megin* = Kraft; *fridu* = Friede; Nebenformen: *Meinfrid, Menfried, Meffried.*

Meingoz *m,* althochdeutsch: *magan* = *megin* = Kraft; *goz* = *Gote.*

Namensträger:

Meingoz, gestorben um 1200; seit 1188 Abt des Benediktinerklosters Weingarten; baute Kirche und Kloster aus (Gedenktag: 22. April).

Meinhard *m,* althochdeutsch: *magan* = *megin* = Kraft; *harti* = stark; Nebenformen: *Maginhart, Meginhard, Meindert, Meiner, Meinert, Menard, Menhard;* friesische Kurz- und Koseformen: *Maik, Maiko, Meik, Meiko, Meiner, Menne, Menz, Meinke.*

Namensträger:

Meinhard, gestorben 1196; Augustinerchorherr in Segeberg (Holstein); wurde 1186 Bischof der Liven.

Meinhard von Zallinger, geboren 1897; österreichischer Dirigent.

Meinharde *w,* die weibliche Form zu ↗ Meinhard; Nebenform: *Meinarde.*

Meinhild *w,* althochdeutsch: *magan* = *megin* = Kraft; *hiltja* = Kampf; Nebenform: *Meinhilde.*

Meinhilde *w,* Nebenform zu ↗ Meinhild.

Meinhold *m,* Nebenform zu ↗ Meinald.

Meinholde *w,* die weibliche Form zu Meinhold (↗ Meinald).

Meinke *m,* Koseform für ↗ Meinhard.

Meino *m,* friesische Kurzform für mit Mein- gebildete männliche Vornamen.

Meinold *m,* Nebenform zu ↗ Meinald.

Meinolf *m,* althochdeutsch: *magan* = *megin* = Kraft; *wolf* = Wolf; Nebenform: *Meinulf.*

Namensträger:

Meinolf, 9. Jahrhundert; 836 Archidiakon in Paderborn; gründete das Kloster Böddeken (Gedenktag: 5. Oktober).

Meinrad *m,* althochdeutsch: *magan* = *megin* = Kraft; *rat* = Ratschlag, Ratgeber; Nebenformen: *Menrad, Mehnert;* Kurz- und Koseformen: *Mehne, Meenken, Menke, Meino, Mein, Radel, Rädel.*

Namensträger:

Meinrad, gestorben 861; Priestermönch auf der Reichenau; zog sich um 835 in eine Einsiedelei im „Finsteren Wald" – die Urzelle des Klosters Einsiedeln – zurück, wo ihn Räuber ermordeten (Gedenktag: 21. Januar)

Meinrad Eugster, 1848–1925; seit 1874 Laienbruder in Einsiedeln; lebte als Vorbild in Demut und Gehorsam (Gedenktag: 14. Juni)

Meinrad Inglin, 1893–1971; schweizerischer realistischer Schriftsteller.

Meinrade *w,* die weibliche Form zu ↗ Meinrad.

Meinrich *m,* Nebenform zu ↗ Menrich.

Meinwalt *m,* Nebenform zu ↗ Meinald.

Meinwerk *m,* althochdeutsch: *magan* = *megin* = Kraft; Nebenform: *Meginwerk.*

Namensträger:

Meinwerk, um 970–1036; Bischof von Paderborn seit 1003; bemüht um Priestererziehung, Pfarreigründungen und Kirchenbau (Gedenktag: 5. Juni).

Meio *m,* Nebenform zu ↗ Maio.

Meir *m,* hebräisch: *me'ir* = leuchtend; Nebenformen: *Meier, Meijer.*

Mekel *m,* Kurzform für ↗ Michael.

Mela *w,* Kurzform für ↗ Melanie und ↗ Melitta.

Melana *w,* slawische Koseform für ↗ Melanie.

Melania *w,* Nebenform zu ↗ Melanie.

Melanie *w,* von griechisch: *melaina* = die Schwarze, Dunkle; Nebenformen: *Melania, Meline;* Kurz- und Koseform: *Mela;* englische Form: *Melanie;* französisch: *Mélanie;* slawische Koseformen: *Malenka, Melana, Melanka, Menka.*

Namensträgerin:

Melanie, 383–439; machte aus ihrem Haus in Rom ein Pilgerheim; gründete auf dem Ölberg im Heiligen Land ein Frauenkloster, wo sie bis zu ihrem Tod verblieb (Gedenktag: 31. Dezember).

Mélanie *w,* französische Form von ↗ Melanie.

Melanka *w,* slawische Koseform für ↗ Melanie.

Melcher *m,* Nebenform zu ↗ Melchior.

Melches *m,* Nebenform zu ↗ Melchior.

Melchi *m,* Nebenform zu ↗ Melchior.

Melchior *m,* hebräisch: *melek* = König; *or* = Licht; Nebenformen: *Melcher, Melches, Melchi;* Koseform: *Melk.*

Namensträger:

Melchior; legendärer Name eines der nach dem Bericht bei Matthäus 2, 1–12 aus dem Morgenland unter Leitung eine Sterns zur Anbetung des Kindes nach Betlehem gekommenen Magier; mit Kaspar und Balthasar die „Drei Könige" (Gedenktag: 6. Januar).

Melchior Grodecz, geboren 1584; seit 1603 Jesuit; ab 1618 Seelsorger der Deutschen und Slawen in Kaschau (Gedenktag: 7. September).

Melchior Khlesl, 1553–1630; Kardinal; Erzbischof von Wien; führend in der Rekatholisierung Österreichs nach der Reformation.

Melina *w,* griechisch-lateinisch, von lateinisch: *melina* = von der Insel Melos(?); Nebenform: *Meline.*

Namensträgerin:

Melina Mercouri, geboren 1925; griechische Schauspielerin und Chansonsängerin; politisch engagiert.

Melinda *w,* Herkunft und Bedeutung nicht klar.

Meline *w,* Nebenform zu ↗ Melanie und ↗ Melina.

Melisande *w,* auf gotisch Amalaswintha zurückgehend (?); französische Form: *Mélisande.*

Mélisande *w,* französische Form von ↗ Melisande.

Melissa *w,* Nebenform zu ↗ Melitta.

Melitina *w,* Nebenform zu ↗ Melitta.

Melitta *w,* von griechisch: *melitta* = Biene; Nebenformen: *Melitina, Melissa;* Kurzformen: *Mela, Lissa.*

Namensträgerin:

Melitta (Mela), gestorben um 150; bulgarische Märtyrin (Gedenktag: 15. September).

Melk *m,* Koseform für ↗ Melchior.

Mellitus *m,* lateinisch: *mellitus* = honigsüß.

Namensträger:

Mellitus, gestorben 624; Benediktiner; Abt des Andreasklosters in Rom; von Papst Gregor dem Großen nach England gesandt; wurde Bischof der Ostsachsen mit Sitz in London, 619 Erzbischof von Canterbury (Gedenktag: 24. April).

Melusine *w*, französischer Herkunft nach einer Meeresfee dieses Namens in einer altfranzösischen Sage.

Melvin *m*, englische Form von ↗ Malwin; Nebenformen: *Melvyn, Melwin.*

Bekannter Namensträger:

Melvin Calvin, geboren 1911; amerikanischer Biochemiker.

Melvyn *m*, englische Form von ↗ Malwin.

Mena *w*, Kurzform für ↗ Amöna; Nebenform zu ↗ Meina.

Menachem *m*, jüdisch; hebräisch: *menachem* = Tröster.

Bekannter Namensträger:

Menachem Begin, geboren 1913; israelischer Politiker; erreichte als Ministerpräsident 1977–1981 Aussöhnung mit Ägypten.

Menard *m*, niederdeutsche Nebenform zu ↗ Meinhard; latinisierte Form: *Menardus.*

Menardus *m*, latinisierte Form von ↗ Menard.

Mendel *m*, jüdische Kurzform für ↗ Emanuel.

Menfried *m*, Nebenform zu ↗ Meinfried.

Menzel *m*, Koseform für ↗ Mangold.

Menka *w*, slawische Koseform für ↗ Melanie.

Menke *m*, Koseform für ↗ Meinrad.

Menna *w*, Nebenform zu ↗ Meina.

Mennas *m*, Herkunft und Bedeutung fraglich.

Namensträger:

Mennas, gestorben 295; nach der Legende ägyptischer Soldat; Märtyrer in seiner Heimat (Gedenktag: 11. November).

Menne *m*, Koseform für ↗ Meinhard.

Menno *m*, Kurzform für mit Mein- beginnende männliche Vornamen.

Bekannter Namensträger:

Menno Simons, 1496–1561; Gründer der Evangelischen Taufgesinnten oder Mennoniten (Gedenktag: 23. Januar).

Menrich *m*, althochdeutsch: *magan* = *megin* = Kraft: *rihhi* = reich, mächtig; Nebenform: *Meinrich.*

Namensträger:

Menrich (Meinrich), gestorben nach 1262; Stiftsherr in Lübeck; verdient um das Zisterzienserinnenkloster Fröndenberg an der Ruhr (Gedenktag: 20. Juni).

Menz *m*, Koseform für ↗ Meinhard.

Merbot *m*, althochdeutsch: *mari* = berühmt; *boto* = Bote, Gebieter.

Namensträger:

Merbot, gestorben 1110; Mönch der Abtei Mehrerau bei Bregenz; wurde als Pfarrer in Alberschwende von Bauern erschlagen (Gedenktag: 23. März).

Mercedes *w*, vom spanischen Marienfest „Nuestra Señora de las mercedes“, lateinisch: „Maria de mercede redemptionis captivorum“ (Maria von der Gnade der Gefangenenerlösung) als Vorname entstanden.

Meret *w*, schweizerische Koseform für ↗ Emerentia.

Merete *w*, dänische Form von ↗ Margareta.

Meriel *w*, Nebenform zu ↗ Muriel.

Merk *m*, Koseform für ↗ Markus.

Merkel *m*, Koseform für ↗ Markus und ↗ Markward.

Merkle *m*, Koseform für ↗ Markus und ↗ Markward.

Merle *w*, englisch-amerikanisch; von lateinisch: *merula* = Amsel (?).

Merta *w*, Kurzform für ↗ Emerentia.

Merten *m*, niederdeutsche Nebenform zu ↗ Martin.

Mertin *m*, Nebenform zu ↗ Martin.

Merwin *m*, Nebenform zu ↗ Marvin.

Merzluft *m*, Koseform für Marzellus (↗ Marcellus).

Meta *w*, Kurzform für ↗ Margareta; Nebenform: *Metta.*

Metha *w*, Kurzform für ↗ Mathilde.

Methodius *m*, lateinisch; von griechisch: *methodos* = Ordnung.

Bekannter Namensträger:

Methodius, gestorben 885; mit seinem Bruder Cyrillus Glaubensbote bei den Chasaren, seit 863 in Mähren; ihr Versuch, die slawische Sprache als Liturgiesprache zu verwenden, fand die Billigung Papst Hadrians II.; nach des Cyrillus Tod 869 wurde Methodius Erzbischof für Pannonien und Mähren (Gedenktag: 14. Februar).

Methusalem *m,* hebräisch: = Todespfeil; ökumenische Form: *Metuschelach;* englische Form: *Methuselah.*

Methuselah *m,* englische Form von ↗ Methusalem.

Metta *w,* Nebenform zu Meta (↗ Margareta) und ↗ Mathilde sowie ↗ Mechthild.

Mette *w,* niederdeutsche Kurzform für ↗ Mathilde oder ↗ Mechthild.

Metuschelach *m,* ökumenische Form von ↗ Methusalem.

Meus *m,* Kurzform für ↗ Bartholomäus.

Mew *m,* Koseform für ↗ Bartholomäus.

Mewes *m,* Kurz- und Koseform für ↗ Bartholomäus und ↗ Matthias.

Mia *w,* Koseform für ↗ Maria.

Bekannte Namensträgerin:

Mia Ferrow, geboren 1945; amerikanische Schauspielerin der Bühne, des Films und des Fernsehens.

Micaela *w,* italienische und spanische Form von Michaela (↗ Michael).

Micha *m,* ökumenische Form von *Michäas* und *Michea;* auch Kurzform für ↗ Michael.

Namensträger:

Micha (Michäas), um 720 v. Chr.; einer der Kleinen Propheten des Alten Testaments; ihm ist das prophetische „Buch M." zugeschrieben.

Michäas *m,* hebräisch-griechisch; ökumenische Form: ↗ Micha.

Michael *m,* hebräisch: *mi-ka-el* = Wer ist wie Gott?; Kurzformen: *Michel, Mechel, Mekel, Geel;* italienische Form: *Michele,* spanisch und portugiesisch: *Miguel;* französisch: *Michel;* englisch: *Michael, Mike, Mick;* niederländisch: *Michiel;* schwedisch: *Mikael, Mickel;* dänisch: *Mikkel;* polnisch: *Mihal; russisch: Michail.*

Bekannte und bedeutende Namensträger:

Michael, im Alten Testament Erzengel als Vorkämpfer der Gott treu ergebenen Engel gegen Luzifer; Schutzherr der Kirche und Patron der Deutschen (Gedenktag: 29. September).

Michael Brenner, 1806–1868; österreichischer Weltpriester; einflußreicher Seelsorger in Niederösterreich (Gedenktag: 3. Februar).

Michael Faraday, 1791–1867; englischer Physiker und Chemiker.

Michael Faulhaber, 1869–1952; deutscher katholischer Theologe; 1911 Bischof von Speyer, 1917 Erzbischof von München-Freising, 1921 Kardinal; Gegner des Nationalsozialismus.

Michael Jary, geboren 1906; deutscher Komponist von Schlager- und Filmmusik; Kapellmeister.

Michael Pacher, 1435–1498; deutscher Bildschnitzer und Maler des Übergangs von der Spätgotik zur Renaissance.

Michael Raucheisen, 1889–1984; deutscher Pianist und Kammermusikbegleiter.

Michael Schirmer, gestorben 1673; deutscher evangelischer Liederdichter (Gedenktag: 4. Mai).

Michael Weiße, gestorben 1534; evangelischer Liederdichter und Vorsteher der Böhmischen Brüder (Gedenktag: 19. März).

Michael Wittmann, 1760–1833; deutscher katholischer Theologe; wurde 1829 Weihbischof, 1830 Generalvikar und 1832 Bischof von Regensburg; einflußreicher Lehrer von Priestergenerationen (Gedenktag: 8. März).

Michaela *w,* die weibliche Form zu ↗ Michael; italienische und spanische Form: *Micaela;* französisch: *Michèle, Michelle.*

Michail *m,* russische Form von ↗ Michael.

Bedeutende Namensträger:

Michail Alexandrowitsch Bakunin, 1814–1876; russischer anarchistischer Revolutionär.

Michail Glinka, 1804–1857; russischer Komponist nationalrussischer Musik.

Michail Kutusow, 1745–1813; russischer Feldmarschall; besiegte im dritten Koalitionskrieg Napoleon I.
Michail Lermontow, 1814–1841; russischer Schriftsteller der russischen Romantik.
Michail Wassiljewitsch Lomonossow, 1711–1765; russischer Wissenschaftler und Schriftsteller; erneuerte die russische Sprache; gründete die erste russische Universität in Moskau.
Michail Scholochow, 1905–1984; sowjetrussischer Schriftsteller; bedeutender Epiker.

Michal *w*, Nebenform zu ↗ Mikal.

Michalina *w*, Weiterbildung von Michaela; Nebenform: *Michaline*.

Michaline *w*, Nebenform zu ↗ Michalina.

Michea *m*, Nebenform zu ↗ Micha.

Michel *m*, Nebenform zu ↗ Michael; auch französische Form von ↗ Michael.
Bekannte Namensträger:
Michel Butor, geboren 1926; französischer Schriftsteller; Vertreter des „Nouveau roman"
Michel Eyquem Montaigne, 1533–1592; französischer Philosoph, Moralist und Schriftsteller.
Michel Piccoli, geboren 1925; französischer Bühnen- und Filmschauspieler.

Michela *w*, italienische Form von Michaela (↗ Michael).

Michelangelo *m*, italienischer Doppelname aus Michael und lateinisch: *angelus* = Engel; nach dem Erzengel ↗ Michael.
Bekannte Namensträger:
Michelangelo Antonioni, geboren 1912; italienischer Filmregisseur.
Michelangelo Buonarroti, 1475–1564; italienischer Bildhauer, Maler, Baumeister und Dichter der Spätgotik und realistischen Frührenaissance von gewaltiger Form- und Ausdruckskraft, die im Petersdom zu Rom über die Hochrenaissance in den Barock reicht.
Michelangelo da Caravaggio, 1573–1610; italienischer Maler des Frühbarock.

Michele *m*, italienische Form von ↗ Michael.

Michèle *w*, französische Form von Michaela (↗ Michael).
Bekannte Namensträgerin:
Michèle Morgan, geboren 1920; französische Filmschauspielerin.

Micheline *w*, englische und französische Weiterbildung von Michaela (↗ Michael).

Michelle *w*, französische Form von Michaela (↗ Michael).

Michiel *m*, niederländische Form von ↗ Michael.

Michol *w*, Nebenform zu ↗ Mikal.

Mick *m*, englische Koseform für ↗ Michael.

Mickel *m*, schwedische Kurzform für Mikael (↗ Michael).

Mie *w*, Koseform für ↗ Maria.

Mieczysław *m*, polnisch: Schwertfried.

Mieke *w*, Kurzform für Marieke, Koseform für ↗ Maria.

Mies *m*, Kurz- und Koseform für ↗ Bartholomäus und ↗ Jeremias.

Miete *w*, Koseform für ↗ Maria.

Mieze *w*, Koseform für ↗ Maria.

Miezel *w*, Koseform für ↗ Maria.

Migele *w*, Koseform für ↗ Emilia.

Miggi *w*, Koseform für ↗ Emilia.

Mignon *w*, französisch: *mignon* = zart, allerliebst; Koseform: *Mignonne*.

Mignonne *w*, französische Koseform für ↗ Mignon.

Miguel *m*, spanische und portugiesische Form von ↗ Michael.
Bedeutende Namensträger:
Miguel Angel Asturias, 1899–1974; guatemaltekischer Schriftsteller.
Miguel de Cervantes, 1547–1616; spanischer Schriftsteller; schuf den europäischen Prosaroman.
Miguel de Unamuno, 1864–1936; spanischer Philosoph und Schriftsteller.

Mihal *m*, polnische Form von ↗ Michael.

Mihály *m*, ungarische Form von ↗ Michael.

Mikael *m*, schwedische Form von ↗ Michael.
Mikal *w*, hebr.; Nebenformen: *Michal, Michol*.
Mike *m*, englische Form von ↗ Michael.
Mike *w*, Koseform für ↗ Maria.
Mikis *m*, griechische Form von Michael.
Bekannter Namensträger:
Mikis Theodorakis, geboren 1925; griechischer Komponist; Politiker.
Mikkel *m*, dänische Form von ↗ Michael.
Miklas *m*, slawische Form von ↗ Nikolaus.
Miklós *m*, ungarische Form von ↗ Nikolaus; Nebenformen: *Mikós, Mikus*.
Mikola *m*, slawische Form von ↗ Nikolaus.
Mikolas *m*, slawische Form von ↗ Nikolaus.
Mikós *m*, ungarische Nebenform zu ↗ Miklós.
Mikosch *m*, slawische Form von ↗ Nikolaus.
Mikula *m*, russische Verbindung aus Michail und Nikolai.
Mikulas *m*, slawische Form von ↗ Nikolaus.
Mikuláš *m*, tschechische Form von ↗ Nikolaus.
Mikus *m*, Nebenform zu ↗ Miklós.
Mil *w*, Koseform für ↗ Emilia.
Mila *w*, Kurzform für ↗ Ludmilla; slawische Form von ↗ Emilia.
Milada *w*, tschechische Form von ↗ Amalia.
Namensträgerin:
Milada, gestorben 994; Tochter des Böhmenherzogs Boleslaw I.; Benediktinerin; Äbtissin in Prag (Gedenktag: 8. Februar).
Milan *m*, slawische Form von ↗ Emil; auch Kurzform für ↗ Miloslaw.
Milana *w*, Weiterbildung von ↗ Mila.
Milda *w*, Kurzform für mit Mil- oder Mild- (althochdeutsch: *milti* = Güte) gebildete weibliche Vornamen.
Mildburg *w*, althochdeutsch: *milti* = Milde, Güte; *burg* = Schutz; Nebenform: *Mildburgis*.
Mildburgis *w*, Nebenform zu ↗ Mildburg.
Mildred *w*, englische Form von ↗ Miltraut.
Namensträgerin:
Mildred, gestorben 734; seit 695 Äbtissin des Klosters Minster auf der Insel Thanet in Kent (Gedenktag: 13. Juli).
Mildrud *w*, Nebenform zu ↗ Miltraut.
Mile *w*, Koseform für ↗ Emilia.
Milena *w*, Koseform für ↗ Ludmilla; auch Weiterbildung von ↗ Mila.
Miles *m*, englisch.
Namensträger:
Miles Davis, geboren 1926; afroamerikanischer Jazzmusiker (Trompeter).
Milie *w*, Kurzform für ↗ Emilia.
Milina *w*, Koseform für ↗ Ludmilla.
Militza *w*, Koseform für ↗ Ludmilla.
Milka *w*, hebräisch: Königin; auch Koseform für ↗ Ludmilla.
Milko *m*, Kurz- und Koseform für ↗ Miloslaw.
Milla *w*, Koseform für ↗ Emilia und ↗ Ludmilla.
Milli *w*, Koseform für ↗ Emilia und ↗ Ludmilla.
Milly *w*, englisch; Koseform für ↗ Amalia.
Miloš *m*, tschechische Kurzform für ↗ Bohumil.
Miloslav *m*, Nebenform zu ↗ Miloslaw.
Miloslaw *m*, russisch: *milyj* = lieb; *slawa* = Ruhm; Nebenform: *Miloslav*.
Miltraut *w*, althochdeutsch: *milti* = Milde, Güte; *rat* = Rat, Ratgeber; Nebenform: *Mildrud;* englische Form: *Mildred*.
Milva *w*, italienisch; von lateinisch: *milva* = Taubenfalke.
Namensträgerin:
Milva, geboren 1939; italienische Sängerin, besonders Chansonsängerin.
Mimi *w*, Koseform für ↗ Maria.
Mimmi *w*, Koseform für ↗ Maria.
Mina *w*, Kurzform für ↗ Hermine und ↗ Wilhelmine.

Mine *w*, Kurzform für ↗ Hermine und ↗ Wilhelmine.

Mineke *w*, niederdeutsche und niederländische Koseform für ↗ Hermine und ↗ Wilhelmine.

Minerva *w*, griechisch-lateinisch: *menos – mens* = Geist.
Namensträgerin:
Minerva, etruskisch-römische Göttin des Handwerks; Schutzgöttin der Stadt Rom.

Minette *w*, französische Weiterbildung von Mine (↗ Minna); Koseform für ↗ Wilhelmine.

Mini *m*, Koseform für ↗ Dominikus.

Minka *m*, tschechische Koseform für ↗ Wilhelm.

Minka *w*, slawische Form von ↗ Minna; polnische Koseform für ↗ Wilhelmine.

Minkes *m*, Koseform für ↗ Dominikus.

Minna *w*, althochdeutsch: *minna* = Liebe; auch Kurzform für ↗ Hermine und ↗ Wilhelmine; Nebenformen: *Mina, Minne, Mine;* niederdeutsch: *Minning;* slawisch: *Minka;* französisch: *Minette.*

Minne *w*, Nebenform zu ↗ Minna.

Minning *w*, niederdeutsche Form von ↗ Minna.

Mira *w*, lateinisch: *mira* = erstaunlich, wunderbar; Kurzform für ↗ Mirabella.

Mirabell *w*, Nebenform zu ↗ Mirabella.

Mirabella *w*, italienisch; aus lateinisch: *mira* = wunderbar; *bella* = schön oder: *mirabilis* = bewundernswert; Nebenformen: *Mirabell, Mirabelle;* Kurz- und Koseformen: *Mira, Mirella, Miretta, Mirette, Mirete, Bella;* französische Form: *Mireille.*

Mirabelle *w*, Nebenform zu ↗ Mirabella.

Miranda *w*, lateinisch: *miranda* = die zu Bewundernde; Nebenform: *Mirande.*

Mirande *w*, Nebenform zu ↗ Miranda.

Mirco *m*, slawische Form von ↗ Emmerich und ↗ Miroslaw.

Mireille *w*, französische Form von ↗ Mirabella.
Bekannte Namensträgerin:
Mireille Mathieu, geboren 1946; französische Konzert- und Schlagersängerin.

Mirek *m*, slawische Verkleinerungsform von ↗ Jaromir und ↗ Miroslaw.

Mirella *w*, italienische Kurzform für ↗ Mirabella.

Mirete *w*, Nebenform zu ↗ Mirette.

Miretta *w*, Nebenform zu ↗ Mirette.

Mirette *w*, Koseform für Mira und ↗ Mirabella; Nebenformen: *Miretta, Mirete.*

Miriam *w*, Nebenform zu ↗ Mirjam.

Mirjam *w*, hebräisch-aramäisch: *mirjam;* Bedeutung fraglich; griechisch, lateinisch und deutsch: ↗ Maria; Nebenform: *Miriam.*

Mirka *w*, die weibliche Form zu ↗ Mirko.

Mirko *m*, slawische Kurz- und Koseform für ↗ Emmerich und ↗ Miroslaw.

Mirl *w*, oberdeutsche Koseform für ↗ Maria und Annemarie.

Miroslav *m*, Nebenform zu ↗ Miroslaw.

Miroslaw *m*, slawisch: *mir* = Friede; *slawa* = Ruhm; Nebenform: *Miroslav;* Kurz- und Koseformen: *Mirco, Mirek, Mirko.*

Mischa *m*, russische Kurzform von Michail (↗ Michael).

Mite *w*, Koseform für ↗ Maria.

Mithradates *m*, persisch: nach dem Sonnengott Mithras.
Bekannter Namensträger:
Mithradates VI. Eupator, 132–63 v. Chr.; König von Pontus; eroberte große Gebiete am Schwarzen Meer; von den Römern besiegt.

Mitja *m*, russische Kurz- und Koseform für Dimitri = Dmitry (↗ Demetrius); slawische Nebenformen: *Mitko, Mito.*

Mitko *m*, Nebenform zu ↗ Mitja.

Mito *m*, Nebenform zu ↗ Mitja.

Mitzi *w*, Koseform für ↗ Maria.

Mizzi *w*, Koseform für ↗ Maria.

Moana *w*, bretonisch: die Dünne (?).

Modest *m*, deutsche Form von ↗ Modestus.

Namensträger:

Modest Andlauer, 1847–1900; Jesuit; seit 1882 Glaubensbote in China; Märtyrer des Boxeraufstands (Gedenktag: 19. Juni).

Modest Mussorgskij, 1839–1881; russischer Komponist; von Einfluß auf russische und europäische Neue Musik.

Modesta *w*, die weibliche Form zu ↗ Modestus; Nebenform: *Modeste*.

Namensträger:

Modesta, 7. Jahrhundert; Äbtissin in Trierer Kloster (Gedenktag: 6. November).

Modeste *w*, Nebenform zu Modesta (↗ Modestus).

Modesto *m*, italienische Form von ↗ Modestus.

Modestus *m*, lateinisch: *modestus* = bescheiden; deutsch: *Modest;* italienische Form: *Modesto*.

Namensträger:

Modestus, gestorben um 772; Chorbischof in Salzburg; Glaubensbote in Karantanien (Kärnten) mit Chorbischofssitz in Maria-Saal.

Modoald *m*, althochdeutsch: *muot* = Geist, Sinn: *waltan* = walten, gebieten.

Namensträger:

Modoald, gestorben um 648; wurde 614/615 Bischof von Trier; errichtete mehrere Klöster (Gedenktag: 12. Mai).

Mogens *m*, dänische Nebenform zu ↗ Magnus.

Mohammed *m*, arabisch: gepriesen; Nebenform: *Muhamed*.

Bekannter Namensträger:

Mohammed, 570-632; Prophet und Begründer des Islams.

Moira *w*, griechisch: *moira* = Schicksal, Glück.

Moïse *m*, französische Form von ↗ Moses.

Moll *w*, englische Koseform für Mary (↗ Maria).

Molly *w*, englische Koseform für Mary (↗ Maria).

Molte *m*, dänische Nebenform zu ↗ Malte.

Mombert *m*, althochdeutsch: *muni* = Gedanke; *beraht* = glänzend; Nebenformen: *Mombrecht, Mumbert, Mumprecht;* Kurz- und Koseformen: *Momme, Mommo*.

Mombrecht *m*, Nebenform zu ↗ Mombert.

Momme *m*, friesische Kurzform für mit *muns-* (gotisch = Gedanke) gebildete männliche Vornamen; so für ↗ Mombert; Nebenformen: *Mommo, Mumme*.

Mommo *m*, Nebenform zu ↗ Momme; Kurzform für ↗ Mombert.

Mona *w*, Kurzform für ↗ Monika; englischer Vorname, von irisch: *muadh* = edel.

Mone *w*, Kurzform für ↗ Monika.

Moni *w*, Kurzform für ↗ Monika.

Monica *w*, Nebenform und italienische Form von ↗ Monika.

Monika *w*, lateinisch: *monere* = ermahnen; Nebenform: *Monica;* Kurzformen: *Moni, Mone, Mona, Mike;* italienische Form: *Monica;* französische: *Monique*.

Namensträgerin:

Monika, um 332–387; Tochter christlicher Eltern; Mutter Augustins (Gedenktag: 27. August).

Monique *w*, französische Form von ↗ Monika.

Bekannte Namensträgerin:

Monique Haas, geboren 1909; französische Pianistin; Interpretin vor allem moderner Klavierwerke.

Mono *m*, Nebenform von ↗ Muno.

Namensträger:

Mono (Muno), gestorben um 650; irischer Diakon; lebte als Einsiedler in den Ardennen; von Räubern umgebracht (Gedenktag: 18. Oktober).

Montague *m*, englisch; ursprünglich Familienname; Kurzform; *Monty*.

Montgomery *m*, englisch; ursprünglich Familienname; Kurzform: *Monty*.

Bekannter Namensträger:
Montgomery Clift, 1920–1966; amerikanischer Bühnen- und Filmschauspieler; Charakterdarsteller.

Monty *m,* englische Kurzform für ↗ Montague und ↗ Montgomery.

Monulf *m,* althochdeutsch: *mon* = *munt* = Schutz (?); *wulf* = *wolf* = Wolf.
Namensträger:
Monulf, 6. Jahrhundert; Bischof von Maastricht (Gedenktag: 16. Juli).

Morand *m,* deutsche Form von ↗ Morandus.

Morandus *m,* lateinisch; deutsche Form: *Morand.*
Namensträger:
Morandus, gestorben 1115; Benediktiner in Cluny; wurde 1106 Prior des Klosters Altkirch im Elsaß; „Apostel des Sundgaus" (Gedenktag: 3. Juni; evangelisch: 4. Juni).

Morgan *m,* englisch; keltischen Ursprungs: *muir* = Meer; zum Meer gehörend, meergeboren.

Moric *m,* tschechische Form von ↗ Mauritius (Moritz).

Moricz *m,* ungarische Form von ↗ Mauritius (Moritz).

Morillo *m,* spanische Form von ↗ Maurelius.

Moritz *m,* deutsche Form von ↗ Mauritius; österreichisch: *Moriz;* französisch: *Maurice;* englisch: *Morris.*
Namensträger:
Moritz Bräuninger, gestorben 1860; evangelischer Missionar und Blutzeuge in Nordamerika (Gedenktag: 22. Juli).
Moritz von Craou, 1177–1206; Minnesänger am Hof König Heinrichs II. von England.
Moritz von Sachsen, 1696–1750; Sohn Augusts II., des Starken; im Österreichischen Erbfolgekrieg Generalfeldmarschall der französischen Armeen.
Moritz von Schwind, 1804–1871; deutscher spätromantischer Maler und Graphiker.
Moritz von Strachwitz, 1822–1847; deutscher Schriftsteller.

Morris *m,* englische Form von ↗ Mauritius (Moritz).

Morten *m,* dänische und norwegische Form von ↗ Martin.

Mortimer *m,* englisch; ursprünglich Familienname nach dem normannischen Ort Mortemer.

Mose *m,* ökumenische Form von ↗ Moses.

Moses *m,* hebräisch: *moscheh;* ägyptisch: = Sohn, Kind; oder: aus dem Wasser gezogen(?); ökumenische Form: *Mose;* englisch: *Moses;* französisch: *Moïse;* jüdisch: *Moshe.*
Bekannte Namensträger:
Moses (Mose), wohl im 13. Jahrhundert v. Chr.; religiöser und politischer Führer des israelitischen Volkes; aus dem Stamm Levi; führte es durch die Wüste zum Gelobten Land.
Moses Maimonides, 1135–1204; bedeutender jüdischer Religionsphilosoph und Arzt.
Moses Mendelssohn, 1729–1786; deutsch-jüdischer Aufklärungsphilosoph; förderte die Emanzipation der Juden in Deutschland.

Moshe *m,* jüdische Form von ↗ Moses.
Bekannte Namensträger:
Moshe Yáakov Ben-Gavriel, 1891–1965; israelischer Schriftsteller.
Moshe Dayan, 1915–1981; israelischer Politiker und Offizier; Oberbefehlshaber im Sinaifeldzug gegen Ägypten.

Mros *m,* slawische Form von ↗ Ambrosius.

Mstislaw *m,* russisch.
Bedeutender Namensträger:
Mstislaw Rostropowitsch, geboren 1927; sowjetrussischer Cellist, Komponist und Dirigent; seit 1974 außerhalb der Sowjetunion.

Muck *m,* Kurz- und Koseform für ↗ Nepomuk; Nebenformen: *Mucke, Muckel;* bayerisch: *Muckl.*

Mucke *m,* Nebenform zu ↗ Muck.

Muckel *m,* Nebenform zu ↗ Muck.

Muckl *m,* bayerische Koseform für ↗ Nepomuk.

Muhamed *m*, Nebenform zu ↗ Mohammed.

Mumbert *m*, Nebenform zu ↗ Mombert.

Mumme *m*, Nebenform zu ↗ Momme.

Mumprecht *m*, Nebenform zu ↗ Mombert.

Mund *m*, Kurzform für ↗ Irmund.

Mündel *m*, Koseform für ↗ Siegmund.

Mündelein *m*, Koseform für ↗ Siegmund.

Mundi *m*, Kurz- und Koseform für ↗ Irmund und ↗ Siegmund.

Muriel *w*, englisch; irischen Ursprungs: *muir* = Meer; *geal* = glänzend; Nebenform; *Meriel*.

Murillo *m*, spanische Form von ↗ Maurelius.

Murray *m*, englisch.
Namensträger:
Murray Gell-Mann, geboren 1929; amerikanischer Physiker.

Mutius *m*, lateinisch: *mutus* = stumm.

Mutz *m*, Kurzform für ↗ Hartmut.

Myron *m*, griechisch: *myresthai* = weinen, klagen.
Bekannter Namensträger:
Myron, um 450 v. Chr.; altgriechischer Erzgießer.

N

Nab *w*, englische Koseform für ↗ Abigail.

Nabor *m*, hebräisch: *nabi* = Prophet; *or* = Licht.
Namensträger:
Nabor, gestorben um 300/304; war mit Felix christlicher Soldat aus Afrika; Märtyrer zu Lodi (Gedenktag: 12. Juli).

Nada *w*, Kurzform für ↗ Nadjeschda; Koseform für ↗ Ferdinanda.

Nadeschda *w*, Nebenform zu ↗ Nadjeschda.

Nadežda *w*, slawische Form von ↗ Nadjeschda.

Nadia *w*, niederländische Nebenform zu ↗ Nadja; auch italienische Form von ↗ Nadjeschda.

Nadina *w*, Nebenform zu ↗ Nadine.

Nadine *w*, englische und niederländische Form von ↗ Nadjeschda; Nebenform: *Nadina*.

Nadinka *w*, ungarische Form von ↗ Nadjeschda.

Nadja *w*, russische Kurzform für ↗ Nadjeschda; Nebenform: *Nadia*.
Bekannte Namensträgerin:
Nadja Tiller, geboren 1929; österreichisch-deutsche Filmschauspielerin.

Nadjeschda *w*, slawisch: *Nadežda* = Hoffnung; Nebenform: *Nadeschda;* Kurzformen: *Nada, Nadia, Nadja;* niederländische und englische Form: *Nadine;* italienisch: *Nadia;* ungarisch: *Nadinka:* russische Kurzform: *Nadja*.

Nael *w*, Kurzform für ↗ Petronella.

Naemi *w*, Nebenform zu ↗ Noemi.

Nahum *m*, hebräisch: *nachum* = trostreich, Tröster; Nebenform: *Naum*.
Bekannte Namensträger:
Nahum, im Alten Testament einer der Kleinen Propheten (Buch Nahum); wirkte etwa 663–612 in Juda.
Nahum Goldmann, 1895–1982; zionistischer Politiker und Schriftsteller; ab 1949 Präsident des Jüdischen Weltkongresses, 1956–1978 der Zionistischen Weltorganisation.

Naja *w*, grönländisch = kleine Schwester.

Näl *w*, Koseform für ↗ Petronella.

Nale *w*, Koseform für ↗ Petronella.

Nallo *m*, Koseform für ↗ Emanuel.

Nan *w*, englische Kurz- und Koseform für Anne (↗ Anna).

Nana *w*, italienische Koseform für ↗ Johanna, französische für ↗ Anna.
Bekannte Namensträgerin:
Nana Mouskouri, geboren 1936; griechische Schlagersängerin.

Nancy *w*, englische Koseform für Anne (↗ Anna).

Nanda *w*, Koseform für ↗ Ferdinande.

Nande *w*, Koseform für ↗ Ferdinande.

Nandel *m*, Kurzform für ↗ Ferdinand.

Nandel *w*, Koseform für ↗ Anna.

Nando *m*, Kurzform für mit *nantha*

(germanisch: = kühn) gebildete männliche Vornamen; Nebenform: *Nanno.*

Nandolf *m,* germanisch: *nantha* = mutig, kühn; althochdeutsch: *wolf* = Wolf.

Nándor *m,* ungarische Form von ↗ Ferdinand.

Nane *w,* Koseform für ↗ Christiane; oberdeutsche Form für ↗ Anna.

Nanetta *w,* Nebenform zu ↗ Nannette.

Nanette *w,* Nebenform zu ↗ Nannette.

Nanina *w,* Koseform für ↗ Anna.

Nanine *w,* französische Verkleinerungs- und Koseform für ↗ Anna.

Nanja *w,* russische Koseform für Anastasija (↗ Anastasia).

Nanna *w,* nordisch: kühn; auch Koseform für ↗ Amanda, ↗ Anna, ↗ Johanna; auch für italienisch Marianna (↗ Marianne).

Nanne *w,* Koseform für ↗ Anna und ↗ Marianne; Nebenform: *Nanni.*

Nannerl *w,* Koseform für ↗ Anna.

Nannette *w,* französische Verkleinerungs- und Koseform für ↗ Anna; Nebenformen: *Nanette, Nanetta.*

Nanni *w,* Nebenform zu ↗ Nanne.

Nanno *m,* Nebenform zu ↗ Nando; allgemein: friesische Kurzform für mit Nant- gebildete männliche Vornamen.

Nannon *w,* englische Form für ↗ Nanon.

Nanny *w,* englische Koseform für Anne (↗ Anna).

Nanon *w,* französische Koseform für ↗ Anna; englische Form: *Nannon.*

Nante *m,* niederdeutsch-friesische Kurz- und Koseform für ↗ Ferdinand.

Nantje *w,* friesische Kurzform für mit Nant- gebildete weibliche Vornamen.

Nantwig *m,* germanisch: *nantha* = kühn; althochdeutsch: *wig* = Kampf.

Nantwin *m,* germanisch: *nantha* = kühn; althochdeutsch: *wini* = Freund.

Naomi *w,* Nebenform zu ↗ Noemi.

Napoleon *m,* romanisch: Tal- oder Waldlöwe; oder: nach dem italienischen Ortsnamen Napolioni; italienische Form: *Napoleone;* französisch: *Napoléon.*

Bekannte Namensträger:

Napoleon I., 1769–1821; Kaiser der Franzosen 1804–1814/1815; führte zahlreiche europäische und afrikanische Kriege; Einführung des Code civil.

Napoleon III., 1808–1873, Kaiser der Franzosen 1852–1870; verlor 1870 den deutsch-französischen Krieg.

Narcisse *m,* französische Form von ↗ Narcissus.

Narcisso *m,* italienische Form von ↗ Narcissus.

Narcissus *m,* griechisch: *narkissos* = Sternblume, Narzisse; französische Form: *Narcisse;* italienisch: *Narcisso;* deutsch: *Narziß.*

Namensträger:

Narcissus, 4. Jahrhundert; nach der Legende Bischof von Gerona in Spanien; nach vorübergehendem Aufenthalt in Augsburg um 307 in Spanien Märtyrer (Gedenktag: 29. Oktober).

Narziß *m,* deutsche Form von ↗ Narcissus.

Nastasja *w,* russische Kurzform für Anastasija (↗ Anastasia).

Nastija *w,* russische Koseform für Anastasija (↗ Anastasia).

Nastjenka *w,* russische Koseform für Anastasija (↗ Anastasia).

Nat *m,* englische Kurzform für Nathanael.

Namensträger:

Nat „King" Cole, 1917–1965 ; afroamerikanischer Jazzmusiker (Pianist und Sänger).

Nata *w,* Koseform für ↗ Agnes, ↗ Renata, russisch: Natalija (↗ Natalia).

Natalia *w,* die weibliche Form zu ↗ Natalis; Nebenform: *Natalie;* französische Form: *Nathalie;* russisch: *Natalija;* Koseform: *Natascha.*

Natalie *w,* Nebenform zu ↗ Natalia.

Namensträgerin:

Natalie, 4. Jahrhundert; nach der Legende Gattin eines römischen Offiziers Hadrian, der Märtyrer wurde; Natalie lebte als Einsiedlerin an seinem Grab (Gedenktag: 1. Dezember).

Natalie, gestorben 852; mit ihrem Gatten Aurelius Märtyrer zu Córdoba durch die Sarazenen (Gedenktag: 27. Juli).

Natalija *w*, russische Form von ↗ Natalia; Nebenform: *Natalja;* Koseform: *Natascha.*

Natalina *w*, Weiterbildung von ↗ Natalia.

Natalis *m*, lateinisch: *(dies) natalis* = Geburtstag (Christi); Vorname für an Weihnachten Geborene; italienische Form: *Natale;* französisch: *Noël.*

Natalja *w*, russische Nebenform zu ↗ Natalija.

Natan *m*, ökumenische Form von ↗ Nathan.

Natanael *m*, ökumenische Form von ↗ Nathanael.

Natascha *w*, russische Koseform für Natalija (↗ Natalia).

Nate *w*, Kurzform für Renate (↗ Renata).

Nathan *m*, hebräisch: *n'thanja* = Jahwe hat gegeben; Kurzform für Jonathan oder Nathanael; ökumenische Form: *Natan.*

Namensträger:

Nathan, im Alten Testament Prophet zur Zeit Davids und Salomons.

Nathan Milstein, geboren 1904; amerikanischer Violinist russicher Herkunft.

Nathan Söderblom, 1866–1931; schwedischer evangelischer Theologe; Erzbischof von Uppsala; Zeuge der christlichen Einheit (Gedenktag: 12. Juli).

Nathanael *m*, hebräisch: *nathana'el* = Gott hat gegeben; ökumenische Form: *Natanael;* englische Form: *Nathaniel.*

Nathaniel *m*, englische Form von ↗ Nathanael.

Bekannter Namensträger:

Nathaniel Hawthorne, 1804–1864; amerikanischer Schriftsteller; begründete den modernen amerikanischen Roman.

Natta *w*, Koseform für ↗ Agnes.

Näulgen *w*, Kurz- und Koseform für ↗ Petronella.

Naum *m*, Nebenform zu ↗ Nahum.

Naz *m*, Kurzform für ↗ Ignatius.

Naze *m*, Kurz- und Koseform für ↗ Ignatius.

Nazerl *m*, Koseform für ↗ Ignatius.

Nazi *m*, Kurz- und Koseform für ↗ Ignatius.

Nebelung *m*, Nebenform zu ↗ Nibelung.

Neel *m*, englische Koseform für Edward (↗ Eduard), Edmund, Edwin; auch deutsche Kurzform für ↗ Cornelius.

Neela *w*, Nebenform zu ↗ Neele.

Neele *w*, Kurz- und Koseform für Cornelia (↗ Cornelius); Nebenform: *Neela.*

Neelke *m*, Kurz- und Koseform für ↗ Cornelius.

Neelkea *w*, friesische Kurz- und Koseform für Cornelia (↗ Cornelius).

Neeltje *w*, friesische Kurz- und Koseform für Cornelia (↗ Cornelius).

Nees *w*, Koseform für ↗ Agnes.

Neeske *w*, Koseform für ↗ Agnes.

Nehemia *m*, hebräisch: *nehemja* = Jahwe hat getröstet; ökumenische Form; in der Vulgata: *Nehemias.*

Namensträger:

Nehemia, gestorben um 430 v. Chr.; Erneuerer der jüdischen Gemeinde nach der babylonischen Gefangenschaft.

Nehemias *m*, in der Vulgata Form von ↗ Nehemia.

Neidhard *m*, althochdeutsch: *nid* = Mißgunst; *harti* = hart, stark; Nebenformen: *Neidhardt, Neithard, Nithard.*

Neidhardt *m*, Nebenform zu ↗ Neidhard.

Namensträger:

Neidhardt von Gneisenau, 1760–1831; ab 1825 preußischer Generalfeldmarschall; Stabschef Blüchers.

Neil *m*, englisch-amerikanisch.

Bekannter Namensträger:
Neil Amstrong, geboren 1930; amerikanischer Astronaut; betrat am 20. 7. 1969 als erster Mensch den Mond.

Neisa *w*, Koseform für ↗ Agnes.

Neithard *m*, Nebenform zu ↗ Neidhard.

Nel *m*, englische Kurzform für ↗ Daniel.

Nel *w*, Koseform für ↗ Eleonora,

Nela *w*, Koseform für ↗ Manuela; friesische Kurzform für Cornelia (↗ Cornelius); Nebenform: *Nele*.

Nelda *w*, Kurzform für ↗ Thusnelda.

Nele *w*, friesische Nebenform zu ↗ Nela.

Nella *w*, Koseform für Cornelia (↗ Cornelius), ↗ Helene und ↗ Petronella; Nebenform: *Nelleke*.

Nelleke *w*, Nebenform zu ↗ Nella.

Nelles *m*, Kurz- und Koseform für ↗ Cornelius.

Nelli *w*, Koseform für ↗ Helene, ↗ Cornelia und andere.

Nellis *m*, Kurz- und Koseform für ↗ Cornelius.

Nelly *w*, englische Koseform für ↗ Eleonora.

Bekannte Namensträgerin:
Nelly Sachs, 1891–1970; deutsch-jüdische Schriftstellerin, besonders Lyrikerin; emigrierte 1940 nach Schweden.

Nelson *m*, englisch; ursprünglich ein Orts- und Herkunftsname.

Nepomuk *m*, Vorname nach Herkunftsort Pomuk in Böhmen; Kurz- und Koseformen: *Muck, Mucke, Muckel, Muckl*.

Bekannter Namensträger:
Nepomuk ↗ Johann Nepomuk.

Neres *m*, Koseform für ↗ Rainer.

Nereus *m*, nach dem griechischen Meergott Nereus.

Namensträger:
Nereus, in der griechischen Mythologie Sohn des Okeanos und der Gaia; der weissagekundige Meergreis mit seinen 50 Töchtern, den Nereiden.
Nereus, wohl unter Diokletian römischer Märtyrer mit Achilleus; beide vielleicht bekehrte Soldaten (Gedenktag: 12. Mai).

Nero *m*, lateinisch; sabinischer Herkunft: stark und streng.

Bekannter Namensträger:
Nero, 37–68; ab 54 römischer Kaiser; führte despotische Regierung und verfolgte nach Brand Roms das Christentum.

Nesa *w*, Koseform für ↗ Agnes.

Nese *w*, Koseform für ↗ Agnes.

Nesi *w*, Koseform für ↗ Agnes.

Nestor *m*, griechsich: = Heimkehrer.

Neta *w*, Koseform für ↗ Agnes; Nebenform: *Nete*.

Nete *w*, Nebenform zu ↗ Neta.

Netta *w*, Koseform für ↗ Agnes, Annette, Antoinette, Jeanette, Johanna; Nebenformen: *Nette, Netti, Netty*.

Nettchen *w*, Koseform für ↗ Johanna.

Nette *w*, Nebenform zu ↗ Netta.

Netti *w*, Nebenform zu ↗ Netta.

Netty *w*, Nebenform zu ↗ Netta.

Nevelingk *m*, Nebenform zu ↗ Nibelung.

Nevelong *m*, Nebenform zu ↗ Nibelung.

Nibelung *m*, nach den Nibelungen der deutschen Sage; Nebenformen: *Nebelung, Nevelong, Nevelingk*.

Nic *m*, Kurz- und Koseform für ↗ Nikolaus.

Niccolò *m*, italienische Form von ↗ Nikolaus.

Bekannte Namensträger:
Niccolò Machiavelli, 1469–1527; italienischer Geschichtsschreiber und Politiker aus Florenz; schrieb in „Il principe“ die Lehre von der Staatsräson.
Niccolò Paganini, 1782–1840; italienischer Violinvirtuose und Komponist.
Niccolò Pisano, um 1225–1278; italienischer Bildhauer und Architekt.

Nicholas *m*, englische Form von ↗ Nikolaus.

Namensträger:
Nicholas Ridley, gestorben 1555; evangelischer Blutzeuge in England (Gedenktag: 17. Oktober).

Nick *m*, Koseform für ↗ Nikolaus.

Nickel *m,* Koseform für ↗ Nikolaus.

Nicki *m,* Koseform für ↗ Nikolaus.

Nicla *w,* Nebenform zu italienisch ↗ Nicola.

Niclo *m,* Kurzform für ↗ Nikolaus.

Nico *m,* Kurzform für ↗ Nikolaus.
Bekannter Namensträger:
Nico Dostal, 1895–1981; österreichischer Operetten- und Filmkomponist.

Nicodemo *m,* italienische Form von ↗ Nikodemus.

Nicol *m,* Kurzform für ↗ Nikolaus.

Nicola *m,* italienische Form von ↗ Nikolaus.
Bekannter Namensträger:
Nicola Telsa, 1856–1943; jugoslawischer Physiker und Elektrotechniker.

Nicola *w,* die weibliche Form zu ↗ Nikolaus; Nebenform: *Nicla;* französische Form: *Nicolle, Nicolette;* italienisch: *Nicoletta;* russisch: *Nikolaja.*

Nicolaas *m,* niederländische Form von ↗ Nikolaus; Nebenform: *Claes.*

Nicolae *m,* rumänische Form von ↗ Nikolaus.
Bekannter Namensträger:
Nicolae Ceaucescu, geboren 1918; rumänischer Politiker; seit 1974 Staatspräsident als Vorsitzender des Staatsrats.

Nicolai *m,* Nebenform zu ↗ Nikolai.
Bekannte Namensträger:
Nicolai Gedda, geboren 1925; schwedischer Sänger russisch-schwedischer Herkunft (Tenor); besonders Mozart-Interpret.
Nicolai Frederick Severin Grundtvig, 1783–1872; dänischer evangelischer Theologe, Pädagoge und Schriftsteller (Gedenktag: 2. September).
Nicolai Hartmann, 1882–1950; deutscher Philosoph; begründete neue Erkenntnistheorie, Ontologie und Ethik.

Nicolas *m,* französische Form von ↗ Nikolaus; deutsche Schreibweise: *Nikolas.*
Bekannter Namensträger:
Nicolas Poussin, 1593–1655; französischer Maler; entwickelte sich vom Barock her zum Klassizismus.

Nicolás *m,* spanische From von ↗ Nikolaus.

Nicolaus *m,* Nebenform zu ↗ Nikolaus.

Nicole *w,* französische weibliche Form zu Nicolas (↗ Nikolaus); Nebenform: *Nicolle.*

Nicoletta *w,* italienische weibliche Form zu Niccolò und Nicola (↗ Nikolaus); deutsche Schreibweise: *Nikoletta;* italienische Koseform: *Coletta;* französische Form: *Nicolette;* Koseform: *Colette.*

Nicolette *w,* französische Verkleinerungsform von ↗ Nicole.

Nicoline *w,* Nebenform zu ↗ Nikoline.

Nicolle *w,* französische Nebenform zu Nicole (↗ Nikolaus).

Nidgar *m,* Nebenform zu ↗ Nidger.
Namensträger:
Nidgar, gestorben um 830; Bischof von Augsburg; vordem vielleicht Abt von Ottobeuren (Gedenktag: 15. April).

Nidger *m,* althochdeutsch: *nid* = Mißgunst; *ger* = Speer; Nebenformen: *Nidgar, Nitker.*

Niels *m,* Kurz- und Koseform für ↗ Nikolaus und ↗ Cornelius; auch dänische Form von Nils (↗ Nikolaus).
Bekannte Namensträger:
Niels Bohr, 1885–1962; dänischer Physiker; entwickelte Bohrsches Atommodell.
Niels Stensen, 1638–1686; dänischer Mediziner; wurde katholischer Theologe; 1677 Apostolischer Vikar der nordischen Missionen; 1680 Weihbischof in Münster (Gedenktag: 5. Dezember).

Nielsine *w,* niederdeutsch-friesische weibliche Form zu ↗ Niels.

Nieres *m,* Koseform für ↗ Rainer.

Nies *m,* Nebenform zu ↗ Nis.

Nies *w,* Koseform für ↗ Agnes.

Niesa *w,* Koseform für Agnes.

Nigg *m,* Koseform für ↗ Nikolaus.

Nik *m,* russische Koseform für Nikolai (↗ Nikolaus).

Nike *w,* griechisch: *nike* = Sieg; auch Kurzform für ↗ Monika.

Niketius *m*, lateinisch-griechisch (*nike* = Sieg).
Namensträger:
Niketius, gestorben um 566; Bischof von Trier; erneuerte sein Bistum (Gedenktag: 3. Oktober).

Niki *m*, Kurz- und Koseform für ↗ Nikolaus.

Niki *w*, Kurz- und Koseform für ↗ Nikola.

Nikita *m*, russische Koseform für Nikolai (↗ Nikolaus).
Bekannter Namensträger:
Nikita Chruschtschow, 1894–1971; sowjetrussischer Politiker; 1953–1964 Partei- und Regierungschef.

Niklas *m*, Nebenform zu ↗ Nikolaus.

Niklaus *m*, Nebenform zu ↗ Nikolaus.

Niko *m*, Koseform für ↗ Nikolaus.

Nikodemus *m*, griechisch: *nike* = Sieg; *demos* = Volk; italienische Form: *Nicodemo*.

Nikol *m*, Kurzform für ↗ Nikolaus.

Nikola *w*, deutsche Schreibweise für Nicola.

Nikolai *m*, russische Form von ↗ Nikolaus; Nebenform: *Nikolaj*.
Bedeutende Namensträger:
Nikolai Gogol, 1809–1852; ukrainisch-russischer Schriftsteller; Begründer des literarischen Realismus.
Nikolai Podgorny, 1913–1983; sowjetrussischer Politiker; 1965–1977 Staatspräsident der Sowjetunion.
Nikolai Rimskij-Korsakow, 1844–1908; russischer Komponist der Jungrussischen Schule.
Nikolai Semjonow, geboren 1896; sowjetrussischer Chemiker.

Nikolaj *m*, Nebenform zu ↗ Nikolai.

Nikolas *m*, Nebenform zu ↗ Nikolaus.

Nikolaus *m*, griechisch: *nike* = Sieg; *laos* = Volk; Nebenformen: *Nicolaus, Nikolas, Niklas, Niklaus;* Kurz- und Koseformen: *Nikol, Nickel, Nikki, Nick, Niko, Niki, Nicol, Nicolo, Nico, Nitsche, Klaus, Klas, Klaas, Klos, Klose, Klösel, Klobes, Claus, Claas, Clois, Clos, Niels, Nils, Nisse, Nigg, Kola, Kolas;* englische Formen: *Nicholas, Colin;* französisch: *Nicolas;* spanisch: *Nicolás;* italienisch: *Nicola, Niccolò, Cola;* niederländisch: *Nicolaas, Claas;* schwedisch: *Nils;* dänisch: *Niels;* russisch: *Nikolai, Nikolaj, Nik;* slawisch: *Miklas, Mikola, Mikolas, Mikosch, Mikula, Mikulas;* tschechisch: *Mikuláš;* polnisch: *Mikołaj;* rumänisch: *Nicolae;* ungarisch: *Miklós, Mikós, Mikus*.
Bekannte und bedeutende Namensträger:
Nikolaus II., 1868–1918; letzter Zar von Rußland; in der Revolution erschossen.
Nikolaus von Amsdorf, gestorben 1565; evangelischer Bischof von Naumburg (Gedenktag: 14. Mai).
Nikolaus von Flüe, 1417–1487; schweizerischer Bergbauer, Ratsherr, Laienrichter; wurde 1467 Einsiedler im Ranft; Mystiker; geistlicher Berater und Friedensstifter der Eidgenossen (Gedenktag: 25. September; evangelisch: 21. März).
Nikolaus von Kues, 1401–1464; deutscher Theologe, Philosoph, Mathematiker und Kirchenrechtler; 1448 Kardinal; ab 1450 Fürstbischof von Brixen; leitete als Generalvikar von Rom (seit 1458) allgemeine Reform der Kirche ein.
Nikolaus von Myra, etwa 4. Jahrhundert; war vermutlich Bischof von Myra in Kleinasien; Wohltäter (Gedenktag: 6. Dezember).
Nikolaus von Tolentino, 1245–1305; Augustinereremit; wirkte segensreich als Seelsorger und Prediger (Gedenktag: 10. September).
Nikolaus Groß, 1898–1945; Bergmann; Gewerkschaftssekretär; erklärter Gegner des Nationalsozialismus; im Zusammenhang mit den Vorgängen am 20. Juli 1944 verhaftet und 1945 hingerichtet (Gedenktag: 23. Januar).
Nikolaus Herman, 1480–1561; deutscher evangelischer Dichter und Musiker; komponierte seine geistlichen Lieder größtenteils selbst (Gedenktag: 3. Mai)

Nikolaus Kopernikus, 1473–1543; deutscher Astronom und Humanist; erkannte die Sonne als Zentrum des Planetensystems.
Nikolaus Lenau. 1802–1850; österreichischer Schriftsteller der Spätromantik.
Nikolaus Selnecker, 1530–1592; evangelischer Theologe und Liederdichter (Gedenktag: 24. Mai).
Nikolaus Graf von Zinzendorf, 1700–1760; deutscher pietistischer Theologe; Gründer der Herrnhuter Brüdergemeine; auch Liederdichter (Gedenktag: 9. Mai).

Nikoletta *w,* deutsche Schreibweise von ↗ Nicoletta.

Nikoline *w,* Weiterbildung von ↗ Nikola; Nebenform: *Nicoline.*

Nikos *m,* griechisch: *nike* = Sieg.
Bekannter Namensträger:
Nikos Karantzakis, 1885–1967; neugriechischer Schriftsteller.

Nilies *m,* Kurz- und Koseform für ↗ Cornelius.

Nies *m,* schwedische Kurzform für ↗ Nikolaus; Koseform: *Nisse.*

Nilla *w,* Kurzform für Petronilla (↗ Petronella).

Nille *w,* Kurzform für Petronilla (↗ Petronella).

Nina *w,* Koseform für ↗ Anna, Antonia, ↗ Christiane, Katharina; allgemein für auf -ina oder -rina endende weibliche Vornamen; Nebenform: *Nine.*

Nine *w,* Nebenform zu ↗ Nina.

Ninetta *w,* italienische Verkleinerungsform von ↗ Nina.

Ninette *w,* französische Verkleinerungsform von ↗ Nina.

Ninina *w,* spanische Koseform für ↗ Marcelina.

Ninja *w,* Koseform für ↗ Nina; nach spanisch-portugiesich *Niña.*

Nino *m,* italienische Verkleinerungsform von Giovanni (↗ Johannes).

Ninon *w,* französische Koseform für ↗ Anna und ↗ Antonina.

Nis *m,* Kurzform für ↗ Dionysius; Nebenform: *Nies.*

Nisse *m,* schwedische Koseform für Nils (↗ Nikolaus).

Nita *w,* dänische und schwedische Kurzform für auf -ita endende weibliche Vornamen.

Nithard *m,* Nebenform zu ↗ Neidhard.
Namensträger:
Nithard, gestorben um 845; Mönch in Corbie; Glaubensbote und erster Märtyrer in Schweden (Gedenktag: 3. Februar).

Nitker *m,* Nebenform zu ↗ Nidger.

Nitsche *m,* Koseform für ↗ Nikolaus.

Nivard *m,* fränkisch (aus 8. Jahrhundert).
Namensträger:
Nivard von Clairvaux, um 1100 – um 1150; Bruder Bernhards von Clairvaux; Zisterzienser; Mitgründer verschiedener Klöster (Gedenktag: 7. Feburar).

Nives *w,* italienisch: *neve* = Schnee; schneeweiß.

Niwes *m,* von italienisch: *neve* = Schnee.

Noach *m,* ökumenische Form von ↗ Noah.

Noah *m,* hebräisch: *noach* = der Ruhe bringt; Form des Namens in der Lutherbibel; in der Vulgata: *Noe;* ökumenische Form: *Noach.*
Namensträger:
Noah Webster, 1758–1843; amerikanischer Philologe und Schriftsteller; schuf „An American dictionary of the English language".

Noe *m,* in der Vulgata Form für ↗ Noah.

Noël *m,* französich, von lateinisch: *(dies) natalis* = Geburtstag (Christi); Name für an Weihnachten Geborene.
Namensträger:
Noël Coward, 1899–1937; englischer Schriftsteller von Komödien und Dramen.

Noëlle *w,* die französiche weibliche Form zu ↗ Noël.

Noeme *w,* Nebenform zu ↗ Noemi.

Noemi *w,* hebräisch: *no'omi* = die Liebliche; Form der Vulgata; ökumenische Form: *Noomi;* Nebenformen: *Noeme, Naemi.*

Nofretete *w,* ägyptisch.
Namensträgerin:
Nofretete, um 1350 v. Chr.; Gattin des ägyptischen Königs Amenophis IV. Echnaton.

Noitburg *w,* Nebenform von ↗ Notburg.
Namensträgerin:
Noitburg (Notburg) von Köln, gestorben um 770; lebte im Stift Sankt Maria im Kapitol zu Köln in heiligmäßigem Wandel (Gedenktag: 31. Oktober).

Nold *m,* Kurzform für ↗ Arnold.

Nolda *w,* Kurzform für Arnolda (↗ Arnold).

Nolde *m,* niederdeutsche Kurzform für ↗ Arnold; Nebenform: *Nolte.*

Nolte *m,* Nebenform zu ↗ Nolde.

Nona *w,* englisch und schwedisch; nach der altrömischen Geburtsgöttin Nona.
Namensträgerin:
Nona, gestorben Mitte des 8. Jahrhunderts; Gefährtin der Reklusin Berlind in Meerbeke (Gedenktag: 3. Februar).

Nonfried *m,* germansich: *nantha* = kühn; althochdeutsch: *fridu* = Friede.

Nonna *w,* schwedische Koseform für ↗ Eleonora und Yvonne; Nebenform: *Nonny;* auch ostfriesiche Kurzform für mit Nant- gebildete weibliche Vornamen; Nebenform hierzu: *Nonneke.*

Nonne *m,* friesische Kurzform für mit Nant- (germanisch: *nantha* = kühn) gebildete männliche Vornamen; Nebenform: *Nonno.*

Nonneke *w,* Nebenform zu ↗ Nonna.

Nonnie *w,* niederländische Form von ↗ Eleonora.

Nonno *m,* Nebenform zu ↗ Nonne.

Nonnosus *m,* lateinisch.
Namensträger:
Nonnosus, 6. Jahrhundert; Mönch und später wohl Abt im Silvesterkloster auf dem Monte Soracte nördlich von Rom (Gedenktag: 2. September).

Nonny *w,* Nebenform zu ↗ Nonna.

Noomi *w,* ökumenische Form von ↗ Noemi.

Noor *w,* Koseform für ↗ Eleonora.

Nora *w,* Kurzform für ↗ Eleonora und ↗ Norberta.

Norbert *m,* germanisch: *northo* = Kraft; oder althochdeutsch: *nord* = Norden; *beraht* = glänzend; Nebenform: *Nordbert.*
Namensträger:
Norbert von Gennep, um 1082–1134; Stiftsherr in Xanten; ab 1115 in der Abtei Siegburg; Wanderprediger in Deutschland, Belgien und Frankreich; ab 1126 Erzbischof von Magdeburg; gründete Kloster Prémontré (Gedenktag: 6. Juni).
Norbert Wiener, 1894–1964; amerikanischer Mathematiker; Begründer der Kybernetik und der Informationstheorie.

Norberta *w,* die weibliche Form zu ↗ Norbert; Kurzform: *Nora.*

Nordbert *m,* Nebenform zu ↗ Norbert.

Nordrun *w,* althochdeutsch: *nord* = Norden; *runa* = Zauber.

Nordwin *m,* althochdeutsch: *nord* = Norden; *wini* = Freund.

Nore *w,* Kurzform für ↗ Eleonora.

Noreen *w,* irische Verkleinerungsform von ↗ Nora.

Norfried *m,* althochdeutsch: *nord* = Norden; *fridu* = Friede.

Norgard *w,* althochdeutsch: *nord* = Norden; *gard* = Gehege, Schutz.

Norhild *w,* althochdeutsch: *nord* = Norden; *hiltja* = Kampf; Nebenform: *Norhilde.*

Norhilde *w,* Nebenform zu ↗ Norhild.

Norina *w,* italienische Weiterbildung von ↗ Nora.

Norine *w,* Koseform zu ↗ Honorine.

Norma *w,* englisch, von lateinisch: *norma* = Gebot, Richtschnur.

Norman *m,* englisch-amerikanisch: = Normanne, oder: starker Mann (↗ Norbert).

Bekannter Namensträger:
Norman Mailer, geboren 1923; amerikanischer gesellschaftskritischer Romanschriftsteller und Journalist.
Nortje *w*, Koseform für ↗ Eleonora.
Norwid *m*, althochdeutsch: *nord* = Norden; *wid* = Wald.
Norwin *m*, althochdeutsch: *nord* = Norden; *wini* = Freund.
Notburg *w*, althochdeutsch: *not* = Not; *burg* = Schutz; Nebenformen: *Notburga, Notburgis, Noitburg.*
Namensträgerinnen:
Notburg von Bühl, 9. Jahrhundert; Gattin eines Schottenkönigs; lebte nach dessen Ermordung in Bühl (Gedenktag: 26. Januar).
Notburg von Hochhausen, 7. Jahrhundert; legendäre Einsiedlerin bei Hochhausen am Neckar (Gedenktag: 15. September).
Notburg von Köln ↗ Noitburg.
Notburg von Rottenburg, 9./10. Jahrhundert; diente auf Schloß Rottenburg in Pflichterfüllung (Gedenktag: 13. September).
Notburga *w*, lateinische Form von ↗ Notburg.
Notburgis *w*, Nebenform zu ↗ Notburg.
Notger *m*, Nebenform zu ↗ Notker.
Noting *m*, althochdeutsch: *not* = Not; *ing* = Sproß, Sohn.
Namensträger:
Noting, gestorben 934; wurde 919 Bischof von Konstanz (Gedenktag: 12. August).
Notker *m*, althochdeutsch: *not* = Not; *ger* = Speer; Nebenform: *Notger.*
Bekannte Namensträger:
Notker Balbulus (der Stammler), um 840–912; Mönch in St. Gallen; bedeutender Lehrer und Gelehrter; Verfasser von Hymnen und Sequenzen (Gedenktag: 7. Mai; evangelisch: 6. April).
Notker Labeo, 950–1022; Mönch in St. Gallen; deutscher Musiktheoretiker.
Nuncius *m*, lateinisch: *nuntius* = Bote.
Namensträger:
Nuncius, 7. Jahrhundert; adliger Herkunft; lebte als Hirte an der Maas (Gedenktag: 10. Oktober).
Nuntia *w*, Nebenform zu ↗ Nunzia.
Nunzia *w*, Kurzform für ↗ Annunziata; Nebenform: *Nuntia.*
Nuria *w*, spanisch; nach Nuestra Señora de Nuria, einem Marienbild in dem nordspanischen Ort Nuria.
Nuschi *w*, Koseform für ↗ Ursula.
Nys *m*, Kurz- und Koseform für ↗ Dionysius.

O

Obadia *m*, hebräisch: = Verehrer Jahwes; ist die ökumenische Form; griechische Form und in der Vulgata: *Abdias* (Abdijja); Nebenform: *Abdiel.*
Namensträger:
Obadja, 9. Jahrhundert v. Chr.; der älteste Schriftprophet des Alten Testaments; einer der Kleinen Propheten; seine Schrift das kleine „Buch Obadja".
Obba *m*, Nebenform zu ↗ Obbe.
Obbe *m*, friesische Kurzform für mit Od- beginnende männliche Vornamen; Nebenformen: *Obba, Obbo.*
Obbo *m*, Nebenform zu ↗ Obbe.
Oberon *m*, eingedeutschte Form des französischen *Auberon;* Nebenform zu ↗ Alberich.
Oberto *m*, italienische Form von ↗ Hubert.
Oceana *w*, Nebenform zu ↗ Ozeana.
Ocke *m*, Nebenform zu ↗ Okke.
Octave *m*, französische Form von ↗ Oktavius.
Octavia *w*, die weibliche Form zu ↗ Octavius.
Octavianus *m*, lateinische Form von ↗ Oktavian; französische Form: *Octavien.*
Octavien *m*, französische Form von ↗ Octavianus.
Octavio *m*, italienische und spanische Form von ↗ Octavius.
Bekannte Namensträger:

Octavio Paz, geboren 1914; vom Surrealismus beeinflußter mexikanischer Schriftsteller.

Octavio Piccolomini, 1599–1656; kaiserlicher Feldmarschall im Dreißigjährigen Krieg; General Wallensteins.

Octavius *m*, lateinisch: *octavus* = der achte; Name nach dem altrömischen Geschlecht der Octavier; deutsche Schreibweise: *Oktavius;* französische Form: *Octave;* spanisch: *Octavio;* italienisch: *Octavio, Ottavio.*

Oda *w*, Koseform für ↗ Ottilie; allgemein Kurzform für mit Od- oder Ot- gebildete weibliche Vornamen; Nebenformen: *Ota; Uda;* modernere Form: *Uta, Ute;* französisch: *Odette.*

Namensträgerin:

Oda von Brabant, gestorben um 726; soll als Einsiedlerin in Südbrabant gelebt haben (Gedenktag: 27. November).

Oda von Metz, 7. Jahrhundert; Mutter des Bischofs Arnulf von Metz (Gedenktag: 23. Oktober).

Oda Schaefer, geboren 1900; deutsche Schriftstellerin.

Odalberga *w*, Nebenform zu ↗ Odilberga.

Odalbert *m*, Nebenform zu ↗ Udalbert.

Odalberta *w*, Nebenform zu ↗ Odilberta.

Odalfried *m*, Nebenform zu ↗ Udalfried.

Odalinde *w*, althochdeutsch: *odal* = Besitz, Reichtum; *lind* = mild, oder: *linta* = Lindenholzschild; Nebenform: *Olinde.*

Odalrich *m*, althochdeutsch: *odal* = Besitz, Reichtum; *rihhi* = reich; ältere Form von ↗ Ulrich.

Odalwig *m*, Nebenform zu ↗ Udalwig.

Oddar *m*, wohl niederdeutsch von Odde (= Otto).

Namensträger:

Oddar, 10. Jahrhundert; Priester und Glaubensbote in Holstein; hier mit seinen Gefährten Märtyrer (Gedenktag: 2. Juni).

Odde *m*, niederdeutsch-friesische Kurzform für mit Od- gebildete männliche Vornamen.

Ode *m*, friesische Kurzform für mit Od- oder Ot- beginnende männliche Vornamen; Nebenform: *Odo.*

Odemar *m*, Nebenform zu ↗ Otmar.

Oden *m*, Nebenform zu ↗ Odin.

Odette *w*, französische Weiterbildung von ↗ Oda.

Namensträgerin:

Odette, gestorben 1158; aus vornehmer Familie in Brabant; Klosterfrau; führte ein heiligmäßiges Leben (Gedenktag: 20. April).

Odila *w*, Verkleinerungsform von ↗ Oda; Kurzform für mit Odil- beginnende weibliche Vornamen; Nebenform: *Otila.*

Odilberga *w*, altsächsisch: *odhil* = Besitz, Heimat; althochdeutsch: *berga* = Schutz; Nebenform: *Odalberga.*

Odilbert *m*, altsächsisch: *odhil* = Besitz, Heimat; althochdeutsch: *beraht* = glänzend.

Odilberta *w*, die weibliche Form zu ↗ Odilbert; Nebenform: *Odalberta.*

Odile *w*, französische Form von Odilia (↗ Ottilie).

Odilgard *w*, altsächsisch: *odhil* = Erbgut, Besitz; althochdeutsch: *gard* = Zaun, Schutz; Nebenform: *Odilgart.*

Odilgart *w*, Nebenform zu ↗ Odilgard.

Odilia *w*, Nebenform zu ↗ Ottilie; niederdeutsche Verkleinerungsform von ↗ Oda; Kurz- und Koseform: *Udel.*

Namensträgerinnen:

Odilia vom Elsaß, um 680 – um 720; erste Äbtissin des Klosters Hohenburg auf dem Odilienberg; gründete auch Kloster Niedermünster (Gedenktag: 13. Dezember).

Odilia von Köln, eine der legendären Gefährtinnen der heiligen Ursula von Köln; Märtyrin (Gedenktag: 18. Juli).

Odilie *w*, Nebenform zu ↗ Ottilie.

Odilo *m,* Verkleinerungsform von ↗ Otto.
Bekannte Namensträger:
Odilo, gestorben 748; Herzog von Bayern (Agilolfinger); ließ 739 durch Bonifatius die Kirche von Bayern neu ordnen, berief später Mönche von der Reichenau nach Niederaltaich und den Iroschotten Virgil zum Bischof von Salzburg (Gedenktag: 18. Januar).
Odilo, um 962–1048; ab 994 Abt von Cluny; stand in engster Verbindung mit Papsttum und Kaisern; führte um 1030 das Gedächtnis Allerseelen (2. November) in Cluny ein (Gedenktag: 3. Januar).

Odin *m,* nordisch: der Rasende; schwedische Nebenform: *Oden.*
Namensträger:
Odin, der nordgermanische Gott Wotan.

Odina *w,* Weiterbildung von ↗ Oda; Nebenform: *Odine.*

Odine *w,* Nebenform zu ↗ Odina.

Odino *m,* Weiterbildung von ↗ Odo; Nebenform: *Oteno.*
Namensträger:
Odino (Oteno), gestorben 1182; seit 1140 erster Abt des Prämonstratenserstifts Rot bei Memmingen (Gedenktag: 2. Januar).

Odo *m,* niederdeutsche Form von ↗ Otto; allgemein Kurzform für mit Od- oder Ot- beginnende männliche Vornamen.
Bekannte Namensträger:
Odo (Otto) von Cappenberg, gestorben 1171; Propst des Prämonstratenserstifts auf der elterlichen Burg, ab 1156 von Cappenberg (Gedenktag: 23. Februar).
Odo von Cluny, um 878–942; seit 927 der zweite Abt von Cluny; betrieb die cluniazensische Reform (Gedenktag: 18. November).

Odoardo *m,* italienische Nebenform zu ↗ Eduard.

Odofred *m,* ältere Form von ↗ Otfrid.

Odomar *m,* Nebenform zu ↗ Otmar; auch *Odemar.*

Ödön *m,* ungarische Form von ↗ Edmund.
Bekannter Namensträger:
Ödön von Horváth, 1901–1938; österreichischer sozialkritischer Schriftsteller.

Odulf *m,* altsächsisch: *ot* = Erbgut, Besitz; althochdeutsch: *wolf* = Wolf; Nebenform: *Otulf.*
Namensträger:
Odulf, gestorben nach 854; Seelsorger; Mönch im Kloster Sankt Martin zu Utrecht (Gedenktag: 12. Juni).

Odwin *m,* angelsächsisch: *ot* = Erbgut, Besitz; althochdeutsch *wini* = Freund.

Odysseas *m,* griechisch, nach Odysseus gebildet.
Namensträger:
Odysseas Elytis, geboren 1911; neugriechischer surrealistischer Schriftsteller.

Odysseus *m,* griechisch: *odyssesthai* = zürnen, grollen; lateinische Formen: *Ulixes, Ulysses.*
Namensträger:
Odysseus, in der griechischen Sage König auf Ithaka; Held von Homers „Odyssee“ und „Ilias“.

Offe *m,* friesische Kurzform für mit Od- oder Ot- beginnende männliche Vornamen; Nebenform: *Offo.*

Offo *m,* Nebenform zu ↗ Offe und Koseform für ↗ Udalfried.

Ogier *m,* französische Form von ↗ Edgar.

Ohlsen *m,* niederdeutsche Form von ↗ Ulrich.

Okka *w,* friesische Kurzform für mit Od- oder Ot- beginnende weibliche Vornamen.

Okke *m,* friesische Kurzform für mit Od- oder Ot- beginnende männliche Vornamen; Nebenformen: Ocke, Okko.

Okko *m,* Nebenform zu ↗ Okke.

Oktavia *w,* die weibliche Form zu ↗ Oktavius.

Oktavian *m,* deutsche Form des lateinischen ↗ Octavianus; Nebenform: *Oktavianus.*

Oktavianus *m*, Nebenform zu ↗ Oktavian.

Oktavius *m*, deutsche Schreibweise von ↗ Octavius.

Ola *m*, norwegische Nebenform zu Olav (↗ Olaf).

Olaf *m*, schwedisch: *aai leif* = Ahnensproß (?); Nebenform: *Olav;* Kurzform: *Ole;* lateinische Formen: *Olaus, Olavus;* norwegisch: *Olav, Ola;* schwedisch: *Olav* und *Olof;* niederdeutsch und dänisch: *Oluf, Ole.*

Bekannte Namensträger:

Olaf II. Haraldsson, der Heilige, um 995–1029; seit 1016 König von Norwegen; setzte Christianisierung seines Landes fort (Gedenktag: 29. Juli).

Olaf (Olav) V., geboren 1903; König von Norwegen seit 1957; ging 1940 nach London ins Exil.

Olaf Gulbransson, 1873–1958; norwegischer Maler und Zeichner; Karikaturist am „Simplicissimus".

Olaf (Ole) Römer, 1644–1710; dänischer Astronom; erfand den Meridiankreis.

Olaus *m*, lateinische Form von ↗ Olaf; Nebenform: *Olavus.*

Namensträger:

Olaus (Olof) Petri, 1493–1552; Reformator Schwedens (Gedenktag: 27. Oktober).

Olav *m*, Nebenform und norwegisch-schwedische Form von ↗ Olaf.

Olavus *m*, Nebenform zu ↗ Olaus.

Olberich *m*, Nebenform zu ↗ Alberich.

Olbers *m*, niederdeutsche Form von ↗ Oliver.

Olbricht *m*, Nebenform zu ↗ Udalbert.

Oldřich *m*, tschechische Form von ↗ Ulrich.

Oldrik *m*, Nebenform zu ↗ Adalrich.

Oldvig *m*, Nebenform zu ↗ Oldwig.

Oldwig *m*, Nebenform zu ↗ Adalwig und ↗ Udalwig; auch: *Oldvig.*

Ole *m*, Koseform für ↗ Olaf; Kurzform für mit Ol-, Ul- oder Od- beginnende männliche Vornamen; Nebenform: *Ule.*

Oleg *m*, russische Form von ↗ Helge.

Bekannter Namensträger:

Oleg Popow, geboren 1930; sowjetrussischer Artist; Clown des Moskauer Staatszirkus.

Olf *m*, Kurzform für auf -wolf endende männliche Vornamen.

Olfert *m*, friesische Form von ↗ Wolfhard; auch Koseform für ↗ Udalfried.

Olga *w*, russische Form von ↗ Helga; Koseformen: *Olguscha, Guscha, Olla, Olli, Olly.*

Namensträgerin:

Olga (Helga), gestorben um 970; Gattin des russischen Großfürsten Igor von Kiew; wurde 957 Christin (Gedenktag: 11. Juli).

Olger *m*, altsächsisch: *ot* = Erbgut, Besitz (?); althochdeutsch: *ger* = Speer.

Namensträger:

Olger, 7./8. Jahrhundert; vermutlich ein angelsächsischer Glaubensbote an Niederrhein und Maas; gründete mit Wiro und Plechelm um 700 das Peterskloster bei Roermond (Gedenktag: 15. Juli).

Olguscha *w*, Koseform für ↗ Olga.

Olinde *w*, Nebenform zu ↗ Odalinde.

Oliva *w*, Nebenform zu ↗ Olivia.

Namensträgerin:

Oliva, 2. Jahrhundert; jungfräuliche Märtyrin unter Hadrian (Gedenktag: 5. März).

Olive *w*, französische und englische Form von ↗ Olivia.

Oliver *m*, englisch; nach nordisch: *Olafr;* lateinisch: *Oliverus, Oliverius,* (*olivarius* = Ölbaumpflanzer); niederdeutsch: *Olbers;* Koseform: *Olf;* französische Form: *Olivier:* italienisch: *Oliviero.*

Bekannte Namensträger:

Oliver Cromwell, 1599–1658; englischer puritanischer Politiker; revolutionärer Staatsführer (Gedenktag: 3. September).

Oliver Goldsmith, 1728–1774; englischer Schriftsteller und Arzt.

Oliver Plunket, 1629–1681; seit 1669

Erzbischof von Armagh und Primas von Irland; angeblicher Verschwörer; gemartert (Gedenktag: 11. Juli).

Oliverius *m,* Nebenform zu ↗ Oliverus (↗ Oliver).

Oliverus *m,* lateinische Form von ↗ Oliver, Nebenform: *Oliverius.*

Olivia *w,* die weibliche Form zu ↗ Oliver; Kurz- und Koseformen: *Olla, Olli, Olly, Livy;* französische Formen: *Oliva, Olive;* englisch: *Olive.*

Olivier *m,* französische Form von ↗ Oliver.

Bedeutender Namensträger:

Olivier Messiaen, französischer führender Komponist, Organist und Ornithologe; Mitgründer der Komponistengruppe „La jeune France" und Anreger der seriellen Musik.

Oliviero *m,* italienische Form von ↗ Oliver.

Olla *w,* Kurz- und Koseform für ↗ Olivia und Olga; Nebenformen: *Olli, Ollie, Olly.*

Olli *w,* Nebenform zu ↗ Olla.

Ollie *w,* Nebenform zu ↗ Olla.

Olly *w,* Nebenform zu ↗ Olla.

Olmes *m,* Koseform für ↗ Hieronymus.

Olof *m,* schwedische Form von ↗ Olaf.

Namensträger:

Olof Palme, 1927–1986; schwedischer sozialdemokratischer Politiker.

Olofa *w,* die weibliche Form zu ↗ Olof; Nebenformen: *Olova, Oluva.*

Olova *w,* Nebenform zu ↗ Olofa.

Olrik *m,* nordische Nebenform zu ↗ Ulrich und ↗ Adalrich.

Oltman *m,* althochdeutsch: *adal* = edel; *man* = Mann.

Oluf *m,* niederdeutsche und dänische Form von ↗ Olaf.

Oluva *w,* Nebenform zu ↗ Olofa.

Olympia *w,* die weibliche Form zu ↗ Olympus; russische Koseform: *Lipa.*

Olympus *m,* griechisch: vom Berg Olymp.

Omar *m,* arabische Form von ↗ Georg.

Omer *m,* Koseform für ↗ Otmar.

Omke *m,* Nebenform zu ↗ Ommo.

Omko *m,* Nebenform zu ↗ Ommo.

Ommar *m,* Nebenform zu ↗ Otmar.

Ommeke *m,* Nebenform zu ↗ Ommo.

Ommo *m,* Koseform für ↗ Otmar; allgemein friesische Kurzform für mit Od- oder Ot- beginnende männliche Vornamen; Nebenformen: *Omko, Omke, Ommeke.*

Ondra *m,* russische Form von ↗ Andreas.

Onimus *m,* Kurzform für ↗ Hieronymus.

Onno *m,* Koseform für ↗ Arnold; Nebenform: *Unno.*

Onofrio *m,* italienische Form von ↗ Onuphrius.

Onorato *m,* italienische Form von ↗ Honoratus.

Onoria *w,* italienische weibliche Form zu ↗ Onorio; Weiterbildung: *Onorina.*

Onorina *w,* Weiterbildung von ↗ Onoria.

Onorio *m,* italienische Form von ↗ Honorius.

Onuphrius *m,* griechisch: Eselshüter; italienische Form: *Onofrio.*

Oomer *m,* Koseform für ↗ Otmar.

Oomke *m,* Koseform für ↗ Otmar.

Oona *w,* irisch; Bedeutung fraglich; englische Form: *Una.*

Oper *m,* Koseform für ↗ Otmar.

Operli *m,* Koseform für ↗ Otmar.

Ophelia *w,* griechisch: *opheleia* = Nutzen, Hilfe.

Öpsch *m,* Koseform für ↗ Otmar.

Optatus *m,* lateinisch: *optatus* = erwünscht.

Orane *w,* französische Form von ↗ Orania und ↗ Urania.

Orania *w,* lateinisch: = Oranierin (?); Nebenform: ↗ Urania; französische Form: *Orane.*

Oranna *w,* irischer Herkunft (?).

Namensträgerin:

Oranna, 6. Jahrhundert; Iroschottin; lebte als Einsiedlerin an Mosel und Saar (Gedenktag: 15. September).

Orazio *m,* italienische Form von ↗ Horaz.

Orbán *m,* ungarische Form von ↗ Urban.
Orell *m,* schweizerische Nebenform zu ↗ Aurelius.
Orest *m,* griechisch: *Orestes* (*oros* = Berg), Bergbewohner (?).
Namensträger:
Orest, in der griechischen Sage Sohn Agamemnons und der Klytämnestra, die er tötete.
Orla *w,* Kurzform für Orsola (↗ Ursula).
Orlando *m,* italienische Form von ↗ Roland.
Bekannter Namensträger:
Orlando di Lasso, um 1532–1594; niederländischer Komponist weltlicher und kirchlicher Vokalmusik.
Ornella *w,* italienische Verkleinerungsform von Orania (↗ Urania).
Ornette *m,* Herkunft und Bedeutung fraglich.
Bekannter Namensträger:
Ornette Colman, geboren 1930; afroamerikanischer Jazzmusiker und -komponist (Free Jazz).
Orpheus *m,* griechisch.
Namensträger:
Orpheus, in der griechischen Mythologie Sohn des Apollo und der Muse Kalliope; Gatte der Eurydike; mythischer Sänger und Dichter.
Orschel *w,* Nebenform zu Orscheli (↗ Ursula).
Orscheli *w,* schweizerische Koseform für ↗ Ursula; Nebenform: *Orschel.*
Orsel *w,* niederländische Form von ↗ Ursula.
Orseli *w,* schweizerische Koseform für ↗ Ursula.
Orseline *w,* italienische Nebenform zu Orsola (↗ Ursula).
Orsina *w,* italienische Nebenform zu Orsola (↗ Ursula).
Orsine *w,* italienische Nebenform zu Orsola (↗ Ursula).
Orsola *w,* italienische Form von ↗ Ursula.
Orsolya *w,* ungarische Form von ↗ Ursula.
Orson *m,* englisch-amerikanisch.
Bekannter Namensträger:
Orson Welles, geboren 1915; amerikanischer Schauspieler, besonders Filmschauspieler und -regisseur.
Ortfrid *m,* althochdeutsch: *ort* = Schwert; *fridu* = Friede; Nebenform: *Ortfried.*
Ortfried *m,* Nebenform zu ↗ Ortfrid.
Ortger *m,* althochdeutsch: *ort* = Schwert; *ger* = Speer.
Orthia *w,* Kurz- und Koseform für ↗ Dorothea; Nebenform: *Orthja.*
Orthild *w,* althochdeutsch: *ort* = Schwert; *hiltja* = Kampf; Nebenform: *Orthilde.*
Orthilde *w,* Nebenform zu ↗ Orthild.
Orthja *w,* Nebenform zu Orthia (↗ Dorothea).
Orthold *m,* Nebenform zu ↗ Ortwald.
Namensträger:
Orthold, gestorben nach 1242; Prämonstratenser; erst Prior des Stifts Osterhofen, seit etwa 1256 Propst des Stifts Schlägl (Gedenktag: 9. September).
Ortlib *m,* Nebenform zu ↗ Ortlieb.
Ortlieb *m,* althochdeutsch: *ort* = Schwert; *liob* = lieb; Nebenform: *Ortlib.*
Ortlind *w,* althochdeutsch: *ort* = Schwert; *lind* = mild; Nebenform: *Ortlinde.*
Ortlinde *w,* Nebenform zu ↗ Ortlind.
Ortluf *m,* Nebenform zu ↗ Ortulf.
Ortnid *m,* althochdeutsch: *ort* = Schwert; *nid* = Neid, Mißgunst, Feindschaft; Nebenform: *Ortnit.*
Ortnit *m,* Nebenform zu ↗ Ortnid.
Ortolf *m,* Nebenform zu ↗ Ortulf.
Ortolt *m,* Nebenform zu ↗ Ortwald.
Ortraud *w,* Nebenform zu ↗ Ortrud.
Ortrud *w,* althochdeutsch: *ort* = Schwert; *trud* = stark; Nebenform: *Ortraud.*
Ortrun *w,* althochdeutsch: *ort* = Schwert; *runa* = Rune, Zeichen, Geheimnis, Zauber.
Ortulf *m,* althochdeutsch: *ort* = Schwert; *wolf* = Wolf; Nebenform: *Ortluf, Ortolf.*
Ortwald *m,* althochdeutsch: *ort* =

Schwert; *waltan* = walten, gebieten; Nebenform: *Orthold, Ortolt.*

Ortwein *m,* Nebenform zu ↗ Ortwin.

Ortwin *m,* althochdeutsch: *ort* = Schwert; *wini* = Freund; Nebenform: *Ortwein.*

Orville *m,* englisch-amerikanisch.

Namensträger:

Orville Wright, 1871–1948; Flugzeugtechniker; mit seinem Bruder Wilbur Pionier des Motorflugs.

Osanna *w,* hebräisch: gib Heil, hilf!

Osbert *m,* Nebenform zu ↗ Ansbert.

Osberta *w,* die weibliche Form zu Osbert (↗ Ansbert).

Oscar *m,* Nebenform zu ↗ Oskar; auch die englische Form.

Bekannte Namensträger:

Oscar Peterson, geboren 1925; kanadischer Jazzmusiker.

Oscar Niemeyer, geboren 1907; deutsch-brasilianischer Architekt; bedeutende Bauten in Brasilia und anderwärts.

Oscar Romero y Galdamez, 1917–1980; katholischer südamerikanischer Theologe; Bischof von Santiago de María; während Gottesdienst erschossen.

Oscar Straus, 1870–1954; österreichischer Komponist von Operetten, Liedern und Filmmusik.

Oscar Wilde, 1854–1900; englischer Schriftsteller irischer Herkunft; Vertreter des englischen Ästhetizismus.

Oseas *m,* Nebenform zu ↗ Hosea.

Osee *m,* hebräisch; ökumenische Form: ↗ Hosea.

Ositha *w,* Herkunft und Bedeutung fraglich.

Oskar *m,* neuere Form von ↗ Ansgar; Nebenform und englische Form: *Oscar.*

Bekannte und bedeutende Namensträger:

Oskar Maria Graf, 1894–1967; bayerischer sozialkritischer und pazifistischer Schriftsteller.

Oskar Kokoschka, 1886–1980; österreichischer Schriftsteller und expressionistischer Maler und Graphiker.

Oskar Loerke, 1884–1941; deutscher Schriftsteller, besonders Lyriker.

Oskar Meßter, 1866–1943; deutscher Filmtechniker, -produzent und -regisseur.

Oskar von Miller, 1855–1934; deutscher Elektroingenieur; gründete 1903 das Deutsche Museum in München.

Oskar Schlemmer, 1885–1943; deutscher abstrakter Maler und Bildhauer.

Oskar Fritz Schuh, geboren 1904; österreichischer Opern- und Schauspielregisseur sowie Theaterleiter.

Oskar Ursinus, 1878–1952; Ingenieur; förderte das Segelflugwesen.

Oskar Werner, geboren 1922; österreichischer Schauspieler und Regisseur; Charakterdarsteller; seit 1948 auch in Filmen.

Osmar *m,* germanisch: *ans* = Gott; althochdeutsch: *mari* = berühmt; Nebenform: *Usmar.*

Osmond *m,* französische Form von ↗ Osmund.

Osmund *m,* germanisch: *ans* = Gott; althochdeutsch: *munt* = Schützer; französische Form: *Osmond;* englisch: ↗ Esmond.

Namensträger:

Osmund, gestorben 1099; Kanzler Wilhelms des Eroberers; 1072 Bischof von Exeter, 1078 von Salisbury (Gedenktag: 4. Dezember).

Osmunde *w,* die weibliche Form zu ↗ Osmund.

Ossel *m,* Koseform für ↗ Otto.

Ossi *m,* Kurzform für mit Os- beginnende männliche Vornamen; Nebenform: *Ossy.*

Ossip *m,* russische Form von ↗ Josef.

Bekannter Namensträger:

Ossip Zadkine, 1890–1962; russisch-französischer Bildhauer des Kubismus und später des Expressionismus.

Ossy *m,* Nebenform zu ↗ Ossi.

Ostara *w,* angelsächsisch: im Ostermonat Geborene.

Namensträger:

Ostara, altangelsächsische Frühlingsgöttin (?).

Osterheld *w,* Nebenform zu ↗ Osterhild.

Osterhild *w,* althochdeutsch: *ostar* = nach Osten; *hiltja* = Kampf; Nebenform: *Osterheld.*

Osterlind *w,* althochdeutsch: *ostar* = nach Osten; *lind* = mild.

Oswald *m,* neuere Form von ↗ Answald.

Bekannte und bedeutende Namensträger:

Oswald, 604–642; Sohn König Ethelfriths von Northumbrien; eroberte nach Flucht 634 sein Land zurück; führte als König das Christentum ein (Gedenktag: 5. August).

Oswald von York, gestorben 992; wurde als Mönch von Fleury 961 Bischof von Worcester und Erzbischof von York (Gedenktag: 29. Februar).

Oswald von Nell-Breuning, geboren 1890; Jesuit; katholischer Sozialwissenschaftler; vertritt die katholische Soziallehre und den christlichen Solidarismus.

Oswald Spengler, 1880–1936; deutscher Geschichts- und Kulturphilosoph; bekannt sein Hauptwerk: „Untergang des Abendlandes".

Oswalda *w,* die weibliche Form zu ↗ Oswald; Nebenform: *Oswalde.*

Oswalde *w,* Nebenform zu Oswalda (↗ Oswald).

Oswin *m,* germanisch: *ans* = Gott; angelsächsisch: *wini* = Freund.

Namensträger:

Oswin, gestorben 651 (ermordet); angelsächsischer König; bemüht um Festigung des Christentums in England (Gedenktag: 20. August).

Oswine *w,* die weibliche Form zu ↗ Oswin.

Ot *m,* Kurzform für mit Ot-, Od- oder Ott- beginnende männliche Vornamen.

Ota *m,* tschechische Form von ↗ Otto.

Ota *w,* Nebenform zu ↗ Oda.

Otberga *w,* althochdeutsch: *ot* = Erbgut, Besitz; *berga, burg* = Schutz; Nebenformen: *Otburg, Otburga.*

Otbert *m,* althochdeutsch: *ot* = Erbgut, Besitz; *beraht* = glänzend; Nebenformen: *Edbert, Autbert.*

Namensträger:

Otbert (Autbert), gestorben 829; Mönch in Korvey (Gedenktag: 19. April).

Otburg *w,* Nebenform zu ↗ Otberga.

Otburga *w,* Nebenform zu ↗ Otberga.

Oteno *m,* Nebenform zu ↗ Odino.

Otfrid *m,* althochdeutsch: *ot* = Erbgut, Besitz; *fridu* = Friede; ältere Form: *Odofred;* Nebenformen: *Otfried, Ottfried;* provenzalisch: *Audafrei.*

Otfried *m,* Nebenform zu ↗ Otfrid.

Otfriede *w,* die weibliche Form zu Otfried (↗ Otfrid).

Otger *m,* althochdeutsch: *ot* = Erbgut, Besitz; *ger* = Speer; Nebenform: *Otker.*

Otgund *w,* althochdeutsch: *ot* = Erbgut, Besitz; *gund* = Kampf; Nebenform: *Otgunde.*

Otgunde *w,* Nebenform zu ↗ Otgund.

Othello *m,* Verkleinerungsform von ↗ Otto; auch englische Form.

Othelm *m,* Nebenform zu ↗ Uthelm.

Othild *w,* althochdeutsch: *ot* = Erbgut, Besitz; *hiltja* = Kampf; Nebenform: *Othilde.*

Othilde *w,* Nebenform zu ↗ Othild.

Othmar *m,* Nebenform zu ↗ Otmar.

Othon *m,* französische Form von ↗ Otto.

Othona *w,* eine weibliche Form zu ↗ Otto (?).

Otila *w,* Nebenform zu ↗ Odila.

Otker *m,* Nebenform zu ↗ Otger.

Otli *m,* Kurz- und Koseform für ↗ Otmar.

Ötli *m,* Kurz- und Koseform für ↗ Otmar.

Otlinde *w,* althochdeutsch: *ot* = Erbgut, Besitz; *lind* = mild; Nebenformen: *Ottlinde, Utlinde.*

Otmar *m,* althochdeutsch: *ot* = Erbgut, Besitz; *mari* = berühmt; Nebenformen: *Othmar, Odomar, Audomar,*

Edmar, Ommar; Kurz- und Koseformen: *Oper, Operli, Otli, Ötli, Öpsch, Ommo, Ummo, Omer, Oomer, Oomke.*

Namensträger:

Otmar von Sankt Gallen, 689–759; alemannischer Priester; übernahm 719 die Leitung der Mönche beim Grab des heiligen Gallus und führte die Benediktinerregel ein; gründete das erste Leprosenhaus der Schweiz; starb in der Verbannung auf der Rheininsel Werd bei Stein (Gedenktag: 16. November).

Otmar von Thérouanne, gestorben nach 667; Missionsbischof im Artois; erneuerte hier das Bistum Thérouanne (Gedenktag: 9. September).

Otmund *m,* althochdeutsche Form von ↗ Edmund.

Ott *m,* Kurzform für mit Ott- beginnende männliche Vornamen.

Ottavio *m,* italienische Form von ↗ Oktavius.

Otte *m,* Kurzform für mit Ot- oder Ott- beginnende männliche Vornamen; auch schwedische Form von ↗ Otto.

Ottegebe *w,* althochdeutsch: *ot* = Erbgut, Besitz; *geba* = Gabe; Nebenform: *Ottogebe.*

Ottel *w,* Kurzform für ↗ Ottilie.

Ottfried *m,* Nebenform zu ↗ Otfrid.

Otthein *m,* Kurzform für ↗ Ottheinrich.

Ottheinrich *m,* Doppelname aus Otto und Heinrich; Kurzform: *Otthein.*

Bekannter Namensträger:

Ottheinrich, 1502–1559; Pfalzgraf bei Rhein; seit 1556 Kurfürst; förderte Kunst und Wissenschaft.

Ottheinz *m,* Doppelname aus Otto und Heinz (= Heinrich).

Otthermann *m,* Doppelname aus Otto und Hermann.

Otti *w,* Kurz- und Koseform für mit Ot- beginnende weibliche Vornamen.

Ottilia *w,* Nebenform zu ↗ Ottilie.

Ottilie *w,* althochdeutsch: *ot* = Erbgut, Besitz; Nebenformen: *Ottilia, Odilie, Odilia, Utilie;* Kurz- und Koseformen: *Ottel, Otti, Oda, Udel, Dilia, Dille, Dilli, Dela, Dele, Della, Dilge, Tilg, Tilch, Till, Tilla, Tilli;* französische Form: *Odilie.*

Ottlinde *w,* Nebenform zu ↗ Otlinde.

Ottmar *m,* Nebenform zu ↗ Otmar.

Bekannter Namensträger:

Ottmar Mergenthaler, 1854–1899; deutscher Uhrmacher und Techniker; erfand 1884 die Linotype-Setzmaschine.

Otto *m,* germanisch-althochdeutsch: *ot* = Erbgut, Besitz; auch Kurzform für mit Ot- oder Od- gebildete männliche Vornamen; Koseform: *Ottel;* niederdeutsche Form: *Odo, Udo;* Verkleinerungsformen: *Odilo, Othello;* französische Formen: *Othon, Otton;* italienisch: *Ottone;* englisch: *Othello;* russisch: *Otton;* ungarisch: *Etelka;* tschechisch: *Ota.*

Bekannte und bedeutende Namensträger:

Otto I., der Große, 912–973; seit 936 deutscher König, seit 962 Kaiser; vereinigte Reich und Italien; siegte 955 über die Ungarn.

Otto von Bamberg, um 1060–1139; wurde 1102 Bischof von Bamberg; Apostel der Pommern; suchte im Streit zwischen Papst und Kaiser Heinrich IV. und V. zu vermitteln (Gedenktag: 30. Juni).

Otto von Freising, 1112–1158; wurde 1132 Zisterzienser und 1138 Abt in Kloster Morimund sowie gleichzeitig Bischof von Freising (Gedenktag: 7. September).

Otto von Niederaltaich, gestorben 1344; trat um 1320 mit seinem Bruder Hermann in Niederaltaich ein; Otto wurde Einsiedler, übernahm aber nach des Bruders Tod dessen Aufgabe und wirkte als Seelsorger und Berater in Frauenau bei Zwiesel (Gedenktag: 28. Dezember).

Otto von Riedenburg, gestorben um 1150; Graf von Riedenburg; förderte das Zisterzienserkloster Walderbach in der Oberpfalz und trat hier ein (Gedenktag: 30. Juni).

Otto Bartning, 1883–1959; deutscher Architekt und Schriftsteller; errichtete Großbauten in Stahl, Beton und Glas.

Otto Bauer, 1881–1938; österreichischer sozialistischer Politiker; Vertreter des Austromarxismus.

Otto von Bismarck, 1815–1898; deutscher Politiker; preußischer Ministerpräsident; erreichte 1871 Gründung des deutschen Kaiserreichs; wurde dessen erster Reichskanzler bis 1890.

Otto Brahm, 1856–1912; deutscher Theaterkritiker und -leiter; Wegbereiter des naturalistischen Dramas und Theaters.

Otto Dibelius, 1880–1947; deutscher evangelischer Theologe; Mitglied der Bekennenden Kirche; wurde suspendiert; 1949–1961 Vorsitzender des Rats der Evangelischen Kirche in Deutschland.

Otto Dix, 1891–1969; deutscher expressionistischer Maler und Graphiker.

Otto W. Fischer, geboren 1915; österreichischer Schauspieler der Bühne und des Films.

Otto Flake, 1880–1963; deutscher Schriftsteller unter Einfluß von Dadaismus, Im- und Expressionismus.

Otto von Gierke, 1841–1921; deutscher Rechtsgelehrter; verfocht Genossenschaftsrecht.

Otto Grotewohl, 1894–1964; deutscher sozialistischer Politiker; seit 1949 Ministerpräsident der Deutschen Demokratischen Republik.

Otto von Guericke, 1602–1686; deutscher Naturforscher; bewies Luftdruck der Erde; schuf erstes Barometer.

Otto Hahn, 1897–1968; deutscher Chemiker und Atomforscher; entdeckte Kernspaltung des Urans.

Otto E. Hasse, 1903–1978; deutscher Bühnen- und Filmschauspieler; Charakterdarsteller.

Otto Karrer, 1888–1976; schweizerischer katholischer Theologe.

Otto Klemperer, 1885–1973; deutscher Dirigent und Komponist; Beethoveninterpret.

Otto Lilienthal, 1848–1896 (abgestürzt); deutscher Flugingenieur; Erfinder des Segelflugzeugs.

Otto Loewi, 1873–1961; deutsch-amerikanischer Pharmakologe.

Otto Meyerhof, 1884–1951; deutscher Biochemiker und Physiologe.

Otto Müller, 1870–1944; deutscher katholischer Theologe; Präses der katholischen Arbeiterbewegung; Gegner des Nationalsozialismus; 1944 verhaftet; starb im Gefängnis (Gedenktag: 12. Oktober).

Otto Nicolai, 1810–1849; deutscher romantischer Komponist von Opern, Kirchenmusik und anderem.

Otto Pankok, 1893–1966; deutscher expressionistischer Maler, Graphiker, Bildhauer und Schriftsteller.

Otto Preminger, geboren 1906; österreichisch-amerikanischer Filmregisseur und -produzent.

Otto Waalkes, geboren 1948; deutscher Sänger, Humorist und Schriftsteller.

Otto Wagner, 1841–1918; österreichischer Architekt und Fachschriftsteller des Jugendstils.

Otto Wallach, 1847–1931; deutscher Chemiker.

Otto Heinrich Warburg, 1883–1970; deutscher Physiologe und Biochemiker; entdeckte das Warburgsche Atmungsferment.

Otto Wels, 1873–1939; deutscher sozialdemokratischer Politiker; lehnte 1933 Hitlers Ermächtigungsgesetz im Reichstag als Sprecher seiner Partei ab.

Ottogebe *w,* Nebenform zu Ottegebe.

Ottokar *m,* germanisch-althochdeutsch: *ot* = Erbgut, Besitz; *wakar* = wachsam.

Namensträger:

Ottokar II., um 1230–1278; König von Böhmen; erwarb Österreich, Steiermark, Kärnten und Krain; förderte deutsche Kultur; unterlag Rudolf I. von Habsburg.

Ottokar III., gestorben 1164; Markgraf von Traungau; übergab sein Gut der Kirche zur Gründung eines Augustiner-Chorherrenstifts (Gedenktag: 9. Mai).

Ottomar *m,* Nebenform zu ↗ Otmar.

Ottomax *m,* Doppelname aus Otto und Max.

Otton *m,* französische und russische Form von ↗ Otto.

Ottone *m,* italienische Form von ↗ Otto.

Ottorino *m,* italienische Weiterbildung von Otto.

Namensträger:

Ottorino Respighi, 1879–1936; führender Komponist der italienischen Musik seiner Zeit.

Otulf *m,* Nebenform zu ↗ Odulf.

Otwald *m,* althochdeutsch: *ot* = Erbgut, Besitz; *waltan* = gebieten.

Otward *m,* althochdeutsch: *ot* = Erbgut, Besitz; *wart* = Hüter.

Otwin *m,* althochdeutsch: *ot* = Erbgut, Besitz; *wini* = Freund.

Otwine *w,* die weibliche Form zu ↗ Otwin.

Ouwe *m,* friesische Form von ↗ Uwe.

Ove *m,* dänische und schwedische Nebenform zu Owe (↗ Uwe).

Ovid *m,* lateinisch: *Ovidius* (= Schäfer).

Bekannter Namensträger:

Ovid, 43 v. Chr. – 18 n. Chr.; römischer Dichter mit weitreichender Nachwirkung.

Owe *m,* friesische Form von ↗ Uwe; Nebenform: *Ove.*

Owen *m,* englische Form von ↗ Eugen.

Namensträger:

Owen D. Young, 1874–1962; amerikanischer Politiker und Wirtschaftsführer; schuf 1929 den Youngplan zur Regelung der deutschen Reparationszahlungen.

Oxana *w,* ukrainische Form von ↗ Xenia.

Ozeana *w,* von Ozean abgeleitete Neuform; Nebenform: *Oceana.*

P

Paale *m,* friesische Form von ↗ Paul.

Paavo *m,* finnische Form von ↗ Paul.

Namensträger:

Paavo Ruotsalainen, gestorben 1852; evangelischer Erwecker Finnlands (Gedenktag: 27. Januar).

Pablo *m,* spanische Form von ↗ Paul.

Bedeutende Namensträger:

Pablo Casals, 1876–1973; spanischer Cellist, Komponist und Dirigent.

Pablo Neruda, 1904–1973; chilenischer Schriftsteller des sozialistischen Realismus und Diplomat.

Pablo Ruiz Picasso, 1881–1973; spanisch-französischer Maler, Graphiker, Bildhauer und Keramiker; vielseitiger Vertreter der modernen Kunst, die er maßgebend beeinflußte.

Pablo de Sarasate, 1844–1908; spanischer Violinvirtuose und Komponist.

Pachomius *m,* griechisch: = stark.

Namensträger:

Pachomius, um 287–347; seit 308 Einsiedler; gründete neun Männer- und zwei Frauenklöster und gab ihnen eine neue Einsiedlerregel (Gedenktag: 14. Mai; evangelisch: 15. Mai).

Paco *m,* spanische Koseform für Francisco (↗ Franz).

Pad *m,* englische Kurz- und Koseform für Patrick (↗ Patricius).

Paddy *m,* englische Kurz- und Koseform für Patrick (↗ Patricius).

Pado *m,* Nebenform zu ↗ Bado.

Padraic *m,* irische Koseform für ↗ Patricius.

Pafnuti *m,* russische Form von ↗ Paphnutius.

Namensträger:

Pafnuti L. Tschebyschew, 1821-1894; russischer Mathematiker.

Pai *m,* friesische Koseform für ↗ Paul.

Paische *w,* Koseform für ↗ Beatrix.

Paitza *w,* Koseform für ↗ Beatrix.

Pál *m,* ungarische Form von ↗ Paul.

Pål *m,* schwedische Form von ↗ Paul.

Palle *m,* friesisch-niederländische Form für ↗ Paul; auch Kurzform für mit Bald- gebildete männliche Vornamen; auch schwedisch-dänische Form von ↗ Paul.

Palmira *w,* die weibliche Form zu ↗ Palmiro.

Palmiro *m,* italienisch; vom Palmsonntag (lateinisch: Palmarum) hergeleitet.

Bekannter Namensträger:

Palmiro Togliatti, 1893–1964; italienischer Politiker; Gründer und ab 1944 Generalsekretär der italienischen Kommunistischen Partei.

Paloma *w,* spanisch: *paloma* = Taube.

Pals *m,* friesische Form von ↗ Paul.

Pamela *w,* englisch; Herkunft und Bedeutung fraglich; vielleicht von griechisch: *pan* = alles, ganz; *melos* = Lied, Gesang.

Pamelina *w,* erweiterte Form von ↗ Pamela.

Pamina *w,* Herkunft und Bedeutung fraglich.

Pamphilus *m,* griechisch: *pan* = alles, ganz; *philos* = Freund; oder: aus Pamphylien an der kleinasiatischen Südküste stammend (?).

Namensträger:

Pamphilus, gestorben um 310; Theologe, Lehrer in Cäsarea in Palästina; Märtyrer unter Maximinus Daja (Gedenktag: 16. Februar).

Pancho *m,* spanische Koseform für Francisco (↗ Franz).

Pancrace *m,* französische Form von ↗ Pankraz.

Pancracy *m,* polnische Form von ↗ Pankraz.

Pancras *m,* englische Form von ↗ Pankraz.

Pancratia *w,* lateinische Form von ↗ Pankrazia.

Pancratius *m,* lateinische Form von ↗ Pankraz.

Pandelis *m,* griechisch.

Namensträger:

Pandelis Prevelakis, geboren 1909; neugriechischer Schriftsteller zeitbezogener Romane und Lyrik.

Pandita *w,* Sanskrit; ein indischer Ehrentitel, kein Vorname.

Titelträgerin:

Pandita Ramabai, gestorben 1922; evangelische indische Missionarin (Gedenktag: 5. April).

Pandora *w,* griechisch: *pan* = alles, ganz; *doron* = Geschenk.

Panja *w,* russiche Kurzform für auf -nja endigende weibliche Vornamen.

Pankratia *w,* Nebenform zu ↗ Pankrazia.

Pankratius *m,* latinisierte Form von ↗ Pankraz.

Namensträger:

Pankratius, gestorben um 257 oder 304; römischer Märtyrer; nach der Legende ein vierzehnjähriger Junge; „Eisheiliger" und einer der 14 Nothelfer (Gedenktag: 12. Mai).

Pankraz *m,* griechisch: *pan* = alles, ganz; *kratos* = Kraft, Macht: Allherrscher; latinisierte Formen: *Pancratius, Pankratius;* Kurz- und Koseformen: *Kratz, Gratz, Gratzel, Grätz, Krees;* englische Form: *Pancras;* französisch: *Pancrace;* polnisch: *Pancracy.*

Pankrazia *w,* die weibliche Form zu ↗ Pankraz; Nebenform: *Pankratia;* latinisiert: *Pancratia.*

Pantaleon *m,* griechisch: *pan* = alles, ganz; *leon* = Löwe; oder: *eleemon* = barmherzig (?); Nebenform: *Pantelermon;* Kurz- und Koseformen: *Bantel, Bandel, Bantle, Banterle, Panthel, Pantlin, Bendel, Bendele.*

Namensträger:

Pantaleon, gestorben um 305; nach der Legende Leibarzt des Kaisers Maximian; Märtyrer (Gedenktag: 27. Juli).

Pantalus *m,* lateinisch: von Pantaleon (?).

Namensträger:

Pantalus, legendärer Bischof von Basel, der Ursula und ihre Gefährtinnen nach Rom und dann nach Köln begleitet habe; Märtyrer (Gedenktag: 12. Oktober).

Pantelermon *m,* Nebenform zu ↗ Pantaleon.

Panthel *m,* Kurz- und Koseform für ↗ Pantaleon.

Pantlin *m,* Kurz- und Koseform für ↗ Pantaleon.

Paola *w,* italienische Form von Paula (↗ Paul).

Paolo *m,* italienische Form von ↗ Paul.

Bekannte Namensträger:

Paolo Ucello, um 1397–1475; italienischer Maler der florentinischen Frührenaissance.

Paolo Veronese, 1528–1588; italienischer Maler der venezianischen Spätrenaissance.

Paphnutius *m,* koptisch: Gott gehörig; russische Form: *Pafnuti.*

Namensträger:

Paphnutius, gestorben um 308; Abt; gründete ein Kloster bei Heraklea (Gedenktag: 29. November).

Paphnutius, 4. Jahrhundert; Anachoret (koptischer Gedenktag: 9. Februar).

Paphnutius, gestorben um 360; Bischof in der Thebais (Gedenktag: 11. September).

Papylus *m,* Herkunft und Bedeutung fraglich.

Namensträger:

Papylus, gestorben um 165; mit Karpus Märtyrer in Pergamon (Gedenktag: 10. Januar).

Pär *m,* schwedische Form von ↗ Peter.

Bekannter Namensträger:

Pär Lagerkvist, 1891–1974; schwedischer Schriftsteller; Lyriker, Dramatiker und Romancier.

Parcifal *m,* Nebenform und französische Form von ↗ Parzival.

Parcival *m,* Nebenform und englische Form von ↗ Parzival; englische Koseform: *Percy.*

Paris *m,* französische Kurzform für ↗ Patricius.

Parsifal *m,* Nebenform zu ↗ Parzival.

Parsival *m,* Nebenform zu ↗ Parzival.

Parzifal *m,* Nebenform zu ↗ Parzival.

Parzival *m,* altfranzösisch: *Perceval;* aus: *percer* und *val* = das Tal durchdringen; Nebenformen: *Parzifal, Parcival, Parcifal, Parsifal, Parsival;* englische Form: *Parcival;* Koseform: *Percy;* französisch: *Parcifal.*

Pascal *m,* französische Form von ↗ Paschalis.

Pascale *w,* französische weibliche Form zu Pascal (↗ Paschalis).

Pascaline *w,* französische Weiterbildung von ↗ Pascale.

Pascha *m,* russische Koseform für Pawel (↗ Paul).

Paschalis *m,* lateinisch; hebräischen Ursprungs: an Ostern Geborener; französische und englische Form: *Pascal;* italienisch: *Pasquale;* spanisch: *Pascual.*

Namensträger:

Paschalis I., gestorben 824; ab 817 Papst (Gedenktag: 14. Mai).

Paschalis Baylon, 1540–1592; mystisch begnadeter Franziskaner-Laienbruder; ursprünglich Hirte (Gedenktag: 17. Mai).

Pascual *m,* spanische Form von ↗ Paschalis.

Bekannter Namensträger:

Pascual Jordan, 1902-1980; deutscher Bio- und Geophysiker.

Pasquale *m,* italienische Form von ↗ Paschalis.

Pat *m,* englische Kurzform für ↗ Patrick.

Pat *w,* englische Kurzform für ↗ Patricia.

Paternus *m,* lateinisch: *paternus* = väterlich.

Namensträger:

Paternus, gestorben 1058; iroschottischer Einsiedler bei Paderborn (Gedenktag: 13. April).

Patric *m,* Kurzform für ↗ Patricius.

Patrice *m,* französische Form von ↗ Patricius.

Bekannter Namensträger:

Patrice Lumumba, 1925–1961 (ermordet); kongolesischer Politiker, der sich stark für die Befreiung des Kongo einsetzte.

Patricia *w,* die weibliche Form zu ↗ Patricius; Nebenform: Patrizia; französische und englische Form: *Patricia:* englische Koseformen: *Pat, Patsy, Patty;* italienisch: *Patrizia.*

Namensträgerin:

Patricia, gestorben um 665; am byzantinischen Hof des Kaisers Konstans II.; pilgerte, vor einer Verehelichung fliehend, nach Rom und weihte sich Gott (Gedenktag: 25. August).

Patricius *m,* lateinisch: *patricius* = dem römischen Adel, den Patriziern zugehörig; deutsche Schreibweise: *Patrizius;* Kurzform: *Patric;* irische Form: *Patrick;* Koseform: *Padraic;* englisch: *Patrick;* Koseformen: *Pad, Paddy;* französisch: *Patrice.*

Patrick *m,* irisch-englische Form von ↗ Patricius; Nebenform: *Patrik.*

Namensträger:

Patrick, um 385 – um 461; aus Britannien nach Irland versklavt; floh und wurde Theologe; Glaubensbote in Irland und Missionsbischof; Patron Irlands (Gedenktag: 17. März).

Patrick Hamilton, gestorben 1528; Blutzeuge der Reformation in England (Gedenktag: 27. Februar).

Patrik *m,* Nebenform zu ↗ Patrick.

Patrizia *w,* Neben- und italienische Form von ↗ Patricia.

Patrizius *m,* deutsche Schreibweise von lateinisch ↗ Patricius.

Patroclus *m,* Nebenform zu ↗ Patroklus.

Patroklos *m,* griechische Form von ↗ Patroklus.

Namensträger:

Patroklos, in der griechischen Sage der Freund des Achilles; von Hektor mit Hilfe Apollos umgebracht.

Patroklus *m,* griechisch: *Patroklos;* Nebenform: *Patroclus;* Kurz- und Koseformen: *Trockel, Trockels.*

Namensträger:

Patroklus, gestorben um 259; Märtyrer wahrscheinlich unter Valerian (Gedenktag: 21. Januar).

Patsy *w,* englische Koseform für ↗ Patricia.

Patto *m,* Nebenform zu ↗ Bado.

Namensträger:

Patto (Spatto), 8./9. Jahrhundert; um 816 Abt von Amorbach und Bischof von Verden (Gedenktag: 30. März).

Patty *w,* englische Koseform für ↗ Patricia.

Patze *w,* Koseform für ↗ Beatrix.

Paul *m,* griechisch: *pauros* = klein; latinisiert: *Paulus;* Weiterbildung: *Paulinus;* friesisch-niederländische Koseform: *Palle;* westfriesisch: *Paale, Pals;* englische und französische Form: *Paul;* italienisch: *Paolo;* spanisch: *Pablo;* dänisch: *Poul* und *Pal;* schwedisch: *Pal, Pål;* tschechisch: *Pavel;* polnisch und russisch: *Pawel;* ungarisch: *Pál;* finnisch: *Paavo.*

Bekannte und bedeutende Namensträger:

Paul vom Kreuz, 1694–1775; gründete den Orden der Passionisten (vom Leiden Christi); ab 1773 Ordensgeneral in Rom (Gedenktag: 19. Oktober).

Paul VI., 1897–1978; seit 1963 Papst; beendete das zweite Vatikanische Konzil.

Paul Abraham, 1892–1960; ungarischer Komponist von Operetten und Filmmusik.

Paul Blau, gestorben 1944; Führer der evangelischen Kirche in Polen (Gedenktag: 19. Dezember).

Paul Broca, 1824–1880; französischer Anthropologe und Chirurg; fand das motorische Sprachzentrum.

Paul Celan, 1920–1970; deutsch-jüdischer Schriftsteller; surrealistische Lyrik.

Paul Cézanne, 1839–1906; französischer nachimpressionistischer Maler und Graphiker der modernen Malerei.

Paul Claudel, 1868–1955; französischer Schriftsteller der katholischen Erneuerung und Diplomat.

Paul Dahlke, 1904–1984; deutscher Bühnen- und Filmschauspieler; Charakterdarsteller.

Paul Dessau, 1894–1979; deutscher Komponist; vertonte Dramen von B. Brecht.

Paul Ehrlich, 1854–1915; deutscher

Chemiker und Mediziner; begründete die Chemotherapie.

Paul Éluard, 1895–1952; französischer surrealistischer Schriftsteller.

Paul Ernst, 1866–1933; deutscher neuklassizistischer Schriftsteller.

Paul Fechter, 1880–1958; deutscher Schriftsteller, Literaturhistoriker und Kritiker.

Paul Flemming, 1609–1640; deutscher Schriftsteller; Barocklyriker.

Paul Gauguin, 1848–1903; französischer Maler, Graphiker und Bildhauer; leitete den Expressionismus ein.

Paul Gerhardt, 1607–1676; deutscher evangelischer Theologe; bedeutender Liederdichter (Gedenktag: 27. Mai).

Paul von Heyse, 1830–1914; deutscher klassisch-romantischer Schriftsteller des Münchner Dichterkreises.

Paul von Hindemith, 1895–1963; deutscher Komponist, Dirigent und Bratschist.

Paul von Hindenburg, 1847–1934; deutscher Generalfeldmarschall im Ersten Weltkrieg; siegte bei Tannenberg und an den Masurischen Seen; 1925–1934 Reichspräsident; berief 1933 Hitler als Reichskanzler.

Paul Hörbiger, 1894–1981; österreichischer Schauspieler und Sänger.

Paul Klee, 1879–1940; schweizerisch-deutscher abstrakter Maler und Graphiker; Kunsttheoretiker.

Paul Kuhn, geboren 1928; deutscher Jazzpianist, Kapellmeister und Komponist.

Paul Langerhans, 1847–1888; deutscher Arzt und Pathologe.

Paul von Lettow-Vorbeck, 1870–1964; deutscher General; im Ersten Weltkrieg Kommandeur der deutschen Schutztruppe in Ostafrika.

Paul Lincke, 1866–1946; deutscher Operetten-, Tanzmusik- und Schlagerkomponist.

Paul Löbe, 1875–1967, deutscher sozialdemokratischer Politiker; 1920–1924 und 1925–1932 Reichstagspräsident; 1949–1953 im Bundestag, danach Leiter des Kuratoriums „Unteilbares Deutschland".

Paul Mauser, 1838–1914; deutscher Waffenkonstrukteur.

Paul Miki, gestorben 1597; japanischer Jesuit und Japanmissionar; mit Ordensgefährten verurteilt und in Nagasaki hingerichtet; Märtyrer (Gedenktag: 6. Februar).

Paul Natorp, 1854–1924; deutscher neukantianischer Philosoph, Pädagoge und Komponist.

Paul Newman, geboren 1925; amerikanischer Schauspieler, Regisseur und Filmproduzent.

Paul Niehans, 1882–1971; schweizerischer Arzt, schuf die Zellulartherapie.

Paul Nipkow, 1860–1940; deutscher Ingenieur; erfand die Nipkowscheibe in der Fernsehtechnik.

Paul Rabaut, gestorben 1794; evangelischer Bekenner in Frankreich (Gedenktag: 25. September).

Paul Richter, gestorben 1942; deutscher evangelischer Blutzeuge im Kirchenkampf (Gedenktag: 13. August).

Paul Schneider, gestorben 1939; deutscher evangelischer Blutzeuge im Kirchenkampf (Gedenktag: 18. Juli).

Paul Signac, 1863–1935; neoimpressionistischer französischer Maler und Graphiker.

Paul-Henri Spaak, 1899–1972; belgischer Politiker; bemüht um ein geeintes Europa.

Paul Speratus, gestorben 1551; deutscher evangelischer Theologe und Liederdichter (Gedenktag: 12. August).

Paul Tillich, 1886–1965; deutscher evangelischer Theologe und Religionsphilosoph.

Paul Valéry, 1871–1945; französischer Schriftsteller; gilt als bedeutendster französischer Lyriker des 20. Jahrhunderts.

Paul Verlaine, 1844–1896; französischer Schriftsteller; symbolistischer Lyriker.

Paul Wegener, 1874–1948; deutscher Schauspieler und Regisseur des phantastischen Films; Charakterdarsteller.

Paula *w*, die weibliche Form zu ↗ Paul; Koseform: *Päule;* französische Form: *Paule;* italienisch: *Paola;* polnisch und russisch: *Pawla.*

Bekannte Namensträgerinnen:

Paula, 347–404; römische Patrizierin; gründete 386 als Witwe in Betlehem ein Pilgerheim, ein Männer- und ein Frauenkloster, in das sie selber eintrat (Gedenktag: 26. Januar).

Paula Modersohn-Becker, 1876–1907; deutsche frühexpressionistische Malerin.

Paula Wessely, geboren 1907; österreichische Schauspielerin; Charakterrollen; auch Filmschauspielerin.

Paule *w*, französische Form von Paula (↗ Paul).

Pauletta *w*, Verkleinerungsform von Paula (↗ Paul); Neben- und französische Form: *Paulette.*

Paulette *w*, französische Verkleinerungsform von ↗ Paule; auch Nebenform zu ↗ Pauletta.

Paulin *m*, Weiterbildung von ↗ Paul; lateinisch: *Paulinus.*

Namensträger:

Paulin von Aquileja, vor 750–802; als Grammatiklehrer von Karl dem Großen an die Palastschule in Aachen berufen; 787 Patriarch von Aquileja; Glaubensbote bei den Awaren (Gedenktag: 11. Januar).

Paulin von Nola, um 354–431; gründete in Nola eine klösterliche Gemeinschaft und wurde um 411 Bischof von Nola (Gedenktag: 22. Juni).

Paulin von Trier, gestorben 358; seit etwa 346 Bischof von Trier; trat auf seiten des Athanasius gegen die Arianer auf; starb in Phrygien in der Verbannung (Gedenktag: 31. August).

Paulina *w*, Nebenform zu ↗ Pauline; Kurzformen: *Lina, Line.*

Namensträgerin:

Paulina, gestorben 1107; gründete 1106 das Doppelkloster Paulinzella im Thüringer Wald (Gedenktag: 13. März).

Pauline *w*, Weiterbildung von ↗ Paula; Nebenform: *Paulina;* Kurzformen: *Line, Lina*; englische Form: *Pauline.*

Paulinus *m*, lateinische Form von ↗ Paulin.

Paulus *m*, lateinische Form von ↗ Paul.

Namensträger:

Paulus, um 10 v. Chr.– um 64/67; jüdischer Name Saulus; war Christenverfolger bis zu einer Christuserscheinung vor Damaskus, die ihn bekehrte; Heidenapostel in Kleinasien, Mazedonien und Griechenland; erkämpfte für die „Heidenchristen“ auf dem Apostelkonzil die Freiheit vom mosaischen Gesetz; in Rom durchs Schwert hingerichtet (Gedenktag: 29. Juni).

Paulus, 4. Jahrhundert; nach der Legende mit Johannes (seinem Bruder?) römischer Märtyrer unter Julian Apostata (Gedenktag: 26. Juni).

Paulus von Theben, etwa 228–341; floh vor Verfolgung und lebte als Einsiedler im Gebirge (Gedenktag: 10. Januar).

Paulus Diaconus, um 722 - um 799; wurde 774 Benediktiner in Montecassino; 782 von Karl dem Großen zu den Hofgelehrten berufen; Geschichtsschreiber, Dichter, theologischer Schriftsteller hohen Ansehens (Gedenktag: 13. April).

Paulus Krüger, 1825–1904; burischer Politiker; 1883–1899 Präsident von Transvaal.

Pavel *m*, tschechische Form von ↗ Paul.

Bekannter Namensträger:

Pavel Kohout, geboren 1928; tschechischer Schriftsteller und Regisseur; Mitgründer der „Charta 77“; seit 1978 in Österreich.

Pawel *m*, polnische und russische Form von ↗ Paul.

Bekannter Namensträger:

Pawel Alexejewitsch Tscherenkow, geboren 1904; sowjetrussischer Kernphysiker.

Pawla *w*, polnische und russische Form von Paula (↗ Paul).

Pay *m*, nordfriesische Koseform für ↗ Paul.

Pearl *w*, englisch-amerikanisch.
Bekannte Namensträgerin:
Pearl S. Buck, 1892–1973; amerikanische Chinaschriftstellerin; Tochter eines Chinamissionars.

Peco *m*, Nebenform zu Peko (↗ Peter).

Peder *m*, dänische Form von ↗ Peter.

Pedro *m*, spanische und portugiesische Form von ↗ Peter.
Bedeutender Namensträger:
Pedro Calderón de la Barca, 1600–1681; spanischer Schriftsteller der europäischen Barockliteratur; Dramatiker der katholischen Reform.

Peeke *m*, friesische Form von ↗ Peter.

Peekje *w*, friesische Form von Petra (↗ Peter).

Peer *m*, skandinavische Form von ↗ Peter.

Peet *m*, niederländische Form von ↗ Peter.

Peetje *w*, niederländische Form von Petra (↗ Peter).

Peg *w*, englische Koseform für Margareta.

Peggy *w*, englische Koseform für Margareta *(Meggy)*.

Pekka *m*, finnische Koseform für ↗ Peter.

Pekko *m*, Nebenform zu Peko (↗ Peter).

Peko *m*, friesische Koseform für ↗ Peter; Nebenformen: *Peco, Pekko*.

Pel *m*, englische Koseform für Peregrine (↗ Peregrinus).

Pelagia *w*, die weibliche Form zu ↗ Pelagius.

Pelagius *m*, lateinisch; von griechisch: *pelagios* = zum Meer gehörend, seegeboren.
Namensträger:
Pelagius, nach der Legende 283 unter Kaiser Numerian enthauptet (Gedenktag: 1. September).

Penčo *m*, bulgarische Form von ↗ Peter.

Penelope *w*, griechisch: *pene* = Gewebe; *lepein* = auflösen; englische Koseform: *Penny*.
Namensträgerin:
Penelope, in der griechischen Sage die treue Gattin des Odysseus, Mutter Telemachs.

Penny *w*, englische Koseform für ↗ Penelope.

Pepe *m*, spanische Koseform für José (↗ Josef).

Pepeta *w*, Nebenform zu ↗ Pepita.

Pepi *m*, Koseform für ↗ Josef; Nebenform: *Peppi*.

Pepi *w*, bayerisch-österreichische Koseform für ↗ Josefa; Nebenform: *Peppi*.

Pepillo *m*, spanische Verkleinerungsform von Pepe (↗ Josef).

Pépin *m*, französische Form von ↗ Pippin.

Pepino *m*, italienische und spanische Form von ↗ Pippin.

Pepita *w*, spanische Koseform für ↗ Josefa; Nebenform: *Pepeta*.

Pepito *m*, spanische Koseform für Pepe (↗ Josef).

Peppe *w*, Koseform für ↗ Josefine.

Peppi *m*, Koseform für ↗ Josef.

Peppi *w*, Koseform für ↗ Josefa und ↗ Josefine.

Peppina *w*, italienische Koseform für Giuseppina (↗ Josefine).

Peppo *m*, italienische Koseform für ↗ Josef.

Per *m*, skandinavische Form von ↗ Peter.

Perceval *m*, altfranzösische Form von ↗ Parzival.

Percy *m*, englische Koseform für Percival (↗ Parzival); oder: nach ursprünglichem Familiennamen des normannischen Ortes Perci gebildet.
Bekannte Namensträger:
Percy Ernst Schramm, 1894–1970; deutscher Historiker der mittelalterlichen Geschichte; ab 1963 Kanzler des Ordens Pour le mérite für Wissenschaft und Kunst.
Percy B. Shelley, 1792–1822; engli-

scher gesellschaftskritischer romantischer Schriftsteller und Philosoph.

Perdita *w,* englisch; lateinisch: *perdita* = die Verlorene.

Peregrin *m,* deutsche Form von ↗ Peregrinus.

Peregrina *w,* die weibliche Form zu ↗ Peregrinus.

Peregrine *m,* englische Form von ↗ Peregrinus; Koseform: *Perry.*

Peregrinus *m,* lateinisch: *peregrinus* = fremd, ausländisch; deutsch: *Peregrin, Pilgrim;* englische Form: *Peregrine;* Koseformen: *Pel, Perry.*

Pérez *m,* spanische Form von ↗ Peter.

Perfectus *m,* lateinisch: *perfectus* = vollendet, vollkommen.

Namensträger:

Perfectus Huber, gestorben 1754; Franziskaner; gesuchter Beichtvater und Seelenführer (Gedenktag: 18. August).

Perikles *m,* griechisch: sehr berühmt (?).

Namensträger:

Perikles, um 490–429 v. Chr.; athenischer Politiker; Feldherr der Athener im Peloponnesischen Krieg.

Perino *m,* italienische Verkleinerungsform von ↗ Pero.

Pernetta *w,* Nebenform zu Petronilla (↗ Petronella).

Pernilla *w,* dänisch-schwedische Form von Petronilla (↗ Petronella); Nebenform: *Pernille.*

Pernille *w,* Nebenform zu ↗ Pernilla.

Pero *m,* italienische Kurzform für Piero, Pietro (↗ Peter).

Perpetua *w,* die weibliche Form zu ↗ Perpetuus.

Namensträgerin:

Perpetua, gestorben um 203 als Märtyrerin in Karthago, zusammen mit Felizitas zur Zeit des Kaisers Septimius Severus (Gedenktag: 7. März).

Perpetuus *m,* lateinisch: *perpetuus* = beständig.

Perrette *w,* französische Form von ↗ Petra.

Perrin *m,* französische Nebenform zu Pierre (↗ Peter).

Perry *m,* englische Kurz- und Koseform für ↗ Peregrinus.

Perry *w,* englische Kurz- und Koseform für Peregrine (↗ Peregrina).

Petar *m,* bulgarische Form von ↗ Peter.

Peter *m,* griechisch: *petros* = *petra* = Fels; lateinische Form: *Petrus;* Kurz- und Koseformen, teils friesisch und niederdeutsch: *Pit, Pitter, Piet, Pietsch, Petschke, Peco, Peeke, Peko, Pekko, Peet, Peer, Petz, Pitz;* niederländische Formen: *Petrus, Peer, Piet, Pieter, Pier;* dänisch: *Peder;* skandinavisch: *Per, Peer;* englisch: *Peter, Pierce;* französisch: *Pierre, Pierrot, Perrin;* italienisch: *Pietro, Piero, Pier, Pero;* spanisch: *Pedro, Pérez;* portugiesisch: *Pedro;* tschechisch: *Petr;* polnisch: *Piotř, Pietrek;* russisch: *Petr, Pjotr, Petruschka;* bulgarisch: *Petar, Petko, Penčo;* ungarisch: *Péter, Petö;* finnisch: *Pietari;* Koseform: *Pekka.*

Bekannte und bedeutende Namensträger:

Peter I., der Große, 1672–1725; seit 1682 Zar von Rußland; schuf den modernen russischen Staat; gründete 1703 Sankt Petersburg als neue Hauptstadt.

Peter Abaelard, 1079–1142; französischer frühscholastischer Philosoph und Theologe.

Peter Alexander, geboren 1926; österreichischer Filmschauspieler, Schlagersänger und Showmaster.

Peter Anders, 1908–1954; deutscher Opernsänger (Tenor).

Peter Bamm, 1897–1975; deutscher Schriftsteller.

Peter Behrens, 1868–1940; deutscher Architekt, Maler und Graphiker.

Peter Brullius, gestorben 1545; Blutzeuge der Reformation in den Niederlanden (Gedenktag: 19. Februar).

Peter Chanel ↗ Pierre Chanel.

Peter Cornelius, 1824–1874; deutscher Opern- und Liederkomponist.

Peter von Cornelius, 1783–1867; deutscher Maler und Graphiker; einer der Nazarener.

Peter Frankenfeld, 1913–1979; deutscher Schauspieler und Showmaster.

Peter Friedhofen, 1819–1860; Gründer der Kongregation der Barmherzigen Brüder von Maria-Hilf für Krankenpflege (Gedenktag: 21. Dezember).

Peter Hacks, geboren 1928; deutscher gesellschafts- und zeitkritischer Schriftsteller und Kunsttheoretiker.

Peter Handke, geboren 1942; österreichischer Schriftsteller und Drehbuchautor.

Peter Härtling, geboren 1933; deutscher gesellschaftskritischer Romanschriftsteller; Lyriker.

Peter Henlein, um 1480–1542; Nürnberger Mechaniker; erfand Taschenuhr.

Peter Robert Hofstätter, geboren 1913; österreichischer Sozialpsychologe.

Peter Kreuder, 1905–1982; deutscher Komponist von Film- und Schlagermusik; auch Dirigent.

Peter Lorre, 1904–1964; österreichisch-amerikanischer Filmschauspieler; Charakterdarsteller.

Peter Lühr, geboren 1908; deutscher Schauspieler und Regisseur.

Peter Palitzsch, geboren 1918; deutscher Theaterregisseur; seit 1952 in der Bundesrepublik Deutschland.

Peter Parler, 1330–1399; deutscher Architekt; Dombaumeister in Prag; auch Bildhauer.

Peter Pears, geboren 1910; englischer Opern-, Oratorien- und Konzertsänger (Tenor).

Peter Rosegger, 1843–1918; österreichischer Volksschriftsteller.

Peter Paul Rubens, 1577–1640; flämischer Barockmaler religiöser, historischer und mythologischer Bilder; von großem Einfluß.

Peter Schreier, geboren 1935; deutscher Opern- und Oratoriensänger (lyrischer Tenor).

Peter Stein, geboren 1937; deutscher Regisseur.

Peter Tschaikowskij, 1840–1893; russischer Komponist von Opern, Balletten, Orchester- und Klaviermusik; auch Dirigent.

Peter Ustinov, geboren 1921; englischer Schauspieler, Schriftsteller und Regisseur russisch-französischer Herkunft.

Peter Weiss, 1916–1982; deutsch-schwedischer Schriftsteller, Maler und Graphiker.

Peter Zadek, geboren 1926; deutscher Regisseur teils schockierender Inszenierungen.

Péter *m,* ungarische Form von ↗ Peter; Nebenform: *Petö.*

Peterke *w,* friesische Koseform für ↗ Petra.

Peterken *w,* Koseform für ↗ Petronella.

Petersche *w,* Koseform für ↗ Petronella.

Peterse *w,* Koseform für ↗ Petronella.

Petje *w,* friesische Koseform für ↗ Petra.

Petke *w,* friesische Koseform für ↗ Petra.

Petko *m,* bulgarische Form von ↗ Peter.

Petö *m,* ungarische Nebenform zu ↗ Péter.

Petr *m,* tschechische und russische Form von ↗ Peter.

Petra *w,* die weibliche Form zu ↗ Peter; friesische Koseformen: *Peterke, Petje, Petke, Peekje;* niederländische Form: *Peetje;* französisch: *Pierrette, Perrette, Pierrine;* italienisch: *Piera, Pierina.*

Petrina *w,* Weiterbildung von ↗ Petra; Koseform für ↗ Petronella; Nebenform: *Petrine.*

Petrine *w,* Nebenform zu ↗ Petrina.

Petrissa *w,* Koseform für ↗ Petronella.

Petronella *w,* Verkleinerungsform von Petronia; Nebenformen: *Petronelle, Petronilla;* Kurz- und Koseformen: *Petrina, Petrissa, Peterken, Peterse, Petersche, Nella, Nilla, Nille, Näl, Nale, Nael, Näulgen..*

Petronelle *w,* Nebenform zu ↗ Petronella.

Petronia *w,* die weibliche Form zu ↗ Petronius.

Petronika *w,* Weiterbildung von ↗ Petronia.

Petronilla *w,* Nebenform zu ↗ Petronella.

Namensträgerin:

Petronilla, legendäre Märtyrin der frühchristlichen Zeit (Gedenktag: 31. Mai).

Petronius *m,* lateinisch: zum altrömischen Geschlecht der Petronier gehörend.

Petrus *m,* lateinische Form von ↗ Peter.

Bekannte Namensträger:

Petrus, Apostel; von Jesus berufen und Kephas (= Fels) genannt, auf den er seine Kirche bauen wollte; Wortführer der Apostel; 48/50 auf dem Jerusalemer Apostelkonzil; nach Wirksamkeit in Antiochien und Kleinasien in Rom, wo er den Martertod erlitt (Gedenktag: 29. Juni).

Petrus, gestorben um 304; mit Marzellinus unter Diokletian Märtyrer zu Rom (Gedenktag: 2. Juni).

Petrus Martyr, um 1205–1252; Dominikaner; 1251 Prior in Como und päpstlicher Inquisitor; gefeierter Prediger; ermordet (Gedenktag: 6. April).

Petrus von Arolsen, 12. Jahrhundert; Priester im Chorherrenstift Arolsen; Seelsorger für Frauenklöster (Gedenktag: 19. Dezember).

Petrus von Neuzelle, gestorben 1429; Abt des Zisterzienserklosters Neuzelle in der Niederlausitz; von Hussiten mit andern Mönchen ermordet (Gedenktag: 2. Oktober).

Petrus Canisius, 1521–1597; wurde 1543 der erste deutsche Jesuit; Prediger, Katechet, Seelenführer und Berater für Erhaltung und Erneuerung des Glaubens in Deutschland, Böhmen, Österreich und der Schweiz; verfaßte Katechismen (Gedenktag: 27. April; im römischen Kalender: 21. Dezember).

Petrus Chrysologus, um 380–450; Erzbischof von Ravenna; erfolgreicher Kanzelredner (Gedenktag: 30. Juli).

Petrus Damiani, 1007–1072; Lehrer und Priester in Ravenna; 1035 Benediktiner in Fonte Avellana, hier 1043 Prior; 1057 Kardinal; trat für Freiheit der Kirche ein (Gedenktag: 21. Februar).

Petrus Faber, 1506–1546; erster Gefährte des Ignatius von Loyola; seit 1540 Berater und Begleiter päpstlicher Legaten (Gedenktag: 1. August).

Petrus Fourier ↗ Pierre Fourier.

Petrus Herbert, gestorben 1571; Liederdichter der Böhmischen Brüder (Gedenktag: 1. Oktober).

Petrus Waldus, gestorben um 1577; evangelischer Evangeliumszeuge (Gedenktag: 12. April).

Petruschka *m,* russische Koseform für ↗ Peter.

Petschke *m,* Koseform für ↗ Peter.

Petulus *m,* englisch; vielleicht von lateinisch: *petulus* = mutwillig, frech.

Petz *m,* Kurz- und Koseform für ↗ Peter; auch Kurzform für ↗ Bernhard.

Pflichttrud *w,* Abwandlung von ↗ Plektrude (?).

Phädra *w,* die weibliche Form zu ↗ Phädrus.

Namensträgerin:

Phädra, in der griechischen Sage Tochter des Königs Minos von Kreta; Gattin des Theseus.

Phädrus *m,* griechisch: *phaidros* = glänzend, strahlend; französische Form: *Phèdre.*

Namensträger:

Phädrus, Grieche; Schüler des Sokrates und Freund Platons.

Phèdre *m,* französische Form von ↗ Phädrus.

Phia *w,* Kurzform für ↗ Sophia (↗ Sophie).

Phie *w,* Kurzform für ↗ Sophie.

Phil *m,* englische Kurz- und Koseform für Philip (↗ Philipp).

Phila *w,* von griechisch: *philein* = lieben.

Philalethes *m,* griechisch: = Liebhaber der Wahrheit.

Philander *m,* griechisch: = Männerfreund.

Philarethes *m,* griechisch: = Tugendfreund.

Phileas *m,* von griechisch: *philein* = lieben.

Philemon *m,* griechisch: *philemon* = liebend, freundlichen Sinnes.

Philhard *m,* Doppelname aus Philipp und Gerhard; oder althochdeutsch: *filu* = viel; *harti* = stark.

Philibert *m,* ältere Form von ↗ Filibert.

Philine *w,* von griechisch: *philein* = lieben.

Philip *m,* englische Form von ↗ Philipp.

Bekannter Namensträger:

Philip S. Hench, 1896–1965; amerikanischer Arzt und Physiologe.

Philipp *m,* griechisch: *philos* = Freund; *hippos* = Pferd; Kurz- und Koseformen: *Fips, Flips, Lipp, Lipperl, Lippi, Lippl, Lipps, Lipus, Lippus, Phlip, Pippo, Phipp;* lateinische Form: *Philippus;* englisch: *Philip;* Koseform: *Phil;* französisch: *Philippe;* italienisch: *Filippo;* Kurzform: *Lippo;* spanisch: *Felipe;* slawisch: *Filip, Filo, Lipo;* ungarisch: *Fülöp, Filko.*

Bekannte und bedeutende Namensträger:

Philipp, Apostel; wirkte später vermutlich in Phrygien als Verkünder des Evangeliums (Gedenktag: 3. Mai; evangelisch: 1. Mai).

Philipp von Ratzeburg, gestorben 1215; Prämonstratenser; seit 1204 Bischof von Ratzeburg (Gedenktag: 18. Dezember).

Philipp von Zell, 8. Jahrhundert; englischer Priester; errichtete um 760 bei Worms eine Einsiedelei (Gedenktag: 3. Mai).

Philipp von Schwaben, um 1178–1208; seit 1198 König; Sohn Barbarossas; wurde ermordet.

Philipp II. von Spanien, 1527–1598; seit 1556 König; Vorkämpfer der katholischen Reform; siegreich gegen Frankreich, Portugal und Türken; mit Abfall der spanischen Niederlande und Untergang der Armada Beginn des Niedergangs der spanischen Weltmacht.

Philipp Friedrich Hiller, gestorben 1769; evangelischer Liederdichter (Gedenktag: 25. April).

Philipp Jenningen, 1642–1704; Jesuit seit 1680 in Ellwangen; hier Pilgerseelsorger; Volksmissionar in den Bistümern Augsburg, Eichstätt und Würzburg (Gedenktag: 8. Februar).

Philipp Lenard, 1862–1947; deutscher Atomphysiker.

Philipp Melanchthon, 1497–1560; deutscher Humanist; Mitgestalter der Reformation in Deutschland; an Luthers Bibelübersetzung beteiligt (Gedenktag: 19. April).

Philipp Neri, 1515–1595; Hauslehrer in Rom; als Priester schloß er sich einer römischen Priestergesellschaft an, aus der 1552 die Oratorianer entstanden; zur religiösen Erneuerung Roms fand er neue Seelsorgsmethoden (Gedenktag: 26. Mai).

Philipp Nicolai, gestorben 1608; evangelischer Liederdichter (Gedenktag: 25. Oktober).

Philipp Potter, geboren 1921; westindischer methodistischer Theologe; wurde 1972 Generalsekretär des Ökumenischen Rats der Kirchen.

Philipp Otto Runge, 1777–1810; deutscher Maler und Schriftsteller; begründete die deutsche Romantik.

Philipp Scheidemann, 1865–1939; deutscher sozialdemokratischer Politiker; rief 1918 die Republik aus.

Philipp Jakob Spener, 1635–1705; evangelischer deutscher Theologe; „Vater" des Pietismus (Gedenktag: 5. Februar).

Philippa *w,* die weibliche Form zu ↗ Philipp; Nebenform: *Philippe;* italienische Form: *Filippa;* Koseform: *Pippa;* spanisch: *Felipa;* slawisch: *Filipa.*

Namensträgerin:

Philippa Mareri, um 1200–1236; Gründerin und Äbtissin eines Klarissenklosters (Gedenktag: 16. Februar).

Philippe *m,* französische Form von ↗ Philipp.

Philippe *w*, Nebenform zu ↗ Philippa.

Philippina *w*, Nebenform zu ↗ Philippine.

Philippine *w*, Weiterbildung von Philippa (↗ Philipp); Nebenform: Philippina; Kurz- und Koseformen: *Pine, Pinchen, Bina, Bine;* französische Form: *Philippine.*

Philippus *m*, lateinische Form von ↗ Philipp.
Namensträger:
Philippus, Apostel, ↗ Philipp.

Philo *m*, von griechisch: *philein* = lieben; allgemein Kurzform für mit Phil- beginnende männliche Vornamen.

Philomela *w*, Nebenform zu ↗ Philomele.

Philomele *w*, griechisch: *philos* = Freund; *melos* = Lied, Gesang; Nebenformen: *Philomela, Filomela.*

Philomena *w*, Nebenform zu ↗ Philomene.
Namensträgerin:
Philomena, legendäre Märtyrin des frühen Christentums (Gedenktag: 11. August).

Philomene *w*, griechisch: *philomene* = Geliebte; Nebenform: *Philomena;* italienische Form: *Filomena;* Kurzform: *Filo.*

Philotheus *m*, griechisch: *philein* = lieben; *theos* = Gott: Gottlieb.

Phipp *m*, Koseform für ↗ Philipp.

Phlip *m*, Kurz- und Koseform für ↗ Philipp.

Phöbe *w*, von griechisch: *phoibos* = leuchtend; Nebenform: *Phoebe.*

Phoebe *w*, Nebenform zu ↗ Phöbe.

Phyllis *w*, von griechisch: *phyllon* = Blatt, Zweig, Laub.

Pia *w*, die weibliche Form zu ↗ Pius.
Namensträgerin:
Pia (Bia), 12. Jahrhundert; Klausnerin in Huysburg; um 1180 „Mutter“ des Frauenklosters eines Doppelklosters ebenda (Gedenktag: 6. Januar).

Piata *w*, lateinisch: die Geweihte.

Pidder *m*, friesische Form von ↗ Peter.

Pie *m*, französische Form von ↗ Pius.

Pier *m*, friesische, niederländische und italienische Kurzform für ↗ Peter.
Bekannte Namensträger:
Pier Luigi Nervi, 1891–1979; italienischer Architekt moderner Bauweisen; Lehrer des Stahlbetonbaus.
Pier Paolo Pasolini, 1922–1975; italienischer Filmregisseur und Schriftsteller; Vertreter des Neorealismus und der Gesellschaftskritik; ermordet.

Piera *w*, italienische Form von ↗ Petra.

Pierce *m*, englische Nebenform zu ↗ Peter.

Pierina *w*, italienische Weiterbildung von ↗ Piera.

Pierke *w*, friesische Koseform für ↗ Petra; Nebenformen: *Pierkje, Piertje.*

Pierkje *w*, Nebenform zu ↗ Pierke.

Pierluigi *m*, italienischer Doppelname aus Pietro und Luigi.
Bedeutender Namensträger:
Pierluigi da Palestrina, um 1525–1594; italienischer Komponist, Kapellmeister, Kirchenmusiker; brachte die niederländische Vokalpolyphonie zu höchster Vollendung.

Piero *m*, italienische Form von ↗ Peter.
Bekannter Namensträger:
Piero della Francesca, 1415/16–1492; italienischer einflußreicher Maler der Frührenaissance.

Pierre *m*, französische Form von ↗ Peter.
Bekannte und bedeutende Namensträger:
Pierre A. Balmain, geboren 1914; französischer Modeschöpfer.
Pierre Bonnard, 1867–1947; französischer Maler und Graphiker; Mitgründer der „Nabis“; später Impressionist.
Pierre Boulez, geboren 1925; französischer Dirigent und Komponist serieller Musik.
Pierre Brasseur, 1905–1972; französischer Bühnen- und Filmschauspieler; Charakterdarsteller; auch Schriftsteller.
Pierre Cardin, geboren 1922, französischer Modeschöpfer.

Pierre (Petrus) Chanel, 1803–1841; französischer Missionar; Glaubensbote auf Futuna (Ozeanien); ermordet (Gedenktag: 28. April).

Pierre Corneille, 1606–1684; französischer Dramatiker; neben Racine Hauptvertreter der französischen klassischen Tragödie.

Pierre de Coubertin, 1863–1937; französischer Historiker und Pädagoge; begründete die modernen Olympischen Spiele.

Pierre Curie, 1859–1906; französischer Physiker; entdeckte mit seiner Frau Marie Radium und Polonium.

Pierre de Fermat, 1601–1665; französischer Mathematiker.

Pierre (Petrus) Fourier, 1565–1640; französischer Pfarrer von Mattaincourt; caritative und soziale Wirksamkeit; schuf Darlehenskasse und Freischulen; gründete Lehrorden und Chorfrauen Unserer Lieben Frau (Gedenktag: 10. Dezember).

Pierre Gassendi, 1592–1655; französischer Mathematiker, Physiker und Philosoph.

Pierre Simon de Laplace, 1749–1827; französischer Mathematiker und Astronom.

Pierre Leclerc, gestorben 1546; evangelischer Blutzeuge in Frankreich (Gedenktag: 6. Oktober).

Pierre Monteux, 1875–1964; französisch-amerikanischer Dirigent.

Pierre Proudhon, 1809–1865; französischer sozialistischer Politiker.

Pierre Soulages, geboren 1919; französischer abstrakter Maler und Graphiker.

Pierre Teilhard de Chardin, 1881–1955; Jesuit; französischer Geologe, Paläontologe, Anthropologe und Philosoph.

Pierre E. Trudeau, geboren 1919; kanadischer liberaler Politiker; 1969–1979 und 1981–1984 Premierminister.

Pierrette *w,* französische Form von ↗ Petra; oder weibliche Form zu ↗ Pierre; Nebenformen: *Perrette, Pierrine.*

Pierrine *w,* Nebenform zu ↗ Pierrette.

Pierrot *m,* französische Nebenform zu Pierre (↗ Peter).

Piertje *w,* Nebenform zu ↗ Pierke.

Piet *m,* niederländische Form von ↗ Peter.

Bekannter Namensträger:

Piet Mondrian, 1872–1944; niederländischer Maler des Konstruktivismus; Mitgründer der Stijlgruppe.

Pietari *m,* finnische Form von ↗ Peter.

Pieter *m,* niederdeutsche und niederländische Form von ↗ Peter.

Bedeutende Namensträger:

Pieter der Ältere Brueghel, um 1528–1569; niederländischer Meister der Genre- und Landschaftsmalerei (Bauern-Brueghel).

Pieter der Jüngere Brueghel, um 1564–1628; niederländischer Maler (Höllenbrueghel).

Pieter de Hooch, 1629–1683/84; niederländischer Interieurmaler.

Pieterke *w,* friesische Koseform für ↗ Petra.

Pietje *w,* friesische Koseform für ↗ Petra.

Pietrek *m,* polnische Form von ↗ Peter.

Pietro *m,* italienische Form von ↗ Peter.

Bekannte Namensträger:

Pietro Aretino, 1492–1556; italienischer Schriftsteller; Satiriker seiner Zeit.

Pietro Carnesecchi, gestorben 1567; Blutzeuge der Reformation in Italien (Gedenktag: 2. Oktober).

Pietro Mascagni, 1863–1945; italienischer Komponist des Verismus; Opern-, Chor- und Kammermusik.

Pietro Nenni, 1891–1980; italienischer linksliberaler Politiker; Gegner Mussolinis.

Pietsch *m,* Kurz- und Koseform für ↗ Peter.

Pilár *w,* spanisch: *pilár* = Pfeiler, Säule; nach einer Marienerscheinung erbautes Heiligtum „Unsere Liebe Frau von der Säule" in Saragossa (Gedenktag: 12. Oktober).

Pilatus *m,* lateinisch: mit *pila* = Wurfspieß bewaffnet.

Bekannter Namensträger:
Pilatus (Pontius Pilatus); 26–36 römischer Prokurator in Judäa; verurteilte nach dem Neuen Testament Jesus zum Tod.

Pilgrim *m,* deutsche Form von ↗ Peregrinus.

Pilo *m,* slawische Koseform für ↗ Philipp.

Pilt *m,* Koseform für ↗ Hippolyt.

Pimen *m,* russisch.
Namensträger:
Pimen, geboren 1910; russisch-orthodoxer Theologe; seit 1971 Patriarch von Moskau und ganz Rußland.

Pinchen *w,* Koseform für ↗ Philippine.

Pine *w,* Kurzform für ↗ Philippine.

Pinkas *m,* hebräisch; ursprünglich ägyptisch: = Mohr; Nebenform: *Pinkus.*

Pinkus *m,* Nebenform zu ↗ Pinkas; hebräisch: = der Gesegnete.

Pio *m,* italienische und spanische Form von ↗ Pius.

Pionius *m,* lateinisch-griechisch.
Namensträger:
Pionius, gestorben 250; Märtyrer in Kleinasien unter Decius (Gedenktag: 11. März).

Piotř *m,* polnische Form von ↗ Peter.

Pipin *m,* Nebenform zu ↗ Pippin.

Pippa *w,* Koseform für ↗ Philippa.

Pippin *m,* althochdeutsch: Pfeifer; Nebenform: *Pipin;* französische Form: *Pépin;* italienisch und spanisch: *Pepino.*
Bekannte Namensträger:
Pippin I., der Ältere, gestorben 640; Berater von Königen und Bischöfen; ab 622 Hausmeier Chlotars II. (Gedenktag: 21. Februar).
Pippin II., der Mittlere, um 635–714; ab 687 Hausmeier über Franken.
Pippin III., der Jüngere, um 715–768; seit 751 König; siegte über die Langobarden und übergab das Exarchat von Ravenna an den Papst.

Pippo *m,* italienische Koseform für Filippo (↗ Philipp).

Pirkko *w,* friesische Koseform für ↗ Birgitta.

Pirmin *m,* Herkunft und Bedeutung fraglich.
Bekannter Namensträger:
Pirmin, gestorben um 753; Abtbischof wohl westgotischer Herkunft; wirkte als Glaubensbote am Oberrhein; gründete 724 das Kloster Reichenau; beteiligt an weiteren Klostergründungen (Gedenktag: 3. November).

Piroschka *w,* ungarische Koseform für ↗ Priska; Nebenform: *Piroska.*

Piroska *w,* Nebenform zu ↗ Piroschka.

Pit *m,* englische Kurz- und Koseform für ↗ Peter.

Pitt *m,* rheinische und englische Koseform für ↗ Peter.

Pitter *m,* englische Koseform für ↗ Peter.

Pitz *m,* Kurz- und Koseform für ↗ Peter.

Pius *m,* lateinisch: *pius* = fromm; französische Form: *Pie;* italienisch und spanisch: *Pio.*
Bekannte Namensträger:
Pius V., 1504–1572; Dominikaner; 1556 Bischof; 1557 Kardinal; ab 1566 Papst; bemüht um Verwaltungsreform; Neufassung von Katechismus, Brevier und Meßbuch (Gedenktag: 30. April).
Pius IX., 1792–1878; seit 1846 Papst; führte das erste Vatikankonzil 1869–1871 durch; dogmatisierte die Lehre von der Unbefleckten Empfängnis Mariä; verlor 1870 den Kirchenstaat.
Pius X., 1835–1914; seit 1903 Papst; Gegner des Modernismus; reformierte Kirchenrecht und Liturgie (Gedenktag: 21. August).
Pius XI., 1857–1939; seit 1922 Papst; erließ richtungweisende Enzykliken für das gesamte kirchliche Leben; schloß 1929 mit Mussolini Lateranverträge; 1933 Konkordat mit Deutschland.
Pius XII., 1876–1958; seit 1939 Papst; maßgeblich am Konkordat seines Vorgängers mit Deutschland beteiligt; bemühte sich um Verhinderung

des Zweiten Weltkriegs, danach um den Weltfrieden und humanitäre Hilfen; dogmatisierte 1950 die Aufnahme Marias in den Himmel.

Pius Keller, 1825–1904; Augustiner-Eremit; verdient um Reform des Ordens und dessen Ausbreitung in Deutschland (Gedenktag: 15. März).

Pjotr *m,* russische Form von ↗ Peter.

Placida *w,* die weibliche Form zu ↗ Placidus; italienische Formen: *Placida* und *Placidia.*

Placidia *w,* italienische Nebenform zu ↗ Placida.

Placido *m,* spanische Form von ↗ Placidus.

Bekannter Namensträger:

Placido Domingo, geboren 1941; spanischer Opernsänger (Tenor) und Dirigent.

Placidus *m,* lateinisch: *placidus* = sanft, friedlich, gütig; schweizerische Kurz- und Koseform: *Plazi;* spanische Form: *Placido.*

Namensträger:

Placidus von Subiaco, 6. Jahrhundert; Schüler Benedikts von Nursia, Mönch in Subiaco (Gedenktag: 5. Oktober).

Placidus von Disentis, Anfang 8. Jahrhundert; half Sigisbert bei Errichtung einer Zelle bei Disentis; wurde ermordet (Gedenktag: 11. Juli).

Platon *m,* von griechisch: *platys* = breit, breitschultrig.

Bekannte Namensträger:

Platon, 427–347 v. Chr.; griechischer Phisosoph; Schüler des Sokrates; Gründer der Akademischen Philosophenschule.

Platon, 4. Jahrhundert; Priester zu Tournai; um 300 Märtyrer (Gedenktag: 1. Oktober).

Plazi *m,* schweizerische Kurz- und Koseform für ↗ Placidus.

Plechelm *m,* Herkunft und Bedeutung fraglich.

Namensträger:

Plechelm, 8. Jahrhundert; wohl angelsächsicher Glaubensbote an Niederrhein und Maas; um 700 Mitgründer des Petersklosters zu Berg bei Roermond (Gedenktag: 15. Juli).

Plektrud *w,* althochdeutsch: *blic* = Glanz, Blitz; *trud* = Kraft, Stärke; Nebenform: *Plektrudis.*

Namensträgerin:

Plektrud, gestorben um 725; Gattin Pippins II., des Mittleren; trat später vermutlich in das von ihr gegründete Kloster Sankt Maria im Kapitol ein (Gedenktag: 10. August).

Plektrudis *w,* Nebenform zu ↗ Plektrud.

Ploni *w,* Kurzform für ↗ Appollonia.

Plönn *w,* Kurz- und Koseform für ↗ Apollonia.

Plutarch *m,* griechisch: *plutos* = Reichtum; *archos* = Herr.

Bekannter Namensträger:

Plutarch, etwa 50–120; griechischer Schriftsteller, Historiker und Philosoph.

Pol *m,* niederdeutsche Form von ↗ Paul.

Pold *m,* Koseform für ↗ Leopold.

Polde *m,* Koseform für ↗ Leopold.

Poldes *m,* Koseform für ↗ Leopold.

Poldi *m,* Koseform für ↗ Leopold.

Poldi *w,* Kurz- und Koseform für ↗ Leopoldine.

Poldl *m,* Koseform für ↗ Leopold.

Poll *m,* niederdeutsche Form von ↗ Paul.

Polle *m,* Koseform für ↗ Apollonius.

Polli *w,* Nebenform zu ↗ Polly.

Polly *w,* englische Koseform für ↗ Apollonia, ↗ Leopoldine und ↗ Maria; Nebenform: *Polli.*

Polt *m,* Koseform für ↗ Leopold.

Polte *m,* Koseform für ↗ Leopold.

Polybios *m,* griechisch: *poly* = viel; *bios* = Leben; langlebig, lateinische Form: *Polybius.*

Bekannter Namensträger:

Polybios, um 205–123 v. Chr.; griechischer Geschichtsschreiber; schrieb 40 Bücher „Historiae“, besonders über die römische Geschichte von 220 bis 168.

Polybius *m,* lateinische Form von ↗ Polybios.

Polycarpe *m*, französische Form von ↗ Polykarp.

Polycarpus *m*, lateinische Form von ↗ Polykarp.

Polydor *m*, griechisch: *poly* = viel; *doron* = Geschenk: freigebig; latinisiert: *Polydorus*.

Polydorus *m*, lateinische Form von ↗ Polydor.

Polykarp *m*, griechisch: *poly* = viel; *karpos* = Frucht; lateinisch: *Polycarpus;* französisch: *Polycarpe*.

Bekannte Namensträger:

Polykarp, gestorben wohl um 156; Schüler des Apostels Johannes; Bischof von Smyrna; Märtyrer in Rom (Gedenktag: 23. Februar).

Polykarp Kusch, geboren 1911; amerikanischer Physiker (Quanten- und Atomphysik).

Polyxenia *w*, griechisch: *poly* = viel, sehr; *xenos* = Gast: gastfreundlich.

Pompejus *m*, lateinisch: zum altrömischen Geschlecht der Pompejaner gehörend; italienische Form: *Pompeo;* spanisch: *Pompeyo*.

Bekannter Namensträger:

Pompejus Magnus, 106–48 v. Chr.; römischer Feldherr und Politiker; besiegte in Spanien 77–71 Sertorius, 67 die Seeräuber, 66–62 Mithridates VI.; von Cäsar bei Pharsalus geschlagen; bei Flucht nach Ägypten ermordet.

Pompeo *m*, italienische Form von ↗ Pompejus.

Pompeyo *m*, spanische Form von ↗ Pompejus.

Ponce *m*, spanische Form von ↗ Pontius.

Ponke *m*, friesisch; Bedeutung fraglich.

Pontian *m*, Nebenform zu ↗ Pontianus.

Pontianus *m*, lateinisch; Herkunft nicht eindeutig; Weiterbildung von ↗ Pontius (?); Nebenform: *Pontian*.

Namensträger:

Pontianus, 3. Jahrhundert; seit 230 gewählter Papst gegen den Gegenpapst Hippolyt; von Kaiser Maximinus Thrax nach Sardinien verbannt, verzichteten sie (Gedenktag: 13. August).

Pontius *m*, lateinisch: *pons* = Brücke.

Pop *m*, Koseform für ↗ Robert.

Popke *m*, Nebenform zu ↗ Poppo.

Popko *m*, Nebenform zu ↗ Poppo.

Poppe *m*, Nebenform zu ↗ Poppo.

Poppeke *m*, Nebenform zu ↗ Poppo.

Poppo *m*, friesische Kurzform für mit Folk- oder Bod- gebildete männliche Vornamen; Nebenformen: *Poppe, Popke, Poppeke, Popko*.

Namensträger:

Poppo von Schleswig, 10. Jahrhundert; war um 995 Bischof von Schleswig; Glaubensbote der Dänen (Gedenktag: 19. Juli).

Poppo von Stablo-Malmedy, 978–1048; trat nach Bekehrungserlebnis ins Kloster ein; 1020 Abt der Reichsabtei Stablo und Malmedy; seine Reformbemühungen reichten bis Hersfeld und Sankt Gallen (Gedenktag: 25. Januar).

Potentin *m*, lateinisch: *potens* = mächtig.

Namensträger:

Potentin, 4. Jahrhundert; mit seinen Söhnen Felicius und Simplicius legendäre Wallfahrer; lebten in Karden an der Mosel (Gedenktag: 18. Juni).

Praxedis *w*, griechisch: = wohltätig.

Namensträgerinnen:

Praxedis (Adelheid), gestorben 1109; russische Adelige; nach Tod ihres ersten Gatten 1089 in zweiter Ehe Gattin des Kaisers Heinrich IV.; zog sich 1094 in ein ruthenisches Kloster zurück (Gedenktag: 6. August).

Praxedis, legendäre römische Jungfrau, die sich gemarterter Christen annahm (Gedenktag: 21. Juli).

Preciosa *w*, spanische Form von ↗ Pretiosa.

Pretiosa *w*, lateinisch: *pretiosa* = die Kostbare; deutsche Form: *Preziosa;* spanisch: *Preciosa*.

Preziosa *w*, deutsche Form von ↗ Pretiosa.

Prikt *m*, lateinisch: *praejectus* = vorgelegt; oder von niederdeutsch: *Prigge*.

Namensträger:

Prikt, 7. Jahrhundert; seit etwa 666 Bischof von Clermont; gründete zwei Frauenklöster und ein Krankenhaus; wurde 674 mit Amarin und Elidius ermordet (Gedenktag: 15. Februar).

Primus *m,* lateinisch: *primus* = der erste.

Namensträger:

Primus, gestorben um 304; legendärer Märtyrer in Rom unter Diokletian, zusammen mit seinem Bruder Felizian (Gedenktag: 9. Juni).

Prisca *w,* Nebenform zu ↗ Priska.

Priscilla *w,* Nebenform zu ↗ Priszilla.

Priscillianus *m,* lateinische Form von ↗ Priszillianus.

Priscillus *m,* lateinische Form von ↗ Priszillus.

Priscus *m,* lateinische Form von ↗ Priskus.

Priska *w,* die weibliche Form zu ↗ Priskus; Nebenform: *Prisca.*

Namensträger:

Priska, 1. Jahrhundert; legendäre junge Märtyrin unter Kaiser Claudius (Gedenktag: 18. Januar).

Priskus *m,* lateinisch: *priscus* = alt, ehrwürdig; lateinische Form: *Priscus.*

Priszilla *w,* Weiterbildung von ↗ Priska.

Priszillianus *m,* Weiterbildung von ↗ Priskus.

Priszillus *m,* Weiterbildung von ↗ Priskus.

Probus *m,* lateinisch: *probus* = rechtschaffen.

Procope *m,* französische Form von ↗ Prokop.

Procopius *m,* lateinische Form von ↗ Prokop.

Prokop *m,* griechisch: *prokoptein* = vorwärtskommen; lateinische Form: *Procopius;* französisch: *Procope.*

Namensträger:

Prokop, um 1004–1053; gründete ein Benediktinerkloster im Sázawatal; wurde dessen Abt und hielt Liturgie in altslawischer Sprache (Gedenktag: 25. März).

Prosper *m,* lateinisch: *prosper* = günstig, glücklich; latinisiert: *Prosperus;* französische Form: *Prosper;* italienisch: *Prospero.*

Namensträger:

Prosper von Aquitanien, etwa 390–455; Laienmönch in Marseille; theologisch gebildet; bekämpfte den Semipelagianismus (Gedenktag: 25. Juni).

Prosper Mérimée, 1803–1870; französischer Schriftsteller tragischer und unheimlicher Romane und Novellen.

Prospero *m,* italienische Form von ↗ Prosper.

Prosperus *m,* latinisierte Form von ↗ Prosper.

Protasius *m,* griechisch; Bedeutung unklar.

Namensträger:

Protasius von Lausanne, 7. Jahrhundert; Bischof von Lausanne (Gedenktag: 6. November).

Protasius von Mailand, Zeit unbekannt; Märtyrer mit Gervasius (Gedenktag: 19. Juni).

Protus *m,* griechisch: *protos* = der erste.

Prudence *w,* französische Form von Prudentia (↗ Prudens).

Prudens *m,* lateinisch: *prudens* = klug; französische Form: *Prudent;* italienisch: *Prudenzio.*

Prudent *m,* französische Form von ↗ Prudens.

Prudentia *w,* die weibliche Form zu ↗ Prudens; französische Form: *Prudence;* italienisch: *Prudenzia.*

Prudenzia *w,* italienische Form von Prudentia (↗ Prudens).

Prudenzio *m,* italienische Form von ↗ Prudens.

Ptolemäus *m,* griechisch: *polemos* = Krieg: kriegerisch; englische Form: *Ptolemy;* französisch: *Ptolémée;* italienisch: *Tolommeo.*

Ptolémée *m,* französische Form von ↗ Ptolemäus.

Ptolemy *m,* englische Form von ↗ Ptolemäus.

Publius *m,* lateinisch; altrömischer Vorname.

Namensträger:
Publius Aelius Hadrian, 76–138; ab 117 römischer Kaiser; errichtete Limes und gegen Schottland den Hadrianswall.

Pudens *m,* lateinisch: *pudens* = sittsam.

Pulcheria *w,* lateinisch: *pulchra* = die Schöne.
Namensträger:
Pulcheria, 399–453; für ihren Bruder Theodosius II. 414–416 Regentin; 450 Gattin des Markian, der Kaiser wurde; verteidigte den Glauben und setzte die Berufung des Konzils von Chalkedon durch (Gedenktag: 10. September).

Pyrrhos *m,* griechisch: *pyrrhos* = rötlich, blond; latinisiert: *Pyrrhus.*
Namensträger:
Pyrrhos, um 318–272 v. Chr.; griechischer König von Epirus; besiegte die Römer 280 bei Heraklea und 279 in Apulien; wurde aber 275 bei Benevent von diesen geschlagen.

Pyrrhus *m,* lateinische Form von ↗ Pyrrhos.

Q

Quentin *m,* französische und englische Form von ↗ Quintin.

Quint *m,* Kurzform für ↗ Quintus und ↗ Quintin(us).

Quintin *m,* lateinisch: *Quintinus,* Weiterbildung von ↗ Quintus; französische und englische Form: *Quentin.*
Namensträger:
Quintin, gestorben um 300 als Märtyrer unter Kaiser Maximian (Gedenktag: 31. Oktober).

Quintinus *m,* lateinische Form von ↗ Quintin.

Quintus *m,* lateinisch: *quintus* = der fünfte; Kurzform: *Quint.*

Quiriakus *m,* lateinisch; Bedeutung fraglich.
Namensträger:
Quiriakus, 7. Jahrhundert; Mönch; weitere Angaben fehlen (Gedenktag: 6. März).

Quirin *m,* deutsche Form von ↗ Quirinus; landschaftliche Nebenformen: *Krien, Krein, Grein, Cryn, Kirein, Kreiel, Kiri, Kiry, Küri, Kürin;* niederländische Form: *Krijn;* französisch: *Corin.*
Namensträger:
Quirin von Malmedy, 4. Jahrhundert; Missionar; legendärer Märtyrer (Gedenktag: 11. Oktober).
Quirin von Neuß, 2. Jahrhundert; römischer Märtyrer unter Kaiser Hadrian (um 130; Gedenktag: 30. April).
Quirin von Siscia, gestorben um 308/309; Bischof von Siscia (= Sissek in Jugoslawien); Märtyrer unter Diokletian (Gedenktag: 4. Juni).
Quirin von Tegernsee, 3. Jahrhundert; nach der Legende unter Kaiser Claudius II. Gothicus Märtyrer in Rom (Gedenktag: 16. Juni).

Quirinus *m,* lateinisch: Lanzenträger(?); oder: Mann aus Quirinum; deutsche Form: *Quirin.*
Namensträger:
Quirinus, Kriegsgott der Sabiner.
Quirinus Kuhlmann, 1651–1689; deutscher Schriftsteller schwärmerischer Barocklyrik.

R

Rab *m,* Kurz- und Koseform für ↗ Waltram.

Raban *m,* althochdeutsch: *hraban* = Rabe; ältere Form: *Hraban;* lateinisch: *Hrabanus;* Kurzform für mit Hraban- gebildete männliche Vornamen.
Bekannter Namensträger:
Raban(us) Maurus ↗ Hrabanus Maurus.

Rabea *w,* von hebräisch: *rabja* = Mädchen; türkische Form: *Rabia, Rabiye.*

Rabenalt *m,* althochdeutsch: *hraban*

= Rabe; *waltan* = walten, gebieten; Nebenform: *Rabenold.*

Rabenold *m,* Nebenform zu ↗ Rabenalt.

Rabia *w,* türkische Form von ↗ Rabea.

Rabindranath *m,* indisch.

Bekannter Namensträger:

Rabindranath Tagore, 1861–1941; indischer Schriftsteller, Religionsphilosoph und Komponist; verdient um die bengalische Literatursprache.

Rabiye *w,* türkische Form von ↗ Rabea.

Rachel *w,* hebräisch: *rachel* = Mutterschaf; ökumenische Form: *Rahel;* Nebenform: *Recha;* französische Form: *Rachel;* italienisch: *Rachele, Rachelle,* spanisch: *Raquel;* russisch: *Rachil.*

Namensträger:

Rachel, im Alten Testament Tochter Labans und Gattin Jakobs.

Rachele *w,* italienische Form von ↗ Rachel; Nebenform: *Rachelle.*

Rachelle *w,* Nebenform zu Rachele (↗ Rachel).

Rachil *w,* russische Form von ↗ Rachel (Rahel); Koseformen: *Chilja, Chilia.*

Rackner *m,* Nebenform zu ↗ Rainer.

Rada *w,* Kurzform für mit Rade- oder -rada gebildete weibliche Vornamen.

Radbod *m,* althochdeutsch: *rat* = Rat; *boto* = Bote.

Namensträger:

Radbod, um 850–917; seit 899 Bischof von Utrecht; mußte 900 vor den Normannen nach Deventer fliehen; Gelehrter und Dichter (Gedenktag: 29. November).

Räde *m,* Koseform für ↗ Konrad.

Radegund *w,* althochdeutsch: *rat* = Rat; *gund* = Kampf; Nebenformen: *Radegunde, Radegundis.*

Namensträgerinnen:

Radegund von Chelles, gestorben um 680; Waise, von der Frankenkönigin Balthild adoptiert (Gedenktag: 29. Januar).

Radegund (Radegundis), 518-587; von König Chlotar I. 536 zur Heirat gezwungen; floh 555, wurde Klosterfrau; gründete in Poitiers das Kloster Sainte-Croix (Gedenktag: 12. August; evangelisch: 13. August).

Radegund von Wellenburg, gestorben um 1290; Magd auf Schloß Wellenburg; pflegte Arme und Kranke im nahen Siechenhaus; von Wölfen zerrissen (Gedenktag: 18. Juli).

Radegunde *w,* Nebenform zu ↗ Radegund.

Radegundis *w,* Nebenform zu ↗ Radegund.

Namensträgerin:

Radegundis ↗ Radegund, Königin.

Radek *m,* slawische Kurzform für ↗ Radomil und andere mit Rad- beginnende slawische männliche Vornamen.

Radel *m,* Koseform für ↗ Konrad, ↗ Meinrad.

Rädel *m,* Koseform für ↗ Konrad, ↗ Meinrad.

Radenko *m,* südslawische Koseform für mit Rad- gebildete männliche Vornamen.

Rades *m,* Koseform für ↗ Konrad.

Radka *w,* die weibliche Form zu ↗ Radek.

Radko *m,* slawische Nebenform zu ↗ Ratko.

Radlof *m,* Nebenform von ↗ Radulf.

Radmila *w,* Nebenform zu Radomila (↗ Radomil).

Radmilla *w,* Nebenform zu Radomila (↗ Radomil); auch *Radmila.*

Radolf *m,* Nebenform zu ↗ Radulf.

Radomil *m,* slawisch: *rad* = froh, *mily* = lieb.

Radomila *w,* die weibliche Form zu ↗ Radomil; Nebenformen: *Radmila, Radmilla.*

Radulf *m,* althochdeutsch: *rat* = Rat; *wolf* = Wolf; Nebenformen: *Radolf, Radlof, Ratolf;* friesische Formen: *Redelf, Relf;* Kurz- und Koseformen: *Ralf, Ralph;* französische Form: *Raoul;* englisch: *Ralph;* spanisch: *Raúl.*

Namensträger:

Radulf von Cahors, gestorben 866;

wurde um 840 Erzbischof von Bourges; förderte Klosterwesen (Gedenktag: 21. Juni).

Rafael *m*, ökumenische Form von ↗ Raphael.
Bekannter Namensträger:
Rafael Kubelik, geboren 1914; tschechischer Dirigent und Komponist von Opern, Vokal- und Instrumentalwerken.

Rafaela *w*, Nebenform zu ↗ Raffaela.

Raff *m*, Kurz- und Koseform für ↗ Waltram.

Raffael *m*, Nebenform von ↗ Raphael.
Bedeutender Namensträger:
Raffael Santi, 1483–1520; italienischer Maler und Architekt; wurde 1515 Bauleiter der Peterskirche in Rom und Konservator der antiken Denkmäler.

Raffaela *w*, die weibliche Form zu Raffael (↗ Raphael); Nebenformen: *Raffaele, Rafaela, Raphaela;* italienische Form: *Raffaella.*

Raffaele *m*, italienische Form von ↗ Raphael.

Raffaele *w*, Nebenform zu ↗ Raffaela.

Raffaella *w*, italienische Form von ↗ Raffaela.

Raffaello *m*, italienische Form von ↗ Raphael.

Raffaelo *m*, italienische Form von ↗ Raphael.

Ragin *m*, Nebenform von Ragnar.

Ragna *w*, nordische Kurzform für ↗ Ragnhild und andere mit Ragn- gebildete weibliche Vornamen.

Ragnachar *m*, Weiterbildung von ↗ Ragnar; Nebenform: *Ragner.*
Namensträger:
Ragnachar, gestorben zwischen 621 und 639; Mönch in Luxeuil; wurde Bischof von Basel (Gedenktag: 29. März).

Ragnar *m*, Koseform für ↗ Reinhard; nordische Form von ↗ Rainer; Nebenformen: *Ragin, Ragno.*
Bekannter Namensträger:
Ragnar A. K. Frisch, 1895–1973; norwegischer Nationalökonom.

Ragnhild *w*, althochdeutsch: *ragin* = Rat; *hiltja* = Kampf; nordische Form von ↗ Reinhild; Kurzformen: *Ragna; Randi.*

Ragno *m*, Nebenform von ↗ Ragnar.

Ragnulf *m*, althochdeutsch: *ragin* = Rat; *wolf* = Wolf.
Namensträger:
Ragnulf, gestorben um 700; legendärer Märtyrer bei Arras (Gedenktag: 9. November).

Rahel *w*, ökumenische Form von ↗ Rachel.
Bekannte Namensträgerin:
Rahel Varnhagen von Ense, 1771–1833; spätromantische Frau; führte literarischen Salon in Berlin.

Raika *w*, Kurzform für verschiedene slawische Vornamen.

Raila *w*, Kurzform für verschiedene slawische Vornamen; finnische Form: *Raili.*

Raili *w*, finnische Form von ↗ Raila.

Raimar *m*, Nebenform zu ↗ Reinmar.

Raimbaud *m*, Nebenform zu ↗ Reimbald.

Raimo *m*, Koseform für ↗ Raimund und andere mit Rai- oder Rei- gebildete männliche Vornamen; auch *Reimo.*

Raimond *m*, Nebenform zu ↗ Raimund.

Raimondo *m*, italienische Form von ↗ Raimund.

Raimund *m*, althochdeutsch: *ragin* = Rat; *munt* = Schutz; Nebenformen: *Reimund, Reinmund;* Kurzformen: *Raimo, Reim, Reime, Rehm;* französische Form: *Raymond;* italienisch: *Raimondo;* spanisch: *Ramón;* englisch: *Raymond;* Kurzform: *Ray.*
Bekannte Namensträger:
Raimund von Peñafort, etwa 1177–1275; schuf 1222 die Statuten für die Merzedarier; wurde Dominikaner und 1238 deren dritter Ordensgeneral; bedeutender Kirchenrechtslehrer und Prediger (Gedenktag: 7. Januar).
Raimund Nonnatus, um 1202–1240; Merzedarier; wirkte in Afrika mit Eifer für den Loskauf christlicher Gefangener (Gedenktag: 31. August).

Raimunda *w*, Nebenform zu *Raimunde* (↗ Raimund).

Raimunde *w*, die weibliche Form zu ↗ Raimund; Nebenformen: *Raimunda, Reimunde;* französische Form: *Raymonde.*

Rainald *m*, Nebenform zu ↗ Reinhold.

Bekannter Namensträger:

Rainald von Dassel, um 1120–1167; Kanzler Friedrich Barbarossas; ab 1159 Erzbischof von Köln.

Rainer *m*, althochdeutsch: *ragin* = Rat; *hari* = Heer; Nebenformen: *Rackner, Regner, Reinar, Reiner, Renner, Riener;* Koseformen: *Neres, Nieres;* französische Form: *Rainier, Régnier;* latinisiert: *Regnerus.*

Bekannte Namensträger:

Rainer Barzel, geboren 1924; christdemokratischer deutscher Politiker.

Rainer Werner Faßbinder, 1946–1982; deutscher Filmregisseur, -produzent und Schriftsteller.

Rainer Maria Rilke, 1875–1926; sprachschöpferischer neuromantischer deutscher Schriftsteller.

Rainier *m*, französische Form von ↗ Rainer.

Bekannter Namensträger:

Rainier III., geboren 1923; seit 1949 Fürst von Monaco.

Rainulf *m*, Nebenform zu ↗ Reinulf.

Raja *w*, Kurzform für verschiedene russische Vornamen.

Ralf *m*, Nebenform zu ↗ Ralph; Kurzform für ↗ Radulf.

Ralph *m*, englische Kurzform für ↗ Rudolf, Radulf, Ratwolf; Nebenform: *Ralf;* französisch: *Raoul.*

Bekannte Namensträger:

Ralph Waldo Emerson, 1803–1882; amerikanischer Schriftsteller und Philosoph des Idealismus.

Ralph Kirkpatrick, geboren 1911; amerikanischer Cembalist.

Ram *m*, Kurzform für ↗ Waltram.

Rambald *m*, althochdeutsch: *hraban* = Rabe; *bald* = kühn; Nebenformen: *Rambalt, Rambold, Ramwold, Ramphold.*

Rambalt *m*, Nebenform zu ↗ Rambald.

Rambert *m*, althochdeutsch: *hraban* = Rabe; *beraht* = glänzend.

Namensträger:

Rambert (Ragnebert), gestorben um 675 (ermordet); Berater König Theudeberts III., durch den Hausmeier Ebroin verbannt (Gedenktag: 13. Juni).

Rambo *m*, Kurzform für mit Ram- gebildete männliche Vornamen.

Rambold *m*, Nebenform zu ↗ Rambald.

Ramón *m*, spanische Form von ↗ Raimund.

Ramona *w*, die weibliche Form zum spanischen ↗ Ramón.

Ramphold *m*, Nebenform zu ↗ Rambald.

Ramwold *m*, Nebenform zu ↗ Rambald.

Namensträger:

Ramwold, gestorben 1000; Trierer Mönch; 975 Abt des Klosters Sankt Emmeram zu Regensburg (Gedenktag: 17. Juni).

Randal *m*, englische Form von ↗ Randolf.

Randi *w*, Kurzform für ↗ Ragnhild.

Rando *m*, Kurzform für mit Rand- gebildete männliche Vornamen.

Randold *m*, Nebenform zu ↗ Randolt.

Randolf *m*, althochdeutsch: *rant* = Schild; *wolf* = Wolf; Nebenformen: *Randolph, Randulf;* englische Form: *Randal.*

Randolph *m*, Nebenform zu ↗ Randolf.

Randolt *m*, althochdeutsch: *rant* = Schild; *waltan* = walten, gebieten; Nebenform: *Randold.*

Randulf *m*, Nebenform zu ↗ Randolf.

Randwig *m*, althochdeutsch: *rant* = Schild; *wig* = Kampf; Nebenform: *Rantwig.*

Rangea *w*, Herkunft und Bedeutung fraglich.

Ranka *w*, die weibliche Form zu ↗ Ranko.

Ranko *m*, slowenisch: *rany* = früh.

Rantje *w*, friesische Koseform für mit Rant- beginnende weibliche Vornamen.

Rantwig *m*, Nebenform zu ↗ Randwig.

Raoul *m*, französische Form von ↗ Ralph und ↗ Rudolf.

Raphael *m*, hebräisch: *rapha'el* = es heilt Gott; Form der Lutherbibel; in der Vulgata: *Rafahel;* ökumenische Form: *Rafael;* Nebenform: *Raffael;* italienische Formen: *Raffaele, Raffaelo, Raffaello.*

Namensträger:

Raphael, im Alten Testament Gottesbote; Begleiter des Tobias (Gedenktag: 29. September).

Raphaela *w*, Nebenform zu ↗ Raffaela; auch *Raphaele.*

Raphaele *w*, Nebenform zu Raphaela (↗ Raffaela).

Rapoto *m*, Nebenform zu ↗ Ratbod.

Rapp *m*, Kurz- und Koseform für ↗ Waltram.

Rappert *m*, Nebenform zu ↗ Ratbert.

Rappo *m*, Nebenform zu ↗ Ratbald.

Rappold *m*, Nebenform zu ↗ Ratbald.

Rappolt *m*, Nebenform zu ↗ Ratbald.

Raquel *w*, spanische Form von ↗ Rachel.

Rase *m*, Kurzform für ↗ Erasmus.

Rasi *m*, Kurzform für ↗ Erasmus.

Rasmus *m*, Kurzform für ↗ Erasmus.

Raso *m*, Nebenform zu ↗ Rasso.

Namensträger:

Raso Goetghebner, gestorben um 1500; Prämonstratenser in Drongen; hier 1485 Abt; starb an der Pest (Gedenktag: 17. September).

Raß *m*, Kurzform für ↗ Erasmus.

Rasso *m*, Kurzform für mit Rat- oder Rad- gebildete männliche Vornamen.

Namensträger:

Rasso (Ratho) Graf von Dießen-Andechs, gestorben um 953; Gründer des Klosters Werd an der Amper, das die Ungarn zerstörten (Gedenktag: 19. Juni).

Rata *w*, Kurzform für mit Rat- gebildete weibliche Vornamen.

Ratbald *m*, althochdeutsch: *rat* = Rat; *bald* = kühn; Nebenformen: *Ratbold, Rappold, Rappolt, Rappo.*

Ratbert *m*, althochdeutsch: *rat* = Rat; *beraht* = glänzend; Nebenform: *Rappert;* latinisiert: *Ratbertus.*

Namensträger:

Ratbert (Ratbertus), um 790–859; Mönch und Lehrer in Corbie; um 844 Abt; verzichtete 853; wirkte als Theologe in der Abendmahls- und Marienlehre (Gedenktag: 26. April).

Ratberta *w*, die weibliche Form zu ↗ Ratbert.

Ratbertus *m*, latinisierte Form von ↗ Ratbert.

Ratbod *m*, althochdeutsch: *rat* = Rat; *boto* = Bote, Gebieter; ältere Formen: *Ratpot, Rapoto.*

Namensträger:

Ratbod (Rapoto), 11./12. Jahrhundert; heiligmäßiger Mönch in Kremsmünster (Gedenktag: 18. Juli).

Ratbold *m*, Nebenform zu ↗ Ratbald.

Ratpot *m*, Nebenform zu ↗ Ratbod.

Ratburg *w*, althochdeutsch: *rat* = Rat; *burg* = Burg, Schutz; Nebenform: *Ratburga.*

Ratburga *w*, Nebenform zu ↗ Ratburg.

Ratfried *m*, althochdeutsch: *rat* = Rat; *fridu* = Friede.

Ratgard *w*, althochdeutsch: *rat* = Rat, Beratung; *gard* = Zaun, Schutz.

Ratger *m*, althochdeutsch: *rat* = Rat; *ger* = Speer.

Rathard *m*, althochdeutsch: *rat* = Rat; *harti* = hart, stark.

Namensträger:

Rathard, 9. Jahrhundert; gründete um 815 das Chorherrenstift Sankt Georg bei Dießen (Gedenktag: 8. August).

Rather *m*, althochdeutsch: *rat* = Rat; *hari* = Heer.

Rathild *w*, althochdeutsch: *rat* = Rat; *hiltja* = Kampf; Nebenform: *Rathilde.*

Rathilde *w*, Nebenform zu ↗ Rathild.

Rathold *m*, althochdeutsch: *rat* = Rat; *waltan* = walten, gebieten; Nebenform: *Ratold.*

Ratilo *m*, Verkleinerungsform von ↗ Rato.

Ratko *m,* Kurzform für mit Rat- oder Rad- beginnende männliche Vornamen; slawische Form: *Radko* für Radomir, Radoslaw und andere.

Ratmar *m,* althochdeutsch: *rat* = Rat; *mari* = berühmt.

Ratmund *m,* althochdeutsch: *rat* = Rat; *mund* = Schutz.
Namensträger:
Ratmund, gestorben 1048; seit 1026 Abt des Klosters Niederaltaich (Gedenktag: 19. Januar).

Rato *m,* Kurzform für mit Rat- beginnende männliche Vornamen.

Ratold *m,* Nebenform zu ↗ Rathold.

Ratolf *m,* Nebenform zu ↗ Radulf.

Ratpero *m,* althochdeutsch: *rat* = Rat; *pero (?).*
Namensträger:
Ratpero, 10./11. Jahrhundert, gestorben nach 1034; Einsiedler im Allgäu (Gedenktag: 26. Juli).

Rätsch *m,* Koseform für ↗ Konrad.

Ratward *m,* althochdeutsch: *rat* = Rat; *ward* = Schützer, Hüter.

Raúl *m,* spanische Form von ↗ Radulf.

Raunhild *w,* Nebenform zu ↗ Runhild.

Raute *w,* Kurzform für ↗ Rautgunde.

Rautgunde *w,* aus *Raut-* (fraglich, Raute?) und althochdeutsch: *gund* = Kampf; Nebenform: *Rautgundis;* Kurzform: *Raute.*

Rautgundis *w,* Nebenform zu ↗ Rautgunde.

Rauthard *m,* Nebenform zu ↗ Rothard.

Ravi *m,* indisch.
Bekannter Namensträger:
Ravi Shankar, geboren 1920; indischer Sitarspieler.

Ray *m,* englische Kurz- und Koseform für ↗ Raimund.

Raya *w,* Koseform für ↗ Raymonde.

Raymond *m,* englische und französische Form von ↗ Raimund.
Bekannte Namensträger:
Raymond Aron, 1905–1975; französischer Schriftsteller, Soziologe und Journalist.
Raymond Queneau, 1903–1976; französischer Schriftsteller grotesker Romane.

Raymonde *w,* französische Form von ↗ Raimunde; Koseform: *Raya.*

Rea *w,* griechisch; nach *Reie,* der Mutter des Zeus; Nebenform: *Rhea.*

Rebecca *w,* Nebenform zu ↗ Rebekka.

Rebecka *w,* englische und schwedische Form von ↗ Rebekka.

Rebekka *w,* hebräisch: *ribqa* = wohlgenährt, oder: Schmeichlerin (?); ist die ökumenische Form; Nebenform: *Rebecca;* schwedische und englische Form: *Rebecka;* englische Kurzformen: *Beck, Becky.*
Namensträgerin:
Rebekka, im Alten Testament Gattin Isaaks und Mutter von Esau und Jakob.
Rebekka Ar Rayès, 1832–1914; seit 1871 Schwester im Kloster Al Quarn des maronitischen Antoniusordens; durch Krankheiten schwer geprüft (Gedenktag: 23. März).

Recha *w,* Kurzform für ↗ Rachel.

Reda *w,* Kurz- und Koseform für ↗ Margareta.

Redel *w,* Kurz- und Koseform für ↗ Margareta.

Redelf *m,* friesische Form von ↗ Radulf; Nebenformen: *Redlef, Redlof;* Kurzform: *Relf.*

Redlef *m,* Nebenform zu ↗ Redelf.

Redlof *m,* Nebenform zu ↗ Redelf.

Rega *w,* Koseform für ↗ Regina.

Regel *w,* Koseform für ↗ Regina und ↗ Regula.

Regeli *w,* Koseform für ↗ Regula.

Regelinde *w,* althochdeutsch: *ragin* = Rat; *lind* = mild, sanft; Nebenformen: *Regelindis, Reilinde.*

Regelindis *w,* Nebenform zu ↗ Regelinde.

Regerl *w,* Koseform für ↗ Regula.

Regi *w,* Kurzform für ↗ Regina.

Regina *w,* lateinisch: *regina* = Königin; auch als Kurzform für mit althochdeutsch *regin* gebildete weibliche Vornamen; Nebenform: *Regine;* Kurz- und Koseformen: *Rega, Regi, Regel, Gina, Ina, Ine;* englische

Form: *Regina;* französisch: *Régine, Reine.*
Namensträgerinnen:
Regina, Beiname Marias aufgrund ihrer Krönung zur Himmelskönigin (Gedenktag: 22. August).
Regina von Burgund, gestorben um 300; legendäre jungfräuliche Märtyrin unter Kaiser Maximianus (Gedenktag: 7. September).
Regina Hueter, gestorben 1646; mystisch begnadete Klosterfrau in München (Gedenktag: 20. Dezember).

Reginald *m,* ältere Form von ↗ Reinhold.

Reginbald *m,* althochdeutsch: *ragin* = *regin* = Rat; *bald* = kühn.
Namensträger:
Reginbald, gestorben 1039; seit 1022 Abt des Reichsklosters Lorsch; gründete die Abtei Heiligenberg; 1032 Bischof von Speyer (Gedenktag: 13. Oktober).

Reginbert *m,* althochdeutsch: *ragin* = *regin* = Rat; *beraht* = glänzend.
Namensträger:
Reginbert (Reinbert), gestorben um 962; Gründer der Abtei Sankt Blasien im Schwarzwald (Gedenktag: 29. Dezember).

Regine *w,* Nebenform zu ↗ Regina; Kurzform: *Ine.*
Namensträgerin:
Regine Protmann, 1552–1613; erst seit 1571 mit zwei Gefährtinnen Klausnerin; widmete sich später der Mädchenerziehung und der Krankenpflege (Gedenktag: 18. Januar).

Régine *w,* französische Form von ↗ Regina; Nebenform zu ↗ Reine.
Bekannte Namensträgerin:
Régine Crespin, geboren 1927; französische Sängerin (dramatischer Sopran); Wagner-Interpretin.

Reginhard *m,* althochdeutsch: *ragin* = *regin* = Rat; *harti* = hart, stark.
Namensträger:
Reginhard, gestorben 1037; seit 1025 Bischof von Lüttich; wohltätiger Seelsorger (Gedenktag: 5. Dezember).

Reginlind *w,* Nebenform zu ↗ Reinlinde.
Namensträgerin:
Reginlind, gestorben 958; Herzogin von Schwaben; förderte nach der Überlieferung Kloster Einsiedeln und das Koblenzer Stift Sankt Florin (Gedenktag: 19. August).

Regino *m,* Kurzform für Reginald (↗ Reinhold).

Reginswind *w,* Nebenform zu Regiswind (↗ Regiswinda).

Regintrud *w,* althochdeutsch: *ragin* = *regin* = Rat; *trud* = treu, sicher, fest.
Namensträgerin:
Regintrud, 8. Jahrhundert; an Gründung des Benediktinerinnenklosters Nonnberg in Salzburg beteiligt; vielleicht dessen vierte Äbtissin (Gedenktag: 26. Mai).

Regis *m,* Kurz- und Koseform für ↗ Remigius.

Regiswind *w,* Nebenform zu ↗ Regiswinda.
Namensträgerin:
Regiswind (Reginswind), 9. Jahrhundert; von der Amme erwürgtes Kind des Markgrafen Ernst zu Laufen (Gedenktag: 15. Juli).

Regiswinda *w,* althochdeutsch: *ragin* = Rat; *swind* = stark; Nebenformen: *Regiswinde, Regiswind, Reginswind.*

Regiswinde *w,* Nebenform zu ↗ Regiswinda.

Reglind *w,* Nebenform zu ↗ Reinlinde.

Reglinde *w,* Nebenform zu ↗ Reinlinde.

Reglindis *w,* Nebenform zu ↗ Reinlinde.

Regner *m,* Nebenform zu ↗ Rainer.

Regnerus *m,* latinisierte Form von ↗ Rainer.

Régnier *m,* französische Form von ↗ Rainer.

Regula *w,* lateinisch: *regula* = Regel, Norm, Ordnung; oder: latinisierte Form aus dem althochdeutschen Stamm *ragin* = *regin* = Rat; Kurz- und Koseformen: *Regel, Regeli, Regerl.*

Namensträgerin:
Regula, mit ihrem Bruder Felix legendäre Märtyrin um 300 unter Maximinian (Gedenktag: 11. September).

Regulus *m,* lateinisch; Verkleinerungsform von *rex* = König.

Rehm *m,* Kurz- und Koseform für Reimund (↗ Raimund).

Řehoř *m,* tschechische Form von ↗ Gregor.

Reich *m,* Kurzform für ↗ Richard.

Reichard *m,* Nebenform zu ↗ Richard.

Reichelt *m,* Nebenform zu ↗ Reichold.

Reichold *m,* althochdeutsch: *ragin* = *regin* = Rat; *waltan* = walten, gebieten; Nebenform: *Reichelt.*

Reichwin *m,* Nebenform zu ↗ Richwin.

Reik *m,* friesische Kurzform für mit Rein- beginnende männliche Vornamen; Nebenform: *Reiko.*

Reikhild *w,* niederländisch-friesische Form von ↗ Richhilde.

Reiko *m,* Nebenform zu ↗ Reik.

Reilinde *w,* Nebenform zu ↗ Regelinde.

Reim *m,* Kurzform für Reimund (↗ Raimund).

Reimar *m,* Nebenform zu ↗ Reinmar.

Reimara *w,* die weibliche Form zu Reimar (↗ Reinmar).

Reimbald *m,* althochdeutsch: *ragin* = *regin* = Rat; *bald* = kühn, stark; Nebenformen: *Reimbold, Reinbald, Reinbold, Rembold, Raimbaud, Rimbaud;* Koseformen: *Reimelt, Remmel, Balde.*

Reimbert *m,* althochdeutsch: *ragin* = *regin* = Rat; *beraht* = glänzend; Nebenformen: *Reimbrecht, Reinbert, Reinbrecht, Rembert, Rimbert;* niederdeutsch-friesische Form: *Reimert.*

Reimbod *m,* althochdeutsch: *ragin* = Rat; *boto* = Bote, Gebieter.

Reimbold *m,* Nebenform zu ↗ Reimbald.

Reimbrand *m,* althochdeutsch: *ragin* = *regin* = Rat; *brant* = Schwert; Nebenform: *Rembrand(t).*

Reimbrecht *m,* Nebenform zu ↗ Reimbert.

Reime *m,* Kurzform für Reimund (↗ Raimund).

Reimelt *m,* Koseform für ↗ Reimbald.

Reimer *m,* Nebenform zu ↗ Reinmar.

Reimert *m,* niederdeutsch-friesische Nebenform zu ↗ Reimbert.

Reimo *m,* Nebenform zu ↗ Reinmar.

Reimodis *w,* Nebenform zu ↗ Reimute.

Reimund *m,* Nebenform zu ↗ Raimund.

Reimunde *w,* Nebenform zu Raimunde (↗ Raimund).

Reimut *m,* althochdeutsch: *ragin* = Rat; *muot* = Sinn, Geist.

Reimute *w,* die weibliche Form zu ↗ Reimut; Nebenform: *Reimodis.*

Reina *w,* Nebenform zu ↗ Regina; allgemein Kurzform für mit Rein- beginnende weibliche Vornamen; auch *Reine.*

Reinald *m,* Nebenform zu ↗ Rainald und ↗ Reinhold.

Reinalde *w,* die weibliche Form zu Reinald (↗ Rainald) und ↗ Reinhold.

Reinar *m,* Nebenform zu ↗ Rainer.

Reinaert *m,* niederländische Form von ↗ Reinhard.

Reinbald *m,* Nebenform zu ↗ Reimbald.

Reinbert *m,* Nebenform zu ↗ Reimbert.

Reinberta *w,* die weibliche Form zu Reinbert (↗ Reimbert).

Reinbold *m,* Nebenform zu ↗ Reimbald.

Reinbot *m,* althochdeutsch: *ragin* = *regin* = Rat; *boto* = Bote, Gebieter.

Reinbrecht *m,* Nebenform zu ↗ Reimbert.

Reinburga *w,* althochdeutsch: *ragin* = Rat; *burg* = Burg, Schutz.

Reine *w,* Nebenform zu Reina (↗ Regina); auch französische Form von ↗ Regina; Nebenform: *Régine.*

Reineke *m,* niederdeutsch-friesische Form von ↗ Reinhard; Nebenform: *Reinicke.*

Reinel *m,* Kurzform für ↗ Reinhard; auch *Reinl.*

Reineldis *w,* Nebenform zu ↗ Reinhild.

Namensträgerin:

Reineldis ↗ Reinhild von Brabant.

Reinelt *m,* Nebenform zu ↗ Reinhold.

Reinemer *m,* Nebenform zu ↗ Reinmar.

Reiner *m,* Nebenform zu ↗ Rainer; auch Kurzform für ↗ Reinhard.

Namensträger:

Reiner von Arnsberg, gestorben 1184; erster Propst des Prämonstratenserstifts Arnsberg (Gedenktag: 14. Januar).

Reiner von Osnabrück, gestorben 1233; seit etwa 1211 Rekluse am Osnabrücker Dom (Gedenktag: 11. April).

Reinert *m,* Nebenform zu ↗ Reinhard.

Reinfried *m,* althochdeutsch: *ragin* = Rat; *fridu* = Friede.

Reinfrieda *w,* die weibliche Form zu ↗ Reinfried.

Reingard *w,* althochdeutsch: *ragin* = Rat; *gard* = Schutz.

Reinhard *m,* althochdeutsch: *ragin* = *regin* = Rat; *harti* = hart, stark; ältere Form; *Reginhard;* Nebenformen: *Reinert;* niederdeutsch-friesische Form: *Reineke, Reinicke;* Kurz- und Koseformen: *Reiner, Ragner, Reinel, Reini, Reinke, Renke, Renz;* niederländische Form: *Reinaert;* französisch: *Renard.*

Namensträger:

Reinhard von Reinhausen, gestorben nach 1168; Abt in Stablo; seit etwa 1130 erster Abt in Reinhausen (Gedenktag: 7. März).

Reinhard von Siegburg, gestorben 1105; seit 1976 zweiter Abt des Benediktinerklosters Siegburg (Gedenktag: 4. November).

Reinhard Hedinger, gestorben 1704; evangelischer Hofprediger (Gedenktag: 28. Dezember).

Reinhard Mey, geboren 1942; deutscher Chansonsänger, Liedermacher und Autor.

Reinharda *w,* Nebenform zu Reinharde (↗ Reinhard).

Reinharde *w,* die weibliche Form zu ↗ Reinhard; Nebenform: *Reinharda.*

Reinhild *w,* althochdeutsch: *ragin* = *regin* = Rat; *hiltja* = Kampf; Nebenformen: *Reinhilde, Reineldis;* Kurz- und Koseform: *Rendel.*

Namensträgerinnen:

Reinhild (Relind) von Aldeneyk; gestorben um 780; Äbtissin des Klosters Aldeneyk an der Maas (Gedenktag: 6. Februar).

Reinhild (Reineldis) von Brabant, gestorben um 700; führte in Saintes bei Brabant ein gottgeweihtes Leben; soll von Räubern ermordet worden sein (Gedenktag: 16. Juli).

Reinhild (Rendel) von Westerkappeln, 13. Jahrhundert (?); wurde angeblich auf Anstiftung ihres Stiefvaters von der Mutter erwürgt (Gedenktag: 30. Mai).

Reinhilde *w,* Nebenform zu ↗ Reinhild.

Reinhold *m,* althochdeutsch: *ragin* = göttlicher Rat; *waltan* = walten, herrschen; ältere Formen: *Reinald, Reginald;* Nebenformen: *Rainald, Reinold, Reinwalt, Reinelt, Renald;* Kurz- und Koseformen: *Hold, Holde, Holder, Rendel, Reinsch;* französische Form: *Renaud, Renault;* italienisch: *Rinaldo;* englisch: *Reynold;* schottisch: *Ronald.*

Bekannte und bedeutende Namensträger:

Reinhold Maier, 1889–1911; deutscher liberaler Politiker; 1945–1953 Ministerpräsident von Württemberg-Baden und dann Baden-Württemberg.

Reinhold Messner, geboren 1944; Südtiroler Bergsteiger.

Reinhold Niebuhr, 1892–1971; amerikanischer evangelischer Theologe und Religionsphilosoph.

Reinhold Schneider, 1903–1958; deutscher Schriftsteller der historischen Problematik von geistlicher und weltlicher Macht; Gegner des Nationalsozialimus.

Reinholde *w,* die weibliche Form zu ↗ Reinhold; Nebenformen: *Reinholdis, Reinolde.*

Reinholdis *w,* Nebenform zu ↗ Reinholde.

Reini *m,* Koseform für ↗ Reinhard.

Reinicke *m,* niederdeutsche Form von ↗ Reinhard.

Reinke *m,* Kurz- und Koseform für ↗ Reinhard; allgemein: niederdeutsche Kurzform für mit Rein- beginnende männliche Vornamen.

Reinlinde *w,* althochdeutsch: *ragin* = *regin* = Rat; *lind* = mild; Nebenformen: *Relind, Relinde, Reglind, Reglinde, Reglindis, Relindis.*

Reinmar *m,* althochdeutsch: *ragin* = *regin* = Rat; *mari* = berühmt; Nebenformen: *Reinemer, Reimar, Raimar, Reimer, Reimo, Remmer;* friesische Formen: *Remke, Remko.*

Reinmund *m,* Nebenform zu ↗ Raimund.

Reinold *m,* Nebenform zu ↗ Reinhold.

Bekannte Namensträger:

Reinold, 10. Jahrhundert (?); legendärer Mönch von Sankt Pantaleon in Köln; von Steinmetzen erschlagen (Gedenktag: 7. Januar).

Reinold von Thadden-Trieglaff, 1891–1976; deutscher Jurist; gründete den Deutschen Evangelischen Kirchentag; 1949–1964 dessen Präsident.

Reinolde *w,* Nebenform zu ↗ Reinalde und ↗ Reinholde.

Reinolf *m,* Nebenform zu ↗ Reinulf.

Reinsch *m,* Koseform für ↗ Reinhold.

Reintje *w,* friesische Kurzform für mit Rein- gebildete weibliche Vornamen.

Reintraud *w,* althochdeutsch: *ragin* = Rat; *trud* = Kraft, Stärke; Nebenformen: *Reintraude, Reintrud.*

Reintraude *w,* Nebenform zu ↗ Reintraud.

Reintrud *w,* Nebenform zu ↗ Reintraud.

Reinulf *m,* althochdeutsch: *ragin* = Rat; *wolf* = Wolf; Nebenformen: *Rainulf, Reinolf.*

Reinwald *m,* Nebenform zu ↗ Reinhold.

Reinwalt *m,* ältere Form von ↗ Reinhold.

Reinward *m,* althochdeutsch: *ragin* = *regin* = Rat; *ward* = Schutz.

Relef *m,* friesische Kurzform für ↗ Radulf; Nebenform: *Relf.*

Relf *m,* friesische Kurzform für ↗ Radulf.

Relind *w,* Nebenform zu ↗ Reinlinde.

Namensträger:

Relind ↗ Reinhild von Aldeneyk.

Relinde *w,* Nebenform zu ↗ Reinlinde.

Relindis *w,* Nebenform zu ↗ Reinlinde.

Rémacle *m,* französische Form von ↗ Remaklus.

Remaklus *m,* Bedeutung fraglich; französische Form: *Rémacle.*

Namensträger:

Remaklus, um 600 – um 673; nach 624 Mönch in Luxeuil; Mitgründer und 632–647 erster Abt von Solignac; gründete um 650 das Doppelkloster Stablo und Malmedy; war dessen Abtbischof (Gedenktag: 3. September).

Rembert *m,* Nebenform zu ↗ Reimbert.

Rembold *m,* Nebenform zu ↗ Reimbald.

Rembrandt *m,* Nebenform zu ↗ Reimbrand.

Bedeutender Namensträger:

Rembrandt Harmensz van Rijn, 1606–1669; holländischer Maler, Zeichner und Radierer von mythologischen, biblischen und Genreszenen sowie zahlreicher Bildnisse.

Remedius *m,* lateinisch: Helfer, Heiler, Retter; Nebenform: *Romedius.*

Remi *m,* französische Form von ↗ Remigius.

Remigius *m,* lateinisch: *remigium* = Rudermannschaft; französische Formen: *Remi, Remy.*

Namensträger:

Remigius, etwa 436–533; wurde 458 Bischof von Reims; taufte den Frankenkönig Chlodwig und wirkte seitdem als Glaubensbote der Franken; gründete mehrere Bistümer (Gedenktag: 1. Oktober).

Remke *m,* friesische Kurzform für ↗ Reinmar.

Remko *m,* friesische Kurzform für Reinmar.

Remmel *m,* Koseform für ↗ Reimbald.

Remmer *m,* Nebenform zu ↗ Reinmar.

Remmert *m,* niederdeutsch-friesische Form von ↗ Reimbert.

Remo *m,* italienische Form von ↗ Remus.

Remus *m,* lateinisch; nach dem sagenhaften Mitgründer Roms, Bruder des Romulus.

Remy *m,* französische Form von ↗ Remigius.

Rena *w,* Kurzform für ↗ Renata, ↗ Irene und ↗ Verena.

Renald *m,* Nebenform zu ↗ Reinhold.

Renard *m,* französische Form von ↗ Reinhard.

Renata *w,* lateinisch: *renata* = die (durch die Taufe) Wiedergeborene; deutsche Form: *Renate;* Kurzformen; *Rena, Rene, Reni;* französische Form: *Renée.*

Bekannte Namensträgerinnen:

Renata von Ferocera, gestorben 1575; reformatorisch gesinnte Fürstin (Gedenktag: 11. Juli).

Renata Tebaldi, geboren 1922; italienische Opernsängerin (Sopran); Verdi- und Puccini-Interpretin.

Renate *w,* deutsche Form von ↗ Renata; Kurzform: *Nate.*

Namensträgerin:

Renate, 1544–1602; Herzogin von Bayern; Gründerin des Elisabethhospitals in München (Gedenktag: 22. Mai).

Renato *m,* italienische Form von ↗ Renatus.

Renatus *m,* lateinisch: *renatus* = der (durch die Taufe) Wiedergeborene; französische Form: *René;* italienisch: *Renato.*

Namensträger:

Renatus, 4./5. Jahrhundert; nach der Legende Bischof von Angers und Sorrent (Gedenktag: 6. Oktober; in Angers: 12. November).

Renaud *m,* französische Form von ↗ Reinhold.

Renault *m,* französische Form von ↗ Reinhold.

Rendel *m,* Koseform für ↗ Reinhold.

Rendel *w,* Kurz- und Koseform für ↗ Reinhild.

Rene *w,* Kurzform für ↗ Renata und ↗ Verena.

René *m,* französische Form von ↗ Renatus.

Bedeutende Namensträger:

René Clair, 1898–1981; französischer Filmschauspieler und realistischer Regisseur.

René Descartes, 1596–1650; französischer Philosoph, Mathematiker und Naturwissenschaftler; Begründer des neuzeitlichen Rationalismus und der analytischen Geometrie.

René Magritte, 1898–1967; belgischer surrealistischer Maler.

René-Antoine Réaumur, 1683–1757; französischer Physiker und Zoologe; führte 1730 die Réaumur-Temperaturskala (R) ein.

René Schickele, 1883–1940; elsässischer pazifistischer Schriftsteller; bemüht um deutsch-französische Verständigung.

Renée *w,* französische Form von ↗ Renata.

Bekannte Namensträgerin:

Renée Sintenis, 1888–1965; deutsche impressionistische Graphikerin und Bildhauerin von Kleinplastiken.

Renette *w,* französische Verkleinerungsform von ↗ Renée.

Reni *w,* Kurzform für ↗ Renata, ↗ Irene und ↗ Verena; Nebenform: *Renie.*

Renie *w,* Nebenform zu ↗ Reni.

Renka *w,* friesische Kurzform für ↗ Reinharde; Nebenform: *Renke.*

Renke *m,* Koseform für ↗ Reinhard; niederdeutsch-friesische Kurzform für mit Rein- gebildete männliche Vornamen; Nebenform: *Renko.*

Renke *w,* Nebenform zu ↗ Renka.

Renko *m,* Nebenform zu ↗ Renke.

Renner *m,* Nebenform zu ↗ Rainer.

Reno *m*, deutsche Schreibweise von ↗ Renault.

Renske *w*, niederdeutsch-friesische Kurzform für mit Rein- beginnende weibliche Vornamen.

Rentje *m*, friesische Kurzform für mit Rein- gebildete männliche Vornamen.

Renz *m*, Kurzform für ↗ Lorenz; Koseform für ↗ Reinhard.

Renza *w*, italienische Kurzform von Lorenza (↗ Lorenz).

Renzele *w*, Koseform für ↗ Emerentia, ↗ Laurentia.

Renzelin *w*, Koseform für ↗ Emerentia.

Renzie *w*, Koseform für ↗ Emerentia.

Renzo *m*, italienische Kurzform für ↗ Lorenzo.

Resi *w*, Koseform für ↗ Therese.

Retchen *w*, Koseform für ↗ Margareta.

Rex *m*, lateinisch: *rex* = König; englische Kurz- und Koseform für ↗ Reginold.

Reynold *m*, englische Form von ↗ Reinhold.

Rhea *w*, Nebenform zu ↗ Rea.

Ria *w*, Kurz- und Koseform für ↗ Maria.

Rica *w*, Kurzform für ↗ Ricarda.

Ricarda *w*, italienische und spanische Form von Richarda (↗ Richard); italienische Nebenform: *Riccarda;* Kurzform: *Rica.*

Bedeutende Namensträgerin:

Ricarda Huch, 1864–1947; deutsche Schriftstellerin, Kultur- und Literaturhistorikerin.

Ricardo *m*, spanische Form von ↗ Richard; Kurzform: *Rico.*

Riccarda *w*, italienische Nebenform zu Ricarda (↗ Richarda).

Riccardo *m*, italienische Form von ↗ Richard; Kurzform: *Ricco.*

Ricci *m*, Kurzform für Riccardo (↗ Richard).

Ricco *m*, Kurzform für ↗ Riccardo.

Richard *m*, althochdeutsch: *rihhi* = reich, mächtig; *harti* = stark; Nebenformen: *Reichard, Richert, Rickert;* friesische Formen: *Ridsert, Ridzard, Righard;* niederländische Form: *Rijkert;* Koseform *Rif;* englisch: *Richard;* Koseformen: *Dick, Dicky, Rick, Ricki, Ricky;* italienisch: *Ricardo, Riccardo;* Kurzformen: *Ricci, Ricco;* spanisch: *Ricardo.*

Bekannte und bedeutende Namensträger:

Richard, 1197–1253; englischer Jurist; wurde Priester, Bischof und Kreuzzugsprediger (Gedenktag: 3. April).

Richard von Adwerth, gestorben 1266; in Paris Magister der Naturwissenschaften und freien Künste; wurde Theologe und nach Pilgerreisen Zisterzienser in Adwerth (Gedenktag: 21. Dezember).

Richard von Arnsberg (Anglicus), gestorben um 1190; Prämonstratenser in Wedinghausen bei Arnsberg (Gedenktag: 30. Dezember).

Richard von Wessex, gestorben 720; Angelsachse aus Wessex; starb auf Romwallfahrt in Lucca (Gedenktag: 7. Februar).

Richard I. Löwenherz, 1157–1199; seit 1189 englischer König; führte den 3. Kreuzzug.

Richard III., 1452–1485; seit 1483 englischer König; unterlag Heinrich VII.

Richard Arkwright, 1732–1792; englischer Erfinder; schuf Baumwollspinnmaschine und gründete die englische Textilindustrie.

Richard Baxter, gestorben 1691; evangelischer Bekenner in England (Gedenktag: 9. Dezember).

Richard Burton, 1925–1984; britischer Bühnen- und Filmschauspieler; Charakterdarsteller.

Richard Dedekind, 1831–1916; deutscher Mathematiker der höheren Algebra.

Richard Kuhn, 1900–1967; deutscher Biochemiker.

Richard Meili, geboren 1900; schweizerischer Psychologe, namentlich Diagnostiker.

Richard Neutra, 1892–1970; amerikanischer Architekt österreichischer Herkunft.

Richard Nixon, geboren 1913; amerikanischer republikanischer Politiker; 1969–1974 Präsident; mußte zurücktreten.

Richard Strauss, 1864–1949; deutscher Komponist zahlreicher Orchesterwerke und Dirigent.

Richard Stücklen, geboren 1916; deutscher christlich-sozialer Politiker; 1957–1966 Bundespostminister; 1979–1982 Präsident des Deutschen Bundestags.

Richard Tauber, 1891–1948; österreichischer Opern- und Operettensänger (Tenor).

Richard Trevithick, 1771–1833; englischer Techniker; erfand Hochdruckdampfmaschine und erste Schienendampflokomotive.

Richard Tucker, 1914–1975; amerikanischer Opernsänger (Tenor).

Richard Wagner, 1813–1883; deutscher Komponist; schuf das Musikdrama als Allkunstwerk.

Richard von Weizsäcker, geboren 1920; deutscher Jurist, Wirtschaftsfachmann und christdemokratischer Politiker; 1981–1984 Regierender Bürgermeister von Berlin (West); wurde 1984 Bundespräsident.

Richard Wright, 1908–1960; afro-amerikanischer Schriftsteller der Rassenproblematik.

Richard Zsigmondi, 1865–1929; ungarisch-deutscher Chemiker; Mitkonstrukteur des Ultramikroskops.

Richarda *w,* die weibliche Form zu ↗ Richard; Nebenformen: *Rikarda, Richardis, Richardine;* Kurz- und Koseformen: *Rika, Rike, Rixe, Riza, Carda, Karda;* italienische Form: *Riccarda;* spanisch: *Ricarda.*

Richardine *w,* Nebenform zu ↗ Richarda.

Richardis *w,* Nebenform zu Richarda (↗ Richard).

Namensträgerin:

Richardis, gestorben um 895; elsässische Grafentochter; seit 862 Gattin Kaiser Karls III., des Dicken; 881 mit diesem in Rom vom Papst gekrönt; seit 887 im Kloster Andlau (Gedenktag: 18. September).

Richbald *m,* althochdeutsch: *rihhi* = reich, mächtig; *bald* = kühn.

Richbert *m,* althochdeutsch: *rihhi* = reich, mächtig; *beraht* = glänzend; Nebenformen: *Richbrecht, Rigbert, Rigobert.*

Richbrecht *m,* Nebenform zu ↗ Richbert.

Richeli *m,* Koseform für ↗ Richard.

Richer *m,* althochdeutsch: *rihhi* = reich, mächtig.

Namensträger:

Richer, gestorben 1055; Mönch in Niederaltaich; wurde Abt von Leone bei Brescia und 1038 von Montecassino (Gedenktag: 11. Dezember).

Richert *m,* Nebenform zu ↗ Richard.

Richeza *w,* althochdeutsch: *rihhi* = reich, mächtig; zweiter Namensteil fraglich.

Namensträgerin:

Richeza, gestorben 1063; lothringische Gattin des Polenkönigs Mieszko II., nach dessen Tod sie 1031 wegen ihrer Bemühungen um Verbreitung des Christentums in Polen mit ihrem Sohn Kasimir vertrieben wurde (Gedenktag: 31. März).

Richhild *w,* Nebenform zu ↗ Richhilde.

Richhilde *w,* althochdeutsch: *rihhi* = reich, mächtig; *hiltja* = Kampf; Nebenformen: *Richhild, Richild;* Kurz- und Koseformen: *Richi, Rix;* niederländisch-friesische Form: *Reikhild.*

Richi *m,* Koseform für ↗ Richard.

Richi *w,* Koseform für ↗ Richhilde.

Richild *w,* Nebenform zu ↗ Richhilde.

Namensträgerin:

Richild, gestorben um 1100; Reklusin beim bayerischen Benediktinerinnenkloster Hohenwart (Gedenktag: 23. August).

Richlind *w,* althochdeutsch: *rihhi* = reich, mächtig; *lind* = lind, mild; Nebenformen: *Richlinde, Richlindis.*

Namensträgerin:

Richlind, gestorben um 1150; Stifterin des Augustinerchorfrauenklosters

Klein-Frankenthal (Gedenktag: 26. Dezember).

Richlinde *w*, Nebenform zu ↗ Richlind.

Richlindis *w*, Nebenform zu ↗ Richlind.

Richmar *m*, althochdeutsch: *rihhi* = reich, mächtig; *mari* = berühmt; Nebenform: *Rigomar;* friesische Form: *Rickmer.*

Richmodis *w*, Nebenform zu ↗ Richmute.

Richmut *m*, althochdeutsch: *rihhi* = reich, mächtig; *muot* = Geist.

Richmute *w*, die weibliche Form zu ↗ Richmut; Nebenform: *Richmodis.*

Richold *m*, Nebenform zu ↗ Richwald.

Richwald *m*, althochdeutsch: *rihhi* = reich, mächtig; *waltan* = walten, gebieten; Nebenform: *Richold.*

Richwin *m*, althochdeutsch: *rihhi* = reich, mächtig; *wini* = Freund.

Rick *m*, englische Kurzform für ↗ Richard.

Ricka *w*, Koseform für ↗ Friederike und Kurzform für auf -rike endende weibliche Vornamen.

Rickard *m*, schwedische Form von ↗ Richard.

Ricke *w*, Kurzform für auf -rike endende weibliche Vornamen.

Rickert *m*, niederdeutsche Nebenform zu ↗ Richard.

Ricki *m*, englische Kurzform für ↗ Richard.

Ricklef *m*, Nebenform zu ↗ Riklef.

Rickmer *m*, friesische Form von ↗ Richmar.

Ricksta *w*, friesische Kurzform für mit Rich- oder -rich und -rike gebildete weibliche Vornamen; Nebenformen: *Rickste, Rikste, Rixa, Rixta.*

Rickste *w*, Nebenform zu ↗ Ricksta.

Ricky *m*, englische Kurzform für ↗ Richard.

Rico *m*, italienische Koseform für Enrico (↗ Heinrich); auch Kurzform für italienisch Ricardo (↗ Richard).

Ridolfo *m*, italienische Form von ↗ Rudolf.

Ridsert *m*, Nebenform zu ↗ Ridzard.

Ridzart *m*, friesische Form von ↗ Richard; Nebenform: *Ridsert.*

Riehl *m*, Koseform für ↗ Rudolf.

Riehle *m*, Koseform für ↗ Rudolf.

Riek *m*, Koseform für ↗ Richard; auch niederländische Nebenform zu ↗ Rik.

Rieka *w*, Nebenform zu ↗ Rieke.

Rieke *w*, Koseform für ↗ Friederike und andere auf -rike endende weibliche Vornamen; Nebenform: *Rieka.*

Riener *m*, Nebenform zu ↗ Rainer.

Riening *w*, Koseform für ↗ Katharina.

Rienzo *m*, italienisch; Koseform für ↗ Lorenzo.

Rietschel *m*, Koseform für Rudolf.

Rigbert *m*, Nebenform zu ↗ Richbert.

Righard *m*, friesische Form von ↗ Richard.

Riglef *m*, Nebenform zu ↗ Riklef.

Rigo *m*, Kurzform für mit Rig- oder Rich- beginnende männliche Vornamen.

Rigobert *m*, Nebenform zu ↗ Richbert.

Rigomar *m*, Nebenform zu ↗ Richmar.

Rijkert *m*, niederländische Form von ↗ Richard; Koseform: *Rip.*

Rik *m*, niederländische Kurzform für Hendrik, Frederik; Nebenform: *Riek.*

Rika *w*, Kurzform für auf -rike endende weibliche Vornamen; auch Kurz- und Koseform für ↗ Richarda.

Rikarda *w*, Nebenform zu Richarda (↗ Richard).

Rike *w*, Koseform für ↗ Friederike und Henrike (↗ Heinrike) und andere auf -rike endende weibliche Vornamen; Nebenform: *Rikea;* auch Kurz- und Koseform für Richarda (↗ Richard).

Rikea *w*, Nebenform zu ↗ Rike.

Riklef *m*, althochdeutsch: *rihhi* = reich, mächtig; *leiba* = Erbe, Hinterlassenschaft; Nebenformen: *Riglef, Ricklef.*

Riko *m*, Kurzform für mit Rik- gebildete männliche Vornamen; auch Verdeutschung von Rico, Ricco.

Rikste *w,* Nebenform zu ↗ Ricksta.

Rilke *m,* Koseform für ↗ Rudolf.

Rimbaud *m,* Nebenform zu ↗ Reimbald.

Rimbert *m,* Nebenform zu ↗ Reimbert.

Namensträger:

Rimbert, um 830–888; Begleiter Ansgars; 865 nach dessen Tod Erzbischof von Bremen-Hamburg; missionierte in Dänemark und Schweden (Gedenktag: 11. Juni).

Rina *w,* Kurzform für auf -rina endigende weibliche Vornamen.

Rinaldo *m,* italienische Form von ↗ Reinhold; Kurzform: *Rino.*

Ringo *m,* Kurzform für ↗ Ringolf und sonstige mit Rin- *(ragin-, regin-)* gebildete männliche Vornamen.

Ringolf *m,* althochdeutsch: *ragin* = Ruhm; *wolf* = Wolf; Nebenform: *Ringulf.*

Ringulf *m,* Nebenform zu ↗ Ringolf.

Rino *m,* italienische Kurzform für ↗ Rinaldo.

Rip *m,* niederländische Koseform für Rijkert (↗ Richard).

Risto *m,* finnische Koseform für ↗ Christoph.

Rita *w,* Koseform für italienisch Margherita (↗ Margareta).

Bekannte Namensträgerin:

Rita, 14. Jahrhundert; trat nach mit Geduld ertragener Ehe mit einem rohen Mann mit 33 Jahren ins Augustinerinnenkloster in Cascia ein (Gedenktag: 22. Mai).

Rita Streich, geboren 1920; deutsche Koloratursopranistin; Mozart- und Strauss-Rollen.

Ritsch *m,* Koseform für ↗ Richard.

Rix *m,* friesische Kurzform für mit Rik- (Rich-) gebildete männliche Vornamen.

Rix *w,* Koseform für ↗ Richhilde.

Rixa *w,* Nebenform zu ↗ Ricksta.

Rixe *w,* Koseform für ↗ Richarda.

Rixta *w,* Nebenform zu ↗ Ricksta.

Riza *w,* niederdeutsche Kurzform für Richarda (↗ Richard).

Namensträgerin:

Riza, 11./12. Jahrhundert (?); legendäre Tochter eines Gaugrafen (Gedenktag: 30. August).

Roald *m,* norwegische Form von ↗ Rodewald.

Bekannter Namensträger:

Roald Amundsen, 1872–1928; norwegischer Polarforscher; erreichte 1911 als erster den Südpol; 1928 auf Suche nach Nobiles Luftschiff abgestürzt und verschollen.

Rob *m,* englische Kurzform für ↗ Robert; Nebenform: *Robby.*

Röbbe *m,* friesische Koseform für ↗ Robert.

Robby *m,* Nebenform zu ↗ Rob.

Robel *m,* Koseform für ↗ Robert.

Robeli *m,* Koseform für ↗ Robert.

Robelin *m,* Koseform für ↗ Robert.

Robert *m,* germanisch *hroth* = Ruhm; althochdeutsch: *beraht* = glänzend; lateinische Formen: *Rodbertus, Rupertus;* Nebenformen: *Robrecht, Rodebert, Rupert, Ruppert, Ruprecht, Rupprecht;* Kurz- und Koseformen: *Rupp, Robel, Roppel, Rob, Robeli, Robi, Robelin, Röbi, Rollo, Bert, Bertes;* friesisch: *Röbbl;* englische Formen: *Robert, Robin;* Koseformen: *Bob, Bobby, Rob, Robby Hodge, Hob, Hobby;* italienisch und spanisch: *Roberto.*

Bekannte und bedeutende Namensträger:

Robert, 12. Jahrhundert; Benediktiner, später Zisterzienser in Fountains; gründete an der schottischen Grenze das Kloster Newminster und wurde dessen Abt (Gedenktag: 7. Juni).

Robert Bellarmin, 1542–1621; Jesuit; Prediger und Lehrer der Theologie in Löwen; später am Römischen Kolleg; 1599 Kardinal; 1602 Erzbischof von Capua (Gedenktag: 17. September).

Robert Blum, 1807–1848 (hingerichtet); deutscher demokratischer Politiker; führte auf der Frankfurter Nationalversammlung die Linksliberalen.

Robert Bosch, 1861–1942; deutscher Elektrotechniker.

Robert Boyle, 1627–1691; englischer Naturwissenschaftler.

Robert Bresson, geboren 1907; französischer Filmregisseur.

Robert Browning, 1812–1889; englischer Schriftsteller.

Robert Wilhelm Bunsen, 1811–1899; deutscher Chemiker; mit Kirchhoff Entdecker der Spektralanalyse; fand Rubidium und Cäsium.

Robert Burns, 1759–1796; schottischer Schriftsteller; Vorromantiker.

Robert H. Goddard, 1882–1945; amerikanischer Physiker; Raketentechniker.

Robert Graf, 1923–1966; deutscher Schauspieler der Bühne, des Films und Fernsehens.

Robert Guiscard, um 1015–1085; Normannenführer; eroberte Unteritalien.

Robert Jungk, geboren 1913; deutscher Schriftsteller und Publizist zu Fragen von Wissenschaft und Technik.

Robert Koch, 1843–1910; deutscher Arzt und Bakteriologe; entdeckte Tuberkelbazillus und Erreger der Cholera.

Robert Chevalier de La Salle, 1643–1687; französischer Erforscher Nordamerikas und des Mississippi.

Robert Edward Lee, 1807–1870; amerikanischer Oberkommandierender der Südstaaten im Sezessionskrieg.

Robert von Lieben, 1878–1913; österreichischer Physiker; erfand Verstärkerröhre.

Robert Musil, 1880–1942; österreichischer psychologisch analysierender Schriftsteller.

Robert Neumann, 1897–1975; österreichischer Schriftsteller von Parodien und Zeitromanen.

Robert Oppenheimer, 1904–1967; amerikanischer Physiker; maßgeblich an der Entwicklung der Atombombe beteiligt.

Robert Owen, 1771–1858; englischer Sozialreformer; begründete das Genossenschaftswesen in England.

Robert E. Peary, 1856–1920; amerikanischer Nordpolarforscher; kam als erster zum Nordpol; bewies die Inselnatur Grönlands.

Robert Rauschenberg, geboren 1925; amerikanischer Maler der Pop Art.

Robert Robinson, 1886–1975; englischer Chemiker.

Robert Wolfgang Schnell, 1916–1986; deutscher Malerpoet, Regisseur und Journalist.

Robert Schuman, 1886–1963; französischer Politiker; trat für deutsch-französische Verständigung ein; betrieb die Gründung der Montan-Union.

Robert Schumann, 1810–1856; deutscher Komponist und Musikschriftsteller der deutschen Spätromantik.

Robert F. Scott, 1868–1912; englischer Antarktisforscher; kam zum Nordpol.

Robert Siodmak, 1900–1973; deutsch-amerikanischer Filmregisseur.

Robert L. Stevenson, 1850–1894; schottischer neuromantischer Schriftsteller.

Robert Stolz, 1880–1975; österreichischer Komponist zahlreicher Operetten, Film- und Schlagermusiken.

Robert Walser, 1878–1956; schweizerischer Schriftsteller kleiner, schwermütiger Prosa.

Roberta *w,* die weibliche Form zu ↗ Robert; Nebenform: *Roberte;* englische Nebenformen: *Robina, Robine.*

Roberte *w,* Nebenform zu Roberta (↗ Robert).

Robertine *w,* Weiterbildung von ↗ Roberta.

Roberto *m,* italienische und spanische Form von ↗ Robert.

Bekannter Namensträger:

Roberto Rossellini, 1906–1977; italienischer neorealistischer Filmregisseur.

Robi *m,* Kurz- und Koseform für ↗ Robert.

Röbi *m,* Koseform für ↗ Robert.

Robin *m,* englische Form von ↗ Robert.

Robina *w,* englische Nebenform zu ↗ Roberta; auch *Robine.*

Robine *w*, Nebenform zu ↗ Roberta.

Robrecht *m*, Nebenform zu ↗ Robert und ↗ Rodebrecht.

Rocco *m*, italienische Form von ↗ Rochus.

Roch *m*, französische Form von ↗ Rochus.

Rochbert *m*, althochdeutsch: *rohon* = rufen; *beraht* = glänzend; ↗ Rochus.

Rochus *m*, latinisierte Form für früher übliche Vornamen: *Rochbert, Rochwin, Rochwald;* französische Form: *Roch;* italienisch: *Rocco;* spanisch: *Roque;* amerikanische Kurz- und Koseform: *Rock, Rocky.*

Namensträger:

Rochus, um 1295–1327; nach der Legende aus Montpellier; bei Pflege von Pestkranken selbst von der Pest befallen, aber geheilt; starb, als Spion verhaftet, im Gefängnis (Gedenktag: 16. August).

Rochwald *m*, althochdeutsch: *rohon* = rufen; *waltan* = walten; ↗ Rochus.

Rochwin *m*, althochdeutsch: *rohon* = rufen; *wini* = Freund; ↗ Rochus.

Rock *m*, amerikanische Kurzform für ↗ Rochus.

Rocky *m*, englisch-amerikanische Form von ↗ Rochus.

Rodbertus *m*, lateinische Form von ↗ Robert.

Rode *m*, Kurzform für ↗ Rudolf.

Rodebert *m*, Nebenform zu ↗ Robert; germanisch: *hroth* = Ruhm; althochdeutsch: *beraht* = glänzend; Nebenformen: *Rodebrecht, Rudibert.*

Rodebrecht *m*, Nebenform zu ↗ Rodebert.

Rodegang *m*, germanisch: *hroth* = Ruhm; *gang* = Waffengang.

Rodegard *w*, Nebenform zu ↗ Rutgard.

Rodehild *w*, Nebenform zu ↗ Ruthilde.

Rodeke *m*, Koseform für ↗ Rudolf.

Rodelind *w*, germanisch: *hroth* = Ruhm; althochdeutsch: *linta* = Lindenholzschild.

Rodemund *m*, althochdeutsch: *hruod* = Ruhm; *rihhi* = reich.

Roderic *m*, französische Form von ↗ Roderich.

Roderich *m*, germanisch: *hroth* = Ruhm; althochdeutsch: *rihhi* = reich, mächtig; englische Form: *Roderik, Rody;* französisch: *Roderic, Rodrigue;* spanisch: *Rodrigo, Rodriguez;* Kurzform *Ruy;* nordisch und russisch: *Rurik.*

Roderik *m*, englische Form von ↗ Roderich.

Rodewald *m*, germanisch: *hroth* = Ruhm; althochdeutsch: *waltan* = walten, gebieten; norwegische Form: *Roald.*

Rodewig *m*, germanisch: *hroth* = Ruhm; althochdeutsch: *wig* = Kampf; Nebenform: *Rudewig.*

Rodger *m*, Nebenform zu ↗ Rüdiger.

Rodland *m*, Nebenform zu ↗ Roland.

Rodolfo *m*, italienische Form von ↗ Rudolf.

Bekannter Namensträger:

Rodolfo Valentino, 1895–1926; italienisch-amerikanischer Filmschauspieler des Stummfilms.

Rodolphe *m*, französische Form von ↗ Rudolf.

Rodrigo *m*, spanische Form von ↗ Roderich.

Bekannter Namensträger:

Rodrigo Cid, Díaz de Vivar, um 1043–1099; spanischer Nationalheld; eroberte 1094 das maurische Valencia.

Rodrigue *m*, französische Form von ↗ Roderich.

Rodriguez *m*, spanische Form von ↗ Roderich.

Rodulfo *m*, spanische Form von ↗ Rudolf.

Rody *m*, englische Kurzform für Roderik (↗ Roderich).

Roger *m*, normannische, englische und französische Form von ↗ Rüdiger; auch deutsche Nebenform; niederländische Form: *Rogier.*

Bekannte und bedeutende Namensträger:

Roger von Bourges, um 1286–1368; französischer Jurist und Theologe;

1321 Bischof von Orléans, 1328 von Limoges und ab 1343 Erzbischof von Bourges (Gedenktag: 1. März).

Roger von Ellant, gestorben 1162; brachte 1148 die ersten Zisterzienser von Loroy nach Ellant; seitdem hier Abt (Gedenktag: 4. Januar).

Roger Bacon, um 1214–1294; englischer Mathematiker, Naturwissenschaftler und Philosoph; Franziskaner; löste Philosophie als Profanwissenschaft von der Theologie und nahm den Empirismus voraus.

Roger Martin de Gard, 1881–1958; französischer vom Naturalismus, später vom französischen Realismus beeinflußter Schriftsteller.

Roger Peyrefitte, geboren 1907; französischer Schriftsteller und Diplomat.

Roger Planchon, geboren 1931; französischer gesellschaftskritischer Schriftsteller und Theaterregisseur.

Rogier *m,* niederländische Form von Roger (↗ Rüdiger).

Bedeutender Namensträger:

Rogier van der Weyden, um 1400–1464; einflußreicher niederländischer Maler der Spätgotik.

Röhle *m,* Koseform für ↗ Rudolf.

Roel *m,* Nebenform zu Roelof (↗ Rudolf).

Roland *m,* germanisch: *hroth* = Ruhm; *nantha* = kühn, oder althochdeutsch: *lant* = Land; Nebenformen: *Rodland, Rolland;* englische Form: *Rowland, Rutland;* französisch: *Roland;* italienisch: *Orlando.*

Bekannte Namensträger:

Roland von Chézery, gestorben um 1200; Zisterzienser; war Abt des Klosters Chézery in der Schweiz (Gedenktag: 14. Juli).

Roland von Hasnon, gestorben 1084; Benediktiner in Elno; seit 1069 Abt von Hasnon in Flandern (Gedenktag: 9. November).

Roland (Orlando) von Medici, gestorben 1386; lebte 26 Jahre als Einsiedler bei Salso maggiore (Gedenktag: 15. September).

Roland Kirk, geboren 1936; afro-amerikanischer Jazzmusiker.

Roeland *m,* niederländisch-friesische Form von ↗ Roland.

Rolanda *w,* die weibliche Form zu ↗ Roland; Nebenform: *Rolande.*

Rolande *w,* Nebenform zu Rolanda (↗ Roland).

Roelef *m,* friesische Form von Rolf (↗ Rudolph); Nebenformen: *Roelf, Roelof.*

Roleke *m,* Koseform für ↗ Rudolf.

Rolf *m,* Kurzform von ↗ Rudolf.

Bekannte Namensträger:

Rolf Boysen, geboren 1920; deutscher Schauspieler des Heldenfachs.

Rolf Hochhuth, geboren 1931; deutscher Schriftsteller dokumentarischer Dramen und Romane.

Rolf Liebermann, geboren 1910; schweizerischer Komponist und Intendant; Vokal- und Instrumentalmusik in Zwölftontechnik.

Roelf *m,* Nebenform zu ↗ Roelef.

Rolfkea *w,* friesische weibliche Form zu Rolf (↗ Rudolf).

Rolfpaul *m,* Doppelname aus Rolf und Paul.

Roll *m,* Kurzform für ↗ Rudolf.

Rolland *m,* Nebenform von ↗ Roland.

Rolle *m,* schwedische Form von ↗ Rollo.

Rollekin *m,* Koseform für ↗ Rudolf.

Rollo *m,* Koseform für ↗ Robert, ↗ Roland und ↗ Rudolf; schwedische Form: *Rolle.*

Rolof *m,* niederdeutsch-friesische Form von ↗ Rudolf; Nebenformen: *Roloff, Roolof, Roluf.*

Roelof *m,* Nebenform zu ↗ Roelef.

Roloff *m,* Nebenform zu ↗ Rolof.

Rolph *m,* englische Form von ↗ Rudolf.

Roluf *m,* Nebenform zu ↗ Rolof.

Roma *w,* Kurzform für ↗ Romana.

Romain *m,* französische Form von ↗ Roman.

Bedeutender Namensträger:

Romain Rolland, 1866–1944; französischer Schriftsteller und Musiktheoretiker; bekannt seine Künstlerbiographien; trat für Völkerverständigung ein.

Romaine *w*, französische Form von ↗ Romana.

Roman *m*, lateinisch: *Romanus* = Römer; französische Form: *Romain;* italienisch: *Romano;* englisch: *Romeo;* spanisch: *Román;* polnisch: *Romek.*

Bekannter Namensträger:

Roman Polański, geboren 1933; polnischer surrealistischer Filmregisseur und Schauspieler.

Román *m*, spanische Form von ↗ Roman.

Romana *w*, die weibliche Form zu ↗ Roman; französische Form: *Romaine.*

Namensträgerin:

Romana, gestorben um 335; legendäre Einsiedlerin bei Todi in Umbrien (Gedenktag: 23. Februar).

Romano *m*, italienische Form von ↗ Roman.

Bedeutender Namensträger:

Romano Guardini, 1885–1968; einflußreicher katholischer Theologe, Liturgiker und Religionsphilosoph italienischer Herkunft.

Romanus *m*, lateinische Form von ↗ Roman.

Namensträger:

Romanus, gestorben um 480; gründete mit seinem Bruder Lupizinus um 450 das Kloster Condat in Burgund und wurde dessen Abt; als solcher folgte ihm Lupizinus (Gedenktag: 28. Februar).

Romedius *m*, Nebenform zu ↗ Remedius.

Namensträger:

Romedius, gestorben Anfang 5. Jahrhundert oder im 11. Jahrundert (?); Einsiedler mit zwei Gefährten in Südtirol (Gedenktag: 15. Januar).

Romek *m*, polnische Form von ↗ Roman.

Romeo *m*, italienische Kurzform für ↗ Borromeo (↗ Bartholomäus); auch englische Form von ↗ Roman.

Romi *w*, Kurz- und Koseform für ↗ Rosemarie; Nebenform: *Romy.*

Romika *w*, neuerer Vorname aus Rosemarie und Katharina (?).

Romilda *w*, italienisch; vielleicht aus althochdeutsch: *hroum* = Ruhm; *hiltja* = Kampf; Nebenform: *Romilde.*

Romilde *w*, Nebenform zu ↗ Romilda.

Romuald *m*, Nebenform zu ↗ Rumold.

Namensträger:

Romuald, um 952–1027; um 972 Mönch; reformierte ab 987 in Italien Klöster; gründete um 1012 den Orden der Camaldulenser (Gedenktag: 19. Juni).

Romuald Terhaag, gestorben 1903; heiligmäßiger Franziskaner (Gedenktag: 22. Mai).

Romulus *m*, lateinisch, nach dem Namen des sagenhaften Mitgründers (mit Remus) der Stadt Rom.

Romus *m*, Kurzform für ↗ Hieronymus.

Romy *w*, Nebenform zu Romi (↗ Rosemarie).

Bekannte Namensträgerin:

Romy Schneider, 1938–1982; österreichisch-deutsche Filmschauspielerin; Charakterdarstellerin.

Ron *m*, englische Kurzform für ↗ Ronald.

Rona *w*, Kurzform für ↗ Corona.

Ronald *m*, englisch-schottische Form von ↗ Reinhold; Kurzformen: *Ron, Ronnie, Ronny.*

Bekannte Namensträger:

Ronald, 12. Jahrhundert; legendärer Märtyrer; soll 1137 den Bau der Kathedrale von Kirkwall begonnen haben (Gedenktag: 20. August).

Ronald Reagan, geboren 1911; amerikanischer Politiker; ursprünglich Schauspieler; wurde 1980 Präsident der Vereinigten Staaten von Amerika.

Ronald Ross, 1857–1932; englischer Arzt und Physiologe; wies Erreger der Malaria in der Malariamücke nach.

Ronan *m*, Herkunft und Bedeutung fraglich.

Namensträger:

Ronan, 6. Jahrhundert; irischer Missionsbischof; wirkte in der Bretagne (Gedenktag: 1. Juni).

Ronda *w*, Nebenform zu ↗ Rhonda.

Ronimus *m*, Kurzform für ↗ Hieronymus.

Ronni *w*, Koseform für ↗ Veronika.

Ronnie *m*, englische Koseform für ↗ Ronald.

Ronnie *w*, Nebenform zu ↗ Ronny.

Ronny *m*, englische Koseform für ↗ Ronald.

Ronny *w*, englische weibliche Form zu ↗ Ronald; Kurz- und Koseform für ↗ Veronika; Nebenform: *Ronnie*.

Roolof *m*, Nebenform zu ↗ Rolof.

Roppel *m*, Koseform für ↗ Robert.

Roque *m*, spanische Form von ↗ Rochus.

Rorik *m*, friesische Form von ↗ Rurik.

Ros *w*, Kurzform für ↗ Rosa.

Rosa *w*, lateinisch: *rosa* = Rose; auch Kurzform für ↗ Rosalinde, ↗ Rosamunde und ↗ Roswitha; Kurz- und Koseformen: *Ros, Rosl, Rosel, Rösel;* französische und englische Form: *Rose*.

Namensträgerinnen:

Rosa von Lima, 1586–1617; wurde 1606 Dominikanertertiarin; ertrug, mystisch begnadet, ihre körperlichen und seelischen Leiden (Gedenktag: 23. August).

Rosa von Viterbo, um 1233–1252; früh Franziskanertertiarin; zog predigend durch Viterbo, zur Treue gegen die Kirche aufrufend (Gedenktag: 4. September).

Rosa Maria, Rosenkranzfest; Gedenktag der Rosenkranzbruderschaft am 7. Oktober.

Rosa Luxemburg, 1871–1919; deutsche sozialistische Politikerin polnischer Herkunft; Mitgründerin der Kommunistischen Partei Deutschlands und des Spartakusbunds; ermordet.

Rosabella *w*, italienisch: = schöne Rose.

Rosala *w*, spanische Form von ↗ Rosalia.

Rosalba *w*, italienisch und spanisch: weiße Rose.

Rosalia *w*, Nebenform zu ↗ Rosalie.

Namensträgerin:

Rosalia, gestorben um 1160; Einsiedlerin auf dem Monte Pellegrino bei Palermo (Gedenktag: 4. September).

Rosalie *w*, Weiterbildung von ↗ Rosa; Nebenform: *Rosalia;* Kurz- und Koseformen: *Rosi, Rösel, Rosl, Röschen;* englische Form: *Rosalia;* Kurzformen: *Rose, Sally;* französisch: *Rose;* spanisch: *Rosala;* tschechisch: *Ružena*.

Rosalind *w*, Nebenform zu ↗ Rosalinde.

Rosalinda *w*, Nebenform zu ↗ Rosalinde.

Rosalinde *w*, althochdeutsch: *hros* = Roß; *linta* = Schild; oder: germanisch: *hroth* = Ruhm; *lind* = mild; Nebenformen: *Rosalinda, Roselinde, Rosalind;* Kurzformen: *Rosa, Linda, Linde*.

Rosamaria *w*, Nebenform zu ↗ Rosemarie.

Rosamond *w*, englische Form von ↗ Rosamunde.

Rosamunda *w*, Nebenform zu ↗ Rosamunde.

Rosamunde *w*, althochdeutsch: *hros* = Roß; oder: germanisch: *hroth* = Ruhm; *munt* = Schutz; Nebenformen: *Rosmunde, Rosamunda;* englische Form: *Rosamond*.

Namensträgerin:

Rosamunde, gestorben um 1100; pflichtgetreue Gattin und Mutter; später Einsiedlerin bei Vernon (Gedenktag: 30. April).

Rosangela *w*, Doppelname aus Rosa und Angela.

Rosanna *w*, Doppelname aus Rosa und Anna.

Rosaria *w*, Weiterbildung von Rosa.

Rose *w*, französische und englische Form von ↗ Rosa; englische Kurzform für Rosalia (↗ Rosalie).

Rosel *w*, Koseform für ↗ Rosa.

Rösel *w*, Koseform für ↗ Rosa.

Roselene *w*, Doppelname aus Rosa und Helene oder Magdalena.

Roselinde *w*, Nebenform zu ↗ Rosalinde.

Roselita *w*, Weiterbildung von Rosa.

Rosella *w*, italienische Weiterbildung von Rosa.

Rosellen *w*, englischer Doppelname aus Rose und Ellen oder Helen.

Rosellina *w*, italienische Verkleinerungsform von ↗ Rosella.

Roselore *w*, Doppelname aus Rosa und Eleonore.

Rosemarie *w*, Doppelname aus Rosa und Maria; Nebenformen: *Rosamaria, Rosmarie.*

Rosetta *w*, italienische Weiterbildung von ↗ Rosa.

Rosette *w*, französische Weiterbildung von Rose (↗ Rosa).

Rosi *w*, Kurzform für ↗ Rosalie, ↗ Rosina.

Rosika *w*, ungarischer Kosename für Rosa und Rosalie.

Rosina *w*, lateinisch: = rosig; Weiterbildung von ↗ Rosa; Nebenform: *Rosine;* Kurzform: *Rosi;* polnische Form: *Rozyna.*

Rosine *w*, Nebenform zu ↗ Rosina; auch Koseform für ↗ Euphrosyne.

Namensträgerin:

Rosine, legendäre jungfräuliche Einsiedlerin; Märtyrin (?); Daten unbekannt (Gedenktag: 11. März).

Rosita *w*, spanische Weiterbildung von ↗ Rosa.

Rosl *w*, Koseform für ↗ Rosa.

Rosmargret *w*, Doppelname aus Rosa und Margareta.

Rosmarie *w*, Nebenform zu ↗ Rosemarie.

Rosmunde *w*, Nebenform zu ↗ Rosamunde.

Rossana *w*, italienische Form von ↗ Roxana.

Roswin *m*, althochdeutsch: *hros* = Roß, Pferd; *wini* = Freund.

Roswita *w*, Nebenform zu ↗ Roswitha.

Roswitha *w*, althochdeutsch: *hruod* = Ruhm; *swinths* = stark; Nebenformen: *Hroswita, Roswita;* ältere Formen: *Hroswitha, Hrosvita;* Kurzform: *Rosa.*

Namensträgerinnen:

↗ Hroswitha.

Rötger *m*, niederdeutsche Form von ↗ Rüdiger.

Rothard *m*, germanisch: *hroth* = Ruhm; althochdeutsch: *harti* = hart, stark; Nebenformen: *Rudhard, Ruthard, Ruthart, Rauthard.*

Rothari *m*, ältere Form von ↗ Rother.

Rother *m*, germanisch: *hroth* = Ruhm; *hari* = Heer; ältere Form: *Rothari.*

Rotraud *w*, Nebenform zu ↗ Rotraut.

Rotraut *w*, germanisch: *hroth* = althochdeutsch: *hruod* = Ruhm; *trut* = *trud* = stark; Nebenformen: *Rotraud, Rotrud;* Kurzform: *Traute.*

Rotrud *w*, Nebenform zu ↗ Rotraut.

Namensträgerin:

Rotrud, 11. Jahrhundert; erste Äbtissin des 1002 gegründeten Frauenklosters Neuburg an der Donau (Gedenktag: 23. September).

Rouven *m*, aus hebräisch: *re'uben* = ↗ Ruben; Nebenform: *Ruven.*

Roux *m*, französische Form von ↗ Rufus.

Rowena *w*, englisch; vielleicht altenglische Wurzel: *hreod* = Ruhm; *wine* = Freund.

Rowland *m*, englische Form von ↗ Roland.

Roxana *w*, wohl persisch: die Glänzende; Nebenformen: *Roxane, Roxanne;* italienische Form: *Rossana.*

Roxane *w*, Nebenform zu ↗ Roxana.

Roxanne *w*, Nebenform zu ↗ Roxana.

Roy *m*, keltisch-englisch: *roy* = rot.

Rozyna *w*, polnische Form von ↗ Rosina.

Ruben *m*, hebräisch: *re'uben* = sehet, ein Sohn!; englische Form: *Reuben;* spanisch: *Rubén.*

Namensträger:

Ruben, im Alten Testament der älteste Sohn Jakobs und Lias; Urahn des nach ihm benannten israelitischen Stamms Ruben.

Rudbert *m*, germanisch: *hroth* = althochdeutsch: *hruod* = Ruhm; *beraht* = glänzend.

Namensträger:
Rudbert, 12. Jahrhundert; baute mit Gefährten seit etwa 1125 das spätere Prämonstratenserstift Windberg in Niederbayern auf (Gedenktag: 31. Januar).
Rude *m*, Kurzform für ↗ Rudolf.
Rüdeger *m*, Nebenform zu ↗ Rüdiger.
Rudel *m*, Kurzform für ↗ Rudolf.
Rüdel *m*, Kurzform für ↗ Rudolf.
Rudewig *m*, Nebenform zu ↗ Rodewig.
Rudgar *m*, Nebenform zu ↗ Rüdiger.
Rudger *m*, Nebenform zu ↗ Rüdiger.
Namensträger:
Rudger, gestorben 1140; Norbertiner; übernahm 1135 die Leitung des Prämonstratenserstifts Sankt Paul zu Verdun (Gedenktag: 27. Dezember).
Rudhard *m*, Nebenform zu ↗ Rothard.
Namensträger:
Rudhard (Rodard), gestorben um 1150; erster Propst des Augustinerchorherrenstifts Au am Inn (Gedenktag: 28. Mai).
Rudi *m*, Kurzform für ↗ Rudolf.
Bekannte Namensträger:
Rudi Carrell, geboren 1934; niederländischer Schauspieler und Fernseh-Showmaster.
Rudi Dutschke, 1940–1979; einer der Hauptführer der studentischen Bewegung 1965–1968.
Rudibert *m*, germanisch: *hroth* = Ruhm; althochdeutsch: *beraht* = glänzend; oder Nebenform zu ↗ Rodebert.
Rüdiger *m*, germanisch: *hroth* = althochdeutsch: *hruod* = Ruhm; *ger* = Speer; Nebenformen: *Rodger, Rudgar, Rudger, Rüdger, Rutger, Rütger;* niederdeutsch: *Rötger;* englische und französische Form: *Roger:* niederländisch: *Rogier;* italienisch: *Ruggero, Ruggiero.*
Rudmar *m*, germanisch: *hroth* = Ruhm; althochdeutsch: *mari* = berühmt; Nebenform: *Rutmar.*
Rudo *m*, Kurzform für ↗ Rudolf.
Rudolf *m*, germanisch: *hroth* = althochdeutsch: *hruod* = Ruhm; *wolf* = Wolf; ältere Schreibweise: *Rudolph;* Kurz- und Koseformen: *Rudi, Rolf, Dolf, Dolfi, Dulf, Rude, Rudel, Rudo, Rüdel, Rütt, Ruef, Ruoff, Ruetsch, Rüetsch, Rietschel, Riehl, Riehle, Röhle, Rühle, Rülke, Rilke, Rolof, Roleke, Rollekin, Roll, Rollo, Rulle, Hrolf, Rode, Rodeke;* englische Formen: *Rudolph, Ralph, Rolph;* schweizerisch: *Ruodi;* niederländisch: *Roelof, Roel;* französisch: *Rodolphe, Raoul;* italienisch: *Rodolfo, Ridolfo;* spanisch: *Rudolfo.*
Bekannte und bedeutende Namensträger:
Rudolf von Bern, gestorben 1294; als Kind ermordet (Gedenktag: 17. April).
Rudolf von Büren, gestorben 1052; Mönch in Stablo; wurde Abt von Hersfeld und 1036 Bischof von Paderborn (Gedenktag: 6. November).
Rudolf I. von Habsburg, 1218–1291; seit 1273 König; begründete die habsburgische Hausmacht.
Rudolf Erzherzog, 1858–1889 (Selbstmord); Kronprinz von Österreich-Ungarn.
Rudolf G. Binding, 1867–1938; deutscher neoklassizistischer Schriftsteller.
Rudolf Borchardt, 1877–1945; deutscher Schriftsteller und Literaturgelehrter.
Rudolf Bultmann, 1884–1976; deutscher evangelischer Theologe; Vertreter der Entmythologisierung des Neuen Testaments und der dialektischen Theologie.
Rudolf Carnap, 1891–1970; deutsch-amerikanischer Philosoph des Neopositivismus.
Rudolf Diesel, 1858–1913; deutscher Ingenieur; erfand den Dieselmotor.
Rudolf Eucken, 1846–1926; deutscher Philosoph und Kulturreformer; begründete den Neoidealismus.
Rudolf Forster: 1884–1968; österreichischer Schauspieler der Bühne und des Films; Charakterdarsteller.

Rudolf Hagelstange, geboren 1912; deutscher Schriftsteller; besonders Lyriker.
Rudolf Heß, geboren 1894; nationalsozialistischer Politiker; Stellvertreter Hitlers; 1946 zu lebenslänglichem Zuchthaus verurteilt.
Rudolf Kempe, 1910–1976; deutscher Dirigent.
Rudolf von Laban, 1879–1958; ungaricher Choreograph und Tanzpädagoge; Mitbegründer des modernen Kunst- und Ausdruckstanzes.
Rudolf Leonhard, 1889–1953; deutscher expressionistischer Schriftsteller.
Rudolf Mößbauer, geboren 1929; deutscher Physiker.
Rudolf Nurejew, geboren 1938; russisch-österreichischer Tänzer; seit 1961 im Westen.
Rudolf Otto, 1869–1973; evangelischer Theologe und Religionshistoriker.
Rudolf Schock, 1915–1986; deutscher Opernsänger (Tenor).
Rudolf A. Schröder, 1878–1962; deutscher Schriftsteller, Maler und Graphiker; auch Übersetzer.
Rudolf G. Sellner, geboren 1905; deutscher Regisseur und Theaterleiter.
Rudolf Steiner, 1861–1925; österreichischer philosophischer Schriftsteller; begründete die Anthroposophie und die Freie Waldorfschule, 1912 die Anthroposophische Gesellschaft in Dornach.
Rudolf Virchow, 1821–1902; deutscher Pathologe, Anthropologe und Politiker; Begründer der Zellularpathologie; Mitbegründer der modernen Anthropologie; vertrat Kulturkampf.

Rudolfa *w,* die weibliche Form zu ↗ Rudolf.

Rudolfina *w,* Weiterbildung von ↗ Rudolfa.

Rudolfine *w,* Weiterbildung von ↗ Rudolfa.

Rudolfo *m,* italienische Form von ↗ Rudolf.

Rudolph *m,* ältere Schreibweise von ↗ Rudolf; auch englische Form.

Rudyard *m,* englische Nebenform zu ↗ Rothard (?).
Bekannter Namensträger:
Rudyard Kipling, 1865–1936; englischer impressionistischer Schriftsteller von Novellen und Kurzgeschichten.

Ruef *m,* Kurzform für ↗ Rudolf.

Ruetsch *m,* Koseform für ↗ Rudolf.

Rüetsch *m,* Koseform für ↗ Rudolf.

Ruffino *m,* italienische Form von Rufinus (↗ Rufus).

Ruffo *m,* italienische Form von ↗ Rufus.

Rufina *w,* die weibliche Form zu ↗ Rufinus.

Rufinus *m,* lateinische Weiterbildung von ↗ Rufus; englische Form: *Griffith;* französisch: *Roux;* italienisch: *Ruffino.*

Rufus *m,* lateinisch: *rufus* = rothaarig; italienische Form: *Ruffo.*

Ruggero *m,* italienische Form von ↗ Rüdiger.

Ruggiero *m,* italienische Form von ↗ Rüdiger.
Bedeutender Namensträger:
Ruggiero Leoncavallo, 1858–1919; italienischer Komponist des veristischen Stils; schuf zahlreiche Opern.

Rugo *m,* Nebenform zu ↗ Ruzo.

Rühle *m,* Koseform for ↗ Rudolf.

Rülke *m,* Koseform für ↗ Rudolf.

Rulle *m,* Kurzform für ↗ Rudolf.

Rumen *m,* bulgarisch: rotwangig.

Rumena *w,* bulgarische weibliche Form zu ↗ Rumen; Nebenform: *Rumjana.*

Rumjana *w,* Nebenform zu ↗ Rumena.

Rumold *m,* germanisch: *hroth* = althochdeutsch: *hruod* = Ruhm; *waltan* = walten, gebieten; Nebenform: *Rumolt.*
Namensträger:
Rumold, 8. Jahrhundert; wohl Glaubensbote und Einsiedler bei Mecheln; Märtyrer (Gedenktag: 24. Juni).

Rumolt *m,* Nebenform zu ↗ Rumold.

Runa *w,* Kurzform für mit Run- oder

-run gebildete weibliche Vornamen; Nebenform: *Rune.*

Rune *m,* schwedische Kurzform für mit Run- gebildete männliche Vornamen.

Rune *w,* Nebenform zu ↗ Runa.

Runfried *m,* althochdeutsch: *runa* = Geheimnis, Zauber; *fridu* = Friede.

Runhild *w,* althochdeutsch: *runa* = Geheimnis, Zauber; *hiltja* = Kampf; Nebenform: *Runhilde.*

Runhilde *w,* Nebenform zu ↗ Runhild.

Ruodi *m,* schweizerische Form für ↗ Rudolf.

Ruoff *m,* Nebenform zu ↗ Rudolf.

Rupert *m,* Nebenform zu ↗ Robert; lateinisch: *Rupertus.*

Namensträger:

Rupert von Bingen, gestorben um 732 mit 20 Jahren als Einsiedler (Gedenktag: 15. Mai).

Rupert von Deutz, etwa 1075/80–1129/30; Benediktiner; wurde Abt in Deutz; bedeutender theologischer Schriftsteller (Gedenktag: 4. März).

Rupert von Ottobeuren, gestorben 1145; führte als Abt in Ottobeuren die Hirsauer Reform ein und das Kloster zur Blüte (Gedenktag: 15. August).

Rupert von Salzburg, gestorben um 720; gründete an der Salzach das Kloster Sankt Peter und ein Frauenkloster auf dem Nonnberg; wirkte als Abtbischof ohne Diözese und als Glaubensbote in Bayern (Gedenktag: 24. September; evangelisch: 28. März).

Rupert Mayer, 1876–1945; Jesuit; im Ersten Weltkrieg Divisionspfarrer (beinamputiert); Männerseelsorger in München; bekämpfte den Nationalsozialismus; kam ins Konzentrationslager Sachsenhausen; 1941 von da infolge Krankheit ins Kloster Ettal: wo er starb (Gedenktag: 1. November).

Ruperta *w,* die weibliche Form zu Rupert(us).

Rupertus *m,* lateinische Form von Rupert (↗ Robert).

Rupp *m,* Kurz- und Koseform für Rupert (↗ Robert).

Ruppert *m,* Nebenform zu ↗ Robert.

Rupprecht *m,* Nebenform zu ↗ Robert.

Ruprecht *m,* Nebenform zu ↗ Robert.

Rurik *m,* nordische und russische Form von ↗ Roderich.

Rut *w,* ökumenische Form von ↗ Ruth.

Rutgard *w,* althochdeutsch: *hruod* = Ruhm; *gard* = Schutz; Nebenformen: *Rutgart, Rodegard.*

Rutgart *w,* Nebenform zu ↗ Rutgard.

Rutger *m,* Nebenform zu ↗ Rüdiger.

Rütger *m,* Nebenform zu ↗ Rüdiger.

Ruetger *m,* Nebenform zu ↗ Rüdiger.

Ruth *w,* hebräisch: *ruth* = Freundschaft; ökumenische Form: *Rut.*

Namensträgerin:

Ruth, im Alten Testament Ahne des Königs David; Heldin des alttestamentlichen Buchs „Ruth".

Ruthard *m,* Nebenform zu ↗ Rothard.

Ruthart *m,* Nebenform zu ↗ Rothard.

Ruthild *w,* althochdeutsch: *hruod* = Ruhm; *hiltja* = Kampf; oder (?): Doppelname aus Ruth und Hilda; Nebenform: *Rodehild.*

Rutland *m,* englische Form von ↗ Roland.

Rutlib *m,* Nebenform zu Rutlieb.

Rutlieb *m,* althochdeutsch: *hruod* = *hruom* = Ruhm; *liob* = lieb; Nebenform: *Rutlib.*

Rutmar *m,* Nebenform zu ↗ Rudmar.

Rütt *m,* Kurzform für ↗ Rudolf.

Rüttger *m,* Nebenform zu ↗ Rüdiger.

Ruven *m,* Nebenform zu Rouven (↗ Ruben).

Ruwen *m,* Nebenform zu ↗ Ruben.

Ruy *m,* spanische Kurzform für Rodrigo (↗ Roderich).

Ružena *w,* tschechische Form von ↗ Rosalie.

Ruzo *m,* Herkunft und Bedeutung fraglich; Nebenform: *Rugo.*

Namensträger:

Ruzo (Rugo), 10. Jahrhundert; lebte beingelähmt unter großen Schmerzen in einer Zelle auf dem Klosterfriedhof von Kempten (Gedenktag: 2. Juli).

S

Sab *w,* Kurz- und Koseform für ↗ Sabine.

Sabelein *w,* Koseform für ↗ Sabine.

Sabi *w,* Kurz- und Koseform für ↗ Sabine.

Sabina *w,* Nebenform, lateinische und englische Form von ↗ Sabine.

Namensträgerinnen:

Sabina vom Hennegau, nach der Legende 819 mit Alfrida und Edith durch Normannen Märtyrin im französischen Hennegau (Gedenktag: 29. August).

Sabina von Rom, gestorben um 126; legendäre Märtyrin in Rom (Gedenktag: 29. August).

Sabine *w,* die weibliche Form zu ↗ Sabinus; lateinische und englische Form: *Sabina;* französisch: *Sabine;* Kurz- und Koseformen: *Sab, Sabelein, Sabi, Wina, Bina, Bine, Bineli.*

Sabinus *m,* lateinisch: = aus dem Stamm der Sabiner.

Namensträger:

Sabinus, frühchristlicher Märtyrer in Spoleto; nach später Legende angeblich Bischof von Assisi (Gedenktag: 30. Dezember).

Sabrina *w,* angloamerikanisch; nach der Nymphe des englischen Severnflusses.

Sacha *m,* französische Form von ↗ Sascha.

Bekannter Namensträger:

Sacha Guitry, 1885–1957; französischer Schriftsteller, Schauspieler und Filmregisseur.

Sachar *m,* russische und jüdische Form von ↗ Zacharias; Nebenform: *Sacher.*

Sacharja *m,* ökumenische Form von ↗ Zacharias.

Sacher *m,* Nebenform zu Sachar (↗ Zacharias).

Sachso *m,* althochdeutsch: = Sachse; war Beiname; Nebenform: *Sasso.*

Sad *w,* amerikanische Kurzform für ↗ Sara; Nebenform: *Sadd.*

Sadd *w,* Nebenform zu Sad (↗ Sara).

Sadie *w,* amerikanische Koseform für ↗ Sara.

Said *m,* arabisch: = glücklich.

Saladin *m,* arabisch: = Glaubensheil; Nebenform: *Salentin;* englische und französiche Form: *Saladin;* italienisch: *Saladino.*

Bekannte Namensträger:

Saladin, 1137–1193; im 3. Kreuzzug siegreich gegen die Kreuzfahrer.

Saladin Schmitt, 1883–1951; deutscher Intendant und Regisseur.

Salim *m,* Kurzform für ↗ Salomo.

Salinde *w,* Kurzform für ↗ Rosalinde.

Salka *w,* russische und bulgarische Kurzform für ↗ Salwija.

Salli *m,* Nebenform zu ↗ Sally.

Sallie *m,* Nebenform zu ↗ Sally.

Sallo *m,* Nebenform zu ↗ Sally.

Sally *m,* Koseform für ↗ Salomo und ↗ Samuel; Nebenformen: *Salli, Sallie, Sallo.*

Sally *w,* englische Koseform für Rosalia (↗ Rosalie) und ↗ Sara.

Salman *m.*

Namensträger:

Salman, 7. Jahundert; Einsiedler bei Weiden in der Nähe von Aachen (Gedenktag: 27. April).

Salome *w,* hebräisch: *schelomith* = der Friedliche; ökumenische Form; französisch: *Salomé;* arabisch: *Suleima.*

Namensträgerinnen:

Salome von Jerusalem, Zeitgenossin Jesu; nach dem Neuen Testament Gattin des Zebedäus und Mutter der Apostel Johannes und Jakobus des Älteren (Gedenktag: 22. Oktober).

Salome von Krakau, um 1210–1268; wurde 1238 Gattin Kolomans von Kroatien; nach dessen Tod Klarissin (Gedenktag: 17. November).

Salome von Niederaltaich, 11. Jahrhundert; lebte mit ihrer Tante Judith als Reklusin bei Niederaltaich (Gedenktag: 29. Juni).

Salomo *m,* hebräisch: sch'lomo = Friedensfürst; ökumenische Form;

Nebenformen: *Salomon, Solomon;* englische Form: *Solomon;* französisch: *Salomon;* italienisch: *Salomone;* arabisch: *Selim;* persisch-türkisch: *Soliman, Suleiman;* jüdisch: *Schelomo;* Kurzform: *Sally;* Nebenformen: *Salli, Sallie, Sallo.*

Bekannter Namensträger:

Salomo, 10. Jahrhundert v. Chr.; im Alten Testament Sohn Davids; gerechter und weiser König Israels.

Salomon *m,* Nebenform zu ↗ Salomo.

Salomone *m,* italienische Form von ↗ Salomo.

Salonius *m,* lateinisch: aus Salonae stammend.

Namensträger:

Salonius, um 400 – nach 451; aus Lyon; ab 439 Bischof von Genf; theologischer Schriftsteller (Gedenktag: 28. September).

Salvador *m,* spanische Form von ↗ Salvator.

Bedeutende Namensträger:

Salvador Dalí, geboren 1904; spanischer Maler; vom Futurismus beeinflußter Surrealist.

Salvador de Madariaga y Rojo, 1886–1978; spanischer Diplomat und Schriftsteller; Gegner Francos.

Salvator *m,* lateinisch: Retter, Erlöser; italienische Form: *Salvatore;* spanisch: *Salvador.*

Salvatore *m,* italienische Form von ↗ Salvator.

Bekannte Namensträger:

Salvatore Adamo, geboren 1953; italienischer Chansonnier.

Salvatore Quasimodo, 1901–1968; italienischer Schriftsteller; bedeutender italienischer Lyriker der Moderne.

Salvina *w,* von lateinisch: *salvus* = gesund, unversehrt; Nebenform: *Salwa.*

Salwa *w,* Nebenform zu ↗ Salvina.

Salwija *w,* slawisch; nach lateinisch: *salvus* = gesund, unversehrt; russische und bulgarische Kurzform: *Salka.*

Sam *m,* englische Kurzform für ↗ Samuel.

Samantha *w,* amerikanisch; hebräischer Herkunft: = Hörende, Gehorsame.

Samel *m,* Nebenform zu ↗ Samuel.

Sameli *m,* schweizerische Form von ↗ Samuel.

Samira *w,* arabisch: = Unterhalterin.

Sammel *m,* Nebenform zu ↗ Samuel.

Sammy *m,* englische Koseform für ↗ Samuel.

Sampson *m,* griechische und englische Form von ↗ Simson.

Samson *m,* Nebenform zu ↗ Simson; in der Vulgata verwendet.

Namensträger:

Samson, im Alten Testament isrealitischer Richter; kämpfte gegen die Philister.

Samson, etwa 490–565; Abt und Klosterbischof in Irland; gründete in der Bretagne die Kirchen von Dol und Pental; wurde Bischof von Dol (Gedenktag: 28. Juli).

Samu *m,* ungarische Form von ↗ Samuel.

Samuel *m,* hebräisch: *sch'mu'el* = von Gott erhört; Nebenformen: *Samel, Sammel;* schweizerisch: *Sameli;* niederdeutsch: *Zamel;* Koseformen: *Salli, Sallie, Sallo, Sally;* jüdische Formen: *Schemuel, Schmul, Shmuel;* englisch: *Samuel;* Koseformen: *Sam, Samy, Sammy;* ungarisch: *Samu.*

Bekannte und bedeutende Namensträger:

Samuel, gestorben vor 1000 v. Chr.; Prophet und Richter Israels; siegte im Kampf gegen die Philister; salbte Saul und David zum König (Gedenktag: 20. August).

Samuel Josef Agnon, 1888–1970; israelischer moderner Prosaschriftsteller.

Samuel Barber, geboren 1910; amerikanischer spätromantisch-klassizistischer Komponist.

Samuel Beckett, geboren 1906; irischer Schriftsteller des Absurden; auch Regisseur.

Samuel Hebich, gestorben 1868; Bahnbrecher der evangelischen Mission in

Indien und Äthiopien (Gedenktag: 20. Mai).
Samuel F. B. Morse, 1791–1872; amerikanischer Maler; erfand den Morseapparat (Maschinentelegraph).
Samuel Pufendorf, 1632–1694; deutscher Historiker und Staatsrechtler; Mitgründer der Völkerrechtslehre.

Samy *m*, englische Koseform für ↗ Samuel.
Bekannter Namensträger:
Samy Molcho, geboren 1935; israelischer Tänzer, Choreograph und Pantomime.

Sancha *w*, spanische weibliche Form zu ↗ Sancho; Nebenform: *Sancia*.
Namensträgerin:
Sancha (Sancia), um 1180–1229; portugiesische Königstochter; gründete 1216 das Zisterzienserinnenkloster Celas bei Coimbra (Gedenktag: 13. März).

Sancho *m*, spanisch; von lateinisch: *sanctus* = heilig.

Sander *m*, Kurz- und Koseform für ↗ Alexander.

Sándor *m*, ungarische Form von ↗ Alexander.
Bekannter Namensträger:
Sándor Petöfi; 1823–1849; ungarischer Schriftsteller, besonders Lyriker.

Sandra *w*, Kurzform für italienisch Alessandra (↗ Alexandra); Nebenform: *Sandria*.

Sandrad *m*, wohl von Sander (↗ Alexander).
Namensträger:
Sandrad, gestorben um 980; Mönch in Trier; Klosterreformer; wurde Abt in Gladbach, um 981 von Weißenburg im Elsaß (Gedenktag: 24. August).

Sandria *w*, Nebenform zu ↗ Sandra.

Sandrina *w*, Weiterbildung von ↗ Sandra; Nebenform: *Sandrine*.
Namensträgerin:
Sandrina, 1385–1458; Gründerin eines Klarissinnenklosters in Foligno, in das sie eintrat (Gedenktag: 2. April).

Sandrine *w*, Nebenform zu ↗ Sandrina; Kurzform für ↗ Alexandrine.

Sandro *m*, italienische Koseform für Alessandro (↗ Alexander).
Bedeutender Namensträger:
Sandro Botticelli, 1444/45–1510; italienischer Maler; ein Hauptmeister der italienischen Renaissance.

Sandy *m*, englische Koseform für ↗ Alexander.

Sandy *w*, englische Koseform für ↗ Sandra und ↗ Alexandra.

Sanj *w*, russische Koseform für Aleksandra (↗ Alexander).

Sanja *m*, russische Koseform für Aleksandr (↗ Alexander).

Sanna *w*, Kurz- und Koseform für ↗ Susanne.

Sannchen *w*, Kurz- und Koseform für ↗ Susanne.

Sanne *w*, Kurz- und Koseform für ↗ Susanne.

Sannerl *w*, Koseform für ↗ Susanne.

Sanni *w*, Koseform für ↗ Susanne.

Sanny *w*, Koseform für ↗ Susanne.

Sansón *m*, spanische Form von Samson (↗ Simson).

Sansone *m*, italienische Form von Samson (↗ Simson).

Santiago *m*, spanisch: = heiliger Jakob; Koseform: *Diego*.

Santo *m*, italienisch; von lateinisch: *sanctus* = heilig.

Saphira *w*, hebräisch-griechisch: *saphira* = die Schöne; nach dem Edelstein Saphir.

Sara *w*, hebräisch: *sarah* = Fürstin; ökumenische Form; Nebenformen: *Sarah, Zarah, Zara;* englische Koseform: *Sally*.
Namensträgerinnen:
Sara, im Alten Testament Gattin Abrahams, dem sie in hohem Alter Isaak gebar (Gedenktag: 9. Oktober).
Sara, Ende des 4. Jahrhunders; jungfräuliche Einsiedlerin in der Libyschen Wüste (Gedenktag: 13. Juli).

Sarah *w*, Nebenform zu ↗ Sara.
Bekannte Namensträgerinnen:
Sarah Bernhardt, 1844–1923; bedeutende französische Schauspielerin und Bühnenschriftstellerin.
Sarah Kirsch, geboren 1935; deutsche

gesellschaftskritische Schriftstellerin; seit 1977 in der Bundesrepublik Deutschland.

Sarina *w,* Weiterbildung von Sara.

Sarvapalli *m,* indisch; Bedeutung fraglich.

Bekannter Namensträger:

Sarvapalli Radhakrishnan, 1888–1975; indischer Religionsphilosoph und Politiker.

Sascha *m,* russische Kurz- und Koseform für Aleksandr (↗ Alexander).

Sascha *w,* russische Kurz- und Koseform für Aleksandra (↗ Alexander).

Saskia *w,* niederländisch; Bedeutung fraglich; vielleicht von *sas(so)* = Sachso = Sachse.

Bekannte Namensträgerin:

Saskia van Uijlenburgh, gestorben 1642; seit 1634 Gattin Rembrandts.

Sasso *m,* niederdeutsche Form von ↗ Sachso.

Saturnin *m,* Nebenform zu ↗ Saturninus.

Namensträger:

Saturnin (Sernin), gestorben um 250 als Märtyrer der Verfolgung unter Decius; erster Bischof von Toulouse und Glaubensbote in Südgallien (Gedenktag: 29. November).

Saturnina *w,* die weibliche Form zu ↗ Saturninus.

Namensträgerin:

Saturnina, nach der Überlieferung jungfräuliche Märtyrin in Rom (Gedenktag: 20. Mai).

Saturninus *m,* lateinische Weiterbildung von Saturnus; Nebenform: *Saturnin.*

Saturnus *m,* lateinisch; nach dem altitalischen Gott Saturnus.

Saul *m,* hebräisch: *scha'ul* = erbeten, gefragt; lateinische Form: *Saulus.*

Bekannter Namensträger:

Saul Bellow, geboren 1915; amerikanischer Schriftsteller psychoanalytischer Prosa.

Saverio *m,* italienische Form von ↗ Xaver.

Savinien *m,* französische Form von Sabinus.

Bekannter Namensträger:

Savinien Cyrano de Bergerac, 1619–1655; französischer Schriftsteller satirisch-utopischer Romane; Vorläufer der französischen Aufklärung.

Savy *m,* irische Koseform für ↗ Xaver.

Scarlet *w,* englisch-amerikanisch: *scarlet* = scharlachrot; Rothaar; Nebenform: *Scarlett.*

Scarlett *w,* Nebenform zu ↗ Scarlet.

Schack *m,* eingedeutschte Form von französisch Jacques (↗ Jakob).

Schaggi *m,* eingedeutschte Form von französisch Jacques (↗ Jakob).

Schalom *m,* hebräisch: *schalom* = Friede.

Bekannter Namensträger:

Schalom Asch, 1880–1957; polnisch-jiddischer Schriftsteller; seit 1914 in New York.

Schang *m,* Koseform für ↗ Johannes; verdeutschte Form von französisch Jean.

Schäng *m,* Koseform für ↗ Johannes.

Schani *m,* österreichische Koseform für ↗ Johannes.

Scheifart *m,* Nebenform zu ↗ Siegfried.

Schelomo *m,* jüdische Form von ↗ Salomo.

Schemuel *m,* jüdische Form von ↗ Samuel.

Schetzel *m,* Nebenform zu ↗ Gislenus.

Namensträger:

Schetzel, 12. Jahrhundert; entsagungsvoll lebender luxemburgischer Einsiedler (Gedenktag: 11. August).

Schirin *w,* persisch: die Süße (?).

Schmul *m,* jüdische Form von ↗ Samuel.

Scholastika *w,* griechisch-lateinisch: *scholastica* = Lernende (Schülerin), Gelehrte.

Namensträgerin:

Scholastika, etwa 480–547; Schwester des heiligen Benedikt; schon als Kind Gott geweiht; Benediktinerin (Gedenktag: 10. Februar).

Schöntraud *w,* moderner Doppelname aus *schön* und althochdeutsch: *trud* = Kraft.

Schorsch *m*, Koseform für ↗ Georg, nach der Aussprache des französischen Georges.

Schura *m*, russische Koseform für Aleksandr (↗ Alexander).

Schura *w*, russische Koseform für Aleksandra (↗ Alexander), Marija (↗ Maria) und ↗ Susanne.

Schwabhild *w*, althochdeutsch: *svaba* = Schwäbin; *hiltja* = Kampf.

Schwanhilde *w*, althochdeutsch: *swanna* = Schwan; *hiltja* = Kampf; Nebenformen: *Swanhild, Swanhilde, Sunhild, Sunhilde.*

Scipio *m*, lateinisch: *scipio* = Stab; italienische Form: *Scipione;* Beiname des altrömischen Geschlechts der Cornelier.

Scipione *m*, italienische Form von ↗ Scipio.

Scott *m*, englisch: = Schotte; ursprünglich Familienname.

Sczepan *m*, slawische Form von ↗ Stephan.

Sean *m*, englisch-amerikanisch; Bedeutung fraglich.

Seb *m*, Koseform für ↗ Eusebius.

Sebald *m*, lateinisch: *Sebaldus;* aus althochdeutsch: ↗ Siegbald; Nebenform: *Sebold;* Kurz- und Koseformen: *Baldus, Baltes;* italienische Form: *Sebaldo.*

Namensträger:

Sebald, Einsiedler in Nürnberg und Glaubensbote unbekannter Zeit (Gedenktag: 19. August).

Sebalde *w*, die weibliche Form zu ↗ Sebald.

Sebaldo *m*, italienische Form von ↗ Sebald.

Sebaldus *m*, lateinische Form von ↗ Sebald.

Sebastian *m*, von griechisch: *sebastos* = verehrungswürdig; lateinische Form: *Sebastianus;* niederdeutsch: *Bestian;* Kurz- und Koseformen: *Bastian, Bastin, Bastle, Bastl, Bästel, Bast, Best, Bestlin, Basch, Baschel, Bäschele, Janes, Wastel, Wastl, Watschel;* französische Formen: *Sébastien, Bastien;* italienisch: *Sebastiano;* tschechisch: *Sebesta;* polnisch: *Sobek.*

Bekannte und bedeutende Namensträger:

Sebastian, 3. Jahrhundert; Märtyrer unter Diokletian in Rom; nach der Legende kaiserlicher Offizier (Gedenktag: 20. Januar).

Sebastian Bach ↗ Johann S. Bach.

Sebastian Brant, 1457–1521; deutscher frühhumanistischer Schriftsteller, Jurist und Straßburger Stadtschreiber.

Sebastian Kneipp, 1821–1897; deutscher katholischer Priester und Naturheilkundiger; entwickelte in Wörishofen Kalt- und Warmwasseranwendungen zu Heilzwecken.

Sebastiane *w*, die weibliche Form zu ↗ Sebastian; französische Form: *Sébastienne.*

Sebastiano *m*, italienische Form von Sebastian.

Bekannter Namensträger:

Sebastiano del Piombo, um 1485–1547; italienischer Renaissancemaler.

Sébastien *m*, französische Form von ↗ Sebastian.

Sébastienne *w*, die französische weibliche Form zu Sébastien (↗ Sebastian).

Sebe *m*, friesische Koseform für ↗ Siegbald und ↗ Siegbert; Nebenform zu ↗ Sibo.

Sebel *m*, Koseform für ↗ Josef.

Sebert *m*, Nebenform zu ↗ Siegbert.

Sebesta *m*, tschechische Form von ↗ Sebastian.

Sebi *m*, Koseform für ↗ Eusebius und ↗ Josef.

Sebo *m*, friesische Koseform für ↗ Siegbald.

Sebold *m* Nebenform zu ↗ Siegbald.

Secharja *m*, die ökumenische Form von ↗ Zacharias.

Secundus *m*, lateinische Form von ↗ Sekundus.

Sefa *w*, Kurzform für ↗ Josefa und ↗ Josefine.

Sefchen *w*, Koseform für ↗ Josefine.

Sefe *w*, Kurzform für ↗ Josefine.

Seferl *w*, Koseform für ↗ Josefine.

Sefes *m*, Koseform für ↗ Eusebius.

Seffi *w*, Koseform für ↗ Josefa und ↗ Josefine.

Segelke *m*, niederdeutsch-friesische Koseform für mit Sieg- gebildete männliche Vornamen.

Segelke *w*, niederdeutsch-friesische Koseform für mit Sieg- gebildete weibliche Vornamen.

Segest *m*, althochdeutsch: *sigu* = Sieg; *gest* = Gast.

Segimer *m*, althochdeutsch: *sigu* = Sieg; *mari* = berühmt.

Segimund *m*, Nebenform zu ↗ Siegmund.

Seib *m*, Koseform für ↗ Siegbert.

Seibel *m*, Koseform für ↗ Siegbert.

Seibert *m*, Nebenform zu ↗ Siegbert.

Seibold *m*, süddeutsche Form von ↗ Siegbald.

Seidel *m*, Koseform für ↗ Siegbert und ↗ Siegfried.

Seifert *m*, Nebenform zu ↗ Siegfried.

Seifrid *m*, Nebenform zu ↗ Siegfried.

Seifried *m*, Nebenform zu ↗ Siegfried.

Seiji *m*, japanisch.

Bekannter Namensträger:

Seiji Ozawa, geboren 1935; japanischer Dirigent.

Seit *m*, Koseform für ↗ Siegfried.

Seiz *m*, Koseform für ↗ Siegbert.

Sekundus *m*, lateinisch: *secundus* = der Zweite.

Selastika *w*, Nebenform zu ↗ Scholastika.

Selene *w*, griechisch: *selene* = Mond; nach der altgriechischen Mondgöttin.

Selim *m*, arabische Form von ↗ Salomo.

Selina *w*, englische Form von ↗ Celine; lateinisch: *Coelina;* italienisch: *Celestina;* Nebenform: *Seline.*

Selinde *w*, Koseform für ↗ Sieglinde.

Seline *w*, Nebenform zu ↗ Selina.

Selke *w*, niederdeutsch-niederländisch; Bedeutung fraglich.

Selma *w*, Kurzform für ↗ Anselma und ↗ Salome; englische Form: *Zelma.*

Bekannte Namensträgerin:

Selma Lagerlöf, 1858–1940; schwedische Schriftstellerin der heimatlichen Sagenwelt und des värmländischen Lebens.

Selmar *m*, althochdeutsch: *sal* = Saal (der Männer); *mari* = berühmt.

Semjon *m*, russische Form von ↗ Simon.

Bekannter Namensträger:

Semjon Michailowitsch Budjonnyj, 1883–1973; sowjetischer Marschall; 1919–1921 Führer der Roten Reiterarmee gegen die Weißen und gegen Polen; im Zweiten Weltkrieg Kommandeur der russischen Südarmee.

Senda *w*, Nebenform zu ↗ Senta.

Seneca *m*, lateinischer altrömischer Beiname.

Bekannter Namensträger:

Seneca der Jüngere, 4 v. Chr. – 65 n. Chr.; römischer Philosoph; Erzieher des Kaisers Nero.

Senofonte *m*, italienische Form von ↗ Xenophon.

Sens *w*, Koseform für ↗ Vincentia.

Sensa *w*, Koseform für ↗ Innozentia.

Senta *w*, Koseform für ↗ Kreszentia und ↗ Vincentia; Nebenform: *Senda.*

Senz *w*, Koseform für ↗ Kreszentia.

Senze *w*, Koseform für ↗ Kreszentia.

Senzel *w*, Koseform für ↗ Kreszentia.

Sepp *m*, Kurzform für ↗ Josef.

Seppel *m*, Koseform für ↗ Josef.

Seppele *m*, Koseform für ↗ Josef.

Seppeli *w*, Koseform für ↗ Josefine.

Sepperle *m*, Koseform für ↗ Josef.

Seppi *m*, Koseform für ↗ Josef.

Seppl *m*, Koseform für ↗ Josef.

Seppli *m*, Koseform für ↗ Josef.

Seppo *m*, Koseform für ↗ Josef.

Septimius *m*, lateinisch; Weiterbildung von ↗ Septimus.

Septimus *m*, lateinisch: *septimus* = der Siebte.

Serafin *m*, Nebenform zu ↗ Seraphin.

Serafín *m*, spanische Form von ↗ Seraphin.

Serafina *w*, Nebenform zu ↗ Seraphine.

Serafine *w*, Nebenform zu ↗ Seraphine.

Seraphia *w*, Nebenform zu ↗ Seraphine.

Seraphin *w,* von hebräisch: *saraph;* Bedeutung unsicher; lateinisch: *Seraphinus;* Nebenform: *Serafin;* spanische Form: *Serafin.*

Seraphina *w,* Nebenform zu ↗ Seraphine.

Seraphine *w,* die weibliche Form zu ↗ Seraphin; Nebenformen: *Seraphia, Seraphina, Serafina, Serafine;* slawische Koseformen: *Sorka, Soroka.*

Seraphinus *m,* lateinische Form von ↗ Seraphin.

Serena *w,* die weibliche Form zu ↗ Serenus.

Namensträgerin:

Serena, gestorben um 291; legendäre Jungfrau und Märtyrin (Gedenktag: 30. Januar).

Serenus *m* lateinisch: *serenus* = heiter.

Serge *m,* französische und russische Form von ↗ Sergius; russische Nebenform: *Sergej.*

Bekannte Namensträger:

Serge Diaghilew, 1872–1929; russischer Ballettmeister; gründete das „Ballet russe".

Serge Lifar, 1905–1986; französisch-russischer Tänzer, Ballettmeister und Choreograph.

Serge Poliakoff, 1906–1969; russisch-französischer Maler und Graphiker der Abstraktion.

Sergej *m,* russische Form von ↗ Sergius.

Bekannte Namensträger:

Sergej Eisenstein, 1898–1948; sowjetrussischer Filmregisseur; Leiter des Staatlichen Filminstituts.

Sergej Prokofjew, 1891–1953; sowjetrussischer Komponist, Dirigent und Pianist.

Sergej Rachmaninow, 1873–1943; russisch-amerikanischer Komponist, Pianist und Dirigent.

Sergia *w,* die weibliche Form zu ↗ Sergius.

Sergio *m,* italienische und spanische Form von ↗ Sergius.

Sergiu *m,* rumänische Form von ↗ Sergius.

Bekannter Namensträger:

Sergiu Celibidache, geboren 1912; rumänischer Dirigent, Komponist und Musikwissenschaftler.

Sergius *m,* lateinisch; ursprünglich von *servus* = Diener, Knecht; aus dem altrömischen Geschlecht der Sergier; französische Form: *Serge;* italienisch und spanisch: *Sergio;* russisch: *Serge, Sergej;* rumänisch: *Sergiu.*

Namensträger:

Sergius I., gestorben 701; seit 687 Papst; verteidigte gegen Kaiser Justinian II. den wahren Glauben und bereicherte die Liturgie (Gedenktag: 8. September).

Servaas *m,* niederländische Form von ↗ Servatius.

Servais *m,* französische Form von ↗ Servatius.

Servas *m,* ältere Form von ↗ Servatius.

Servatius *m,* lateinisch; Weiterbildung von: *servatus* = gerettet; deutsche Form: *Servaz;* Kurz- und Koseformen: *Zerves, Zirves, Vaaz, Vaes;* niederländisch: *Servaas;* französisch: *Servais.*

Namensträger:

Servatius, 4. Jahrhundert; einziger bekannter Bischof von Tongern; scharfer Gegner des Arianismus; einer der „Eisheiligen" (Gedenktag: 13. Mai).

Set *m,* ökumenische Form von ↗ Seth.

Seth *m,* hebräisch: *seth* = (Ersatz-) Sproß; Form der Lutherbibel und Vulgata; ökumenische Form: *Set.*

Namensträger:

Seth, im Alten Testament der dritte Sohn Adams und Evas (als „Ersatz" für den erschlagenen Abel).

Seufert *m,* Nebenform zu ↗ Siegfried.

Severa *w,* die weibliche Form zu ↗ Severus.

Severianus *m,* lateinische Weiterbildung von ↗ Severus.

Severin *m,* Weiterbildung von ↗ Severus; rheinische Kurz- und Koseformen: *Frein, Freins, Frin, Frins, Fring, Frings;* niederdeutsch: *Sören;* lateini-

sche Form: *Severinus;* französisch: *Séverin;* nordisch: *Sören, Søren.*
Namensträger:
Severin von Köln, um 400; Bischof von Köln; Zeitgenosse Martins von Tours (Gedenktag: 23. Oktober).
Severin von Norikum, gestorben 482; in Norikum zur Zeit der Völkerwanderung um Ausgleich zwischen Germanen und Romanen bemüht; schuf klösterliche Niederlassungen (Gedenktag: 8. Januar).

Séverin *m,* französische Form von ↗ Severin.

Severina *w,* die weibliche Form zu ↗ Severin; Nebenform: *Severine.*

Severine *w,* Nebenform zu Severina (↗ Severin).

Severinus *m,* lateinische Form von ↗ Severin.

Severus *m,* lateinisch: *severus* = streng.
Namensträger:
Severus, gestorben Mitte des 4. Jahrhunderts; Bischof von Ravenna (Gedenktag: 1. Februar).

Seves *m,* Kurzform für ↗ Eusebius.

Sextus *m,* lateinisch: *sextus* = Sechster.

Shantala, *w,* aus dem Indischen erfundener Mädchenname; von zuständigem Amtsgericht als zulässig erklärt.

Sharon *w,* amerikanisch.

Sheila *w,* englische Form des irischen *Sile.*

Shirin *w,* englische Form von ↗ Schirin.

Shirley *w,* englisch-amerikanisch, nach Ortsname; Bedeutung fraglich.
Bekannte Namensträgerinnen:
Shirley McLane, geboren 1934; erfolgreiche amerikanische Filmschauspielerin in zahlreichen Hauptrollen.
Shirley Temple, geboren 1928; amerikanische Filmschauspielerin; war Kinderstar.

Shmuel *m,* jüdische Form von ↗ Samuel.
Bekannter Namensträger:
Shmuel Rodensky, geboren um 1906; israelischer Schauspieler.

Shura *m,* russische Koseform für Aleksandr (↗ Alexander); Nebenform: *Schura.*
Bekannter Namensträger:
Shura Cherkassky, geboren 1911; amerikanischer Pianist russischer Herkunft; trat schon als Wunderkind auf.

Siaard *m,* Nebenform zu ↗ Siard.

Siade *w,* friesische weibliche Kurzform zu ↗ Siard; Nebenformen: *Sierd, Siertje, Sierje.*

Siard *m,* friesische Kurzform für ↗ Sieghard; Nebenformen: *Siaard, Sjard, Sierd, Siert.*
Namensträger:
Siard, gestorben 1230; seit 1194 Abt des Prämonstratenserklosters Mariengaarde in Friesland (Gedenktag: 13. November).

Sib *w,* englische Kurzform für ↗ Sibylle.

Sibe *m,* Nebenform zu ↗ Sibo; Kurzform für ↗ Siegbert.

Sibilla *w,* Nebenform zu ↗ Sibylle.

Sibille *w,* Nebenform zu ↗ Sibylle.

Sibo *m,* Kurzform für mit Sieg- oder Sig- gebildete männliche Vornamen; Nebenformen: *Sibe, Siebo, Sebe.*

Sibrand *m,* Nebenform zu ↗ Siegbrand.

Sibulla *w,* Nebenform zu ↗ Sibylle.

Sibyl *w,* englische Form von ↗ Sibylle.

Sibylla *w,* Nebenform zu ↗ Sibylle.

Sibylle *w,* griechisch: *dios bule* = Ratschluß des Zeus; Nebenformen: *Sibylla, Sibilla, Sibille, Sibylla, Cibilla;* Kurz- und Koseformen: *Bilka, Bilke, Billa, Bille, Billein, Billeili, Biel, Beleke, Bela, Bele, Beele, Bilgen, Bielgen, Beilgen, Beeltgen;* englische Formen: *Sibyl, Sybil;* Kurzform: *Sib.*
Namensträgerin:
Sibylle, gestorben um 1250; war Stiftsdame in Nivelles, wurde Zisterzienserin in Tongern (Gedenktag: 9. Oktober).

Siccard *m,* französische Form von ↗ Sieghard.

Sida *w,* Kurzform für ↗ Sidonie.

Sidel *w,* Koseform für ↗ Sidonie.

Sidney *m,* angelsächsisch; aus Saint Denis (?).
Bekannte Namensträger:
Sidney Bechet, 1897–1959; afro-amerikanischer Jazzmusiker (Saxophon und Klarinette).
Sidney G. Thomas, 1850–1885; englischer Ingenieur; mit seinem Vater Erfinder des Thomasverfahrens.

Sidonia *w,* Nebenform zu ↗ Sidonie.

Sidonie *w,* die weibliche Form zu ↗ Sidonius; Nebenform: *Sidonia;* Kurz- und Koseformen: *Sida, Sitta, Sidel;* französische Form: *Sidonie;* tschechisch: *Zdenka.*

Sidonius *m,* von hebräisch: *sidon,* aus der Stadt Sidon in Phönizien stammend; tschechische Form: *Zdenko.*
Namensträger:
Sidonius, gestorben nach 689; kam 664 nach Jumièges; war dann Abt des von ihm gegründeten und später Saint-Saëns genannten Klosters bei Rouen (Gedenktag: 14. November).

Siebe *m,* Koseform für ↗ Siegbert.

Siebel *m,* Koseform für ↗ Siegbert.

Siebert *m,* Nebenform zu ↗ Siegbert.

Siebo *m,* Nebenform zu ↗ Sibo; Kurzform zu Siebold und ↗ Siegbald.

Siebold *m,* Nebenform zu ↗ Siegbald.

Siegbald *m,* althochdeutsch: *sigu* = Sieg; *bald* = kühn; Nebenformen: *Sigbald, Sigibald, Sebald, Sebold;* Kurzformen: *Sebe, Sebo, Sibo, Siebo.*

Siegbert *m,* althochdeutsch: *sigu* = Sieg; *beraht* = glänzend; Nebenformen: *Siegbrecht, Siebert, Sigbert, Sigibert, Sigisbert, Seibert, Sebert;* Kurz- und Koseformen: *Siebe, Siebel, Seib, Seibel, Sitt, Sebe, Sibe, Seiz, Siegel, Sizzo, Seidel.*

Siegberta *w,* die weibliche Form zu ↗ Siegbert.

Siegbod *m,* althochdeutsch: *sigu* = Sieg; *bod, boto* = Bote, Gebieter.

Siegbold *m,* Nebenform zu ↗ Siegbald.

Siegbrand *m,* althochdeutsch: *sigu* = Sieg; *brand* = Feuer, Schwert.

Siegbrecht *m,* Nebenform zu ↗ Siegbert.

Siegburg *w,* althochdeutsch: *sigu* = Sieg; *burg* = Schutz, Zuflucht; Nebenform: *Siegburga.*

Siegburga *w,* Nebenform zu ↗ Siegburg.

Siegel *m,* Koseform für ↗ Siegbert und ↗ Siegmund.

Sieger *m,* althochdeutsch: *sigu* = Sieg; *heri* = Heer.

Siegerich *m,* althochdeutsch: *sigu* = Sieg; *rihhi* = reich, mächtig; Nebenform: *Siegrich;* niederdeutsche Koseform: *Sierk, Sirk, Sirke.*

Siegert *m,* Nebenform zu ↗ Sieghard.

Siegfried *m,* althochdeutsch: *sigu* = Sieg; *fridu* = Friede; Nebenformen: *Seifert, Seufert, Sifrid, Seifried, Seifrid, Scheifart, Sievert;* nordisch: *Sigfrid;* Kurz- und Koseformen: *Seit, Seidel, Sizzo, Sigi, Siggi.*
Bekannte Namensträger:
Siegfried Lenz, geboren 1926; deutscher realistisch-sozialkritischer Schriftsteller der „Gruppe 47".
Siegfried Lowitz, geboren 1914; deutscher Schauspieler; Charakterdarsteller der Bühne, im Film und Fernsehen.
Siegfried Marcus, 1831–1898; deutscher Erfinder, baute ein Auto mit Benzinmotor.
Siegfried Palm, geboren 1927; deutscher Opernintendant und Violoncellist.

Siegfriede *w,* die weibliche Form zu ↗ Siegfried.

Sieghard *m,* althochdeutsch: *sigu* = Sieg; *harti* = stark, kühn; Nebenformen: *Sieghart, Siegert;* friesische Formen: *Siard, Sierd;* französisch: *Siccard.*

Sieghart *m,* Nebenform zu ↗ Sieghard.

Siegheld *m,* Neubildung aus Sieg und Held.

Sieghelm *m,* althochdeutsch: *sigu* = Sieg; *helm* = Helm, Schutz.

Sieghild *w,* althochdeutsch: *sigu* = Sieg; *hiltja* = Kampf; Nebenformen: *Sieghilde, Sighild.*

Sieghilde *w,* Nebenform zu ↗ Sieghild.

Sieglinde *w,* althochdeutsch: *sigu* = Sieg; *linta* = Schild, oder: *lind* = mild; Nebenformen: *Siglinde, Sigelind.*

Siegmar *m,* althochdeutsch: *sigu* = Sieg; *mari* = berühmt; Nebenformen: *Sigmar, Sigimar.*

Siegmona *w,* aus italienisch: *Sigismonda* (↗ Siegmunda).

Siegmund *m,* althochdeutsch: *sigu* = Sieg; *munt* = Schutz, Schützer; ältere Form: *Sigismund;* Nebenformen: *Sigmund, Sigismund, Sigimund;* Koseformen: *Siesmund, Süßmund, Siegel, Mundi, Mündel, Mündelein;* englische Form: *Sigismund;* französisch: *Sigismond;* italienisch: *Sigismondo, Gismondo;* polnisch: *Zygmunt;* ungarisch: *Zsigmond.*

Siegmunda *w,* die weibliche Form zu ↗ Siegmund; Nebenformen: *Siegmunde, Sigismunda, Sigismunde;* italienische Form: *Sigismonda, Gismonda.*

Siegmunde *w,* Nebenform zu ↗ Siegmunda.

Siegolf *m,* althochdeutsch: *sigu* = Sieg; *wolf* = Wolf; Nebenform: *Siegulf.*

Siegrad *w,* althochdeutsch: *sigu* = Sieg; *rat* = Rat, Ratgeber.

Siegram *m,* althochdeutsch: *sigu* = Sieg; *hraban* = Rabe.

Siegrich *m,* Nebenform zu ↗ Siegerich.

Siegrid *w,* Nebenform zu ↗ Sigrid.

Siegrun *w,* althochdeutsch: *sigu* = Sieg; *runa* = Zauber, Geheimnis; Nebenformen: *Siegrune, Sigrun, Sigrune, Sirun.*

Siegrune *w,* Nebenform zu ↗ Siegrun.

Siegtraud *w,* althochdeutsch: *sigu* = Sieg; *trud* = Kraft; Nebenformen: *Siegtrud, Sigtrud.*

Siegtrud *w,* Nebenform zu ↗ Siegtraud.

Siegulf *m,* Nebenform zu ↗ Siegolf.

Siegwald *m,* althochdeutsch: *sigu* = Sieg; *waltan* = walten, gebieten; ältere Form: *Sigiswald.*

Siegward *m,* althochdeutsch: *sigu* = Sieg; *wart* = Hüter; Nebenformen: *Sigwart, Sigurd.*

Siegwin *m,* althochdeutsch: *sigu* = Sieg; *wini* = Freund.

Sieke *w,* niederdeutsch-friesische Kurzform für mit Sieg- oder Sig- gebildete weibliche Vornamen.

Siem *m,* Kurz- und Koseform für ↗ Simon.

Sierd *m,* Nebenform zu ↗ Siard.

Sierd *w,* Nebenform zu ↗ Siade.

Sierje *w,* Nebenform zu ↗ Siade.

Sierk *m,* Nebenform zu Sirk (↗ Siegerich).

Siert *m,* Nebenform zu ↗ Siard.

Siertje *w,* Nebenform zu ↗ Siade.

Siesmund *m,* Koseform für ↗ Siegmund.

Sievert *m,* Nebenform zu ↗ Siegfried; niederdeutsch-friesische Form von Siegward; Nebenformen: *Sievertje, Siewert.*

Sievertje *m,* Nebenform zu ↗ Sievert.

Siewert *m,* Nebenform zu ↗ Sievert.

Sifrid *m,* Nebenform zu ↗ Siegfried.

Sigberg *w,* althochdeutsch: *sigu* = Sieg; *bergan* = schützen.

Namensträgerin:

Sigberg, 7. Jahrhundert; Äbtissin von Remiremont (Gedenktag: 19. August).

Sigbert *m,* Nebenform zu ↗ Siegbert.

Sigbod *m,* Nebenform zu ↗ Siegbod.

Namensträger:

Sigbod, 10. Jahrhundert; gründete um 920 das Frauenkloster Steinfeld in der Eifel (Gedenktag: 30. April).

Sigebald *m,* Nebenform zu ↗ Siegbald.

Namensträger:

Sigebald, gestorben 741; Bischof von Metz (Gedenktag: 26. Oktober).

Sigelind *w,* Nebenform zu ↗ Sieglinde.

Sigewin *m,* Nebenform zu ↗ Siegwin.

Namensträger:

Sigewin, gestorben 1089; seit 1079 Erzbischof von Köln (Gedenktag: 31. Mai).

Sigfrid *m,* nordische Form von ↗ Siegfried.

Namensträger:

Sigfrid von Växjö, gestorben nach 1030; Bischof; Glaubensbote in Norwegen und Südschweden (Gedenktag: 15. Februar).

Sigfrid von Wearmouth, gestorben 689/690; Benediktiner in Wearmouth; seit etwa 686 Abtstellvertreter, später Mitabt (Gedenktag: 22. August).

Sigga *w*, nordische Koseform für ↗ Sigrid; Nebenform: *Siggan*.

Siggan *w*, Nebenform zu ↗ Sigga.

Sigge *m*, Nebenform zu ↗ Sigi.

Siggi *m*, Nebenform zu ↗ Sigi.

Siggi *w*, Nebenform zu ↗ Sigi.

Siggo *m*, Nebenform zu ↗ Sigi.

Sighard *m*, ältere Form von ↗ Sieghard.

Sighild *w*, Nebenform zu ↗ Sieghild.

Namensträgerin:

Sighild, 8. Jahrhundert; Klosterfrau zu Auchy in Belgien (Gedenktag: 22. Juni).

Sigi *m*, Kurz- und Koseform für mit Sieg- oder Sig- gebildete männliche Vornamen; Nebenformen: *Sigge, Siggi, Siggo, Sigo*.

Sigi *w*, Kurz- und Koseform für mit Sieg- oder Sig- gebildete weibliche Vornamen; Nebenform: *Siggi*.

Sigibald *m*, Nebenform zu ↗ Siegbald.

Sigibert *m*, Nebenform zu ↗ Siegbert.

Namensträger:

Sigibert III., um 629–656; König von Austrasien; Wohltäter; Mitgründer der Doppelabtei Stablo und Malmedy (Gedenktag: 1. Februar).

Sigimar *m*, ältere Form von ↗ Siegmar.

Sigimund *m*, Nebenform zu ↗ Siegmund.

Sigisbert *m*, Nebenform zu ↗ Siegbert.

Namensträger:

Sigisbert, 8. Jahrhundert; Gründer der ersten Zelle von Disentis (Gedenktag: 11. Juli).

Sigismond *m*, französische Form von ↗ Siegmund.

Sigismonda *w*, italienische Form von ↗ Siegmunda.

Sigismondo *m*, italienische Form von ↗ Siegmund.

Sigismund *m*, Nebenform und englische Form für ↗ Siegmund.

Namensträger:

Sigismund, gestorben 524; seit 516 König der Burgunder; ließ einen Sohn aus erster Ehe umbringen, wofür er Buße leistete; von den Franken besiegt, wurde er ertränkt (Gedenktag: 2. Mai).

Sigismunda *w*, Nebenform zu ↗ Siegmunda.

Sigismunde *w*, Nebenform zu ↗ Siegmunda.

Sigiswald *m*, ältere Form von ↗ Siegwald.

Siglind *w*, Nebenform zu ↗ Sieglinde.

Namensträgerin:

Siglind, 7. Jahrhundert; aus Aquitanien; nach Tod des Gatten Äbtissin des Klosters Troclar (Gedenktag: 24. Juli).

Siglinde *w*, Nebenform zu ↗ Sieglinde.

Sigmar *m*, Nebenform zu ↗ Siegmar.

Sigmund *m*, Nebenform zu ↗ Siegmund.

Bekannter Namensträger:

Sigmund Freud, 1856–1939; österreichischer Neurologe, Nervenarzt und Psychologe; begründete mit J. Breuer die Psychoanalyse.

Signe *w*, nordisch; von altnordisch: *sigr* = althochdeutsch: *sigu* = Sieg.

Sigo *m*, Nebenform zu ↗ Sigi.

Sigrid *w*, nordisch; altnordisch: *sigr* = Sieg; *fridhr* = schön; Nebenform: *Siegrid;* schwedische Formen: *Siri, Sirid;* finnisch: *Sirii, Sirin*.

Bekannte Namensträgerinnen:

Sigrid, 5. Jahrhundert; Schafhirtin bei Poitiers (Gedenktag: 7. Januar).

Sigrid, 11. Jahrhundert; Wendenfürstin; nach Martertod ihres Gatten vertrieben (Gedenktag: 5. Mai).

Sigrid Undset, 1882–1949; bedeutende norwegische Schriftstellerin historischer Romane und Novellen sowie sozialkritischer zeitgenössischer Romane.

Sigrun *w*, Nebenform zu ↗ Siegrun.

Sigrune *w*, Nebenform zu ↗ Siegrun.

Sigtrud *w*, Nebenform zu ↗ Siegtraud.

Sigune *w*, nordisch; von altisländisch: *sigr* = althochdeutsch: *sigu* = Sieg; *unn* = Welle; Kurzform für mit Sieg- *(sigu)* gebildete weibliche Vornamen.

Sigurd *m*, nordische Form von ↗ Siegward.

Sigwart *m*, Nebenform zu ↗ Siegward.

Sikko *m*, niederdeutsch-niederländische Kurzform für mit Sieg- oder Sig- gebildete männliche Vornamen.

Silas *m*, Kurzform für ↗ Silvanus.

Namensträger:

Silas (Silvan), prophetisches Mitglied der christlichen Urgemeinde; Begleiter des Paulus auf seiner zweiten Missionsreise (Gedenktag: 13. Juli).

Sile *w*, irische Kurzform für ↗ Cäcilia.

Silesia *w*, lateinisch: *Silesia* = Personifizierung von Schlesien.

Silesius *m*, lateinisch: = Schlesier.

Bedeutender Namensträger:

Silesius ↗ Angelus Silesius.

Silja *w*, niederdeutsche Koseform für ↗ Cäcilia und ↗ Gisela.

Silka *w*, Nebenform zu ↗ Silke.

Silke *w*, niederdeutsche Kurz- und Koseform für ↗ Cäcilia und ↗ Gisela; Nebenformen: *Silka, Sylke.*

Silko *m*, niederdeutsch, friesisch und schwedisch; entspricht dem weiblichen Silke.

Silva *w*, schwedische und tschechische Form von ↗ Silvie.

Silvain *m*, französische Form von ↗ Silvanus.

Silvan *m*, Nebenform zu ↗ Silvanus.

Silvana *w*, die weibliche Form zu ↗ Silvanus.

Namensträgerin:

Silvana, gestorben um 304; Märtyrin der diokletianischen Verfolgung (Gedenktag: 28. Februar).

Silvano *m*, italienische Form von ↗ Silvanus.

Silvanus *m*, von lateinisch: *silva* = Wald; Nebenformen: *Silvan, Sylvanus;* Kurzform: *Silas;* französische Formen: *Silvain, Sylvain;* italienisch: *Silvano.*

Silvelin *w*, Koseform für ↗ Silva und ↗ Silvia.

Silvester *m*, von lateinisch: *silva* = Wald; Nebenform: *Sylvester;* Kurz- und Koseformen: *Vester, Fester;* französische Form: *Silvestre.*

Namensträger:

Silvester, gestorben 335; Römer; wurde 314 Bischof (Papst) von Rom (Gedenktag: 31. Dezember).

Silvestre *m*, französische Form von ↗ Silvester.

Silvetta *w*, Weiterbildung von ↗ Silvia; Nebenform: *Sylvetta;* französische Form: *Silvette.*

Silvette *w*, französische Form von ↗ Silvetta.

Silvia *w*, die weibliche Form zu ↗ Silvius; Nebenform: *Sylvia;* französische Formen: *Silvie, Sylvie;* schwedisch und finnisch: *Sylvi.*

Namensträgerin:

Silvia, gestorben um 592; Mutter Gregors des Großen aus römischem Senatorenadel (Gedenktag: 3. November).

Silvie *w*, französische Form von ↗ Silvia.

Silvina *w*, Weiterbildung von ↗ Silvia; Nebenform: *Sylvina.*

Silvio *m*, italienische Form von ↗ Silvius.

Silvius *m*, von lateinisch: *silva* = Wald; italienische Form: *Silvio.*

Simbert *m*, Nebenform zu ↗ Sindbert.

Simeon *m*, Nebenform zu ↗ Simon.

Namensträger:

Simeon der Greis; im Neuen Testament frommer Israelit; begrüßte bei Jesu Darstellung im Tempel das Kind mit dem Canticum „Nunc dimittis ...“ (Gedenktag: 8. Oktober).

Simeon von Trier, gestorben 1035; erst Mönch und Einsiedler im Heiligen Land, Pilgerführer; seit etwa 1030 Inkluse im Nordturm der Porta Nigra in Trier (Gedenktag: 1. Juni).

Similde *w*, erster Teil fraglich; althochdeutsch: *hiltja* = Kampf.

Simon *m,* hebräisch: *schimon* = Erhörung; Nebenformen: *Simeon, Symeon;* Kurz- und Koseformen: *Siem, Sima, Syma;* bayerisch: *Simmerl;* englisch: *Simon;* Kurzform: *Sim;* französisch: *Simon, Siméon;* italienisch: *Simone;* russisch: *Semjon, Senka.*
Namensträger:
Simon, Apostel; der „Eiferer" (Zelotes) im Neuen Testament; wohl Glaubensbote in Palästina (Gedenktag: 28. Oktober).
Simon, „Bruder des Herrn", gestorben um 107; in Neuen Testament ein Vetter Jesu, Sohn des Klopas und Bruder des Judas; nach des Jakobus Tod Leiter der Kirche von Jerusalem (Gedenktag: 18. Februar).
Simon Dach, 1605–1659; deutscher Schriftsteller und evangelischer Liederdichter (Gedenktag: 14. April).

Simón *m,* spanische Form von ↗ Simon.
Bekannter Namensträger:
Simón Bolívar, 1783–1830; südamerikanischer Befreier von Venezuela, Kolumbien und anderer Länder von der spanischen Herrschaft.

Simona *w,* Nebenform zu ↗ Simone.

Simone *w,* die weibliche Form zu ↗ Simon; Nebenform: *Simona; Simone* auch die französische und italienische Form.
Bekannte Namensträgerin:
Simone de Beauvoir, 1908–1986; französische Schrifstellerin; Vorkämpferin der Frauenemanzipation; vertritt atheistischen Existentialismus; Lebensgefährtin J.-P. Sartres.

Simonetta *w,* Weiterbildung von Simone; französische Form: *Simonette.*

Simonette *w,* französische Form von ↗ Simonetta.

Simplicianus *m,* Weiterbildung von ↗ Simplicius; Nebenform: *Simplizianus.*

Simplicius *m,* von lateinisch: *simplex* = einfach, schlicht, einfältig; Nebenform: *Simplizius.*
Namensträger:
Simplicius von Rom, gestorben um 304; mit seinen Geschwistern Beatrix und Faustinus Märtyrer der diokletianischen Verfolgung (Gedenktag: 30. Juli).
Simplicius von Steinfeld, legendärer Heiliger des 4. Jahrhunderts in Aquitanien (Gedenktag: 18. Juni).

Simplizianus *m,* Nebenform zu ↗ Simplicianus.

Simplizius *m,* Nebenform zu ↗ Simplicius.

Simson *m,* hebräisch: *schim'schon* = kleine Sonne; Nebenform: *Samson;* griechische Form: *Sampson;* englisch: *Sampson;* italienisch: *Sansone;* spanisch: *Sansón.*

Sina *w,* Kurzform für auf -sina endende weibliche Vornamen; auch hebräisch: = Zier (?); englische Form: *Sinah.*

Sinah *w,* englische Form von ↗ Sina.

Sindbald *m,* Nebenform zu ↗ Sintbald.

Sindbert *m,* althochdeutsch: *sind* = Weg, Richtung; *beraht* = glänzend; Nebenformen: *Sintbert, Simbert.*

Sindolf *m,* althochdeutsch: *sind* = Weg, Richtung; *wolf* = Wolf; Nebenform: *Sindulf.*

Sindulf *m,* Nebenform zu ↗ Sindolf.

Sine *w,* Koseform für ↗ Euphrosyne.

Sinikka *w,* finnisch; von russisch: *sinij* = blau.

Sinja *w,* Kurzform für ↗ Euphrosyne und ↗ Gesine; Nebenform: *Sinje.*

Sinje *w,* Nebenform zu ↗ Sinja.

Sintbald *m,* althochdeutsch: *sind* = Weg, Richtung; *bald* = kühn; Nebenform: *Sindbald.*

Sintbert *m,* Nebenform zu ↗ Sindbert.
Namensträger:
Sintbert (Sintpert, Simbert), gestorben um 807, Abt von Murbach im Elsaß; seit etwa 778 Bischof von Augsburg und Neuburg (Gedenktag: 13. Oktober).

Sintram *m,* althochdeutsch: *sind* = Weg, Richtung; *hraban* = Rabe.

Sira *w,* Kurzform für ↗ Sirena.

Sirach *m,* hebräisch: = Pfeifer; ökumenische Form.

Namensträger:
Sirach, im Alten Testament Verfasser des kanonischen „Buchs Sirach".

Sirena *w,* italienisch; von griechisch: *seiren;* lateinisch: *Sirena* = Sirene.

Sireno *m,* ältere italienische männliche Form zu ↗ Sirena; Kurzform: *Siro.*

Siri *w,* schwedische Form von ↗ Sigrid; Nebenform: *Sirid.*

Sirid *w,* Nebenform zu Siri (↗ Sigrid).

Sirii *w,* finnische Form von ↗ Sigrid; Nebenform: *Sirin.*

Sirimavo *w,* srilankisch.
Bekannte Namensträgerin:
Sirimavo Bandaranaike, geboren 1916; srilankische Politikerin; mehrfach Ministerpräsidentin.

Sirin *w,* finnische Nebenform zu Sirii (↗ Sigrid).
Namensträgerin:
Sirin, gestorben 559; Tochter eines persischen Magiers; wurde Christin und daraufhin als Märtyrin erhängt (Gedenktag: 28. Februar).

Sirk *m,* niederdeutsche Koseform für ↗ Siegerich; Nebenformen: *Sirke, Sierk.*

Sirka *w,* Nebenform zu ↗ Sirkka.

Sirke *m,* Nebenform zu Sirk (↗ Siegerich).

Sirkka *w,* finnisch: Sproß (?); Nebenform: *Sirka.*

Siro *m,* italienische Kurzform für ↗ Sireno.

Sirun *w,* Nebenform zu ↗ Siegrun.

Siska *w,* schwedische Kurzform für ↗ Franziska.

Sissa *w,* schwedische Kurz- und Koseform für ↗ Cäcilia und ↗ Elisabeth; Nebenformen: *Sissan, Sissi.*

Sissan *w,* Nebenform zu ↗ Sissa.

Sissi *w,* Kurz- und Koseform, auch schwedische, für ↗ Cäcilia und ↗ Elisabeth.

Sissy *w,* Koseform für ↗ Elisabeth; englisch auch für Cecily (↗ Cäcilia).

Sisto *m,* italienische Form von ↗ Sixtus.

Sita *w,* Koseform für ↗ Zita; italienische Nebenform zu ↗ Zita; Nebenformen: *Sitta, Sittah.*

Sithu *m,* birmanesisch.
Bekannter Namensträger:
Sithu U Thant, 1909–1974; birmanesischer Politiker; 1961–1971 Generalsekretär der Vereinten Nationen.

Sitt *m,* Koseform für ↗ Siegbert.

Sitta *w,* Kurz- und Koseform für ↗ Sidonie; auch Nebenform zu Sita (↗ Zita).

Sittah *w,* Nebenform zu Sita (↗ Zita).

Siv *w,* Nebenform zu ↗ Siw.

Siverd *m,* friesische Form von ↗ Siegward; Nebenformen: *Sivert, Siwert.*

Sivert *m,* Nebenform zu Siverd (↗ Siegward).

Siw *w,* nordisch: *siw* = Verwandte, Braut, Gattin.

Siwert *m,* Nebenform zu Siverd (↗ Siegward).

Sixt *m,* Kurzform für ↗ Sixtus.
Namensträger:
Sixt Karl Kapff, gestorben 1879; evangelischer Prälat und Seelsorger in Württemberg (Gedenktag: 1. September).

Sixta *w,* die weibliche Form zu ↗ Sixtus.

Sixte *m,* französische Form von ↗ Sixtus.

Sixtina *w,* Weiterbildung von Sixta.

Sixtus *m,* lateinisch; von griechisch: *xystos* = glatt; mit Einfluß von ↗ Sextus; Kurzform: *Sixt;* französische Formen: *Sixte, Xiste;* italienisch: *Sisto.*
Namensträger:
Sixtus II., gestorben 258; wurde 257 Nachfolger Stephans I. als Papst; Märtyrer der Verfolgung unter Valerian (Gedenktag: 7. August).

Sizzo *m,* Koseform für ↗ Siegbert und ↗ Siegfried.

Sjard *m,* Nebenform zu ↗ Siard.

Slava *m,* slawische Kurzform für mit *slawa* (= Ruhm) gebildete männliche Vornamen; Nebenform: *Slavko.*

Slavka *w,* slawische Kurzform für mit *slawa* (= Ruhm) gebildete weibliche Vornamen.

Slavko *m,* Nebenform zu ↗ Slava.

Sławomir, *m,* polnisch; slawisch: *slawa* = Ruhm; *mir* = Friede.
Bekannter Namensträger:
Sławomir Mrożek, geboren 1930; polnischer Schriftsteller politischer Satiren und surrealistischer Bühnenstükke (Dramen, Komödien).

Sobek *m,* polnische Form von ↗ Sebastian.

Söff *w,* Koseform für ↗ Sophie.

Soffi *w,* Koseform für ↗ Sophie.

Sofia *w,* Nebenform zu Sophia (↗ Sophie).

Sofie *w,* Nebenform zu ↗ Sophie.

Sofus *m,* Nebenform zu ↗ Sophus.

Sokrates *m,* griechisch: *kratos* = Kraft, Stärke.
Bedeutender Namensträger:
Sokrates, um 470–399 v. Chr.; griechischer Philosoph; begründete die klassische Epoche der griechischen Philosophie; Lehrer Platons; wurde hingerichtet.

Sola *m,* angelsächsisch; Nebenform: *Sualo.*
Namensträger:
Sola (Sualo), 8. Jahrhundert; angelsächsischer Mönch; Glaubensbote im Altmühltal beim Königshof Husum (Gedenktag: 5. Dezember).

Solange *w,* französisch; von lateinisch: *solemnis* = feierlich, festlich.

Soliman *m,* türkische Form von ↗ Salomo.

Solomon *m,* englische Form von ↗ Salomo.
Bekannter Namensträger:
Solomon R. Guggenheim, 1861–1949; amerikanischer Mäzen; gründete bedeutende Gemäldesammlung.

Solveig *w,* norwegisch; von altnordisch: *salr* = Haus, Saal; *vig* = Kampf; ältere Nebenform: *Solvig.*

Solvig *w,* ältere Nebenform zu ↗ Solveig.

Söncke *m,* Nebenform zu ↗ Sönke.

Sondra *w,* amerikanisch; Herkunft und Bedeutung fraglich.

Sonia *w,* Nebenform zu ↗ Sonja.

Sonja *w,* russische Form von ↗ Sophie; Nebenform: *Sonia.*
Bekannte Namensträgerin:
Sonja Kowalewskaja, 1850–1891; russische Mathematikerin.

Sönke *m,* niederdeutsch-friesisch: = Söhnchen; auch Kurzform für mit Sun-*(=swan)* gebildete männliche Vornamen; Nebenformen: *Söncke, Sönnich, Süncke, Suno.*

Sonnele *w,* Koseform für mit Sonn- gebildete weibliche Vornamen.

Sonnfried *m,* Neubildung aus Sonne; althochdeutsch: *fridu* = Friede.

Sonngard *w,* Neubildung aus Sonne; althochdeutsch: *gard* = Zaun, Schutz.

Sonnhild *w,* Neubildung aus Sonne; althochdeutsch: *hiltja* = Kampf.

Sönnich *m,* Nebenform zu ↗ Sönke.

Sonntraud *w,* Neubildung aus Sonne; althochdeutsch: *trud* = Kraft.

Sontje *w,* friesische Kurzform für mit Sun- gebildete weibliche Vornamen.

Sopherl *w,* Koseform für ↗ Sophie.

Sophia *w,* griechische Form von ↗ Sophie; Kurzform: *Phia.*
Bekannte Namensträgerinnen:
Sophia, gestorben um 304; römische jungfräuliche Märtyrin unter Diokletian; eine der „Eisheiligen" (Gedenktag: 15. Mai).
Sophia Loren, geboren 1934; italienische Filmschauspielerin; Charakterdarstellerin.

Sophie *w,* griechisch: *sophia* = Weisheit; Nebenformen: *Sophia, Sofie, Sofia;* Kurz- und Koseformen: *Soffi, Söff, Süff, Sopherl, Fei, Fey, Fia, Fie, Fi, Fijgin, Feige, Feigin, Fieke, Fiekchen, Fike, Fiken, Fige, Phie, Vike, Viki, Vikli, Zoffi, Zuff, Züff;* englische Form: *Sophy;* polnisch: *Zofia;* russisch: *Sonja.*
Bekannte Namensträgerinnen:
Sophie, legendäre christliche Märtyrin; in Westfalen verehrt (Gedenktag: 3. September).
Sophie Scholl, 1921–1943; antifaschistische Studentin der Münchener Gruppe „Weiße Rose"; mit ihrem Bruder Hans vom Volksgerichtshof zum Tode verurteilt und hingerichtet.

Sophokles *m,* griechisch: *sophos* = weise; *kleos* = Ruhm.
Bedeutender Namensträger:
Sophokles, 496–406 v. Chr.; altgriechischer Schriftsteller; einer der drei großen Tragödiendichter der Antike.

Sophus *m,* lateinisch; von griechisch: *sophos* = weise; Nebenform: *Sofus.*

Sophy *w,* englische Form von ↗ Sophie.

Soraya *w,* persisch; von sanskritisch: *su* = gut; indogermanisch: *raga* = Fürst.

Sören *m,* nordische und niederdeutsche Form von ↗ Severin.
Bedeutender Namensträger:
Sören Kiergegaard, 1813–1855; dänischer Philosoph und evangelischer Theologe; Gegner von Idealismus und Christentum.

Søren *m,* skandinavische Form von ↗ Severin.

Sorka *w,* slawische Koseform für ↗ Seraphine.

Soroka *w,* slawische Koseform für ↗ Seraphine.

Spencer *m,* amerikanisch.
Bekannter Namensträger:
Spencer Tracy, 1900–1967; amerikanischer Filmschauspieler; Charakterdarsteller.

Spiridion *m,* griechisch: = Sämann (?).

Sponsata *w,* lateinisch: Verlobte; Fest *Maria sponsata* (23. Januar).

Staat *m,* Kurzform für ↗ Eustathius.

Stach *m,* Kurzform für ↗ Eustachius.

Stachel *m,* Kurzform für ↗ Eustachius.

Staches *m,* Kurzform für ↗ Eustachius.

Stäches *m,* Kurzform für ↗ Eustachius.

Stachi *m,* Kurzform für ↗ Eustachius.

Stachus *m,* Kurz- und Koseform für ↗ Eustachius.

Stan *m,* englische Kurzform für ↗ Stanley; auch Kurz- und Koseform für ↗ Stanislaus.

Stana *w,* slawische Kurzform für Stanislawa (↗ Stanislaus).

Stanek *m,* Kurz- und Koseform für ↗ Stanislaus.

Stanel *m,* Kurz- und Koseform für ↗ Stanislaus.

Stanerl *m,* Koseform für ↗ Stanislaus.

Stanes *m,* Koseform für ↗ Stanislaus.

Stani *m,* Kurz- und Koseform für ↗ Stanislaus.

Staning *m,* Koseform für ↗ Stanislaus.

Stanisl *m,* Kurz- und Koseform für ↗ Stanislaus.

Stanislao *m,* italienische Form von ↗ Stanislaus.

Stanislas *m,* französische Form von ↗ Stanislaus.

Stanislaus *m,* slawisch: *stan* = Lager; *slawa* = berühmt; Kurz- und Koseformen: *Stan, Stanek, Stanel, Stanerl, Stanes, Stani, Staning, Stanisl, Stanzel, Stanzig, Stas, Stasch;* schlesisch: *Stenz, Stenzel;* französische Form: *Stanisłas;* italienisch: *Stanislao;* slawisch: *Stanislaw;* polnisch: *Stanisław.*
Namensträger:
Stanislaus von Krakau, um 1030–1079; seit 1072 Bischof von Krakau; auf Befehl König Boleslaws II. während der Messe umgebracht; Märtyrer (Gedenktag: 11. April).
Stanislaus Hosius, 1504–1579; wurde 1549 Bischof von Kulm, 1551 von Ermland, 1561 Kardinal und päpstlicher Legat auf dem Trienter Konzil (Gedenktag: 5. August).
Stanislaus Kostka, 1550–1568; wurde 1567 Novize der Gesellschaft Jesu in Rom, wo er früh an Wechselfieber starb (Gedenktag: 13. November).

Stanislava *w,* Nebenform zu ↗ Stanislawa.

Stanislaw *m,* slawische Form von ↗ Stanislaus.

Stanisław *m,* polnische Form von ↗ Stanislaus.

Stanislawa *w,* die weibliche Form zu Stanislaw (↗ Stanislaus); Nebenform: *Stanislava.*

Stanko *m,* serbokroatische Form von ↗ Konstantin.

Stanley *m*, englisch; ursprünglich Familienname nach Ortsbezeichnung (= steiniges Feld?).
Bekannter Namensträger:
Stanley Kenton, geboren 1912; amerikanischer Jazzpianist.
Stanze *w*, Kurz- und Koseform für ↗ Konstanze.
Stanzerl *w*, Koseform für ↗ Konstanze.
Stanzi *w*, Koseform für ↗ Konstanze.
Stanzig *m*, Koseform für ↗ Stanislaus.
Stas *m*, Koseform für ↗ Stanislaus.
Stasch *m*, Koseform für ↗ Stanislaus.
Stase *m*, Kurzform für ↗ Anastas(ius).
Stase *w*, Kurzform für ↗ Anastasia.
Stasi *m*, Kurzform für ↗ Anastas(ius).
Stasi *w*, Kurzform für ↗ Anastasia.
Stasia *w*, Kurzform für ↗ Anastasia.
Statius *m*, Kurzform für ↗ Eustathius.
Statz *m*, Kurz- und Koseform für ↗ Eustathius.
Steen *m*, dänische Form für schwedisch-norwegisch ↗ Sten.
Stefan *m*, Nebenform zu ↗ Stephan; auch slawische Form.
Bedeutende Namensträger:
Stefan Andres, 1906–1970; deutscher Schriftsteller von Romanen, Novellen und Gedichten.
Stefan George, 1868–1933; deutscher neuromantischer Schriftsteller und Dichter; Vertreter einer an Antike, Mittelalter und Deutschtum gebildeten Geistigkeit.
Stefan Heym, geboren 1913; deutscher sozialkritischer und politisch-tendenziöser Schriftsteller.
Stefan Zweig, 1881–1942; österreichischer Schriftsteller von durch Symbolismus, Impressionismus und Psychoanalyse beeinflußten Dramen, Romanen, Dichtungen und Biographien; auch Übersetzer.
Stefana *w*, Nebenform zu Stephanie (↗ Stephan).
Stefania *w*, Nebenform zu Stephanie (↗ Stephan).
Stefanida *w*, russische Form von Stephanie (↗ Stephan).
Stefanie *w*, Nebenform zu Stephanie (↗ Stephan).
Steff *m*, Kurz- und Koseform für ↗ Stephan.
Steffen *m*, niederdeutsche Form von Stefan (↗ Stephan).
Stefferl *m*, Koseform für ↗ Stephan.
Stefferl *w*, Koseform für Stephanie (↗ Stephan).
Steffi *m*, Kurz- und Koseform für ↗ Stephan.
Steffi *w*, Kurz- und Koseform für Stephanie (↗ Stephan).
Steinhard *m*, althochdeutsch: Stein; *harti* = hart, stark; Nebenform: *Steinhart*.
Steinhart *m*, Nebenform zu ↗ Steinhard.
Steinmar *m*, althochdeutsch: Stein; *mari* = berühmt.
Stella *w*, lateinisch: *stella* = Stern; Koseform für ↗ Estella.
Sten *m*, schwedisch und norwegisch: = Stein; dänische Form: *Steen;* Kurzform für mit Sten- oder -sten gebildete männliche Vornamen.
Stenka *m*, slawische Form von ↗ Stephan.
Stenz *m*, schlesische Kurzform für ↗ Stanislaus; Nebenform: *Stenzel.*
Stenzel *m*, Nebenform zu ↗ Stenz.
Stepan *m*, slawische Form von ↗ Stephan.
Stephan *m*, von griechisch: *stephanos* = Kranz, Krone; Nebenformen: *Stephen, Stefan, Steffen;* Kurz- und Koseformen: *Steff, Steffel, Stefferl, Steffi;* lateinische Form: *Stephanus;* niederländisch: *Steven;* englisch: *Stephen, Steven, Steve;* französisch: *Stéphane, Étienne;* spanisch: *Esteban, Estevan;* slawisch: *Stefan, Stepan, Stenka, Stepka, Stepko, Sczepan;* ungarisch: *István.*
Bekannte Namensträger:
Stephan, erster Märtyrer; im Neuen Testament Diakon der Jerusalemer Urgemeinde; als Verteidiger des christlichen Glaubens zu Tode gesteinigt (Gedenktag: 26. Dezember).
Stephan von Helsingland, gestorben nach 1072; um 1060 Mönch in Korvey; als Bischof Simon Glaubensbote

in Schweden; nach Überlieferung Märtyrer (Gedenktag: 2. Juni).

Stephan I. von Ungarn, um 966–1038; wurde 997 König von Ungarn; machte Ungarn zu christlichem Staat im Anschluß an die lateinische Kirche (Gedenktag: 16. August).

Stephan Bellesini, 1774–1840; Augustinereremit; nach Schließung des Klosters Generaldirektor der Schulen in Trient; später wieder im Kloster und ab 1826 bewährter Pfarrer in der Seelsorge (Gedenktag: 2. Februar).

Stephan Pongrácz, 1582–1619; Siebenbürger Jesuit in Graz; mit Markus Stephan Crisinus und Melchior Grodecz Märtyrer durch Rákóczi (Gedenktag: 7. September).

Stéphane *m,* französische Form von ↗ Stephan.

Bedeutender Namensträger:

Stéphane Mallarmé, 1842–1898; französischer Schriftsteller; ein Hauptvertreter des französischen Symbolismus; von Einfluß auf moderne Lyrik.

Stephania *w,* Nebenform zu Stephanie (↗ Stephan).

Stephanie *w,* die weibliche Form zu ↗ Stephan; Nebenformen: *Stephania, Stefanie, Stefania, Stefana;* Kurz- und Koseformen: *Stefferl, Steffi, Fanni, Fannie, Fanny;* französische Formen: *Stéphanie, Étiennette, Tienette;* russisch: *Stefanida.*

Stéphanie *w,* französische Form von Stephanie (↗ Stephan).

Stephanus *m,* lateinische Form von ↗ Stephan.

Stephen *m,* Nebenform und englische Form von ↗ Stephan.

Stepka *m,* slawische Kurzform für ↗ Stephan; Nebenform: *Stepko.*

Stepko *m,* Nebenform zu ↗ Stepka.

Steve *m,* englische Kurzform für ↗ Stephan.

Steven *m,* niederländische, auch englische Form von ↗ Stephan.

Stijn *m,* niederländische Form von ↗ Justin.

Stilla *w,* Kurzform für ↗ Stillfriede.

Namensträgerin:

Stilla von Abenberg, 12. Jahrhundert; jungfräuliche Dienerin von Armen und Kranken (Gedenktag: 21. Juli).

Stillfried *m,* althochdeutsch: *stilli* = still; *fridu* = Friede; Koseform: *Stillo.*

Stillfrieda *w,* Nebenform zu Stillfriede (↗ Stillfried).

Stillfriede *w,* die weibliche Form zu ↗ Stillfried; Nebenform: *Stillfrieda;* Kurzform: *Stilla.*

Stillo *m,* Koseform für ↗ Stillfried.

Stina *w,* Nebenform zu ↗ Stine.

Stine *w,* friesisch-niederdeutsche Kurz- und Koseform für ↗ Christiane, ↗ Ernestine, ↗ Justina und andere auf -stine endende weibliche Vornamen; Nebenformen: *Stina, Stintje.*

Stintje *w,* Nebenform zu ↗ Stine.

Stoffel *m,* Kurz- und Koseform für ↗ Christoph.

Stöffel *m,* Kurz- und Koseform für ↗ Christoph.

Stoffer *m,* Kurz- und Koseform für ↗ Christoph.

Storm *m,* niederdeutsch-niederländische Form von ↗ Sturmi.

Stuart *m,* englisch; ursprünglich Geschlechtername der schottischen Könige.

Sturmi *m,* althochdeutsch: *sturm* = Sturm; niederdeutsch-niederländisch: *Storm;* lateinisch: *Sturmius.*

Sturmius *m,* lateinische Form von ↗ Sturmi.

Namensträger:

Sturmius (Sturmi), um 715–779; Gehilfe des Bonifatius; Glaubensbote in Hessen; Gründer und Abt des Klosters Fulda (Gedenktag: 16. Dezember).

Su *w,* Kurzform für ↗ Susanne; englische Form: *Sue.*

Sucky *w,* englische Koseform für Susan (↗ Susanne).

Sue *w,* englische Kurzform für Susan (↗ Susanne).

Süff *w,* Koseform für ↗ Sophie.

Suitbert *m,* Nebenform zu ↗ Swindbert.

Suitger *m,* Nebenform zu ↗ Swindger.

Sula *w,* Kurzform für ↗ Ursula.

Sulamith *w,* hebräisch: *schulammith* = friedfertig; oder Mädchen aus Sulam (?).

Suleika *w,* arabisch: = Verführerin; Nebenform: *Zuleika.*

Suleima *w,* arabische Form von Salome (↗ Salomo).

Suleiman *m,* türkische Form von ↗ Salomo.

Bekannter Namensträger:

Suleiman II. der Große, 1494–1566; seit 1520 Sultan der Osmanen; gewann Ungarn, Belgrad und Rhodos; belagerte Wien 1529 erfolglos.

Sulla *m,* lateinisch; Beiname des altrömischen Geschlechts der Cornelier.

Bekannter Namensträger:

Sulla Felix, 138–78 v. Chr.; römischer Feldherr und Politiker; Sieger über Mithridates.

Sulpicia *w,* lateinische Form von Sulpizie (↗ Sulpiz).

Sulpicius *m,* lateinische Form von ↗ Sulpiz.

Sulpitius *m,* Nebenform zu ↗ Sulpiz.

Sulpiz *m,* lateinisch: *Sulpicius* = aus dem altrömischen Geschlecht der Sulpizier; Nebenform: *Sulpitius.*

Sulpizie *w,* die weibliche Form zu ↗ Sulpiz; lateinische Form: *Sulpicia.*

Sultana *w,* rumänisch; vom türkischen Titel Sultan.

Suna *w,* schwedische Nebenform zu ↗ Sunna.

Süncke *m,* friesische Nebenform zu ↗ Sönke.

Sundar *m,* indisch.

Namensträger:

Sundar Singh, gestorben 1929; indischer Evangelist (Gedenktag: 16. April).

Sunhild *w,* Nebenform zu ↗ Schwanhilde.

Sunhilde *w,* Nebenform zu ↗ Schwanhilde.

Sünja *w,* niederdeutsch-niederländische Kurzform für mit Sun- gebildete weibliche Vornamen; Nebenformen: *Sünje, Sunke, Sünke.*

Sünje *w,* Nebenform zu ↗ Sünja.

Sunke *w,* Nebenform zu ↗ Sünja.

Sünke *w,* Nebenform zu ↗ Sünja.

Sunna *w,* Kurzform für mit Sun- gebildete weibliche Vornamen; Nebenform: *Sunne;* schwedisch: *Suna.*

Sunne *w,* Nebenform zu ↗ Sunna.

Sunngifa *w,* altenglische Form von ↗ Sunniva.

Sunniva *w,* schwedisch; aus altenglisch: *Sunngifa* = Sonnengabe oder -geberin.

Suno *m,* Nebenform zu ↗ Sönke.

Suntje *w,* niederdeutsch-friesische Kurzform für mit Sun- gebildete weibliche Vornamen; Nebenform: *Suntke.*

Suntke *w,* Nebenform zu ↗ Suntje.

Susa *w,* Kurz- und Koseform für ↗ Susanne; auch italienische Form.

Susan *w,* englische Form von ↗ Susanne.

Susanka *w,* slawische Koseform für ↗ Susanne.

Susann *w,* Kurzform für ↗ Susanne.

Susanna *w,* Nebenform zu ↗ Susanne; auch englische und italienische Form.

Namensträgerin:

Susanna, gestorben um 304; legendäre Märtyrin in Rom zur Zeit Diokletians (Gedenktag: 11. August).

Susanne *w,* hebräisch: *schuschana* = Lilie; Nebenform: *Susanna;* Kurz- und Koseformen: *Susa, Susann, Suse, Susel, Susen, Susi, Sanna, Sannchen, Sanne, Sannerl, Sanni, Sanny, Zosel, Zusi, Zusel;* englische Formen: *Susanna, Susan, Sucky, Sue;* französisch: *Suzanne, Suzette, Susette;* italienisch: *Susa, Susanna, Susetta;* schwedische Koseform: *Susen;* slawisch: *Susanka;* russisch: *Schura;* ungarisch: *Zsuzši.*

Suse *w,* Kurzform für ↗ Susanne.

Susel *w,* Koseform für ↗ Susanne.

Susen *w,* Kurz- und Koseform für ↗ Susanne; auch schwedisch.

Susetta *w,* italienische Koseform für ↗ Susanne.

Susette *w*, französische Koseform für ↗ Susanne.

Susi *w*, Kurz- und Koseform für ↗ Susanne.
Bekannte Namensträgerin:
Susi Nicoletti, geboren 1918; österreichische Schauspielerin der Bühne und des Films.

Süßmund *m*, Koseform für ↗ Siegmund.

Suzanne *w*, französische Form von ↗ Susanne.

Suzette *w*, französische Koseform für Suzanne (↗ Susanne).

Svane *w*, Nebenform zu Swana (↗ Swaantje).

Svante *m*, schwedische Kurzform für slawisch Swantopolk; Nebenform: *Swante;* latinisiert: *Swantus*.
Bekannter Namensträger:
Svante Arrhenius, 1859–1927; schwedischer Chemiker und Physiker; Astrophysiker.

Svea *w*, schwedische Personifizierung von Schweden.

Sven *m*, schwedisch: *sven* = Jüngling, junger Krieger; Nebenform: *Swen;* dänische Form: *Svend*.
Bekannter Namensträger:
Sven Hedin, 1865–1952; schwedischer Forschungsreisender und Reiseschriftsteller; erforschte Innerasien, vorwiegend Tibet.

Svend *m*, dänische Form von ↗ Sven.

Svenja *w*, die weibliche Form zu ↗ Sven.

Svetlana *w*, Nebenform zu ↗ Swetlana.

Swaantje *w*, niederdeutsche Verkleinerungsform von mit *swanna* (=Schwan) gebildeten weiblichen Vornamen; Nebenformen: *Swantje, Swana, Swaneke, Svane*.

Swana *w*, Nebenform zu ↗ Swaantje.

Swanburg *w*, althochdeutsch: *swan* = Schwan; *burg* = Schutz, Zuflucht.

Swaneke *w*, Nebenform zu ↗ Swaantje.

Swanhild *w*, Nebenform zu ↗ Schwanhilde.

Swanhilde *w*, Nebenform zu ↗ Schwanhilde.

Swante *w*, Nebenform zu ↗ Svante.

Swantje *w*, Nebenform zu ↗ Swaantje.

Swantopolk *m*, slawisch: = heilige Heerschar (?).

Swantus *m*, latinisierte Form von ↗ Svante.

Swen *m*, Nebenform zu ↗ Sven.

Swetlana *w*, russisch; von *swetly* = hell; Nebenform: *Svetlana*.

Swidbert *m*, Nebenform zu ↗ Swindbert.
Namensträger:
Swidbert (Suitbert), gestorben 713; kam mit Willibrord nach Friesland; wurde Bischof und Glaubensbote bei den Brukterern; gründete das spätere Kaiserswerth genannte Kloster auf einer Rheininsel (Gedenktag: 4. September).

Swidgard *w*, althochdeutsch: *swind* = stark; *gard* = Zaun, Schutz.

Swidger *m*, Nebenform zu ↗ Swindger.
Namensträger:
Swidger (Suitger), gestorben 1011; seit 993 Bischof von Münster (Gedenktag: 19. November).

Swindbert *m*, althochdeutsch: *swind* = stark; *beraht* = glänzend; Nebenformen: *Swidbert, Suitbert*.

Swinde *w*, Kurzform für mit *swind* (=stark) gebildete weibliche Vornamen.

Swindger *m*, althochdeutsch: *swind* = stark; *ger* = Speer; Nebenformen: *Swidger, Suitger*.

Swjatoslaw *m*, russisch.
Bekannter Namensträger:
Swjatoslaw Richter, geboren 1915; sowjetischer Pianist deutscher Herkunft; Interpret von zeitgenössischer Musik.

Sybil *w*, englische Form für ↗ Sibylle.

Sybille *w*, Nebenform zu ↗ Sibylle.

Sylke *w*, Nebenform zu ↗ Silke.

Sylvain *m*, französische Form von ↗ Silvanus.

Sylvaine *w*, die weibliche Form zu ↗ Sylvain.

Sylvanus *m*, Nebenform zu ↗ Silvanus.
Sylvester *m*, Nebenform zu ↗ Silvester.
Sylvetta *w*, Nebenform zu ↗ Silvetta.
Sylvette *w*, französische Nebenform zu Silvette (↗ Silvetta).
Sylvi *w*, schwedische und finnische Nebenform zu ↗ Silvia.
Sylvia *w*, Nebenform zu ↗ Silvia.
Sylviane *w*, Weiterbildung von Sylvia (↗ Silvia).
Sylvianne *w*, Weiterbildung von Sylvia (↗ Silvia).
Sylvie *w*, französische Form von ↗ Silvia.
Sylvina *w*, Nebenform zu ↗ Silvina.
Symeon *m*, Nebenform zu ↗ Simon.
Symphorian *m*, von griechisch: *symphoros* = förderlich, passend; lateinische Form *Symphorianus*.
Namensträger:
Symphorian, gestorben um 178/180; jugendlicher Märtyrer in Autun (Burgund) unter Mark Aurel (Gedenktag: 22. August).
Symphorianus *m*, lateinische Form von ↗ Symphorian.
Symphorosa *w*, von griechisch: *symphoros* = zuträglich, nützlich.
Syra *w*, Herkunft und Bedeutung fraglich.

T

Tabe *w*, friesische Form von ↗ Tabea.
Tabea *w*, altlateinische Nebenform von ↗ Tabita; friesische Form: *Tabe*.
Tabita *w*, von hebräisch: *tabja* = Gazelle; ökumenische Form; Nebenformen: *Tabitha, Tabea*.
Tabitha *w*, Nebenform zu ↗ Tabita.
Tacitus *m*, lateinisch: *tacere* = schweigen.
Bekannter Namensträger:
Tacitus, etwa 55–120; römischer Historiker; schrieb unter anderem die „Germania" über die Germanen.
Taddäus *m*, ökumenische Form von ↗ Thaddäus.
Tade *m*, friesische Kurzform für mit Diet- oder Thed- gebildete männliche Vornamen; Nebenformen: *Taeike, Taetse, Take;* auch Kurzform für ↗ Thaddäus.
Taffy *m*, englische Koseform für ↗ David.
Tage *m*, dänisch: = Bürge, Gewährsmann.
Tagino *m*, Weiterbildung von ↗ Tage und Nebenform zu ↗ Dagino.
Taiga *m*, russische Koseform; auch Neubildung nach altfriesischer Koseform *Teike*.
Taiga *w*, russische Koseform.
Taeike *m*, Nebenform zu ↗ Tade.
Take *m*, Nebenform zu ↗ Tade.
Tale *w*, niederdeutsch-friesische Kurz- und Koseform für ↗ Adelheid; Nebenformen: *Talea, Taleja, Taleke, Taletta.*
Talea *w*, Nebenform zu ↗ Tale.
Taleja *w*, Nebenform zu ↗ Tale.
Taleke *w*, Nebenform zu ↗ Tale.
Taletta *w*, Nebenform zu ↗ Tale.
Talida *w*, friesische Kurzform für mit Diet- beginnende weibliche Vornamen; auch Koseform für ↗ Adelheid.
Talika *w*, niederdeutsch-friesische Koseform für ↗ Adelheid; Nebenformen: *Talka, Talke.*
Talitha *w*, hebräisch: *talitha* = Mädchen.
Talka *w*, Nebenform zu ↗ Talika.
Talke *w*, Nebenform zu ↗ Talika.
Tam *m*, Koseform für ↗ Thomas.
Tamar *w*, hebräisch: *tamar* = Dattelpalme; ist ökumenische Form; Nebenformen: *Tamara, Thamar;* russische Koseform: *Toma.*
Tamara *w*, Nebenform zu ↗ Tamar.
Tamás *m*, ungarische Form von ↗ Thomas.
Tamila *w*, russisch: *tomiti* = peinigen.
Tamina *w*, die weibliche Form zu ↗ Tamino.
Tamino *m*, von griechisch: *tamias* = Verwalter, Herrscher.
Tamme *m*, Nebenform zu ↗ Tammo.
Tammie *m*, Koseform für ↗ Thomas.
Tammo *m*, niederdeutsch-friesische

Koseform für ↗ Dankmar; Nebenformen: *Tamme, Tammy, Tanko;* auch Koseform für ↗ Thomas.

Tammy *m,* Nebenform zu ↗ Tammo.

Tancredo *m,* italienische Form von ↗ Tankred.

Tania *w,* romanisierte Nebenform zu ↗ Tanja.

Tanja *w,* russische Kurzform für ↗ Tatjana.

Tanjura *w,* russische Koseform für ↗ Tatjana.

Tanko *m,* Nebenform zu ↗ Tammo; allgemein oberdeutsche Kurzform für mit Dank- (= Denken) gebildete männliche Vornamen.

Namensträger:

Tanko (Tatta), gestorben 808; Abt im Kloster Amorbach; dann mit anderen Mönchen Glaubensbote in Sachsen; wurde Bischof von Verden (Gedenktag: 16. Dezember).

Tankred *m,* Nebenform zu ↗ Dankrad; italienische Form: *Tancredo.*

Namensträger:

Tankred Dorst, geboren 1925; deutscher realistischer Schriftsteller und Übersetzer.

Tarek *m,* arabisch; Bedeutung fraglich; Nebenform: *Tarik.*

Namensträger:

Tarek, 7./8. Jahrhundert; arabischer Heerführer; gelangte 711 von Nordafrika nach Gibraltar (nach ihm benannt).

Tarik *m,* Nebenform zu ↗ Tarek.

Tarsitius *m,* lateinisch; Bedeutung fraglich.

Namensträger:

Tarsitius, 3. Jahrhundert; legendärer römischer Märtyrer (Gedenktag: 15. August).

Tasja *w,* russische Kurzform für ↗ Anastasia; Nebenform: *Tassja.*

Tassilo *m,* Weiterbildung von ↗ Tasso; Nebenform: *Thassilo.*

Bekannter Namensträger:

Tassilo III., 8. Jahrhundert; Herzog von Bayern; Vasall Pippins; gewann Norital und Vintschgau; eroberte Kärnten von den Awaren zurück; Karl der Große verurteilte ihn 763 zum Tod, begnadigte ihn zu Klosterhaft in Jumièges; seit 794 in Lorsch (Gedenktag: 11. Dezember).

Tassja *w,* Nebenform zu ↗ Tasja.

Tasso *m,* altdeutsch; Bedeutung fraglich; italienische Form: *Tasso.*

Tatiana *w,* Nebenform zu ↗ Tatjana.

Namensträgerin:

Tatiana, römische Märtyrin der ersten christlichen Jahrhunderte (Gedenktag: 12. Januar).

Tatianus *m,* Weiterbildung von ↗ Tatius.

Tatius *m,* lateinisch; von griechisch: *tata* = Väterchen; wohl nach einem Sabinerkönig namens Tatius.

Tatjana *w,* russisch; Nebenform: *Tatiana;* Kurz- und Koseformen: *Tanja, Tanjura, Tania.*

Bekannte Namensträgerin:

Tatjana Gsovsky, russisch-deutsche Tänzerin, Choreographin und Tanzpädagogin des klassischen Balletts.

Taetse *m,* Nebenform zu ↗ Tade.

Taylor *m,* englisch.

Bekannter Namensträger:

S. Taylor Coleridge, 1772–1834; englischer romantischer Schriftsteller.

Taylor *w,* englisch.

Bekannte Namensträgerin:

Taylor Caldwell, geboren 1900; amerikanische Romanschriftstellerin.

Tea *w,* Nebenform zu ↗ Thea.

Tebbo *m,* friesische Kurzform für mit Diet- gebildete männliche Vornamen; auch für ↗ Theodebert.

Tebes *m,* Koseform für ↗ Matthias.

Ted *m,* Nebenform zu ↗ Teddy.

Teddy *m,* englische Koseform für Edward (↗ Eduard) und Theodore (↗ Theodor); Nebenform: *Ted.*

Bekannter Namensträger:

Teddy Wilson, 1913–1986; amerikanischer Jazzpianist.

Tede *m,* friesische Kurzform für mit Diet- oder Thed- gebildete männliche Vornamen; Nebenform: *Thede.*

Tede *w,* friesische Kurzform für mit Diet- oder Thed- gebildete weibliche Vornamen; Nebenform: *Thed.*

Tedje *m,* niederdeutsche Koseform für ↗ Theodor.

Teetje *m,* friesische Kurzform für mit Diet- gebildete männliche Vornamen; auch von ↗ Theodor; Nebenformen: *Tetje, Thetje, Tietje.*

Teilhard *m,* französisch; Bedeutung fraglich.

Bedeutender Namensträger:

Teilhard de Chardin, 1881–1955; Jesuit; französischer Geologe, Paläontologe, Philosoph und Anthropologe.

Teiwes *m,* Koseform für ↗ Matthias.

Telje *w,* niederdeutsche Koseform für ↗ Mathilde; Nebenform: *Teljesche.*

Teljesche *w,* Nebenform zu ↗ Telje.

Tell *m,* wohl nach dem sagenhaften schweizerischen Freiheitshelden Wilhelm Tell.

Telsa *w,* niederdeutsch-friesische Kurzform für ↗ Elisabeth; Nebenform: *Telse.*

Telse *w,* Nebenform zu ↗ Telsa.

Temke *w,* Nebenform zu ↗ Themke.

Temmo *m,* friesische Kurzform für mit Diet- gebildete männliche Vornamen.

Tennessee *m,* englisch-amerikanisch.

Bekannter Namensträger:

Tennessee Williams, 1911–1983; amerikanischer sozialkritischer Schriftsteller.

Tenz *w,* Koseform für ↗ Kreszentia.

Teo *m,* Nebenform zu ↗ Theo.

Teodolius *m,* Nebenform zu ↗ Theodolius.

Teodoro *m,* italienische Form von ↗ Theodor.

Teresa *w,* italienische, spanische und englische Form von ↗ Therese.

Bekannte Namensträgerinnen:

Teresa, geboren 1910; als „Mutter Teresa" katholische albanische Ordensfrau; wirkt seit 1946 in den Slums von Kalkutta.

Teresa Berganza, geboren 1934; spanische Opernsängerin (Mezzosopran).

Terese *w,* Nebenform zu ↗ Therese.

Térèse *w,* französische Form von ↗ Therese.

Terezie *w,* tschechische Form von ↗ Therese.

Terézie *w,* ungarische Form von ↗ Therese.

Terka *w,* ungarische Koseform für ↗ Therese.

Ternes *m,* Kurzform für ↗ Maternus.

Terpsichore *w,* griechisch: *terpsis* = Freude, Glück; *choros* = Reigen, Tanz.

Namensträgerin:

Terpsichore, in der griechischen Mythologie Muse der Tanzkunst und des Chorgesangs.

Terry *w,* amerikanische Kurzform für Teresa (↗ Therese).

Tertia *w,* lateinisch: *tertia* = die dritte; Nebenform: *Terzia.*

Tertullian *m,* lateinisch: *Tertullianus.*

Bekannter Namensträger:

Tertullian, etwa 160 – nach 220; lateinischer Kirchenschriftsteller (Gedenktag: 26. April).

Tertullianus *m,* lateinische Form von ↗ Tertullian.

Terzia *w,* Nebenform zu ↗ Tertia.

Tess *w,* Nebenform zu ↗ Tessa.

Tessa *w,* englische Kurzform für Teresa (↗ Therese); Nebenformen: *Tess, Tessy.*

Tessy *w,* Nebenform zu ↗ Tessa.

Tethard *m,* Nebenform zu ↗ Diethard.

Namensträger:

Tethard (Diethard), gestorben 1200; Abt des von ihm 1191 gegründeten Zisterzienserklosters Bloomkamp in Friesland (Gedenktag: 10. Dezember).

Tetje *m,* Nebenform zu ↗ Teetje.

Teudelinde *w,* Nebenform zu ↗ Dietlind; auch *Theudelinde.*

Teunis *m,* niederländische Form für ↗ Anton.

Teus *m,* Koseform für ↗ Matthias.

Teutobald *m,* Nebenform zu ↗ Dietbald.

Teutobert *m,* Nebenform zu ↗ Dietbert.

Teutobod *m,* Nebenform zu ↗ Dietbod.

Teutomar *m,* Nebenform zu ↗ Dietmar.

Teutwart *m,* Nebenform zu ↗ Dietward.

Teves *m,* Koseform für ↗ Matthäus (Matthias); Nebenformen: *Tewes, Tews.*

Tewes *m,* Nebenform zu ↗ Teves.

Tews *m,* Nebenform zu ↗ Teves.

Thaddäa *w,* weibliche Form zu ↗ Thaddäus; französische Form: *Thaddée.*

Thaddädl *m,* bayerische Koseform für ↗ Thaddäus.

Thaddäus *m,* aramäisch: *tadda* = beherzt; Kurzformen: *Tade, Thade, Thadi;* bayerische Koseform: *Thaddädl.*

Thaddée *w,* französische Form von Thaddäa (↗ Thaddäus).

Thade *m,* Kurzform für ↗ Thaddäus.

Thadi *m,* Kurzform für ↗ Thaddäus.

Thaisen *m,* friesische Kurzform für ↗ Matthias.

Thales *m,* griechisch.

Bekannter Namensträger:

Thales von Milet, etwa 625–545 v. Chr.; einer der sieben Weisen; griechischer Philosoph; Begründer der ionischen Naturphilosophie.

Thamar *w,* Nebenform zu ↗ Tamar.

Namensträgerin:

Thamar, im Alten Testament Ahnfrau Jesu, da sie von Juda Nachkommenschaft erschlich.

Thankmar *m,* Nebenform zu ↗ Dankmar.

Thassilo *m,* Nebenform zu ↗ Tassilo.

Thea *w,* Kurzform für ↗ Dorothea, ↗ Theodora und ↗ Therese; Nebenform: *Tea.*

Namensträgerin:

Thea von Gaza, gestorben um 308; mit anderen Märtyrin in Cäsarea (Gedenktag: 25. Juli).

Theamaria *w,* Doppelname aus Thea und Maria.

Thècle *w,* französische Form von ↗ Thekla.

Thed *m* und *w,* Nebenform zu ↗ Tede; Koseform für ↗ Theodor.

Theda *w,* niederdeutsche Kurzform für ↗ Adelheid, ↗ Dorothea, ↗ Theodora und ↗ Therese sowie für mit Diet- gebildete weibliche Vornamen.

Thederl *m,* Koseform für ↗ Theodor.

Theida *w,* friesische Koseform für ↗ Adelheit; Nebenform: *Theite.*

Theis *m,* Kurzform für ↗ Matthias.

Theiß *m,* Kurzform für ↗ Matthias.

Theite *w,* Nebenform zu ↗ Theida.

Thekla *w,* die weibliche Form zu ↗ Theokles; friesische Kurzform für mit Theod- gebildete weibliche Vornamen; französische Form: *Thècle.*

Namensträgerinnen:

Thekla, im Neuen Testament angebliche Schülerin des heiligen Paulus; frühchristliche Märtyrin in Kleinasien (Gedenktag: 23. September).

Thekla von Kitzingen, gestorben um 790; angelsächsische Ordensfrau; von Bonifatius um 750 zur Äbtissin von Kitzingen und Ochsenfurt eingesetzt (Gedenktag: 28. September).

Themke *w,* friesische Kurzform für mit Diet- oder Dank- (= Denken) gebildete weibliche Vornamen; Nebenform: *Temke.*

Theo *m,* Kurzform für mit Theo- gebildete männliche Vornamen; Nebenform: *Teo.*

Bekannter Namensträger:

Theo Lingen, 1903–1978; deutsch-österreichischer Schauspieler der Bühne und des Films; Charakterkomiker.

Theobald *m,* Nebenform zu ↗ Dietbald; ältere Formen: *Theodebald, Theudebald, Theubald, Teutobald, Theowald, Thewald;* Kurz- und Koseformen: *Theo, Tibold, Tippelt, Wolt, Wold;* französische Form: *Thibaut;* niederdeutsch: *Deewald;* niederländisch: *Tibout;* englisch: *Theobald.*

Namensträger:

Theobald von Geisling, gestorben 1520; Franziskaner; wirkte missionarisch in Österreich; daher „Apostel von Österreich“ genannt (Gedenktag: 16. Januar).

Theobald von Provins, um 1017–1066; gräflicher Einsiedler in Luxemburg; wurde Kamaldulenser (Gedenktag: 30. Juni).

Theobald von Wiener Neustadt, gestorben 1529; Franziskanerpriester; mit den Laienbrüdern Bernhardin von Töllersheim und Zachäus von Zwettl von den Wien belagernden Türken umgebracht (Gedenktag: 6. September).

Theobald von Bethmann-Hollweg, 1856–1921; deutscher Politiker; 1909–1917 Reichskanzler; versuchte ohne Erfolg Verständigung mit England.

Theobert *m,* Nebenform zu ↗ Theodebert (↗ Dietbert).

Namensträger:

Theobert, ohne genaue Daten; Benediktiner im Kloster Tholey (Gedenktag: 11. Februar).

Theobul *m,* griechisch: *theos* = Gott; *bule* = Rat.

Theoda *w,* Kurzform für mit Theo- gebildete weibliche Vornamen.

Theodard *m,* Nebenform zu ↗ Diethard.

Namensträger:

Theodard, etwa 618–670; wurde Bischof von Maastricht; bei Speyer erschlagen; Märtyrer (Gedenktag: 10. September).

Theodebald *m,* ältere Nebenform zu ↗ Dietbald.

Theodebert *m,* Nebenform zu ↗ Dietbert; auch: *Theobert;* friesische Kurzform: *Tebbo.*

Theodegar *m,* Nebenform zu ↗ Dietger.

Theodeger *m,* Nebenform zu ↗ Dietger.

Theodelind *w,* Nebenform zu ↗ Dietlind.

Namensträgerin:

Theodelind ↗ Dietlind.

Theodelinde *w,* Nebenform zu ↗ Dietlind.

Theodemar *m,* Nebenform zu ↗ Dietmar.

Theoderich *m,* Nebenform zu ↗ Dietrich; Kurzformen: *Theo, Theodo, Thiele, Thilo, Till.*

Bekannter Namensträger:

Theoderich II., der Große, um 454–526; Gotenkönig; eroberte die Herrschaft über Italien; der ↗ Dietrich von Bern der germanischen Sage.

Theodewart *m,* Nebenform zu ↗ Dietward.

Theodfried *m,* Nebenform zu ↗ Dietfried.

Theodo *m,* Kurzform für ↗ Theoderich.

Theodolf *m,* Nebenform zu ↗ Dietwolf.

Theodolinde *w,* Nebenform zu ↗ Dietlind.

Theodolius *m,* lateinisch; aus griechisch: *Theodulos* (*theos* = Gott; *dulos* = Knecht); Nebenform: *Teodolius.*

Theodor *m,* griechisch: *theos* = Gott; *doron* = Geschenk, Gabe; Kurz- und Koseformen: *Theo, Thederl;* niederdeutsch: *Tedje, Thed, Thetje; Dorus, Dores, Döres, Dures;* lateinische Form: *Theodorus;* niederländisch: *Dorus;* englisch: *Theodore;* Koseform: *Tid;* französisch: *Théodore;* italienisch: *Teodoro;* russisch: *Fjodor, Feodor, Fedor;* ungarisch: *Tivadar.*

Bekannte und bedeutende Namensträger:

Theodor von Canterbury, 602–690; Mönch; seit 668/669 Erzbischof von Canterbury; baute in den angelsächsischen Reichen die Diözesanorganisation und das Kirchenwesen nach römischem Vorbild auf (Gedenktag: 19. September).

Theodor von Euchaita, gestorben um 306; steckte als kaiserlicher Soldat 303 in Amaseia den Kybeletempel in Brand; dafür erlitt er den Martertod (Gedenktag: 9. November).

Theodor von Martigny, 4. Jahrhundert; der erste bekannte Bischof im Wallis mit Sitz in Octodurus (Martigny; Gedenktag: 16. August).

Theodor W. Adorno, 1903–1969; deutscher Philosoph der Kritischen Theorie, Soziologe, Musiktheoretiker und Komponist.

Theodor Babilon, 1899–1945; seit 1932 Geschäftsführer des Kölner Kolpinghauses; 1944 verhaftet; starb in einem nationalsozialistischen Konzentrationslager (Gedenktag: 11. Februar).

Theodor Beza, 1519–1605; bedeutender Mitarbeiter Calvins und dessen Nachfolger (Gedenktag: 13. Oktober).

Theodor Billroth, 1829–1894; deutsch-österreichischer Chirurg.

Theodor Däubler, 1876–1934; österreichischer expressionistischer Schriftsteller und mystischer Lyriker.

Theodor Fliedner, 1800–1864; evangelischer Theologe; Gründer der Diakonissen in Kaiserswerth; „Diakonissenvater" (Gedenktag: 5. Oktober).

Theodor Fontane, 1819–1898; deutscher realistisch-kritischer Schriftsteller und Journalist; Theaterkritiker.

Theodor Haecker, 1879–1945; deutscher katholischer Philosoph, Schriftsteller und Kulturkritiker; auch Übersetzer.

Theodor Herzl, 1860–1904; österreichischer Schriftsteller; begründete durch den ersten Zionistenkongreß 1897 den Zionismus.

Theodor Heuss, 1884–1963; deutscher freidemokratischer Politiker; 1949–1959 der erste Bundesprädident der Bundesrepublik Deutschland.

Theodor Körner, Edler von Siegringen, 1873–1957; österreichischer General und Politiker; 1951–1957 Bundespräsident von Österreich.

Theodor Lipps, 1851–1914; deutscher Philosoph und Psychologe der introspektiven Psychologie.

Theodor Litt, 1880–1962; deutscher Pädagoge und Kulturphilosoph; begründete die dialektisch-reflexive Pädagogik.

Theodor Mommsen, 1817–1903; deutscher Historiker, Jurist und liberaler Politiker; Gegner Bismarcks.

Theodor Peters, 1848–1921; seit 1884 als Jesuit Glaubensbote in Indien; gründete 1908 und leitete Leprosenheim in Rangoon (Gedenktag: 24. April).

Theodor Schieder, 1908–1984; deutscher Historiker der neueren Geschichte.

Theodor Schwann, 1810–1882; deutscher Anatom; Mitgründer der Zellenlehre.

Theodor Storm, 1817–1888; deutscher Schriftsteller, spätromantischer Lyriker und realistischer Novellist.

Theodor H. van de Velde, 1873–1937; niederländischer Gynäkologe und Sexualforscher.

Theodora *w,* die weibliche Form zu ↗ Theodor; Nebenform: *Theodore;* Kurz- und Koseformen: *Thea, Dora, Dore, Doris, Dorle, Dorli, Tedi, Teddy, Dedi;* englische Form: *Theodora;* französisch: *Théodora;* russisch: *Fjodora, Feodora, Fedora.*

Namensträgerin:

Theodora, 9. Jahrhundert; floh 824 nach Saloniki und wurde hier 837 als Witwe Ordensfrau im Stephanskloster (Gedenktag: 29. August).

Théodora *w,* französische Form von ↗ Theodora.

Theodore *m,* englische Form von ↗ Theodor.

Bekannter Namensträger:

Theodore Roosevelt, 1858–1919; amerikanischer Politiker; 1901–1909 Präsident der Vereinigten Staaten von Nordamerika.

Théodore *m,* französische Form von ↗ Theodor.

Bekannter Namensträger:

Théodore Géricault, 1791–1824; französischer naturalistischer Bildhauer, Maler und Graphiker.

Theodosia *w,* die weibliche Form zu ↗ Theodosius; russische Form: *Feodosia.*

Theodosius *m,* griechisch-lateinisch; Weiterbildung von ↗ Theodor; russische Form: *Feodosi.*

Bekannter Namensträger:

Theodosius der Große, 347–395; seit 379 der letzte römische Kaiser des Gesamtreichs.

Theodotus *m,* griechisch: *theos* = Gott; lateinisch: *datus* = gegeben.

Theodul *m*, griechisch: *theos* = Gott; *dulos* = Knecht, Diener; Nebenform: *Theodulos*.

Theodula *w*, die weibliche Form zu ↗ Theodul.

Theodulf *m*, Nebenform zu ↗ Dietwolf.

Namensträger:

Theodulf von Lobbes, gestorben 776; war seit etwa 750 Abtbischof von Lobbes (Gedenktag: 24. Juni).

Theodulf von Trier, wohl 7. Jahrhundert; Einsiedler in Trier (Gedenktag: 28. Februar).

Theodulos *m*, Nebenform zu ↗ Theodul.

Theofrid *m*, Nebenform zu ↗ Dietfried.

Namensträger:

Theofrid (Dietfrid), 7. Jahrhundert; vor 660 erster Abt von Corbie; seit etwa 670 Bischof (Gedenktag: 9. Oktober).

Theoger *m*, Nebenform zu ↗ Dietger.

Namensträger:

Theoger, gestorben 1120; Mönch in Hirsau; 1088 Abt des Klosters Sankt Georgen im Schwarzwald; seit 1117 Bischof von Metz (Gedenktag: 29. April).

Theokles *m*, griechisch: *theos* = Gott; *kleos* = Ruhm, Ehre.

Theolind *w*, Nebenform zu ↗ Dietlind.

Theonest *m*, lateinisch: *Theonestus*.

Namensträger:

Theonest, gestorben um 425; Mainzer Bischof; legendärer Märtyrer (Gedenktag: 27. Juni).

Theonestus *m*, lateinische Form von ↗ Theonest.

Theophano *w*, griechisch: *theos* = Gott; *phainesthai* = erscheinen; am Fest der Erscheinung des Herrn (6. Januar) geboren.

Theophil *m*, griechisch: *theos* = Gott, *philos* = Freund; lateinische Form: *Theophilus;* französisch: *Théophile;* italienisch und spanisch: *Teofilo*.

Bekannter Namensträger:

Theophil Wurm, 1868–1953; evangelischer Theologe; Bischof und Bekenner in Württemberg; betrieb Errichtung der „Evangelischen Kirche in Deutschland" (Gedenktag: 29. Januar).

Théophile *m*, französische Form von ↗ Theophil.

Theophilus *m*, lateinische Form von ↗ Theophil.

Theophora *w*, griechisch: *theos* = Gott; *pherein* = tragen.

Theophrast *m*, griechisch: *theos* = Gott; *phrasis* = Rede; lateinische Form: *Theophrastus*.

Theophrastus *m*, lateinische Form von ↗ Theophrast.

Theophron *m*, griechisch: *theos* = Gott; *phronein* = denken.

Theopont *m*, griechisch: *theos* = Gott; *pontos* = Meer (?).

Theowald *m*, Nebenform zu ↗ Theobald.

Theres *w*, Nebenform zu ↗ Therese.

Theresa *w*, Nebenform zu ↗ Therese.

Therese *w*, griechisch; ursprünglich Herkunftsname: von der Insel Thera (Santorin) stammend; Nebenformen: *Theresa, Theres, Terese;* Kurz- und Koseformen: *Thea, Thery, Thesi, Thesy, Threschen, Treschen, Resia, Resi, Resli, Reserl;* lateinische Form: *Theresia;* englisch: *Teresa;* Koseformen: *Tess, Tracy;* französisch: *Thérèse, Térèse;* italienisch und spanisch: *Teresa;* tschechisch: *Terezie;* ungarisch: *Terézie, Terka*.

Bekannte Namensträgerinnen:

Therese Giehse, 1898–1975; deutsche Schauspielerin der Bühne und des Films; Charakterdarstellerin.

Therese Neumann (von Konnersreuth), 1898–1962; seit 1926 stigmatisiert; Visionärin.

Thérèse *w*, französische Form von ↗ Therese.

Theresia *w*, lateinische Form von ↗ Therese.

Bekannte Namensträgerinnen:

Theresia von Ávila (von Jesus), 1515–1582; seit 1535 Karmelitin; Mystikerin; gründete 1562 einen Reformkonvent und mit Johannes vom Kreuz bis 1578 mehrere weitere Reformklöster; Kirchenlehrerin (Gedenktag: 15. Oktober).

Theresia von Lisieux (vom Kinde Jesus), 1873–1897; seit 1888 Karmelitin in Lisieux; zweite Patronin Frankreichs (Gedenktag: 1. Oktober).

Theresia Gerhardinger, 1797–1879; gründete 1833 die Armen Schulschwestern Unserer Lieben Frau und wurde deren Leiterin (Gedenktag: 9. Mai).

Theresina *w*, Weiterbildung von Therese.

Thery *w*, Koseform für ↗ Therese.

Thesi *w*, Kurz- und Koseform für ↗ Therese.

Thesy *w*, Koseform für ↗ Therese.

Thetje *m*, niederdeutsche Kurz- und Koseform für ↗ Theodor; auch Nebenform von ↗ Teetje.

Thetwif *w*, althochdeutsch: *det* = *diot* = Volk (?); *wig* = Kampf; Nebenform: *Thetwig*.

Namensträgerin:

Thetwif (Thetwig), wohl 9. Jahrhundert; Einsiedlerin bei Minden; leitete später ein Benediktinerinnenkloster (Gedenktag: 2. April).

Thetwig *w*, Nebenform zu ↗ Thetwif.

Theubald *m*, Nebenform zu ↗ Theobald.

Theudebald *m*, Nebenform zu ↗ Theobald.

Theudelind *w*, Nebenform zu ↗ Dietlind.

Theudelinde *w*, Nebenform zu ↗ Dietlind.

Theuderich *m*, Nebenform zu Theoderich (↗ Dietrich).

Theunis *m*, niederländische Form von ↗ Anton.

Theuß *m*, Kurz- und Koseform für ↗ Matthias.

Thewald *m*, Nebenform zu ↗ Dietwald und ↗ Theobald.

Thiathild *w*, Nebenform zu ↗ Diethild.

Namensträgerin:

Thiathild (Diethild), gestorben vor 882; Äbtissin des 851 gegründeten Stifts zu Freckenhorst (Gedenktag: 30. Januar).

Thibaut *m*, französische Form von ↗ Theobald.

Thibert *m*, französische Form von ↗ Dietbert.

Thiede *m*, friesische Kurzform für mit Diet- gebildete männliche Vornamen; Nebenform: *Tiede*.

Thiedemann *m*, Koseform für mit Diet- gebildete männliche Vornamen; Nebenform: *Thielemann*.

Thiel *m*, Kurz- und Koseform für ↗ Dietrich.

Thiele *m*, Kurzform für ↗ Dietrich und ↗ Theoderich; niederdeutsche Form für ↗ Thilo.

Thielemann *m*, Nebenform zu ↗ Thiedemann.

Thiemo *m*, Kurzform für ↗ Dietmar und ↗ Timotheus; Nebenformen: *Tiemo, Tim, Timme, Timmo, Timo*.

Namensträger:

Thiemo (Dietmar), um 1040–1102; seit 1077 Abt in Salzburg, 1090 Erzbischof von Salzburg; im Investiturstreit papsttreu, daher vom kaiserlichen Gegenbischof gefangengenommen; auf der Flucht ermordet; Märtyrer (Gedenktag: 28. September).

Thiento *m*.

Namensträger:

Thiento, gestorben 955; Abt von Wessobrunn; mit Mönchen seiner Abtei von Ungarn ermordet; Märtyrer (Gedenktag: 3. April).

Thierri *m*, französische Form für ↗ Dietrich.

Thierry *m*, französische Form für ↗ Dietrich.

Thies *m*, Nebenform zu ↗ Thieß.

Thiess *m*, Nebenform zu ↗ Thieß.

Thieß *m*, Kurzform für ↗ Matthias; Nebenformen: *Thiess, Thies, This*.

Thietmar *m*, Nebenform zu ↗ Dietmar.

Namensträger:

Thietmar, gestorben 1023; seit 1003 Bischof von Osnabrück (Gedenktag: 18. Juli).

Thilde *m*, Kurzform für ↗ Klothilde, ↗ Mathilde und ↗ Mechthild; Nebenform: *Tilde.*

Thilo *m*, Kurzform für mit Diet- gebildete männliche Vornamen; Nebenformen: *Tilo, Tillo.*

Thirza *w*, Nebenform zu ↗ Tirza.

This *m*, Nebenform zu ↗ Thieß.

Thom *m*, Kurzform für ↗ Thomas.

Thoma *m*, Nebenform zu ↗ Thomas.

Thoman *m*, slawisch; Koseform: *Mano.*

Thomas *m*, hebräisch: *thoma* = Zwilling; ökumenische Form: *Tomas;* Nebenform: *Thoma;* Kurz- und Koseformen: *Thom, Thömel, Thum, Tommes, Dum, Dumes,* schlesisch: *Dehmel; Tam, Tamie, Tammo, Donisl;* rheinische Formen: *Maas, Maes;* nordisch: *Tomas;* dänisch: *Tammes;* englisch: *Thomas;* Kurzformen: *Tommy, Tomy, Tom;* französisch: *Thomas, Thomé;* italienisch: *Tommaso, Tomaso;* Kurzform: *Maso;* Koseformen: *Masetto, Masino;* spanisch: *Tomás;* tschechisch: *Tomaš;* portugiesisch: *Thomé;* polnisch: *Tomasz;* russisch: *Foma;* ungarisch: *Tamás.*

Bekannte und bedeutende Namensträger:

Thomas, Apostel, Zeit Christi; soll später Glaubensbote bei Parthern und in Indien gewesen sein, wo er bei Mailapur den Martertod erlitt (Gedenktag: 3. Juli).

Thomas von Aquin, um 1225–1274; wurde Dominikaner; verband in Philosophie und Theologie die Lehren Augustins und des Aristoteles; einer der bedeutendsten Denker des Mittelalters (Gedenktag: 28. Januar).

Thomas von Kempen, um 1379–1471; regulierter Chorherr; theologischer Schriftsteller der „devotio moderna"; seine Verfasserschaft der „Nachfolge Christi" ist umstritten (Gedenktag: 25. Juli).

Thomas von Westen, gestorben 1727; evangelischer Apostel der Samen (Gedenktag: 10. April).

Thomas John Barnardo, gestorben 1905; „Vater der Niemandskinder" in London (Gedenktag: 19. August).

Thomas Becket, 1118–1170; Archidiakon in Canterbury; Lordkanzler Heinrichs II.; seit 1162 Erzbischof von Canterbury; in Glaubensstreit mit dem König; von dessen Edelleuten in der Kathedrale ermordet (Gedenktag: 29. Dezember).

Thomas Beecham, 1879–1961; englischer Dirigent; Gründer des London Symphony und des Royal Philharmonic Orchestra.

Thomas Campanella, 1568–1639; italienischer Dominikaner; Philosoph und Schriftsteller; vertrat eine utopische kirchliche Universalmonarchie.

Thomas Carlyle, 1795–1881; englischer Schriftsteller, Zeit- und Literaturkritiker.

Thomas Dehler, 1897–1967; deutscher freidemokratischer Politiker.

Thomas A. Edison, 1847–1931; amerikanischer Erfinder: Kohlemikrophon, Phonograph, Kohlenfadenlampe und anderes.

Thomas Stearns Eliot, 1888–1965; englischer Schriftsteller; erneuerte die angelsächsische Lyrik und das religiöse Drama.

Thomas Gainsborough, 1727–1788; englischer Bildnis- und Landschaftsmaler.

Thomas Hardy, 1840–1928; englischer realistischer Romanschriftsteller und Dichter.

Thomas Hobbes, 1588–1679; englischer rationalistisch-empiristischer Philosoph, Naturrechtler und Staatstheoretiker.

Thomas Jefferson, 1743–1826; amerikanischer Politiker; 3. Präsident der Vereinigten Staaten von Amerika; verfaßte 1776 die Unabhängigkeitserklärung.

Thomas Edward Lawrence, 1888–1935; englischer Archäologe, Abenteurer und Schriftsteller.

Thomas B. Macaulay, 1800–1859; englischer Politiker und Historiker; schrieb eine Geschichte Englands.

Thomas Robert Malthus, 1766–1834; englischer Nationalökonom und Sozialphilosoph; vertrat den Malthusianismus als Bevölkerungstheorie.

Thomas Mann, 1875–1955; deutscher Schriftsteller von psychologischem Roman und Novelle; Essayist.

Thomas More, 1478–1535; englischer Humanist und Staatstheoretiker; Lordkanzler; verweigerte Suprematseid; deshalb hingerichtet (Gedenktag: 22. Juni).

Thomas Hunt Morgan, 1866–1945; amerikanischer Biologe; begründete die moderne Genetik.

Thomas Münzer, 1488–1525; deutscher Theologe und Revolutionär des Bauernkriegs; einer der führenden Wiedertäufer.

Thomas Paine, 1737–1809; englisch-amerikanischer Politiker; wirkte auf die amerikanische Unabhängigkeitsbewegung; trat für Demokratie und Menschenrechte ein.

Thomas W. Wilson, 1856–1924; amerikanischer demokratischer Politiker; 1913–1921 Präsident; nach dem Ersten Weltkrieg bemüht um Gründung des Völkerbunds.

Thomas Wolfe, 1900–1938; amerikanischer Schriftsteller: Romane, Dramen und Lyrik.

Thomasia *w*, die weibliche Form zu ↗ Thomas; russische Form: *Fomaida.*

Thomé *m*, französische Form von ↗ Thomas.

Thömel *m*, Koseform für ↗ Thomas.

Thomine *w*, eine weibliche Form zu ↗ Thomas.

Thona *w*, Kurzform für ↗ Antonia; Nebenform: *Tona.*

Thonny *w*, niederländische Koseform für ↗ Antonia; Nebenform: *Tonny.*

Thor *m*, nordisch: *thor* = kühn.

Bekannte Namensträger:

Thor, in der germanischen Mythologie der Gott des Donners: Donar.

Thor Heyerdahl, geboren 1914; norwegischer Naturforscher; fuhr 1947 mit dem Floß Kon-Tiki von Perú nach Tahiti.

Thora *w*, die weibliche Form zu ↗ Thor; auch Kurzform für mit Thor- gebildete weibliche Vornamen.

Thoralf *m*, skandinavisch: *thor* = Gott Donar; *alf* = Elfe; Nebenform: *Toralf.*

Thorben *m*, dänische Form von ↗ Thorbjörn; auch *Torben.*

Thorbern *m*, Nebenform zu ↗ Thorbjörn.

Thorbjörn *m*, skandinavisch: *thor* = Gott Donar; *björn* = Bär; Nebenformen: *Thorbern, Torbjörn;* dänische Formen: *Thorben, Torben.*

Thorbrand *m*, skandinavisch: *thor* = Gott Donar; althochdeutsch: *brand* = Schwert; Nebenform: *Torbrand.*

Thordis *w*, Nebenform zu ↗ Tordis.

Thore *m*, Nebenform zu ↗ Tore.

Thorgard *w*, Nebenform zu ↗ Torgard.

Thorger *m*, ältere Form von ↗ Torger.

Thorgert *m*, Doppelname aus Thor und Gerhard (?); oder: Erweiterung von ↗ Thorger.

Thorgund *w*, Nebenform zu ↗ Torgund.

Thorhild *w*, Nebenform zu ↗ Torhild.

Thorid *w*, Nebenform zu ↗ Thurid.

Thorina *w*, Nebenform zu ↗ Torina.

Thorismund *w*, Nebenform zu ↗ Thurismund.

Thorkell *m*, skandinavisch: *thor* = Gott Donar; *kell* = Kessel, Helm (?).

Thorlak *m*, isländisch; skandinavisch: *thor* = Gott Donar; *lak* (?).

Namensträger:

Thorlak (Thorhallson), 1133–1193; seit 1172 Augustinerabt; 1178 Bischof von Skalholt (Gedenktag: 23. Dezember).

Thorleif *m*, skandinavisch: *thor* = Gott Donar; *leif* = Erbe, Hinterlassenschaft; Nebenform: *Torleif.*

Thornton *m*, englisch-amerikanisch: *thorn* = Turm.

Bekannter Namensträger:

Thornton Wilder, 1897–1975; amerikanischer Schriftsteller christlich-philosophisch geprägter Romane und Dramen.

Thorolf *m,* skandinavisch: *thor* = Gott Donar; *wolf* = Wolf; Nebenformen: *Torolf, Torulf.*

Thorsten *m,* skandinavisch: *thor* = Gott Donar; *sten* = Stein; Nebenform: *Torsten.*

Thorvald *m,* dänische Form von ↗ Thorwald.

Thorwald *m,* skandinavisch: *thor* = Gott Donar; *waltan* = walten; Nebenform: *Torwald;* dänisch: *Thorvald.*

Threschen *w,* Koseform für ↗ Therese.

Thum *m,* Koseform für ↗ Thomas.

Thünes *m,* rheinische Koseform für ↗ Anton.

Thünnes *m,* rheinische Koseform für ↗ Anton.

Thure *m,* Nebenform zu ↗ Tore.

Thurecht *m,* Neubildung des Pietismus des 17./18. Jahrhunderts.

Thurid *w,* skandinavisch: *thor* = Gott Donar; *frithr* = schön; Nebenformen *Thorid, Torid, Turid.*

Thurismund *m,* althochdeutsch: *turs* = Riese; *munt* = Schutz; Nebenform: *Thorismund.*

Thuschen *w,* Koseform für ↗ Thusnelda.

Thusnelda *w,* Herkunft und Bedeutung fraglich; Nebenform: *Thusnelde;* Kurz- und Koseformen: *Thuschen, Nelda.*

Namensträgerin:

Thusnelda, Gattin des Cheruskerfürsten Armin.

Thusnelde *w,* Nebenform zu ↗ Thusnelda.

Thymiane *w,* nach der Pflanze Thymian.

Thyra *w,* Nebenform zu ↗ Tyra.

Thyrza *w,* Nebenform zu ↗ Tirza.

Tiada *w,* niederdeutsch-friesische Kurzform für mit Diet- gebildete weibliche Vornamen; Nebenformen: *Tiade, Tjada, Tjade.*

Tiade *m,* Nebenform zu ↗ Tiado.

Tiade *w,* Nebenform zu ↗ Tiada.

Tiado *m,* niederdeutsch-friesische Kurzform für mit Diet- gebildete männliche Vornamen; Nebenformen *Tiade, Tjade.*

Tialf *m,* friesische Kurzform für ↗ Dietleib und ↗ Dietwolf; Nebenform: *Tjalf.*

Tiana *w,* Kurzform für ↗ Christiane.

Tiard *m,* friesische Kurzform für ↗ Diethard; Nebenform: *Tiart.*

Tiart *m,* Nebenform zu ↗ Tiard.

Tibère *m,* französische Form von ↗ Tiberius.

Tiberio *m,* italienische Form von ↗ Tiberius.

Tiberius *m,* lateinisch: vom Flußgott Tiberis (geschützt); französische Form: *Tibère;* italienisch: *Tiberio;* ungarisch: *Tibor.*

Bekannter Namensträger:

Tiberius Claudius Nero, 42 v. Chr. – 37 n. Chr.; römischer Kaiser seit 14 v. Chr.

Tibeta *w,* friesische Form von ↗ Dietberga; Nebenform: *Tibetha.*

Tibetha *w,* Nebenform zu ↗ Tibeta.

Tibold *m,* Nebenform zu ↗ Theobald.

Tibor *m,* ungarische Form von ↗ Tiberius.

Bekannte Namensträger:

Tibor Déry, 1894–1977; bedeutendster ungarischer Schriftsteller in expressionistischen politischen Romanen, realistischen Dramen und Erzählungen.

Tibor Varga, geboren 1921; ungarischer Violinist; Interpret moderner Komponisten, wie Bartók, Schönberg.

Tibout *m,* niederländische Form von ↗ Theobald.

Tiburtius *m,* lateinisch; Herkunftsbezeichnung: aus Tibur (Tivoli) bei Rom stammend.

Tid *m,* englische Koseform für Theodore (↗ Theodor).

Tida *w,* niederdeutsch-friesische Kurzform für ↗ Adelheid.

Tiede *m,* Nebenform zu ↗ Thiede.

Tiemo *m,* Nebenform zu ↗ Thiemo.

Tienes *m,* Koseform für ↗ Martin.

Tienette *w,* französische Koseform für ↗ Stéphanie.

Tietje *w,* Nebenform zu ↗ Teetje.

Tigges *m,* Koseform für ↗ Matthias.

Til *m,* Kurz- und Koseform für ↗ Dietrich und ↗ Tilmann.

Tilch *w,* Koseform für ↗ Ottilie.

Tilde *w,* Kurz- und Koseform für ↗ Klothilde und ↗ Mathilde.

Tilg *w,* Koseform für ↗ Ottilie.

Till *m,* Kurzform für ↗ Dietrich, ↗ Theoderich und ↗ Tilmann.

Bekannter Namensträger:

Till Eulenspiegel, um 1300–1350; legendärer bäuerlicher niederdeutscher Schalksnarr.

Till *w,* Koseform für ↗ Mathilde und ↗ Ottilie.

Tilla *w,* Koseform für ↗ Klothilde, ↗ Mathilde und ↗ Ottilie; Nebenformen: *Tilli, Tilly.*

Bekannte Namensträgerin:

Tilla Durieux, 1880–1971; deutsch-französische Schauspielerin; Charakterdarstellerin; schrieb auch Romane.

Tilli *w,* Nebenform zu ↗ Tilla.

Tillmann *m,* Nebenform zu ↗ Tilmann.

Tillo *m,* Kurz- und Koseform für ↗ Tilmann und für mit Diet- gebildete männliche Vornamen.

Bekannter Namensträger:

Tillo (Tillmann), gestorben um 701; westfälischer Mönch in Solignac; vorübergehend Einsiedler bei Brajac (Gedenktag: 16. Januar).

Tilly *w,* Nebenform zu ↗ Tilla.

Tilman *m,* Nebenform zu ↗ Tilmann.

Bedeutender Namensträger:

Tilman Riemenschneider, um 1460–1531; spätgotischer deutscher Bildhauer und -schnitzer im Stil der aufkommenden Renaissance (Gedenktag: 7. Juli).

Tilmann *m,* angelsächsisch: *til* = tauglich; *man* = Mann; Nebenformen: *Tillmann, Tilman;* Kurzformen: *Til, Tilo, Tillo.*

Tilo *m,* Koseform für ↗ Tilmann und für mit Diet- gebildete männliche Vornamen.

Tilse *w,* niederdeutsch-friesische Koseform für ↗ Elisabeth.

Tim *m,* Nebenform zu ↗ Thiemo.

Timerlin *m,* Herkunft und Bedeutung fraglich.

Namensträger:

Timerlin, legendärer Einsiedler unbekannter Zeit; angeblich Märtyrer (Gedenktag: 5. Oktober).

Timm *m,* Nebenform für ↗ Thiemo.

Timme *m,* Nebenform zu ↗ Thiemo.

Timmo *m,* Nebenform zu ↗ Thiemo.

Timo *m,* Nebenform zu ↗ Thiemo.

Timofej *m,* russische Form von ↗ Timotheus.

Timon *m,* von griechisch: *time* = Ehre.

Timoteo *m,* italienische und spanische Form von ↗ Timotheus.

Timothée *m,* französische Form von ↗ Timotheus.

Timotheus *m,* von griechisch: *timan* = ehren, fürchten; *theos* = Gott; englische Form: *Timothy;* französisch: *Timothée;* italienisch und spanisch: *Timoteo;* polnisch: *Tymoteusz;* russisch: *Timofej.*

Namensträger:

Timotheus, 1. christliches Jahrhundert; wohl von Paulus bekehrt, war er dessen ständiger Begleiter; soll erster Bischof von Ephesus gewesen sein (Gedenktag: 26. Januar).

Timothy *m,* englische Form von ↗ Timotheus.

Tina *w,* Kurz- und Koseform für mit -tina oder -tine gebildete weibliche Vornamen; Nebenformen: *Tine, Tini.*

Tine *w,* Nebenform zu ↗ Tina.

Tinette *w,* französische Weiterbildung von Tina oder Verkleinerungsform von Antoinette.

Tini *w,* Nebenform zu ↗ Tina.

Tinka *w,* russische Koseform für Katinka (↗ Katharina).

Tino *m,* italienische Kurz- und Koseform für auf -ino endende männliche Vornamen.

Tippelt *m,* Nebenform zu ↗ Theobald.

Tirza *w,* hebräisch: *tirsa* = Anmut; Nebenformen: *Thirza, Thyrza.*

Titia *w,* Kurzform für Lätitia (↗ Lätizia).

Titianus *m,* lateinisch; Weiterbildung

von Titus; altrömischer Geschlechtername.

Titine *w,* französische Koseform für ↗ Christine.

Tito *m,* italienische Form von ↗ Titus.

Titus *m,* lateinisch: *titus* = Wildtaube; italienische Form: *Tito.*

Namensträger:

Titus, 1. christliches Jahrhundert; Apostelschüler; begleitete Paulus zum Apostelkonzil in Jerusalem; nach der Überlieferung später Bischof von Gortyna auf Kreta (Gedenktag: 26. Januar).

Titus Maria Horten, 1882–1936; Dominikaner; Seelenführer und Beichtvater; wegen angeblicher Devisenvergehen vom Nationalsozialismus zu Gefängnis verurteilt; starb vor dem Freispruch (Gedenktag: 25. Januar).

Titus Livius, 59 v. Chr. – 17 n. Chr.; römischer Historiker; schrieb 142 Bücher über die Geschichte Roms.

Tivadar *m,* ungarische Form von ↗ Theodor.

Tizia *w,* Kurzform für ↗ Lätizia.

Tizian *m,* Nebenform zu ↗ Tiziano.

Bedeutender Namensträger:

Tizian (Tiziano), um 1477 oder 1490–1576; italienischer Maler; Hauptmeister der italienischen Hochrenaissance.

Tiziana *w,* die weibliche Form zu ↗ Tiziano.

Tiziano *m,* italienische Weiterbildung von Tito (↗ Titus); oder: zum Adelsgeschlecht der Titier gehörig; Nebenform: *Tizian.*

Tjaard *m,* Nebenform zu ↗ Tjard.

Tjada *w,* Nebenform zu ↗ Tiada.

Tjade *m,* Nebenform zu ↗ Tiado und ↗ Tjark.

Tjade *w,* Nebenform zu ↗ Tiada.

Tjadina *w,* Weiterbildung von ↗ Tjade.

Tjalf *m,* Nebenform zu ↗ Tialf.

Tjard *m,* friesische Kurzform für Diethard, Dietward; Nebenform zu ↗ Tjaard.

Tjark *m,* friesische Kurzform für ↗ Dietrich; Nebenformen: *Tjarko, Tjade, Tjerk.*

Tjarko *m,* Nebenform zu ↗ Tjark.

Tjerk *m,* Nebenform zu ↗ Tjark.

Tobi *m,* Kurz- und Koseform für ↗ Tobias.

Tobia *m,* italienische Form von ↗ Tobias.

Tobias *m,* ökumenische Form neben ↗ Tobija; Vulgata und Lutherbibel: *Tobia* und *Tobias;* Kurz- und Koseformen: *Tobi, Tobies;* niedersächsisch: *Tewes;* griechische Form: *Tobit;* englisch: *Tobias;* Koseform: *Toby;* italienisch: *Tobia.*

Bekannte Namensträger:

Tobias, im Alten Testament: Vater Tobias, durch unerschütterlichen Glauben ausgezeichnet; sein Sohn, der junge Tobias, auf Reise vom Erzengel Raphael beschützt; die Geschichte im alttestamentlichen „Buch Tobias" dargestellt (Gedenktag: 13. September).

Tobias Wasnack, gestorben 1761; Franziskanerlaienbruder zu Wien (Gedenktag: 3. März).

Tobies *m,* Kurz- und Koseform für ↗ Tobias.

Tobija *m,* hebräisch: *tobijjahu* = gut (ist) Jahwe (Gott); andere ökumenische Form von ↗ Tobias.

Toby *m,* englische Koseform für ↗ Tobias.

Toff *m,* Koseform für ↗ Christoph.

Toffel *m,* Koseform für ↗ Christoph.

Töffel *m,* Koseform für ↗ Christoph.

Tolommeo *m,* italienische Form von ↗ Ptolemäus.

Tom *m,* englische Kurzform von ↗ Thomas.

Bekannter Namensträger:

Tom Jones, geboren 1940; englischer Schlagersänger („Tiger Tom").

Toma *w,* russische Koseform für ↗ Tamar.

Tomas *m,* ökumenische Form von ↗ Thomas.

Tomás *m,* spanische Form von ↗ Thomas.

Tomáš *m,* tschechische Form von ↗ Thomas.

Bekannter Namensträger:
Tomáš Masaryk, 1850–1937; tschechischer Politiker; 1918–1935 Staatspräsident.

Tomaso *m*, italienische Form für ↗ Thomas.

Tomasz *m*, polnische Form von ↗ Thomas.

Tomheinz *m*, Doppelname aus Tomas und Heinrich.

Tommaso *m*, italienische Form von ↗ Thomas.

Tommes *m*, Koseform für ↗ Thomas.

Tommy *m*, englische Koseform für ↗ Thomas.
Bekannter Namensträger:
Tommy Dortey, 1905–1956; amerikanischer Jazzmusiker.

Toms *m*, Kurz- und Koseform für ↗ Thomas.

Tomy *m*, englische Koseform für ↗ Thomas.

Tona *w*, Kurzform für ↗ Antonia.

Toneli *w*, Koseform für ↗ Antonia.

Tones *m*, Koseform für ↗ Anton.

Toni *m*, Kurz- und Koseform für ↗ Anton; Nebenform: *Tony*.

Toni *w*, Kurz- und Koseform für ↗ Antonia; Nebenform: *Tony*.

Tonia *w*, Kurzform für ↗ Antonia.

Tonies *m*, Koseform für ↗ Anton.

Tonio *m*, italienische und spanische Kurzform für Antonio (↗ Anton).

Tonis *m*, Koseform für ↗ Anton.

Tonja *w*, russische Koseform für Antonija (↗ Antonia).

Tönnies *m*, niederdeutsche Form von ↗ Anton.

Tonny *w*, Koseform für ↗ Antonia.

Tony *m*, Kurz- und Koseform für ↗ Anton.

Tony *w*, Kurz- und Koseform für ↗ Antonia.

Tooms *m*, niederländische Form von ↗ Thomas.

Toon *m*, niederländische Form von ↗ Anton.

Topsy *w*, Koseform für mit Tob- gebildete weibliche Vornamen.

Tora *w*, nordische Kurzform für mit Tor- oder Thor- gebildete weibliche Vornamen; auch die weibliche Form zu ↗ Tore.

Toralf *m*, Nebenform zu ↗ Thoralf.

Torben *m*, dänische Form von Thorbern (↗ Thorbjörn).

Torbjörn *m*, Nebenform zu ↗ Thorbjörn.

Torbrand *m*, Nebenform zu ↗ Thorbrand.

Tord *m*, schwedische Kurzform für mit Thor- gebildete männliche Vornamen.

Tordis *w*, nordisch; aus germanisch: *thor* = Gott Donar; altschwedisch: *dis* = Götter; Nebenform: *Thordis*.

Tore *m*, nordisch; aus germanisch: *thor* = Gott Donar; isländisch: *verr* = Kämpfer; Nebenformen: *Thure, Ture*.

Torgard *w*, germanisch: *thor* = Gott Donar; *gard* = Schutz; schwedische Form: *Torgerd;* Nebenform: *Thorgard*.

Torger *m*, germanisch: *thor* = Gott Donar; *ger* = Schwert; ältere Form: *Thorger*.

Torgerd *w*, schwedische Form von ↗ Torgard.

Torgun *w*, Nebenform zu ↗ Torgund.

Torgund *w*, germanisch: *thor* = Gott Donar; *gund* = Kampf; Nebenformen: *Torgun, Torgunn*.

Torgunn *w*, Nebenform zu ↗ Torgund.

Torhild *w*, schwedisch; aus germanisch: *thor* = Gott Donar; *hiltja* = Kampf; Nebenform: *Thorhild, Torhilda*.

Torhilda *w*, Nebenform zu ↗ Torhild.

Toribio *m*, spanisch; Nebenform: *Turibio;* lateinische Form: *Turibius*.
Bekannter Namensträger:
Toribio Mongrovejo, 1538–1606; ab 1575 Inquisitor in Granada; ab 1579 Erzbischof von Lima; hielt 1582/83 Provinzialkonzil in Lima zur Reform der südamerikanischen Kirche (Gedenktag: 23. März).

Torid *w*, Nebenform zu ↗ Thurid.

Torleif *m*, Nebenform zu ↗ Thorleif.

Torolf *m*, Nebenform zu ↗ Thorolf.

Torquato *m*, lateinisch-italienisch: = mit Halskette geschmückt.

Bedeutender Namensträger:
Torquato Tasso, 1544–1595; italienischer Schriftsteller im Ausgang der italienischen Renaissance.

Torsten *m*, Nebenform zu ↗ Thorsten.

Torulf *m*, Nebenform zu ↗ Thorolf.

Torwald *m*, Nebenform zu ↗ Thorwald.

Tosca *w*, italienisch: = Toskanerin; Nebenform: *Toska*.

Toska *w*, Nebenform zu ↗ Tosca.

Toto *m*.
Namensträger:
Toto, 8./9. Jahrhundert, Mitgründer und erster Abt des Klosters Ottobeuren (Gedenktag: 19. November).

Toussaints *m*, Mehrzahl, französisch: = Alle Heiligen; das Fest Allerheiligen (1. November).

Tove *m*, schwedischer Vorname.

Tove *w*, dänische Kurzform für mit Tor- oder Thor- gebildete weibliche Vornamen.

Toyohiko *m*, japanisch; Bedeutung fraglich.
Namensträger:
Toyohiko Kagawa, gestorben 1960; christlicher Sozialreformer in Japan (Gedenktag: 24. April).

Tozzo *m*, Nebenform zu ↗ Tasso.
Namensträger:
Tozzo (Tasso), gestorben wohl um 778; nach der Überlieferung Mönch in Murbach; um 772 Bischof von Augsburg (Gedenktag: 16. Januar).

Tracy *w*, englische Koseform für Teresa (↗ Therese).

Trasmund *m*, althochdeutsch: *tras* = schnell (?); *munt* = Schutz.

Traud *w*, Kurz- und Koseform für mit -traud gebildete weibliche Vornamen; Nebenformen: *Traudchen, Traude, Traudel, Traudi*.

Traudchen *w*, Nebenform zu ↗ Traud.

Traude *w*, Nebenform zu ↗ Traud.

Traudel *w*, Nebenform zu ↗ Traud.

Traudhild *w*, althochdeutsch: *trud* = Kraft, Stärke; *hiltja* = Kampf; Nebenformen: *Traudhilde, Trudhild, Trudhilde*.

Traudhilde *w*, Nebenform zu ↗ Traudhild.

Traudi *w*, Nebenform zu ↗ Traud.

Traudlinde *w*, althochdeutsch: *trud* = Kraft, Stärke; *linta* = Lindenholzschild, oder *lind* = mild; Nebenform: *Trudlinde*.

Traugott *m*, neugebildeter Doppelname aus *(ver)trauen* und *Gott*.
Namensträger:
Traugott Hahn, gestorben 1919; baltischer evangelischer Blutzeuge (Gedenktag: 15. Januar).

Traut *m*, Kurzform für ↗ Trudpert.

Traute *w*, Kurz- und Koseform für mit -traut gebildete weibliche Vornamen; Nebenform: *Trauti*.

Trauthelm *m*, althochdeutsch: *trud* = Kraft, Stärke; *helm* = Helm, Schutz.

Trauthold *m*, althochdeutsch: *trud* = Kraft, Stärke; *waltan* = walten, herrschen; ältere Form: *Trautwald*.

Trauti *w*, Nebenform zu ↗ Traute.

Trautmann *m*, althochdeutsch: *trud* = Kraft, Stärke; *man* = Mann; Nebenform: *Trutmann*.

Trautmar *m*, althochdeutsch: *trud* = Kraft, Stärke; *mari* = berühmt.

Trautmund *m*, althochdeutsch: *trud* = Kraft, Stärke; *munt* = Schutz.

Trautwald *m*, ältere Form von ↗ Trauthold.

Trautwein *m*, althochdeutsch: *trud* = Kraft, Stärke; *wini* = Freund; Nebenformen: *Trudwin, Drudwin*.

Treschen *w*, Koseform für ↗ Therese.

Tressa *w*, angloamerikanische Kurzform für Teresa (↗ Therese).

Treumund *m*, Neubildung aus: altsächsisch: *triuwi* = Treue; althochdeutsch: *munt* = Schutz.

Treumunde *w*, die weibliche Form zu ↗ Treumund.

Trienchen *w*, Koseform für ↗ Katharina.

Trina *w*, Koseform für ↗ Katharina.

Trine *w*, Koseform für ↗ Katharina.

Trinette *w*, französische Koseform für ↗ Katharina.

Trinidad *w*, spanisch: *trinidad* = Dreieinigkeit.

Tristan *m,* keltisch; Bedeutung fraglich: Wächter (?); englische Form: *Tristram.*

Tristram *m,* englische Form von ↗ Tristan.

Trix *w,* Kurz- und Koseform für ↗ Beatrix; Nebenformen: *Trixa, Trixi, Trixy.*

Trixa *w,* Nebenform zu ↗ Trix.

Trixi *w,* Nebenform zu ↗ Trix.

Trixy *w,* Nebenform zu ↗ Trix.

Trockel *m,* Kurz- und Koseform für ↗ Patroklus; Nebenform: *Trockels.*

Trockels *m,* Nebenform zu Trockel (↗ Patroklus).

Trudbert *m,* Nebenform zu ↗ Trudpert.

Trudberta *w,* die weibliche Form zu Trudbert (↗ Trudpert).

Trudchen *w,* Nebenform zu ↗ Trude.

Trude *w,* Kurz- und Koseform für mit Trud- oder -trud gebildete weibliche Vornamen; Nebenformen: *Trudchen, Trudel, Trudi.*

Trudel *w,* Nebenform zu ↗ Trude.

Trudeliese *w,* Doppelname aus Gertrud und Elisabeth; Nebenform: *Trudelise.*

Trudelise *w,* Nebenform zu ↗ Trudeliese.

Trudgard *w,* althochdeutsch: *trud* = Kraft, Stärke; *gard* = Zaun, Schützerin.

Trudhild *w,* Nebenform zu ↗ Traudhild.

Trudhilde *w,* Nebenform zu ↗ Traudhild.

Trudi *w,* Nebenform zu ↗ Trude.

Trudlinde *w,* Nebenform zu ↗ Traudlinde.

Trudmar *m,* Nebenform zu ↗ Drutmar.

Trudo *m,* Kurzform für ↗ Trudpert.
Namensträger:
Trudo, gestorben um 695; Glaubensbote im Haspengau; gründete das später nach ihm Sint Truiden genannte Kloster (Gedenktag: 23. November).

Trudpert *m,* althochdeutsch: *trud* = Kraft, Stärke; *beraht* = glänzend; Nebenform: *Trudbert;* Kurzform: *Trudo.*
Namensträger:
Trudpert, wohl 7. Jahrhundert; einer der iroschottischen Glaubensboten; Einsiedler im Breisgau; nach der Legende Märtyrer (Gedenktag: 26. April).

Trudwin *m,* Nebenform zu ↗ Trautwein.

Truiken *w,* Koseform für ↗ Gertrud.

Truitgen *w,* Koseform für ↗ Gertrud.

Truman *m,* englisch-amerikanisch.
Bekannter Namensträger:
Truman Capote, 1924–1984; amerikanischer Schriftsteller von Gesellschaftsromanen und Kurzgeschichten.

Trutbald *m,* althochdeutsch: *trud* = Kraft, Stärke; *bald* = kühn.

Trutmann *m,* Nebenform zu ↗ Trautmann.

Trutz *m,* alter deutscher Name: *trutz* = *trotz* = Widerspruch, Gegenwehr.

Tryggve *m,* skandinavisch: *trygg* = treu, zuverlässig; ist auch schwedische Form; dänisch und norwegisch: *Trygve;* isländisch: *Tryggvi.*

Tryggvi *m,* isländische Form von ↗ Tryggve.

Trygve *m,* norwegische und dänische Form von ↗ Tryggve.
Bekannter Namensträger:
Trygve Lie, 1896–1968; norwegischer Politiker; 1946–1953 der erste Generalsekretär der Vereinten Nationen.

Tugendreich *m,* pietistische Neubildung des 17./18. Jahrhunderts.

Tuisko *m,* Herkunft und Bedeutung fraglich.

Tulla *w,* Kurz- und Koseform für ↗ Ursula; Nebenformen: *Tulle, Tulli, Tully.*

Tulle *w,* Nebenform zu ↗ Tulla.

Tulli *w,* Nebenform zu ↗ Tulla.

Tully *w,* Nebenform zu ↗ Tulla.

Tünnes *m,* rheinische Koseform für ↗ Anton.

Turandot *w,* keltisch: = spröd (?).

Ture *m,* Nebenform zu ↗ Tore.

Turibio *m,* Nebenform zu ↗ Toribio.

Turibius *m*, lateinische Form von ↗ Toribio.

Turid *m*, Nebenform zu ↗ Thurid.

Tutilo *m*.
Namensträger:
Tutilo, etwa 850–913; Sankt Galler Mönch; Künstler, Dichter und Musiker.

Tuto *m*.
Namensträger:
Tuto, gestorben 930; war Abt von Sankt Emmeram; ab 894 Bischof von Regensburg und kaiserlicher Berater (Gedenktag: 10. Oktober).

Tycho *m*, von griechisch: *tyche* = Schicksal, Glück; Nebenform: *Tychon;* dänische Form: *Tyge*.
Bekannter Namensträger:
Tycho Brahe, 1546–1601; dänischer Astronom; erbaute Sternwarten.

Tychon *m*, Nebenform zu ↗ Tycho.

Tyciak *m*, polnische Koseform für ↗ Matthias.

Tyge *m*, dänische Form von ↗ Tycho.

Tymoteusz *m*, polnische Form von ↗ Timotheus.

Tyra *w*, schwedisch; aus altdänisch *Thyrvi* über *Torvi* zu *Thyra;* germanisch: *thor* = Gott Donar; althochdeutsch: *wig* = Kampf; Nebenform: *Thyra*.

Tyrmin *m*, Herkunft und Bedeutung fraglich.

U

Ubald *m*, Nebenform zu ↗ Hugbald; italienische Formen: *Ubaldo, Ubo, Ubbo*.
Namensträger:
Ubald, um 1083–1160; war ab 1129 Bischof von Gubbio (Gedenktag: 16. Mai).

Ubaldo *m*, italienische Form von Ubald (↗ Hugbald).

Ubbo *m*, friesische Koseform für mit Ulf- oder Od- gebildete männliche Vornamen; auch Kurzform für Ubaldo (↗ Ubald), ↗ Udalbert und ↗ Udalfried.

Uberto *m*, italienische Form von ↗ Hubert.

Ubo *m*, Kurzform für Ubaldo (↗ Ubald).

Uda *w*, Nebenform zu ↗ Oda und ↗ Uta.

Udalbert *m*, althochdeutsch: *uodal* = Erbgut, Heimat; *beraht* = glänzend; Nebenformen: *Ulbricht, Ulbrich, Odalbert, Olbricht;* Kurzform: *Ubbo*.

Udalfried *m*, althochdeutsch: *uodal* = Erbgut, Heimat; *fridu* = Friede; Nebenformen: *Odalfried, Ulfried, Ulfrid, Ulfert, Olfert;* friesische Koseformen: *Uffo, Uke, Ubbo, Offo*.

Udalrich *m*, ältere Form von ↗ Ulrich.

Udalschalk *m*, althochdeutsch: *uodal* = Erbgut, Heimat; *schalk* (?); Nebenform: *Udiskalk*.
Namensträger:
Udalschalk, 11./12. Jahrhundert; gründete um 1100 in Niederösterreich ein Chorherrenstift, das 1112 Benediktinerkloster wurde (Gedenktag: 11. Mai).

Udalwig *m*, althochdeutsch: *uodal* = Erbgut, Heimat; *wig* = Kampf; Nebenformen: *Odalwig, Oldwig, Oldvig*.

Udel *w*, Koseform für ↗ Odilia.

Udelar *m*, ältere Form von ↗ Adalar.

Udele *w*, ältere Form von ↗ Adele.

Udiskalk *m*, Nebenform zu ↗ Udalschalk.

Udith *w*, neugebildete weibliche Form zu ↗ Udo (?).

Udo *m*, niederdeutsche Form von ↗ Otto; allgemein: Kurzform für mit Udal- (althochdeutsch: *uodal* = Erbgut, Heimat) gebildete männliche Vornamen; Nebenformen: *Uto, Utto;* auch Nebenform zu ↗ Odo.
Bekannte Namensträger:
Udo Jürgens, geboren 1934; österreichischer Schlagersänger und -komponist.
Udo Lindenberg, geboren 1946; deutscher Rockmusiker; Sänger und Schlagzeuger.

Ufe *m*, Kurzform für mit Od- oder -ulf

gebildete männliche Vornamen; Nebenformen: *Ufert, Uffe, Uffke, Uffo, Ufke, Ufko.*

Ufert *m,* Nebenform zu ↗ Ufe.

Uffe *m,* Nebenform zu ↗ Ufe.

Uffke *m,* Nebenform zu ↗ Ufe.

Uffo *m,* friesische Koseform für ↗ Udalfried; auch Nebenform zu ↗ Ufe.

Ufke *m,* friesische Koseform für ↗ Udalfried; auch Nebenform zu ↗ Ufe.

Ufko *m,* Nebenform zu ↗ Ufe.

Ugo *m,* italienische Form von ↗ Hugo.

Ugolino *m,* italienische Verkleinerungsform für Ugo (↗ Hugo).

Uhde *m,* Nebenform zu ↗ Ulrich.

Uhl *m,* Kurz- und Koseform für ↗ Ulrich.

Uhland *m,* Nebenform zu ↗ Uland.

Uhlig *m,* Koseform für ↗ Ulrich.

Uhlmann *m,* Nebenform zu ↗ Ulmann.

Ula *w,* Nebenform zu Ulla (↗ Ulrike, ↗ Ursula).

Uland *m,* althochdeutsch: *uodal* = Erbgut, Heimat; *land* = Land; daher ältere Form: *Uodland;* Nebenform: *Uhland.*

Ulbe *m,* friesische Koseform für ↗ Ulbert.

Ulbert *m,* althochdeutsch: *uodal* = Erbgut, Heimat; *beraht* = glänzend; friesische Koseformen: *Ulbe, Ulbet.*

Ulbet *m,* friesische Koseform für ↗ Ulbert.

Ulbrecht *m,* Abwandlung von ↗ Albrecht.

Ulbrich *m,* Nebenform zu ↗ Udalbert.

Ulbricht *m,* Nebenform zu ↗ Udalbert.

Uldarico *m,* italienische Form von ↗ Ulrich.

Ule *m,* Nebenform zu ↗ Ole; auch friesische Kurz- und Koseform für ↗ Ulrich.

Ulerk *m,* friesische Koseform für ↗ Ulrich.

Ulf *m,* friesische Kurzform für mit Ulf- oder -ulf (= Wolf) gebildete männliche Vornamen; Nebenformen: *Ulfo, Ulw;* schwedische Form: *Ulv.*

Ulfart *m,* friesische Form von ↗ Wolfhard.

Ulferd *m,* friesische Form von ↗ Wolfhard.

Ulfert *m,* Nebenform zu ↗ Udalfried und ↗ Wolfhard.

Ulfhild *w,* schwedische Form von ↗ Wolfhild.

Ulfilas *m,* gräzisierte Form von ↗ Wulfila.

Ulfo *m,* Nebenform zu ↗ Ulf.

Ulfrid *m,* Nebenform zu ↗ Udalfried.

Ulfried *m,* Nebenform zu ↗ Udalfried.

Uli *m,* Koseform für ↗ Ulrich.

Uli *w,* Koseform für ↗ Ulrike.

Ueli *m,* schweizerische Kurz- und Koseform für mit Ul- gebildete männliche Vornamen.

Ulisse *m,* italienische Form von Ulixes (↗ Odysseus).

Ulita *w,* russische Form von Julietta (↗ Julia); Nebenform: *Ulitta.*

Ulitta *w,* Nebenform zu ↗ Ulita.

Ulixes *m,* lateinische Form von ↗ Odysseus; Nebenform: *Ulysses;* italienische Form: *Ulisse.*

Uljana *w,* russische Form von ↗ Juliana.

Uelk *m,* Koseform für ↗ Ulrich.

Ulla *w,* Kurz- und Koseform für ↗ Ulrike und ↗ Ursula.

Bekannte Namensträgerin:

Ulla Jacobsson, 1929–1982; schwedische Bühnen- und Filmschauspielerin.

Ulla-Britt *w,* schwedischer Doppelname aus Ursula und Brigitte.

Ulli *m,* Kurz- und Koseform für ↗ Ulrich.

Ulli *w,* Kurz- und Kosename für Ulrike (↗ Ulrich) und ↗ Ursula.

Ullmann *m,* Nebenform zu ↗ Ulmann.

Ulmann *m,* althochdeutsch: *uodal* = Erbgut, Heimat; *man* = Mann; Nebenformen: *Ullmann, Uhlmann;* niederdeutsch auch Koseform für ↗ Ulrich.

Ulrich *m,* althochdeutsch: *uodal* =

Erbgut, Heimat; *rihhi* = reich, mächtig; ältere Formen: ↗ *Odalrich, Uodalrich, Udalrich;* Kurz- und Koseformen: friesisch: *Ocko; Ulerk, Ule, Uli, Ulli, Uelk, Uhl, Uhlig, Utz, Uz, Udo, Rickel, Olrik;* niederdeutsch: *Ullmann, Ulmann, Uhlmann, Uhde, Ohlsen;* schwedische Form: *Ulrik;* italienisch: *Uldarico, Ulrico;* tschechisch: *Oldřich;* polnisch: *Ulrych.*

Bekannte Namensträger:

Ulrich von Adelberg, gestorben 1216; erster Propst des Prämonstratenserstifts Adelberg in Württemberg (Gedenktag: 8. Mai).

Ulrich von Augsburg, 890–973; seit 923 Bischof von Augsburg, das er gegen die Ungarn verteidigte; eifriger Seelsorger und Visitator (Gedenktag: 4. Juli).

Ulrich von Blücher, gestorben 1284; Prämonstratenser in Ratzeburg; seit 1257 Bischof; besonderer Diener der Armen (Gedenktag: 16. Januar).

Ulrich von Kaisheim, gestorben 1165; Zisterzienser im Elsaß; besiedelte mit Mönchen 1135 das neugegründete Kloster Kaisheim bei Donauwörth; war dessen Abt (Gedenktag: 11. März).

Ulrich von Obermarchtal, gestorben 1187; Prämonstratenser; ab 1179 Abt des Stifts Obermarchtal (Gedenktag: 26. Februar).

Ulrich von Ursberg, gestorben 1136; Gründer und erster Propst des Prämonstratenserstifts Ursberg (Gedenktag: 1. August).

Ulrich von Zell, 1029–1093; seit 1061 Mönch in Cluny; wirkte für die cluniazensische Bewegung und brachte sie auch in die Hirsauer Reform ein (Gedenktag: 14. Juli).

Ulrich Bräker, 1735–1798; schweizerischer Handwerker und Schriftsteller; der „Arme Mann von Toggenburg".

Ulrich von Etzenbach (Eschenbach), 13. Jahrhundert; mittelhochdeutscher Schriftsteller.

Ulrich von Hassell, 1881–1944; deutscher Diplomat; als führender Widerstandskämpfer gegen Hitler hingerichtet.

Ulrich von Hutten, 1488–1523; deutscher Ritter und Humanist; strebte Reichsreform mit starkem Rittertum an.

Ulrich von Lichtenstein, etwa 1198–1276; österreichischer mittelhochdeutscher Minnesänger.

Ulrich Schamoni, geboren 1939; deutscher Filmregisseur und Schriftsteller.

Ulrich von Singenberg, 13. Jahrhundert; schweizerischer Minnesänger; Schüler Walthers von der Vogelweide.

Ulrich von Türheim, etwa 1195–1250; deutscher Minnesänger und Epiker.

Ulrich von dem Türlin, 13. Jahrhundert; mittelhochdeutscher Dichter höfischer Versromane.

Ulrich von Wilamowitz-Moellendorf, 1848–1931; deutscher Altphilologe; Erneuerer der Altertumswissenschaft.

Ulrich Zwingli ↗ Huldrych Zwingli.

Ulrico *m,* italienische Form von ↗ Ulrich.

Ulrik *m,* niederdeutsch-friesische und skandinavische Form von ↗ Ulrich.

Ulrika *w,* Nebenform zu ↗ Ulrike.

Ulrike *w,* die weibliche Form zu ↗ Ulrich; Nebenform: *Ulrika;* Kurz- und Koseformen: *Ula, Ulla, Ulli, Rike.*

Bekannte Namensträgerinnen:

Ulrike von Levetzow, 1804–1899; Freundin des alten Goethe.

Ulrike Nisch, 1882–1913; seit 1802 Barmherzige Schwester vom Heiligen Kreuz (Ingenbohl); Küchenschwester in Bühl und Baden-Baden im Dienst am Nächsten (Gedenktag: 8. Mai).

Ulrych *m,* polnische Form von ↗ Ulrich.

Ultima *w,* lateinisch: *ultima* = die letzte (Tochter).

Ultimus *m,* lateinisch: *ultimus* = der letzte (Sohn).

Ulv *m,* schwedische Form von ↗ Ulf.

Ulw *m,* Nebenform zu ↗ Ulf.

Ulysses *m,* Nebenform zu ↗ Ulixes.

Umberto *m*, italienische Form von ↗ Humbert.
Bekannte Namensträger:
Umberto Boccioni, 1882–1916; italienischer futuristischer Maler, Bildhauer und Kunstschriftsteller.
Umberto Nobile, 1885–1978; italienischer General und Polarflieger; überflog 1926 mit Amundsen und Ellsworth in Luftschiff den Nordpol.

Umma *w*, friesische Kurzform für mit Od- oder Ot- gebildete weibliche Vornamen.

Umme *m*, friesische Kurzform für mit Od- oder Ot- gebildete männliche Vornamen; Nebenform: *Ummo.*

Ummo *m*, Koseform für ↗ Otmar; Nebenform zu ↗ Umme.

Una *w*, englisch; von irisch: *Oona;* Bedeutung fraglich.

Undine *w*, von lateinisch: *unda* = Welle; neulateinisch: *undina* = Nixe.
Namensträgerin:
Undine, Wasserjungfrau (Nixe) des Märchens; ohne Seele sucht sie die Heirat mit einem Menschen, um dadurch beseelt zu werden.

Une *m*, schwedische Form von ↗ Unno; Nebenform: *Uno.*

Unna *w*, die weibliche Form zu Unno (?); Nebenform: *Huna.*
Namensträgerin:
Unna (Huna), gestorben um 687 (?); Helferin und Dienerin der Armen („heilige Wäscherin“; Gedenktag: 15. April).

Unni *m*, Nebenform zu ↗ Unno.
Namensträger:
Unni (Unno, Wimo), gestorben 936; seit 918 Erzbischof von Bremen-Hamburg; seit 934 Missionar in Schleswig, Jütland, Gotland und Schweden (Gedenktag: 17. September).

Unno *m*, friesische Nebenform zu ↗ Onno.

Uno *m*, schwedische Nebenform zu ↗ Une.

Unwan *m*.
Namensträger:
Unwan, gestorben 1029; Erzbischof von Bremen-Hamburg (Gedenktag: 27. Januar).

Uodland *m*, ältere Form von ↗ Uland.

Uote *w*, ältere Form von Uta (↗ Oda).

Upton *m*, englisch-amerikanisch.
Bekannter Namensträger:
Upton Sinclair, 1878–1968; sozialkritischer amerikanischer Schriftsteller in Romanen und Dramen.

Urania *w*, griechisch: *uranos* = Himmel; Nebenformen: *Orane, Orania.*
Namensträgerin:
Urania, in der griechischen Mythologie Muse der Himmelskunde (Astronomie).

Urbain *m*, französische Form von ↗ Urban.

Urban *m*, lateinisch: *urbanus* = städtisch, der Städter (aus Rom); lateinische Form: *Urbanus;* Kurz- und Koseformen: *Bahn, Bahne, Bahnes, Bohn;* englische Form: *Urban;* französisch: *Urbain;* italienisch: *Urbano;* ungarisch: *Orbán.*
Bekannte Namensträger:
Urban I., gestorben 230; seit 222 Papst; sonst keine zuverlässigen Angaben (Gedenktag: 25. Mai).
Urban VIII., 1568–1644; seit 1623 Papst; Förderer von Kunst und Wissenschaft; verurteilte Galilei; im Dreißigjährigen Krieg auf seiten Frankreichs gegen den Kaiser.

Urbano *m*, italienische Form von ↗ Urban.

Urbanus *m*, lateinische Form von ↗ Urban.

Urd *w*, schwedisch; nach germanischer Göttin des Schicksals dieses Namens; Nebenform: *Urda.*

Urda *w*, Nebenform zu ↗ Urd.

Urho *m*, finnisch; Bedeutung fraglich.
Bekannter Namensträger:
Urho Kekkonen, geboren 1900; finnischer Politiker; 1950–1956 Minister-, 1956–1982 Staatspräsident.

Uri *m*, Kurzform für ↗ Uriel.

Urias *m*, hebräisch: *uri'ja* = mein Licht (ist) Jahwe (Gott); ökumenische Form: *Urija.*

Uriel *m,* hebräisch: *uri'el* = Licht Gottes.
Bekannte Namensträger:
Uriel, im Alten Testament einer der vier Erzengel.
Uriel Acosta, 1585–1640; jüdischer portugiesischer Religionsphilosoph.
Urija *m,* ökumenische Form von ↗ Urias.
Urmina *w,* niederländische Nebenform zu ↗ Hermine.
Urs *m,* Kurzform für ↗ Ursus.
Namensträger:
Urs, gestorben um 302; nach der Legende mit Viktor einer der Thebaischen Legion; in Solothurn um ihres Glaubens willen hingerichtet (Gedenktag: 30. September).
Ursa *w,* die weibliche Form zu ↗ Ursus.
Urschel *w,* Koseform für ↗ Ursula.
Urschi *w,* Koseform für ↗ Ursula.
Ursel *w,* niederländische Form und deutsche Kurzform für ↗ Ursula.
Ursi *w,* Koseform für ↗ Ursula.
Ürsi *w,* Koseform für ↗ Ursula.
Ursicin *m,* Weiterbildung von ↗ Ursinus; lateinische Form: *Ursicinus.*
Namensträger:
Ursicin, 6. Jahrhundert; Einsiedler im Berner Jura (Gedenktag: 24. Juli).
Ursicin von Disentis, 8. Jahrhundert; soll aus der Sigisbertzelle zu Disentis um 750 ein Benediktinerkloster gemacht haben; Abtbischof (?; Gedenktag: 2. Oktober).
Ursicinus *m,* lateinische Form von ↗ Ursicin.
Ursina *w,* die weibliche Form zu ↗ Ursinus (↗ Ursus); Nebenform: *Ursine.*
Ursine *w,* Nebenform zu ↗ Ursina.
Ursinus *m,* lateinisch; Weiterbildung von ↗ Ursus.
Ursio *m,* italienische Form von ↗ Ursus.
Ursle *w,* Koseform für ↗ Ursula.
Ursli *w,* Koseform für ↗ Ursula.
Ursly *w,* englische Koseform für ↗ Ursula.
Ursmar *m,* erster Bestandteil fraglich; althochdeutsch: *mari* = berühmt.
Ursola *w,* spanische Form von ↗ Ursula.
Ursula *w,* von lateinisch: *ursus* = Bär; weibliche Verkleinerungsform; oder von germanisch: *hors* = *ors* = Schlachtroß (?); Kurz- und Koseformen: *Ursel, Ursi, Ürsi, Ursle, Ursli, Urschel, Urzili, Uschi, Nuschi;* schweizerisch: *Orseli, Orschel, Orscheli; Ula, Ulla, Ulli, Sula;* englische Form: *Ursula, Ursly;* französisch: *Ursule;* niederländisch: *Ursel, Orsel;* italienisch: *Orsola;* Nebenformen: *Orseline, Orsina, Orsine;* spanisch: *Ursola;* ungarisch: *Orsolya.*
Namensträgerinnen:
Ursula, vermutlich 3. Jahrhundert; Märtyrin in Köln; aufgrund von bei Ausgrabungen gefundenen Gebeinen entstand die Legende der 11000 Jungfrauen-Märtyrinnen (Gedenktag: 21. Oktober).
Ursula Haider, 1913–1498; Klarissin in Valdunen (Vorarlberg); seit 1467 dessen Äbtissin; ab 1480 Äbtissin in Villingen (Gedenktag: 20. Januar).
Ursulane *w,* Weiterbildung von Ursula; Nebenform: *Ursuline.*
Ursule *w,* französische Form von ↗ Ursula.
Ursuline *w,* Nebenform zu ↗ Ursulane.
Ursus *m,* lateinisch: *ursus* = Bär; Kurzform: *Urs;* Koseformen: *Durs, Dursli.*
Urte *w,* Herkunft und Bedeutung fraglich; vielleicht litauische Kurzform für übernommene deutsche weibliche Vornamen, zum Beispiel: Ortrud.
Urzili *w,* Koseform für ↗ Ursula.
Uschi *w,* Koseform für ↗ Ursula.
Bekannte Namensträgerin:
Uschi Glas, geboren 1945; deutsche Bühnen- und Filmschauspielerin.
Usmar *m,* Nebenform zu ↗ Osmar.
Uta *w,* hochdeutsche Nebenform zu ↗ Oda; ältere Form: *Uote;* auch *Ute, Utta, Uda.*
Namensträgerin:
Uta (Ute), im Nibelungenlied die Mutter Kriemhilds.

Ute *w*, Nebenform zu ↗ Uta.

Uthelm *m*, neugebildeter Doppelname aus Uto und Helmut; Nebenform: *Othelm*.

Utilie *w*, Nebenform zu ↗ Ottilie.

Utlinde *w*, Nebenform zu ↗ Otlinde.

Uto *m*, Nebenform zu ↗ Udo.

Utta *w*, Nebenform zu Uta (↗ Oda).

Utto *m*, Nebenform zu ↗ Udo.

Namensträger:

Utto (Udo), 8./9. Jahrhundert; seit 766 Mönch in Metten; dessen Mönche rodeten mit ihm vorbildich im Raum Metten (Gedenktag: 3. Oktober).

Utz *m*, Koseform für ↗ Ulrich und für mit Udal- (althochdeutsch: *uodal* = Erbgut, Heimat) oder Ul- gebildete männliche Vornamen.

Uve *m*, Nebenform zu ↗ Uwe.

Uvo *m*, Nebenform zu ↗ Uwe.

Uwe *m*, friesische Kurzform für mit Udal- (althochdeutsch: *uodal* = Erbgut, Heimat) oder Ul- gebildete männliche Vornamen; Nebenformen: *Uve, Uwo, Uvo, Owe, Ove*.

Bekannter Namensträger:

Uwe Johnson, geboren 1934; deutscher Schriftsteller experimenteller Romane aktueller Themen; seit 1958 in der Bundesrepublik Deutschland.

Uwo *m*, Nebenform zu ↗ Uwe.

Uz *m*, Nebenform zu ↗ Utz.

V

Vaast *m*, Nebenform des flämischen ↗ Wadast.

Vaaz *m*, Kurz- und Koseform für ↗ Servatius.

Vaceslav *m*, tschechische Nebenform zu ↗ Vaćlav.

Vaćlav *m*, tschechische Form von Wenzel (Wenzeslaus); Nebenform: *Vaceslav*.

Bekannter Namensträger:

Vaćlav Havel, geboren 1936; tschechischer Schriftsteller satirisch-grotesker Dramen.

Val *m*, Kurz- und Koseform für ↗ Valentin; auch englisch.

Val *w*, Kurzform für ↗ Valentine.

Valborg *w*, skandinavische Form von ↗ Walburg.

Valdemar *m*, dänische Form von ↗ Waldemar.

Bekannter Namensträger:

Valdemar Poulsen, 1869–1942; dänischer Physiker; erfand Poulsengenerator.

Valenta *w*, italienische weibliche Form von ↗ Valente.

Valente *m*, italienisch; von lateinisch: *valens* = kräftig, gesund.

Valentianus *m*, lateinische erweiterte Form von ↗ Valentin.

Valentin *m*, von lateinisch: *valens* = kräftig, gesund; lateinische Formen: *Valentinus, Valentianus, Valentius*; Kurz- und Koseformen: *Val, Valten, Valtin, Vältin, Valtl, Velten, Veltin, Veitl, Feltes, Fell*; englische Form: *Valentine*; Koseform: *Val*; französisch: *Valentin*; italienisch: *Valentino*.

Bekannte Namensträger:

Valentin von Rätien, gestorben um 575; Abt und Bischof von Rätien; nach Legende Glaubensbote in Passau und Alpengebiet (Gedenktag: 7. Januar).

Valentin von Terni, gestorben 268/269; Bischof von Terni; starb als Märtyrer (Gedenktag: 14. Februar).

Valentin Ernst Löscher, 1673–1749; lutherischer Theologe; Führer des Luthertums (Gedenktag: 12. Februar).

Valentina *w*, Nebenform zu ↗ Valentine.

Bekannte Namensträgerin:

Valentina Tereschkowa, geboren 1937; sowjetrussische Astronautin; umkreiste als erste Frau 1963 die Erde 29mal.

Valentine *m*, englische Form von ↗ Valentin; Kurz- und Koseform: *Val*.

Valentine *w*, die weibliche Form zu ↗ Valentin; Nebenform: *Valentina*; Kurz- oder Koseformen: *Val, Vali, Wally*.

Valentiniano *m*, italienische Weiterbildung von Valentino (↗ Valentin).

Valentino *m*, italienische Form von ↗ Valentin.

Valentinus *m*, lateinische Form von ↗ Valentin.

Valentius *m*, lateinische Form von ↗ Valentin.

Valer *m*, Kurzform für ↗ Valerius.

Valère *m*, französische Form von ↗ Valerius.

Valeria *w*, die weibliche Form zu ↗ Valerius; Nebenform: *Valerie;* Koseformen: *Walli, Wally;* englische Form: *Valeria;* Koseform: *Wally;* französische Form: *Valérie;* polnisch: *Waleska;* russisch: *Valerij.*

Namensträger:

Valeria von Lorch, gestorben 305; fromme Christin in Lorch (Gedenktag: 4. Mai).

Valeria von Rom, römische Märtyrin unbekannter Zeit (Gedenktag: 20. Mai).

Valerian *m*, lateinisch; Weiterbildung von ↗ Valerius; lateinische Form: *Valerianus;* französisch: *Valérien.*

Namensträger:

Valerian, 3. Jahrhundert; legendärer Märtyrer mit seiner Braut Cäcilia (Gedenktag: 14. April).

Valeriana *w*, Weiterbildung von ↗ Valeria; Nebenform: *Valeriane.*

Valeriane *w*, Nebenform zu ↗ Valeriana.

Valerianus *m*, lateinische Form von ↗ Valerian.

Valerie *w*, Nebenform zu ↗ Valeria.

Bekannte Namensträgerin:

Valerie von Martens, geboren 1904; österreichische Filmschauspielerin; Gattin von Curt Goetz.

Valérie *w*, französische Form von ↗ Valeria.

Valérien *m*, französische Form von ↗ Valerian.

Valerij *w*, russische Form von ↗ Valeria.

Valerio *m*, italienische Form von ↗ Valerius.

Valerius *m*, von lateinisch: *valere* = stark, gesund sein; aus dem altrömischen Geschlecht der Valerier stammend; Kurzform: *Valer;* französische Form: *Valère; Valéry;* italienisch: *Valerio.*

Namensträger:

Valerius, 3. Jahrhundert; zweiter bekannter Bischof von Trier (Gedenktag: 29. Januar).

Valerius Herberger, 1562–1627; evangelischer Theologe, Prediger und Liederdichter (Gedenktag: 17. Mai).

Valéry *m*, französische Form von ↗ Valerius.

Bekannter Namensträger:

Valéry Giscard d'Estaing, geboren 1926; französischer Politiker; 1974–1980 Staatspräsident.

Valeska *w*, polnische Form von ↗ Valeria; auch Kurzform für Vladislavka; Nebenform: *Vlaska.*

Vali *w*, Kurz- und Koseform für ↗ Valentine.

Valli *w*, Kurz- und Koseform für ↗ Valentine.

Vally *w*, Nebenform zu ↗ Wally.

Valten *m*, Kurzform für ↗ Valentin.

Valtin *m*, Kurzform für ↗ Valentin.

Vältin *m*, Kurz- oder Koseform für ↗ Valentin.

Valtl *m*, Koseform für ↗ Valentin.

Vanadis *w*, aus der nordischen Mythologie.

Namensträgerin:

Vanadis (Beiname), die germanische Göttin Freyja (↗ Freia).

Vanda *w*, italienische und schwedische Form von ↗ Wanda.

Vanessa *w*, englisch; aus Scotts Roman „Cadenus und Vanessa".

Bekannte Namensträgerin:

Vanessa Redgrave, geboren 1937; englische Filmschauspielerin.

Vania *w*, romanische Form von ↗ Vanja.

Vanja *w*, slawisch; gilt als weibliche Form zu Ivan (↗ Iwan); romanische Form: *Vania.*

Vanna *w*, italienische Kurzform für Giovanna.

Varinka *w*, russische Form für ↗ Barbara; auch *Warenka.*

Varius *m,* lateinisch; Weiterbildung von Varus.

Varus *m,* lateinisch: *varus* = krumm- oder O-beinig.

Bekannter Namensträger:

Varus, Publius Quinctilius, römischer Feldherr; fiel im Kampf mit den Cheruskern 9 n. Chr.

Vaes *m,* Kurz- und Koseform für ↗ Servatius.

Vasco *m,* spanisch und portugiesisch: *vasco* = baskisch, Baske.

Bekannter Namensträger:

Vasco da Gama, um 1469–1524; portugiesischer Seefahrer; entdeckte 1497–1499 den Seeweg nach Indien um das Kap der guten Hoffnung (Afrika).

Vasile *m,* rumänische Form von ↗ Basilius.

Vasilij *m,* russische Nebenform zu ↗ Wassilij.

Vasja *m,* russische Koseform für Vasilij (↗ Wassilij).

Vaubert *m,* französische Form von ↗ Waldbert.

Vaubourg *w,* französische Form von ↗ Walburga.

Vavřinec *m,* tschechische Form von ↗ Laurentius.

Ve *w,* Koseform für ↗ Genoveva.

Vedast *m,* Kurzform für ↗ Vedastus.

Namensträger:

Vedast (Gaston), 5./6. Jahrhundert; aus Périgord; als Bischof von Arras erneuerte er das durch die Hunnen demoralisierte Bistum; betreute zugleich das Bistum Cambrai (Gedenktag: 6. Februar).

Vedastus *m,* lateinische Form des flämischen ↗ Wadast; Kurzform: *Vadast;* französische Form: *Gaston.*

Veetrikki *m,* finnische Form von ↗ Friedrich.

Vefe *w,* Koseform für ↗ Genoveva.

Veidl *m,* Koseform für ↗ Veit.

Veil *m,* Koseform für ↗ Veit.

Veit *m,* lateinische Herkunft; Bedeutung fraglich; vielleicht = Wido, althochdeutsch: *vidu* = *vitu* = Holz, Wald; Nebenform: *Vit;* Koseformen: *Veidl, Veitl, Veil;* neulateinische Form: *Vitus;* romanisiert: *Guido, Vito;* französisch: *Voit, Vit, Guy;* englisch: *Guy;* schwedisch: *Witas;* tschechisch: *Vit;* russisch: *Vit, Veit;* ungarisch: *Vida.*

Bekannte Namensträger:

Veit Dietrich, 1506–1549; lutherischer Theologe und Prediger in Nürnberg (Gedenktag: 24. März).

Veit Harlan, 1899–1964; deutscher Schauspieler und Filmregisseur.

Veit Stoß, um 1445–1533; deutscher Bildhauer, Bildschnitzer, Kupferstecher und Maler; bedeutender Künstler der spätgotischen Plastik.

Veit Valentin, 1885–1947; deutscher Historiker.

Veitl *m,* Koseform für ↗ Valentin.

Velten *m,* Koseform für ↗ Valentin.

Veltin *m,* Koseform für ↗ Valentin.

Venantius *m,* lateinisch; Bedeutung fraglich.

Bekannter Namensträger:

Venantius Fortunatus, 530 – nach 600; Kirchenschriftsteller und Dichter; wurde um 600 Bischof.

Veneta *w,* Nebenform zu ↗ Venetia; bulgarische Form: *Vineta.*

Venetia *w,* lateinisch: aus Venetien (Venedig) stammend (?); Nebenform: *Veneta.*

Venja *m,* russische Koseform für verschiedene männliche Vornamen.

Venja *w,* russische Koseform für verschiedene weibliche Vornamen.

Ventur *m,* lateinisch: *venturus* = der kommen wird.

Ventura *m,* Kurzform für ↗ Bonaventura.

Ver *m,* Kurzform für ↗ Xaver.

Vera *w,* lateinisch: *vera* = die Wahre; russisch: *wjera* = Glaube; auch Kurzform für ↗ Verena und ↗ Veronika; russische Form: *Wera;* Koseform: *Veruschka.*

Bekannte Namensträgerinnen:

Vera, 5. Jahrhundert; fromme französische Christin (Gedenktag: 24. Januar).

Vera Tschechowa, geboren 1940; deutsche Schauspielerin der Bühne und des Films.

Veramaria *w,* Doppelname aus Vera und Maria.
Vere *m,* Kurz- und Koseform für ↗ Xaver.
Verena *w,* ableitbar von lateinisch: *vereri* = besorgtsein, sich scheuen; oder: abgewandelt von Veronika über Verona (?); Kurz- und Koseformen: *Vera, Vreni, Vrenele, Vrein, Rena, Rene, Reni;* französische Form: *Vérène.*
Namensträgerinnen:
Verena von Schönau (Elvira), legendäre Gefährtin Ursulas von Köln (Gedenktag: 22. Juli).
Verena von Zurzach, 4. Jahrhundert; Einsiedlerin bei Zurzach im schweizerischen Aargau; trug zur Verbreitung des Christentums in der Schweiz bei (Gedenktag: 1. September).
Vérène *w,* französische Form von ↗ Verena.
Vergie *w,* englische Kurz- und Koseform für ↗ Virginia.
Vergil *m,* lateinisch: zum altrömischen Geschlecht der Vergilier gehörig; lateinische Form: *Vergilius;* spätlateinische Formen: *Virgil, Virgilius.*
Bedeutender Namensträger:
Vergil (Publius Vergilius Maro), 70 v. – 19 n. Chr., römischer Schriftsteller; von starker Nachwirkung.
Vergilius *m,* lateinische Form von ↗ Vergil.
Verginius *m,* lateinisch: aus dem altrömischen Adelsgeschlecht der Verginier stammend.
Verita *w,* die weibliche Form zu ↗ Veritas.
Veritas *m,* lateinisch: *veritas* = Wahrheit.
Verle *m,* Kurz- und Koseform für ↗ Xaver.
Verlein *m,* Koseform für ↗ Xaver.
Verner *m,* schwedische Form von ↗ Werner.
Vernier *m,* französische Form von ↗ Werner.
Veron *w,* ungarische Form von ↗ Veronika.
Verona *w,* Nebenform zu ↗ Veronika.
Verone *w,* Nebenform zu ↗ Veronika.
Veronika *w,* von griechisch: *pherein* = bringen; *nike* = Sieg; *Pherenike;* Nebenformen: *Verona, Verone, Verena;* Kurz- und Koseformen: *Vron, Vrone, Vroni, Vronele, Vroneli, Vera, Vrein, Fron;* rheinisch: *Frönn, Fronika, Frenne, Frauke, Ronni, Ronny;* schweizerisch: *Vreneli;* französische Form: *Véronique;* ungarisch: *Veron.*
Namensträgerin:
Veronika, gestorben vermutlich 70; legendäre Jüngerin Jesu, die ihm auf dem Kreuzweg das Schweißtuch bot, in dem sich sein Antlitz sichtbar erhalten habe (Gedenktag: 4. Februar).
Veruschka *w,* russische Koseform für ↗ Vera.
Vesta *w,* lateinisch; griechisch: *Hestia.*
Namensträgerin:
Vesta, in der römischen Mythologie Göttin des Herdfeuers, des häuslichen Herds, der Häuslichkeit und des Familienlebens.
Vester *m,* Kurzform für ↗ Silvester.
Veva *w,* Koseform für ↗ Genoveva.
Vevele *w,* Koseform für ↗ Genoveva.
Vevi *w,* Koseform für ↗ Genoveva.
Vibeke *w,* dänische Form von ↗ Wiebke.
Vicelin *m,* Herkunft und Bedeutung fraglich; Nebenform: *Vizelin.*
Namensträger:
Vicelin, um 1090–1154; Glaubensbote der wagrischen Wenden und Apostel Holsteins; seit 1149 Bischof von Oldenburg (Gedenktag: 12. Dezember).
Vicente *m,* portugiesische Form von ↗ Vinzenz.
Vicki *w,* englische Koseform für Victoria (↗ Viktoria).
Bekannte Namensträgerin:
Vicki Baum, 1888–1960; österreichische Schriftstellerin von Unterhaltungsromanen, Novellen und Erzählungen.
Vicky *w,* englische Koseform für Victoria (↗ Viktoria).
Vico *m,* Kurzform für Ludovico (↗

Ludwig) und für andere mit -vico gebildete männliche Vornamen; auch für ↗ Victor.
Bekannter Namensträger:
Vico Loriot (von Bülow), geboren 1923; deutscher Karikaturist und Werbegraphiker; Buchillustrator.
Victoire *w*, französische Form von ↗ Viktoria.
Victor *m*, lateinische Form von ↗ Viktor.
Bekannte und bedeutende Namensträger:
Victor Gollancz, 1893–1967; englischer Schriftsteller und Verleger.
Victor Hugo, 1802–1885; französischer Schriftsteller und Dichter der französischen Romantik.
Victor de Kowa, 1904–1973; deutscher Schauspieler und Regisseur; Charakterdarsteller.
Victor de Vasarély, geboren 1908; ungarisch-französischer Maler und Graphiker; Vertreter der abstrakten und konkreten Kunst sowie der Op-art.
Victoria *w*, lateinische Nebenform und englische Form von ↗ Viktoria.
Bekannte Namensträgerin:
Victoria de Los Angeles, geboren 1923; spanische Sängerin (Sopran).
Victorian *m*, lateinisch; Weiterbildung von Victor (↗ Viktor); lateinische Form: *Victorianus;* Nebenform: *Viktorian;* französische Form: *Victorien.*
Victorianus *m*, lateinische Form von ↗ Victorian.
Victorien *m*, französische Form von ↗ Victorian.
Victorin *m*, Weiterbildung von Victor (↗ Viktor); Nebenform: *Viktorin;* lateinische Form: *Victorinus.*
Namensträger:
Victorin, gestorben um 304; Bischof von Pettau (Ptuj in Jugoslawien); vermutlich Märtyrer unter Diokletian (Gedenktag: 3. November).
Victorina *w*, Nebenform zu ↗ Victorine.
Victorine *w*, die weibliche Form zu ↗ Victorin; Nebenformen: *Victorina, Viktorina, Viktorine;* französische Form: *Victorine.*
Victorinus *m*, lateinische Form von ↗ Victorin.
Victory *w*, englische Form von Victoria (↗ Viktoria).
Vida *m*, ungarische Form von ↗ Veit; auch eine weibliche Form zu David.
Vidal *m*, spanische Form von ↗ Vitalis.
Vidette *w*, englische Weiterbildung von Vida.
Viegl *m*, bayerische Koseform für ↗ Vigil.
Viggo *m*, dänische Kurzform für mit Wig- gebildete männliche Vornamen; auch Kurzform für Victor (↗ Viktor).
Vigil *m*, von lateinisch: *vigilare* = wachen; lateinische Form: *Vigilius;* bayerische Kurz- und Koseformen: *Figl, Viegl.*
Vigilius *m*, lateinische Form von ↗ Vigil.
Namensträger:
Vigilius, gestorben um 405; Bischof von Trient; Glaubensbote im Etschtal; von Heiden zu Tod gesteinigt; Märtyrer (Gedenktag: 26. Juni).
Vike *w*, Nebenform zu ↗ Fike; Koseform für ↗ Ludwiga, ↗ Sophie und ↗ Viktoria.
Viki *w*, Koseform für ↗ Sophie und ↗ Viktoria.
Vikli *w*, Koseform für ↗ Sophie und ↗ Viktoria.
Viktor *m*, lateinisch: *victor* = Sieger; lateinische Nebenform: *Victor;* Kurz- und Koseformen: *Vico, Wikko;* rheinische Koseform: *Trienes;* französische Formen: *Victor, Victorien;* italienisch: *Vittorio, Vittore.*
Bekannte Namensträger:
Viktor von Solothurn, gestorben um 302; legendärer Märtyrer der Thebaischen Legion; zusammen mit Urs und anderen Gefährten hingerichtet (Gedenktag: 30. September).
Viktor von Xanten, gestorben im 3. oder 4. Jahrhundert; Märtyrer in Xanten (Gedenktag: 10. Oktober).
Viktor I., 189–198 Papst; setzte die rö-

mische Primatialgewalt und im Osterfeststreit den römischen Brauch durch.

Viktor Emanuel II., 1820–1878; seit 1861 erster König des geeinten Italien.

Viktoria *w*, die weibliche Form zu ↗ Viktor; lateinisch: *victoria* = Sieg; Nebenform: *Victoria;* Koseformen: *Vike, Viki, Vikli, Vita, Fike, Fieke, Fikchen;* englische Formen: *Victoria, Victory, Vicky;* französisch: *Victoire;* italienisch: *Vittoria.*

Bekannte Namensträgerinnen:

Viktoria von Córdoba, etwa 3. Jahrhundert; legendäre spanische Märtyrin zu Córdoba (Gedenktag: 17. November).

Viktoria von Rom, gestorben um 250 oder um 304; unter Decius oder Diokletian Märtyrin (Gedenktag: 23. Dezember).

Viktoria, 1840–1901; deutsche Kaiserin; Tochter Viktorias von England; Gattin Kaiser Friedrichs III.

Viktoria, 1819–1901; Königin von Großbritannien und Irland; Kaiserin von Indien; Gattin von Prinz Albert von Sachsen-Coburg-Gotha; unter ihr Blüte Englands.

Viktorin *m*, Nebenform zu ↗ Victorin.

Viktorina *w*, Nebenform zu ↗ Victorine.

Viktorine *w*, Nebenform zu ↗ Victorine.

Viktrizius *m*, Weiterbildung von Viktor.

Namensträger:

Viktrizius Weiß, 1842–1924; seit 1875 Kapuziner; Provinzial; übernahm die Chilemission; vorbildlicher Erzieher, Seelsorger und Exerzitienmeister (Gedenktag: 8. Oktober).

Vilém *m*, tschechische Form von ↗ Wilhelm; Nebenform: *Vileme;* Koseform: *Minka.*

Vilema *w*, tschechische Form von ↗ Wilhelma; Koseform: *Minka.*

Vileme *m*, tschechische Nebenform zu Vilém (↗ Wilhelm).

Vilgelmina *w*, russische Form von ↗ Wilhelmine.

Viliana *w*, russische Neubildung aus den Initialen Vladimir Lenins.

Vilja *w*, finnisch und ungarisch: = Reichtum, Güte.

Vilma *w*, die weibliche Form zu ungarisch Vilmos (↗ Wilhelm); also ungarische Form von Wilhelma.

Vilmar *m*, althochdeutsch: *filu* = viel; *mari* = berühmt.

Vilmos *m*, ungarische Form von ↗ Wilhelm.

Vincent *m*, niederländische, englische, französische Form von ↗ Vinzenz.

Bedeutender Namensträger:

Vincent van Gogh, 1853–1890; niederländischer Maler, Zeichner und Lithograph; führte vom Impressionismus zum Expressionismus in Landschaften, Stilleben und Bildnissen.

Vincenta *w*, Nebenform zu ↗ Vincentia; auch *Vinzenta.*

Vincentia *w*, die weibliche Form zu ↗ Vinzenz; Nebenformen: *Vinzentia, Vincenta, Vinzenta;* Kurz- und Koseformen: *Centa, Senda, Sens, Senta, Zenta, Zenzi.*

Vincentina *w*, Weiterbildung von Vincentia; Nebenform: *Vinzentina.*

Vincentius *m*, lateinische Form von ↗ Vinzenz; Nebenform: *Vinzentius.*

Vincenty *m*, polnisch für ↗ Vinzenz.

Vincenz *m*, Nebenform zu ↗ Vinzenz.

Vincenzo *m*, italienisch für ↗ Vinzenz.

Vineta *w*, bulgarische Form von Veneta (↗ Venetia).

Vinz *m*, Kurzform für ↗ Vinzenz.

Vinzent *m*, Nebenform zu ↗ Vinzenz.

Vinzenta *w*, Nebenform zu Vincenta (↗ Vincentia).

Vinzentia *w*, Nebenform zu ↗ Vincentia.

Vinzentina *w*, Nebenform zu ↗ Vincentina.

Vinzentius *m*, Nebenform zu Vincentius (↗ Vinzenz).

Vinzenz *m*, von lateinisch: *vincens* = siegend, Sieger; Nebenformen: *Vincenz, Vinzent;* Kurz- und Koseformen: *Vinz, Zenz, Zenzel;* lateinische Form: *Vincentius;* niederländisch, englisch und französisch: *Vincent;*

italienisch: *Vincenzo;* portugiesisch: *Vicente;* polnisch: *Vincenty.*
Bekannte Namensträger:
Vinzenz von Beauvais, 12./13. Jahrhundert; Dominikaner; Prediger, Schriftsteller und Erzieher am Hof Ludwigs IX. von Frankreich.
Vinzenz von Paul, 1581–1660; gründete die Kongregation der Mission (Lazaristen) für Volksmission, mit Luise von Marillac die Vinzentinerinnen (Gedenktag: 27. September).
Vinzenz von Saragossa, gestorben 304; nach der Überlieferung Archidiakon in Saragossa; erlitt mit seinem Bischof in Valencia das Martyrium (Gedenktag: 22. Januar).
Vinzenz Ferrer, um 1350–1419; Dominikaner; bedeutender Bußprediger seiner Zeit (Gedenktag: 5. April).
Vinzenz Pallotti, 1795–1850; katholischer Theologe; Jugend-, Gefangenen-, Krankenseelsorger; Volksmissionar; gründete 1835 die Pallottiner sowie 1843 die Pallottinerinnen (Gedenktag: 22. Januar).
Vinzenz Prießnitz, 1799–1851; deutscher Naturheilkundiger; entwickelte Heilmethode der Wasserbehandlung.

Viola *w,* lateinisch: *viola* = Veilchen; englische Formen: *Violet, Violett;* italienisch: *Violetta;* französisch: *Violette.*
Namensträgerin:
Viola, gestorben um 304; nach der Überlieferung Märtyrin in Südtirol unter Diokletian (Gedenktag: 3. Mai).

Violet *w,* englische Form aus ↗ Viola; Nebenform: *Violett.*

Violett *w,* englische Nebenform zu Violet (↗ Viola).

Violetta *w,* italienische Form aus ↗ Viola; Kurz- und Koseform: *Letta.*

Violette *w,* französische Form aus ↗ Viola.

Virgie *w,* englische Kurz- und Koseform für ↗ Virginia.

Virgil *m,* spätlateinische Form zu ↗ Vergil; lateinische Form: *Virgilius.*
Namensträger:
Virgil, gestorben 784; irischer Glaubensbote in Karantanien (Kärnten); seit 743 Verwalter des Bistums Salzburg als Abt von Sankt Peter ebenda; seit 755 Bischof (Gedenktag: 24. September; evangelisch: 27. November).

Virgilia *w,* die weibliche Form zu Virgilius (↗ Virgil).

Virgilius *m,* lateinische Form von ↗ Virgil.

Virginia *w,* lateinisch: *virgo* = Jungfrau; weibliche Form zu Virginius (↗ Verginius); Nebenform: *Virginie;* englische Form: *Virginia;* Kurz- und Koseform: *Virgie, Vergie, Ginger, Ginnie;* französisch: *Virginie.*
Namensträgerinnen:
Virginia, französische Hirtin; Lebensdaten fehlen (Gedenktag: 7. Januar).
Virginia Woolf, 1882–1941; bekannte englische Schriftstellerin und Literaturkritikerin.

Virginie *w,* deutsche Nebenform und französische Form von ↗ Virginia.

Virginius *m,* spätlateinische Form von ↗ Verginius.

Vit *m,* Nebenform zu ↗ Veit; auch französische und russische Form von ↗ Veit.

Vít *m,* tschechische Form von ↗ Veit.

Vita *w,* lateinisch: *vita* = Leben; auch Kurzform für ↗ Viktoria.

Vital *m,* Nebenform zu ↗ Vitalis.

Vitale *m,* italienische Form von ↗ Vitalis.

Vitalis *m,* lateinisch: *vitalis* = belebend, lebenerhaltend; Nebenform: *Vital;* italienische Form: *Vitale;* spanisch: *Vidal.*
Namensträger:
Vitalis, gestorben vor 730; Bischof von Salzburg und Abt von Sankt Peter daselbst; soll Glaubensbote im Pinzgau gewesen sein (Gedenktag: 20. Oktober).

Vitellius *m,* lateinische Weiterbildung von Vitulus.

Vito *m,* italienische Form von ↗ Veit.

Vittore *m,* italienische Form von ↗ Viktor.

Vittoria *w,* italienische Form von ↗ Viktoria.

Vittorio *m,* italienische Form von ↗ Viktor.
Bekannte Namensträger:
Vittorio de Sabata, 1892–1967; italienischer Dirigent und Komponist.
Vittorio de Sica, 1902–1974; italienischer Schauspieler der Bühne und des Films sowie Filmregisseur.

Vitulja *m,* russische Form von ↗ Viktor.

Vitulus *m,* lateinisch: *vitulus* = das Kalb.

Vitus *m,* lateinische Form von ↗ Veit; slawische Formen: *Fito, Fitko.*
Bekannte Namensträger:
Vitus (Veit), gestorben 304; Märtyrer in Sizilien unter Diokletian; einer der 14 Nothelfer (Gedenktag: 15. Juni).
Vitus Bering, 1680–1741; dänischer Polar- und Asienforscher; umfuhr die asiatische Ostspitze; durchfuhr die Beringstraße; Erforscher Sibiriens.

Viv *w,* englische Kurz- und Koseform für ↗ Viviane.

Viveka *w,* neuere schwedische Form von Vivica (↗ Wiebke).

Vivian *m,* englische Form von ↗ Vivianus.
Bekannter Namensträger:
Vivian Ernest Fuchs, geboren 1908; englischer Geologe; Südpolarforscher; durchquerte als erster 1957/58 die Antarktis auf dem Landweg.

Viviana *w,* Nebenform zu ↗ Viviane.

Viviane *w,* die weibliche Form zu ↗ Vivianus; Nebenformen: *Viviana, Bibiana;* französische Formen: *Viviane, Vivienne, Bibiane;* englisch: *Viviane, Vivien, Viv.*

Vivianus *m,* von lateinisch: *vivere* = leben; englische Form: *Vivian;* französisch: *Vivien;* portugiesisch: *Bibieno.*

Vivica *w,* ältere schwedische Form für Vibeke (↗ Wiebke).

Vivien *m,* französische Form von ↗ Vivianus.

Vivien *w,* englische Form von ↗ Viviane.
Bekannte Namensträgerin:
Vivien Leigh, 1913–1967; englische Schauspielerin der Bühne und des Films.

Vivienne *w,* französische Form von ↗ Viviane.

Vizelin *m,* Nebenform zu ↗ Vicelin.

Vladimir *m,* russische Form von ↗ Wladimir.
Bekannter Namensträger:
Vladimir Nabokov, 1899–1977; russisch-amerikanischer Schriftsteller und Zoologe.

Vladislavka *w,* polnische weibliche Form zu ↗ Wladimir.

Vlaska *w,* polnische Nebenform zu ↗ Valeska.

Voit *m,* französische Form von ↗ Veit.

Voitěch *m,* tschechische Form von ↗ Adalbert.

Vola *w,* friesische Kurzform für mit Volk- gebildete weibliche Vornamen; Nebenform: *Volla.*

Volbert *m,* Nebenform zu ↗ Volkbert.

Volch *m,* Koseform für ↗ Volker.

Volhard *m,* Nebenform zu ↗ Volkhard.

Volkart *m,* Nebenform zu ↗ Volkhard.

Volkbert *m,* althochdeutsch: *folk* = Volk; *beraht* = glänzend; Nebenformen: *Volkbrecht, Volbert, Volpert, Volprecht, Folbert, Fulbert.*

Volkberta *w,* die weibliche Form zu ↗ Volkbert; Nebenform: *Fulberta.*

Volkbrand *m,* althochdeutsch: *folk* = Volk; *brand* = Schwert, Feuer.

Volkbrecht *m,* Nebenform zu ↗ Volkbert.

Volkenand *m,* althochdeutsch: *folk* = Volk; *nand* = kühn.

Volker *m,* althochdeutsch: *folk* = Volk; *hari* = Heer; Nebenformen: *Volkher, Folker, Folkher;* Kurz- und Koseformen: *Volko, Fulko, Folk, Folke, Volkmann, Volz, Volch, Fock, Fokko, Focko.*
Bekannte Namensträger:
Volker, gestorben um 1135; mit Vicelin Glaubensbote der Wenden; Chorherr in Segeberg; Märtyrer durch die Slawen (Gedenktag: 7. März).
Volker Schlöndorff, geboren 1939; deutscher Regisseur des zeitkritischen Jungen Deutschen Films.

Volkerdine *w*, finnische weibliche Weiterbildung von ↗ Volkhard.

Volkert *m*, Nebenform zu ↗ Volkhard.

Volkhard *m*, althochdeutsch: *folk* = Volk; *harti* = stark; Nebenformen: *Volkhart, Volhard, Vollhard, Volkart, Volkert, Folkhard, Folkert.*

Volkhart *m*, Nebenform zu ↗ Volkhard.

Volkher *m*, Nebenform zu ↗ Volker.

Volkhild *w*, althochdeutsch: *folk* = Volk; *hiltja* = Kampf; Nebenform: *Volkhilde;* friesische Koseform: *Folke.*

Volkhilde *w*, Nebenform zu ↗ Volkhild.

Volkhold *m*, Nebenform zu ↗ Volkwald.

Volkmann *m*, althochdeutsch: *folk* = Volk; *man* = Mann; auch Koseform für ↗ Volker.

Volkmar *m*, althochdeutsch: *folk* = Volk; *mari* = berühmt; Nebenformen: *Volkmer, Volmar, Folkmar.*

Namensträger:

Volkmar, gestorben 1282; Benediktinerabt in Niederaltaich; von aufrührerischen Mitbrüdern mit Pfeilen erschossen (Gedenktag: 9. Mai).

Volkmer *m*, Nebenform zu ↗ Volkmar.

Volko *m*, Koseform für ↗ Volker; allgemein: Kurzform für mit Volk- gebildete männliche Vornamen; Nebenformen: *Volch, Volz, Folk, Folke, Fulko.*

Volkrad *m*, althochdeutsch: *folk* = Volk; *rat* = Rat, Ratgeber; Nebenformen: *Volkrat, Volrad, Vollrad, Vollrat, Volrat, Folkrad, Folkrat, Fulrad.*

Volkram *m*, althochdeutsch: *folk* = Volk; *rhaban* = Rabe.

Volkrat *m*, Nebenform zu ↗ Volkrad.

Volkwald *w*, althochdeutsch: *folk* = Volk; *waltan* = walten, gebieten; Nebenform: *Volkhold.*

Volkward *m*, althochdeutsch: *folk* = Volk; *ward* = Schutz.

Volkwin *m*, althochdeutsch: *folk* = Volk; *wini* = Freund; Nebenformen: *Volquin, Folkwein.*

Volla *w*, Nebenform zu ↗ Vola.

Volle *w*, friesische Kurzform für mit Volk- gebildete weibliche Vornamen.

Vollhard *m*, Nebenform zu ↗ Volkhard.

Vollina *w*, friesische Kurzform für mit Volk- gebildete weibliche Vornamen.

Vollrad *m*, Nebenform zu ↗ Volkrad.

Vollrat *m*, Nebenform zu ↗ Volkrad.

Volmar *m*, Nebenform zu ↗ Volkmar.

Volpert *m*, Nebenform zu ↗ Volkbert.

Volprecht *m*, Nebenform zu ↗ Volkbert.

Volquin *m*, Nebenform zu ↗ Volkwin.

Volrad *m*, Nebenform zu ↗ Volkrad.

Volrat *m*, Nebenform zu ↗ Volkrad.

Völund *m*, dänische Form von ↗ Wiland.

Völundar *m*, altnordische Form von ↗ Wiland.

Volz *m*, Koseform für ↗ Volker.

Vreda *w*, niederdeutsche Form von ↗ Frieda.

Vrein *w*, Koseform für ↗ Verena und ↗ Veronika.

Vrenele *w*, Koseform für ↗ Verena.

Vreneli *w*, schweizerische Koseform für ↗ Verena und ↗ Veronika.

Vreni *w*, Kurz- und Koseform für ↗ Verena.

Vrone *w*, Kurz- und Koseform für ↗ Veronika.

Vroneli *w*, Kurz- und Koseform für ↗ Veronika.

Vroni *w*, Kurz- und Koseform für ↗ Veronika.

Vyfken *w*, Koseform für ↗ Genoveva.

W

Waberl *w*, Kurz- und Koseform für ↗ Barbara und ↗ Walburg.

Wacharmund *m*, Nebenform zu ↗ Wachsmuth.

Wacher *m*, Nebenform zu ↗ Wacker.

Wachher *m*, Nebenform zu ↗ Wacker.

Wachmund *m*, Nebenform zu ↗ Wachsmuth.

Wachsmuth *m,* althochdeutsch: *wahsan* = wachsen; *muot* = Sinn, Geist; Nebenformen: *Wachsmut, Wasmut, Wasmod, Wasmot, Wacharmund, Wachmund;* Kurz- und Koseformen: *Weske, Wesche.*

Wacker *m,* germanisch: wachsamer Krieger; Nebenformen: *Wackher, Wachher, Wacher.*

Wackher *m,* Nebenform zu ↗ Wacker.

Wacław *m,* polnische Form von ↗ Wenzeslaus.

Bekannter Namensträger:

Wacław Nijinskij, 1890–1950; russischer Tänzer, Ballettmeister und Choreograh polnischer Herkunft.

Wadast *m,* flämisch; Nebenformen: *Vaast, Vedast;* lateinische Form: *Vedastus;* französisch: *Gaston.*

Wala *m,* althochdeutsch: *wal* = Walstatt, Kampfplatz (?).

Namensträger:

Wala, um 755–836; einflußreicher Vetter Karls des Großen; gründete mit seinem Bruder 822 Korvey; wurde 826 Abt von Corbie, 833 von Bobbio; bemüht um Reichseinheit (Gedenktag: 31. August).

Wala *w,* Kurz- und Koseform für ↗ Walburg.

Walafrid *m,* althochdeutsch: *wal* = Walstatt; *fridu* = Friede; Nebenformen: *Walafried, Walfried, Walfrid.*

Bekannter Namensträger:

Walafrid Strabo, um 808–849; seit 838 Abt von Reichenau; bedeutender Gelehrter, Dichter und theologischer Schriftsteller.

Walafried *m,* Nebenform zu ↗ Walafrid.

Waland *m,* Nebenform zu ↗ Wiland.

Walarich *m,* althochdeutsch: *wal* = Walstatt; *rihhi* = reich, mächtig.

Walber *w,* estnische Form von ↗ Walburg.

Walbert *m,* althochdeutsch: *waltan* = walten, gebieten; *beraht* = glänzend; Nebenformen: *Waldbert, Waldebert;* französische Form: *Vaubert.*

Walborg *w,* deutsche Form des schwedischen Valborg (↗ Walburg).

Walburg *w,* althochdeutsch: *wal* = Walstatt; *burg* = Burg, Schutz, Zuflucht; Nebenformen: *Walburga, Walburge, Walpurga, Walpurgis;* ältere Formen: *Waldburg, Waldburga;* Kurz- und Koseformen: *Waberl, Wala, Walli, Wally, Wobbe, Burga, Burge;* schwedische Form: *Valborg;* französisch: *Vaubourg;* estnisch: *Walber.*

Namensträgerinnen:

Walburg von Heidenheim, gestorben 770; angelsächsische Ordensfrau; wurde Äbtissin des Doppelklosters Heidenheim; wirkte missionarisch unter dem teils noch heidnischen Volk (Gedenktag: 25. Februar).

Walburg von Neuenheerse, 9. Jahrhundert; um 868 erste Äbtissin des Frauenstifts Neuenheerse (Gedenktag: 4. März).

Walburga *w,* Nebenform zu ↗ Walburg.

Walburge *w,* Nebenform zu ↗ Walburg.

Walda *w,* Kurzform für mit Wald- oder Walde- gebildete weibliche Vornamen; Nebenform: *Welda.*

Waldbert *m,* Nebenform zu ↗ Walbert.

Waldburg *w,* ältere Form von ↗ Walburg.

Waldburga *w,* ältere Form von ↗ Walburg.

Waldebert *m,* Nebenform zu ↗ Walbert.

Waldeberta *w,* die weibliche Form zu Waldebert (↗ Walbert).

Waldegund *w,* althochdeutsch: *waltan* = walten, gebieten; *gund* = Kampf; Nebenform: *Waldegunde.*

Waldegunde *w,* Nebenform zu ↗ Waldegund.

Waldel *m,* Kurz- und Koseform für ↗ Waldemar.

Waldemar *m,* althochdeutsch: *waltan* = walten, gebieten; *mari* = berühmt; Nebenformen: *Waldomar;* niederdeutsch: *Waldel, Waldl, Waldo;* dänische Form: *Valdemar;* polnisch: *Włodzimierz;* russich: *Wladimir, Vladimir.*

Bekannte Namensträger:
Waldemar (Wladimir), gestorben 1015; russischer Großfürst von Kiew; seit 980 Alleinherrscher im Rus-Reich; wurde 989 Christ und erklärte das Christentum zur Staatsreligion, die stark von Byzanz geprägt war (Gedenktag: 15. Juli).
Waldemar IV., 1320–1375; König von Dänemark..

Waldfried *m,* althochdeutsch: *waltan* = walten; *fridu* = Friede.

Waldi *m,* Kurzform für mit Wald- (althochdeutsch: *waltan)* gebildete männliche Vornamen; Nebenform: *Waldo.*

Waldl *m,* bayerische Kurz- und Koseform für ↗ Willibald; auch Koseform für ↗ Waldemar.

Waldmann *m,* Koseform für mit Wald- oder -wald gebildete männliche Vornamen; Nebenform: *Waltmann.*

Waldo *m,* Nebenform zu ↗ Waldi.

Waldomar *m,* Nebenform zu ↗ Waldemar.

Waldrada *w,* althochdeutsch: *waltan* = walten, gebieten; *rat* = Rat, Beratung.
Namensträgerin:
Waldrada, 7. Jahrhundert; Herzogstochter; Äbtissin (Gedenktag: 27. Juli).

Waldtraut *w,* Nebenform zu ↗ Waltrud.

Waleska *w,* polnische Form von ↗ Valeria.

Walfrid *m,* Nebenform zu ↗ Walafrid und ↗ Waltfrid.

Walfried *m,* Nebenform zu ↗ Walafrid und ↗ Waltfrid.

Walfriede *w,* die weibliche Form zu Walfried (↗ Walafrid).

Walli *w,* Koseform für ↗ Valeria und ↗ Walburg; allgemein: Kurzform für mit Wal- gebildete weibliche Vornamen.

Wallram *m,* Nebenform zu ↗ Waltram.

Wally *w,* Kurz- und Koseform für ↗ Valentine, ↗ Valeria und ↗ Walburg; entspricht ↗ Walli; Nebenform: *Vally.*

Walo *m,* Kurzform für mit Wal- oder Wald- gebildete männliche Vornamen.

Walpurga *w,* Nebenform zu ↗ Walburg.

Walpurgis *w,* Nebenform zu ↗ Walburg.

Walraf *m,* Nebenform zu ↗ Waltram.

Walram *m,* Nebenform zu ↗ Waltram.
Namensträger:
Walram, gestorben 1143; erster Abt der 1129 gegründeten Zisterzienserabtei Ourscamp (Gedenktag: 29. Mai).

Walt *m,* englische Kurzform für ↗ Walter.
Bekannter Namensträger:
Walt Disney, 1901–1966; amerikanischer Trickfilmzeichner, Filmregisseur und -produzent von Dokumentarfilmen.

Waltel *m,* Kurz- und Koseform für ↗ Willibald.

Walter *m,* althochdeutsch: *waltan* = walten, gebieten; *hari* = *heri* = Heer; ältere Formen: *Walthari, Waltheri, Walther;* schweizerisch: *Wälti;* niederdeutsch: *Wolter, Wolt, Wold, Woltje;* Kurz- und Koseformen: *Welter, Welti, Walz, Watt, Watty;* englische Formen: *Walter, Walt, Walty, Wat;* niederländisch: *Wauter, Wouter, Wout;* französisch: *Gautier, Gauthier;* italienisch: *Gualterio, Gualtiero.*
Bekannte und bedeutende Namensträger:
Walter von Bierbeek, gestorben zwischen 1206 und 1222; Ritter, Kreuzfahrer; seit etwa 1185 Zisterzienser in Himmerod (Gedenktag: 22. Januar).
Walter (Waltger) von Herford, 9. Jahrhundert; vermutlich Gründer eines Frauenstifts in Müdehorst (Gedenktag: 16. November).
Walter von Mondsee, gestorben 1158; seit 1145 Abt von Mondsee (Gedenktag: 17. Mai).
Walter von Rebais, gestorben 1099; Benediktiner in Rebais; wurde erster Abt des Klosters Pontoise (Gedenktag: 8. April).

Walter Berry, geboren 1929; österreichischer Opernsänger (Baßbariton).

Walter Bothe, 1891–1957; deutscher Kern- und Biophysiker.

Walter Bruch, geboren 1908; deutscher Fernsehingenieur, entwickelte das PAL-Farbfernsehsystem.

Walter Eucken, 1891-1950; deutscher Nationalökonom; begründete den Neoliberalismus.

Walter Gieseking, 1895–1956; deutscher Pianist und Komponist; Interpret der französischen Impressionisten.

Walter Gropius, 1883–1969; deutscher Architekt; Gründer und 1919–1928 Leiter des Bauhauses in Weimar; Förderer modernen Bauens.

Walter Hallstein, 1901–1982; deutscher christdemokratischer Politiker; 1958–1967 Präsident der Kommission der Europäischen Wirtschaftsgemeinschaft, 1968–1974 der Europäischen Bewegung.

Walter Hasenclever, 1890–1940; deutscher expressionistischer Schriftsteller; Pazifist.

Walter Jens, geboren 1923; deutscher Schriftsteller, Philologe und Literaturkritiker der „Gruppe 47".

Walter Kempowsky, geboren 1929; deutscher Romanschriftsteller.

Walter Nernst, 1864–1941; deutscher Physiker und Chemiker.

Walter Paucker, gestorben 1919; evangelischer baltischer Blutzeuge (Gedenktag: 6. Januar).

Walter Raleigh, um 1552–1618; englischer Seefahrer und Schriftsteller; 1585 Gründer der ersten englischen Kolonie in Nordamerika (Virginia).

Walter Scheel, geboren 1919; deutscher liberaler Politiker; 1969–1974 Bundesaußenminister; 1974–1979 Bundespräsident.

Walter Scott, 1771–1832; schottischer Schriftsteller; gab schottische Balladensammlung heraus; begründete den europäischen Geschichtsroman.

Walter (Walt) Whitman, 1819–1892; amerikanischer Lyriker; von Einfluß auf die Symbolisten.

Walter Ulbricht, 1893–1973; deutscher kommunistischer Politiker; Mitgründer der Kommunistischen Partei Deutschlands; 1960–1973 Vorsitzender des Staatsrats der Deutschen Demokratischen Republik.

Waltfrid *m,* althochdeutsch: *waltan* = walten, gebieten; *fridu* = Friede; Nebenformen: *Walfrid, Walfried.*

Namensträger:

Waltfrid (Walfrid), 8. Jahrhundert; vermutlich angelsächsischer Mönch und Glaubensbote (Gedenktag: 7. Juli).

Walthard *m,* althochdeutsch: *waltan* = walten, gebieten; *harti* = stark; Nebenform: *Walthart.*

Walthari *m,* ältere Form von ↗ Walter.

Walthart *m,* Nebenform zu ↗ Walthard.

Waltheide *w,* althochdeutsch: *waltan* = walten, gebieten; *heit* = Wesen.

Walthelm *m,* althochdeutsch: *waltan* = walten gebieten; *helm* = Helm, Schutz.

Walther *m,* ältere Form von ↗ Walter.

Bekannte Namensträger:

Walther von der Vogelweide, etwa 1170–1229; mittelhochdeutscher Minnesänger und Spruchdichter; einer der Vollender des höfischen Minnesangs.

Walther Bauersfeld, 1879–1959; deutscher Ingenieur; Erfinder des Planetariums.

Walther Rathenau, 1867–1922 (ermordet); deutscher Politiker; schloß als Außenminister den deutsch-russischen Rapallovertrag.

Waltheri *m,* ältere Form von ↗ Walter.

Walthert *m,* Nebenform zu ↗ Waltrad.

Walthild *w,* althochdeutsch: *waltan* = walten, gebieten; *hiltja* = Kampf; Nebenform: *Walthilde.*

Walthilde *w,* Nebenform zu ↗ Walthild.

Waltmann *m,* Nebenform zu ↗ Waldmann.

Walto *m*, Nebenform zu ↗ Baldo.
Namensträger:
Walto (Balto), gestorben 1156/57; seit 1129 Abt in Wessobrunn (Gedenktag: 27. Dezember).

Waltrad *m*, althochdeutsch: *waltan* = walten, gebieten; *rat* = Rat, Ratgeber; Nebenformen: *Waltrat, Walthert.*

Waltram *m*, althochdeutsch: *waltan* = walten, gebieten; *hraban* = Rabe; Nebenformen: *Walram, Wallram, Walraf;* Kurz- und Koseformen: *Rab, Raff, Ram, Rapp.*

Waltrat *m*, Nebenform zu ↗ Waltrad.

Waltraud *w*, Nebenform zu ↗ Waltrud.

Waltraut *w*, Nebenform zu ↗ Waltrud.

Waltrud *w*, althochdeutsch: *wal* = Walstatt, Kampfplatz; *trud* = stark, kräftig, zuverlässig; Nebenformen: *Waltrude, Waltrudis, Waltraud, Waltraut, Waldtraut.*
Namensträgerin:
Waltrud (Waldetrud), gestorben um 688; gründete ein Kloster in Mons (Hennegau) und wurde dessen erste Äbtissin (Gedenktag: 9. April).

Waltrude *w*, Nebenform zu ↗ Waltrud.

Waltrudis *w*, Nebenform zu ↗ Waltrud.

Waltrun *w*, althochdeutsch: *waltan* = walten, gebieten; *runa* = Geheimnis, Zauber.

Walty *m*, englische Kurz- und Koseform für ↗ Walter.

Walz *m*, Koseform für ↗ Walter

Wambold *m*, Nebenform zu ↗ Warmbold.

Wamoda *w*, Nebenform zu ↗ Wandelmoda.

Wanda *w*, Kurzform für ↗ Wendelgard; auch polnisch; Bedeutung fraglich; oder: slawisch: Wendin, Wandalin (?); italienische und schwedische Form: *Vanda.*
Bekannte Namensträgerin:
Wanda Landowska, 1877–1959; polnische Pianistin und Cembalistin; auch Musikschriftstellerin.

Wandelgard *w*, Nebenform zu ↗ Wendelgard.

Wandeline *w*, Erweiterungsform von ↗ Wanda.

Wandelmoda *w*, *wandel* = vom Stamm der Vandalen; germanisch: *moda* = althochdeutsch: *muot* = Geist, Sinn; Nebenform: *Wamoda.*

Wander *m*, Koseform für ↗ Wendelin.

Wandilbert *m*, Nebenform zu ↗ Wendelbert.

Wandilmar *m*, Nebenform zu ↗ Wendelmar.

Wando *m*, Kurzform für ↗ Wandregisil.
Namensträger:
Wando, gestorben 756; Abt von Fontenelle; Bibliothekar (Gedenktag: 17. April).

Wandregisil *m*, althochdeutsch: *gisel* = Pfeil, Speer; oder *gisal* = Geisel; Kurzform: *Wando.*
Namensträger:
Wandregisil, um 600–668; Hausmeier König Dagoberts I., wurde Benediktiner in Montfaucon; gründete um 650 das Kloster Fontenelle und wurde dessen Abt (Gedenktag: 14. Juli).

Wangeline *w*, Herkunft und Bedeutung fraglich.

Wanja *m*, russische Koseform für ↗ Iwan.

Wanko *m*, bulgarische Koseform für ↗ Iwan.

Waramund *m*, ältere Form von ↗ Warmund.

Warand *m*, althochdeutsch: *warjan* = wehren, verteidigen; Nebenformen: *Warant, Werant, Weriand, Weriant.*

Warant *m*, Nebenform zu ↗ Warand.

Warenka *w*, russische Koseform für ↗ Barbara.

Warimunt *m*, ältere Form von ↗ Warmund.

Warin *m*, germanisch: *warm* = vom Stamm der Warnen; Nebenform zu ↗ Guarin; auch *Werin.*
Namensträger:
Warin, gestorben 856; Benediktiner in Corbie; seit 826 Abt von Korvey (Gedenktag: 20. September).

Warinbald *m*, Nebenform zu ↗ Warmbold.

Warja *w*, russische Koseform für Warwara (↗ Barbara).

Warmbold *m*, *warm* = vom Stamm der Warnen; althochdeutsch: *bald* = kühn; Nebenformen: *Warinbald, Werinbald, Werenbolt, Wambold.*

Warmund *m*, germanisch: *warjan* = wehren, verteidigen; althochdeutsch: *munt* = Schutz; ältere Form: *Waramund* und *Warimunt;* Nebenform: *Garimund.*

Warnart *m*, friesische Form von ↗ Wernhard.

Warner *m*, schlesische Nebenform zu ↗ Werner.

Warnert *m*, friesische Form von ↗ Wernhard.

Warnfried *m*, Nebenform zu ↗ Wernfried.

Warwara *w*, russische Form von ↗ Barbara; Koseform: *Warja.*

Washington *m*, englisch-amerikanisch; ursprünglich Familienname.
Namensträger:
Washington Irving, 1783–1859; amerikanischer Schriftsteller humorvoller Erzählungen.

Wasil *m*, slawische Kurzform für ↗ Basilius.

Wasja *m*, russische Koseform für ↗ Wassilij.

Wasmod *m*, Nebenform zu ↗ Wachsmuth.

Wasmot *m*, Nebenform zu ↗ Wachsmuth.

Wasmut *m*, Nebenform zu ↗ Wachsmuth.

Wassili *m*, Nebenform zu ↗ Wassilij.

Wassilij *m*, russische Form von ↗ Basilius; Nebenformen: *Wassili, Vasilij;* Koseformen: *Wasil, Wasja, Vasja.*
Bekannter Namensträger:
Wassilij Kandinsky, 1866–1944; russisch-deutscher Maler, Graphiker und Kunsthistoriker; begründete die abstrakte Malerei.

Wastel *m*, bayerische Kurz- und Koseform für ↗ Sebastian; Nebenformen: *Wastl, Watschel.*

Wastl *m*, bayerische Nebenform zu Wastel (↗ Sebastian).

Wat *m*, englische Koseform für ↗ Walter.

Watschel *m*, bayerische Nebenform zu Wastel (↗ Sebastian).

Watt *m*, Kurz- und Koseform für ↗ Walter.

Watty *m*, Koseform für ↗ Walter.

Wätzold *m*, Nebenform zu ↗ Werner.

Wauter *m*, niederländische Form von ↗ Walter.

Wawerl *w*, Kurz- und Koseform für ↗ Barbara.

Wayland *m*, englische Form von ↗ Wiland.

Wazlaw *m*, Kurzform für ↗ Wenzeslaus; deutsche Schreibweise für tschechisch Vaćlav und polnisch Wacław.

Weda *w*, friesische Kurzform für mit Wig- gebildete weibliche Vornamen; Nebenformen: *Wedeke, Wedis, Weeda.*

Wedeke *w*, Nebenform zu ↗ Weda.

Wedekind *m*, niederdeutsche Nebenform zu ↗ Widukind.

Wedigo *m*, niederdeutsch-friesische Kurzform für mit Wede- oder Widu- (althochdeutsch: *witu* = Holz, Wald) gebildete männliche Vornamen; auch Nebenform zu ↗ Wittiko.

Wedis *w*, Nebenform zu ↗ Weda.

Weeda *w*, Nebenform zu ↗ Weda.

Weeka *w*, friesische Kurzform für mit Wede- gebildete weibliche Vornamen; Nebenform: *Weeke.*

Weeke *m* und *w*, Nebenform zu ↗ Weeka und ↗ Weeko.

Weeko *m*, friesische Kurzform für mit Wede- gebildete männliche Vornamen; Nebenform: *Weeke.*

Weerd *m*, Nebenform zu ↗ Weert.

Weert *m*, niederdeutsch-friesische Kurzform für ↗ Wighard; Nebenform: *Weerd.*

Weerta *w*, die weibliche Form zu ↗ Weert.

Wega *w*, friesische Kurzform für mit Wig- gebildete weibliche Vornamen; Nebenform: *Wege.*

Wege *w,* Nebenform zu ↗ Wega.

Wehrhart *m,* Nebenform zu ↗ Wernhard.

Weichert *m,* Nebenform zu ↗ Wighard.

Weigand *m,* Nebenform zu ↗ Wigand.

Weigert *m,* Nebenform zu ↗ Wighard.

Weike *w,* friesische Kurzform für mit Wich- gebildete weibliche Vornamen.

Weikhard *m,* Nebenform zu ↗ Wighard.

Weiland *m,* Nebenform zu ↗ Wiland.

Weimann *m,* Nebenform zu ↗ Wichmann und ↗ Wighard.

Weimar *m,* Nebenform zu ↗ Wigmar und ↗ Winimar.

Weimer *m,* Nebenform zu ↗ Wigmar und ↗ Winimar.

Weinand *m,* Nebenform zu ↗ Wigand.

Weinreich *m,* Nebenform zu ↗ Winrich.

Weinrich *m,* Nebenform zu ↗ Winrich.

Weiprecht *m,* Nebenform zu ↗ Wigbert.

Weirich *m,* Nebenform zu ↗ Winrich und ↗ Wirich.

Weke *m,* friesische Kurzform für mit Wede- gebildete männliche Vornamen; Nebenform: *Weko.*

Weko *m,* Nebenform zu ↗ Weke.

Welda *w,* Nebenform von ↗ Walda.

Welf *m,* althochdeutsch: *welf* = wildes junges Tier; Kurzform für ↗ Welfhard.

Welfhard *m,* althochdeutsch: *welf* = wildes Junges; *harti* = stark; auch Nebenform zu ↗ Wolfhard; Kurzform: *Welf.*

Wella *w,* Herkunft und Bedeutung fraglich.

Wellem *m,* rheinische, niederdeutsche und niederländische Form von ↗ Wilhelm.

Wellemina *w,* rheinische und friesische Form von ↗ Wilhelmine.

Welmer *m,* friesische Form von ↗ Wilmar.

Welmot *m,* friesische Form von ↗ Wilmut.

Welmuth *m,* friesische Form von ↗ Wilmut.

Welter *m,* Nebenform zu ↗ Walter.

Welti *m,* Koseform für ↗ Walter.

Wemar *m,* Kurzform für ↗ Winimar.

Wemke *w,* friesische Kurz- und Koseform für ↗ Wilhelma.

Wemkelina *w,* Weiterbildung von ↗ Wemke.

Wemmer *m,* Kurz- und Koseform für ↗ Winimar.

Wencke *w,* niederdeutsche Kurzform für mit Wern- oder -wine gebildete weibliche Vornamen; Nebenform: *Weneke;* auch norwegischer weiblicher Vorname.

Wendel *m,* Kurzform für mit Wendel- gebildete männliche Vornamen; so für ↗ Wendelin.

Wendelbert *m, wendel* = vom Stamm der Vandalen; althochdeutsch: *beraht* = glänzend; Nebenform: *Wandilbert.*

Wendelburg *w, wendel* = vom Stamm der Vandalen; althochdeutsch: *burg* = Burg, Schutz.

Wendelgard *w, wendel* = vom Stamm der Vandalen; althochdeutsch: *gard* = Zaun, Schützerin; Nebenformen: *Wandelgard, Windelgard.*

Wendelin *m,* althochdeutsch: Verkleinerungsform von ↗ Wendel; lateinische Form: *Wendelinus;* Kurz- und Koseformen: *Wendel, Wendig, Wendling, Wennig, Wander.*

Namensträger:

Wendelin, 6. Jahrhundert, fränkischer Einsiedler in den Vogesen; nach späterer Legende Abt von Tholey (Gedenktag: 20. Oktober).

Wendeline *w,* die weibliche Form zu ↗ Wendelin.

Wendelinus *m,* lateinische Form von ↗ Wendelin.

Wendelmar *m, wendel* = vom Stamm der Vandalen; althochdeutsch: *mari* = berühmt; Nebenform: *Wandilmar.*

Wendi *w,* Kurzform für mit Wend- oder Wendel- gebildete weibliche Vornamen; Nebenformen: *Wendy, Wendula.*

Wendig *m,* Kurz- und Koseform für ↗ Wendelin.

Wendling *m,* Kurzform für ↗ Wendelin.

Wendula *w,* Nebenform zu ↗ Wendi.

Wendy *w,* Nebenform zu ↗ Wendi.

Weneke *w,* Nebenform zu ↗ Wencke.

Wenemar *m,* Nebenform zu ↗ Winimar.

Wennemar *m,* Nebenform zu ↗ Winimar.

Wennig *m,* Kurz- und Koseform für ↗ Wendelin.

Wenz *m,* Kurz- und Koseform für ↗ Werner.

Wenzel *m,* Kurzform für ↗ Wenzeslaus.

Bekannter Namensträger:

Wenzel, etwa 904–930; Böhmenherzog; seit 921 König; förderte die Ausbreitung des Christentums in Böhmen und den Anschluß seines Landes an die deutsche Kulturgemeinschaft; ermordet (Gedenktag: 28. September).

Wenzeslaus *m,* slawisch: *vjenez* = Kranz; *slawa* = berühmt; Kurz- und Koseformen: *Wenzel, Ceslaus, Wazlaw;* tschechische Formen: *Vaćlav, Vaceslav;* polnisch: *Wacław;* russisch: *Wjatscheslaw.*

Weprecht *m,* Nebenform zu ↗ Wigbert.

Wera *w,* russisch: *wjera* = Glaube; Koseform: *Veruschka;* lateinische Form: *Vera.*

Werant *m,* Nebenform zu ↗ Warand.

Werburg *w,* Nebenform zu ↗ Wernburg.

Namensträgerin:

Werburg, gestorben um 700; Königstochter; Klosterfrau; veranlaßte Klostergründungen (Gedenktag: 3. Februar).

Werenbolt *m,* Nebenform zu ↗ Warmbold.

Werenfrid *m,* althochdeutsch: *warjan* = wehren, verteidigen; *fridu* = Friede.

Namensträger:

Werenfrid, gestorben um 760; angelsächsicher Ordenspriester; Glaubensbote in Friesland und unterem Rheingebiet (Gedenktag: 14. August).

Werhart *m,* Nebenform zu ↗ Wernhard.

Weriand *m,* Nebenform zu ↗ Warand.

Weriant *m,* Nebenform zu ↗ Warand.

Werin *m,* Nebenform zu ↗ Warin.

Werinbald *m,* Nebenform zu ↗ Warmbold.

Werinher *m,* ältere Form von ↗ Werner.

Werna *w,* Kurzform für mit Wern- gebildete weibliche Vornamen.

Wernburg *w,* vom Stamm der Warnen; oder althochdeutsch: *warjan* = wehren, verteidigen; *burg* = Burg, Zuflucht, Schützerin.

Werner *m,* vom germanischen Stamm der Warnen; oder althochdeutsch: *warjan* = wehren, verteidigen; *hari* = *heri* = Heer; ältere Formen: *Wernher, Werinher;* niederdeutsch: *Warner;* friesisch: *Wessel;* schlesisch: *Wetz, Wetzel, Wätzold;* Kurz- und Koseformen: *Wernt, Wernz, Widsel, Witzel;* skandinavische Form: *Verner;* französisch: *Garnier, Guernard, Vernier;* italienisch: *Guernerio, Guarniero.*

Bekannte und bedeutende Namensträger:

Werner von Ellerbach, gestorben 1126; Benediktiner in Sankt Blasien; erster Abt des Klosters Wiblingen bei Ulm (Gedenktag: 4. Juni).

Werner von Oberwesel, gestorben 1287 (ermordet) als Junge; der Mord führte zur Judenverfolgung (Gedenktag: 19. April).

Werner von Wilten, gestorben 1332 (?); Prämonstratenser; seit 1300 Abt von Wilten bei Innsbruck (Gedenktag: 1. Oktober).

Werner Bergengruen, 1892–1964; deutscher Schriftsteller von Lyrik, Novellen und Romanen.

Werner Egk, 1901–1983; deutscher Ballett-, Opern- und Orchesterkomponist.

Werner Finck, 1902–1978; deutscher

Schauspieler, Kabarettist und Schriftsteller.
Werner Forßmann, 1904–1979; deutscher Chirurg; 1929 Herzkatheder-selbstversuch.
Werner Haftmann, geboren 1912; deutscher Kunsthistoriker und -schriftsteller.
Werner Heisenberg, 1901–1976; deutscher Physiker; Mitbegründer der Quantenmechanik; Atomphysiker.
Werner Hinz, 1903–1985; deutscher Bühnen- und Filmschauspieler; Charakterdarsteller.
Werner Krauß, 1884–1959; deutscher Bühnen- und Filmschauspieler; Charakterdarsteller.
Werner von Siemens, 1816–1892; deutscher Elektrotechniker; erfand die Starkstromtechnik.
Werner Sombart, 1863–1941; deutscher Nationalökonom und Soziologe; Gegner des Marxismus.
Werner Sylten, gestorben 1942; evangelischer Blutzeuge im nationalsozialistischen Kirchenkampf.

Wernfried *m,* althochdeutsch: *warjan* = wehren, verteidigen; *fridu* = Friede.

Werngard *w,* althochdeutsch: *warjan* = wehren, verteidigen; *gard* = Zaun, Schutz.

Wernhard *m,* althochdeutsch: *warjan* = wehren, verteidigen; *harti* = stark; Nebenformen: *Wehrhart, Werhart;* Kurzform: *Wernt.*

Wernher *m,* ältere Form von ↗ Werner.
Bekannter Namensträger:
Wernher von Braun, 1912–1977; deutsch-amerikanischer Physiker und Raketenforscher namentlich in der Entwicklung der Raumfahrt.

Wernhild *w,* althochdeutsch: *warjan* = wehren, verteidigen; *hiltja* = Kampf; Nebenform: *Wernhilde.*

Wernhilde *w,* Nebenform zu ↗ Wernhild.

Werno *m,* Kurzform für mit Wern- gebildete männliche Vornamen.

Wernt *m,* Kurzform für ↗ Wernhard und ↗ Werner.

Wernz *m,* Kurz- und Koseform für ↗ Werner.

Wessel *m,* friesische Koseform für ↗ Werner.

Wetti *w,* Koseform für ↗ Barbara.

Wetz *m,* oberdeutsche Kurzform für ↗ Werner.

Wetzel *m,* oberdeutsche Nebenform zu ↗ Werner; Kurzform: *Wetz.*

Weyland *m,* Nebenform zu ↗ Wiland.

Weynmar *m,* Nebenform zu ↗ Winimar.

Wiard *m,* Nebenform zu ↗ Wiardo.

Wiardo *m,* friesische Form von ↗ Wighard; Nebenformen: *Wiard, Wiart;* latinisiert: *Wiardus.*

Wiardus *m,* latinisierte Form von ↗ Wiardo.

Wiart *m,* Nebenform zu Wiardo (↗ Wighard).

Wiba *w,* friesische Kurzform für mit Wib- oder Wig- gebildete weibliche Vornamen; Nebenformen: *Wibeke, Wibke, Wieba, Wiebke.*

Wibald *m,* Nebenform zu ↗ Wigbald.

Wibeke *w,* Nebenform zu ↗ Wiba.

Wiber *m,* Koseform für ↗ Wigbert

Wibert *m,* Nebenform zu ↗ Wigbert.
Namensträger:
Wibert von Darnau, gestorben 962; Gutsbesitzer; ließ auf seinem Grund ein Kloster bauen und trat als Mönch in dieses ein (Gedenktag: 23. Mai).

Wiberta *w,* Nebenform zu ↗ Wigberta.

Wibke *w,* Koseform für ↗ Wigberta; Nebenform zu ↗ Wiba und ↗ Wiebke.

Wibo *m,* Kurzform für mit Wig- gebildete männliche Vornamen.

Wibold *m,* friesische Nebenform zu ↗ Wigbald.

Wibolt *m,* friesische Nebenform zu ↗ Wigbald.

Wiborada *w,* althochdeutsch: ↗ Wibo; *rat* = Rat, Ratgeber;
Namensträgerin:
Wiborada, gestorben 926; Einsiedlerin in Sankt Georgen, später Sankt Gallen; von Ungarn ermordet; Märtyrin (Gedenktag: 2. Mai).

Wibrand *m,* Nebenform zu ↗ Wigbrand.

Wibranda *w,* Nebenform zu ↗ Wibrande.

Wibrande *w,* die weibliche Form zu Wibrand (↗ Wigbrand); Nebenform *Wibranda.*

Wiburg *w,* Nebenform zu ↗ Wigburg.

Wichard *m,* Nebenform zu ↗ Wighard.

Wichert *m,* Nebenform zu ↗ Wighard.

Wichhard *m,* Nebenform zu ↗ Wighard.

Wichmann *m,* althochdeutsch: *wig* = Kampf; *man* = Mann; Nebenformen: *Wigmann, Wiegmann, Wiemann, Weimann.*

Namensträger:

Wichmann, 1110–1192; Graf von Seeburg; wurde 1149 Bischof von Naumburg-Zeitz, um 1153 Erzbischof von Magdeburg; förderte Kolonisation und Christianisierung im Osten (Gedenktag: 25. August).

Wichold *m,* Nebenform zu ↗ Wigbald.

Wichram *m,* Nebenform zu ↗ Wigram.

Wickel *m,* Koseform für ↗ Ludwig.

Wickes *m,* Koseform für ↗ Ludwig.

Wiclef *m,* althochdeutsch: *wig* = Kampf; *lef* = Nachkomme, Erbe; Nebenform: *Wiclif.*

Wiclif *m,* Nebenform zu ↗ Wiclef.

Wide *m,* friesische Kurzform für mit Wede- oder Wide- gebildete männliche Vornamen.

Wide *w,* friesische Kurzform für mit Wede- oder Wide- gebildete weibliche Vornamen.

Wido *m,* Kurzform für mit Wid- oder Wit- (althochdeutsch: *witu* = Holz, Wald) gebildete männliche Vornamen; Nebenform: *Wito;* romanisierte Form: *Guido;* französisch und englisch: *Guy.*

Namensträger:

Wido von Adwert, 13. Jahrhundert; 1218 Abt von Klaarkamp (Gedenktag: 23. Januar).

Widold *m,* Nebenform zu ↗ Witold.

Widolt *m,* Nebenform zu ↗ Witold.

Widsel *m,* Koseform für ↗ Werner.

Widukind *m,* althochdeutsch: *witu* = Holz, Wald; *kind* = Kind; Nebenformen: *Wittekind, Wiedekind, Wedekind.*

Bekannte Namensträger:

Widukind (Wittekind), gestorben 807 (?); Sachsenführer zur Zeit Karls des Großen, dem er 785 unterlag (Gedenktag: 7. Januar).

Widukind von Korvey, 10. Jahrhundert; Benediktiner in Korvey; sächsischer Historiker.

Widuwalt *m,* ältere Form von ↗ Witold.

Wieba *w,* Nebenform zu ↗ Wiba.

Wiebke *w,* niederdeutsche Kurz- und Koseform für mit Wig- gebildete weibliche Vornamen; Nebenformen: *Wibke, Wobke, Wübke;* dänische Form: *Vibeke;* schwedisch: *Vivica,* neuer: *Viveka;* ungarisch: *Vivike.*

Wiebo *m,* friesische Form von ↗ Wigbert.

Wiedekind *m,* Nebenform zu ↗ Widukind.

Wiegand *m,* Nebenform zu ↗ Wigand.

Wiegel *m,* Kurzform für ↗ Wigand.

Wiegmann *m,* Nebenform zu ↗ Wichmann.

Wieka *w,* Kurzform für mit Wig-, -wiga, -wita gebildete weibliche Vornamen; Nebenformen: *Wieke, Wika, Wike.*

Wieke *w,* Nebenform zu ↗ Wieka.

Wieland *m,* Nebenform zu ↗ Wiland.

Bekannter Namensträger:

Wieland Wagner, 1917–1966; deutscher Regisseur; betrieb mit seinem Bruder Wolfgang die Wiederaufnahme der Bayreuther Festspiele; ab 1951 deren künstlerischer Leiter.

Wiemann *m,* Nebenform zu ↗ Wichmann.

Wiemar *m,* Nebenform zu ↗ Wigmar und ↗ Winimar.

Wiemer *m,* Nebenform zu ↗ Wigmar und ↗ Winimar.

Wienand *m,* Nebenform zu ↗ Wigand.

Wierich *m,* Nebenform zu ↗ Winrich.

Wig *w,* Kurzform für ↗ Hedwig.

Wigand *m,* althochdeutsch: *wigant* = Kämpfender; Nebenformen: *Wiegand, Weigand, Wignand, Wienand, Winand, Weinand;* Kurzform: *Wiegel;* niederdeutsche Koseform: *Wineke;* französische Form: *Guinand.*

Namensträger:

Wigand, 12. Jahrhundert; Zisterzienser in Waldsassen (Gedenktag: 26. Oktober).

Wigbald *m,* althochdeutsch: *wig* = Kampf; *bald* = kühn; Nebenformen: *Wichold, Wigbold, Wibald, Wibold, Wibolt, Wilbelt, Wippold.*

Wigbern *m,* althochdeutsch: *wig* = Kampf; *bero* = Bär; friesische Kurzform: *Wybren.*

Wigbers *m,* Koseform für ↗ Wigbert.

Wigbert *m,* althochdeutsch: *wig* = Kampf; *beraht* = glänzend; Nebenformen: *Wigbrecht, Wibert, Wipert, Wiprecht, Weprecht, Weiprecht;* Kurz- und Koseformen: *Wibo, Wippo, Wigbers, Wiber;* friesisch: *Wiebo;* französische Form: *Guibert.*

Namensträger:

Wigbert, gestorben um 737; angelsächsischer Missionar in Hessen-Thüringen; Abt des Klosters Fritzlar (Gedenktag: 13. August).

Wigberta *w,* die weibliche Form zu ↗ Wigbert; Koseform: *Wibke;* Nebenform: *Wiberta.*

Wigbold *m,* Nebenform zu ↗ Wigbald.

Wigbrand *m,* althochdeutsch: *wig* = Kampf; *brand* = Schwert, Feuer; Nebenform: *Wibrand.*

Wigburg *w,* althochdeutsch: *wig* = Kampf; *burg* = Burg, Schutz; Nebenform: *Wigburga, Wiburg.*

Wigburga *w,* Nebenform zu ↗ Wigburg.

Wigel *w,* Koseform für ↗ Hedwig.

Wigerich *m,* ältere Form von ↗ Wirich.

Wigfrid *m,* althochdeutsch: *wig* = Kampf; *fridu* = Friede.

Namensträger:

Wigfrid, gestorben 953; Erzbischof von Köln (Gedenktag: 9. Juli).

Wigg *m,* Koseform für ↗ Ludwig.

Wigge *w,* Koseform für ↗ Hedwig.

Wiggel *m,* Koseform für ↗ Ludwig.

Wiggel *w,* Koseform für ↗ Hedwig.

Wigger *m,* friesische Kurzform für mit Wig- gebildete männliche Vornamen.

Namensträger:

Wigger von Brandenburg, gestorben 1161; Prämonstratenser; seit 1129 Propst in Magdeburg, 1138 Bischof von Brandenburg (Gedenktag: 25. September).

Wigger von Trier, gestorben um 966; war seit 957 Abt des Klosters Sankt Maximin zu Trier (Gedenktag: 8. Mai).

Wiggerl *m,* Koseform für ↗ Ludwig.

Wiggl *m,* Koseform für ↗ Ludwig.

Wiggo *m,* friesische Kurzform für mit Wig- gebildete männliche Vornamen.

Namensträger:

Wiggo (Wikterp), gestorben um 771; erster geschichtlich bestätigter Bischof von Augsburg; Glaubensbote im Allgäu (Gedenktag: 18. April).

Wighard *m,* althochdeutsch: *wig* = Kampf; *harti* = stark; Nebenformen: *Wighart, Wichard, Wichhard, Wichert, Wikhart, Weikhard, Weichert, Weigert;* Kurz- und Koseformen: *Weigel, Weimann, Wiemann;* niederdeutsch-friesische Formen: *Wiardo, Wiart, Weert;* französische Form: *Guichard.*

Wighart *m,* Nebenform zu ↗ Wighard.

Wigmann *m,* Nebenform zu ↗ Wichmann.

Wigmund *m,* althochdeutsch: *wig* = Kampf; *munt* = Schutz, Schützer.

Wignand *m,* Nebenform zu ↗ Wigand.

Wigo *m,* Kurzform für mit Wig- gebildete männliche Vornamen; Nebenform: *Wiho.*

Wigoleis *m,* Nebenform zu ↗ Vigoleis.

Wigram *m,* althochdeutsch: *wig* = Kampf; *hraban* = Rabe; Nebenformen: *Wichram, Wikram.*

Wiho *m,* Nebenform zu ↗ Wigo.

Namensträger:

Wiho, gestorben um 804; nach erfolgreichem Wirken im Missionsbezirk

Osnabrück 803 der erste Bischof von Osnabrück (Gedenktag: 13. Februar).

Wika *w*, Nebenform zu ↗ Wieka.

Wike *w*, Nebenform zu ↗ Wieka.

Wikhart *m*, Nebenform zu ↗ Wighard.

Wikko *m*, Koseform für ↗ Viktor.

Wikram *m*, Nebenform zu ↗ Wigram.

Wil *m*, Kurzform für mit Wil- oder Will- gebildete männliche Vornamen.

Wiland *m*, althochdeutsch: *waland* = kunstfertig; Nebenformen: *Wieland, Weiland, Wergland;* ältere Form: *Waland;* altnordisch: *Völundar;* dänisch: *Völund;* französisch: *Galland;* englisch: *Wayland.*

Wilbelt *m*, Nebenform zu ↗ Wigbald.

Wilbert *m*, althochdeutsch: *willo* = *willio* = Wille; *beraht* = glänzend; Nebenformen: *Wilbrecht, Willibert, Willbrecht;* französische Form: *Guilbert.*

Wilbet *m*, Kurzform für ↗ Willibald.

Wilbrand *m*, althochdeutsch: *willo* = *willio* = Wille; *brand* = Schwert, Feuer; Nebenform: *Willibrand;* Kurzform: *Brand.*

Wilbrecht *m*, Nebenform zu ↗ Wilbert.

Wilbur *m*, amerikanisch; aus dem weiblichen Vornamen Wilburg (?).

Bekannter Namensträger:

Wilbur Wright, 1867–1912; amerikanischer Flugpionier.

Wilburg *w*, althochdeutsch: *willo* = *willio* = Wille; *burg* = Burg, Schutz.

Wilderich *m*, althochdeutsch: *wildi* = wild; oder: *willo* = *willio* = Wille; *rihhi* = reich, mächtig.

Wildfried *m*, althochdeutsch: *wildi* = wild; *fridu* = Friede.

Wildor *m*, Herkunft und Bedeutung fraglich; Nebenform: *Willdor.*

Wilfer *m*, Nebenform zu ↗ Wilfrid.

Wilfert *m*, Nebenform zu ↗ Wilfrid.

Wilfling *m*, Koseform für ↗ Wolfgang.

Wilfred *m*, englische Form von ↗ Wilfrid.

Wilfrid *m*, althochdeutsch: *willo* = Wille; *fridu* = Friede; Nebenformen: *Wilfried, Willifrid, Wilfert, Wilfer;* englische Form: *Wilfred.*

Namensträger:

Wilfrid (Wilfrith), 634–710; bemüht um Einführung der römischen Liturgie in der englischen Kirche; Bischof von York; zeitweise Friesenapostel (Gedenktag: 24. April).

Wilfried *m*, Nebenform zu ↗ Wilfrid.

Wilfrieda *w*, die weibliche Form zu Wilfried (↗ Wilfrid); Nebenform: *Wilfriede.*

Wilfriede *w*, Nebenform zu ↗ Wilfrieda.

Wilgard *w*, althochdeutsch: *willo* = *willio* = Wille; *gard* = Zaun, Schutz.

Wilgund *w*, althochdeutsch: *willo* = *willio* = Wille; *gund* = Kampf; Nebenform: *Wilgunde.*

Wilgunde *w*, Nebenform zu ↗ Wilgund.

Wilhard *m*, althochdeutsch: *willo* = *willio* = Wille; *harti* = stark; Nebenformen: *Willard, Willhart, Willehard;* englische Form: *Willard;* niederländisch: *Willaert;* französisch: *Guillard.*

Wilhelm *m*, althochdeutsch: *willo* = *willio* = Wille; *helm* = Helm, Schutz; Nebenform: *Willehalm;* Kurz- und Koseformen: *Wille, Willi, Willy, Wilke, Wilko, Wiltz, Wim;* niederdeutsch: *Wilm; Helmes, Helmet, Helmi;* niederländische Form: *Willem;* englisch: *William;* Koseformen: *Will, Bill, Billy, Bile, Bili;* tschechisch: *Vilém, Vileme;* ungarisch: *Vilmos;* latinisiert: *Guilelmus;* italienisch: *Guglielmo;* französisch: *Guillaume;* spanisch: *Guillermo.*

Bekannte und bedeutende Namensträger:

Wilhelm von Aebelholt, um 1127–1203; wurde 1165 Klosterleiter in Dänemark; bemüht um Verbindung französischer und dänischer Kultur (Gedenktag: 6. April).

Wilhelm von Aquitanien, gestorben um 812; kämpfte für Karl den Großen gegen die Sarazenen und 801 bei Einnahme von Barcelona; wurde in der von ihm 804 gegründeten Abtei

Gellone Laienbruder (Gedenktag: 28. Mai).

Wilhelm von Dijon, 962–1031; Cluniazenser Benediktiner; seit 990 Abt von Sankt Benignus in Dijon (Gedenktag: 1. Januar).

Wilhelm von Donjeon, 1150–1209; Zisterzienser; ab 1184 Abt von Fontaine-Saint-Jean, 1187 von Châlis; 1200 Erzbischof von Bourges (Gedenktag: 10. Januar).

Wilhelm von Hirsau, gestorben 1091; seit 1071 Abt des Klosters Hirsau; führte die Hirsauer Reform ein (Gedenktag: 4. Juli).

Wilhelm von Maleval, gestorben 1157; nach seinem Eremitenleben bei Malavalle entstand eine Eremitengemeinschaft, der Wilhelmitenorden (Gedenktag: 10. Februar).

Wilhelm von Rinchnach, gestorben um 1050; Einsiedler auf dem Frauenberg bei Rinchnach (Gedenktag: 13. November).

Wilhelm von der Sann, gestorben nach der Legende um 1016 auf der Rückreise von einer Sühnefahrt nach Rom (Gedenktag: 22. Juni).

Wilhelm von Vercelli, um 1085–1142; Benediktiner; gründete verschiedene Klöster (Gedenktag: 25. Juni).

Wilhelm von Windberg, gestorben Anfang 12. Jahrhundert; Wallfahrer; später Einsiedler bei Windberg (Gedenktag: 20. April)

Wilhelm I., der Eroberer, um 1027–1087; Herzog der Normandie; ab 1066 König von England.

Wilhelm I. von Preußen, 1797–1888; ab 1861 König; 1871–1888 Kaiser von Deutschland.

Wilhelm II. von Preußen, 1859–1941; 1888–1918 letzter König von Preußen und Kaiser von Deutschland; dankte ab.

Wilhelm von Oranien, 1533–1584; machte die Niederlande unabhängig.

Wilhelm III. von Oranien, 1650–1702; seit 1688 durch „Glorreiche Revolution“ König von England.

Wilhelm Backhaus, 1884–1969; deutscher Pianist; Beethoven- und Bach-Interpret.

Wilhelm Busch, 1832–1908; deutscher humoristischer Schriftsteller, Maler und Zeichner.

Wilhelm Canaris, 1887–1945; deutscher Admiral; 1935–1944 Chef der deutschen Abwehr; wegen Verbindung zur Widerstandsbewegung verhaftet und hingerichtet.

Wilhelm Dilthey, 1833–1911; deutscher Philosoph; begründete die geisteswissenschaftliche Erkenntnistheorie und die Lebensphilosophie.

Wilhelm Dörpfeld, 1853–1940; deutscher Archäologe; wissenschaftliche Ausgrabungen in Troja, Mykene und Olympia.

Wilhelm Eiselin, 1564–1588; Prämonstratenser in Rot bei Memmingen; von asketischer Frömmigkeit (Gedenktag: 28. März).

Wilhelm Filchner, 1877–1957; deutscher Forschungsreisender; unternahm mehrere Asien- und Polarexpeditionen.

Wilhelm Flitner, geboren 1889; deutscher Kulturphilosoph und Pädagoge.

Wilhelm Furtwängler, 1886–1954; deutscher Dirigent und Komponist.

Wilhelm Grimm, 1786–1859; deutscher Sprachwissenschaftler und Schriftsteller; Mitarbeiter seines Bruders Jacob.

Wilhelm Hauff, 1802–1827; deutscher Schriftsteller von Romanen, Novellen, Märchen und Volksliedern.

Wilhelm von Humboldt, 1767–1835; deutscher Gelehrter, Politiker und Diplomat.

Wilhelm Janauschek, 1859–1926; Redemptorist; österreichischer Jugenderzieher, Seelsorger und beliebter Beichtvater (Gedenktag: 30. Juni).

Wilhelm Kaisen, 1887–1979; deutscher sozialdemokratischer Politiker; 1945–1965 Bürgermeister von Bremen.

Wilhelm Keitel, 1882–1946; deutscher General; unterzeichnete 1945 die Kapitulation; 1946 im Nürnberger Prozeß zum Tod verurteilt und hingerichtet.

Wilhelm Kempff, geboren 1895; deutscher Pianist und Komponist; Interpret der Romantik.

Wilhelm E. von Ketteler, 1811–1877; deutscher katholischer Theologe; ab 1850 Bischof von Mainz; im Kulturkampf Verfechter der kirchlichen Belange; Gegner Bismarcks.

Wilhelm Lehmann, 1882–1968; deutscher Schriftsteller; Lyriker und Romancier.

Wilhelm Lehmbruck, 1881–1919; deutscher expressionistischer Bildhauer und Graphiker.

Wilhelm Leibl, 1844–1900; deutscher realistischer Maler und Graphiker.

Wilhelm A. Lette, 1799–1868; deutscher Sozial- und Schulpolitiker; Gründer des Lette-Vereins zur Unterhaltung beruflicher Fachschulen.

Wilhelm Löhe, gestorben 1872; Erneuerer der lutherischen Kirche (Gedenktag: 2. Januar).

Wilhelm von Mauser, 1834–1882; deutscher Waffenkonstrukteur.

Wilhelm Maybach, 1846–1929; deutscher Ingenieur; erfand Spritzdüsenvergaser und Wechselgetriebe für Kraftfahrzeugbau.

Wilhelm Olbers, 1758–1840; deutscher Arzt und Astronom.

Wilhelm Ostwald, 1853–1932; deutscher Chemiker und Philosoph.

Wilhelm Pieck, 1876–1960; deutscher kommunistischer Politiker; seit 1946 mit Grotewohl Vorsitzender der Sozialistischen Einheitspartei Deutschlands; ab 1949 Staatspräsident der Deutschen Demokratischen Republik.

Wilhelm Pinder, 1878–1947; deutscher Kunsthistoriker.

Wilhelm Raabe, 1831–1910; deutscher realistisch-pessimistischer Schriftsteller.

Wilhelm Reich, 1897–1957; österreichischer Psychoanalytiker und Sexualforscher.

Wilhelm C. Röntgen, 1845–1923; deutscher Physiker; entdeckte 1895 die Röntgenstrahlen.

Wilhelm Röpke, 1899–1966; deutscher Volkswirtschaftler und Soziologe; vertrat Neoliberalismus und Marktwirtschaft.

Wilhelm Roscher, 1817–1894; deutscher Volkswirtschaftler der älteren Historischen Schule.

Wilhelm Schmidt, gestorben 1924; evangelischer Laienzeuge (Gedenktag: 16. Februar).

Wilhelm von Tegetthoff, 1827–1871; österreichischer Admiral; besiegte 1864 die Dänen, 1866 die Italiener bei Lissa.

Wilhelm Wien, 1864–1928; deutscher Physiker; fand das Wiensche Verschiebungsgesetz.

Wilhelm Windelband, 1848–1915; deutscher Philosoph; begründete die Südwestdeutsche Schule des Neukantianismus.

Wilhelm Wundt, 1832–1920; deutscher Psychologe und Philosoph; forderte Völkerpsychologie ergänzend zur Individualpsychologie.

Wilhelma *w*, die weibliche Form zu ↗ Wilhelm; Kurz- und Koseformen: *Helma, Helmi, Hemma, Hilma, Wilma;* friesisch: *Wemke;* englische Formen: *Willa, Wilma;* tschechisch: *Vilema, Minka;* ungarisch: *Vilma.*

Wilhelmina *w*, Nebenform zu ↗ Wilhelmine.

Bekannte Namensträgerin:

Wilhelmina, 1880–1962; 1890–1948 Königin der Niederlande.

Wilhelmine *w*, Weiterbildung von ↗ Wilhelma; Nebenform: *Wilhelmina;* rheinisch und friesisch: *Wellemina;* Kurz- und Koseformen: *Helmina, Helmine, Mina, Mine, Minna;* englisch: *Willamina, Willa;* italienisch: *Guglielmina;* polnische Koseform: *Minka;* französisch: *Minette:* spanisch: *Guillerma;* russisch: *Vilgelmina.*

Wilja *w*, Kurz- und Koseform für mit Wil- gebildete weibliche Vornamen; Nebenformen: *Willa, Willia.*

Wilke *m,* niederdeutsch-friesische Kurzform für mit Wil- oder Will- gebildete männliche Vornamen; Nebenformen: *Wilken, Wilko.*

Wilken *m,* Nebenform zu ↗ Wilke.

Wilko *m,* Nebenform zu ↗ Wilke.

Will *m,* Kurzform für mit Wil- oder Will- gebildete männliche Vornamen; auch englische Kurzform für William (↗ Wilhelm).

Bekannte Namensträger:

Will-Erich Peuckert, 1895–1969, deutscher Schriftsteller und Volkskundler.

Will Quadflieg, geboren 1914; deutscher Schauspieler der Bühne und des Films; Regisseur; Helden- und Charakterdarsteller.

Willa *w,* Nebenform zu ↗ Wilja; englische Kurzform für Willamina (↗ Wilhelmine).

Namensträgerin:

Willa, 11./12. Jahrhundert; Reklusin auf dem Nonnberg bei Salzburg (Gedenktag: 15. Oktober).

Willamina *w,* englische Form von ↗ Wilhelmine.

Willard *m,* Nebenform und englische Form von ↗ Wilhard.

Bekannter Namensträger:

Willard F. Libby, 1908–1980; amerikanischer Chemiker.

Willaert *m,* niederländische Form von ↗ Wilhard.

Willbold *m,* Nebenform zu ↗ Willibald.

Willbrecht *m,* Nebenform zu ↗ Wilbert.

Willdor *m,* Nebenform zu ↗ Wildor.

Wille *m,* Kurzform für ↗ Wilhelm.

Willebald *m,* niederländische Form von ↗ Willibald.

Willebold *m,* Nebenform zu ↗ Willibold (↗ Willibald).

Willeger *m,* Nebenform zu ↗ Willigis.

Willegis *m,* Nebenform zu ↗ Willigis.

Willehad *m,* althochdeutsch: *willo* = *willio* = Wille; *hadu* = Kampf.

Namensträger:

Willehad, um 745–789; britischer Glaubensbote in Friesland und zwischen Weser und Ems; 787 Bischof von Bremen (Gedenktag: 8. November).

Willehalm *m,* ältere Nebenform zu ↗ Wilhelm.

Willehard *m,* Nebenform zu ↗ Wilhard.

Willeich *m,* lateinisch: *Willeicus.*

Namensträger:

Willeich (Willaik), gestorben um 725; Benediktiner; Abt in Kaiserswerth (Gedenktag: 7. März).

Willeicus *m,* lateinische Form von ↗ Willeich.

Willem *m,* niederdeutsche und niederländische Form von ↗ Wilhelm.

Bekannte Namensträger:

Willem Barents, um 1550–1597; niederländischer Seefahrer und Polarforscher; entdeckte Nowaja Semlja, Bäreninsel und Spitzbergen.

Willem Mengelberg, 1871–1951; niederländischer Dirigent, Pianist und Komponist.

Willem Visser't Hooft, 1900–1985; niederländischer evangelischer Theologe; Generalsekretär des Ökumenischen Rats der Kirchen.

Willemar *m,* Nebenform zu ↗ Wilmar.

Willerad *m,* althochdeutsch: *willo* = *willio* = Wille; *rat* = Rat, Ratgeber; Nebenformen: *Willirad, Wilrad;* friesisch: *Wilrath.*

Willhart *m,* Nebenform zu ↗ Wilhard.

Willi *m,* Kurzform für ↗ Wilhelm; allgemein für mit Wil- oder Will- gebildete männliche Vornamen.

Bekannte und bedeutende Namensträger:

Willi Baumeister, 1889–1955; deutscher Maler, Graphiker, Bühnenbildner der Abstraktion.

Willi Forst, 1903–1980; österreichischer Filmschauspieler und -regisseur; Drehbuchautor.

Willi Fritsch, 1901–1973; deutscher Filmschauspieler schon der Stummfilmzeit.

Willi Reich, 1898–1980; öberreichischer Musikschriftsteller; schrieb Musikerbiographien.

Willi Stoph, geboren 1914; deutscher

kommunistischer Politiker; 1973–1976 Vorsitzender des Staatsrats der Deutschen Demokratischen Republik.

Willi Weyer, geboren 1917; deutscher freidemokratischer Politiker; seit 1974 Präsident des Deutschen Sportbunds.

Willia *w,* Nebenform zu ↗ Wilja.

William *m,* englische Form von ↗ Wilhelm; Kurz- und Koseform: *Will, Bill, Billy.*

Bekannte und bedeutende Namensträger:

William Count Basie, 1904–1984; afroamerikanischer Jazzmusiker und Pianist.

William Beaverbrook, 1879–1964; britischer konservativer Politiker und Zeitungsverleger.

William Beebe, 1877–1962; amerikanischer Zoologe und Tiefseeforscher.

William H. Beveridge, 1879–1963; britischer Sozialpolitiker; schuf Plan für britische Sozialversicherung nach 1945.

William Blake, 1757–1827; englischer Maler, Kupferstecher und Schriftsteller.

William E. Boeing, 1881–1956; amerikanischer Flugzeug-, Flugkörper- und Raketenkonstrukteur.

William Booth, 1829–1912; Gründer der Heilsarmee 1878; ihr erster General.

William Crookes, 1832–1919; britischer Physiker und Strahlenforscher.

William Dieterle, 1893–1972; deutsch-amerikanischer Filmregisseur und Schauspieler; nach 1958 an deutschen Bühnen.

William Faulkner, 1897–1962; amerikanischer Schriftsteller sozialkritischer realistischer Romane.

William R. Hearst, 1863–1951; amerikanischer Zeitungsmagnat.

William Hogarth, 1697–1764; englischer Bildnismaler, Graphiker und Kunsttheoretiker; satirischer Gesellschaftskritiker.

William James, 1842–1910; amerikanischer Philosoph und Psychologe; vertrat empiristischen Pragmatismus.

William Somerset Maugham, 1874–1965; englischer Schriftsteller psychologisch-realistischer Romane und gesellschaftskritischer Komödien.

William Th. Morton, 1819–1868; amerikanischer Zahnmediziner; narkotisierte erstmals mit Äther.

William P. Murphy, geboren 1892; amerikanischer Mediziner; erforschte Insulinwirkung und Leberdiät.

William E. Parry, 1790–1855; englischer Polarforscher; entdeckte die Parryinseln.

William Penn, 1644–1718; „Vater" der Quäker; Prediger in Europa; 1863 Gründer von Philadelphia.

William Pitt der Ältere, 1708–1778; englischer Politiker; begründete die britische Weltmacht.

William Pitt der Jüngere, 1759–1806; englischer Politiker; 1783–1801 und 1804–1806 Premier; schuf innere Reformen und erreichte 1800 Union mit Irland.

William Ramsay, 1852–1916; englischer Chemiker; Entdecker der Edelgase.

William Shakespeare, 1564–1616; englischer Dichter; Gipfel des dramatischen Schaffens Europas und einer der größten Dramatiker der Weltliteratur in seinen Tragödien und Komödien.

William Steinberg, 1899–1978; amerikanischer Dirigent deutscher Herkunft; 1936–1938 in Israel, danach in den Vereinigten Staaten von Amerika.

William Stern, 1871–1938; deutscher Philosoph und Psychologe; begründete kritischen Personalismus und differenzielle Psychologie; erforschte Kinder- und Jugendpsychologie.

William H. Talbot, 1800–1877; englischer Chemiker und Physiker.

William Thackeray, 1811–1863; englischer Schriftsteller; vertrat in Romanen und Erzählungen den gesellschaftskritischen Realismus.

William Thomson (Kelvin), 1824–1907; englischer Mathematiker und Physiker; bestimmte absolute Temperaturskala (Kelvinskala).

William Tindale, um 1484–1536; englischer Bibelübersetzer; ursprünglich Franziskaner; wurde Lutheraner und Blutzeuge in England (Gedenktag: 6. Oktober).

William Wordsworth, 1770–1850; englischer romantischer Schriftsteller zahlreicher Balladen.

William Butler Yeats, 1865–1939; irischer Schriftsteller; bedeutender symbolistischer Dramatiker; schuf das irische Nationaltheater.

Willibald *m,* althochdeutsch: *willo* = *willio* = Wille; *bald* = kühn; Nebenformen: *Willbold, Willibold, Willebold;* Kurz- und Koseformen: *Wilbet, Waltel;* bayerisch: *Waldl; Balde;* niederländische Form: *Willebald.*

Bekannte Namensträger:

Willibald, etwa 700–787; war 720–729 auf Pilgerreisen, seit 730 Mönch in Montecassino; wurde 739 Glaubensbote in Franken, 741 Bischof von Eichstätt (Gedenktag: 7. Juli; evangelisch: 18. Dezember).

Willibald Gurlitt, 1889–1963; deutscher Musikwissenschaftler.

Willibernd *m,* Doppelname aus Wilhelm und Bernhard.

Willibert *m,* Nebenform zu ↗ Wilbert.

Willibold *m,* Nebenform zu ↗ Willibald.

Namensträger:

Willibold (Willebold), gestorben 1230 auf Pilgerreise im Illertal (Gedenktag: 2. November).

Willibrand *m,* Nebenform zu ↗ Wilbrand.

Willibrord *m,* englisch; aus angelsächsisch: *willa* = Wille; *brord* = Spitze, Speer.

Bekannter Namensträger:

Willibrord, 658–739; irischer Mönch; seit 690 Glaubensbote bei den Friesen; wurde 695 Erzbischof der Friesen in Utrecht; gründete Kloster Echternach als Missionsbasis (Gedenktag: 7. November).

Willifrid *m,* Nebenform zu ↗ Wilfrid.

Willigis *m,* althochdeutsch: *willo* = *willio* = Wille; Bedeutung von *gis* fraglich; Nebenformen: *Willegis, Willeger.*

Namensträger:

Willigis, gestorben 1011; kaiserlicher Hofkaplan und Kanzler; ab 975 Erzbischof von Mainz; 976 päpstlicher Vikar für Deutschland; förderte Kunst, Wissenschaft und Schulwesen (Gedenktag: 23. Februar).

Willimar *m,* Nebenform zu ↗ Wilmar.

Willirad *m,* Nebenform zu ↗ Willerad.

Williram *m,* althochdeutsch: *willo* = *willio* = Wille; *hraban* = Rabe.

Willis *m,* amerikanisch.

Bekannter Namensträger:

Willis Lamb, geboren 1913; amerikanischer Atomphysiker; Entdecker der Lambverschiebung.

Willmann *m,* Koseform für ↗ Wilhelm.

Willmar *m,* Nebenform zu ↗ Wilmar.

Willo *m,* friesische Kurzform für mit Wil- gebildete männliche Vornamen.

Willy *m,* Kurzform für ↗ Wilhelm.

Bekannte Namensträger:

Willy Birgel, 1891–1973; deutscher Schauspieler der Bühne und des Films; Helden- und Charakterdarsteller.

Willy Brandt, geboren 1913; deutscher sozialdemokratischer Politiker; 1969–1975 Bundeskanzler; seit 1976 Präsident der Sozialistischen Internationale, seit 1977 auch der Nord-Süd-Kommission.

Willy Haas, 1891–1973; österreichischer Schriftsteller, Filmautor und Kritiker.

Willy Messerschmitt, 1898–1978; deutscher Flugzeugkonstrukteur.

Wilm *m,* niederdeutsche Kurz- und Koseform für ↗ Wilhelm.

Wilma *w,* deutsche und englische Kurzform für ↗ Wilhelma.

Wilmar *m,* althochdeutsch: *willo* =

willio = Wille; *mari* = berühmt; Nebenformen: *Willmar, Willemar, Willimar, Welmer, Wulmar.*

Wilmont *m,* althochdeutsch: *willo* = *willio* = Wille; *munt* = Schutz, Schützer.

Wilmut *m,* althochdeutsch: *willo* = *willio* = Wille; *muot* = Sinn, Geist; friesische Formen: *Welmot, Welmuth.*

Wilrad *m,* Nebenform zu ↗ Willerad.

Wilrath *m,* friesische Nebenform zu ↗ Willerad.

Wilrun *w,* althochdeutsch: *willo* = *willio* = Wille; *runa* = Geheimnis, Zauber.

Wiltraud *w,* Nebenform zu ↗ Wiltrud.

Wiltraut *w,* Nebenform zu ↗ Wiltrud.

Wiltrud *w,* althochdeutsch: *willo* = *willio* = Wille; *trud* = stark; Nebenformen; *Wiltrude, Wiltrudis, Wiltrut, Wiltraud, Wiltraut.*

Namensträgerinnen:

Wiltrud von Ardei, 12. Jahrhundert; gründete nach der Überlieferung die Prämonstratenserpropstei Scheda in Westfalen mit Frauenkloster, in das sie später eintrat (Gedenktag: 21. Mai).

Wiltrud von Bergen, etwa 920–990; gründete das Frauenkloster Bergen und wurde dessen Äbtissin; kunstfertige Paramentenstickerin (Gedenktag: 6. Januar).

Wiltrud von Hohenwart, gestorben 1081 (?); Mitgründerin und Äbtissin des Benediktinerinnenklosters Hohenwart (Gedenktag: 2. Juli).

Wiltrude *w,* Nebenform zu ↗ Wiltrud.

Wiltrudis *w,* Nebenform zu ↗ Wiltrud.

Wiltrut *w,* Nebenform zu ↗ Wiltrud.

Wiltz *m,* Kurz- und Koseform für ↗ Wilhelm.

Wim *m,* Kurzform für ↗ Wilhelm.

Wimar *m,* Nebenform zu ↗ Wigmar.

Wimmer *m,* Kurz- und Koseform für ↗ Winimar.

Wina *w,* Koseform für ↗ Ludwina, ↗ Sabine und ↗ Winfriede.

Winald *m,* althochdeutsch: *wini* = Freund; *waltan* = walten, gebieten; Nebenformen: *Winold, Winhold;* französische Form: *Guinard.*

Winand *m,* Nebenform zu ↗ Wigand.

Namensträger:

Winand von Maastricht, gestorben nach 1233; niederländischer Dominikaner (Gedenktag: 1. Februar).

Windelgard *w,* Nebenform zu ↗ Wendelgard.

Wineke *m,* niederdeutsche Koseform für ↗ Wigand.

Winemar *m,* Nebenform zu ↗ Winimar.

Winfred *m,* englische Form von ↗ Winfrid.

Winfrid *m,* althochdeutsch: *wini* = Freund; *fridu* = Friede; Nebenformen: *Winfried, Winifried, Winnefred;* englische Form: *Winfred.*

Bekannter Namensträger:

Winfrid ↗ Bonifatius.

Winfried *m,* Nebenform zu ↗ Winfrid.

Winfrieda *w,* Nebenform zu ↗ Winfriede.

Winfriede *w,* die weibliche Form zu ↗ Winfrid; Nebenformen: *Winfrieda, Winifrid;* Kurzform: *Wina;* englische Form: *Winifred.*

Winhold *m,* Nebenform zu ↗ Winald.

Winibald *m,* althochdeutsch: *wini* = Freund; *bald* = kühn.

Winibert *m,* althochdeutsch: *wini* = Freund; *beraht* = glänzend.

Winifred *w,* englische Form von ↗ Winfriede; Kurzform: *Winnie.*

Namensträgerin:

Winifred (keltisch: Gwenfrewi), wohl 7. Jahrhundert; Einsiedlerin in Wales; soll nach der Legende als Märtyrin enthauptet worden sein (Gedenktag: 3. November).

Winifrid *w,* Nebenform zu ↗ Winfriede.

Winifried *m,* Nebenform zu ↗ Winfrid.

Winimar *m,* althochdeutsch: *wini* = Freund; *mari* = berühmt; Nebenformen: *Winmar, Winemar, Winnemar, Wenemar, Wennemar, Wemmer, Wiemar, Wiemer, Weimar, Weimer.*

Winirich *m,* Nebenform zu ↗ Winrich.

Winmar *m*, Nebenform zu ↗ Winimar.

Winnefred *m*, Nebenform zu ↗ Winfrid.

Winnemar *m*, Nebenform zu ↗ Winimar.

Winnetou *m*, indianisch: *wintu* = Indianer (?); standesamtlich zugelassen nach Karl Mays Winnetou-Abenteuerromanen.

Winnie *w*, englische Kurzform für ↗ Winifred.

Winno *m*, Kurz- und Koseform für Winold (↗ Winald).

Winold *m*, Nebenform zu ↗ Winald.

Winolde *w*, die weibliche Form zu Winold (↗ Winald).

Winrich *m*, althochdeutsch: *wini* = Freund; *rihhi* = reich, mächtig; Nebenformen: *Weinreich, Weinrich, Winirich, Weirich, Wierich.*

Winston *m*, englisch.

Bedeutender Namensträger:

Winston Churchill, 1874–1965; englischer konservativer Politiker und Schriftsteller; 1940–1945 und 1951–1955 Premierminister.

Wintrud *w*, althochdeutsch: *wini* = Freund; *trud* = Kraft.

Wipert *m*, Nebenform zu ↗ Wigbert.

Namensträger:

Wipert von Blücher, gestorben 1376; seit 1356 Bischof von Ratzeburg (Gedenktag: 23. Mai).

Wippo *m*, Kurzform für mit Wig- gebildete männliche Vornamen.

Wippold *m*, Nebenform zu ↗ Wigbald.

Wiprecht *m*, Nebenform zu ↗ Wigbert.

Wirich *m*, althochdeutsch: *wig* = Kampf; *rihhi* = reich, mächtig; ältere Form: *Wigerich;* Nebenformen: *Weirich, Wyrich.*

Wiro *m*, althochdeutsch (?).

Namensträger:

Wiro, Anfang 8. Jahrhundert; angelsächsicher Missionsbischof; Glaubensbote an Niederrhein und Maas; Mitgründer des Petersklosters (später Odilienberg) bei Roermond mit Plechelm und Otger (Gedenktag: 15. Juli).

Wisa *w*, Koseform für ↗ Aloisia.

Wise *w*, Koseform für ↗ Aloisia und ↗ Luise.

Wisele *w*, Koseform für ↗ Luise; Nebenform: *Wisli.*

Wisgard *w*, althochdeutsch: *wisi* = weise; *gard* = Zaun, Schutz.

Wisgund *w*, althochdeutsch: *wisi* = weise: *gund* = Kampf; Nebenform: *Wisgunde.*

Wisgunde *w*, Nebenform zu ↗ Wisgund.

Wishard *m*, althochdeutsch: *wisi* = weise; *harti* = stark; Nebenform: *Wishart;* französische Form: *Guiscard.*

Wishart *m*, Nebenform zu ↗ Wishard.

Wisinto *m*, althochdeutsch: *wisi* = weise.

Namensträger:

Wisinto, gestorben um 1079; Benediktiner in Kremsmünster (Gedenktag: 2. Dezember).

Wisli *w*, Nebenform zu Wisele (↗ Luise).

Wissia *w*, Koseform für ↗ Aloisia.

Witas *m*, schwedische Form von ↗ Veit.

Witiko *m*, Kurzform für mit althochdeutsch *witu* (= Holz, Wald) gebildete männliche Vornamen; Nebenformen: *Wittiko, Wito.*

Wito *m*, Nebenform zu ↗ Wido und ↗ Witiko.

Witold *m*, althochdeutsch: *witu* = Holz, Wald; *waltan* = walten, gebieten; ältere Form: *Widuwalt;* Nebenformen: *Widold, Widolt;* polnische Form: *Witołd.*

Witołd *m*, polnische Form von ↗ Witold.

Bekannte Namensträger:

Witołd Gombrowicz, 1904–1969; polnischer Schriftsteller von Romanen, Dramen und Essays.

Witołd Lutosławski, geboren 1913; polnischer Komponist; führender Vertreter der Neuen Musik in Polen.

Witołd Rowicki, geboren 1914; polnischer Dirigent und Geiger zeitgenössischer polnischer Musik.

Witta *m,* Nebenform zu ↗ Witte.
Namensträger:
Witta (Albin, Albuin), gestorben nach 760; Angelsachse; erster Bischof von Buraburg (Gedenktag: 26. Oktober).

Witta *w,* die weibliche Form zu ↗ Witte.

Witte *m,* friesisch; althochdeutsch: *witu* = Holz, Wald; Nebenform: *Witta.*

Wittekind *m,* Nebenform zu ↗ Widukind.

Wittich *m,* Nebenform zu ↗ Wittig.

Wittig *m,* Kurzform für mit Widu- (althochdeutsch: *witu* = Wald) gebildete männliche Vornamen; Nebenform: *Wittich.*

Wittiko *m,* Nebenform zu ↗ Witiko.

Witzel *m,* Koseform für ↗ Werner.

Wladimir *m,* slawisch: *wladeti* = herrschen; *mir* = Friede; Nebenform: *Vladimir;* italienisch: *Valdimiro.*
Bekannte Namensträger:
Wladimir, Großfürst von Kiew, ↗ Waldemar.
Wladimir Horowitz, geboren 1904; russisch-amerikanischer Pianist; Liszt-, Tschaikowskij- und Rachmaninow-Interpret.
Wladimir Iljitsch Lenin, 1870–1924; russischer Politiker, Führer der Oktoberrevolution; politischer Schriftsteller.
Wladimir Majakowskij, 1893–1930; russischer futuristischer Schriftsteller des revolutionären sowjetischen Sozialismus.
Wladimir K. Zworykin, geboren 1889; amerikanischer Physiker und Elektrotechniker; schuf fernsehtechnische Geräte und Elektronenmikroskop

Wladislaw *m,* slawisch: *wladeti* = herrschen; *slawa* = Ruhm; latinisierte Form: *Ladislaus;* polnisch: *Władisław;* ungarisch: László.

Władisław *m,* polnische Form von ↗ Wladislaw.
Bekannter Namensträger:
Władisław Gomułka, 1905–1982; polnischer kommunistischer Politiker.

Włodzimierz *m,* polnische Form von ↗ Waldemar.

Wobke *m,* Nebenform zu ↗ Wiebke.

Woitech *m,* Nebenform zu ↗ Wojciech.

Wojciech *m,* polnische Form von ↗ Adalbert; Nebenform: *Woitech.*

Wold *m,* Koseform für ↗ Theobald; Kurzform für mit Wold- (althochdeutsch: *waltan* = walten, gebieten) oder -wald, -bald gebildete männliche Vornamen; Nebenformen: *Wolt, Wolder.*

Woldemar *m,* niederdeutsche Nebenform zu ↗ Waldemar.

Wolder *m,* Nebenform zu ↗ Wold.

Wolf *m,* Kurzform für mit Wolf- gebildete männliche Vornamen; auch *Wulf;* skandinavisch: *Ulf.*
Bekannter Namensträger:
Wolf Kondratschek, geboren 1943; deutscher Schriftsteller von Hörspielen, experimenteller Prosa und Lyrik.

Wolfa *w,* Kurzform für ↗ Wolfhild.

Wolfbald *m,* althochdeutsch: *wolf* = Wolf; *bald* = kühn.

Wolfbert *m,* althochdeutsch: *wolf* = Wolf; *beraht* = glänzend.

Wolfdieter *m,* Nebenform zu ↗ Wolfdietrich.

Wolfdietrich *m,* Doppelname aus Wolf(gang) und Dietrich; Nebenformen: *Wolfdieter, Wulfdietrich.*

Wölfel *m,* Verkleinerungsform von ↗ Wolf.

Wolfer *m,* althochdeutsch: *wolf* = Wolf; *hari* = Heer; ältere Form: *Wolfhari.*

Wolfgang *m,* althochdeutsch: *wolf* = Wolf; *gang* = Gang, Angriff; Kurz- und Koseformen: *Wolflein, Wölflein, Wölfle, Wülfke, Wülfken, Wilfling, Wolf, Wulf, Gangel.*
Bekannte und bedeutende Namensträger:
Wolfgang, um 924–994; Benediktiner in Einsiedeln; ab 971 Glaubensbote in Ungarn; 972 Bischof von Regensburg (Gedenktag: 31. Oktober).
Wolfgang zu Anhalt, 1492–1566; einer der ersten fürstlichen Anhänger Lu-

thers; „Landesvater" (Gedenktag: 23. März).

Wolfgang Abendroth, geboren 1906; deutscher Rechts- und Sozialwissenschaftler.

Wolfgang Borchert, 1921–1947; deutscher Schriftsteller der jungen Kriegsgeneration.

Wolfgang Capito, 1478–1541; Straßburger evangelischer Konsenstheologe; Hauptförderer der Reformation im Elsaß und in der Schweiz (Gedenktag: 21. November).

Wolfgang Fortner, geboren 1907; deutscher Komponist der atonalen Zwölfton- und aseriellen Musik.

Wolfgang Hildesheimer, geboren 1916; deutscher Schriftsteller, Maler und Graphiker.

Wolfgang Kayser, 1906–1960; deutscher Literaturwissenschaftler.

Wolfgang Kieling, geboren 1924; deutscher Schauspieler der Bühne, des Films und des Fernsehens.

Wolfgang Köhler, 1887–1967; deutsch-amerikanischer Psychologe; Mitbegründer der Gestaltpsychologie.

Wolfgang Koeppen, geboren 1906; deutscher Schriftsteller und Dramaturg; verfaßte kritische zeitgenössische Romane.

Wolfgang Leonhard, geboren 1921; österreichisch-deutscher Sowjetologe und Schriftsteller.

Wolfgang Liebeneiner, geboren 1905; deutscher Bühnenschauspieler; seit 1937 Filmregisseur.

Wolfgang Amadeus Mozart, 1756–1791; österreichischer Komponist; mit Beethoven und Haydn bedeutendster Komponist der Klassik.

Wolfgang Pauli, 1900–1958; österreichischer Physiker; entdeckte Pauli-Anschließungsprinzip.

Wolfgang Sawallisch, geboren 1923; deutscher Dirigent.

Wolfgang Schneiderhan, geboren 1915; österreichischer Violinvirtuose.

Wolfgang Stammler, 1886–1965; deutscher Germanist.

Wolfgang Staudte, 1906–1984; deutscher Schauspieler und Filmregisseur gesellschaftskritischer Filme.

Wolfgang Wagner, geboren 1919; deutscher Opernregisseur; organisatorischer Leiter der Bayreuther Festspiele in Zusammenarbeit mit seinem Bruder Wieland.

Wolfgang Weyrauch, 1907–1980; deutscher zeit- und gesellschaftskritischer Schriftsteller in Hörspielen, Erzählungen und Lyrik.

Wolfgang Windgassen, 1914–1974; deutscher Opernsänger (Heldentenor); Wagnerrollen.

Wolfger *m,* althochdeutsch: *wolf* = Wolf; *ger* = Speer.

Wolfgerd *m,* Doppelname aus Wolf und Gerhard.

Wolfgisbert *m,* Doppelname aus Wolf und Gisbert.

Wolfgund *w,* althochdeutsch: *wolf* = Wolf; *gund* = Kampf; Nebenform: *Wolfgunde.*

Wolfgunde *w,* Nebenform zu ↗ Wolfgund.

Wolfgünter *m,* Doppelname aus Wolf und Günter.

Wolfhard *m,* althochdeutsch: *wolf* = Wolf; *harti* = stark; Nebenformen: *Wolfhart, Welfhard, Wulfhard, Gualfard;* friesische Formen: *Ulfart, Ulferd, Ulfert, Olfert.*

Namensträger:

Wolfhard, gestorben 1127; Einsiedler an der Etsch, seit etwa 1117 in einer Zelle zu Curte-Regia (Gedenktag: 27. Oktober).

Wolfhari *m,* ältere Form von ↗ Wolfer.

Wolfhart *m,* Nebenform zu ↗ Wolfhard.

Wolfheinrich *m,* Doppelname aus Wolf und Heinrich.

Wolfhelm *m,* althochdeutsch: *wolf* = Wolf; *helm* = Helm, Schutz.

Namensträger:

Wolfhelm, gestorben 1091; Benediktiner in Trier und Köln; 1065 Abt in Brauweiler (Gedenktag: 22. April).

Wolfhild *w,* althochdeutsch: *wolf* = Wolf; *hiltja* = Kampf; Nebenfor-

men: *Wolfhilde, Wulfhild, Wulfhilde;* Kurz- und Koseformen: *Wolfa, Wulfa;* schwedische Form: *Ulfhild.*
Namensträgerin:
Wolfhild, 12. Jahrhundert; bayerische Herzogstochter; trat als Witwe nach 1143 ins Kloster Wessobrunn ein (Gedenktag: 8. Mai).
Wolfhilde *w,* Nebenform zu ↗ Wolfhild.
Wolfhold *m,* althochdeutsch: *wolf* = Wolf; *waltan* = walten, gebieten.
Namensträger:
Wolfhold von Admont, gestorben 1137; wurde Benediktiner und Abt in Admont (Gedenktag: 1. November).
Wolfhold von Hohenwart, gestorben 1100; Priester in Hohenwart im Bistum Augsburg (Gedenktag: 31. Januar).
Wolfhorst *m,* Doppelname aus Wolf und Horst.
Wolfilo *m,* Verkleinerungsform von ↗ Wolf.
Wölfle *m,* Koseform für ↗ Wolfgang.
Wolflein *m,* Koseform für ↗ Wolfgang.
Wölflein *m,* Koseform für ↗ Wolfgang.
Wölflin *m,* Verkleinerungsform von ↗ Wolf.
Wolfrad *m,* althochdeutsch: *wolf* = Wolf; *rat* = Rat, Ratgeber; Nebenform: *Wolfrat.*
Wolfram *m,* althochdeutsch: *wolf* = Wolf; *hraban* = Rabe.
Namensträger:
Wolfram von Eschenbach, etwa 1170–1220; mittelhochdeutscher Dichter der höfischen Epik mit „Parzival", „Willehalm" und „Titurel".
Wolfram von Sens, gestorben um 700; wurde um 688 Erzbischof von Sens; Glaubensbote in Friesland; starb in Fontenelle (Gedenktag: 20. März).
Wolfram von Wadgassen, gestorben 1158; war der erste Abt der Prämonstratenserabtei Wadgassen (Gedenktag: 25. Januar).
Wolfrat *m,* Nebenform zu ↗ Wolfrad.
Wolfrid *m,* althochdeutsch: *wolf* = Wolf; *fridu* = Friede; Nebenform: *Wolfried.*
Namensträger:
Wolfrid (Ulfrid), gestorben 1028; englischer Glaubensbote in Schweden; Märtyrer (Gedenktag: 18. Januar).
Wolfried *m,* Nebenform zu ↗ Wolfrid.
Wolfrun *w,* althochdeutsch: *wolf* = Wolf; *runa* = Geheimnis, Zauber.
Wolfsind *w,* althochdeutsch: *wolf* = Wolf; *sint* = gewaltig.
Namensträgerin:
Wolfsind, legendäre christliche Jungfrau unbekannter Zeit (Gedenktag: 2. September).
Wolftraud *w,* Nebenform zu ↗ Wolftrud.
Wolftrud *w,* althochdeutsch: *wolf* = Wolf; *trud* = Kraft; Nebenformen: *Wolftrude, Wolftraud, Wulftrud.*
Wolftrude *w,* Nebenform zu ↗ Wolftrud.
Wolt *m,* niederdeutsche Kurzform für Wolter (↗ Walter); auch Koseform für ↗ Theobald; Nebenform zu ↗ Wold.
Wolter *m,* niederdeutsche Form von ↗ Walter; Kurzform: *Wolt.*
Woltje *m,* Koseform für ↗ Walter.
Wonnebald *m,* Nebenform zu ↗ Wunibald.
Woody *m,* amerikanisch.
Namensträger:
Woody Allen, geboren 1935; amerikanischer Filmschauspieler (Komiker) und -regisseur; Drehbuchautor.
Woody Herman, geboren 1913; amerikanischer Jazzmusiker: Klarinettist und Sänger.
Wotan *m,* germanisch; Nebenform: Wodan; ↗ Odin.
Wout *m,* niederländische Kurzform für Wouter (↗ Walter).
Wouter *m,* niederländische Form von ↗ Walter.
Wübke *w,* Nebenform zu ↗ Wiebke.
Wulf *m,* Nebenform zu ↗ Wolf; Kurzform für ↗ Wolfgang.
Wulfa *w,* Kurzform für ↗ Wolfhild.
Wulfdietrich *m,* Nebenform zu ↗ Wolfdietrich.

Wulfhard *m,* Nebenform zu ↗ Wolfhard.
Wulfhild *w,* Nebenform zu ↗ Wolfhild.
Wulfhilde *w,* Nebenform zu ↗ Wolfhild.
Wulfila *m,* Verkleinerungsform von Wulf = Wolf (althochdeutsch: *wolf); gräzisierte Form: *Ulfilas.*
Bekannter Namensträger:
Wulfila (Ulfilas), um 311–383; seit 341 Bischof der Goten; übersetzte die Bibel ins Gotische (Gedenktag: 26. August).
Wülfke *m,* Koseform für ↗ Wolfgang.
Wülfken *m,* Koseform für ↗ Wolfgang.
Wulftrud *w,* Nebenform zu ↗ Wolftrud.
Namensträgerin:
Wulftrud, gestorben 1000; Klosterfrau in Wilton (Gedenktag: 21. September).
Wulmar *m,* Nebenform zu ↗ Wilmar.
Namensträger:
Wulmar (Wilmar), gestorben Anfang 8. Jahrhundert; erst Einsiedler; gründete das Mönchskloster Samer und das Frauenkloster Wierre-aux-bois und leitete sie (Gedenktag: 20. Juli).
Wunibald *m,* althochdeutsch: *wunna* = Wonne, Freude; *bald* = kühn; Nebenformen: *Wunnibald, Wonnebald, Wunnebald.*
Namensträger:
Wunibald, 701–761; britischer Glaubensbote in Deutschland; gründete das Kloster Heidenheim (Gedenktag: 15. Dezember; evangelisch: 18. Dezember).
Wunibert *m,* althochdeutsch: *wunna* = Wonne, Freude; *beraht* = glänzend; Nebenformen: *Wunnebert, Wunnebrecht.*
Wunna *w,* Kurzform für mit althochdeutsch: *wunna* (= Freude), gebildete weibliche Vornamen.
Wunnebald *m,* Nebenform zu ↗ Wunibald.
Wunnebert *m,* Nebenform zu ↗ Wunibert.
Wunnebrecht *m,* Nebenform zu ↗ Wunibert.
Wunnibald *m,* Nebenform zu ↗ Wunibald.
Wybren *m,* friesische Form für ↗ Wigbern und ↗ Wigbrand.
Wyn *m,* friesische Kurzform für mit Win- oder Wini- gebildete männliche Vornamen; Nebenformen: *Wyne, Wyneke.*
Wyne *m,* Nebenform zu ↗ Wyn.
Wyneke *m,* Nebenform zu ↗ Wyn.
Wyrich *m,* Nebenform zu ↗ Wirich.
Wystan *m,* englisch.
Bekannter Namensträger:
Wystan Hugh Auden, 1907–1973; englischer Schriftsteller von Lyrik, politischen Versdramen und philosophischen Essays.

X

Xander *m,* Kurzform für ↗ Alexander.
Xandra *w,* Kurzform für ↗ Alexandra.
Xaver *m,* nach dem spanischen Schloß Xavier (heute Javier) in Navarra; latinisiert: *Xaverius;* Kurz- und Koseformen: *Xaverl, Verlein, Verle, Vere, Ver;* englische Form: *Xavier;* irische Koseform: *Savy;* französisch: *Xavier;* italienisch: *Saverio;* spanisch: *Javier;* polnisch: *Xavery.*
Namensträger:
Xaver ↗ Franz Xaver.
Xaver Marnitz, gestorben 1919; evangelischer baltischer Blutzeuge (Gedenktag: 30. Januar).
Xaveria *w,* die weibliche Form zu ↗ Xaver; Nebenform: *Xaverine.*
Xaverine *w,* Nebenform zu ↗ Xaveria.
Xaverius *m,* lateinische Form von ↗ Xaver.
Xaverl *m,* Koseform für ↗ Xaver.
Xavery *m,* polnische Form von ↗ Xaver.
Xavier *m,* englische und französische Form von ↗ Xaver.
Xenia *w,* griechisch: *xenios* = gastfreundlich; Kurzform für auf -xenia

endende slawische und griechische weibliche Vornamen.

Xeno *m*, englische Nebenform zu ↗ Xenos.

Xenophon *m*, griechisch: *xenos* = Fremder, Gast; *phainesthai* = scheinen, leuchten; italienische Form: *Senofonte;* spanisch: *Genofonte.*

Bekannter Namensträger:

Xenophon, 430–354 v. Chr.; altgriechischer Geschichtsschreiber und philosophischer Schriftsteller.

Xenos *m*, englisch; von griechisch: *xenos* = Fremder, Gast; Nebenform: *Xeno.*

Xeres *m*, englische Form von ↗ Xerxes.

Xerus *m*, englische Form von ↗ Xerxes.

Xerxes, *m*, griechische Form des altpersischen Königsnamens Ahasver (hebräisch); englische Formen: *Xerus, Xeres;* spanisch: *Jerez, Jergés.*

Xiste, *m*, französische Form von ↗ Sixtus.

Xystus *m*, Nebenform zu ↗ Sixtus.

Y

Yago *m*, spanische Form von ↗ Jakob.

Yanneck *m*, schweizerische Form von ↗ Yannic.

Yannic *m*, bretonische Form von Jean (↗ Johann); schweizerische Form: *Yannick, Yanneck;* dänisch: *Jannik.*

Yannick *m*, schweizerische Form von ↗ Yannic.

Yannis *m*, griechische Form von ↗ Johann.

Bekannter Namensträger:

Yannis Xenakis, geboren 1922; griechischer Komponist serieller Musik; auch Mathematiker und Architekt.

Yasmin *w*, Nebenform zu ↗ Jasmin.

Yasmina *w*, Nebenform zu ↗ Jasmin.

Yasmine *w*, Nebenform zu ↗ Jasmin.

Yehudi *m*, Nebenform zu ↗ Jehudi.

Bedeutender Namensträger:

Yehudi Menuhin, geboren 1916; amerikanischer Geigenvirtuose russisch-jüdischer Herkunft.

Yola *w*, Kurz- und Koseform für ↗ Jolanthe.

Yolanda *w*, Nebenform zu ↗ Jolanthe.

Yolanthe *w*, Nebenform zu ↗ Jolanthe.

Yorck *m*, Nebenform zu ↗ York.

Yorick *m*, englische Form von ↗ York.

York *m*, dänische Form von ↗ Georg; Nebenform: *Yorck;* englische Formen: *Yorick, Yorrick.*

Yorrick *m*, englische Form von ↗ York.

Yso *m*, Nebenform zu ↗ Iso.

Yul *m*, schwedische Form von ↗ Yule.

Bekannter Namensträger:

Yul Brynner, geboren 1920; amerikanischer Filmschauspieler russicher Herkunft.

Yule *m*, schottisch und nordenglisch: *yule* = Weihnacht; schwedische Form: *Yul.*

Yvan *m*, Nebenform zu ↗ Iwan.

Yves *m*, französische Form von ↗ Ivo.

Bekannte Namensträger:

Yves Montand, geboren 1921; französischer Chansonsänger und Filmschaupieler.

Yves Saint-Laurent, geboren 1936; französischer Modeschöpfer.

Yvetta *w*, Nebenform zu ↗ Ivette.

Yvette *w*, Nebenform zu ↗ Ivette.

Bekannte Namensträgerin:

Yvette Labrousse, geboren 1906; als Begum dritte Frau Aga Khans III.

Yvo *m*, Nebenform zu ↗ Ivo.

Yvonne *w*, französische Nebenform zu ↗ Ivonne.

Z

Zach *m*, deutsche und englische Kurzform für ↗ Zacharias.

Zachariah *m*, englische Form von ↗ Zacharias.

Zacharias *m*, hebräisch: *sekar'jahu* = es gedenkt Jahwe (Gott); Kurz- und Koseformen: *Zacherl, Zacher, Zaches, Zach, Zoch;* ökumenische

Form: *Sacharja:* englische Formen: *Zachariah, Zachary;* Koseform: *Zach;* russisch und jüdisch: *Sachar, Sacher.*
Namensträger:
Zacharias, in der Bibel Gatte Elisabeths und Vater des Johannes des Täufers.
Zacharias, gestorben 752; wurde 741 der letzte griechische Papst (Gedenktag: 15. März).
Zachary *m,* englische Form von ↗ Zacharias.
Zachäus *m,* hebräisch: = der Gerechte, Unschuldige.
Namensträger:
Zachäus, im Neuen Testament jüdischer Oberzöllner, den Jesus besuchte und als Jünger berief.
Zachäus, gestorben 1529; Franziskaner-Laienbruder in Zwettl; Märtyrer durch die Wien belagernden Türken (Gedenktag: 6. September).
Zacher *m,* Kurzform für ↗ Zacharias.
Zacherl *m,* Koseform für ↗ Zacharias.
Zaches *m,* Koseform für ↗ Zacharias.
Zaida *w,* arabisch: Gebieterin.
Zamel *m,* niederländische Form von ↗ Samuel.
Zander *m,* Kurz- und Koseform für ↗ Alexander.
Zara *w,* Nebenform zu ↗ Sara.
Zarah *w,* Nebenform zu ↗ Sara.
Bekannte Namensträgerin:
Zarah Leander, 1907–1981; schwedische Sängerin und Schauspielerin der Bühne und des Films.
Zarin *m,* bulgarisch: *zar* = Zar; Nebenform: *Zarjo.*
Zarina *w,* bulgarische weibliche Form zu ↗ Zarin.
Zarjo *m,* Nebenform zu ↗ Zarin.
Zäzilie *w,* Nebenform zu ↗ Cäcilia.
Zdenka *w,* tschechische Form von ↗ Sidonie.
Zdenko *m,* tschechische Form von ↗ Sidonius.
Zebedäus *m,* hebräisch: *sebad'jah* = Geschenk Jahwes (Gottes).
Namensträger:
Zebedäus, im Neuen Testament galiläischer Fischer, Gatte der Salome; Vater des Jakobus des Älteren und des Johannes.
Zechel *m,* Nebenform zu ↗ Ezechiel.
Zeia *w,* Koseform für ↗ Lucia.
Zeiele *w,* Koseform für ↗ Lucia.
Zeigen *w,* Koseform für ↗ Lucia.
Zeje *w,* Koseform für ↗ Lucia.
Zelda *w,* englische Kurzform für ↗ Griselda.
Zella *w,* Kurzform für ↗ Marcella.
Zelma *w,* englisch-amerikanische Form von ↗ Selma.
Zena *w,* englische Kurzform für ↗ Zenobia.
Zeno *m,* griechisch; Kurzform für mit Zeno- gebildete männliche Vornamen.
Namensträger:
Zeno, 4. Jahrhundert; Bischof von Verona; wirkte als Prediger und theologischer Schriftsteller gegen Heidentum und Irrglauben (Gedenktag: 12. April).
Zenobia *w,* die weibliche Form zu ↗ Zenobio; englische Kurzform: *Zena.*
Namensträgerin:
Zenobia, 3. Jahrhundert; Königin von Palmyrene in Syrien; wurde von Kaiser Aurelian besiegt.
Zenobio *m,* italienisch-spanisch; griechischen Ursprungs: aus *Zeus* und *bios* = Leben.
Zenodotus *m,* griechisch: = Geschenk des Zeus.
Zens *m,* Nebenform zu ↗ Zenz.
Zenta *w,* Kurzform für ↗ Vincenta; Koseform für ↗ Innozentia und ↗ Kreszentia.
Zenz *m,* Kurzform für ↗ Innozenz und ↗ Vinzenz; Nebenform: *Zens.*
Zenz *w,* Koseform für ↗ Innozentia und ↗ Vincentia.
Zenze *w,* Koseform für ↗ Kreszentia.
Zenzi *w,* Koseform für ↗ Kreszentia. und ↗ Vincentia.
Zephyrin *m,* von griechisch: *zephyros* = Westwind; latinisiert: *Zephyrinus.*
Zephyrinus *m,* lateinische Form von ↗ Zephyrin.
Zerves *m,* Kurzform für ↗ Servatius.

Zeus *m,* griechisch; ursprünglich: *djeus* = Tag.
Namensträger:
Zeus, Hauptgott der griechischen Mythologie.

Zigi *w,* Kurzform für ↗ Lucia.

Zilge *w,* Kurz- und Koseform für ↗ Cäcilia.

Zilla *w,* Koseform für ↗ Cäcilia.

Zillchen *w,* Koseform für ↗ Cäcilia.

Zilli *w,* Koseform für ↗ Cäcilia.

Zilly *w,* Koseform für ↗ Cäcilia.

Zirves *m,* Koseform für ↗ Servatius.

Ziska *w,* Kurzform für ↗ Franziska.

Ziskus *m,* Kurzform zu Franziskus (↗ Franz).

Zisl *w,* Koseform für ↗ Franziska.

Zissi *w,* Koseform für ↗ Franziska.

Zita *w,* Kurzform für ↗ Felizitas; Nebenformen: *Cita, Sita.*
Namensträgerin:
Zita, um 1212–1272; heiligmäßige Hausangestellte einer Familie in Lucca, der sie 48 Jahre vorbildlich diente (Gedenktag: 27. April).

Zlatko *m,* slawische Kurzform für mit Zlato- gebildete männliche Vornamen.

Zoch *m,* Kurz- und Koseform für ↗ Zacharias.

Zoë *w,* griechisch: *zoë* = Leben.
Namensträgerin:
Zoë, gestorben 127; mit ihrem Gatten und zwei Söhnen Märtyrin in Pamphylien (Gedenktag: 2. Mai).

Źofia *w,* polnische Form von ↗ Sophie.

Zoffi *w,* Koseform für ↗ Sophie.

Zölestin *m,* Nebenform zu ↗ Cölestin.

Zölestine *w,* Nebenform zu ↗ Cölestine.

Zölestinus *m,* Nebenform zu ↗ Cölestin.

Zoltán *m,* ungarisch; von türkisch: *sultan* = Sultan, Herrscher.
Bekannter Namensträger:
Zoltán Kodály, 1882–1967; ungarischer Komponist der neueren ungarischen Musik; Volksliedforscher und -sammler.

Zora *w,* Sanskrit: = Aurora.

Zosel *w,* Koseform für ↗ Susanne.

Zsigmond *m,* ungarische Form von ↗ Siegmund.

Zsuzśi *w,* ungarische Form von ↗ Susanne.

Zubin *m,* indisch.
Bekannter Namensträger:
Zubin Mehta, geboren 1936; indischer Dirigent.

Zuff *w,* Koseform für ↗ Sophie.

Züff *w,* Koseform für ↗ Sophie.

Zuleika *w,* Nebenform zu ↗ Suleika.

Zusel *w,* Koseform für ↗ Susanne.

Zusi *w,* Koseform für ↗ Susanne.

Zwi *m,* hebräisch: = Hirsch.

Zygmunt *m,* polnische Form von ↗ Siegmund.

Zyprian *m,* Nebenform zu ↗ Cyprian.

Zyriak *m,* Nebenform zu Cyriak (↗ Cyriac).

Namenstagskalender

JANUAR

1. Fulgentius
Wilhelm von Dijon

2. Adalhard
Basilius der Große
Dietmar von Prag
Gregor von Nazianz
Odino
Wilhelm Löhe

3. Adula von Pfalzel
Genoveva von Nanterre
Gordius
Irmina
Odilo von Cluny

4. Angela von Foligno
Fritz von Bodelschwingh
Liawizo
Maro
Roger von Ellant

5. Ämiliana
Feofan
Gerlach, Einsiedler

6. Balthasar
Erminold
Gertrud van Oosten
Gertrud von Traunkirchen
Kaspar
Makarius
Melchior
Pia
Walter Paucker
Wiltrud von Bergen

7. Aldrich von Le Mans
Erhard
Jakob Andreä
Knut Lavard
Raimund von Peñafort
Reinold
Sigrid, Hirtin
Valentin von Rätien
Virginia
Widukind

8. Gudula
Heinrich von Arnsberg
Severin von Norikum

9. Basilissa
Eberhard von Schäftlarn
Johann Laski
Julian, Märtyrer

10. Gregor X.
Karpus, Märtyrer
Papylus
Paulus von Theben
Wilhelm von Donjeon

11. Ernst der Bekenner
Paulin von Aquileja

12. Aelred
Hilda, Benediktinerin
Johannes Cochläus
Johannes Kaspar Kratz
Tatiana

13. Gottfried Cappenberg
Heldemar
Hilarius von Poitiers
Ivette

14. Berno
Engelmar
George Fox

Heilika (Heilgard)
Reiner von Arnsberg

15. Antonius, Propst
Gabriel von Ferrara
Konrad von Mondsee
Maurus
Romedius
Traugott Hahn

16. Honorat
Marcellus I., Papst
Theobald von Geisling
Tillo
Tozzo
Ulrich von Blücher

17. Antonius der Große
Beatrix von Cappenberg
Gamelbert

18. Ludwig Steil
Odilo von Bayern
Priska
Regine Protmann
Wolfrid

19. Abachum
Agritius
Aleidis von Oldenburg
Audifax
Heinrich von Clairvaux
Johann Michael Hahn
Marius
Ratmund

20. Elisabeth
Fabian, Papst
Sebastian
Ursula Haider

21. Agnes von Rom
Agnes Aislinger
Matthias Claudius
Meinrad von Reichenau
Patroklus

22. Anastasius der Perser
Dietlind
Elisabeth von Österreich
Gaudenz
Vinzenz von Saragossa
Vinzenz Pallotti
Walter von Bierbeek

23. Emerentiana
Hartmut
Heinrich Seuse
Ildefons
Lüfthild
Menno Simons
Nikolaus Groß
Sponsata
Wido von Adwert

24. Arn von Salzburg
Bernhard Lehner
Eberhard Graf von Nellenburg
Erich Sack
Franz von Sales
Vera

25. Amarin
Heinrich Seuse
Poppo von Stablo-Malmedy
Titus Maria Horten
Wolfram von Wadgassen

26. Alberich von Cîteaux
Albert von Steinfeld
Johann Matthäus Meyfart
Notburg von Bühl

Paula
Timotheus
Titus von Kreta

27. Alruna
Angela Merici
Julian von Le Mans
Paavo Ruotsalainen
Unwan

28. Irmund
Josef Freinademetz
Karl der Große
Karoline Barbara
Manfred
Thomas von Aquin

29. Aquilin
Gerhard von Kremsmünster
Karl, Abt
Radegund von Chelles
Theophil Wurm
Valerius

30. Adelgund
Balthild
Martina
Serena
Thiathild
Xaver Marnitz

31. Charles Spurgeon
Eusebius, Einsiedler
Giiovanni Don Bosco (Johannes Bosco)
Hemma, Königin
Marzella
Rudbert
Wolfhold von Hohenwart

FEBRUAR

1. Brigitte von Kildare
Klaus Harms
Severus
Sigibert III.
Winand von Maastricht

2. Alfred Delp
Bodo
Burkhard von Würzburg
Dietrich von Minden
Hadelog
Markward von Hildesheim
Stephan Bellesini

3. Alois Andricki
Ansgar
Berlind
Blasius
Hadelin
Imad, Bischof
Maria Stollenwerk
Matthias Desubas
Michael Brenner
Nithard
Nona
Werburg

4. Christian von Himmerod
Gilbert von Sempringham
Hrabanus Maurus
Johanna von Valois
Veronika

5. Adelheid von Vilich
Agatha
Albuin von Brixen
Elisabeth von Wertheim

Herebald
Ingenuin
Philipp Jakob Spener

6. Alderich
Amandus
Dorothea von Kappadozien
Hildegund von Meer
Paul Miki
Reinhild von Aldeneyk
Vedast

7. Adolf Stoecker
Ava
Nivard von Clairvaux
Richard von Wessex

8. Georg Wagner
Hieronymus Ämiliani
Milada
Philipp Jenningen

9. Alto
Anna Katharina Emmerick
Apollonia
Gottschalk von Steinfeld
John Hooper
Julian, Franziskaner
Lambert von Neuwerk
Paphnutius, Anachoret

10. Brun von Minden
Friedrich Christoph Oetinger
Scholastika
Wilhelm von Maleval

11. Anselm von Steingaden
Benjamin Schmolck
Hugo von Sankt Viktor
Theobert
Theodor Babilon

12. Antonius aus Sachsen
Benedikt von Aniane
Friedrich Schleiermacher
Helmward
Ludan
Valentin Ernst Löscher

13. Adolf
Aleidis von Langwaden
Christian Friedrich Schwartz
Ekkehard, Bischof
Ermenhild
Gisela
Gosbert
Jordan, Dominikaner
Kastor
Wiho

14. Cyrill
Johannes Daniel Falk
Methodius
Valentin von Terni

15. Amarin
Drutmar
Georg Maus
Prikt
Sigfrid von Växjö

16. Juliana von Nikomedien
Pamphilus
Philippa Mareri
Wilhelm Schmidt

17. Benignus
Bonosus
Johann Heermann

Martin Luther
Mazelin

18. Konstantia
Simon, „Bruder des Herrn“

19. Bonifatius von Lausanne
Hadwig, Priorin
Irmgard von Aspel
Peter Brullius

20. Amata
Corona
Falko von Tongern-Maastricht
Friedrich Weißler
Jordan Mai

21. Germanus, Einsiedler
Gunthild, Äbtissin
Lars Levi Laestadius
Leodegar von Lechsgemünd
Petrus Damiani
Pippin der Ältere

22. Bartholomäus Ziegenbalg
Isabella von Frankreich
Johanna Maria Bonomo
Margareta von Cortona

23. Odo von Cappenberg
Polykarp
Romana
Willigis

24. Ethelbert
Ida von Hohenfels
Irmengard von Baden
Johann Christoph Blumhardt
Matthias, Apostel

25. Adelhelm
Adeltrud
Walburg von Heidenheim

26. Dionysius von Augsburg
Mechthild von Sponheim
Ulrich von Obermarchtal

27. Markward von Prüm
Patrick Hamilton

28. Elisabeth von Pommern
Lupizinus
Martin Bucer (Butzer)
Romanus
Silvana
Sirin
Theodulf von Trier

29. August Chapdelaine
Oswald von York

MÄRZ

1. Agnes von Böhmen
Albin von Angers
David von Menevia
Martin Moller
Roger von Bourges

2. Grimo
John Wesley
Karl der Gute

3. Friedrich von Hallum
Islav
Johann Friedrich der Großmütige
Kunigunde, Kaiserin
Liberat Weiß
Tobias Wasnack

4. Humbert
Kasimir
Rupert von Deutz
Walburg von Neuenheerse

5. Dietmar von Minden
Hermann F. Kohlbrügge
Oliva

6. Chrodegang von Metz
Coleta
Franziska Streitel
Fridolin von Säckingen
Kunissa
Mechthild von Hochsal
Quiriakus

7. Felicitas von Karthago
Johannes von Vandières
Perpetua
Reinhard von Reinhausen
Volker
Willeich

8. Beata
Johannes von Gott
Michael Wittmann

9. Barbara Pfister
Bruno von Querfurt
Dominikus Savio
Franziska von Rom

10. Ämilian
Attala, Abt
Gustav
John Ogilvie

11. Alram
Heinrich Hahn
Pionius
Rosine
Ulrich von Kaisheim

12. Beatrix von Engelport
Gregor I. der Große (evangelisch)
Leander

13. Almud
Answin
Georg von Ghese
Judith von Ringelheim
Paulina
Sancha

14. Friedrich Gottlieb Klopstock
Gottfried Könzgen
Konrad Müller
Mathilde

15. Diedo
Kaspar Olevianus
Klemens Maria Hofbauer
Louise de Marillac
Pius Keller
Zacharias, Papst

16. Gummar
Heribert von Worms

17. Diemut
Gertrud von Nivelles

Johannes Sarkander
Konrad von Bayern
Patrick

18. Cyrill von Jerusalem
Eduard der Märtyrer
Marie Schlieps

19. Josef, Bräutigam der Gottesmutter Maria
Michael Weiße

20. Albrecht von Preußen
Irmgard von Erstein
Wolfram von Sens

21. Absalon
Christian von Köln
Nikolaus von Flüe (evangelisch)

22. August Schreiber
Lea
Lukardis

23. Merbot
Rebekka
Toribio Mongrovejo
Wolfgang zu Anhalt

24. Elias, Abt
Katharina von Schweden
Veit Dietrich

25. Annunciata
Ernst der Fromme
Jutta, Einsiedlerin
Maria Ancilla
Prokop

26. Karl Schlau, Blutzeuge
Kastulus
Larissa
Liudger

27. Frowin
Heimo von Halberstadt

28. Gundelind
Guntram
Ingbert Naab
Rupert von Salzburg (evangelisch)
Wilhelm Eiselin

29. Gladys
Hans Nielsen Hauge
Helmut (Helmstan)
Ludolf von Ratzeburg
Ragnachar

30. Diemut
Dodo
Johannes Evangelista Goßner
Patto

31. Achatius Agathangelus
Benjamin
Cornelia
Goswin, Bischof
Heinrich Thyssen
Klemens Fuhl
Lambert Conradi
Richeza

APRIL

1. Amalie Sieveking
Cäsarius
Chionia

Hugo von Grenoble
Irene

2. Eustasius
Franz von Paula
Friedrich von Bodelschwingh
Maria von Ägypten
Sandrina
Thetwif (Thetwig)

3. Elisabeth Koch
Gerhard Tersteegen
Liudbirg
Richard, Bischof
Thiento

4. Ambrosius
Heinrich Richter
Isidor von Sevilla
Konrad von Weißenau

5. Christian Scriver
Juliana von Lüttich
Kreszentia Höß
Pandita Ramabai
Vinzenz Ferrer

6. Notker der Stammler (evangelisch)
Petrus Martyr
Wilhelm von Aebelholt

7. Albrecht Dürer
Burchard von Halberstadt
Johann Hinrich Wichern
Johann Baptist de Lasalle

8. Beata von Ribnitz
Manegold
Martin Chemnitz
Walter von Rebais

9. Dietrich Bonhoeffer
Kasilda
Konrad I. von Salzburg
Waltrud

10. Eberwin von Helfenstein
Engelbert, Abt
Thomas von Westen

11. Gemma Galgani
Hildebrand
Matthäus Apelles von Löwenstern
Reiner von Osnabrück
Stanislaus von Krakau

12. Herta
Julius I., Papst
Petrus Waldus
Zeno

13. Hermenegild
Ida von Boulogne
Konrad Hubert
Martin I., Papst
Paternus
Paulus Diaconus

14. Ernestine von Rheinhessen
Hadwig von Meer
Ludwina
Simon Dach
Valerian

15. Karoline Fliedner
Nidgar
Unna

16. Benedikt Joseph Labre
Bernadette Soubirous
Sundar Singh

17. Eberhard von Wolfegg
Ludwig von Berquin
Rudolf von Bern
Wando

18. Apollonius
Aya
Herluka von Bernried
Wiggo

19. Friedrich von Altzelle
Gerold
Leo IX., Papst
Otbert
Philipp Melanchthon
Werner von Oberwesel

20. Hildegund (alias Josef)
Johannes Bugenhagen
Odette
Wilhelm von Windberg

21. Anselm von Canterbury
Konrad von Parzham

22. Friedrich Justus Perels
Kajus, Papst
Meingoz
Wolfhelm

23. Adalbert von Prag
Georg, „Großmärtyrer"
Gerhard von Toul

24. Egbert, Bischof
Fidelis von Sigmaringen
Johann Walter
Karl Franken
Marian von Regensburg
Theodor Peters
Toyohiko Kagawa
Wilfrid

25. Erwin (Ermin)
Franka von Vitalda
Hermann I. von Baden
Markus, Evangelist
Philipp F. Hiller

26. Anaklet
Consuelo
Helene Leuther
Ratbert
Tertullian
Trudpert

27. Anastasius I.
Floribert
Petrus Canisius
Salman
Zita

28. Adaldag
Hugo von Cluny
Johann Grammann
Pierre (Petrus) Chanel

29. Dietrich von Thoreida
Irmtrud von Hasnon
Hroswitha von Liesborn
Katharina von Siena
Theoger

30. Bernhard II.
David Livingstone
Heimo von Verdun
Pius V., Papst
Quirin von Neuß
Rosamunde
Sigbod

MAI

1. Arnold von Hiltensweiler
Augustin Schoeffler
Jakobus der Jüngere (evangelisch)
Josef der Arbeiter
Markulf
Philipp, Apostel (evangelisch)

2. Athanasius
Boris
Konrad von Seldenbüren
Liuthard
Mafalda
Sigismund
Wiborada
Zoë

3. Alexander I., Papst
Jakobus der Jüngere, Apostel
Nikolaus Herman
Philipp, Apostel
Philipp von Zell
Viola

4. Brictius, Pilger
Cäcilia Schnur
Florian
Guido, Abt
Jean-Martin Moyé
Michael Schirmer
Valeria von Lorch

5. Angelus der Karmelit
Franz Tendler
Gotthard
Jutta von Sangerhausen
Sigrid, Wendenfürstin

6. Antonia
Britto
Gundula
Markward von Wilten

7. Gisela, Äbtissin
Heilika (Helga)
Notker der Stammler

8. Achatius von Konstantinopel
Desideratus
Friedrich von Hirsau
Gregor von Nazianz (evangelisch)
Klara Fey
Ulrich von Adelberg
Ulrike Nisch
Wigger von Trier
Wolfhild

9. Adalgar
Beatus vom Thuner See
Nikolaus von Zinzendorf
Ottokar von Traungau
Theresia Gerhardinger
Volkmar

10. Gordian
Johann Hüglin

11. Gangolf
Joachim Tabernitz
Johann Arud
Mamertus
Udalschalk

12. Achilleus
Modoald

Nereus
Pankratius

13. Ellinger
Hans Ernst von Kottwitz
Servatius

14. Christian von Galatien
Iso
Nikolaus von Amsdorf
Pachomius
Paschalis I., Papst

15. Friedrich Keller
Gerebern
Pachomius (evangelisch)
Rupert von Bingen
Sophia

16. Adelphus
Johannes von Nepomuk
Johannes Rimer
Ubald

17. Paschalis Baylon
Vaterius Herberger
Walter von Mondsee

18. Blandina Merten
Burkhard von Aargau
Christian Heinrich Zeller
Dietmar von Neumünster
Dioskur
Erich IX. von Schweden
Felix von Cantalice
Johannes I., Papst

19. Alkuin
Ivo Hélory
Kuno

20. Bartholomäus Holzhauser
Bernhardin von Siena
Elfriede
Johann Michael Sailer
Samuel Hebich
Saturnina
Valeria von Rom

21. Erenfried
Hermann Joseph
Konstantin der Große
Wiltrud von Ardei

22. Ämilius
Helswind Arnold
Julia, Märtyrin
Marion von Klot
Renate
Rita
Romuald Terhaag

23. Bartholomäus Bauer
Desiderius
Ludwig Nommensen
Wibert von Darnau
Wipert von Blücher

24. Auxilia
Dagmar
Esther
Franz Pfanner
Nikolaus Selnecker

25. Beda
Bonifatius IV.
Egilhard
Gregor VII.
Heinrich von Ebrantshausen

Heribert von Knechtsteden
Magdalena Sophie Barat
Maria Magdalena von Pazzi
Urban I., Papst

26. Maria Anna von Jesus
Philipp Neri
Regintrud

27. Augustin
Bruno von Würzburg
Johannes Calvin
Paul Gerhardt

28. Germanus, Bischof von Paris
Karl Mez, Laienzeuge
Rudhard
Wilhelm von Aquitanien

29. Hieronymus von Prag
Irmtrud von Millendonk
Maximin
Walram

30. Ferdinand, König
Gottfried Arnold
Jeanne d'Arc
Reinhild von Westerkappeln

31. Aldo
Fulko von Dünen
Helmtrud (Hiltrud)
Joachim Neander
Johann Friedrich Flattich
Mechthild von Dießen
Petronilla
Sigewin

JUNI

1. Justin von Neapel
Luitgard von Bassum
Ronan
Simeon von Trier

2. Armin
Blandina
Erasmus, Nothelfer
Eugen I., Papst
Friedrich Oberlin
Marcellinus
Oddar
Petrus, römischer Märtyrer
Stephan von Helsingland

3. Erpho
Hildburg
Hudson Taylor
Karl Lwanga und Gefährten
Morandus

4. Christa
Eva von Lüttich
Klothilde
Quirin von Siscia
Werner von Ellerbach

5. Bonifatius
Fulger
Meinwerk

6. Bertrand
Falko, Abt von Cava
Heinrich Schröder
Kevin von Glendalough
Klaudius
Norbert

7. Adalar
Dietger (Deochar)
Eoban
Herkumbert
Ludwig Ihmels
Robert von Newminster

8. August Hermann Francke
Engelbert, Propst
Giselbert, Laienbruder
Helga (Ilga)
Hermann Betzel
Medard

9. Ephräm der Syrer
Felizian
Gratia
Primus

10. Bardo
Diana
Eustachius Kugler
Friedrich August Tholuck
Gerlach, Propst
Heinrich von Bozen
Maurin

11. Aleydis von Schaerbeek
Barnabas
Jolanta, Äbtissin
Rimbert

12. Eskill von Strängnäs
Isaak Le Febvre
Leo III., Papst
Odulf

13. Antoine Court
Antonius von Padua
Rambert

14. Burchard von Meißen
Eppo, Märtyrer
Gottschalk der Wende
Meinrad Eugster

15. Bernhard von Aosta
Eigil
Gebhard von Salzburg
Georg Israel
Isfried
Klara Fietz
Landelin von Crespin
Lothar von Sées
Vitus

16. Bruno von Meißen
Johannes Tauler
Luitgard von Tongern
Quirin von Tegernsee

17. August Hermann Werner
Euphemia
Fulko von Reims
Ramwold

18. Albert Knapp
Felicius
Potentin
Simplicius von Steinfeld

19. Andreas Bauer
Elisabeth von Schönau
Gervasius
Hildegrim
Modest Andlauer
Protasius von Mailand
Rasso
Romuald, Abt

20. Adalbert von Magdeburg
Benigna
Deodat

Eleutherius
Johann Georg Hamann
Margarete Ebner
Menrich

21. Alban von Mainz
Aloisius von Gonzaga
Eva von Thiele-Winckler
Radulf

22. Achatius, Nothelfer
Albin von Rom
Christine von Hamm
Eberhard von Biburg und Hilpoltstein
John Fisher
Paulin von Nola
Sighild
Thomas More
Wilhelm von der Sann

23. Agrippina
Argula
Edeltraut (Ethelred)
Hildulf von Lobbes

24. Erembert
Johannes der Täufer
Mellitus
Rumold
Theodulf von Lobbes

25. BurchardvonMallersdorf
Dorothea von Montau
Eleonore, Königin
Gohard (Wighard)
Prosper
Wilhelm von Vercelli

26. Anthelm
Johannes, römischer Märtyrer
Paulus, römischer Märtyrer
Vigilius

27. Aureus
Crescenz
Cyrill von Alexandrien
Daniel von Schönau
Eppo, Abt
Gerhoh
Heimerad
Hemma von Gurk
Johann Valentin Andreä
Maximus
Theonest

28. Diethild
Ekkehard, Abt
Irenäus von Lyon

29. Gero
Judith von Niederaltaich
Paulus, Apostel
Petrus, Apostel
Salome von Niederaltaich

30. Donatus
Erentrud
Otto von Bamberg
Otto von Riedenburg
Theobald von Provins
Wilhelm Janauschek

JULI

1. Hechard
Heinrich Voes
Jan van Esch

2. Georg Daniel Teutsch
Jakob Friedrich Bussereau
Ruzo (Rugo)
Wiltrud von Hohenwart

3. Aonio Paleario
Joseph Lenzel
Thomas, Apostel

4. Bernold
Berta
Bruno von Ottobeuren
Elisabeth von Portugal
Hatto
Ulrich von Augsburg
Wilhelm von Hirsau

5. Antonius Maria Zaccaria
Johann Andreas Rothe
Kyrilla
Lätizia

6. Goar
Johannes Hus
Maria Goretti
Maria Theresia Ledóchowska

7. Edelburg
Tilman Riemenschneider
Waltfrid
Willibald

8. Adolf IV.
Amalberga
Disibod
Edgar
Kilian
Landrada
Maria Lichtenegger

9. Agilolf
Georg Neumark
Johannes von Köln
Wigfrid

10. Alexander
Engelbert Kolland
Knut, König von Dänemark
Lantfrid
Maria Amandine Jeuris
Wilhelm von Oranien

11. Benedikt von Nursia
Hildulf von Mittelmünster
Olga
Oliver Plunket
Pladicus von Disentis
Renata von Ferocera
Sigisbert von Disentis

12. Felix von Lodi
Hermagoras
Nabor
Nathan Söderblom

13. Arn, Märtyrer
Bertold von Scheda
Heinrich II., der Heilige
Johannes Höver
Kunigunde, Kaiserin (evangelisch)
Mildred
Sara, Einsiedlerin
Silas

14. Goswin, Mönch
Kamillus de Lellis
Karoline Utriainen
Markhelm
Roland von Chézery

Ulrich von Zell
Wandregisil

15. Bernhard von Baden
Bonaventura
Ceslaus
David
Donewald
Egino
Gumbert
Heinrich der Ältere
Olger
Plechelm
Regiswind
Waldemar
Wiro

16. Anna Askew
Carmen
Elvira, Äbtissin
Irmengard von Chiemsee
Monulf
Reinhild von Brabant

17. Alexius
Charlotte Thouret
Donata
Gabriele Croissy
Marina

18. Answer
Arnold
Arnulf von Metz
Friedrich von Utrecht
Odilia von Köln
Paul Schneider
Radegund von Wellenburg
Ratbod
Thietmar

19. Bernulf
Johann Marteilhe
Poppo von Schleswig

20. Bernhard von Hildesheim
Gepa
Léon-Ignace Mangin
Margareta von Antiochien
Wulmar

21. Arbogast
Daniel, Prophet
Florentius von Straßburg
John Eliot
Laurentius von Brindisi
Praxedis von Rom
Stilla

22. Eberhard von Berg
Maria Magdalena
Moritz Bräunlinger
Verena von Schönau

23. Apollinaris von Ravenna
Birgitta von Schweden
Liborius

24. Christine von Bolsena
Christophorus
Gerburg
Johann Heinrich Volkening
Kunigunde von Polen
Luise von Savoyen
Siglind
Ursicin, Einsiedler

25. Jakobus der Ältere, Apostel
Thea von Gaza

26. Anna, Mutter Mariä
Christiane
Gloriosa
Joachim
Luise Scheppler
Ratpero

27. Angelus Merula
Berthold von Steyr
Glodesind
Gustav Knak
Lukan
Magnerich
Natalie von Córdoba
Pantaleon
Waldrada

28. Beatus von Trier
Benno von Osnabrück
Innozenz I., Papst
Johann Sebastian Bach
Samson

29. Flora
Ladislaus I.
Lucilla
Martha
Olaf II. Haraldsson

30. August Vilmar
Batho
Beatrix, römische Märtyrin
Faustinus
Hadebrand
Ingeborg
Petrus Chrysologus
Simplicius von Rom
William Penn

31. Bartolomé Las Casas
Germanus, Bischof von Auxerre
Goswin Nickel
Hermann von Niederaltaich
Ignatius von Loyola

AUGUST

1. Alfons von Liguori
Gustav Werner
Kined
Petrus Faber
Ulrich von Ursberg

2. Christoph Blumhardt
Eusebius von Vercelli
Gundekar

3. Benno von Metz
Burchard von Rot
Josua Stegmann
Lydia

4. Johannes Maria Vianney

5. Afer
Dominika
Franz Härter
Oswald
Stanislaus Hosius

6. Agapitus
Felizissimus
Gezelin
Hermann von Are
Hermann von Köln
Praxedis (Adelheid)

7. Afra
Donatus von Besançon
Hilaria
Kajetan von Tiene
Sixtus II. (Xystus II.), Papst

8. Cyriakus
Dominikus
Gerhard Quardo
Hildiger (Hilger)
Jean Vallière
Rathard

9. Adam Reusner
Altmann
Hathumar

10. Astrid
Laurentius von Rom
Plektrud

11. Donoald
Klara von Assisi
Philomena
Schetzel
Susanna

12. Johannes Arnolds
Noting
Paul Speratus
Radegund, Königin

13. Gerold, Bischof
Gertrud von Altenberg
Hariolf
Hippolyt
Johannes Berchmans
Kassian
Ludolf von Korvey
Markus von Aviano
Paul Richter
Pontianus, Papst
Radegund, Königin (evangelisch)
Wigbert

14. Eberhard von Einsiedeln
Georg Balthasar
Maximilian Kolbe
Werenfrid

15. Assunta
Hermann von Wied
Johann Adam Schall von Bell
Mechthild von Magdeburg
Rupert von Ottobeuren
Tarsitius

16. Altfrid
Christian von Wedinghausen
Johann der Beständige
Leonard Kaiser
Rochus
Stephan I. von Ungarn
Theodor von Martigny

17. Hyazinth von Polen
Jeron
Johann Gerhard
Jutta von Arnstein
Karlmann

18. Erdmann Neumeister
Helene
Klaudia
Perfectus Huber

19. Charitas Pirckheimer
Johannes Eudes
Reginlind

Sebald
Sigberg
Thomas John Barnardo

20. Auctor
Bernhard von Clair-vaux
Burchard von Worms
Hugo, Zisterzienser
Ronald
Oswin
Samuel

21. Balduin
Geert Groote
Gratia, Märtyrin
Pius X., Papst

22. Regina (Maria)
Sigfrid von Wearmouth
Symphorian

23. Gaspard de Coligny
Richild
Rosa von Lima

24. Ansoalda
Barholomäus
Karl von Borango
Sandrad

25. Christoph Hackethal
Elvira, Märtyrin
Gregor von Utrecht (evangelisch)
Josef von Calasanza
Ludwig IX., König
Patricia
Wichmann

26. Gregor von Utrecht
Wulfila

27. Cäsarius von Arles
Gebhard von Bregenz/Konstanz
Monika

28. Adelind
Adeline
Augustinus
Elmar

29. Beatrix von Tienen
Martin Boos
Sabina von Rom
Theodora

30. Adauktus
Amadeus
Amaltrud
Felix von Rom
Guarin
Heribert von Worms
Ingoberg
Mathis Gothard Nithard
Riza

31. John Bunyan
Ludwig Zimmermann
Paulin von Trier
Raimund Nonnatus
Wala

SEPTEMBER

1. Ägidius
Alois Scholze
Bronislawa
Pelagius
Sixt Karl Kapff
Verena von Zurzach

2. Apollinaris Morel
Franz Urban
Ingrid Elovsdotter
Nicolai F. S. Grundtvig
Nonnosus
Wolfsind

3. Gregor I., der Große
Oliver Cromwell
Remaklus
Sophie, Märtyrin

4. Antonius Puntigam
Giovanni Mollio
Ida von Herzfeld
Iris
Irmgard von Süchteln
Jeanne-Antide Thouret
Rosa von Viterbo
Rosalia
Swidbert

5. Katharina Zell
Maria Theresia von Wüllenweber

6. Alexius von Tamsweg
Bernhardin von Töllersheim
Gundolf
Magnus
Matthias Waibel
Theobald von Wiener Neustadt
Zachäus

7. Adula von Bayern
Dietrich von Metz
Lazarus Spengler
Madelberta
Markus Stephan Crisinus
Martin Kähler
Melchior Grodecz
Otto von Freising
Regina von Burgund
Stephan Pongrácz

8. Alan de la Roche
Franz von Retz
Hadrian
Korbinian (evangelisch)
Maria, Mutter Jesu (Geburt)
Sergius I.

9. Gorgonius
Luigi Pasquali
Orthold
Otmar von Thérouanne

10. Leonhard Kaiser
Nikolaus von Tolentino
Pulcheria
Theodard

11. Eucharius
Felix von Zürich
Johannes Brenz
Josef Müller
Ludwig von Thüringen
Maternus
Paphnutius, Bischof
Regula

12. Degenhard
Gerfried
Guido, Küster
Matthäus Ulicky

13. Amatus
Johannes Chrysostomus
Notburg von Rottenburg
Tobias, Vater und Sohn

14. Cyprian (evangelisch)
Kornelius O'Rourke

15. Avia
Dolores
Dolorosa
Jan van Woerden
Ludmil(l)a
Melitta
Notburg von Hochhausen
Oranna
Roland von Medici

16. Cornelius
Cyprian
Edith von Wilton
Hartward
Julia, Äbtissin
Kaspar Tauber

17. Ariadne
Badurad
Hildegard von Bingen
Johann Heinrich Bullinger
Raso
Robert Bellarmin
Unni

18. Gottlieb A. Spangenberg
Lambert von Maastricht
Lantpert
Richardis

19. Abbo I.
Albert von Löwen
Bertold von Weingarten
Igor, Großfürst von Kiew
Theodor von Canterbury

20. Carl Heinrich Rappard
Eustachius, Nothelfer
Warin von Korvey

21. Matthäus, Apostel
Wulftrud

22. Emmeram
Gunthild
Johann Peter Hebel
Landelin, Einsiedler
Liutrud
Mauritius

23. Gerhild von Konstanz
Linus
Liutwin
Maria de Behorques
Rotrud
Thekla, Paulusschülerin

24. Gerhard Sagredo
Hermann der Lahme
Mercedes
Rupert von Salzburg
Virgil

25. Firmin
Gottfried Thelen
Nikolaus von Flüe
Paul Rabaut
Wigger von Brandenburg

26. Antonio Herrezuelo
Cosmas
Damian
Eugenia von Hohenburg
Leonor de Cisnere

27. Dietrich I. von Naumburg
Hiltrud von Lissies
Kjeld
Vinzenz von Paul

28. Adelrich
Adolf Clarenbach
Giselher
Konrad II. von Salzburg
Kuniald
Lioba
Salonius
Thekla von Kitzingen
Thiemo
Wenzel

29. Gabriel, Erzengel
Michael, Erzengel
Raphael, Erzengel

30. Hieronymus, Kirchenlehrer
Leopard
Urs von Solothurn
Viktor von Solothurn

OKTOBER

1. Bavo
Emanuel, Bischof
Giselbert, Hirt
Petrus Herbert
Platon
Remigius
Theresia von Lisieux
Werner von Wilten

2. Hermann von Neuzelle
Jakob, Märtyrer
Petrus von Neuzelle
Pietro Carnesecchi
Ursicin von Disentis

3. Adalgot von Chur
Ewald der Schwarze
Ewald der Weiße
Franz von Assisi (evangelisch)
Irmgard von Baindt
Leodegar von Autun
Niketius
Utto

4. Aurea
Franz von Assisi

5. Attila
Galla
Meinolf
Placidus von Subiaco
Theodor Fliedner
Timerlin

6. Adalbero
Brun von Reims
Pierre Leclerc
Renatus
William Tindale

7. Georg von Pfronten-Kreuzegg
Gerold von Köln
Heinrich Melchior Mühlenberg
Justina
Rosa (Maria)

8. Demetrius
Gunther von Regensburg
Johann Mathesius
Simeon der Greis
Viktrizius Weiß

9. Dionysius von Paris
Emanuela Theresia

Gunther von Schwarzburg
Johannes Leonardi
Justus Jonas
Sara, Gattin Abrahams
Sibylle
Theofrid

10. Adalgot
Brun (Bruno) von Köln (evangelisch)
Florentius von Bonn
Gereon
Jakob Spiegel
Kassius
Nuncius
Viktor von Xanten

11. Brun (Bruno) von Köln
Ethelburg
Huldrych Zwingli
Jakob Griesinger (Alemannus)
Quirin von Malmedy

12. Bernhard von Kamenz
Edwin
Elizabeth Fry
Gottfried von Arnstein
Herlind
Jakob Rem
Maximilian von Cilli
Otto Müller
Pantalus
Pilár (Unsere Liebe Frau von der Säule)

13. Andreas von Leuben
Aurelia von Straßburg
Eduard der Bekenner
Faustus
Koloman
Lubentius
Reginbald
Sintbert (Sintpert)
Theodor Beza

14. Alan von Auxerre
Burkhard von Würzburg
Fortunata aus Cäsarea
Fortunata aus Gallien
Hildegund
Jakob der Notar
Kalixtus I., Papst

15. Aurelia von Regensburg
Hedwig (evangelisch)
Theresia von Ávila
Willa

16. Gallus
Gerhard Majella
Hadwig von Herford
Hedwig von Schlesien
Herburg
Luitgard von Wittichen
Lukas Cranach
Lul
Margareta Maria Alacoque
Maria Sophie Watteyne

17. Anselm von Wien
Ignatius von Antiochien
Nicholas Ridley

18. Gwen
Lukas
Mono

19. Frideswida
Isaak Jogues
Jean de Brébeuf

Ludwig Schneller
Paul vom Kreuz

20. Ewald Ovir
Jakob Franz Kern
Johanna Merzenich
Karl Segelbroch, Blutzeuge
Vitalis
Wendelin

21. Elias Schrenk
Malchus
Ursula

22. Blandina Ridder
Cordula
Ingbert
Jeremias Gotthelf
Salome von Jerusalem

23. Jakobus, „Bruder des Herrn"
Johannes von Capestrano
Johannes Zwick
Oda von Metz
Severin von Köln

24. Antonius Maria Claret
Leonid, Starez

25. Chrysanth
Daria
Krispin
Krispinian
Ludwig von Arnstein
Philipp Nicolai

26. Amandus
Frumentius
Gerwich
Joséphine Leroux
Sigebald
Wigand
Witta

27. Lorenz Petri (Peterson)
Olaus Petri
Wolfhard

28. Alfred der Große
Cassius
Judas Thaddäus
Simon, Apostel

29. Ermelinde
Ferrutius
Henri Dunant
Margarete von Hohenfels
Narcissus

30. Bernhard Schwendtner
Dietger (Theodgar)
Gottschalk der Sachse
Jakob Sturm

31. Foillan
Josef Lingens
Jutta von Bedburg
Noitburg (Notburg)
Quintin
Wolfgang

NOVEMBER

1. Arthur O'Nelly
Boso
Dietbirg
Erhard Schnepf
Guda

Harald Blauzahn
Luitpold
Rupert Mayer
Toussaints (Allerheiligen)
Wolfhold von Admont

2. Angela von Stolberg
Johann Albrecht Bengel
Willibold

3. Berchtold
Hubert
Ida von Toggenburg
Johannes Baptist Stöger
Marian von Bardowiek
Martin von Porres
Pirmin
Silvia
Victorin
Winifred

4. Claude Brousson
Gregor von Kalabrien
Karl Borromäus
Reinhard von Siegburg

5. Bernhard Lichtenberg
Berthild
Emmerich
Hans Egede

6. Christine von Stommeln
Erlfrid
Heinrich Schütz
Leonhard
Modesta
Protasius von Lausanne
Rudolf von Büren

7. Engelbert I. von Köln
Ernst von Steußlingen
Florentius von Straßburg
(Gedenktag in Straßburg)
Gisbert
Karina
Willibrord

8. Gottfried von Amiens
Gregor von Einsiedeln
Johannes Duns Scotus
Willehad

9. Agrippinus
Emil Frommel
Erpho von Münster
Herfrid
Ragnulf
Roland von Hasnon
Theodor von Euchaita

10. Johannes Prassek
Johannes Skotus
Justus
Karl Friedrich Stellbrink
Leo I., der Große

11. Martin von Tours
Mennas

12. Christian Barth
Diégo
Josaphat Kunzewitsch
Kunibert
Liafwin
Renatus (in Angers)

13. Brictius
Friedrich Lorenz
Gerberg
Himer
Karl Lampert
Ludwig Harms
Siard

Stanislaus Kostka
Wilhelm von Rinchnach

14. Alberich von Utrecht
Bernhard Letterhaus
Gottfried W. Leibniz
Sidonius

15. Albert der Große
Anianus
Findan
Johann Kepler
Leopold
Marinus

16. Amos Comenius
Margarete von Schottland
Otmar von Sankt Gallen
Walter von Herford

17. David Zeisberger
Florin
Gertrud die Große
Hilda von Whitby
Hiltrud vom Rupertsberg
Jakob Böhme
Maria Josefa
Salome von Krakau
Viktoria von Córdoba

18. Ludwig Hofacker
Odo von Cluny

19. David von Augsburg
Elisabeth von Thüringen
MechthildvonHackeborn
Swidger
Toto

20. Bernward
Edmund
Felix von Valois
Korbinian

21. Amalberga
Johannes von Meißen
Wolfgang Capito

22. Cäcilia

23. Clemens von Rom
Detlev
Felicitas von Rom
Kolumban
Trudo

24. Flora
Hitto (Hildo)
Johannes Leisentritt
Johannes Ökolampad
John Knox

25. Egbert, Abt
Elisabeth von Reute
Katharina von Alexandrien
Margarete von Roskilde

26. Albert von Oberaltaich
Bertger
Konrad von Konstanz
Konrad von Ratzeburg

27. Bilhild
Modestus, Chorbischof
Oda von Brabant
Virgil (evangelisch)

28. Berta von Bingen
Gunther von Bayern
Hadumod
Margaretha Blazer

29. Christine von Retters
Franz Joseph Rudigier
Friedrich von Regensburg
Jolande, Zisterzienserin
Jutta von Heiligenthal
Paphnutius, Abt
Radbod
Saturnin

30. Alexander Roussel
Andreas
Emming
Folkhard
Gerwald

DEZEMBER

1. Blanka
Edmund Campion
Eligius von Noyon
Landoald
Natalie von Konstantinopel

2. Bibiana
Jan van Ruysbroeck
Lucius von Chur
Wisinto

3. Ämilie
Emma von Lesum
Franz Xaver
Gerlinde
Johann Nepomuk von Tschiderer

4. Adolf Kolping
Barbara
Christian von Oliva
Johannes von Damaskus
Osmund

5. Alois Henhöfer
Anno von Köln
Attala, Äbtissin
Hartwig von Sponheim
Niels Stensen
Reginhard
Sola

6. Ambrosius Blarer
Henrika (Katharina) Faßbender
Nikolaus von Myra

7. Ambrosius
Gerald

8. Alfrida
Concepción
Edith, Märtyrin
Immakulata
Konstantin
Martin Rinckart
Sabina vom Hennegau

9. Eucharius
Liborius Wagner
Richard Baxter

10. Angelina
Bruno von Braunsberg
Eulalia
Heinrich Zütphen
Johann Georg Seidenbusch
Pierre (Petrus) Fourier
Tethard

11. Arthur Bell

Damasus I.
Daniel von Maratha
David von Himmerod
Lars Olsen Skrefsrud
Richer
Tassilo

12. Chantal
Dietrich von Kremsmünster
Johanna Franziska von Chantal
Vicelin

13. Benno Koglbaur
Berthold von Regensburg (evangelisch)
Christian Fürchtegott Gellert
Emo von Huizinge
Jodok
John Oldcastle
Luzia
Odilia vom Elsaß

14. Berthold von Regensburg (evangelisch)
Franziska Schervier
Johannes vom Kreuz

15. Christiane (Nina)
Gerhard Uhlhorn
Wunibald

16. Adelheid
Ado
Dietrich von Rommersdorf
Sturmius
Tanko

17. Begga
Jolanda von Vianden
Lazarus

18. Philipp von Ratzeburg
Willibald (evangelisch)
Wunibald (evangelisch)

19. Konrad von Liechtenau
Paul Blau
Petrus von Arolsen

20. Eico
Heinrich Egher
Hoger, Bischof
Regina Hueter

21. Hagar
Peter Friedhofen
Petrus Canisius (römischer Kalender)
Richard von Adwerth

22. Bertheide
Dwight Liman Moody
Jutta von Sponheim
Marian der Schotte

23. Anne Dubourg
Dagobert
Gregor von Spoleto
Ivo von Chartres
Johannes von Kęty
Johannes von Krakau
Thorlak
Viktoria von Rom

24. Adam
Adelbert
Erkenbert von Worms
Eva
Hanno
Matilda Wrede

25. Anastasia
Eugenia, Märtyrin

26. Richlind
Stephan, erster Märtyrer

27. Esso von Beinwil
Fabiola
Hasso, Abt
Johannes, Apostel
Rudger
Walto

28. Hermann, Einsiedler
Otto von Niederaltaich
Reinhard Hedinger

29. David
Lothar, Kaiser
Reginbert
Thomas Becket

30. Felix I., Papst
Martin Schalling
Richard von Arnsberg
Sabinus

31. Apollonia Radermacher
John Wiclif
Kolumba
Luitfrid
Melanie
Silvester

Vornamenregister

A

B

C

D

E

F

G

H

K

L

M

O

P

Q

R

S

W

X

Z

Band 66293

Jutta Peters

Ich werde Mutter

Schwangerschaft, Geburt und Stillzeit stellen jede Frau vor eine Fülle von Problemen. Sie wird sie um so besser meistern, je aktiver sie sich gemeinsam mit ihrem Partner an den einzelnen Vorgängen beteiligt.
Der vorliegende Ratgeber gibt Antwort auf wichtige Fragen: Welche Arten von Schwangerschaftsvorsorge gibt es? Welche Methode für eine problemlose Geburtsvorbereitung ist die beste? Klinik- oder Hausgeburt? Brust oder Flasche: beliebig austauschbar? Entwickelt sich mein Kind normal?
Dr. med. Jutta Peters, Mutter zweier Kinder, lebt in Frankfurt/Main und ist dort an der Universitätsklinik tätig. Sie unterhält einen Beratungsdienst für stillende Mütter.

Band 66265

Marie-Luise Lewicki

Kind und Beruf – das geht!

90 Prozent aller jungen Frauen wollen Beruf *und* Kind. Doch viele Mütter schaffen es einfach nicht, beides unter einen Hut zu bekommen – und geben auf, bevor sie es überhaupt versucht haben.
Hier hilft dieses Buch – mit praktischen Tips, mit Erfahrungsberichten berufstätiger Mütter und mit psychologischen Ratschlägen.

Aus dem Inhalt: Wir sind doch keine Rabenmütter! – Wenn beide Partner arbeiten wollen – Wer betreut mein Kind? – Die Wahl der richtigen Steuerklasse – Familie, Job – und nur noch Streß? – Noch ein Kind?

BASTEI LÜBBE